本书获得教育部人文社会科学规划基金项目"老北京土话参考语法"（09YJA740105），北京市社会科学基金项目"老北京土话的比较研究"（11WYB020）资助，谨致感谢。

老北京土话

语|法|研|究

卢小群 / 著

中国社会科学出版社

图书在版编目（CIP）数据

老北京土话语法研究／卢小群著．—北京：中国
社会科学出版社，2017.9
ISBN 978-7-5203-0515-0

Ⅰ．①老…　Ⅱ．①卢…　Ⅲ．①北京话-语法-研究
Ⅳ．①H172.1

中国版本图书馆 CIP 数据核字（2017）第 135669 号

出 版 人　赵剑英
责任编辑　张　林
特约编辑　文一鸥
责任校对　郝阳洋
责任印制　戴　宽

出　　　版　中国社会科学出版社
社　　　址　北京鼓楼西大街甲 158 号
邮　　　编　100720
网　　　址　http://www.csspw.cn
发 行 部　010-84083685
门 市 部　010-84029450
经　　　销　新华书店及其他书店

印刷装订　北京明恒达印务有限公司
版　　　次　2017 年 9 月第 1 版
印　　　次　2017 年 9 月第 1 次印刷

开　　　本　710×1000　1/16
印　　　张　39.25
插　　　页　2
字　　　数　707 千字
定　　　价　178.00 元

序

　　汉语是世界上母语人口最多的语言，汉语的法定共同语即普通话"以北京语音为标准音"。这一语言身份，决定了北京话独一无二的崇高地位。北京话跟普通话空间上是零距离和零间隔的关系，同地共享的口语交际成为北京话要素直接进入普通话的无障碍通道。这种独特的紧密联系，使得一些人产生了将两者混而为一的错觉，几乎意识不到北京话作为独特方言的存在，这可能反而抑制了对它的学术兴趣和投入。以至于人们需要用"老北京土话"这样的表述，来彰显它不同于普通话的浓郁特色。

　　与北京话的重要地位形成鲜明对比的是，当前北京话也被一些关注它的人士归入濒危方言。这并非耸人听闻，更非不可思议。北京本地人作为母语使用的语言，跟广泛吸收各种成分并经过规范化的普通话，确实在语音、词汇、语法各层面都有不少差别。随着普通话影响的持续扩大，更随着外来的普通话人群在北京常住人口中超过本地人口，北京话与普通话的零距离关系也同时造就了北京话受普通话影响塑造的无障碍通道。承载了悠久历史和丰厚地方文化的老北京土话，真的显露出了一些"老态"，使用人口在萎缩，原有特色在消减。正在全国范围热烈开展的语言保护工程，不能再忽略这一最重要的汉语方言。欲深知普通话的历史来源，离不开深知北京话；欲保护老北京话，也首先要对它的基本情况，尤其是区别于普通话的特色，有充分的了解。回顾文献，这方面可资参考的系统性成果真还不多。相对较多的是北京话词典，但词典不足以反映语言的全貌。以汉语口语或北京口语为主题的语法著作有几种，而且有的是经典大著，如赵元任的《汉语口语语法》。但是这些语法著作主要展示的还是北京话和普通话共有的要素，对于老北京土话的独特之处，挖掘还很不够。在此背景下，我有幸率先读到卢小群教授依托国家社科基金项目完成的专著《老北京土话语法研究》稿本。这是第一本以老北京土话为名号的大部头语法著作，写得扎实，来得适时。

　　卢小群教授并非老北京人，原来也不是北京话研究专家。她是湖南华容人氏，曾在中国社会科学院语言研究所做博士后研究。她本是离北京话极远的湘南土话及湘语的专家。著有《嘉禾土话研究》《湘南土话代词研究》

和《湘语语法研究》等专著，都是我手头经常翻阅引用的方言学著作。卢教授留在北京工作后，以难得的探索精神和学术勇气，从湘南土话一跃而至老北京土话。在社科基金项目的支持下，她连续数年埋头调查研究，终于顺利结项，并在反复修改后完成本稿。这是北京话研究史上一项值得关注的收获。

　　浏览全稿，感觉此书结构完整，材料丰富，优点颇多，且就我印象最深者试说一二。

　　这是一部系统的以语法为核心内容的老北京土话专著，不妨当作北京话的小百科全书来读。除了语法主体之外，书的前面部分对于北京城、北京人的历史都在现有材料的基础上做了系统整理和阐述，并更新了各项数据资料，成为了解北京话不可或缺的背景资料。书中对北京话语音特点做了细致的调查研究和部分的实验，以重点语义场视角介绍了北京话特色词汇，尤其是涉及衣食住行、称谓、人体、动植物、时令的词汇，从而为北京话提供了一幅更系统的全貌。不但对语言学的不同领域多有裨益，而且也将成为研究北京地方文学、文艺、民俗、历史等等方面的重要参考。

　　全书尽可能将广泛的文献资源和本项目深入调查的成果汇合一体，从相关语义场搜罗词语之丰，从语法例句中透出的浓郁京味，都可以看出作者在文献和调查方面的用力之勤，这为全书做了最重要的支撑。

　　全书凸显了"老北京土话"之"老"之"土"，也就是不同于大多数人使用的普通话的特色鲜明之处。以往谈到北京话特点往往离不开轻声儿化，而本书除了详列北京口语特有的轻声儿化现象之外，还列举并分析了大量口语语音变异现象，包括声韵调的变读、重叠的变读，尤其是以往说得不多或不详的吞音、减音、增音等变异现象，逼真再现了老北京话语音的胡同味儿。书中对几个语义场的罗列和分析颇为精彩。如亲属称谓表搜罗了超过一百个面称叙称，通过分析充分展示了宗法社会下的亲属系统；人体语义场剖析了北京话对不同部位称谓的详略之别，同时指出了其各种隐喻语义，如少为人知的"腰子"表示胆量之义。

　　本书的主体是语法，但汉语方言本身语法差异小于语音词汇差异，作为一个系统的描写，北京土话语法不可能只勾勒有别于普通话之处。但是本书还是凭借对老北京土话的深入调查，以细节描写和分析尽可能地凸显了土话的特色。首先是展示了普通话中很少见到的很多现象。例如，在重叠形态方面，所含种类和实例，都超过一般普通话语法书，很多确为普通话所不备，如亲属称谓之外的很多名词重叠，动词"VV着"重叠式（飞飞着、努努着、出出着、撅撅着、裂裂着、勾勾着、翻翻着、睽睽着）、形容词"XX儿"重叠式（粉粉儿碎、缩缩儿密、蹊蹊儿跷、嘟嘟儿蜜）等等，作者对每种重叠式都细致揭示其形式特点、语法意义和语法功能。再如在介词方面，本书列举的北京土话常用介词有 92 个之多，有很多不见于普通话，还展示"给"字处置式是北京土话的重要句式，是多功能的"给"字最常见的功能之一。该句式虽然频见于一些方言，但在普通话中至多是边缘性句式，很多语法书的处置式部分根本不提"给"字句，本书对此句式做了详尽的描写分析。语法部分的土话特色，其另一体现是例句，大部分例句都是调查或文献中得来的口语特色浓郁的例句，从内容到形式，京城气息扑鼻而来，全书例句成为重要的北京口语资源库，这类例句很少见于普通话语法著作。本书的句法语义分析相当细致深入，很得益于作者对汉语语法学既有成果的深入了解，有些地方还借鉴了当代语言学的最新成果，如从篇章语法和话语标记理论来深探某些连词的功能。最后的第五章"表达"，结合了语法和修辞的视角，对于再现北京土话生动鲜活的语言魅力可谓锦上添花之章。

　　本书描写的某些特色现象，给今后的研究提出了有趣的课题。例如，起点介词"起"有同义的"擎"，差比介词"比"有同义的"秉"，这里是否是一种鼻韵尾化的语音变体？如果是，鼻韵尾为何能加上去，很值得探究，因为人类语言中鼻音脱落远比鼻音添加常见。

　　从严要求，本书也存在一些尚待改进之处。例如，书中列举了丰富的文白异读实例，但是有些异读之间的关系是否正是本书所认定的文白异读，尚需推敲，个别的甚至可能是非同源的训读关系。另外，作为一本以参考语法为目标的专著，本书在吸收汉语语法成果方面做得较好，而在吸收参考语法所需要的类型学视角方面还有一些不足，章节方面以传统语法的词类为纲占了绝对优势，其他角度较少，这些也可能会影响某些语法现象的发现、分析和性质认定。好在本书始终以描写事实为首要追求，提供的丰硕事实在在皆是，不同的学者尽可各取所需，这已是参考语法的要旨所在。

刘丹青

2017 年 6 月 22 日序于北京花市

目　　录

第一章　绪论

第一节　导言

北京从古燕国起，开始了历经三千年的建城史和一千多年的建都史。11世纪以来的辽、金、元、明、清五个朝代依次在北京建都，这期间北方少数民族契丹、女真、蒙古、满族等把草原文化和狩猎文化带入中原，在与汉族农耕文化和儒家文化不断冲突后逐渐融合，形成北京多民族文化相互包容的重要特征。老北京三千年的文明史，也是和北方少数民族不断融合的文明史，在这文明的传承中，建立了北京的灿烂的物质文化和非物质文化遗产。而记载着这一文明历史的"活化石"——老北京土话就是一项弥足珍贵的非物质文化遗产。随着普通话作为一种强势语言的不断侵蚀和发展，老北京土话也和其他方言土语一样正在走向式微，作为民族共同语的基础方言，老北京土话具有巨大的历史文化价值，对她的抢救、保护和传承已是一项刻不容缓的紧迫的任务。

一、北京城的变迁

（一）北京市行政区划的变迁

北京市，简称"京"，是中华人民共和国的首都，全国政治、经济、文化的中心，以及国际交往中心之一。北京市位于北纬 39°56′，东经 116°20′，雄踞于华北大平原的西北端，东面与天津市毗连，其余均与河北省相邻。西部、北部、东北部，由太行山（西山）与军都山及燕山山脉所环抱，造成形似"海湾"之势，故自古有"北京湾"之称。幽州之地，诚如古人所言："虎踞龙盘，形势雄伟。以今考之，是邦之地，左环沧海，右拥太行，北枕居庸，南襟河济，形胜甲于天下，诚天府之国也。"①

---

① （北宋）范镇：《幽州赋》，转引自（明）李贤《明一统志·京师》卷一，台北：台湾商务印书馆 2008 年版，景印文渊阁四库本全书，第四百七十二册，史部二三〇地理类，第 6 页。

北京全市总面积16807.8平方千米。其中市区占地1040平方千米。其北面有军都山，西面有西山，与河北交界的东灵山海拔2303米，是北京市的最高峰。山地面积10417.5平方千米，占总面积的62%；平原面积6390.3平方千米，占总面积的38%。西北高、东南低。西部、北部和东北部三面环山，东南部是一片缓缓向渤海倾斜的平原。东距渤海150千米。流经境内的主要河流有：永定河、潮白河、北运河、拒马河和汤河五大河，多由西北部山地发源，穿过崇山峻岭，向东南蜿蜒流经平原地区，最后分别汇入渤海。

自1949年新中国成立以来，北京市行政区划经历了不断的变化：1949年1月1日，中国人民解放军北平市军事管制委员会和北平市人民民主政府宣告成立。1月在原国民党时期20个区的基础上临时划定32个区，4月将32个区合并为26个区，6月接管任务完成后调整为20个区。经过扩界和局部变动，市辖面积扩大548平方千米，人口增加21.5万人。中国政治协商会议第一次全体会议决定：1949年10月1日起，北平市更名为北京市，定为中华人民共和国首都。至1949年年底，北京市辖20个市辖区。其中市区包括12个区，郊区包括8个区（各区以序数的方式排序）。1950年改为16个区。从1949—1951年，北京市均采用以序数命名的划区方法。

1952年，北京市市辖13个区，撤销了第五、九、十四3个区，包含7个市区，6个郊区。各区正式更名，第一区更名为东单区；第二区更名为西单区；第三区更名为东四区；第四区更名为西四区；第六区更名为前门区；第七区更名为崇文区；第八区更名为宣武区；第十区更名为东郊区；第十一区更名为南苑区；第十二区更名为丰台区；第十三区更名为海淀区；第十五区更名为石景山区；第十六区更名为京西矿区（包含宛平县、门头沟区及河北省房山、良乡二县）。1956年，郊区新增昌平区，北京市市辖14个区，其中市区7个，郊区7个。

1958年3月，河北省通县专区所属通县、顺义、大兴、良乡、房山等5县及通州市划入北京市。1958年10月，河北省所属怀柔、密云、平谷、延庆4县划入北京市。北京市经过第四次扩界，共辖13个市区，4个县。其中撤销了前门区、石景山区、南苑区，各区撤销、合并后更名为：东城区（由东单、东四2区合并）、西城区（由西单、西四2区合并）、崇文区、宣武区、朝阳区（由东郊区改名）、海淀、丰台、门头沟区（由京西矿区改名）、周口店区（由良乡、房山2区合并）、大兴区（由大兴县和南苑区合并）、通州区（由通县和通州市合并）、顺义区、昌平区。

至 1960 年年底，北京市撤销昌平区、顺义区、通州区、大兴区、周口店区，分别恢复为昌平县、顺义县、通县、大兴县和房山县。北京市辖东城、西城、宣武、崇文、海淀、朝阳、丰台、门头沟 8 区和昌平、延庆、怀柔、密云、顺义、平谷、通县、大兴、房山 9 县。

1963 年，在 8 市区之外，新增石景山办事处。市辖 8 市区，1 个办事处，9 个县。

1967 年，撤销石景山办事处，新增石景山区。市辖 9 市区，9 个县。

1974 年，新增设立北京市石油化工区办事处（区级）。市辖 9 市区，1 个办事处，9 个县。

1980 年，撤销北京市石油化工区办事处，设立燕山区。市辖 10 市区，9 个县。

1986 年，撤销房山县、燕山区，设立房山区。市辖 10 市区，8 个县。

1997 年，撤销通县，设立通州区。市辖 11 市区，7 个县。

1998 年，撤销顺义县，设立顺义。市辖 12 市区，6 个县。

1999 年，撤销昌平县，设立昌平。市辖 13 市区，5 个县。

根据 2000 年第五次全国人口普查数据：北京市总人口 13569194 人，其中市辖区 11509595 人，市辖县 2059599 人：东城区 535558 人，西城区 706691 人，崇文区 346205 人，宣武区 526132 人，朝阳区 2289756 人，丰台区 1369480 人，石景山区 489439 人，海淀区 2240124 人，门头沟区 266591 人，房山区 814367 人，通州区 673952 人，顺义区 636479 人，昌平区 614821 人，大兴县 671444 人，平谷县 396701 人，怀柔县 296002 人，延庆县 275433 人，密云县 420019 人。

2001 年，大兴、怀柔、平谷 3 县撤县设区。市辖 16 市区，2 个县。

2009 年年末全市常住人口 1755 万人。其中，外来人口 509.2 万人，占常住人口的比重为 29%。常住人口中，城镇人口 1491.8 万人，占常住人口的 85%。全市常住人口密度为 1069 人/平方千米。年末全市户籍人口 1245.8 万人。

2010 年，北京市政府撤销北京市东城区、崇文区，设立新的北京市东城区，以原东城区、崇文区的行政区域为东城区的行政区域；撤销北京市西城区、宣武区，设立新的北京市西城区，以原西城区、宣武区的行政区域为西城区的行政区域。根据北京市区县功能定位，首都功能核心区包括原东城、西城、崇文、宣武 4 个中心城区。合并后新设立的东城区，辖区范围为现东城区和崇文区辖区范围，面积 41.84 平方千米，常住人口 86.5 万人。合并后新设立的西城区，辖区范围为现西城区和宣武区辖区范围，面积 50.70 平方千米，常住人口 124.6 万人。

2015 年 11 月，国务院批准北京市调整行政区划；12 月，北京市政府撤销延庆县、密云县，设立延庆区、密云区。

迄至 2016 年，北京市辖东城、西城、海淀、朝阳、丰台、石景山、门头沟、房山、通州、顺义、昌平、大兴、怀柔、平谷、延庆、密云 16 个市辖区。全市共有 140 个街道、142 个镇、35 个乡、5 个民族乡。①

根据 2016 年 2 月 15 日北京市统计局、国家统计局北京调查总队发布的《北京市 2015 年暨"十二五"时期国民经济和社会发展统计公报》全市常住人口突破 2170.5 万人，人口密度达 1323 人/平方千米。全市户籍人口 1345.2 万人，北京外来人口和流动人口达一千多万，居全国之冠。

（二）北京城的建城史

北京自金朝起，第一次成为古代中国的都城（1153 年），是为北京建都之始，2016 年是北京建都 863 周年。金朝时的北京称为中都，人口超过一百万。"在历史上，北京城并非一开始就是我国的首都，它的名称曾不断更替，城址也屡有迁移，城市的范围更是不断地变化。"②北京作为一座有着三千多年历史的古都，在不同的朝代有着不同的称谓，大致算起来有二十多个别称。分别是蓟（周）、幽州（两汉、魏晋、唐代）、广阳（秦、汉）、燕都（战国）、幽都（唐代、辽）、范阳（唐代）、燕京（唐代、辽）、南京、析津（辽）、涿郡（隋）、燕山（北宋）、中都（金）、大兴（金）、大都（元）、汗八里（元）、顺天府（明、清）、北平、京师（明代）、日下、春明（清）、宛平（俗称）。

根据有文字可考的历史，北京城建城已有三千多年的沧桑历史，北京建城之始名称为蓟，是周初年周武王分封的蓟国的都城。《史记·乐记》记载："武王克殷及商，未及下车，而封黄帝之后于蓟。"可以说，北京建城的历史应该从周武王分封蓟国，也就是武王克商灭殷时算起。周武王克商的年代为公元前 1045 年（根据历史学家的考证，目前学术界多数人所接受、为北京师范大学历史系赵光贤教授所推断的年份③）。因此从公元前 1045 年至公元 2016 年，北京建城已有 3061 年之久。

公元前 221 年，秦始皇统一六国，建立封建中央集权国家，分天下为三十六郡，蓟城是广阳郡的治所。从秦汉，经魏、晋、十六国、北朝，前

---

① 以上资料来源行政区划网，http://www.xzqh.org/html/list/10002.html。
② 侯仁之、邓辉：《北京城的起源与变迁》，北京：北京燕山出版社 1997 年版，第 2 页。
③ 同上。

后达 800 年，蓟城一直都是我国北方重镇，其间曾一度成为北方少数民族的都城。隋朝改幽州为涿郡，以蓟城为涿郡治所，唐朝改涿郡为幽州，仍治蓟城（又称幽州城）。辽会同元年（938）崛起于北方的辽朝（初称契丹），辽太宗耶律德光以蓟城为陪都，改称南京，又叫燕京。辽南京是在唐幽州城的基础上加以增减修建的，南京城分为外城（即罗城）和子城（即皇城）二重，经考古工作者考察，南京城的周长约为 27 里，其四垣大致为：东城垣在今法源寺东一线，南城垣在今右安门城墙一线，西城垣在今会城门东一线，北城垣在今复兴门南一线。辽南京城采取的是里坊制"城中二十六坊，坊有门楼，大署其额"，是居民聚住之地。

金朝继辽之后于金贞元元年（1153）正式迁都燕京，名为中都，改中都所在地为大兴府。金的中都是仿北宋都城东京（今河南开封），在辽南京城的基础上改建。金中都城分为大城、皇城和宫城三重。大城周长约 33 里，大城的四隅：东南城角在今永定门火车站西南，东北城角在今宣武门内翠花街，西北城角在今军事博物馆南黄亭子，西南城角在今丰台区凤凰嘴村。皇城在大城的中央偏西，城墙周长约 9 里。宫城在皇城内居中偏东，城内共 36 殿。

到了元朝，忽必烈以燕京为中都，作为陪都。公元 1727 年正式迁鼎中都，并改其名为大都，大都成为国家的政治中心。大都都城分为大城、皇城和宫城三重。大城就是外城，呈方正矩形，周长 28600 米。其南城墙在今东西长安街南侧，北城墙在今德胜门和安定门外小关一线，东西城墙与后来的城墙基址大体相合。皇城在大城内南部中央之地，周长约 10 千米。其东墙在今南北河沿西侧，西墙在今西皇城根，北墙在今地安门南一线，南墙在今东、西华门大街以南。宫城在皇城内南部偏东，呈长方形，周长约 4 千米。

元大都的城市管理仍然沿袭汉唐时期延续下来的里坊制管理模式，与辽南京城和金中都城用高大的坊墙把居民封闭起来不同的是，元大都采用完全开放式的管理，居民周围不再用高大的坊墙封闭，城市由街道、胡同和四合院组成，"大街 24 步阔，小街 12 步阔。384 火巷，29 弄通"。把大都城划分为 50 个坊。[①]

明朝朱元璋 1368 年即位后，改大都路为北平府，永乐元年（1403），明成祖朱棣改北平府为顺天府，升北平为北京，北京这一称号就是从这时开始，此后明代北京上承元大都，下启清京师，作为政治中心达 588 年。明北京城是在元大都城的基址上建成，从永乐四年（1406）诏建，到永

---

① （元）熊梦祥：《析津志辑佚》，北京图书馆善本组辑，1983 年，第 4 页。

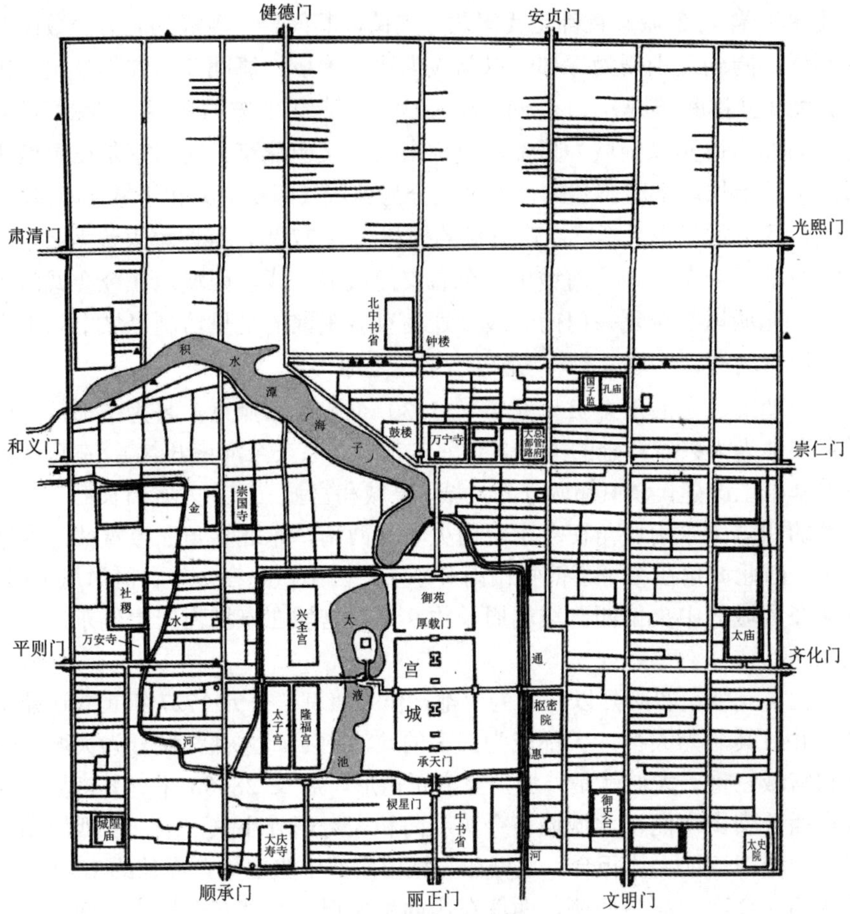

图 1　元大都北京城区

乐十八年（1420）完工，长达 15 年。1421 年，明朝正式迁都北京，南京为陪都。明北京城分为外城、内城、皇城和宫城四重。宫城（今故宫）是北京城的核心，作为皇帝理政和居住的地方，居全城之中。皇城在宫城的外面，周长约 18 里，宫城以外，皇城以内列为禁地，普通百姓不能擅入。内城又在皇城的外面，周长约 45 里，明北京内城北墙较元大都城北墙南移 5 里。内城共有九座城门：南面，中为正阳门，东为崇文门，西为宣武门；东面，南为朝阳门，北为东直门；西面，南为阜成门，北为西直门；北面，东为安定门，西为德胜门。外城在内城的南面，其为增筑部分，目的是抗御蒙古军队的入侵，嘉靖三十二年（1553）开始增修，至嘉靖四十三年（1564），由于财力不足，只修了环包南郊的外城，周长 28 里。外城共七座门：南面，永定门、左安门、右安门；东面，广渠门、东便门；西面广宁门（后改称广安门）、西便门。北京的外城、内城、皇城和宫城均以子午线为基线对称展开，其平面呈现出"凸"字图形，至此北京城的营建已基本固定。

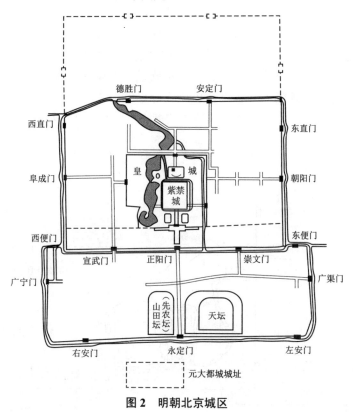

图 2　明朝北京城区

至于明代北京城区的划分，居民区仍称坊，坊下称铺（或称牌），内城28 坊：日中坊、日忠坊、金台坊、灵椿坊、崇教坊、北居贤坊、朝天宫西坊、和漕西坊、鸣玉坊、发祥坊、积庆坊、昭回靖恭坊、教忠坊、南居贤坊、金城坊、咸宜坊、安富坊、保大坊、仁寿坊、明照坊、思诚坊、阜财坊、小时雍坊、大时雍坊、南熏坊、澄清坊、黄华坊、明时坊；外城 8 坊：宣北坊、正西坊、正东坊、崇北坊、白纸坊、宣南坊、正南坊、崇南坊[①]。

清顺治元年（1644），清王朝定都北京。清朝统治者完全沿用了明朝的北京城，只是做了小的重修和改建、增建工作。清朝初年在北京的一个重要举措是：实行旗（旗人）、民（汉人）分城定居的制度。清廷下令圈占内城的房屋给旗人居住，内城居住的汉人和回民，一律迁到外城居住。这样北京的四重城，每重都有严格的规定：皇帝理政和居住在紫禁城，内苑和

---

① 徐苹芳：《明北京城复原图》，《明清北京城图》，上海：上海古籍出版社 2012 年版，插页。

官署设在皇城，旗人居住在内城，汉人等居住在外城。每重城都有城墙环围，不得擅自越制。[①]旗民分城而居的政策，对北京城的居民区分布和人口结构乃至城市的发展均产生巨大的影响。以往人烟稀少的外罗城由于大量汉族官员、士绅及平民迁居于此而逐渐繁荣，不仅形成特有的体现京城士大夫文化的"宣南文化"，同时在崇文门、前门一带也出现了繁荣的城市经济。因此，清入关以来，皇家、满清贵族以及八旗兵丁被圈养在内城，其生老病死均由朝廷供养和包办，内城实际已经失去了城市的功能，而外城便成为真正富有活力、体现京城特色的城市生活与文化区域。

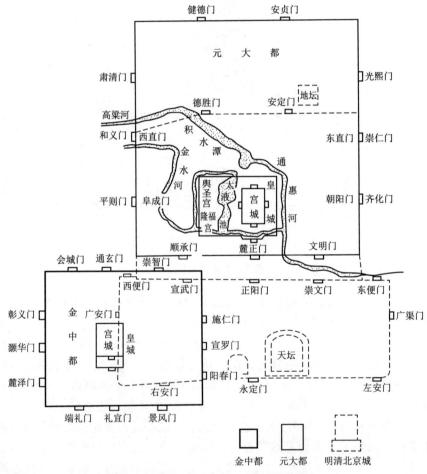

图 3　金中都、元大都、明清北京城比较[②]

---

① 阎崇年：《中国古都北京》，北京：中国民主法治出版社 2008 年版，第 196 页。

② 郭维森：《古代文化知识要览》，台北：蓝灯文化事业股份有限公司 1988 年版，第 86—95 页。

北京城池是中国历史上最后两代王朝明和清的都城城防建筑的总称，由宫城、皇城、内城、外城组成，包括城墙、城门、瓮城、角楼、敌台、护城河等多道设施，曾经是中国存世最完整的古代城市防御体系。北京城门是明清北京城各城门的总称。根据等级以及建筑规格的差异，分为宫城城门、皇城城门、内城城门、外城城门四类。明清北京城有宫城城门四座（一称六座）、皇城城门四座（一称六座或七座）、内城城门九座、外城城门七座，在民间有"内九外七皇城四"的说法。

清朝灭亡后，北京城池逐渐被拆毁。民国初年，北京城墙、街道发生很大变化。首先是皇城，从 1923 年起，皇城东、北、西三面墙垣渐次被拆除，南面墙垣后来也大都被拆除。除宫城保留较好外，现皇城城门只有天安门被保留，内城仅存正阳门、德胜门箭楼、东南角楼以及崇文门一段残余城墙，外城则完全被毁，只有永定门被重建。街道新辟纵横四条交通干线：纵向为紫禁城东侧南北池子和西侧南北街两条通道；横向为紫禁城南面大街（今东西长安街）和北面今景山前街两条通道。1924 年在正阳门与宣武门之间开兴华门（今和平门）；后又在东长安街东开启明门（今建国门），在西长安街西开长安门（今复兴门）。

新中国成立后，随着旧城墙的拆除，在原来城墙的位置建立了二环路，后又逐渐在外围修建了三环路、四环路和五环路以至今日的六环路，古老北京经历千年的建城史后，正在向更加开放和发展的轨迹行进。

二、老北京土话的界定

（一）老北京话和新北京话

北京话离不开北京人，北京人指东城、西城、崇文、宣武、朝阳、丰台、石景山、海淀等地的原住民。所指的范围包括原住民与北京开埠后来自河北等各地区的移民。胡明扬先生曾对新老北京话有过这样的界定："老北京话是老北京人说的北京话，新北京话是新北京人说的北京话"，"'老北京人'指的是父母双方是北京人，'新北京人'指的是父母双方或一方不是北京人，但是本人在北京出生和长大的人"。"老北京话和新北京话的区别主要在于老北京话保留更多的地方特色，保留更多的土话土音，而新北京话则更接近普通话，较少土话土音。"[①]本书也沿用这种界定开展调查研究和分析论证。

（二）老北京土话的分布区域

早在 1987 年，著名语言学家林焘先生就撰文指出："北京官话和北京

---

① 胡明扬：《北京话初探》，北京：商务印书馆 1987 年版，第 12—13 页。

话是两个完全不同的概念。北京话指的只是北京城区话。以北京市城区为中心，东至通县，西至昌平，南至丰台，北至怀柔，说的都是北京城区话，只占北京市总面积三分之一左右。"①林焘先生所说的北京话实际就是指的伴随着千年古都，历经千年的变化而发展起来的北京本地的方言土语。

正如上文林焘先生所指出的：老北京土话是指住在北京城区一带的本地人所说的话。

北京的旧城区包括原东城、西城、崇文、宣武四个区，即今二环路以内的范围。这四个区是传统上的内城区，老北京人习惯把北京城区分为东城、西城、南城和北城。东城即今东城区，西城即今西城区，南城即原崇文和宣武两区，以外城的南城垣为界。北城则指东西城鼓楼一线以北的地区。清时，东城和西城都是住着贵族和官员，南城和北城都是平民居住的地方，旧有"东富西贵南贫北贱"之说。新中国成立六十七年来，市区不断地向外扩展，随着城市的扩张，朝阳区、海淀区、丰台区和石景山区也被认为是城内地区，形成了"城八区"，远远超出原来老城区的范围。2010年由原来的城八区，变为现在的城六区：即东城区（崇文区并入）、西城区（宣武区并入）、海淀区、朝阳区、石景山区、丰台区。

伴随着经济发展的步伐，北京市城区也在进行着不断的改造、拆迁，老北京土话随着四合院的消失和老城区居民的迁移，外来人口的进入，其势力范围也在慢慢地消减。

三、老北京土话——一个正在消失的城市方言

老北京土话的形成有着其深刻的社会历史和文化因素，作为一座古老的都城，其语言的发展演变也随着城市的发展而发展，在现代文明的冲击下，老北京土话也在悄然地发生着变化。早在1987年，胡明扬先生就撰文指出："北京话正在迅速发生变化。30岁上下的北京人的语言有明显差异。""北京话的土腔土话正在逐步消失，北京话在迅速向普通话靠拢……"②近三十年过去了，老北京土话的发展现状如何，对于其变化的趋势，本课题开展了相关调查研究。

（一）调查的方法及数据分析

1. 调查的方法和范围

本课题主要采取问卷调查法和访谈法开展调查，调查研究的范围是针

---

① 林焘：《北京官话溯源》，《中国语文》1987年第3期，第161页。
② 胡明扬：《北京话初探》，北京：商务印书馆1987版，第80、40页。

对北京市区，即北京市现行的六大城区：东城区（包含崇文区）、西城区（包含宣武区）、朝阳区、海淀区、石景山区和丰台区进行。为了调查得更为细致和深入，本书仍以老城八区作为划界点展开研究。

2. 调查的原则和对象

以老中青三类人作为不同层次的访问群体。原则上是以老北京人和新北京人作为对象开展调查，在调查中特别对 50 岁以上的新老北京人重点展开调查。

3. 调查的程序

针对老北京土话的发展状况，自 2011 年 9 月—2014 年 6 月近 3 年时间里，本课题组在北京市区陆续开展了相关的调查，调查分三个阶段进行。第一阶段，2011 年 9 月—2011 年 12 月先后在北京市海淀区实验二小、北京市崇文区文汇中学、首都经济贸易大学三所学校展开调查。其中海淀区实验二小发出调查问卷 98 份，收回有效问卷 47 份；文汇中学发出调查问卷 50 份，收回有效问卷 30 份；首都经济贸易大学发出调查问卷 50 份，收回有效问卷 17 份。2011 年 9 月—2012 年 8 月，对老城八区 50 岁以上的北京人展开调查，发出调查问卷 232 份，收回有效问卷 189 份。第二阶段，2013 年进行新一轮的调查，本年度共发出调查问卷 638 份，收回有效问卷 485 份。具体是：在北京市第 33 中学、第 55 中学发出调查问卷 149 份，收回有效问卷 120 份。与此同时，课题组对 50 岁以上的老年人也展开调查，发出调查问卷 459 份，收回有效问卷 352 份。此外，对 24—49 岁的中青年人发出调查问卷 30 份，收回有效问卷 13 份。第三阶段，2014 年 1—3 月在中央民族大学发出调查问卷 40 份，收回有效问卷 35 份；2014 年 3—5 月对 24—49 岁的中青年人发出调查问卷 40 份，收回有效问卷 34 份。2014 年 6 月对北京市朝阳区垂杨柳中学开展补充调查，发出调查问卷 41 份，收回有效问卷 41 份。

总之，前后三次调查共发出问卷 1189 份，经过筛选和剔除后的有效问卷总共是 878 份。前后三次调查主要是针对老北京土话词汇和儿化读音展开。

4. 调查的数据分析

本书根据前后三次的调查数据，对 878 份有效问卷开展相关数据的分析，所调查对象的情况具体分析如下。

（1）调查对象中新老北京人的数据

根据三次调查数据所调查的 878 个受访人，新、老北京人的分布状况是：老北京人共 692 人，新北京人共 186 人，其分布状况如图 4。

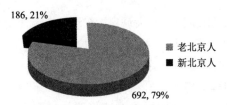

图4　新老北京人调查对象的总分布

（2）各年龄段的调查数据

根据三次调查的数据，878 人各年龄段的分布情况如图 5 所示。

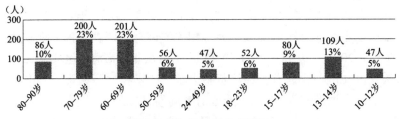

图5　各年龄段的分布情况

（3）男女性别的调查数据

将各次调查对象加以统计，男性人数为 475 人，女性人数为 403 人。所调查对象男女总的分布情况如图 6 所示。

图6　男女比例的分布

（4）文化程度的调查数据

根据第二阶段（2013 年）、第三阶段（2014 年）的调查数据，将 24 岁以上的调查群体共 386 人加以统计,其文化程度的分布情况总体面貌如图 7 所示。

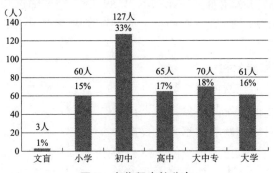

图7　文化程度的分布

图 7 中可见，在文化程度方面，文盲是极少数，初中文化程度人数位居第一，小学、高中、大中专、大学学历的人数比例比较接近。

（5）职业的调查数据

根据前后三个阶段调查的数据，对所有调查人群的职业状况进行统计，以工人、农民、军人、科教文卫、公务员、个体服务业、学生、其他 8 个项目进行分类，其职业分布的状况如图 8 所示。

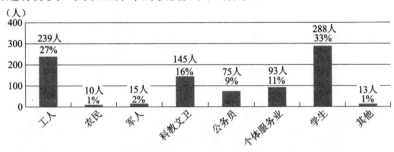

图 8　职业状况分布

（6）民族成分的调查数据

根据前后三个阶段的调查数据，对 878 人的民族成分加以考察，如图 9 所示，调查对象中汉族的人数占绝大多数，其次是满族、回族、蒙古族，其他民族的调查对象只占微乎其微的成分。

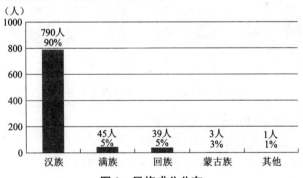

图 9　民族成分分布

（二）调查对象的数据比较

针对老北京人日常使用的词汇情况，本书根据调查中的数据，选取了 7 个有代表性特点的土话词语从不同角度展开比较。下文对所调查的数据进行具体的分析与比较。

1. 新老北京人的比较

本书对新老北京人的分布状况展开分析，为了更真实地反映北京旧城区语言的真实面貌，本书对城区的划分仍以老城八区为标准进行划分，并以 10—90 岁的北京市民作为调查对象，被调查的老北京人总数是 692 人，新北京人总数是 186 人。以下是各城区新老北京人调查群体的结构分析，其具体分布的情况如图 10、图 11 所示。

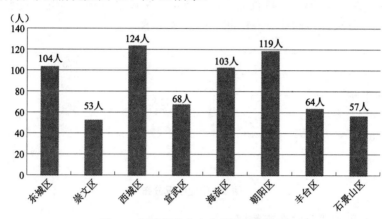

图 10 各城区老北京人调查对象分布

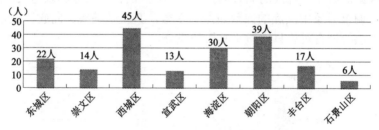

图 11 各城区新北京人调查对象分布

2. 新老北京人使用土话词汇的比较

（1）新老北京人使用土话词汇的情况

本书 3 个阶段调查的全部受访对象的调查数据，就下文 7 个较有特色的北京土话词汇展开调查，在 878 个调查对象中老北京人人数为 692 人，新北京人人数为 186 人，他们使用这些老北京土话词汇的比例如表 1 所示。

表 1　　　　　　　　新老北京人使用 7 个北京土话词汇比例　　　　单位：人，%

词汇比例 对象	姆么_{我们}	胰子_{肥皂}	且_从	伍的_{什么的}	论 lìn	比 pǐ	把 bǎi
新老北京人	133/15.1	285/32.3	111/12.6	318/36.2	415/47.3	172/19.6	201/22.9

注：表中数字式 x/y，x 表示在调查人中还保留这种说法的人数，y 表示占调查总人数的百分比。

　　以上数据显示，在老北京土话中，7 个代表性方言词汇还在使用的人数全部都已不足半数，有些词语如"姆么""且"的使用人数已经少之又少。如果再把新老北京人分开计算，其呈现出的分布状况又有不同，请见表 2。

表 2　　　　　　　　　老北京人保留 7 个北京土话词汇比例　　　　单位：人，%

比例\词汇\对象	姆么我们	胰子肥皂	且从	伍的什么的	论 lìn	比 pǐ	把 bǎi
老北京人	113/16.3	228/32.9	94/13.6	258/37.3	335/48.4	142/20.5	173/25.0

　　注：表中数字式 x/y，x 表示在调查人中还保留这种说法的人数，y 表示占调查总人数的百分比。

表 3　　　　　　　　　新北京人保留 7 个北京土话词汇比例　　　　单位：人，%

比例\词汇\对象	姆么我们	胰子肥皂	且从	伍的什么的	论 lìn	比 pǐ	把 bǎi
新北京人	20/10.7	57/30.6	17/9.1	60/32.3	80/43.0	30/16.1	28/15.1

　　注：表中数字式 x/y，x 表示在调查人中还保留这种说法的人数，y 表示占调查总人数的百分比。

　　从表 2、表 3 中可见，老北京人使用上述每一个词汇的比例都要高过新北京人，而新北京人使用上述词汇的比例普遍要少 4—5 个百分点，个别词例甚至少了 10 个百分点，证明新老北京人在使用土话词汇时还是具有一定的差异的。

　　（2）各年龄段的比较

　　根据前后三次调查的资料，对所有调查对象使用这 7 个老北京土话词汇的情况进行了统计，具体如表 4 所示。

表 4　　　　　　　　　使用 7 个北京土话词汇的年龄段分布

比例\词汇\年龄	姆么我们	胰子肥皂	且从	伍的什么的	论 lìn	比 pǐ	把 bǎi
90—80	29/86/33.7	52/86/60.5	19/86/22.0	53/86/61.6	57/86/66.2	31/86/36.0	40/86/46.5
79—70	30/200/15.5	68/200/34.0	44/200/22.0	86/200/43.0	119/200/59.5	42/200/21.0	54/200/27.0
69—60	35/201/17.4	87/201/43.2	40/201/19.9	103/201/51.2	108/201/53.7	46/201/24.3	41/201/20.4
59—50	12/54/22.0	22/54/40.7	8/54/14.8	35/54/64.8	29/54/53.7	15/54/27.7	10/54/18.5
49—24	9/47/19.1	12/47/29.9	2/47/4.2	14/47/29.8	13/47/27.7	9/47/19.1	10/47/21.3
23—18	3/52/5.7	7/52/13.5	2/52/3.8	6/52/11.5	17/52/32.7	5/52/9.6	6/52/11.5

续表

比例 年龄 词汇	姆么我们	胰子肥皂	且从	伍的什么的	论 lìn	比 pǐ	把 bǎi
17—15	8/80/10.0	9/80/11.2	3/80/3.7	19/80/23.7	27/80/33.7	9/80/11.3	15/80/18.7
14—13	15/109/13.8	27/109/24.7	4/109/3.6	24/109/22.0	26/109/23.9	15/109/13.8	23/109/21.0
12—10	1/47/2.1	3/47/6.3	0/47/0.0	3/47/6.3	6/47/12.8	2/47/4.2	2/47/4.2

注：表中数字式 x/y/z，x 表示保留土话说法的人数，y 表示被调查的总人数，z 表示百分比。

　　表 4 中可见，年龄段越高其保留土话说法的比例就越高，80 岁以上年龄段的调查群体使用土话词汇的比例，除了"且"未占绝对优势外，各词汇使用的比例要远远高于其他年龄层的调查对象。总体来看，50—70 岁这个年龄层的群体组成一个梯队，其使用土话的比例较为接近；24—49 岁中青年的群体明显是一个分界线，从这个年龄层开始使用土话的比例大大下降，可以看出这个年龄段是一个较明显的过渡带。13—23 岁这个年龄层的群体组成一个梯队，其土话使用的比例也较为接近。10—12 岁的群体使用土话的比例是最低的。总之，从 10—90 岁各年龄层使用土话的比例明显可以看到一个逐渐递增的阶梯状趋势。

　　（3）文化程度的比较

　　根据第二次（2013 年）的调查数据，从文化程度的角度对 352 位 50 岁以上的新老北京人考察其土话词汇的分布情况如表 5 所示。

表 5　　　　　　　　　　使用 7 个北京土话词汇的文化程度分布

比例 学历 词汇	姆么我们	胰子肥皂	且从	伍的什么的	论 lìn	比 pǐ	把 bǎi
文盲	2/3/66.6	2/3/66.6	0/3/0	3/3/100	3/3/100	2/3/66.6	2/3/66.6
小学	26/60/43.3	34/60/58.6	5/60/8.3	31/60/51.6	40/60/66.7	24/60/40.0	30/60/50.0
初中	17/127/13.4	45/127/35.4	11/127/8.6	52/127/40.9	65/127/51.2	41/127/32.3	36/127/28.3
高中	10/62/16.1	31/62/50.0	4/62/6.4	30/62/48.4	41/62/66.0	16/62/25.8	15/62/16.9
大中专	8/65/12.3	29/65/44.6	1/65/1.5	42/65/64.6	45/65/69.0	20/65/30.8	17/65/26.1
大学	6/35/17.0	12/35/34.2	1/35/2.8	13/35/37.0	17/35/48.5	8/35/22.8	8/35/22.8

注：表中数字式 x/y/z，x 表示保留土话说法的人数，y 表示有该类学历者的总人数，z 表示百分比。

　　表 5 中可见，7 个北京土话词汇在文盲、小学文化程度的群体中的使用比例明显要高于其他文化程度的人群，可以说这是一条分水岭；初中、高

中、大中专以及大学文化程度的群体使用土话的比例基本接近，但总体都呈现下降的趋势。其中，"胰子""伍的""论"几个词语总体上看，不管何种文化程度，其使用的比例都较高，说明这几个词在人群中的使用带有较大的普遍性，文化层次高低对其使用没有太多影响。

（4）不同城区的比较

根据第一次（2011—2012 年），第二次（2013 年）对 50 岁以上共 541 人的调查数据，不同城区使用下述方言土语的比例分布如表 6 所示。

表 6 　　　　　7 个北京土话词汇在不同城区的使用分布

比例 城区　词汇	姆么 我们	胰子 肥皂	且 从	伍的 什么的	论 lìn	比 pǐ	把 bǎi
东城	14/86/16.2	38/86/44.2	14/86/16.2	40/86/46.5	53/86/61.6	19/86/22.0	23/86/26.7
崇文	17/52/32.7	31/52/59.6	5/52/9.6	29/52/55.8	33/52/63.5	20/52/38.5	24/52/46.2
西城	29/108/26.9	88/108/81.5	23/108/21.3	50/108/46.3	66/108/61.1	16/108/14.8	17/108/15.7
宣武	16/65/24.6	32/65/49.2	12/65/18.5	36/65/55.4	40/65/61.5	27/65/41.5	23/65/35.4
海淀	13/63/20.6	22/63/34.9	15/63/23.8	30/63/47.6	33/63/52.4	12/63/19.0	14/63/22.2
朝阳	9/71/12.6	24/71/33.8	11/71/15.5	25/71/35.2	40/71/56.3	17/71/23.9	19/71/26.8
丰台	4/44/9.0	19/44/43.2	6/44/13.6	23/44/52.3	24/44/54.5	10/44/22.7	15/44/34.0
石景山	8/52/15.4	20/52/38.5	13/52/2.5	22/52/42.3	34/52/65.4	16/52/30.8	12/52/23.0

注：表中数字式 x/y/z，x 表示保留土话说法的人数，y 表示被调查的总人数，z 表示百分比。

经过比较，表 6 中各项词汇的使用比例在不同城区中的情况是："胰子""伍的""论"3 个词语的使用分布比例都十分高，各城区数据也很接近。"姆么""且""比""把"4 个词语的使用分布比例都不高，并且在各城区使用的比例参差不齐，有的较高，有的较低，可以看出这几个词在不同城区人们的口语运用中发生了较大的变化。

（5）不同职业的比较

根据前后 3 次的调查数据统计，在不同职业中还使用 7 个土话词汇的分布情况见表 7。

表 7 　　　　　7 个北京土话词汇在不同职业人群中使用的比较

比例 职业　词汇	姆么 我们	胰子 肥皂	且 从	伍的 什么的	论 lìn	比 pǐ	把 bǎi
工人	50/239/20.9	110/239/46.1	37/239/15.5	112/239/46.7	151/239/63.1	71/240/29.7	60/239/25.1
农民	5/10/50.0	7/10/70.0	6/10/60.0	8/10/80.0	7/10/70.0	3/10/30.0	7/10/70.0

续表

职业 \ 比例 \ 词汇	姆么_{我们}	胰子_{肥皂}	且_从	伍的_{什么的}	论 lìn	比 pǐ	把 bǎi
个体服务业	15/93/16.1	41/93/44.1	12/93/12.9	51/93/54.8	58/93/62.4	26/93/28.0	37/93/39.8
军人	0/15/0	4/15/26.6	1/15/6.7	9/15/60.0	8/15/53.3	1/15/6.7	4/15/26.6
科教文卫	18/145/12.4	45/145/31.0	14/145/9.6	54/145/37.2	66/145/45.5	31/145/21.3	30/145/20.7
公务员	10/75/13.3	24/75/32.0	6/75/8.0	29/75/38.7	35/75/46.7	11/75/14.7	18/75/24.0
学生	19/288/6.5	48/288/16.7	10/288/3.4	54/288/18.8	77/288/26.7	31/288/10.8	46/288/16.0

　　注：表中数字式 x/y/z，x 表示保留土话说法的人数，y 表示被调查的该类职业的总人数，z 表示百分比。

　　表 7 中各项词汇在不同职业人群中的使用情况：在工人、农民以及个体服务业群体中，各词的使用比例普遍要高于其他职业人群。学生群体各词语使用的比例均为最低。不过"伍的"和"论"两词在各职业群体中的使用比例都很高，其次是"胰子"一词的使用比例也较高。

　　（6）男女性别的比较

　　以下通过前后三次的调查数据来比较男性和女性在使用土话词汇上的差异，其分布状况见表 8。

表 8　　　　　　　　　　**使用 7 个北京土话词汇在男女性别中的比较**

性别 \ 词汇	姆么_{我们}	胰子_{肥皂}	且_从	伍的_{什么的}	论 lìn	比 pǐ	把 bǎi
男	70/475/14.7	168/475/35.4	63/475/13.3	195/475/41.1	240/475/50.5	100/475/21.1	114/475/24.0
女	57/403/14.1	104/403/25.8	41/403/10.2	125/403/31.0	186/403/46.2	74/403/18.4	90/403/22.6

　　注：表中数字式 x/y/z，x 表示保留土话说法的人数，y 表示被调查的总人数，z 表示百分比。

　　从表 8 可见，虽然从男女使用土话词汇的数据比较来看，"胰子""伍的"二词使用的人数，男性的比例远远要高于女性的。除此外，其他词汇男女使用的百分比是较为接近的，不过十分明显的是，以上各词汇男性使用的比例均比女性使用的比例要高。

　　（7）民族成分的比较

　　下文主要针对 878 个受访者的民族成分进行调查，其具体情况见表 9。

表 9 　　　　　　　　　使用 7 个北京土话词汇在民族成分中的比较

词汇比例\民族	姆么我们	胰子肥皂	且从	伍的什么的	论 lìn	比 pǐ	把 bǎi
汉族	133/790/16.8	292/790/37.0	113/790/14.3	332/790/42.1	443/790/56.1	179/790/22.7	218/790/27.6
满族	14/45/31.1	24/45/53.3	6/45/13.3	19/45/42.2	25/45/55.6	13/45/28.8	14/45/31.1
回族	8/39/20.5	15/39/38.5	5/39/12.8	18/39/46.2	26/39/66.7	9/39/23.1	15/39/38.5
蒙古族	2/3/66.6	3/3/100	1/3/33.3	2/3/50	2/3/66.7	1/3/33.3	1/3/33.3
其他	0/1/0	0/1/0	0/1/0	0/1/0	0/1/0	0/1/0	0/1/0

注：表中数字式 x/y/z，x 表示保留土话说法的人数，y 表示被调查的总人数，z 表示百分比。

表 9 可见，各词汇中汉族、满族、回族的新老北京人使用土话的比例是较为接近的。说明老北京土话词汇在民族成分上没有太大的影响。表 9 中蒙古族新老北京人各词的比例偏高，这是由于调查人数的基数太小，一定程度上影响到调查数据的客观性，带有偶然性的概率较大。

（三）影响老北京土话发展的因素

1. 人口发展因素的影响

北京人口的发展变化对老北京土话的演变有着重要的影响，地道的北京人到底有多少，目前没有这方面的可靠资料。多年前，胡明扬先生在《北京话初探》一书中做过估算："解放以来北京城区的人口迅速增长，其中一大部分是机械增长，也就是外地人迁入北京城区造成的人口增长现象，如果 1948 年北京城区人口为 132 万左右，又假定其中半数是北京本地人，那么即使以 30 年自然增长 50% 计算，目前北京城区地道的北京人也才 99 万人左右，只占目前城区人口的 22%，也就是说，每五个多人中只有一个是地道的北京人。"[1]由于公安户籍部门没有关于地道的北京人这方面的专门统计数据，无法测算出北京人的总体的分布状况。本书以下根据东城区南池子社区户籍部门《2011 年南池子户籍人口统计》作了一个抽样调查，见表 10。

表 10 　　　　　　　　南池子社区户籍人口比例　　　　　　　单位：人，%

序号	地点	北京籍	外地籍	社区人口总数	北京籍分布比例
1	北湾子	237	285	522	45.4
2	菖蒲河沿	20	13	33	60.6

---

[1] 胡明扬：《北京话初探》，北京：商务印书馆 1987 年版，第 10 页。

序号	地点	北京籍	外地籍	社区人口总数	北京籍分布比例
3	磁北巷	133	116	249	53.4
4	磁器库	20	22	42	47.6
5	磁南巷	137	158	295	46.4
6	灯笼库	56	71	127	44.1
7	东华门大街	233	332	565	41.2
8	东西银丝沟	19	24	43	44.2
9	缎库胡同	345	505	850	40.6
10	飞龙桥	360	324	684	52.6
11	库司胡同	12	6	18	66.7
12	南池子大街	750	968	1718	43.7
13	南河沿大街	400	522	922	43.4
14	大小苏州	15	35	50	30.0
15	南湾子	38	56	94	40.4
16	普渡寺	441	449	890	49.6
	总计	3216	3886	7102	45.3

　　南池子社区地处北京的核心城区，位于明清两代皇宫——紧邻紫禁城东墙的一条街道，至今已有近 600 年的历史，有"百年长街"之称。南池子大街北起东华门大街，南至东长安街，全长 790 米，宽 21 米。这条街道在 15 世纪初明成祖朱棣营建北京紫禁城时就已有规划，在明代大部分为皇家宫殿内南城和御用园林东苑的辖区，到了清代逐步发展为内务府所属储存各类物品的外宫库区。分布着缎库、瓷器库等多条大小胡同。在大街及其周围有天安门、故宫、太庙、皇史宬、普渡寺、普胜寺、宣仁庙、凝和庙等大量的历史古迹，是北京市的一个重要的"标本"街区。目前南池子大街总人口数是 7102 人，北京籍的只有 3216 人，占总人口数的 45.3%，而外来人口已超过北京籍人口，占总人口数的 54.7%。由于旧城改造、外来人口的迁入以及其他多种因素，南池子大街超半数居民早已不是纯粹的老北京人。从南池子社区的人口抽样调查可估计在北京的中心城区北京籍居民的分布状况；而在传统二环之外的城区，北京籍居民的分布就远不如中心城区密集了。

　　从语言演化的宏观因素来看，人口的发展和变迁是语言发展最重要的因素之一。新中国成立以来，北京城市的不断扩容，外来人口的巨大冲击，导致北京话的生存空间越来越窄，而北京土著居民人口和外来人口的倒挂现象，也使得北京话的使用人群有所限制。从语言学的发展规律来看，人口引起语言分化的结果有三：或者是产生方言和次方言，即混杂语；或者是其中一种语言代替另一种语言，即语言的消亡；或者是移民语言和土著语言并存竞争，造成双语现象。关于人口的变迁和老北京土话的发展关系还需要进一步地观察。

2. 优势语言的影响

随着国家推广普通话的语文政策的施行，六十年来取得了巨大的成就，北京话也在发生着历史的变化，北京话已产生了两种语体，"一种是在家庭内部以及和北京人来往时使用的家常语体，也就是北京土话，或称老北京话；另一种是在机关、单位以及和外地人来往时使用的社交语体，也就是去掉了土腔土调的北京话，或者说是北京的'普通话'"[①]。

从上文新老北京人的语言比较可见，老北京人受家庭环境的影响，还有较大比例的人群在使用北京土话词汇，而新北京人使用土话词汇的人群明显要少得多。即使如此，北京土话在使用中也不断受到普通话的影响，这一点可以从表 2 可见，老北京人使用土话词汇的比例除个别词语还有超过半数的人在使用，其他词语已经少于调查对象的半数以上。

3. 年龄因素的影响

年龄也是老北京土话慢慢消失的一个重要因素。从表 4 可见，年龄越大其保持土话词汇的比例就越大，年龄越小其保持土话词语的比例也越小。而老北京人也在自觉不自觉地放弃使用一些土话而改用普通话的词汇，特别是在青少年之中，这种现象尤其明显。

4. 语言自身发展的规律

语言发展过程中，新旧交替现象本身也是一种自然规律，老北京土话的发展也要受到语言发展规律的制约。下文从几个方面进行比较说明。

（1）与明代沈榜《苑署杂记》时期的北京话比较

《宛署杂记》是沈榜于万历十八年（1590）任顺天府宛平县知县期间所编著的宛平县志，距今已经有四百余年，该书也是北京最早的史志书之一。沈榜在记录宛平县社会政治、经济、历史地理、风俗民情、人物遗文等资料中，在第 17 卷《民风二·方言》一节中也附带记录了当时人们的一些方言口语词汇，共 87 条。笔者撷取其中一些词语，对 352 个 50 岁以上的新老北京人展开调查，具体情况见表 11。

---

① 胡明扬：《北京话初探》，北京：商务印书馆 1987 年版，第 35 页。

表 11   老北京土话词汇与明代北京方言词汇比较

原词原义完整保留的		
词例	《苑署杂记》	现代北京话
提	滴溜着	滴溜着
扶	搊	搊
扯	拉	拉
弃去	丢	丢
寻去	找	找
放开	撒	撒
头	脑袋	脑袋
背	脊梁	脊梁
颈项	脖子	脖子
喉咙	嗓子	嗓子
慌张	冒冒失失	冒冒失失
浸	泡	泡
砌	垒	垒
原词原义完全变化的		
词例	《苑署杂记》	现代北京话
烧酒	烧刀	烧酒
水桶	水筲	水桶
驴骡	头口	牲口
老鼠	夜磨子	耗子
狐狸	毛大户	狐狸
有头无尾	齐骨都	少头没尾；没头没尾
不齐整	零三八五	不齐际
仓促	忽喇叭	仓促
不明白	乌卢班	胡噜八图
处置	活变	处理
原词原义部分保留的		
词例	《苑署杂记》	现代北京话
不明亮	黑古董	黑里咕咚；黑咕隆咚
不梳头	挠头	挠头狮子样的

（2）与 30 年前的北京话比较

1981 年胡明扬先生及其课题组曾对北京话展开过两次调查，在第二次调查中撷取了 7 个词汇，对 189 个老北京人展开调查，其中统计了还保留老北京土话词语人数的百分比，其数据如表 12 所示[①]。

表 12 　　　　　　　　　 30 年前北京话词汇比较 　　　　　　　 单位：人，%

对象 \ 比例 \ 词汇	姆么 我们	胰子 肥皂	且 从	伍的 什么的	论 lìn	比 pǐ	把 bǎi
老北京人	121/64.0	110/58.2	95/50.2	110/58.2	135/71.4	78/41.2	93/49.2

注：前一数据表示在调查人中还保留这种说法的人数，后一数据表示占调查总人数的百分比。

笔者将 2011—2013 年两次对 418 位老北京人所调查的数据与 30 年前的数据进行比较，见表 13。

表 13 　　　　　　　　　 当前北京话词汇比较 　　　　　　　 单位：人，%

对象 \ 比例 \ 词汇	姆么 我们	胰子 肥皂	且 从	伍的 什么的	论 lìn	比 pǐ	把 bǎi
老北京人	81/19.8	187/44.7	83/19.8	214/51.2	260/62.2	112/26.8	134/32.0

以上所调查的词汇，与 30 年前相比，老北京人保留老北京土话读音的比例明显大幅度地下降了，其下降的百分比如表 14 所示。

表 14 　　　　　　 30 年来老北京土话读音下降的百分比 　　　　　　 单位：%

对象 \ 百分比 \ 词汇	姆么 我们	胰子 肥皂	且 从	伍的 什么的	论 lìn	比 pǐ	把 bǎi
30 年前的老北京人	64.0	58.2	50.2	58.2	71.4	41.2	49.2
现在的老北京人	19.8	44.7	19.8	51.2	62.2	26.8	32.0
30 年来下降的百分点	44.2	13.5	30.4	7.0	9.2	14.4	17.2

表 14 中可见，保留老北京土音"姆么"的人群减少了 44.2 个百分点，

---

① 胡明扬：《北京话初探》，北京：商务印书馆 1987 年版，第 49—50 页。

"胰子"减少了 13.5 个百分点,"且"减少了 30.4 个百分点,"伍的"减少了 7 个百分点,"论"减少了 9.2 个百分点,"比"减少了 14.4 个百分点,"把"减少了 17.2 个百分点,目前,在老北京的口语里,许多词汇已经被普通话词汇所代替,以上是日常生活中人们用得较频繁的词语,其演变的幅度之大,由此可见一斑。

老北京土话的发展变化在青少年的语言生活中变化得更为明显。笔者将 2011—2014 年对北京市的几所大中小学的调研数据进行梳理后,其显示的演变情况如表 15 所示。

表 15　　　　　　　　当前北京市大中小学生土话词汇使用　　　单位:人,%

词汇 文化	姆么我们	胰子肥皂	且从	伍的什么的	论 lìn	把 bǎi	比 pǐ
10—12 岁 (小学)	1/47/2.1	3/47/6.3	0/47/0	3/47/6.3	6/47/12.8	2/47/4.2	2/47/4.2
13—17 岁 (中学)	23/189/12.2	36/189/19.0	7/189/3.7	43/189/22.8	53/189/28.0	24/189/12.7	38/189/20.1
18—23 岁 (大学)	3/52/5.7	8/52/15.4	2/52/3.8	7/52/13.5	17/52/32.7	5/52/9.6	6/52/11.5

注:表中数字式 x/y/z, x 表示保留土话说法的人数,y 表示被调查的总人数,z 表示百分比。

与 30 年前北京的大中小学生对比,上述词汇的使用情况见表 16。

表 16　　　　　　　30 年前北京市大中小学生土话词汇使用[①]　　　单位:人,%

词汇 年龄	姆么我们	胰子肥皂	且从	伍的什么的	论 lìn	把 bǎi	比 pǐ
小学	15/22/68.1	15/22/68.1	13/22/59.0	15/22/68.1	9/22/40.9	7/22/31.8	6/22/27.2
中学	26/54/48.1	31/54/57.4	26/54/48.1	23/54/42.5	20/54/37.0	22/54/40.7	14/54/25.9
大学	3/11/27.2	6/11/54.5	4/11/36.3	4/11/36.3	5/11/45.4	4/11/36.3	3/11/27.2

注:表中数字式 x/y/z, x 表示保留土话说法的人数,y 表示被调查的总人数,z 表示百分比。

表 17　　　　　　　30 年来北京大中小学土话读音下降的百分比　　　单位:%

词汇 百分比 对象		姆么我们	胰子肥皂	且从	伍的什么的	论 lìn	比 pǐ	把 bǎi
30 年前	小学	68.1	68.1	59.0	68.1	40.9	31.8	27.2
	中学	48.1	57.4	48.1	42.5	37.0	40.7	25.9
	大学	27.2	54.5	36.3	36.3	45.4	36.3	27.2

---

① 本表转引自胡明扬《北京话初探》,北京:商务印书馆 1987 年版,第 62—63 页。

续表

百分比 对象	词汇	姆么_{我们}姆么我们	胰子肥皂	且从	伍的什么的	论 lìn	比 pǐ	把 bǎi
现在	小学	2.1	6.3	0	6.3	12.8	4.2	4.2
	中学	12.2	19.0	3.7	22.8	28.0	12.7	20.1
	大学	5.7	15.4	3.8	13.5	32.7	9.6	11.5
30 年来 下降的 百分点	小学	66.0	61.8	59.0	61.8	28.1	27.6	23.0
	中学	35.9	38.4	44.4	19.7	9.0	28.0	5.8
	大学	21.5	39.1	32.5	22.8	12.7	26.7	15.7

　　从以上的数据比较可见，30 年来，北京年青一代保留土话的说法的百分比幅度极大地减少了，各个词普遍下降了几十个百分点。比如：7 个土语词在小学生群体中还保留土语说法的人数已经微乎其微，大中学生现在还说"姆么""胰子""且""伍的"的人数比例已经普遍减少，只有"论 lìn斤卖"的"论 lìn"，虚词"把 bǎi"在中学生中还保持比较强劲的势头，只分别下降了 9 个、5.8 个百分点，与 30 年前比较下降幅度还不算太大。

　　因此，通过上文的多方比较可见：年龄越大保留老北京土音的比例就越高，反之，年龄越小受普通话的影响就越大，许多老北京土话词语在青少年一代的日常口语中正在慢慢消亡，代之以学校教育中所强制推行的标准语——普通话了。

　　通过表 15 至表 17 的比较可见：经历了 30 余年的历史发展，老北京话在发生着真实的变化，这种变化正如 30 年前胡明扬先生所预见的一样："北京话正在迅速向普通话靠拢，土话土音在迅速消失。新北京话已经十分接近普通话。"[①]

　　上文的分析显示了老北京土话正在消失的轨迹。总体来看，人口的变迁、普通话的侵蚀、年龄和文化的差异、语言自身发展的规律等是比较重要的几个影响因素，这些也是老北京土话正在消失的主要原因；而职业、性别、城区位置、民族成分等因素排在次要的位置。

　　本书主要是从词汇的角度开展了关于老北京方言土语的调查研究，展示了近 30 年来北京土话的发展和变化的一个侧面。老北京土话是一个正在消失的城市方言，由于各种因素的影响，其土词土语、土腔土调已经或正

[①] 胡明扬：《北京话初探》，北京：商务印书馆 1987 年版，第 81 页。

在与我们渐行渐远。

四、老北京市民生活概况及其文化

北京，旧称 Peking，是威妥玛式拼音法的译音。北京作为六朝古都，是历经三千年风雨的历史文化名城。拥有众多的名胜古迹和人文景观，是世界上拥有世界文化遗产最多的城市。她充满了帝王之气，博大尊贵。这里有世界上最大的、红墙碧瓦、戒备森严的皇宫紫禁城，有显示出皇家园林气度的颐和园、祭天神庙天坛、皇家花园北海，还有八达岭、慕田峪、司马台长城以及世界上最大的四合院恭王府等名胜古迹，无不透着雍容大度的气势。全城的建筑布局以紫禁城为中心，从南到北贯穿一条全长 8000 米的中轴线。其前朝后市，左祖右社（太庙与社稷坛）；街道纵横，殿宇辉煌；坛庙神奇，园陵壮美；河湖穿绕，风光如画。全城既有平面布局，又有立体造型，这不仅是中国古都的典范，而且在世界城建史上也占有极重要的地位。作为文化古都，数千年的岁月，如今在这里既有沉淀了的浓厚历史文化，又有现代化的衔接和交融，宽阔的长安街车水马龙，纵横交错的立交桥四通八达，王府井步行街闪烁的霓虹灯，三里屯、什刹海酒吧街灯火通明。

北京城一方面有皇亲贵族的皇宫府邸，另一方面又有平民百姓的胡同四合院。老北京人称自己是北京福地人，这是因为北京城历来被称为"人间福地"。70 多年前，作家林语堂就曾给予过极好的总结：

> 因为在北京，四季非常分明，每一季皆有其极美之处，其极美之处又有互相差异之特色。在北京，人生活在文化之中，却同时又生活在大自然之内，城市生活集高度之舒适与园林生活之美，融合为一体，保存而未失，犹如在有理想的城市，头脑思想得到刺激，心灵情绪得到宁静。到底是什么神灵之手构成这种方式的生活，使人间最理想的生活得以在此实现了呢？千真万确，北京的自然就美，城内点缀着湖泊公园，城外环绕着清澈的玉泉河，远处有紫色的西山耸立于云端。天空的颜色也功劳不小。天空若不是那么晶莹深蓝，玉泉河的水就不会那么清澈翠绿，西山的山腰就不会有那么浓艳的淡紫。设计这个城市的是个巧夺天工的巨匠，造出的这个城市，普天之下，地球之上，没有别的城市可与比拟。既富有人文的精神，又富有崇高华严的气质与家居生活的舒适。人间地上，岂有他处可以与之分庭抗礼？北京城之为人类的创造，并非一人之功，是集数代生来就深知生活之美的人所共同创造的。天气、地理、历史、民风、建筑、艺术，众美俱备，

集合而使之成为今日之美。在北京城的生活上，人的因素最为重要。北京的男女老幼说话的腔调上，都显而易见的平静安闲，就足以证明此种人文与生活的舒适愉快。因为说话的腔调儿，就是全民精神上的声音。①

"因为说话的腔调儿，就是全民精神上的声音"，对于这种"声音"，著名红学家俞平伯先生在论述《红楼梦》的语言艺术时也曾说，《红楼梦》"用的是当时纯粹的京语"。"全书仍然是用流利生动的北京话写成。尤其是人物的对话中的那些经作者加工洗练过的北京话，真能绘形绘声。"②由衷地赞美了北京话的优美。

北京人说话一口京腔儿，俗称京片子，富有特色的"儿化音"透出北京人的自负与优越感；开口说话，无论是谁，都尊称为"您"。北京话确实好玩儿，有句话说"渴不死东城，饿不死西城"，说的是北京打招呼的方式，东城人见面儿第一句话是"喝了么，您呢？"西城人会说"吃了吗（么），您呢？"延续了一个多世纪的问候语"吃了吗（么），您呢？"体现出亲切与熟络，至今仍在老北京的口头语中延续着。北京人说话天生有着其幽默感，惯用语、四字格、歇后语是创造这种幽默的重要形式：姥姥（没门儿）；幺蛾子（怪点子）；嘎七马八（乱七八糟）；起哄架秧子（捣乱）；屎壳郎掉进面缸里——楞充小白人儿；老太太喝豆汁儿——好稀（喜）；天桥儿的把式——光说不练；疥喇哈子（癞蛤蟆）附脚面——不咬吓唬人。老北京人说话几乎可以全部带上密码式的土语，要拐个弯儿才能理解其中的含义。

"哪天遇上个满不吝的，给你一板儿砖，你就知道什么是肝儿颤了。"

"借光儿，我找个豁亮儿的地儿焖得儿蜜去喽。"

"敢情你也有脚底下拌蒜，掰不开镊子的时候儿。"

这些都是老北京的土话儿，要不了解其中的词儿，还很难知道其确切含义。老北京人说话讲究艺术，有人说老北京人骂人都不带脏字儿的，可是一旦被他损了，其杀伤力却是巨大的。

说着"京片子"的北京人其生活是朴素的，人们流传这样一种说法："笑破，不笑补。"从前衣服破了，补好。直至补丁落补丁，不能再补了，还是舍不得扔，还要打"铺陈"（碎布片），留做裱袼褙，纳鞋底子用。尽管时代不同了，但这种世世代代保持勤俭持家、艰苦朴素的淳朴民风仍不会改变。

---

① 林语堂：《京华烟云》，南京：江苏文艺出版社2009年版，第128页。

② 《俞平伯全集》，张家口：花山文艺出版社1997年版，第561页。

　　老北京的文化生活十分丰富，京剧是北京人生活中的一项重要的文化活动。京剧融南北戏剧之长，形成行当齐全、表演精湛、内容广泛、人才辈出的艺术，是中国戏剧的代表剧种，其影响极为深远。时下，你只要在公园里，茶馆内，街心马路边，便可以听到、看到久居京城的老头老太，聚在一起字正腔圆或拿腔作势地唱京剧。

　　饮食上老北京人，对一日三餐饭食是相当看重的。老北京的口头禅"亏什么，也不能亏待了肚子"。老北京喜爱的小吃品种极多，豆汁儿、焦圈儿、炒肝儿、灌肠儿、面茶、驴打滚儿、羊头肉、艾窝窝儿、蜜麻花、炸糕、豌豆黄儿、茯苓夹饼、果脯蜜饯、卤煮火烧等应有尽有，所费不多，可以大饱口福。在市民的日常生活中，还有许多既经济又实惠的膳食让人百吃不厌：把新收获的绿豆，小豆磨成面粉，用水调成糊状做成的拨鱼儿。用豆面掺上少许白面或玉米面做成压饸，煮熟后浇上各种浇头儿，柔软滑溜是很好的家常饭。享有盛名的炸酱面、涮羊肉、爆肚，更是老北京极好的吃食。北京烤鸭、二锅头酒则是北京地标式的食物。北京不仅有各具特色的风味小吃，更有浓郁京味风格的京菜大系。京菜，即北京风味菜，是由北京本地风味和原山东风味、宫廷菜肴及少数民族菜肴融汇而成的北京菜系。北京菜的烹调方法，以炸、溜、烤、爆、炒、煮、烧、涮为主。菜肴口味以脆、香、酥、鲜为特色。此外，独具皇家特色的清代宫廷大菜是唯北京才有的膳食，而集满族、汉族饮食特色于一体的巨型筵席——满汉全席则是中华饮食文化的瑰宝。

　　起居上，四合院、胡同是老北京民居的标志。北京老城像副四四方方的棋盘，棋盘中间是紫禁城，外面是条条框框的环路，中间还有纵横交错的大街小巷，东西南北泾渭分明，透着股皇家的霸气与威严。虽然北京城无数的皇家宫殿、寺庙、陵寝吸引着人们前去瞻仰、游玩，可是，北京的魅力更在于普通百姓，在于街头巷尾的生活。如果你在东、西城区的小胡同转上一天，将会感受到一种与恢宏大气丝毫不相干的市井气息，而这种平易近人、与百姓生活相融合的气息正是北京所特有的胡同文化。"胡同"一词来源于蒙古语，原意说法不一，有人说是"水井"义，有人说是"小街巷"之义。从史料中看，光是"胡同"一词的写法从元朝到清朝就有十多种（火弄、火巷、胡洞、忽洞、湖洞等）。北京的大小胡同星罗棋布，据调查，老北京有 7000 条胡同，最古老的胡同是三庙街，至今已有 900 多年的历史；最长的胡同是东西交民巷，全长 6.5 里；最短的胡同，长不过十几米；最窄的胡同要数前门大栅栏地区的钱市胡同，宽仅 0.7 米。胡同里就是老北京的传统住宅四合院。四合院即东南西北四面建房，合围出一个院子，院子的外墙又组成了胡同的边墙。院内北房为正房，南房为倒房，东西两侧为厢房，四座房屋从四面围成，形成一个正方形的口字形，里面是一个中心庭院。除大门外，没有窗户或通道与胡同相连。"那些四合院的房子看来似乎很简单，其实很复杂；房子里面还有套房，大院子里面还有小院子，小院的后面还有花园。比较讲究点的院子，里面有假山，有回廊，有奇花异木；再加上几套古色古香的家具，点缀得客厅特别幽静，古雅，所以谁都说北平最适宜住家。"①在四合院里"天棚鱼缸石榴树，先生胖狗小丫头"，这是一幅和谐的老北京居家图。墙外有叫卖柴米油盐、针头线脑的小贩，有跳大神、送亲送葬的鼓乐队，还有算命的、杂耍的、磨刀磨剪的手艺人。白天夜晚，幽深静谧的小巷时不时传来一阵阵叫卖冰糖葫芦、烤白薯的吆喝声。这就是旧时老北京的生活写照。上班下班喝茶遛鸟，比上不足比下有余，京城百姓一直就是过着这种与世无争的平静闲适的生活。

正如林语堂在《大城北京·老北京的精神》中所说："宽厚作为北京的品格，溶于其建筑风格及北京人的性情之中。人们生活简朴，无奢求，易满足——大约在几百年前就是如此。这种朴素的品质源于北方人快乐的天性和粗犷的品格，快乐的天性又源于对生命所持的根本且较现实的认识，即生命是美好而又短暂的，人们应尽情享受它。"②"什么东西最能体现老北京的精神？……人们不知道。人们也难以用语言去表达。它是许多世纪以来形成的不可名状的魅力。或许有一天，基于零碎的认识，人们认为那是一种生活方式。那种方式属于整个世界，千年万代。它是成熟的，异教的、欢快的，强大的，预示着对所有价值的重新估价——是出自人类灵魂的一种独特创造。"③老北京人的生活方式、文化传统和精神气质被无数的文人墨客加以勾画、赞美与怀恋。随着工业化时代的来临，老北京市民的生活发生了巨大的变化，但是老北京人的整体精神风貌没有改变：他们关心政治、思想活跃，他们重视传统却又不排斥新的事物；大气、宽厚、朴素、诙谐、守礼却又掺入自负与油滑，这是老北京市民的性格写照，这种性格也是处在北京这座天底下"绝无仅有"的城市中，为其文化所熏陶凝结而成的。这种文化就是举世闻名的北京文化，又称京味文化。北京作为一个传统与现代极和谐地融合在一起的城市正以其傲人的步态向着未来走去。

---

① 谢冰莹：《北平之恋》，载梁实秋等《文学的北平》，台北：洪范书店 1984 年版，第 1—6 页。
② 林语堂：《大城北京》，西安：陕西师范大学出版社 2008 年版，第 8 页。
③ 同上书，第 14 页。

五、前人对老北京土话的研究

（一）国内的研究状况

北京方言是现代汉民族共同语基础方言的重要代表。长期以来，在汉语方言研究领域，以前主要关注的焦点是北京官话音系的研究，而对老北京土话，以及北京郊区尤其是远郊的方言土语几乎无人问津，可以说对北京土话的研究是较为薄弱的。

关于北京方言土语的研究，国内早在 20 世纪 20 年代就开始有记录汇释北京话土词土语的著作：齐铁恨、白涤洲《京语诠释》（1925）、蔡省吾《都门谚语》（1941）、张次溪《北京方言录》（1941）等。著名的戏曲艺术理论家、作家齐如山先生在抗战中，北平沦陷期间就闭门著书，历经八载写作了《北平土话》一书（2007）。新中国成立以来，一些学者相继出版了相关的研究著作与词典，如陆志韦《北京话单音词词汇》（1951），张洵如《北京话轻声词汇》（1957），金受申《北京话语汇》（1961），《北京话词语例释》（1982），陈钢《北京方言词典》（1985），徐世荣《北京土语词典》（1990），高艾军、傅民《北京话词语》（2001），董树人《新编北京方言词典》（2011）等。此外，还有旅居台湾的常锡桢先生出于浓浓的思乡之情也编著了《北京土话》（修订版）（1992）一书。以上诸先生大多是从词汇收集整理的角度，对北京土话词汇作了穷尽式搜索，并以词典的方式进行解释说明，严格地说这只是对北京土话词汇的初步研究，还停留在收集解释语料的初级阶段。

研究北京话音韵的主要论著有张洵如的《北平音系十三辙》（1937），全书根据北方沿用的说唱文艺韵辙，按照北京音的韵母系统编成，书中排列依韵母分，如不止一个韵母再依四呼分，字下有简单释义，是北京话最早的韵书；有罗常培先生根据搜集的一百种曲艺唱本，用科学方法整理的北京口语韵典《北京俗曲百种摘韵》（1942），该书从北方民间俗曲中摘提出"以辙代韵"的材料，考察了十三辙在民间文艺创作中的例证及其形成的历史，总结了民间文艺创作中辙口运用千变万化的原因，为民间文艺创作与欣赏提供"国语"用韵的标准。此外还有徐世荣的论文《普通话语音和北京土音的界限》（1979），该文指出普通话不能与北京话画等号，北京音系在作为汉民族共同语的语音基础之外，还有些"特殊的东西"，这些就是北京土音，作者总结"北京土音就是：偶然的，狭隘的，讹变的，混乱的那些音节——包括音节中的某些特殊的音素"。白宛如的《北京方言本字考》（1979）则是从历史探源的角度考察了老北京土话中的本字，论文撷取

75 个北京方言的词条,结合《广韵》《集韵》对其本字加以了考证,纠正了以往北京口语中人们常用俗字的原本用字的读音和写法。值得一提的还有侯精一的《北京话连词"和"读"汉"音的微观分布兼及台湾国语"和"读"汉"音溯源》(2010),指出在早先的北京话里有连词"和"读"[xa nʋ](同音字标为'汉')"的特殊读音,台湾话现在还保留这种"和"读"[xanʋ]"的老读法,并对这个字音的来源进行分析,指出其与东北话有着一致性,认为《广韵》"和"作为连词只有"户戈"一个反切,今读平声,"和"读去声"[xanʋ]"音是受东北话的影响,满人入关后带来的读音。在此基础上,张惠英的《北京土话连词"和"读"汉"音探源》(2010),对北京土话中连词"和"读作"汉"的字音,进行了详尽的考察,作者结合大量方言事实,认为这个"汉"既有"喊、唤、咳、嗨"表示叫喊之义,又兼表并列连词之义,前者作为一组同义词虽然在各地方言中分布地域不同,但都演化为连词或介词。从侯、张二位先生的论文考证可见,"和"读"汉"音是由汉语自身的内部机制发展而来,是汉语演变中实词虚化而带来的结果,并且这种变化在北京话中应该是比较早期的现象。

　　语法方面有赵元任的《北京、苏州、常州语助词的研究》(1926)、《北京口语语法》(1948 英文原版,1952 李荣中文编译版)等论著,前者描写了 10 个语助词在北京、苏州、常州中的语音形式及其变体,比较了其各自的语法功能,是一篇较早的方言语法比较研究的论文。后者是一本浅近的教授外国人学汉语的入门书。1987 年胡明扬先生的《北京话初探》是一本小册子,作者以论文集的形式探讨了北京话的定义、来源,明确指出:老北京话"保留更多的土话土音",作者还对北京话的语气助词和叹词以及北京话的形容词作了专题论述,其中语料多是选择的土语语料。此外俞敏先生《北京口语里的"给"字》(1989)就是一篇研究北京土话"给"字的论文,该文归纳了"给"字在北京土话中的多种读音形式,指出"给"字的负荷太重,具有动词、复合动词后部、介词、助词等不同的功能。此后,徐丹的《北京话中的语法标记词"给"》(1992),专文论述了北京话中"给"能代替"把"和"被",既作动词"给",又作施/受标记词的特殊语法现象。

　　21 世纪以来,研究北京话的语法论文也有一些重要代表作:江蓝生的《〈燕京妇语〉所反映的清末北京话特色》(《语文研究》1995 年第 1 期)就从语音和语法的角度观察比较了一百二三十年间北京话的发展,其中对一些很有特色的北京土话语法现象做了深入研究。李宇明、陈前瑞的《北京话"给"字被动句的地位及其历史发展》(2005)是一篇进一步讨论北京话"给"字句的论文,从"给"字表被动的语义角度,考察了当代北京口语"给"

字被动句的使用频率，及其历史的发展过程和路径。

真正对北京话的语法进行较大规模研究的是周一民，他出版的《北京口语语法·词法卷》（1998），对现代北京口语中的词法进行了较深入的描写，其目的是"以纯净的、包括北京土语在内的北京方言语法作为研究对象"，但是作者的研究并非以土话为重心，且对句法部分也没有展开研究。正如作者所说的"原计划对整个北京口语语法进行系统描写"，但限于时间和人力，"要完成这样庞大的计划几乎是不可能的"。因此作者对北京话语法系统的描写还是不完整的。

在综合性研究方面，1992 年，北京燕山出版社出版的《北京话研究》是一本论述北京话的综合性论文集，收录了 10 篇论文，它们涉及 20 世纪 80 年代末 90 年代初学者们对当时北京口语的调查和研究，但其中真正研究北京土话语法现象的论文寥寥。此外，关于北京话的历史来源问题以及现代北京话的形成，许多前贤学者发表了自己的看法。

俞敏的《北京音系的成长和它受的周围的影响》（1984）认为：古北京话是大河北方言，明代燕王（明成祖）"扫北"、满人入关奠定了旧京兆的人口，他们都是老北京话的主人。由于五方杂处，城区方言不仅自身在发生着变化，而且也受到周边方言，诸如河北武清话、三河话、东北方言、湖北方言、吴方言以及回族、满族等外族语的影响，使得北京音系变得不是十分的纯了，作者比喻"古北京话好像块白布，老北京话就好像布上染了色了"。

林焘的《北京官话溯源》（1987）认为："自辽至清，北京地区主要是在东北少数民族统治者管辖之下，一千年来，民族长期杂居和人口不断大量迁徙是北京话和东北方言日趋接近的主要原因。清初八旗兵进驻北京后内外城人口结构的变化促进了现代北京城区话的形成和发展。"后林焘先生又在《普通话和北京话》（2000）一文中认为：元大都话是现代北京话的源头。明代以后汉族统治者从山西、山东直到江浙一带，采取大量移民的政策充实北京及其附近地区，北京话不再与契丹、女真等少数民族语言频繁接触，而是与中原和长江以南各地方言频繁接触，并逐渐稳定下来。"明代的北京话和现代已经相当接近了。"清军进入北京后，实行内外城居住的制度，外城汉族人说的是土生土长的北京话，内城八旗人说的是从东北带来的汉语方言，虽然有所差异，但随着时间的推移、城市交通的不断发达、人口的巨大流动，今天内外城的口音已经完全消失。

唐作藩的《普通话语音史话》（2000），从探索普通话语音的源头这一角度，论证了作为民族共同语语音基础的北京话，由于北京的汉族人大都是从中原迁徙去的，又长期与兄弟民族杂居在一起，语言发生相互影响甚至相互融合，北京口语其发展是比较快的，这些在元代周德清《中原音韵》都有集中的反映，作者分析指出，"有更多的根据证明，《中原音韵》是现代北京音的历史源头"。①

侯精一的《试论现代北京城区话的形成》（2001），从北京话与东北话在语音上的诸多一致性，结合北京的历史人口变迁的大量数据，得出结论"满人入主中原，北京的原住民所说的北京话以及随同满人进关的汉人所说的北京—东北官话是形成现代北京城区话的基础。清朝中叶，约从康熙朝开始，满族社会进入满汉双语时期，居住于北京内城的旗人已经通行满汉双语。换句话说，北京话已经通行于北京内城的满族社会，这标志着现代北京城区话的形成"。

关于北京话的历史形成问题，是一个极其复杂的问题，以上多位学者都发表了各自的看法，但都不是最终的定论，因此，胡明扬先生早在《北京、北京人、北京话》（1987）一文中说道："北京话的渊源，或者说是北京话发展史，是一个饶有兴趣但又难度相当大的研究课题。"对这个难题，作者一连提出 6 个问题："周口店四五十万年前的'北京猿人'会不会说话，如果会说话，说的是什么话？这样的问题解决不了，也离我们太远了，可以不论。拣近的说，辽代的南京（即今北京）话、金代的中都话、元代的大都话和今天的北京话是不是一脉相承的关系？周德清的《中原音韵》所反映的音系是不是元代大都话音系？元、明两代的北京话和今天的北京话有什么不同？在历史上官话和北京话究竟是什么关系？元代的蒙古族和清代的满族对北京话有过什么样的影响？还有，今天的北京话和周围的河北方言差别很大，而和吉林、黑龙江两省的东北话反而很接近，和哈尔滨话相去无几，和远在东北边陲的宁古塔的话几乎基本相同，这又是怎么回事？"这些疑问都是对北京话进行历史研究的关键性问题，还有待于后辈学者不断地去探索研究，予以解疑。

以上是中国学者就北京话进行的多角度的论述。

（二）国外的研究状况

至于国外学者对北京方言的研究，主要是就编纂汉语教科书和语音问题做过调查、整理和研究的工作。比如，1886 年英国人威妥玛著《语言自迩集》（北京大学出版社 2002 年版，张卫东译），在当时是一部权威性的北京话课本，它系统地记录了 19 世纪中期的北京官话音系，特别是文后所附的"对话篇"记录了当时的北京口语，这对今天研究北京土话具有很高的

---

① 唐作藩：《普通话语音史话》，《文字改革》1985 年第 4 期，第 31 页。

语料价值。20 世纪中期英美的一些学者如霍凯特等人也发表过研究北京话的相关成果："Peiping Phonology"（《北平音系》，1947）、"Peiping Morphophonemics"（《北平的形态音位学》，1950）。美籍华裔学者王士元的《北京话的第三调》（1967），就是较早使用实验语音学方法，研究北京方言声调的一篇论文。在日本有近 40 位学者也致力于北京话研究，那须清的《对北京话声调的观察》（1957），末延保雄的《对北京话轻声词汇的考察》（1958），太田辰夫的《北京话的文法特点》（1965），等等，他们对清末以来的北京方言进行了多角度研究。此外日本的一批学者整理出版了《燕京妇语》（鳟泽彰夫整理，日本好文出版社 1992 年版）这样的清末北京话的课本，书中共 22 课，真实地记录了当时当地的活生生的口语事实，对于研究北京话的历史提供了一份十分难得的资料。太田辰夫、竹内诚的《小额·解说》（日本汲古书院 1992 年版）、左腾晴彦先生的《清末北京社会的语言和风物志》（《东方》1993 年第 145 号）等都是对清末民初北京话和社会风情所做的相关研究。

六、本书研究的理论依据、理论价值及手段方法

（一）理论依据

本书采用"参考语法"这一理论方法对老北京土话的语法展开解剖式的描写和研究。"参考语法"是"对一种语言句法和形态作全面描写的语法"[①]，它是以充分描写具体语言面貌为根本任务的语法体系，以要求全面、系统、近似于烦琐的描写为己任，属于描写语法的类型。"参考语法"的研究兴起于 20 世纪 70—80 年代，它是随着现代语言学诸如计算语言学、第二语言教学等应用学科的兴起对语言研究提出的新的要求：更深入、更细化以及系统化。

（二）理论价值

本书以"参考语法"为理论框架和研究方法，以北京土话的共时语言特征为描写对象，目的是为语法的理论研究和应用研究提供尽可能详尽、原始、可靠的语言资料；同时由于"参考语法"本身具备全面性、系统性、细致性、原创性等特点，对北京土话的研究能充分满足语法理论研究和语法比较的需要。其理论价值主要体现在：

1. 为北京话和普通话的关系研究提供详细的方言语法文本资料

语言是一个民族的根。汉民族共同语——普通话的历史来源是目前学

---

① ［英］戴维·克里斯特尔：《现代语言学词典》，沈家煊译，北京：商务印书馆 2000 年版，第 163 页。

术界讨论的一个焦点问题，北京话作为现代汉语的基础方言，是不是普通话的前身，是长期探讨的问题。探索老北京土话的演变规律，可为普通话的共时研究和历时对比提供参考资料。朱德熙先生曾指出，"研究一种语言的语法的理想化方式是确定一批靠得住的语料（corpus），只要这批语料的数量足够大，同时内部是均匀、无矛盾的，那么研究者……就有可能从中寻绎出可靠而且有价值的语法规律来"。并认为"作为现代汉语标准语的普通话，目前还不是十分稳定的"，"现代汉语书面语和口语都有较大的不稳定性，应以北京口语作为参照物"。强调北京话研究的几个重要原因：

一、北京话是现代标准汉语的基础方言。

二、北京话是几百万人口里说的活生生的"具体的"语言，不像普通话只是理论上抽象存在的抽象的东西。它基本是稳定、均匀的。一个语法格式北京话说还是不说，大都可以找到确定的答案，因此容易总结出规律。

三、研究北京话有利于发现现代汉语里最根本的语法事实，例如基本句型的确认，最重要的语法成分（某些虚词和后缀）的功能，语音节律（轻重音、语调、变调）跟语法的关系等等。这些都是语法研究的最根本最重要的方面。即使研究书面语言，也不能不以这些基本事实作为基础或起点。①

因此，运用"参考语法"对老北京土话进行深入调查研究就有其重要价值。从理论上，由于其提供了一种语言详尽的语法材料，并构建了其语法框架，就能为北京话和共同语语法的共时和历时比较，探索语法的演变规律，建立标准语的语法体系提供可靠的参考资料。

2. 为类型学的研究提供详细的语言个案研究的文本

"参考语法"从一开始就与语言类型学的发展有着密切的关系，语言类型学的研究其定律和结论是建立在众多的语言比较的基础之上的，类型学的发展要求单一语言研究的描写要细化，"参考语法"是以系统和细化的特点见长，可以充分满足类型学研究的需要。比较普通话融入了多种语言成分来说，北京话已经是比较单纯的语言，因此，以老北京土话作为一个语言个案进行研究，可以为跨语言和跨方言的比较研究提供详细的语法研究的类型学资料。

3. 为第二语言教学提供重要的教学参考资料

随着汉语的国际地位的不断提升，国际汉语教育已经是第二语言教学的热门话题，外国人来中国学习汉语，喜欢探访"京腔京韵"，对老北京土话十分感兴趣，由于老北京土话中"土"的成分较多，使其学习起来倍感

---

① 朱德熙：《现代汉语语法研究的对象是什么？》，《中国语文》1987年第5期，第321—329页。

吃力，而"参考语法"本身要求必须具有全面性和细致性的特点，这使得它不仅仅是对语法进行"尽可能详尽"的描写，在其描写的系统中，还必须包括与语法相关的其他元素，如语音系统、语义特征、社会文化因素等，因此本书可以作为一本语言教学的参考手册来使用，以帮助外国人尽快地了解和研究北京方言土语和北京的社会文化背景。

4. 为老北京的社会文明史保留一份语言学和文化学的历史史料

老北京土话作为一种非物质文化遗产，属于活态文化，她活在人们的口中，代代相传，然而随着各种社会政治经济和历史因素的影响，老北京土话的许多成分已经开始销声匿迹，因此，以"参考语法"来全面地描写老北京土话是十分必要的。由于"参考语法"本身还要求描写时需考虑使用的长期性，为后人的长期使用保留原始本真的语言事实和文化现象。因此，运用"参考语法"可以极大地满足对老北京土话保护、挖掘和传承的目的。它可以保留现时代活着的北京方言土语，同时这也将为后代子孙保留一份语言—社会—文化的历史资料和风俗画卷。

（三）研究的手段方法

1. 全面描写和系统研究相结合

全面即指所描写语言现象以及所分析的语言事实，必须能够涵盖该语言全部的语言特点，从语音、词汇到词法、句法、语义结构，从常规形式到风格变体，从语言本体到社会背景介绍，根据该语言的实际做力所能及的全面描写和分析。系统即指从各个角度、多方位全面考察土话的现象和规律、其特点受各种机制和条件限制的种种联系，以及社会风俗对方言土语产生的作用。

2. 典型调查和抽样调查相结合

除对所遴选的对象进行典型调查外，对有分歧的语言点还需在各城区采取抽样调查的形式加以核实，并制作了相关的调查问卷到街道居委会和老年人活动中心进行调查，以保证调查语料的真实性。

3. 静态分析和动态分析相结合

注意描写静态的语言事实时，不忽视语言的动态环境，把形式分析与语用表达有机结合，使研究的视野是开阔的而非封闭的。

（四）语料来源与说明

本书研究语料选取兼顾口语与口语文本的语料。

1. 本书主要采用田野调查的方法收集语料

本课题深入街道、公园、学校、家庭等处所展开调查。主要调查了

70—90 岁的 5 位老人。他们是海淀区的杨连顺先生、东城区的陈大椿先生、西城区的于文瑞先生、艾德山先生和东城区的刘桂珍女士。其中按传统的城区划分方法，以内城和外城为界限，重点调查了海淀区和东城区两个点。2011 年 9 月—2011 年 12 月，调查了海淀区紫竹院杨连顺先生，杨先生 1935 年出生，79 岁，小学文化，从小在紫竹院昌运宫村长大，70 多年从没有离开过该居住地，曾担任紫竹院生产队队长。1980 年，紫竹院土地征收，杨连顺先生被招工，在北京化工学校（现北京化工大学）做后勤工作。随着城市扩张、土地的征收，20 世纪 80 年代以来许多农民已经农转非，其宅基地也被征收，本人招工成为城市户口，许多人已经搬离从前的村庄，老村民目前已经很难聚在一起。比如昌运宫村从前有 30 多户人家，目前杨先生一家是唯一还留下来的住户，其他村民早已分散到北京海淀区各地。2012 年 1—6 月，笔者调查了东城区南池子大街缎库胡同的陈大椿先生，陈先生，1940 年出生，74 岁，大学文化，祖居北京东城区方家胡同。陈先生在方家胡同出生，2 岁后在辇儿胡同生活，六七岁迁至西交民巷一直生活到 1958 年，18 岁后又迁至南池子大街（东华门外南长街、北长街，西华门外南长街、北长街）缎库胡同。陈先生退休后一直担任南池子大街街道办事处的党支部书记等职务至今。本书对上述发音合作人展开了语音系统、词汇系统和语法系统的全面调查，搜集词汇 8000 多条，语法例句 3000 多句，长篇语料有《土地庙拜师》《昌运宫的来历》《四季青公社》以及笑话多则等。

除了重点调查外，还相应做了抽样调查，2011—2014 年共发出调查问卷 1189 份，分别调查了小学生、中学生、大学生群体 428 人；调查了 50 岁以上的中老年人 691 人，中青年人 70 人。

2. 口语文本语料来源

本书在以上田野调查搜集的语料基础上，还广泛收集北京口语语料库、北京土话词典和北京作家老舍、王朔等的口语文本的语料以及反映北京市民生活的电影电视剧的口语语料。

3. 语料来源标记

（1）北京语言文化大学北京口语语料查询系统（标记为 BJKY）。

（2）北大中文语料库（标记为 CCL），从北大语料库中选取老舍、王朔等京籍作家的小说作为带有口语色彩的语料文本，如老舍语料标记为 LS，王朔语料标记为 WS，其他作家依此类推，并标注作品名称。

（3）旧京白话小说（标记为 JJBH），选取清末民初时期北京白话小说的语料文本，如松友梅语料标记为 SYM，冷佛语料标记为 LF，其他作家依此类推，并标注作品名称。

（4）北京话词典的语料（标记为 CD），相关作者再冠以姓氏，例如：

徐世荣《北京土话辞典》标记为 CDX、陈刚《北京方言词典》标记为 CDC、齐如山《北京土话》标记为 CDQ、金受申《北京话语汇》标记为 CDJ、宋孝才《北京话词语例释》标记为 CDS、董树人《新编北京方言词典》标记为 CDD、高艾军《北京话词语》标记为 CDG 等，此外，陈刚、宋孝才、张秀珍《现代北京口语词典》则标记为 XDKY。

（5）田野调查语料（标记为 TYDC）。

（6）描写北京生活的影视剧语料（标记为 BJYS），并标注影视剧名称。

（7）以北京话语料作为研究用例的陆宗达、俞敏《现代汉语语法》（群众书店 1954 年版）（标记为 L&Y）。

第二节　老北京土话的语音系统

一、声母系统

（一）声母

声母共 23 个。主要特点：（1）塞音和塞擦音有送气和不送气两类；（2）零声母音节实际发音中开头往往有轻微的摩擦，带一个同部位的半元音；（3）浊擦音[z̞]接近无擦通音，不是严格意义的浊擦音。

p pʻ m f t tʻ n l ts tsʻ s tʂ tʂʻ ʂ z̞ tɕ tɕʻ ɕ k kʻ x ŋ ∅

声母例字：

p 波博百	pʻ 坡爬迫	m 妈苗抹	f 飞风福
t 大袋德	tʻ 土坦脱	n 拿男纳	l 雷篮蜡
ts 子字作	tsʻ 粗彩擦	s 丝洒粟	
tʂ 猪知桌	tʂʻ 吃初尺	ʂ 筛睡叔	z̞ 软人日
tɕ 街家急	tɕʻ 气拳漆	ɕ 喜谢学	
k 哥高国	kʻ 靠口阔	ŋ 饿恶俄	x 海汉喝
∅ 喂运挖			

（二）辅音的实验语言学数据分析

为保证语音调查数据的真实性，本课题对老北京土话的语音系统进行了相关的实验语音学的分析研究，发音合作人年龄都在 70 岁以上。采用南开大学"桌上语音工作室"（Minispeech-Lab）对样品字进行声学实验，并得出具体的分析数据。辅音部分主要分析了塞音、擦音在北京土话中的具体表现形式。

1. 东城区和海淀区的塞音格局

经过实验数据分析，东城区和海淀区的塞音格局如图12所示。

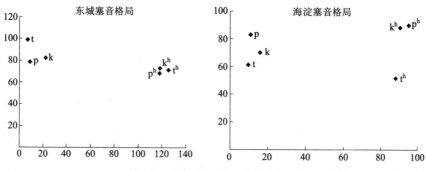

图12 东城区和海淀区塞音格局

图12可见，东城区和海淀区的塞音是有差异的。

在东城区图中，不送气音t的位置是最高的，且靠近纵轴；其次是不送气音k和p，其总体位置偏高、偏左。而送气音p^{h}的位置最低。

在海淀区图中，位置最高的则是送气音p^h，且离纵轴最远，其次是k^h，位置最低的是送气音t^h。不送气音中p的位置最高，其次是k、t。

从两个城区的塞音格局来看，6个塞音都分别为较明显的两个聚合，即不送气塞音[p、t、k]和送气塞音[p^h、k^h、t^h]，分别位于格局图偏左上和偏右上的位置。东城区送气塞音p^h、k^h、t^{h}的聚合较紧，其位置居中、偏右；而海淀区的送气塞音p^h、k^h、t^{h}的聚合较松，其位置偏右上的位置。

2. 东城区和海淀区的擦音格局

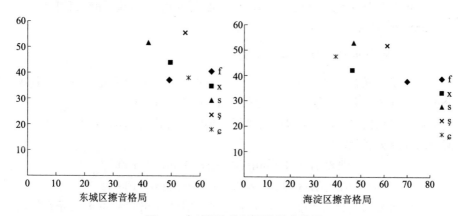

图13 东城区和海淀区的擦音格局

图 13 可见，擦音格局中，东城区和海淀区各个擦音的重心和离散性都较接近，唯一差异性较大的是舌面后擦音ç，在语音格局图上明显海淀区和东城区的分布范围不同，东城区的擦音ç靠后，而海淀区的擦音ç靠前，其游移性较之东城区要大得多。

二、韵母系统

（一）韵母

韵母共 40 个。主要特点：（1）复合韵母多；（2）有撮口呼韵母；（3）有前鼻音[-n]和后鼻音[-ŋ]两套鼻韵母；（4）有舌尖元音[ɿ、ʅ]和卷舌元音[ɚ]。

ɿ ʅ ɚ i u y a ia ua o io uo ɤ ɛ iɛ yɛ ai uai au iau ei uei ou iou u an iɛn uan yɛn ən in uən yn aŋ iaŋ uaŋ əŋ iŋ uəŋ uŋ ioŋ iuŋ/yŋ

韵母例字：

（1）单元音韵母

ɿ 资思词	ʅ 实纸齿	ɚ 儿耳二	a 爸发塔	ɛ 诶呃欸
o 脖佛磨	ɤ 歌可格	i 鼻米地	u 布木树	y 鱼绿女

（2）复元音韵母

ia 嗲夏掐	ua 花瓜夸	io 哟唷呦	uo 我阔果	iɛ 爷夜叶
yɛ 阅乐月	ai 盖孩开	uai 外怀筷	au 好炒烧	iau 小娇桥
ei 美肥给	uei 尾贵葵	ou 厚叩扣	iou 秀酒球	

（3）鼻音尾韵母

an 班盘淡	iɛn 边甜仙	uan 换宽穿	yɛn 选元全	ən 恩肯根
in 宾拼琴	uən 吞婚文	yn 云孕韵	aŋ 航康糖	iaŋ 江强香
uaŋ 狂广庄	əŋ 耕坑生	iŋ 名顶挺	uəŋ 翁嗡瓮	uŋ 红孔工
iuŋ/yŋ 穷用熊				

（二）元音的实验语言学数据分析

元音采用元音 V 值图的计算公式，对北京城区的一级元音进行了具体分析。具体方法是依次选择九个测量点，测算出每组样品的实验例字不同测量点的平均值，并从中找到最大值和最小值测算出元音的 V 值。元音 V 值图的计算公式[①]如下：

$$V1=[(B1x–B1min)/(B1max–B1min)]×100$$
$$V2=[(B2x–B2min)/(B2max–B2min)]×100$$

东城区和海淀区作为北京城市中心区，能体现出老北京土话元音的表

---

① 石锋、时秀娟：《语音样本的选取和实验数据的分析》，《语言科学》2007 年第 2 期，第 28 页。

现形式。这两个方言点的单元音舌位较为接近，东城方言点的单元音舌位整体上比海淀方言点靠后。具体来说，东城方言点的单元音[a]的第一共振峰值为800Hz左右，第二共振峰值为1000Hz至1300Hz；而海淀方言点的单元音[a]第一共振峰值大致处于 800Hz 至 900Hz、第二共振峰值为 1100Hz—1500Hz，可以明显看出东城方言点的舌位比海淀靠后。

前、高元音[i][y]的对比更为明显，东城方言点单元音[i]的舌位几乎覆盖了海淀方言点[i][y]的舌位。和元音[i][y][a]相比，两个城区方言点的元音[u]有大部分交叉，但海淀方言点的元音[u]比东城略靠前。如图 14 所示。

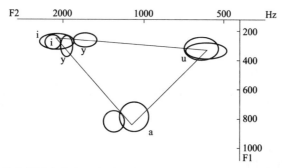

图14　北京城区方言点（东城、海淀）单元音[i][y][u][a]元音声位对比

从舌尖元音[ʅ]、[ɿ]的相对位置来看（见图 15），两个方言点的舌尖后元音[ʅ]交叉部分很多，海淀方言点元音[ʅ]的舌位几乎覆盖了东城方言点，两者的发音情况非常接近，都位于第一共振峰 300Hz 至 500Hz、第二共振峰 1500Hz 左右的位置。

比较特殊的是东城方言点的舌尖前元音[ɿ]。[ɿ]的舌位前后位置和海淀相当，也位于第二共振峰 1500Hz 左右，但因为东城的[ɿ]舌位略低，第一共振峰值大致是 600Hz 左右，所以从声位图上来看和海淀元音[ɿ]没有交叉部分。

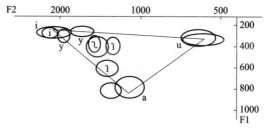

图15　北京城区方言点（东城、海淀）单元音[ɿ][ʅ]元音声位对比

元音[ɤ]和[a][i][u][y]的情况相似，从图 16 可以看出，东城方言点的元音[ɤ]舌位也比海淀靠后。两者虽然有交叉部分，但是面积不大。具体来说，东城[ɤ]的第一共振峰值略高于 1000Hz，而海淀的[ɤ]第一共振峰值则位于 1200Hz 左右。

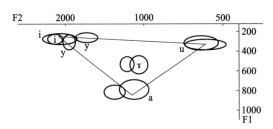

图 16　北京城区方言点（东城、海淀）单元音[ɤ]元音声位对比

总体来说，城区两个方言点的单元音舌位非常接近，从声位对比图上来看几乎都有交叉部分，只是海淀的舌位比东城略微靠前。最为特殊的是东城元音[ɿ]，由于东城方言点的舌位略低，所以从声位对比图上来看和海淀元音[ɿ]没有交叉部分。

三、声调系统

（一）声调

声调共 4 个：
阴平 55˥　阳平 35˦　上声 214˨˩˦　去声 51˥˩
声调例字：
阴平 55˥ 天诗骄　　阳平 35˦ 环情研　　上声 214˨˩˦ 舞谷虎
去声 51˥˩ 燕眉甜

（二）声调的实验语言学数据分析

声调采用 T 值的计算方法，对样品字进行声学实验，依次测算出每组样品（阴平、阳平、上声、去声）实验字（每组 10 个字）各测量点（每一声调取 9 个点）的频率数据的平均值。从中找到最大值和最小值，计算得出每个测量点的 T 值。声调 T 值的计算公式如下：

$$T=[lgx-lgb/lga-lgb]\times5$$[1]

经过分析实验数据图例见图 17。

---

[1] 石锋：《天津方言双字组声调分析》，《语言研究》1986 年第 1 期，第 78 页。

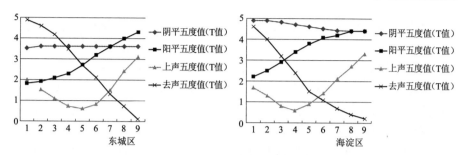

图 17 东城区、海淀区声调对比

图 17 说明，东城和海淀两个城区方言的声调格局相似但有细微差异。例如阴平，东城区为 44，海淀区为 55，但其调型略微下降，不是一个完全的平调；阳平，东城区为 25，海淀区为 35，东城区的调值上升的幅度要大。

四、音节结构

老北京土话音节结构共有 10 种类型。

1. 元音	舞[u214 ˇ]	鱼[y35 ˊ]
2. 元音+元音	哟[io55 ˉ]	挖[ua55]
3. 元音+元音+元音	优[iəu 55 ˉ]	腰[iau 55 ˉ]
4. 元音+辅音	安[an 55 ˉ]	英[iŋ 55 ˉ]
5. 元音+元音+辅音	永[ioŋ 214 ˇ]	问[uən 51 ˋ]
6. 辅音+元音	辣[la 51 ˋ]	八[pa 55 ˉ]
7. 辅音+元音+辅音	林[lin 35 ˊ]	冰[piŋ 55 ˉ]
8. 辅音+元音+元音	雪[çyɛ 214 ˇ]	雷[lei 35 ˊ]
9. 辅音+元音+元音+元音	鸟[niau 214 ˇ]	笑[çiau 51 ˋ]
10. 辅音+元音+元音+辅音	壮[tʂuaŋ 51 ˋ]	香[çiaŋ 55 ˉ]

五、老北京土话的语流音变

老北京土话的语流音变形式多样，主要具有以下形式。

（一）儿化

儿化是北京土话中的重要语音形式，其儿化与不儿化的规律有些是约定俗成的，有些是可以找出规律的。比如表大不儿化，表小才儿化，等等。其基本规则有：

1. 以[a、o、ɤ、ɛ、u]为单元音韵母或韵腹，包括韵尾是[u]的一律加上卷舌动作"r"，例如：

腊八儿[par ˉ]　　自摸儿[mor ˉ]　　蛋壳儿[k'ɤr ˉ]　　爷儿[iɛr ˉ]们

爆肚儿[tur˨]　　字号货儿[xuor˩]　　矮矬儿[tsʻuor˦]　　小刀儿[taur˥]
瓢儿[pʻiaur]菜

2. 主要元音是[ɿ、ʅ]的韵母，儿化后变成[ər]，例如：

台词儿[tsʻər˦]　　铁丝儿[sər˥]　　打食儿[ʂər˥]　　豆汁儿[tʂər˥]

3. 主要元音是[i、y]的韵母，儿化时增加元音并卷舌变成[ər]，例如：

隔壁儿[piər˩]　　小鸡儿[tɕiər˥]　　拨鱼儿[yər˥]　　小曲儿[tɕʻyər˦]

4. 韵尾是[i、n]，儿化后丢失韵尾，主要元音直接加卷舌动作[r]。例如：

椅子背儿[pər˩]　　耳坠儿[tʂuər˩]　　大婶儿[ʂər˥]　　跑腿儿[tʻuər˩]

此外，[i、n]儿化时，有些前低元音会央化并卷舌，例如：

高矮儿[ɛr˦]　　小孩儿[xɐr˩]　　面案儿[ɛr˩]　　锅盖儿[kɛr˩]
针尖儿[tɕiɐr]　　聊天儿[tʻiɐr]　　茶馆儿[kuɐr]　　手绢儿[tɕyɐr˩]

5. 韵母是[in、yn]的，儿化后韵尾丢失，主要元音后增加[ər]音。例如：

上紧儿[tɕiər˦]　　今儿[tɕiər˥]个　　挨亲儿[tɕʻiər˥]　　回信儿[ciər˩]
花裙儿[tɕʻyər˦]　　妈妈论儿[lyər˩]　　父母运儿[yər˩]　　卧云儿[yər˥]

6. 韵尾是[ŋ]的，儿化后，韵腹变成鼻化元音，[ŋ]尾消失，并加卷舌动作"r"。例如：

胡同儿[tʻũr]　　偏方儿[fãr˥]　　阴凉儿[liãr˥]　　小板凳儿[tə̃r˥]
小龙儿[lũr˥]　　蛋黄儿[xuãr˥]　　小瓮儿[uãr˩]　　乍出猛儿[mə̃r˩]

此外，[iŋ、yŋ]儿化时，鼻韵尾消失，韵腹变成鼻化元音[ə̃]并卷舌。例如：

房顶儿[tiə̃r˦]　　电影儿[iə̃r˩]　　哭穷儿[tɕʻyə̃r˥]　　小狗熊儿[çyə̃r˦]

（二）轻声

轻声也是老北京土话中的重要语音形式。一个音节发音时由于音强小、音长短，而造成声母和韵母的变化，因轻声而产生许多变读（以下用汉字前打黑点的方式表示轻声字）。

1. 声母的变读

琵·琶、枇·杷——[pʻi˦pʻɑ˥]变读为[pʻi˦pɑ˦]

糊·涂——[xu˦tʻu˦]变读为[xu˦tu˦]

送气音变为不送气音。

骨·殖——[ku˦tʂʅ˦]变读为[ku˦ʂʅ˦]

茅·厕——[mau˦tʂʻɤ˩]变读为[mau˦ʂʅ˦]

塞擦音变为擦音。

2. 韵母的变读

豆·腐——[tou˩fu˩]变读为[tou˩fəɪ]

大·方——[ta˩faŋ˩]变读为[ta˩fəŋ˩]

放·下——[faŋˇɕiaˇ]变读为[faŋˇɕiəˇ]

芝·麻——[tʂʅˉmaˉ]变读为[tʂʅˉməˉ]

姑·娘——[kuˉniaŋˉ]变读为[kuˉniəŋˉ]

累得·慌——[leiˇtˌəˌxuaŋˉ]变读为[leiˇtˌəˌxəŋˉ]

元音[a]变为[ə]。

出·去——[tʂʻuˉtɕʻyˇ]变读为[tʂʻuˉtɕʻɨˇ]

言·语——[iɛnˉyˇ]变读为[yɛnˉɨˇ]

元音[y]变为[i]。

买·卖——[maiˇmaiˇ]变读为[maiˇmɜˇ]

宝·贝——[pɑuˇpeiˇ]变读为[pɑuˇpeˇ]

热·闹——[zˠˇnɑuˇ]变读为[zˠˇnɔˇ]

斧·头——[fuˇtʻouˉ]变读为[fuˇtʻoˉ]

复合元音变为单元音。

轻声对韵母的影响主要表现在韵母的弱化，主要元音是[a]的往往变为央元音[ə]，这是较为明显的规律，此外，主要元音是圆唇元音[y]的变为不圆唇元音[i]，前响复合元音变为单元音。

有时候，轻声音节可能失去元音而只剩下辅音。

豆·腐——[touˇfuˇ]变读为[touˇfˌ]

天·气——[tʻiɛnˉtɕʻiˇ]变读为[tʻiɛnˉtɕʻˌ]

东·西——[tuŋˉɕiˉ]变读为[tuŋˉɕˌ]

意·思——[iˇsʅˉ]变读为[iˇsˌ]

3. 重叠的变读

在北京土话中重叠对构词中的轻声也是重要的因素之一，因重叠产生的轻声有几种形式：

AA 式中，第二个音节读轻声：

饽·饽[poˉpoˉ]   趴·趴[pʻaˉpʻaˉ]

哼·哼[xəŋˉxəŋ]   省·省[ʂəŋˇʂəŋ]

攒·攒[tsanˇtsan]   嚷·嚷[nɑŋˉnɑŋ]

AAB 式中，重叠的 AA 中，第二个音节读轻声：

涮·涮碗[ʂuanˇʂuanˌuanˇ]   炸·炸焦[tʂaˇtʂaˌtɕiɑuˉ]

现·现眼[ɕianˇɕianˌiɛnˇ]   消·消气[ɕiɑuˉɕiɑuˌtɕʻiˇ]

熬·熬烂[ɑuˉɑuˌlanˇ]   淋·淋湿[linˉlinˌʂʅˉ]

ABB 式中，重叠的 BB 中，第二个音节读轻声：

抓痒·痒[tʂuaˉiɑŋˉiɑŋˉ]   尿尿·尿[niɑuˇniɑuˇniɑuˇ]

吃奶·奶[tʂʻʅˉnaiˉnaiˇ]   瞎咧·咧[ɕiaˉliɛˉliɛˇ]

ABAB 式中，音节 B 一般读轻声：

参·谋参·谋[tsʻan˩məu˩tsʻan˩məu˩]

解·剖解·剖[tɕiɛ˩pʻəu˩tɕiɛ˩pʻəu˩]

调·查调·查[tiau˩tʂʻa˩tiau˩tʂʻa˩]

考·虑考·虑[kʻau˩ly˩kʻau˩ly˩]

AABB 式中，第二个 A 和第二个 B 读轻声：

蹭·蹭痒·痒[tsʻəŋ˩tsʻəŋ˩iaŋ˩iaŋ˩]

晃·晃悠·悠[xuaŋ˩xuaŋ˩iəu˩iəu˩]

烂·烂乎·乎[lan˩lan˩xu˩xu˩]

忙·忙叨·叨[maŋ˩maŋ˩tau˩tau˩]

吞·吞吐·吐[tʻuən˩tʻuən˩tʻu˩tʻu˩]

蹦·蹦跳·跳[pəŋ˩pəŋ˩tʻiau˩tʻiau˩]

AABC 式中，第二个 A 读轻声：

灭·灭火儿[miɛ˩miɛ˩xuor˩]　　闯·闯路子[tʂʻuaŋ˩tʂʻuaŋ˩lu˩tsʐ˩]

考·考功课[kʻau˩kʻau˩kuŋ˩kʻɤ˩]　　穿·穿衣裳[tʂʻuan˩tʂʻuan˩i˩ʂaŋ˩]

摸·摸头发[mo˩mo˩tʻəu˩fɤ˩]　　碰·碰运气[pʻəŋ˩pʻəŋ˩yn˩tɕʻi˩]

轻声往往受语法和词义的限制，语法轻声词是有较强规律性的，其规律主要有 10 条。

（1）语气词变轻声：吗、吧、呢、啊、的、了、呗、嘛等语气词，附在句中或句子末尾时变读轻声。例如：

好·啊！行·了！昨儿来·的。对·吧，我说的？快起·呗！

（2）助词变轻声：结构助词"的、地、得"和动态助词"了、着、过"以及表复数的"们"要变读轻声。例如：

卖糖葫芦·的；快快·地；说·得好；看·了；站·着；来·过；朋友·们。

（3）名词后缀"子、儿、头"读轻声，例如：

房·子；碗·儿；嚼·头。

（4）少数代词作宾语或表示虚指、转指、旁指等情况时，往往读轻声，例如：

人称代词在动词后作宾语时轻读：问·你；看·他；找·我。

三身人称代词"他"表示虚指时轻读：喝·他个痛快！

他称代词"人家"转称自己时第二个音节轻读：人·家急死了！

指示代词"其他"表示旁指时第二个音节轻读：其·他人都到了。

疑问代词"什么"表示列举时总是轻读：·什·么鱼啊、肉的，都被啃了。

疑问代词"怎样"的实际读音是"怎·么·样"，后两个音节轻读。

（5）重叠式的第二个音节读轻声，例如：

名词的重叠：爸·爸；哥·哥；奶·奶；外·外_{外孙}；饽·饽；蛐·蛐儿。

动词的重叠：走·走；挪·挪；拍·拍。

形容词的重叠：歪·歪；臊烘·烘；甜丝·丝儿；影·影绰·绰；意·意思·思。

副词的重叠：暗·暗；悄·悄儿的；常·常；刚·刚；偏·偏；将·将。

量词的重叠：条·条；个·个；张·张；团·团；节·节。

（6）方位词读轻声：缀在名词后的方位词一般要读轻声，例如：

上·边儿；前·面儿；外·头儿；家·里；顶·上；当·中。

（7）量词读轻声：有些量词"个""位""句"等往往读轻声，例如：

三·个；几·位；说几·句。

（8）动词后表示趋向的"来""去"读轻声，例如：

走进·来；跑出·去；放下·来；跟上·去。

（9）双音节单纯词多数第二个音节读轻声，例如：

萝·卜；牡·丹；葫·芦；玫·瑰；琉·璃；妯·娌。

（10）数词"一"夹在重叠动词间、否定词"不"在可能补语结构中，或夹在动词或形容词间，往往轻读：

试·一试；尝·一尝；使·不得；说·不清；行·不行；好·不好。

以上是老北京土话中轻声的主要规律，除了这种语法轻声词外，轻声还受词义的限制，有些词轻声与不是轻声意义不同，例如：

重重音	重轻音
针线：针与线。	针·线：女红。
肉头：比喻性子慢，少言语的人。	肉·头：软和。
兄弟：哥哥与弟弟。	兄·弟：弟弟。
大爷：骄横的男子。	大·爷：年长的男子或指伯父。
地道：地下通道。	地·道：货真价实。

此外，在生活中还有一批词语的轻声很难找到其规律性，多数都是口头使用比较长久的词：

炮·仗；闺·女；围·裙；香·椿；扶·手；题·目；性·命；时·候；浑·浊；油·水；暖·和；孩·子；咳·嗽；告·诉；尺·寸；牙·碜。

（三）增音

闭上嘴——[pinˇʂaŋˋtsueiˋ]中"闭"[piˇ]增音为[pinˇ]

把水倒了——[paiˇʂueiˇtɑuˋləˋ]中"把"[pɑˇ]增音为[paiˇ]

八下里——[pɑˋçienˇliˋ]中"下"[çiɑˋ]增音为[çienˇ]

言语一声——[yuɛnˊiˊiˇʂəŋˊ]中"言"[yɛnˊ]增音为[yuɛnˊ]

（四）减音

娘们儿[niɑˊmənˊərˊ]中"娘"[niɑŋˊ]减音为[niɑˊ]

出乱子[tʂ'uˉlanˇtsˌˊ]中"乱"[luanˇ]减音为[lanˇ]

（五）吞音

吞音是北京土话中常见的变读现象，老北京人常常自嘲为说话"偷懒"，表现为说话中，词组中的音节整个消失或者是丢失声母或韵母，老北京人也称为"吃字儿"，比如在对话中：

"多少钱[tuoˉʂɑutɕ'ianˊ]？"会读成："多儿钱[tuoˌ ɚ tɕ'ianˊ]？"句中"少"的音节丢失了，只是摆出一个卷舌的舌位[ɚ]，却并不发出声音来。

又如："谁知道那是怎么回事儿啊"会读成"谁知那[ɻ]怎么回事儿？[ʂeiˊtʂˌˉnaˇˌtsənˇməˊxueiˊʂˌˇaↄ？]"。句中"道"字因与后一音节"那"发音部位相同，在不离开发"道"的位置就直接发出"那"的音，从而"道"字就被吞掉，而"是"字就仅仅剩下一个[ɻ]的发音动作而已，也几乎完全被"吃"掉。

这种变读在生活中还十分常见，特别是在三个或以上的词组中，会去掉前后或中间的音节，表现在：

（1）丢弃：去掉中间音节。

天安门[t'iɛnˉanˉmənˊ]——天门[t'iɛnˉmənˊ]：丢失"安"字

五棵松[uˇk'ɤˉsuŋˊ]——五松[uˇsuŋˊ]：丢失"棵"字

木樨地[muˇɕiˊtiˇ]——木地[muˇtiˇ]：丢失"樨"字

动物园[tuŋˇuˇyɛnˊ]——动园儿[tuŋˇyɛnrˊ]：丢失"物"字并儿化

（2）吞并：第二个音节是辅音声母，丢掉声母，有时连带丢掉主要元音，第一、二个音节合成一个音节。

西三旗[ɕiˉsanˉtɕ'iˊ]——仙旗[ɕiɛnˉtɕ'iˊ]：丢失第二音节声母，与前一音节合并

西红柿[ɕiˉxuŋˊʂˌˇ]——星柿[ɕiŋˉʂˌˇ]/兄柿[ɕiuŋˉʂˌˇ]：丢失第二音节声母、主要元音，保留韵尾，与前一音节合并

第二个音节是零声母时，第一、二个音节合成一个音节：

地安门[tiˇanˉmənˊ]——电门[tiɛnˇmənˊ]：第一和第二音节合并为一个音节，保留第一个音节的声调

玉渊潭[yˇyɛnˉt'anˊ]——渊潭[yɛnˉt'anˊ]：第一音节和第二音节的介音[y]合并，保留第二个音节的声调

八王坟[pɑˉuɑŋˊfənˊ]——邦坟儿[pɑŋˉfərˊ]：丢掉第二个音节的[u]介

音，第一个音节和第二个音节主要元音、韵尾合并并儿化，保留第一个音节的声调

也有后两个音节合并的情况：

蓝旗营[lan˧tɕʼi˧yiŋ˧]——蓝情儿[lan˧tɕʼiə̃r˧]：第二个音节和第三个音节合并并儿化

三个五个[san˥kɤ˩˩˥u˩˩˥kɤ˥˩]——仨五个[sa˥uɤ˩]：第一、第二个音合并，第四个音节声母脱落后，与第三个音节合并

（3）吃字：在词或词组中，老北京人常常将非重读音节含混着读，以至于常常脱落其中的音节，但是在发音过程中舌位仍摆出卷舌[ʅ]的姿势，却并不发出音来。

比如：老师——读作[lau˩ ʅ]，"师"字被吃掉，只剩下一个[ʅ]的发音动作；先生——读作[ɕiɛn˥ ʅ ŋ]/[ɕiɛn˥ ʅ]，"生"字或保留一个韵尾，或干脆全部"吃"掉，也只剩下一个[ʅ]的带卷舌的发音动作。其他的例子如：

告诉你[kɑu˩su˩ni˩]——告你[kɑu˩ni˩]/告[ʅ]你[kɑŋ˩ ʅ ni˩]

白石桥儿[pai˧ʂʅ˧tɕʼiaur˥]——白[ʅ]桥儿[pai˧ ʅ tɕʼiaur˥]

珠市口[tʂu˥ʂʅ˩kʼəu˩]——珠[ʅ]口[tʂu˥ ʅ kʼəu˩]

电视台[tiɛn˩ʂʅ˩tʼai˩]——电[ʅ]台[tiɛn˩ ʅ tʼai˩]

毛主席[mɑu˧tʂu˩ɕi˧]——毛[ʅ]席[mɑu˧ ʅ ɕi˧]

这种情况较多的是被吃字的韵母为高元音[ʅ]和[u]时出现。

（六）变音

北京土话中，变音有声母变音、韵母变音，和声母、韵母甚至声调一起变音的情况。

变声母：

簸箕[po˩tɕi˥]——[po˩tɕʼi˥]，"箕"[tɕi˥]变读为[tɕʼi˥]

波浪[po˥lɑŋ˩]——[pʼo˥lɑŋ˩]，"波"[po˥]变读为[pʼo˥]

蝴蝶[xu˧tiɛ˧]——[xu˧tʼiɛ˩]，"蝶"[tiɛ˧]变读为[tʼiɛ˩]

家里[tɕia˥li˥]——[tsa˥li˥]，"家"[tɕia˥]变读为[tsa˥]

自个儿[tsʅ˩kər˩]——[tɕi˩kər˩]，"自"[tsʅ˩]变读为[tɕi˩]

板凳[pan˩təŋ˩]——[pan˩tʼəŋ˩]，"凳"[təŋ˩]变读为[tʼəŋ˩]

只当[tʂʅ˩tɑŋ˩]——[tsʅ˩tɑŋ˩]，"只"[tʂʅ˩]变读为[tsʅ˩]

琢磨[tʂuo˧mo˩]——[tsuo˧mo˩]，"琢"[tʂuo˧]变读为[tsuo˧]

钥匙[iau˩tʂʼʅ˩]——[iau˩ʂʅ˩]，"匙"[tʂʼʅ˩]变读为[ʂʅ˩]

变韵母：

厕所[tsʻɤˇˇsuoˊ]——[tsʻuoˇsuoˊ]，"厕"[tsʻɤˇ]变读为[tsʻuoˇ]

明儿[miə̃rˊ]——[miarˇ]，"明儿"[miə̃rˊ]变读为[miarˊ]

骆驼[luoˇtʻuoˊ]——[lɤˇtʻouˊ]，"骆"[luoˇ]变读为[lɤˇ]

山里红[ʂanˉliˊxuŋˊ]——[ʂãˉləˇxuŋˊ]，"里"[liˊ]变读为[ləˊ]

小子[ɕiauˇtsʅˊ]——[ɕiauˇtseiˊ]，"子"[tsʅˊ]变读为[tseiˊ]

告诉[kauˉsuˇ]——[kauˉsuŋˇ]，"诉"[suˇ]变读为[suŋˇ]

流脓[liouˊnoŋˊ]——[liouˊnəŋˊ]，"脓"[noŋˊ]变读为[nəŋˊ]

变声母、韵母：

碎了[sueiˇləˊ]——[tsʻeiˇləˊ]，"碎"[sueiˇ]变读为[tsʻeiˇ]

黑更半夜[xeiˉkəŋˉpanˇiɛˇ]——[xeiˉtɕiŋˉpanˇiɛˇ]，"更"[kəŋˉ]变读为[tɕiŋˉ]

夹肢窝腋窝[kaˉtʂʅˉuoˊ]——[tɕiaˉtʂʅˊ_ouˊ]，"夹"[tɕiaˉ]变读为[kaˉ]

发行[faˉɕiŋˊ]——[faˉxaŋˊ]，"行"[ɕiŋˊ]变读为[xaŋˊ]

回去[xueiˊtɕʻyˇ]——[xueiˊkʻɤˇ]，"去"[tɕʻyˇ]变读为[kʻɤˇ]

变声母、声调：

提溜[tʻiˊliouˉ]——[tiˉləuˊ]，"提"[tʻiˊ]变读为[tiˉ]

栅栏儿[tʂaˇlarˇ]——[ʂaˉlarˇ]，"栅"[tʂaˇ]变读为[ʂaˉ]

抓子儿[tʂuaˉtsərˊ]——[tʂʻuaˊtsərˊ]，"抓"[tʂuaˉ]变读为[tʂʻuaˊ]

变韵母、声调：

言语[iɛnˊyˇ]——[yɛnˊiˊ]，"言"[iɛnˊ]变读为[yɛnˊ]，"语"[yˇ]变读为[iˊ]

雀盲眼夜盲眼[tɕʻyɛˇmaŋˉiɛnˇ]——[tɕʻiauˇmaŋˉiɛnˇ]，"雀"[tɕʻyɛˇ]变读为[tɕʻiauˇ]

黑间[xeiˉtɕiɛnˉ]——[xeiˉtɕiɛˊ]，"间"[tɕiɛnˉ]变读为[tɕiɛˊ]

后阁寺庙的后院建筑[xəuˇkɤˊ]——[xəuˇkauˇ]，"阁"[kɤˊ]变读为[kauˇ]

变声母、韵母、声调：

客儿客人[kʻɤˇ]——[tɕʻiɛrˇ]，"客"[kʻɤˇ]变读为[tɕʻiɛˇ]

隔夜[kɤˇiɛˇ]——[tɕiɛˉiɛˇ]，"隔"[kɤˇ]变读为[tɕiɛˉ]

脊梁骨[tɕiˊliaŋˊkuˊ]——[tɕiˊniŋˊkuˊ]，"梁"[liaŋˊ]变读为[niŋˊ]

伙计[xuoˇtɕiˇ]——[xuoˇtɕʻiɛˊ]，"计"[tɕiˇ]变读为[tɕʻiɛˊ]

（七）变调

"一"的变调：一个儿自己一人[iˇkɤrˇ]——"一"[iˉ]变读为去声[iˇ]
阴平变去声。

"七""八"的变调：七上八下[tɕʻi˥ʂaŋ˩pa˩ɕia˩]——"七"[tɕʻi˩]变读为[tɕʻi˩]，"八"[pa˥]变读为[pa˩]

阴平变阳平。

无规则变调：

菠菜[po˥tsʻai˩]——[po˩tsʻai˩]，"菠"变调，阴平变阳平

邮局[iou˩tɕy˩]——[iou˥tɕy˩]，"邮"变调，阳平变阴平

排子车[pʻai˩tsɿ˩tʂʻɤ˥]——[pʻai˩tsɿ˩tʂʻɤ˥]，"排"变调，阳平变上声

拐弯儿[kuai˩uar˥]——[kuai˩uar˩]，"弯"变调，阴平变去声

雪白[ɕyɛ˩pai˥]——[ɕyɛ˩pai˥]，"雪"变调，上声变去声

跟前儿[kən˥tɕiɛr˩]——[kən˥tɕiɛr˩]，"前"变调，阳平变上声

以上是老北京土话多种音变的类型，老北京土话的语音常常因为老北京人说话图省力，而出现声母脱落，随意变音变调、吃字等现象而被形容为有"京油子味儿"。

六、文白异读

（一）文白异读的类型

老北京土话也有许多文白异读的现象，本书根据《国音常用字汇》和《同音字典》摘出一些文白异读字，通过这些文白异读字可见，反映在老北京土话字音上的区别有以下几种类型（例字读音先文后白）。

1. 声母不同：赐 sɿ˩——tsʻɿ˩

粳 kən˥——tɕiŋ˥

2. 韵母不同：六 lu˩——liu˩

肉 ʐu˩——ʐɤu˩

3. 声调不同：巫 u˥——u˩

忘 uaŋ˥——uaŋ˩

4. 声调声母不同：撞 tʂʻuaŋ˥——tʂuaŋ˩

豉 ʂɿ˩——tʂɿ˩

5. 声调韵母不同：摘 tʂɤ˥——tʂai˥

踹 xua˩——xuai˥

6. 声母韵母不同：蔓 man˩——uan˩

厕 tsʻɤ˩——ʂɿ˩

7. 声韵调都不同：骰 tʻəu˥——ʂai˩

虹 xuŋ˥——tɕiaŋ˩/kaŋ˩

（二）老北京土话文白异读的规律

1. 声母的文白异读

声母	文读	白读	例字
帮	p	pʻ	波偏
微	m	∅	蔓
透	tʻ	ʂ	骰
泥	n	ʐ	挼
精	ts	tɕ	姊
清	tsʻ	t	蹲
知	tʂ	tʂʻ	嘲
澄	tʂʻ	tʂ	治辙撞
初	tʂʻ	ts	嘬
审	ʂ	tʂ	螯
禅	ʂ	tʂʻ/ʐ	豉甚
见	k	tɕ	更耕粳
匣	x	k/tɕ	虹

声母的文白异读现象在北京土话中不是很突出，只有很少一部分字存在声母的文白异读差异问题。

2. 声调的文白异读

声调的文白异读集中在清入声字。

古入声清声母字今白读主要是阴平、上声，文读多数是去声、少数是阳平。例如：

	北	拍	咳	黑	郝	宅	螯	拆	色
文	poˇ	pʻoˇ	kʻaiˇ	xɤˇ	xɤˇ	tʂaiˇ	ʂˋ	tʂʻɤˇ	ʂɤˇ
白	peiˉ	paiˉ	kɤˊ	xeiˊ/xeiˊ	xauˊ	tʂaiˉ	tʂˉ	tʂʻaiˉ	saiˊ

	百	栢	角	脚	摘	窄	颏
文	poˉ	poˊ	tɕyɤˊ	tɕyɤˊ	tʂɤˉ	tsɤˊ	kʻɤˉ
白	paiˋ	paiˊ	tɕiɑuˊ	tɕiɑuˇ	tʂaiˉ	tsaiˋ	kʻɤˉ

古舒声字文白异读的规律性不强，以下以文读音为准，看文读音在四声的情况下，白读的变化情况。

文读阴平，白读去声、阳平

	权	差	嘲
文	tʂʻaˉ	tʂʻaˉ	tʂʻɑuˉ
白	tʂʻaˋ	tʂʻaˋ	tʂʻɑuˊ

文读阳平，白读阴平、去声

　　　　颟　　蹲　　捞　　巫　　诬　　治　　撞　　　虹　　　忘

文　manˊ　tsʻuənˊ　lauˊ　uˊ　uˊ　tʂʅˊ　tʂuaŋˊ　　xuŋˊ　　uaŋˊ

白　manˉ　tuənˉ　lauˉ　uˉ　uˉ　tʂʅˇ　tsuaŋˇ　kaŋˇ/tɕiaŋˇ　uaŋˇ

文读上声，白读阴平

　　　　颇　　　几

文　pʻoˇ　　tɕiˇ

白　pʻoˉ　　tɕiˉ

文读去声，白读上声、阴平，个别读阳平

　　　　踝　　娶　　导　　暂　　三　　拆　　敁　　吹　　奘　　亚

文　xuaˇ　tɕʻyˇ　tauˇ　tsanˇ　sanˇ　tʂʻɤˇ　ʂʅˇ　tʂʻueiˇ　tʂaŋˇ　iaˇ

白　xuaiˉ　tɕʻyˇ　tauˇ　tsanˇ　sanˉ　tʂʻaiˉ　tʂʅˇ　tʂʻueiˉ　tʂuaŋˊ　iaˇ

以上现象可见：声调的文白异读文读阳平，白读阴平、去声；文读去声，白读上声、阴平的字占绝大多数；文读阴平，白读去声、阳平；文读上声，白读阴平的字只有少数，有些还只是零星的。

3. 韵母的文白异读

果开一文[ɤ]白[uo]，文[uo]白[a]；果合一文[ɤ]白[an]/[iəu]

　　　　我　　他　　和　　囮

文　ɤ　　uo　　ɤ　　ɤ

白　uo　　a　　an　　iəu

假开二文[ia]白[a]，假合二文[ua]白[uai]

　　　　厦　　踝

文　ia　　ua

白　a　　uai

遇开三文[y]白[ɤ]，遇合一文[u]白[ua]

　　　　车　　呱

文　y　　u

白　ɤ　　ua

蟹开一文[ai]白[ɤ]，蟹开二文[ai]白[an]，蟹开三文[i]白[ie]，蟹合二文[uai]白[uo]

　　　　咳　　颏　　埋　　曳　　啜

文　ai　　ai　　ai　　i　　uai

白　ɤ　　ɤ　　an　　ie　　uo

止开三文[i]白[iɛ]，文[ɤ]白[ʅ]；止合三文[uei]白[ei]

	苤	苹	厕	谁
文	i	i	ɤ	uei
白	iɛ	iɛ	ʅ	ei

效开三文[iɑu]白[uai]

	舀
文	iɑu
白	uai

流开三文[u]白[əu]

	漱
文	u
白	əu

咸开二文[an]白[a]，咸开三文[yɛ]白[iɛ]

	杉	怯
文	an	yɛ
白	a	iɛ

深开三文[ən]白[in]

	赁
文	ən
白	in

山开三文[iɛn]白[yɛn]，文[ʅ]白[ɤ]；山合一文[an]白[uan]；山合四文[yɛ]白[iɛ]

	癣	蟄	蔓	血
文	iɛn	ʅ	an	yɛ
白	yɛn	ɤ	uan	iɛ

臻合一文[u]白[uo]，臻合三文[uo]白[uai]

	捽	率	蟀
文	u	uo	uo
白	uo	uai	uai

宕开一文[ɑŋ]白[uɑŋ]，文[o]/[uo]白[au]

	奘	薄	摸	落	烙	酪	鏊
文	ɑŋ	o	o	uo	uo	uo	uo
白	uɑŋ	au	au	au	au	au	au

宕开三文[uo]白[au]，文[yɛ]白[iɑu]

	勺	芍	嚼	脚	角	雀	削	药	钥
文	uo	uo	yɛ	yɛ	yɛ	yɛ	yɛ	yɛ	yɛ
白	au	au	iɑu	iɑu	iɑu	iɑu	iɑu	iɑu	iɑu

江开二文[o]/[iɑu]白[ɑu]/[ɤ]

	剥	雹	壳
文	o	o	iɑu
白	ɑu	ɑu	ɤ

曾开一文[o]/[ɤ]白[ei]/[ɑu]，曾开三文[ou]/[ɤ]白[ai]；

	北	勒	肋	黑	鹤	贼	郝	骰	色	塞
文	o	ɤ	ɤ	ɤ	ɤ	ɤ	ɤ	ou	ɤ	ɤ
白	ei	ei	ei	ei	ei	ei	ɑu	ai	ai	ai/ei

梗开二舒声文[əŋ]白[iŋ]/[ən]，入声文[o]/[ɤ]白[ai]；

	更	耕	粳	橙	白	百	栢	拍	麦	摘	宅	窄
文	əŋ	əŋ	əŋ	əŋ	o	o	o	o	o	o	o	o
白	iŋ	iŋ	iŋ	ən	ai	ai	ai	ai	ai	ai	ai	ai

梗开三舒声文[uo]白[ʅ]，文[i]白[ɤ]；

	硕	掖	液	腋
文	uo	i	i	i
白	ʅ	ɤ	ɤ	ɤ

通合一舒声文[uŋ]白[əŋ]/[ɑŋ]/[iɑŋ]，通合三入声文[u]白[iou]/[y]/[əu]/[uo]；

	脓	弄	虹	六	绿	菉	缩	粥	熟	肉	轴
文	uŋ	uŋ	uŋ	u	u	u	u	u	u	u	u
白	əŋ	əŋ	ɑŋ/iɑŋ	iou	y	y	uo	əu	əu	əu	əu

　　从舒声和入声的角度看，北京土话舒声韵的文白异读字很少，主要集中在古入声字上，特别是宕江曾梗通五摄原来收-k 尾的入声韵如宕摄的药韵，江摄的觉韵，梗摄的陌韵、麦韵，曾摄的职韵、德韵，通摄的屋韵、烛韵等。宕江摄入声字的白读与中古效摄字合流，文读与果摄合并；曾摄开口一等入声字白读与蟹摄合口合流，文读与果摄合并；曾摄开口三等庄组和梗摄开口二等入声字白读与蟹摄开口一二等合并，文读与果摄合流；通摄合口三等入声字文读与遇摄合并，合口三等知系入声字白读与流摄合并。

　　从声韵调的角度看，北京土话的文白异读在声母和声调上差异不算大，只有极少数的一批字存在文白异读问题，文白读在声母和声调上绝大多数是一致的，文读与白读的差异主要集中在韵母上；总体上看，舒声韵的韵母文白异读规律性不是很强，而入声韵韵母的文白异读呈现较强的规律性：文读其韵母是单纯式，一般由一个元音充当的单韵母居多，白读其韵母是复杂式，一般由复合元音构成较多。韵母如果有介音，文读为二合元音，白读为三合元音；韵母如果无介音，则无介音的为文读，有介音的是白读。

第三节　老北京土话的词汇系统

词汇最能体现出老北京说话的特点，老北京土话中有相当一批地方性词汇，在下层居民中保留更多，这种话常被人贬称为"胡同儿的话"，也经常有人用"痞"来形容北京话，这种"痞"，也可以说是一种"痞俗"。以下从词汇的构成和语义的聚合两方面分析老北京土话的词汇。

一、词汇的构成

（一）基本词汇

在老北京的基本词汇里，有相当一部分体现出其土话的色彩。

1. 表天体自然的

虹[tɕiaŋ˩]彩虹、老爷儿太阳、天狗吃月月食、打闪闪电、炸雷落地雷、住点儿雨停、燥雨暴雨、雨水季儿农历六月、七月间常下雨的季节、春季天儿春天、嘎嘎儿天早晚阴冷中午晴暖的天气、下霜打霜、桃花儿雪阴历三月间下的雪、云子云、乏云雨后的大块残云、火烧云红色的云霞、海子湖泊、龙爬/龙爬坡泥石流。

其中，表示与下雨有关的词汇较为丰富。

掉点儿下雨、喘气儿雨连续降落的一阵大一阵小的雨、车辙雨北方夏季的阵雨、蒙松雨儿极细的雨、牛毛细雨小雨、小蒙蒙雨儿牛毛细雨。

2. 表时间季节的

今儿（个）今天、明儿（个）明天、昨儿（个）昨天、前儿（个）前天、黑更[tɕiŋ˥]半夜半夜三更、黑下夜里、如今晚儿现在、现代、时会时候、五月节/粽子节端午节、打春立春、破五儿正月初五。

3. 表生产活动、资料的

排子车板车、骡驮子、趟子驴以驴作代步，无人驾驶的运输方式、胶皮人力车、井窝子卖水之处、当当儿车旧指电车、电驴子摩托车、□[kaŋ˥]绳牛鼻绳、水簸箕水车、火轮轮船、汽碾子压路机、脚踏车自行车。

4. 表生活用品的

取灯儿火柴、自来火打火机、吕宋雪茄、胰子/肥子肥皂、毛窝窝棉鞋、绒紧子绒制的贴身内衣、薄棉儿较薄的棉衣、花盆儿鞋满族妇女的厚底鞋、冰盏儿响器、响炕方砖砌成而中空的炕、板闳子门儿街门楼、老虎油清凉油、话匣子留声机、相匣子照相机。

5. 表动作行为的

挨在、瞜看、布布菜、开吃、扛捡，又指舀、搊从低处向上扶起来、爞生火、喀哧熬、嚼裹花费、提溜提、拎、瞜睄观赏、捯赶快制作、撮吃（一顿）、咕庸蠕动、撂放、沁胡说、臊羞辱、瓯[ts'ei]打碎。

6. 表人体器官的

哥棱瓣儿膝盖、耳镜儿耳膜、额拉嗉喉结、眵目糊眼屎、手梢子手指尖、脸孤拐颧骨、迎面骨小腿的正面骨头、痦子痣、咂儿乳房、囟脑门儿囟门、脑门子前额、大拇哥拇指、卡巴裆胳下。

7. 表事物的性质状态的

粗[xan]、蒭太、过于、肝儿颤极度畏惧、墩台体形矮而强壮、瓮阔十分富有、辣实阴险恶毒，又指天气极寒、苗细细而软，不坚固、硬棒结实，又指坚硬、瘪咕瘪陷貌、面唉指食物软烂，又指人性情温和、扁生形容物体扁平，带赞美义。

8. 表亲属关系的

老家儿父母、二爹叔、奶奶母亲、公母俩夫妻、活人妻指离异且丈夫还活着的妻子、暮生儿遗腹子、一担挑连襟、大大满族对伯父之称、额娘满族对母亲之称、大婶儿婶母、大妈伯母、大爷伯父、亲[tɕ'iŋ]娘亲家母。

9. 表动物的

老琉璃蜻蜓、老家贼麻雀、老鸹乌鸦、地里排子鼹鼠、呼伯喇鹁子、火虫儿萤火虫、夜猫子猫头鹰、草鸡母鸡、长虫蛇、爪儿鱼鳖、鱼花子鱼苗、歇（拉）虎子壁虎、燕么虎儿蝙蝠、子儿雌蜻蜓。

10. 表植物的

大麻子蓖麻、转日莲向日葵、老鸡头芡实、棒子玉米、老倭瓜扁南瓜、赖瓜子苦瓜、叶儿仁一种状如浮萍的水草、红姑娘儿灯笼草、肥头子儿皂荚的种子、五月鲜儿指夏初采摘的桃子、袜底儿菜/麻缨儿菜马齿苋、婆婆丁蒲公英、苏子紫苏。

11. 表食品的

雪花儿酪旧时土制冰激凌、重萝面旧指用筛过两道的精细白面、烧鸭子烤鸭、煮饽饽饺子、艾窝窝、炒肝儿、驴打滚儿、豌豆黄、茯苓饼、豆汁儿、焦圈、炸酱面、自来红（白）京式月饼。

12. 表指称和指代的

您第三人称的敬称、姆么我们、您、您们对第二人称多数的尊称、这、那。

13. 表示方位的

这边儿[la]这边、那边儿[la]那边、东边儿[la]东边、西边儿[la]西边、这喝[xɤ]儿这边、那喝[xɤ]儿那边。

14. 表示数量的

俩、仨、牙儿一牙儿西瓜、轱辘儿/骨碌儿一骨碌儿黄瓜、堡儿/子这堡儿、好几堡子、掐儿一掐儿韭菜、开儿、抹儿、丢丢儿一丢丢儿糖、丢点儿一丢点儿糖、子儿一子儿挂面、丁丁儿一丁丁儿盐、蒭蒭儿蒭蒭儿大、抠抠儿抠抠儿饭、半/半儿拉[la]半/半儿啦西瓜、提溜儿一提溜儿苹果、汪子一大汪子水、劈儿一劈儿麻绳、箍节儿一箍节儿甘蔗、骨塔儿一骨塔儿黄稀酱、拉溜儿一拉溜儿柳树、市街—市街泥。

15. 表程度、范围、关联、否定、语气的

忒、挺、铁准—定、恶歹子极、甚、大概其大概、忽然间忽然、再再再三地、再分倘若、爽得索性、将不将儿刚刚、仅仅、甭[pəŋˊ/piŋˊ]不要、别、伍的、来着、哟、喽、呗。

（二）一般词汇

1. 古语词

包括文言词和历史词，例如：

文言词：含而忽之含糊了事、概而不论不顾一切、胡云胡说、念子曰有求于人，不直接请求，而自己念念叨叨以让人听见、概其在的指在场的所有人、果不其然果然、至矣尽矣达到极点、蹊跷古怪儿奇怪、愍而受死不敢抵抗、忍受侮辱、一线之路最不理想的生路、一爷之孙堂兄弟、不要之紧不要紧。

历史词：贝勒清朝爵位、贝子贝勒的复数、黄带子指清代贵族、格格清代对皇族女儿的称呼、阿哥清代宫廷称皇子、哥儿大户人家的公子、巡官巡警的大头目、官面儿旧指政府机构、封印。

2. 外来词

老北京土话因其特殊的政治、历史及文化的原因，至今保留着许多外来民族的借词，尤其是满族和回族的借词。例如：

满族：萨琪玛糕点、鹅涎痕迹、克什祭祀用的食物、犴得儿犴驼鹿、哈拉巴肩胛骨、苏拉指太监手下的仆人、塌塌儿小屋、勒克方形小饼、压步散步、乌布儿身份、塌塌儿搭地头蛇、哥儿妈男孩的奶母、阿扎满人称母亲。

回族：法依太好处、朵子提儿朋友、白乐凯忒吉祥、团儿阿目食品、乌程死、乜贴善心、善款、塔儿壶冲澡用的水壶。

蒙古族：胡同儿、噻坐、堪达罕驼鹿。

其他：喀拉一种细呢子衣料（藏语）、猫儿腻内情（波斯语）、克朗棋康乐球、挖拉儿阀门（英语）。

3. 行业词

窝脖儿旧时以颈部承受重物的搬运工、枭侣扒手、煤黑子煤炭工人、姑娘儿妓女、拍花的拐卖人口的人、监妗子监狱内女警、老娘婆接生婆、老公太监、姑子尼姑、武把子武行、打印子的放高利贷者、锢露锅的补锅匠、车豁子车把式、坟少爷旧指为财势人家守坟的人、教习旧指学校教员、管役旧时学堂的勤杂工、巡捕旧指警察。

4. 隐语

旧京土话中有许多江湖隐语，大多是社会底层人物或秘密会道门所使用的词语，例如：白果儿鸡蛋、万儿指名号、春出去说出去、里腥指合谋设下圈套诈骗、里腥货假货等。

除了这些隐语之外，还有数字的江湖隐语，较普通的一套是：

流一、月二、汪三、斋四、中五、深六、星七、张八、爱九、君十。

另有一套数字隐语是：

条一、咬二、掰三、库四、脚五、廖六、桃七、奔八、吵九、勺十。

各行各业在此基础上又有所出入，如菜行的数字隐语：

提一、列二、掰三、呼四、抠五、深六、线七、张八、弯九、歪[uai˥]十。

以上数字隐语主要是新中国成立前或新中国成立初期商业行业的隐语，到了 20 世纪 80 年代个体户买卖使用的隐语又有新的变化，当时对人民币的称呼有：

一分一元、一张十元、一颗一百元、一个数一百元、一堆儿一千元、一方一万元。

在隐语中也包括一批江湖黑话，20 世纪 20—30 年代，旧京土语中就有许多黑话，例如：

叉子父亲、长安路做仆从的职业、楮钱、楮头子（儿）钱、把楮给钱之义、绑金用邪术骗取钱财、粘子/蔽粘子旧指托儿、空子指有钱而无社会经验的人、盘儿指容貌、铲儿光，盘儿亮赞美妇女美貌、裹饰指妇女、踢土指鞋、容指偷窃、相子指内行、轮子指太阳、臭筒子袜子、吃腥指设赌场、吃二磨专吃小偷、骗子财物的黑吃黑行为。

老北京土话中的黑话在 20 世纪 80 年代又有新的发展：

拍婆子泡妞、圈子指轻浮的女子、砸圈子嫖娼、盘儿亮指容貌漂亮、条儿顺身材苗条、底儿潮有前科、雷子[tsaɪ˥]便衣警察、炮局公安局、老炮儿本指老进看守所的人，现泛指无所事事，却又有侠义心肠的老混混儿、九道弯特指炮局胡同的看守所、练打架、佛爷小偷、洗抢劫、刷抢劫、掰大闸撬锁、老冒老流氓、放血动刀行凶、花了打出血、挂花、叶子钞票、碎催最底层的小混混、丫挺指丫头养的，骂人语、丫由"丫挺"简化而来，现成为青年男子间流行的称呼语。

其中有些还是延续的旧京土语中的黑话。

二、几个成结构的语义场分析

"语义场是由语义系统中的一组有关联的义位组成的、具有一定共同语义特征的聚合体。现代语言学认为，语义现象尽管极为复杂，但它仍是成系统的，是一个与语音语法相并列的同属于语言系统的子系统。同其他系统一样，语义系统也是由若干成分之间相对稳定的联系性所构成的具有一定功能的整体。"①语义场是结构语义学的最主要成就，通过语义场可以更好地了解某一个词汇系统的语义关系，本书通过老北京土话词汇系统中的多个语义场的描写，管中窥豹地展示老北京土话词汇系统的特点、轮廓和语义特征。

以下语义场的语料是基于《北京话语汇》（金受申，1961）、《北京话词

---

① 郭伏良：《现代汉语语义场分析初探》，《河北大学学报》1995 年第 1 期，第 34 页。

语例释》(宋孝才、马欣华,1982)、《北京方言词典》(陈刚,1985)、《北京土话辞典》(徐世荣,1990)、《北京土话》(常锡桢,1993)、《北京土话》(齐如山,2008)、《北京话词语》(高艾军、傅民,2001)、《新编北京方言词典》(董树人,2011),以及老舍、王朔等京籍作家作品的材料;此外,加上笔者调查的《汉语方言词汇调查表》(中国社会科学院语言研究所,1983)3000 多条词汇、《汉语方言词汇》(声飞软件系统,范俊军)8000 余条词汇中收集整理出来的词条,较大程度上能够概括各语义场及其子语义场的词汇群。

(一)亲属关系语义场

老北京土话的亲属称谓数量很多,常用在"五服"之内有血亲和姻亲关系的有 120 多个。北京土话亲属关系语义场属于层次关系语义场,从结构上可以分为血亲和姻亲两个子场,每个子场又分多个层序语义场。

图18　亲属称谓语义场结构层次

表 18　　　　　　　　　　**直系宗亲亲属称谓**

亲属关系		辈分	汉语称谓词	北京称谓词	对称面称时	叙称背称与叙说时
直系宗亲	直系宗亲及其配偶	长四辈	高祖父	老祖宗	老祖宗	老祖宗
			高祖母			
		长三辈	曾祖父	老祖儿、太爷;老爷子(回)	老祖、太爷	老祖、太爷
			曾祖母	老祖儿、太太;老太太(回)	老祖、太太	老祖、太太
		长两辈	祖父	祖父、大爷爷、爷爷、爷;玛父(满);爸爸[pa˨pai˦](回)	爷爷、爷、大爷爷	祖父、大爷爷、爷爷、爷
			祖母	祖母、奶奶、奶;太太(满)	奶奶、奶	祖母、奶奶、奶

续表

亲属关系		辈分	汉语称谓词	北京称谓词	对称面称时	叙称背称与叙说时
直系宗亲	直系宗亲及其配偶	长一辈	父亲	父亲、爸爸、爸、爹爹、爹、老头、老头子、老爷子、阿玛（满）	爸爸、爸、爹、老爷子	父亲、爸爸、爸、老头、老头子、老爷子
			母亲	母亲、妈妈、妈；奶奶（满）、额娘（满）、阿扎（满）	妈妈、妈、奶奶	母亲、妈妈、妈、奶奶
		平辈				
		晚一辈	儿子	儿子、阿哥（满）外秩子过继的儿子	称名或按排行称呼	儿子、称名或按排行称呼、外秩儿过继的儿子
			儿媳	儿媳妇儿、媳妇	称名	儿媳妇儿、媳妇
			女儿	闺女、女儿、姑娘、小姐、大小姐、丫头、丫头片子指黄毛丫头，夹着尿片子的小姑娘、姑奶奶出了嫁的女儿、格格（满）	称名或按排行称呼	闺女、女儿、姑娘、小姐、大小姐、丫头片子、姑奶奶出了嫁的女儿
			女婿	女婿、姑爷、娇客特指新姑爷	称名	姑爷、女婿、娇客
		晚两辈	孙子	孙子、孙儿	称名	孙子、孙儿
			孙女	孙女儿	称名	孙女儿
			外孙	外外	称名	外外
			外孙女	外孙女儿	称名	外孙女儿
		晚三辈	重孙	重孙子	称名	重孙子
			重孙女	重孙女儿	称名	重孙女儿
		晚四辈	玄孙	耷拉taˇlaˇ孙儿	称名	耷拉taˇlaˇ孙儿
	其他	长一辈	父母	老家儿、老的儿	老家儿、老的儿	老家儿、老的儿

表 19　　　　旁系宗亲亲属称谓

亲属关系		辈分	汉语称谓词	北京称谓词	对称面称时	叙称背称与叙说时
旁系宗亲	兄弟姐妹及其配偶子女	长两辈	伯祖父	爷	行几称几爷	行几称几爷
			伯祖母	爷奶	行几称几爷奶	行几称几爷奶
			叔祖父	叔祖父	叔祖父	叔祖父
			叔祖母	叔祖母	叔祖母	叔祖母
			姑爷爷	姑爷爷	姑爷爷	姑爷爷
			姑奶奶	姑奶奶	姑奶奶	姑奶奶
			姨祖母	奶奶姨	奶奶姨	奶奶姨

亲属关系	辈分	汉语称谓词	北京称谓词	对称_{面称时}	叙称_{背称与叙说时}
旁系宗亲	平辈	兄	哥哥、哥	哥哥、哥	哥哥、哥
		嫂	嫂子、姐	嫂子、姐	嫂子、姐
		弟	弟弟	弟弟或按排行称呼	弟弟或按排行称呼
		弟媳	弟妇、弟妹	妹妹	弟妇、弟妹
		姐	姐姐、姐	姐姐、姐	姐姐、姐
兄弟姐妹及其配偶子女		姐夫	姐夫、姐丈	姐夫	姐夫、姐丈
		妹	妹妹	妹妹或按排行称呼	妹妹或按排行称呼
		妹夫	妹夫[fuˋ]儿	妹夫儿	妹夫儿
		兄弟	哥儿几个	哥儿几个	哥儿几个
		姐妹	姐儿几个	姐儿几个	姐儿几个
		姑嫂	姑嫂	姑嫂	姑嫂
		妯娌	妯娌	妯娌	妯娌
		连襟	一担挑、一边儿沉	一担挑、一边儿沉	一担挑、一边儿沉
		夫妻	公母俩	公母俩、两口子	公母俩、两口子
父亲之兄弟姐妹及其配偶子女	长一辈	伯父	大爷、大大/大（满）、伯伯（回）	大爷、大大/大（满）、伯伯（回）	大爷、大大/大（满）、伯伯（回）
		伯母	大妈	大妈	大妈
		叔父	叔、伯伯（回）、爹（满）	叔、伯伯（回）、爹（满）	叔、伯伯（回）、爹（满）
		叔母	婶儿、婶儿妈（满）	婶儿	婶儿
		姑父	姑父、姑爹、姑伯伯（回）	姑父、姑爹	姑父、姑爹
		姑母	姑妈_{年纪比父亲大}、姑姑、大娘儿_{年纪比父亲小}、娘儿_{对姑姑未嫁时的称呼}	姑妈、姑姑、大娘儿、娘儿	姑妈_{年纪比父亲大}、姑姑、大娘儿_{年纪比父亲小}、娘儿
	平辈	堂兄	堂兄	堂兄	堂兄
		堂弟	堂弟	堂弟	堂弟
		堂姐	堂姐	堂姐	堂姐

续表

亲属关系		辈分	汉语称谓词	北京称谓词	对称_{面称时}	叙称_{背称与叙说时}
旁系宗亲	父亲之兄弟姐妹及其配偶子女	平辈	堂妹	堂妹	堂妹	堂妹
			表兄	表兄	表兄	表兄
			表弟	表弟	表弟	表弟
			表姐	表姐	表姐	表姐
			表妹	表妹	表妹	表妹

表 20　　　　　　　　　　　　　　　　外亲亲属称谓

亲属关系		辈分	汉语称谓词	北京称谓词	对称_{面称时}	叙称_{背称与叙说时}
外亲	母亲之亲属	长三辈	外曾祖父	太姥爷、老祖	太姥爷、老祖	太姥爷、老祖
			外曾祖母	太姥姥、老祖	太姥姥、老祖	太姥姥、老祖
		长两辈	外祖父	外祖父、姥爷	姥爷	外祖父、姥爷
			外祖母	外祖母、姥姥	姥姥	外祖母、姥姥
			舅公	舅姥爷、大舅爷	舅姥爷、大舅爷	舅姥爷、大舅爷
			舅婆	舅姥姥	舅姥姥	舅姥姥
			姨公	姨姥爷	姨爷	姨爷
			姨婆	姨婆、姨奶、姨姥姥	姨婆、姨奶、姨姥姥	姨婆、姨奶、姨姥姥
		长一辈	舅父	大舅	大舅	大舅
			舅母	舅母、舅妈	舅母、舅妈	舅母、舅妈
			姨父	姨父	姨父	姨父
			姨母	姨儿	姨儿	姨儿
		平辈	表兄	表兄、表哥	表哥	表兄、表哥
			表弟	表弟	表弟	表弟
			表姐	表姐	表姐	表姐
			表妹	表妹	表妹	表妹

表 21　　　　　　　　　　　　　　　　姻亲亲属称谓

亲属关系		辈分	汉语称谓词	北京称谓词	对称_{面称时}	叙称_{背称与叙说时}
姻亲	丈夫之亲属	长两辈	丈夫的祖母	奶奶婆	奶奶	奶奶婆
		长一辈	公公	公公、爷爷、爸爸、爸、你爸爸	爸爸、爸	公公、爷爷、爸爸、爸、你爸爸

亲属关系	辈分	汉语称谓词	北京称谓词	对称*面称时*	叙称*背称与叙说时*
姻亲	丈夫之亲属				
	长一辈	婆婆	婆婆、婆母、妈妈、妈、你妈妈	妈妈、妈	婆婆、婆母、妈妈、妈、你妈妈
		丈夫的伯父	大爷公	大爷公	大爷公
		丈夫的婶母	婶婆	婶婆	婶婆
	平辈	丈夫	先生、我男人、男的、姑爷、老头、老头子、老东西	称名或老头子、老东西	先生、我男人、男的、姑爷、老头、老东西
		大伯子	大伯[pai˥]子	大哥	大伯子
		大伯嫂	大伯[pai˥]嫂	大嫂	大伯嫂
		二伯	二大子	二哥	二大子
		三伯	三大伯子	三哥	三大伯子
		小叔子	小叔子	弟弟	小叔子
		小婶子	小婶子	小婶子	小婶子
		大姑子	大姑儿、大姑子	大姑儿、大姑子	大姑儿、大姑子
		小姑子	小姑子	小姑子	小姑子
	晚一辈	侄子	侄儿	称名	称名
		侄女	侄女	称名	称名
		外甥	外外	称名	称名
		外甥媳妇	外外姐姐	称名	外外姐姐或称名
		外甥女	外甥女	称名	称名
	妻子之亲属				
	长一辈	岳父	爸爸、爸	爸爸、爸、你爸爸	岳父、老丈杆子
		岳母	妈妈、妈	妈妈、妈、你妈妈	岳母、丈母娘
	平辈	妻子	我媳妇儿、媳妇儿、太太、夫人、妻子、内人、贱内、老伴儿、老婆子	媳妇儿、老婆子或称名	我媳妇儿、媳妇儿、太太、夫人、妻子、内人、贱内、老伴儿、老婆子
		内兄	内兄、大舅子、哥哥、哥	哥哥、哥	内兄、大舅子、哥哥、哥
		内弟	内弟、弟弟	弟弟或按排行称呼	内弟、弟弟

亲属关系	辈分	汉语称谓词	北京称谓词	对称面称时	叙称背称与叙说时
姻亲	妻子之亲属 平辈	内姐	内姐、姐姐、姐、大姨子	姐姐、姐	内姐、姐姐、姐、大姨子
		内妹	内妹、妹妹、小姨子	妹妹或按排行称呼	内妹、妹妹、小姨子
	晚一辈	内侄	内侄	称名	内侄
		内侄女	内侄女	称名	内侄女
	其他 长一辈	亲家	亲家	亲家	亲家
		亲家公	亲[tɕʻiŋ˥]爹、亲家老爷	亲爹、亲家老爷	亲爹、亲家老爷
		亲家母	亲[tɕʻiŋ˥]娘、亲家奶奶	亲娘、亲家奶奶	亲娘、亲家奶奶

亲属称谓语义场的特点：

1. 亲属称谓词的形式特点

从语音形式的角度，除少数一些称谓如爸、妈、哥、姐、姑、姨等可以单用外，其他大多数是双音节和多音节词。部分词语读音时，第二个音节必须读作轻声，如"舅妈"的"妈[ma˩]"，"大姑子、小姑子"的"姑[ku˩]"等，这种变读有时是为了区别词义的不同，如"大姑子"的"姑"读轻声，是为了区别于尼姑之称为"姑[ku˥]子"；从结构形式的角度，有由一个语素构成的单纯词和多个语素构成的合成词。

2. 亲属关系语义场的语义特点

老北京土话亲属称谓的语义范畴构成了一个独立的语义场，这一语义场的特点是：

（1）宗法观念。宗法社会最大的特点就是等级制度森严，统治者制定了一套严整的礼制来进行人伦规范。荀子《富国》中说："礼者，贵贱有等，长幼有差，贫富轻重皆有称者也。"[①]中国历行数千年的宗法制度就是要以"严内外、辨亲疏、明贵贱、别尊卑"的礼制内核来保证尊者、长者的利益，维系社会的严整的等级差别秩序。"家族"就是社会最小的细胞组织，这套礼制制度自然要渗透进去。老北京土话亲属称谓系统就反映了华夏民族几千年来的宗法家族观念。这套宗法血亲制度是以维护男系为中心的宗法制度，也是"守礼"的具体体现，概括地说是：长幼有序，脉系分明，男女平列，内外有别。对长幼的排序相当严格，血亲姻亲支脉清晰，直系旁系井然有序；不同辈分亲属称谓的区别一目了然，长者多冠以"太、老"等

---

① （战国）荀况著，张觉先校注：《荀子校注·富国》，长沙：岳麓书社2006年版，第107页。

词头，不同支系的亲属冠以"堂、表、内、外"；对同一辈分中的长幼区别也很明晰，一般用"大/老、二、三、四"等来排序：比如"大哥/老大、二弟、三弟、四弟""大姑、二姑、三姑、四姑"等；排行最小的用"小""老"来表示，如"小姨儿""老姨儿"等。亲属称谓中，虽然以父系为中心来划分，但男女性别却严整对应，且一律平等。以上这些都反映出老北京土话中亲属称谓区分精细、亲疏分明、尊卑有序的观念。

（2）泛化同称。老北京土话三代以上和三代以下都出现泛化现象，老北京人认为辈分太高或太低，都"论（lìn）不到那儿"，所以三代以上不分男女都同称为"老祖儿""老祖宗"，同时不管血亲和姻亲，遇到三代或以上的老年人都使用同样的称呼，如"太奶奶、太爷爷"之类的，因此像"太奶奶"这种称呼可以泛指所有年龄较大的妇女；又如"娘儿"除了称呼未嫁的姑姑，也用来称呼姑母、婶母、姨母等长一辈女性亲戚。这种泛化现象还延伸到非亲属关系的人群，如"关大爷、石姥姥、孙大妈、牛舅舅、小云姨儿"，遇到同学或朋友的父亲排行第四，也会跟着叫"四爸"等等；这是亲属称谓的社会化的具体体现，反映了人与人之间的一种和谐与亲情关系，也是老北京人注重礼节、温良恭俭让的行为表现。

（3）义位单纯。这种单纯体现在：第一，单一性：亲属称谓的义位以单义位居多，只有奶奶（兼指祖母、母亲）、爷爷（兼指祖父、公公）、哥哥、姐姐（兼指夫之兄弟姐妹和妻之兄弟姐妹）等少数几个称谓词有两个义位的，不存在三个以上义位的亲属称谓。第二，单向性：绝大多数称谓词只具有单向性，即一方称呼另一方，反之则不允许；只有少数词的义位具有双向性，双方均可使用。如"爸爸、妈妈"既可称呼公公婆婆，也可称呼岳父岳母；"哥哥""姐姐"等既可称呼夫之兄姐，也可称呼妻之兄姐。这些具有双向性义位的词一般也只能是多义位的词才能充当。

（4）开放兼容。在亲属称谓系统中，老北京土话也是在发展过程中不断变化、兼收并蓄的。比如亲属称谓词中也融合了满族和回族的亲属称谓词，一部分在旗满人的亲属称谓词遗留下来，同时，在满族的亲属称谓词中比如"奶奶"是在旗满人对"母亲"的另一个称呼，据学者解释这是源自安徽、江西、福建等地的汉语方言词[1]；"格格"由原来指皇亲贵族的公主，而转化为泛指一般旗人家的女儿，现如今一些非满族的市民也为自己的女儿取名"格格"的大有人在。

（5）人称借代。在老北京土话中有许多使用亲属称谓造词或产生词义转指的情况，如：孙子，表示软弱、家伙；姥姥：表示休想；事儿妈：指

---

① 陈刚：《北京方言词典》，北京：商务印书馆 1985 年版，第 2 页。

喜欢挑剔、爱管闲事、不肯沉默的人；芝麻秸儿妈：指自以为无所不知的人；蝎子妈：比喻最狠毒、最可恨的人。

（二）人体语义场

北京土话人体语义场属于整体部分关系语义场，从结构上可以分为头、躯干、上肢、下肢四个子场，每个子场又分多个整体部分关系语义场。

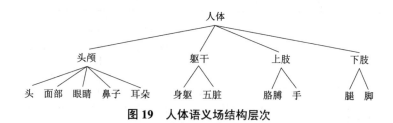

图19 人体语义场结构层次

表22 人体名称

		头颅
头	头颈	脑袋瓜儿指头部，又叫脑袋瓜子、脑壳/脑袋壳脑壳、脑崩骨脑壳，又称"脑崩壳"或"脑梆骨"、脑瓜顶儿头顶、脑瓜皮前额的皮肤、脑门儿/子前额、扎脑门儿广阔的额头、页勒盖儿/页棍盖儿/页灵盖/夜罗盖额、脑仁儿脑子、脑相儿指头部的形状、脑凿子指脑勺儿、后脑勺儿指脑勺、脑后窝儿枕骨上的凹陷处、囟脑门儿囟门，又称"尿脐儿"、奔头前额或脑额特别发达而突出者，又叫"奔达头"、夹奔儿头扁平头、后奔头后脑突出，又叫后奔拉、后脑海头的后部，又叫"后脑壳"、光葫秃儿光头、脑子脑髓、脑浆子脑髓，也指头脑、脖儿颈[tɕiŋ˥]、梗[kəŋ˩]子脖儿颈、脖梗子指脖子后部、脖颈轴子脖儿，又叫"脖根轴子"、脖筋脖子左右两边的筋腱、脖颏[kʰɤ˩]颈下部分、脖梁骨指颈部至脊柱的骨骼、耳脖子耳后到脖颈子部分、肉枕胖人项上凸起的肥肉、争嘴窝儿枕骨上面的小坑儿、颏罗嗉喉结、嗓子嗓喉、呃连管儿指食管、系儿食道
	须发	头发、旋儿发旋、髻女人的发髻、篡儿女人的发髻、海儿发/看发儿/发帘儿刘海儿、顶门鬏儿刘海儿、水葫芦儿妇女两鬓的长头发、冲天锥小孩竖立在头顶心的小辫子，又叫"钻天锥"、锅圈儿头顶剃光，只留周围一圈的小孩发式，又指清代男人辫子周围一圈头发、胡子/胡须、海下绦颏下的胡子，又写作"颏顿溜"、络腮胡、八字胡、狗蝇胡子稀疏的胡子
面部		脸、盘儿脸、腮帮子脸腮、咧腮颏向外张开的腮帮子、脸孤拐颧骨、孤根颧骨，又指腮骨、酒窝儿、下巴颏儿下巴、脸模儿面色、气色、人中[zən˥zɻuŋ˩]/[zɻən˥zɻuŋ˩]、皱皱纹皱纹、迫[pʼai˩]子脸儿平扁的面孔
眼睛	眼睛	眼睛、眼只[tʂɻ˥]毛睫毛、眼珠儿眼珠、白眼珠儿眼白、眼窝子眼皮凹陷之处、眼犄角儿眼角、眼泡儿上眼皮、眼系子眼球外肌、眼泪、泪窝儿眼眶下缘与眼球间的凹陷处、眼皮儿眼皮、肿眼泡儿指肥厚的上眼皮，又叫"肉眼泡儿"、眼梢儿外眼角附近、眵目糊眼屎[tʂɻ˩muɤxu˥]
	眉毛	眼眉眉毛、眉头子眉毛、眉毛团指双眉之间、吊客眉八字眉
鼻子		鼻子、鼻翅儿指鼻端的两侧、鼻梁洼儿鼻梁两侧凹陷的地方、鼻洼子指鼻端两旁与脸颊交接之凹陷处，又称"鼻窝儿"、鼻须鼻孔内长的毛、鼻梁子鼻梁、鼻尖儿鼻尖儿、趴鼻子儿扁鼻子、塌鼻梁儿塌鼻子、鹰鼻子钩鼻子、翻鼻孔翘鼻子、鼻定鼻涕，又称"脓[nəŋ˩]带"
耳朵		耳朵、耳头[tʼou/tou]耳廓、耳垂、耳脖子指耳后到脖颈部分、耳仓子指外耳耳轮以内凹入部分、耳根台子即孔壳，指耳朵后面颥骨的突出部分、耳镜儿耳膜、耳头眼儿指耳孔、耳镇外耳门前面的突起，即耳屏、耳蚕耳垢，又称"耳塞"

头颅		
嘴巴	嘴唇	嘴、嘴巴子指脸部的两腮和下巴颏儿、嘴头子指嘴唇的周围、嘴皮子指嘴唇,又指口齿,形容说话快而利索、嘴岔儿指嘴角、嘴盔儿指嘴唇四周、嘴巴骨下颌骨、牙叉骨下颌骨、乖乖、豁子兔唇
	舌齿	舌头、舌尖儿、小舌头指小舌、咬舌儿指大舌头、牙齿、虫吃牙指龋齿的俗称、重头牙指一颗牙长出重叠的牙、齿龈儿、牙缝、板儿牙门牙、槽牙大牙、白齿、牙口儿指牙齿的健康情形、尽头牙智齿,又叫"尽根牙"、下兜齿儿下排牙齿在上排的前面,即"地包天"
	唾沫	哈喇子涎水、口水/吐沫唾沫、痰

躯干		
身躯	身子	身身廷儿指身材、条个儿指身段、条儿特指美丽的身段、戳个儿指身材、身长、腔子指身体里的中空部分、心脯儿胸脯、心窝子指胸口当中的部位、牵板骨指肩胛骨,又叫"千斤骨"、哈拉骨指肩骨、琵琶骨、梭子骨即锁子骨、肩窝子指肩胛骨前面的凹陷处、肋条儿肋骨、肋巴两肋部分、肋叉窝儿指胸脯下洼陷部分、肋搭骨指肋骨、肋巴扇儿两肋的下半部分、肋叉子两肋的下缘、肋窝子腋下两肋裤、奶庬[p'aŋ]子女人的胸部、砸儿又称"妈妈",小儿吃母亲的奶,叫"吃砸儿"或"吃妈妈"、砸头儿,又叫"砸砸头儿"、奶子乳房、肚囊子肚腩、肚脐/子眼儿肚脐、脊梁[niŋ˅]脊柱、蛋包子指男性睾丸、嘚/卵子雀[tɕʻiɑu˥]子阴茎、小鸡鸡指小孩的阴茎、蛋儿/小蛋儿/卵子儿睾丸、丛精液、小日子/经期例假、眼子/沟子肛门、裂[lie˥]子大阴唇、小肚子小腹、腰腰部、后腰眼儿后腰与脐同高的部位、腰窝儿腰的两侧相当于脐部的部位、腰板儿腰背、腰节骨腰椎、腰眼儿后腰脊柱下端、胯骨轴儿腰部下面腹部两侧的骨,即胯骨尖、嘎瘩膪发达的肌肉、水膘儿初生婴儿的胖肉、白毛儿汗大汗、大外大便,大解、屁股蛋儿臀部的坐骨部分,又叫"屁股垂儿"、屁股沟儿两股之间、屁股门儿肛门、光条/光眼子/光屁溜儿裸体
	体毛	寒毛寒毛、阴毛、腋毛、肉锥儿皮肤表面突起的毛囊
五脏		心心脏、心系儿心肌、肺、肝、胆、胃、脾、腰子肾、白脐儿胃粘膜、膵胰子胰,又叫"腰胰儿"、肠子、大肠儿、小肠儿

上肢		
胳膊		胳肢窝儿腋窝,又读"夹[ka˥]肢窝"、胳膊肘儿肘部、胳膊头子臂部肌肉筋骨、胳膊腕儿腕部、胳勒拌儿肘拐、肘子弯儿肘腘
手		手脖子手腕、指甲[tʂʅ˥tɕiɛ˥]盖儿、斗圆形月呈状的指纹、簸箕开口螺旋状指纹、虎口、手背/手面手背、手纹掌纹、手曲理儿手指背后关节处的皱纹、手心儿、手指[tʂʅ˅]头手指、手指头肚儿手指上端的内面、手梢子指尖、手丫际儿/手丫巴儿手指缝、大拇哥拇指、二拇哥/二拇弟食指、小拇哥儿小指、腘肌肉手指尖端,指甲内部的皮肉、手核桃腕部外面突起的尺骨小头、手腕子手丫、钟鼓楼儿语称中指、连系骨尺骨

下肢		
腿		里帘儿/内帘儿内大腿肌肉最厚处、大夯大腿,通常指螳螂的大腿、大口[k'a˥]胯骨、卡巴裆两腿根之间,胯下、卡巴楼子胯下的中部,会阴、哥棱瓣儿膝盖,又称"磕磕盖儿"、腿肚子腿部后面肌肉发达处、小腿肚子指踝下部位的腿肚子、大腿肚子指臀下部位的腿肚子、臁胻骨人的小腿的迎面骨、二棒骨膝盖迎面骨、腿洼/弯子膝盖的背面,腘窝,又叫"腿折窝儿""腿被子"、腿胳叉腹股沟,又称"腿窝子"、腿折窝儿即腘窝、腿胫骨胫骨
脚		脚丫子、丫子人脚、脚巴丫子/脚巴丫儿、脚脖子脚腕、脚趾、脚指[tʂʅ˅]头脚指、脚跟儿、脚后跟[kən˅]、脚掌、脚心、脚趾豆儿指脚趾肚儿,形容幼童脚趾头可爱、脚缱筋脚腕后部的跟腱、脚懒跟脚脖子后面的跟腱、脚孤拐大脚趾旁突出的部分、踝拉骨踝骨、脚核桃脚踝骨、脚丫巴儿/脚丫际儿脚趾缝、跗面脚面、簸箕脚八字脚、斗斗脚儿脚尖向内的内八字脚

人体语义场的特点：

1. 人体词群的形式特点

（1）语音特点：

表示人体的各部位的器官时，如头颅、躯干、上肢、下肢等部位时，一般都有儿化的现象，但表示人体内脏时，一些重要器官一般是不能儿化的，比如：心、肝、肺、脾、胃等，读音上不允许儿化。

（2）构词特点：

构词上只有极少数词语使用单音节词，绝大多数人体词语则是复合音节，由双音节或多音节合成词构成，比较多的是晚起的附加式的合成词，如：脑门儿/子、脖梗子、腰板儿、肋叉窝儿、手脖子、脚巴丫儿等。

2. 人体语义场的语义特点

（1）语义分割精细度不等。

人体语义场存在语义分割精细度不等的情况。在整体部分关系中，根据词群的对事物的"分割"情况，符淮青（1996）指出可分为三种情况："第一，整体的各部分是否都有指示的名称，如果'部分+部分+……=整体'则是完全的分割，反之，'部分+部分+……≠整体'，则是不完全分割；第二，各部分分割的细致程度（表现为各部位多或少）；第三，是连续分割（各部分间无空隙……）还是离散性分割（各部分间有空隙）。"[①]以此观察北京土话人体部分的分割情况，也存在以下三种情况。

① 完全分割：老北京土话人体词群较多"完全分割"，例如：

眼睛=眼只[tʂʅ꜒]毛睫毛+眼珠儿眼珠+白眼珠眼白+眼窝子眼皮凹陷之处+泪窝儿眼眶下缘与眼球间的凹陷处+眼犄角儿眼角+眼梢儿外眼角附近+眼泡儿上眼皮/眼皮儿眼皮/肿眼泡儿指肥厚的上眼皮，又叫"肉眼泡儿"+眼系子眼球外肌+眼泪

鼻子=鼻翅儿指鼻端的两侧+鼻洼子指鼻端两旁与脸颊交接之凹陷处+鼻梁子鼻梁+鼻尖鼻子尖儿+鼻须鼻孔内长的毛

耳朵=耳头[tʻou/tou]耳朵+耳垂+耳脖子指耳后到脖颈部分+耳镇耳屏+耳仓子指外耳耳轮以内凹入部分+耳根台子指耳朵后面颅骨的突出部分+耳镜儿耳膜+耳头眼儿指耳孔

同普通话比较，北京土话"眼睛"分割的精细度大体一致，而"鼻子""耳朵"的某些部位分割精细度还大于普通话，如普通话没有表示鼻梁下两侧的词，而北京土话有"鼻梁洼儿"的分割；普通话没有表示耳朵背面部分的词，而北京土话有"耳根台子"的分割。

② 离散分割：有些词群只有"离散分割"，例如：

眉=眼眉眉毛/眉头子眉毛+眉毛团指双眉之间

---

① 符淮青：《词义的分析与描写》，北京：语文出版社1996年版，第238—239页。

眉毛的分割是十分简单的。

总体来看，北京土话对人体的描述时，一般多"完全分割"而少"离散分割"。

③ 分割细致度

北京土话人体语义场中的部分词群能够较全面地描写人体各部位及人体组织与器官，如头部和颈部的分割其精细度较高。

头=脑壳/脑袋壳_{脑壳}/脑崩骨_{脑壳}+脑瓜顶儿_{头顶}+囟脑门儿_{囟门}+脑门儿/页勒盖儿_{前额}+脑瓜皮_{前额的皮肤}+脑凿子/后脑勺儿_{后脑部}+脑后窝儿_{枕骨上的凹陷处}+脑仁儿_{脑子}+脑相儿_{指头部的形状}

颈=脖颈轴子_{脖子}+脖儿颈/梗子_{脑后脖颈}+脖筋_{脖子左右两边的筋脉}+脖颏[kʼɤ˥]_{颈下部分}+脖梁骨_{指颈部至脊柱的骨骼}+耳脖子_{耳后到脖颈子部分}+颏罗嗉_{喉结}+嗓子_{喉咙}+呃连管儿_{指食管}+系儿_{食道}

但有些词群分割的精细度不高，与普通话比较，"以眼睛、眉毛及其周围部分的分割为例，眼睛分割为眼皮、眼球、眼眶、眼窝、眼角、眼睫毛，眼球的白色部分叫眼白，上眼皮单叫眼泡，外端的眼角单叫眼梢；眉毛（此处为笔者加）又整个叫眉毛，它鼓起的底部叫眉棱，内端叫眉头，外端叫眉梢，上方叫眉宇，两眉之间叫眉心"。[①]北京土话对眼睛分割较为细致、但眉毛的分割其精细度不如普通话高，如眉毛就没有眉棱、眉宇的细致分割，表示这些部分是有缺项的，存在着项目缺位，类似情况在人体其他部位器官的整体与部分的分割描写中也存在相同的情况，比较突出的是人体五脏的分割比较简单，心、肝、肺、胃、脾等器官只有整体的表述，再细致一些的语言描述就暂付阙如了。

（2）人体义位的隐喻

隐喻是人类的认知方式之一，是把一个领域的概念投射到另一个领域。老北京土话常常用一种概念表达另一种概念，通过联想的手段，将两种概念关联起来。人们以对身体的熟悉度，往往将人体范畴隐喻其他比较抽象的范畴，通过这些手段，创造出许多新的意义，填补了语言表达的空白。举凡人体的各部位大多都有与之相关的隐喻词汇的产生，例如：

脑子：本指记忆力，也比喻食物的糟烂；

脑门儿：本指前额，又用来表示夹板夹住牲口脖子时，用来固定夹板的皮绳；

耳头：本指耳朵，也比喻暗地安置的探听情况的人；

脖梁骨：本指颈部至脊柱的骨骼，也比喻固执、死硬的性格；

胳肢：本指腋窝，又比喻难为或使人为难；

---

① 符淮青：《词义的分析与描写》，北京：语文出版社1996年版，第239页。

腰子：本指肾脏，比喻胆量；

心窝子：本指心口，比喻人的心事；

腔子：本指身体里的中空部分，比喻指不好的神态、德性；

手子："手"本指人的手部，比喻一种不好的状态。

（3）人体义位的转喻

转喻也是人类重要的认知方式之一，转喻是利用两个相关认知域之间的接近和关联性，用显著度高的认知域过渡到显著度低的认知域。在人体词汇群中，北京土话常常用一种概念替代另一种概念，用人体器官或组织指代某种人、人的性格、能力、动作，或者转喻事件与事物等。例如：

嘴巴：本应指嘴唇，但北京土话不用嘴巴表示口部，而是转喻耳光；

巴掌/手巴掌：本应指手掌，但北京土话不用巴掌表示手掌，而是转喻手套；

嘴皮子：本指嘴唇，又借指口齿，形容说话快而利索；

嘴头子：本指嘴唇周围，借指口才；

京齿儿："齿"本指牙齿，"京齿儿"用来替代北京话，即北京的口音和词汇；

甩脸子："脸子"本指人脸，"甩脸子"转喻给人脸色看；

双腿儿：本指双腿，转喻旧时妇女双腿下蹲，然后立起的一种礼节；

流水腰儿："腰"本指腰部，"流水腰儿"指代女性苗条的身段；

皮：本指皮肤，转喻身体结实，或鼓受潮而打不响亮；

脊梁骨：本指脊梁，转喻风筝架子的主干；

舌头：本指舌头，但北京土话并不用"舌头"表示人的舌部，而是转喻铃铛胆或柿子的内果皮。

以上都是用身体的某个部位指称与之相近的人的某种动作、能力或部位，有时候还用来指称某种相近相似的事物。此外，北京土话也常常使用部分代替整体的手段，以人的身体的某个部位来指代某一类人，例如：

嘴巴骨：本指下颌骨，转喻怯懦的人；

肉轴子：指执拗的人；

热肚儿：指热心肠的人；

拐子手：指拐带小孩的人贩子；

连片子嘴：指说话如连珠炮快，且极少停顿的人；

泥腿子：指专在街上撞骗的无赖汉；

窝头脑袋：指怯懦的人。

这种转喻使用的时候，有时直接使用人体部位来代替整个人，而较多的情况是在人体部位上加上相关的修饰语来指称某一类人。

（三）服装语义场

北京土话服装语义场属于整体部分语义场，从结构上可以分为"鞋袜""衣裳""冠巾"三个子场，每个子场又由不同类型的关系构成，如"鞋袜"子场由并列关系组成；"衣裳"子场由整体部分关系组成；"冠巾"子场也是由并列关系组成，以上三个子场，其下位语义子场关系就更为复杂。

图 20　服装语义场结构层次

表 23　　　　　　　　　　　　　　　**服装名称**

鞋袜		
鞋	成品	鞋、鞋巴儿儿语称鞋、皮窠篮儿鞋、鞋跶拉儿拖鞋，或称"跶拉儿"、跶拉板儿木拖鞋、呱嗒板儿木屐、人字儿拖鞋人字拖鞋、毛窝/棉窝棉鞋、皮鞋、布鞋、胶鞋、塑料鞋、高跟儿鞋、平底儿鞋、球鞋、凉鞋、解放鞋、松紧口儿鞋松紧帮、绣花儿鞋、小脚鞋女子鞋，裹脚妇女穿的、骆驼鞍儿一种单脸儿、鞋口前部兜起的棉鞋、过街烂一种冒充皮鞋的纸质鞋、油毛窝/油篓儿用桐油涂抹在布上防水的旧式雨鞋，又叫"油鞋"、毡跶拉儿毡子鞋、老头儿乐一种厚棉鞋、翻毛儿皮鞋皮革反面朝外的皮鞋、双脸儿鞋鞋面一分为二的男鞋、草挂拉儿特指没有鞋帮的草鞋
	部件	鞋底儿、鞋帮儿、鞋后跟儿、鞋口儿、鞋带儿、鞋窠棱儿鞋框，又叫"鞋壳栏儿"或"鞋壳篓子"、鞋片儿指踩扁了后跟的鞋、曳根儿鞋帮的后跟部分、鞋拔子、鞋白儿涂饰白鞋用的白粉，又称"靴白儿"、靴黑儿旧指黑鞋油之类
靴子		靴子、雨靴套鞋、雨鞋
袜子	成品	长袜儿、短袜儿、布袜、线袜、丝袜、水袜子一种无底的，只有脚面和脚腕的布袜，防污穿用
	部件	裹脚布裹脚、袜底、绑腿带儿/腿带儿绑腿，冬天用以绑住裤脚的布带子、卡带儿松紧带做的袜带、袜桩儿袜筒、袜主根儿旧时布袜子后面紧连在后跟上的一段
衣裳		
上衣	成品	大褂儿长衫或单长袍、小褂儿短上衣、马褂儿对襟上衣，罩在长袍外边、袍儿多指夹的或棉的长袍、马甸子马褂，又叫"马墩子"、布衫儿小褂、坎肩儿背心儿、号坎儿有号码或文字标识的坎肩儿、棉袄、褡子、夹衣两层材料缝制的衣服、夹袄儿两层材料缝制的棉袄、绒衣、毛衣、西服、中山装、风衣、外衣、大氅儿、斗篷可遮头肩的无袖大衣、补丁儿、单衣、汗褟儿一种旧式贴身、对襟的唐式上衣、兜肚儿围在胸腹的内衣、兜兜裤儿小孩穿的带兜肚的短裤、兜兜嘴儿一种稍长的围嘴儿、旗袍、主腰儿/围腰儿旧时指胸衣，有棉、夹两种、围腰儿棉布织成的套服物，冬日围在腰间、抱裙儿旧指婴儿穿的衣服、围嘴儿小孩围在颔下胸前防脏的衣饰、褡裢被政人穿的一种用粗布做的多层上衣、袯襫[təʔ sɛʔ]一种齐肩短褂（谚语）、挂懒儿一种长坎肩（满语）、袇子背心，又作襏子、钻身儿不开衿、从领口套穿的上衣，也叫"套头的"、毛衫儿婴儿穿的毛边衣服、四停身儿没装袖子的衣服毛胚、油大衿烹饪时带的围裙

续表

衣裳		
上衣	部件	脖领儿衣领、托领儿衬在领口周围的环形布, 领圈、衣襟儿、大襟儿、小襟儿、对襟儿、下摆、衣边儿、兜儿衣袋、袖子、长袖、短袖、套袖袖套、扣子/纽子、扣襻儿/纽襻儿用布或绳结的纽扣、扣眼儿、布扣儿、按扣儿、拉锁儿拉链、栏杆儿衣裳的花边、褟缘子衣物的花边
下衣	成品	裤子、单裤、裤衩儿内裤、短裤、开裆裤、套裤特制的棉裤, 无腰, 只有两条裤腿套穿在外, 以利活动的裤子、连脚裤幼儿用的连衣袜裤、灯笼裤锁口裤、灯篓裤子习武之人穿的一种扎脚裤、背带裤、大缅裆裆裤、骆驼腿儿婴儿穿的连脚裤
	部件	裤腰儿裤头、裤裆、裤腿儿、裤带儿、裤腰带腰带、裤兜子裆、兜帘裤儿小孩穿的带兜肚的短裤、胯兜儿衣袋或裤裆、裤岔子中式裤子后面叉出的部分, 又叫搭岔、裤嘎嘎儿用零碎布拼成的裤岔子、褯子尿布
裙子		裙子、衬裙儿、筒裙儿
布料	料子	布、布面儿、布罗条儿窄小的布条、里子儿、布头儿整匹布的头, 又指碎布、布尾儿、花布、黑布/青布、小土布土布、粗布、棉布、纱布、豆包儿布一种稀疏的薄布, 多用为里子衬布、绸子、缎子、绒、天鹅绒、灯芯绒、软稍儿指绸缎等柔软的衣料、呢子、皮、喜鹊里儿用两种颜色衣料拼凑的袍子里儿、袼褙用碎布块重叠粘成的片子, 用来作鞋帮和鞋底、铺陈碎布片
	线	丝、丝线、毛线、棉线、麻线、小线儿最细的棉线
冠巾		
帽子		帽子、皮帽、棉帽、毛线帽、草帽、婴儿帽、礼帽儿/美国帽儿礼帽、大沿帽儿、军帽儿、盖耳帽、帽头儿瓜皮帽, 或指帽盔儿、德国盔布面或漆面的硬式夏帽、三块瓦儿帽子正面帽檐立贴帽前, 两边护耳翻扎在帽顶的冬帽, 外缘由三个部分组成, 故叫"三块瓦儿"
头巾		头巾、头套儿帽子、头帕隔脏用的围头布
围巾		围脖儿围巾, 专指毛织围巾, 绸子、薄纱制成的不叫"围脖儿"
手套		手巴掌儿一种粗而厚的, 四指不分, 只有拇指分开的手套、手捅子妇女冬季用的手筒

服装语义场的特点:

1. 服装词群的形式特点

（1）衣裳类词语全部为复合词，服装类词群中只有"鞋""布"等个别词语还能单用并作为词根构词使用。

（2）衣服语义场中"衣、裳、裙、裤"等古语词没有单音化的用法，只能作为构词词根使用，"衣、裤"的构词能力仍然活跃与强大，而"裙"的构词能力相对较弱，在老北京土话中，较少关于"裙"的服装词语；"裳"在古代泛指衣服，但在北京土话中除了口语里还有"衣裳"一词的固定用法，"裳"的构词能力彻底消失。

2. 服装语义场的语义特点

（1）义位分割粗细不同：上衣、下衣及鞋子类子场词义多样，义位分割较为细致，而裙子、靴子、围巾、手套等子场的词汇则很少，义位分割粗略。

（2）义位单纯：北京土话中关于服装类词群的义位基本都只有一个义位，只有个别词如"油篓儿"具有两个义位：一指厨房用具中的"油篓"，早年因玻璃和塑料等材料缺乏，就用荆条编制"篓"，内外用桐油糊纸，再刷上多层桐油，成为防漏容器盛装各种液体，盛油的就叫"油篓儿"；二指鞋类中的"油毛窝"，老北京把棉鞋叫"毛窝"，因把桐油刷在棉鞋里外，不使其透水，而具备雨鞋的功能，故将这种"油毛窝"也叫作"油篓儿"，后者取其制作方式和功能与前者近似而得名。

汉民族的服饰文化中长期以来有用衣服词语借代称谓的义场类型，[①]这种将衣服词语借代称谓的语义场有不同的类型。（1）用衣服名称借指称谓。例如"袍泽"借指军队中同事；"青衫"借指学子、书生等；"便衣"代指身着便服执行某重任的人。（2）用衣服部件借指称谓。例如"连襟"借指姊妹丈夫的互称或合称；"襟袖"代指地位重要者；"左衽"代指少数民族等；"领袖"借指国家、党政团体、群众组织等的领导人。（3）用色彩服饰借指称谓。例如"黑衣"为军士的代称；"青裳"借指农夫、蚕夫、僮婢等；"红装"代指美女；"白衣"代指平民或无功名的人等。（4）用衣服材料借指称谓。例如"布衣"代指平民；"纨绔"指不务正业、游手好闲的富贵人家子弟。（5）用服饰部件组合借指称谓。例如"裙衩"用来代指妇女；"衣冠"借指世族、士绅；"青裙缟袂"借指农妇或贫妇等。

反观老北京土话，正因为服装词群义位的单纯，老北京土话没有了以往用衣服借代称谓的这一义场类型，即使有也只有"便衣""领袖""纨绔"等少数几个词的存在，不构成一个服装词语借代称谓的义场类型了。

3. 服饰文化的特点

服饰制度单一。封建时代汉民族服饰文化中也存在着森严的等级制度，不同官阶、不同职位的人员衣着有严格的限制和规定，不允许有逾制的行为，总的来说古代贵族衣"帛"，平民衣"布"，穷人衣"褐"。而在老北京土话服饰词群中早已没有了这一文化特征的表现，但日常生活中，平民衣"布"的习俗在词群中多有表现，这也是"布衣北京"的平民风格的体现。

（四）食物语义场

食物语义场属于层次关系语义场，每个子场又由同义、近义关系词群组成

---

① 吕文平、道尔吉：《试论衣服词语的借代思维及文化内涵》，《汉字与历史文化》2007 年第 3 期，第 65—68 页。

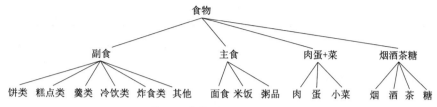

图 21　食物语义场结构层次

表 24　　　　　　　　　　　　　　　　食物名称

<table>
<tr><td colspan="3" align="center">食物</td></tr>
<tr>
<td rowspan="6">副食</td>
<td>饼类</td>
<td>螺蛳转儿_{一种用盘丝作法打烙，有盘旋纹理的烧饼}、盒子_{一种薄皮馅儿饼，两片黏合，中间包馅}、骆驼掌、炸油饼儿、烧饼_{圆形的烧饼}、炉箅子_{油饼}、火烧_{长方形的烧饼}、棋饼儿_{一种芝麻小圆饼}、驴蹄儿_{一种用吊炉烤制的小厚烧饼}、马蹄儿_{一种比"驴蹄儿"大，上下可揭开、中空的厚烧饼}、自来白_{一种白色的硬皮弧面带馅的小月饼}、自来红_{一种红色的硬皮弧面带馅的小月饼}、虎皮月饼_{烘得发黄的一种月饼}、煎饼_{用糊面摊成的极薄的大张饼，用来卷油条吃}、缸炉_{一种酥脆的酥皮点心，又叫"缸炉"}、牛舌头_{一种长方形的酥皮饼干，又称"牛舌饼"袜底酥}、光饼_{一种圆形面饼，表面光亮}、薄脆_{一种烤制的薄而脆的芝麻饼}、疤瘌饼_{哈蟆咕饼，表面有纹理的酥饼}、墩儿饽饽_{一种圆而厚的硬面饼}、春饼_{一种薄而小的合页饼，内夹各种馅料，北京风俗，立春吃春饼}</td>
</tr>
<tr>
<td>糕点类</td>
<td>艾窝窝_{糯米饭做成的黏团，内裹甜馅}、饽饽_{北京各种点心都叫"饽饽"，此外凡干食物，如馒头、饼、卷子、火烧等也均叫此名}、绿豆糕_{绿豆连皮带壳碾粉，加糖蒸熟后，再压平切块}、喇嘛糕_{浅黄色梅花状的蛋糕}、切糕_{以糯米为原料，配上豆和枣的点心}、扒糕_{荞麦面制成面点}、油糕_{一种蛋糕}、槽子糕_{用模子制成的蛋糕}、金糕_{细制的山楂糕，又叫京糕}、甑儿糕_{一种叫"甑"的瓦质炊具放熟的米糕，又叫"喇叭糕"}、豌豆黄_{豌豆粉制成的糕点}、驴打滚儿_{一种糯米面包裹豆沙馅，外面滚着炒熟的黄豆粉面成的甜点，也叫"豆面儿糕"}、二五眼_{一种用面粉、糖和芝麻酱制成的糕点，又叫"双眼儿糕"}、红个儿_{一种硬皮带馅的糕点}、炕面儿_{一种比麺圆形枣泥馅酥皮糕点，又叫"硬面饽饽"}、光头儿_{一种表面光亮的酥皮饼干}、荷瓣儿酥_{一种扁桃圆形枣泥馅酥皮点心}、光头儿_{一种大小似馒头的糕点}、火纸筒儿_{卷卷}、豆昔儿糕_{北京风味小吃，江米面以红小豆作馅，外撒蒸烂的白芸豆蒸熟而成}、凉糕_{用江米面制成的豆沙馅儿糕点，或加冰镇}、金刚脐_{用面粉烘制的五角形糕点}、京八件_{"京八件"就是八种形状、口味不同的京味糕点。以枣泥、青梅、葡萄干、玫瑰、豆沙、白糖、香蕉、椒盐八种原料为馅，用油、水和面做皮，以皮包馅，烘烤而成。八种形状，不同的名称有不同的吉庆寓意}</td>
</tr>
<tr>
<td>羹类</td>
<td>豆汁儿_{用绿豆渣汁制成的北京特有小吃}、老豆腐_{豆花久煮而成的豆腐脑}、炒肝儿_{由猪肠点缀猪肝作的稠汤，北京特有小吃}、鹌雏儿_{鸡血与豆腐做成的羹}、杏仁茶_{加杏仁粉的米茶}、茶汤_{将糜子面或高粱面磨成细粉，加用开水冲熟食用，是清真食品}、豌豆粥_{豌豆煮到极烂的羹者}、小豆腐儿_{用黄豆粉或小米面与蔬菜做成的糊状食物}、油炒面儿_{一种咸味小吃，用牛油熬制，加上果料，用开水冲食}</td>
</tr>
<tr>
<td>冷饮类</td>
<td>冰核[xuɻ]儿_{碎冰块}、果子干儿_{一种柿饼、杏干、苹果干等制作的凉品}、雪花酪_{土制冰淇淋}、冰碗儿_{旧时宴席多用，海碗中盛加冰块的糖水，中有去皮的鲜桃仁、鲜菱角、鲜藕片、鲜莲子等，如用大盆盛就叫"冰盘儿"}、玻璃粉_{一种冷饮类小吃，用石花菜熬煮后凝成透明体，形如玻璃，切成小块浇上酸梅汤等食用}</td>
</tr>
<tr>
<td>炸食类</td>
<td>排叉儿_{油炸甜点心}、焦圈儿_{环形的油炸馃子}、炸纥脂_{豆子制成的豆腐皮，俗称"炸咯吱"}、麻花儿_{一种指扭成旋转型的炸食，一种是椭圆圈形油条，又名"油炸鬼""馃子"}、褡裢火烧_{一种油煎食品，色泽金黄，鲜美可口，中有长条肉馅}、吹筒麻花儿_{脆麻花}、笊篱_{一种小炸食}、炸丸子_{绿豆面加萝卜丝、豆芽炸成}、炸豆腐_{三角形块状的油炸豆腐}、炸回头_{回民食品，形似馄饨，一律是牛肉馅儿的}、小炸食_{用面粉制成的油炸糕点，分黄皮、白皮、白芝等}、红海儿_{一种两端红中间白的炸麻花}、炸白薯片_{油炸红薯片}、炸灌肠_{用米浆加粉红色素灌入细脂油炸而成}、春卷儿_{极薄的面皮，包薄肉馅，卷成短圆柱形，油炸而成}、炸三角_{有馅儿的三角形食品，北京特有小吃}、锅贴儿_{一种形似水饺的面食，中有肉皮馅}、薄脆_{一种薄片状油炸食品，也叫焦煎粉}、茶糕_{将白薯片过油后，与藕片、香菜合制而成}、杂抓儿_{将杂拌儿、将白薯片过油后，与藕片、香菜合制而成}、芙蓉糕_{一种黏糕类油炸细碎面条，裹上蜜糖，再酒上糖粉而成}、饹炸盒儿_{一种用饹炸制成的小吃}、蒸而炸_{油煎的已蒸熟的饺子或死面包子}、蜜麻花儿_{一种面制如连环圈状的甜点，油炸后裹上蜜糖}、糖耳朵_{一种略似人耳的甜点，先蘸糖，后油炸}、嘎巴脆_{一种很脆的油炸食品，又叫"嘎巴溜丢脆"}</td>
</tr>
<tr>
<td>其他</td>
<td>冰糖葫芦_{北京风味小吃，把山楂、海棠、荸荠等用细竹棍串在一起蘸裹熬化的冰糖而成}、半空儿_{一种籽粒不饱满的炒花生}、白薯_{即红薯，分煮的和烤的两种}、炒红果儿_{将山楂去皮和核，煮熟调上浓厚的糖汁而成}、茯苓饼_{北京特产，用淀粉、面粉、茯苓等做成的大饼圆饼，内夹糖馅而成}、凉粉儿_{一种用绿豆粉做的食品，凉拌而成}、麻豆腐_{一种用绿豆渣制成的北京风味小吃，味酸，灰绿色}、铁蚕豆_{炒得坚硬的蚕豆}、藕零儿_{用糖腌的藕片、冬瓜片等杂食}、煮元宵_{即汤圆，用糯米粉包成圆形，以白糖、芝麻、豆沙、核桃仁、果仁、枣泥等为馅，可汤煮、油炸、蒸食，风味各异}</td>
</tr>
</table>

		食物
主食	面食	炸酱面(油炸黄酱拌的面条)、饺子、煮饽饽(水饺)、盒子(一种带馅面食，用两张饺子皮合成)、豆包儿(豆沙包)、嘎嘎儿(用玉米粉制成的圆球状面食，又称"盆儿里碰")、拨鱼儿(把新收获的绿豆、小豆磨成粉，用水调o糊状的食物)、锅塌儿(用西葫芦丝调和面粉做的煎饼)、锅盔(一种厚饼)、菠菜篓儿(菠菜作馅的饺子)、韭菜篓儿(韭菜猪肉馅儿的包子)、炒疙瘩儿(把小圆疙瘩状的面食煮熟后再热炒)、擀条儿(把和好的面先擀平后抻细的面条)、切面(把擀好的面切成细条的面条)、二霸王(麦粉和玉米粉或豆粉混合成的切面)、大把儿拉面(一种不抻也不切的面条，每次抻的量较多)、白胚儿(光头面儿)、饸饹(用饸饹床子（做饸饹的工具，底有漏孔）把和好的荞麦面、高粱面等轧成长条煮制食用，又叫合饹或河漏)、猫耳朵(以白面制成猫耳状的面片)、杂和面儿(即玉米面、棒子面，掺合黄豆和稷米杂合而成)、面茶(麋子面熬成浓粥，佐以麻酱、椒盐食用)、寡妇面(阳春面，即光面、清汤面)、光棍儿面(没有荤码的拌面条)、锅儿挑(清水煮熟的不过水面条，也叫"煮饹挑儿"或"盆儿碰")、窝窝头/窝堆子(窝头)、黄金塔(窝头)、杂杂汤儿(玉米面煮熟的热面茶)、干抓儿(不带汤的熟面条，也叫"片儿汤")、铺衬汤(抻面片儿做的食物)、柳叶儿汤(切成菱形面片做的片儿汤)、馄饨、糊糊儿(用面粉和菜混成的粥状食物)、糊涂(面粉或杂粮粉做成的糊状食物，又写作"馉馇")、发糕(用白面和玉米面混合发酵蒸制的面食，软而有蜂窝，一般用作主食)、方谱(一种方形有凹凸花纹的面食)、开花儿馒头(指顶部切开一个十字形口子的馒头)、肉馒头(一种用木模制作的肉丁作馅的圆形包子，上有菊花纹)、团子(一种粗粮主食，用玉米面做成，包上菜肴揉擀蒸制)、鱼儿钻沙(面条和小米混合而成的食物)、回头(一种弯成环形，烙熟的带馅面食)、懒龙(用面包上肉馅，卷成粗长条，蒸熟切着吃)、面肥(面酵子)
	米饭	水饭(蒸过的米饭，再加水煮而成，使饭粒不黏)、饭卷子(把米饭和白面混合制成的卷子，一种主食)、猫儿饭(用菜肴里的卤汁拌的大米饭)
	粥品	荷叶粥(用荷叶趁热盖在熬好的粥上，使其变成浅绿色并有荷叶的清香)、大麦米粥(用大麦加红豆、糯米煮成的粥)、小豆腐儿(玉米面和糜子面混合菜叶煮成的浓粥)
肉蛋小菜	肉	爆肚儿(北京风味小吃，以羊肚（胃）窗切，入滚水锅中快速灡一下，蘸麻酱吃)、白肉(白水煮猪肉，又叫"白煮肉")、卤煮小肠儿(汤水煮熟的动物内脏，有心、肝、肺、肠等，又叫"苏造肉")、双皮(熟猪耳朵)、尾柱儿(猪尾巴)、肘棒儿(猪的腿)、虎皮冻儿(猪肉皮和卤汁凝成的冻子)、夹裆儿(猪后腿内侧的肉)、肘花儿(猪前腿上部的肉)、塌丝蜜(加糖烹制的羊肉，又叫"它似蜜")、铁雀[tɕʰiauɻ]儿(油炸后加汁的麻雀)、酱鸭(由一种候鸟酱制而成)、羊霜肠(回族食品，以羊血灌制而成)、杂碎(牛羊的内脏)、沙肝儿(牛羊的脾脏)、鹿尾[ji]儿(用豆腐皮卷肉馅内夹猪肝的油炸菜肴)、白杂碎(一种羊的内脏如心、肝、肺、肠等，用白水煮成的菜肴)、炉肉(烤猪肉)、坛子肉(用坛子等陶器煮炖的猪肉)、卤牲口(卤或熟肉)、炖吊子(猪的肝、肠、心、肺等一起煮熟的菜肴)、炖/酱肺头(指纯或卤制的猪、羊等牲畜的肺)、烧羊肉(一种熏制羊肉)、黄瓜条儿(羊后腿与臀部之际的瘦腰肉)、黄焖鸭子(北京烤鸭)、烧鸭(北京烤鸭)、鸭条(切成细条状的鸭肉，是北京名菜)、羊房子(羊的胎盘)、羊蝎子(羊的脊骨及附近的肉)、天花板儿(羊上颚)、拉牛肉(骆驼肉)、元宝肉(用羊肉腿内侧的肉)、米龙(牛臀部的肉)、子盖儿(牛尾巴根部近的肉)、小烧儿(烧子盖或炸鹿尾之类的食物)、血脖儿(猪、羊脖颈上的肉)、野猫(兔子肉)、跑肉(兔腩)、瞪眼儿食(马腩或狗腩)、条货(供酒席用的肉)
	蛋	鸡子儿(鸡蛋)、嘎嘎儿(鸡蛋)、鸭子儿(鸭蛋)、卧果儿(去了壳煮熟的整蛋，即荷包蛋)、蛋白儿(蛋清做熟后凝固成白色)、茶鸡蛋(将鸡蛋用酱油、茶叶卤制而成)、光儿汤(鸡蛋汤)、总理衙门(虾仁鸡蛋汤)、黄子(蛋黄的汁液)、老腌儿(腌得很久的咸鸡蛋)、摊黄菜(炒鸡蛋)
	小菜	酱瓜儿(一种类似黄瓜而粗大的酱菜)、春菜丝儿(芥菜疙瘩切成的丝)、和菜(用豆芽菜、粉丝等炒的菜，一般用饼卷着吃)、俏头儿(放在菜肴或面条里的佐味食物)、千张(豆腐片)、芥末墩儿(大白菜横刀切成寸高的菜墩儿，撒白糖，抹芥末稀腌而成)、八宝儿菜(一种酱咸菜，多种材料混合腌制而成)、卤飘儿(浇面条或菜里的臊子的菜)、帽儿(加在面条或菜肴上的佐味食物，如辣酱、豆豉等)
烟酒糖茶	烟	叶子烟、水烟、旱烟、洋烟
	酒	烧刀子(烧酒)、四五子(酒的隐语)、甜头儿(味甜的黄酒)、干榨儿(一种甜味的黄酒)、苦清儿(苦味的酒)、二锅头(一种高度白酒，北京的名酒)、翁头儿春(第一次出缸的黄酒)、私料子(指私制私卖的酒)、风搅雪(黄酒和白酒混合的饮料)、花头酒(酒的泡沫)
	茶	茶卤子(泡茶的浓汁)、大叶儿茶(指用粗茶叶泡浓的茶水)、姑子尿(冲淡了的茶水)、小叶儿改刀儿(茶叶末)、高末儿(上好的茶叶末，又叫"高碎")、土末儿(茶叶末)、乏茶叶(多次冲泡而无味的茶叶)
	糖	猴儿拉稀(吹糖人售卖的一种糖品)、小糖子(饴糖)、沙板儿糖(一种板形的糖)、关东糖(长条的麦芽糖)、糖瓜(圆形的麦芽糖)、南糖(花生糖、松子糖、芝麻糖之类的杂糖，据说原产苏州)

食物语义场的特点：

1. 食物词群的形式特点

（1）语音形式

双音节词多使用儿化衬音：

棋饼儿、炕面儿、白胚儿、甜头儿、小烧儿、肘花儿、卤飘儿

三音节以上食物名称的语音形式在节奏和韵律上采用以下两种模式：

三言型：（2+1）——豌豆黄、铺衬汤、茯苓饼、元宝肉、荷叶粥、姑子尿、关东糖、春菜丝儿、㮌㮌汤儿、芥末墩儿、黄瓜条儿、虎皮冻儿、柳叶儿汤、翁头儿春、大叶儿茶、八宝儿菜、沙板儿糖

（1+2）——炉箅子、驴打滚、炖吊子、煮饽饽、摊黄菜、卤牲口、茶卤子、鱼儿钻沙、小豆腐儿

四言型：（2+2）——褡裢火烧、猴儿拉稀、虎皮月饼、总理衙门、黄焖鸭子、大麦米粥、卤煮小肠儿、吹筒麻花儿、大把儿拉面、小叶儿改刀儿

在语音节奏模式上，食品名称很少有五个音节以上的名称形式。三言型和四言型的节奏模式最为常见，韵律节奏都是以两个音步为准，匀称而简洁，读来节奏和谐、朗朗上口。

（2）构词特点

附加式：前加式：老腌儿。

后加式：盒子、黄子、锅塌子、四五子、茶卤子、花头、帽儿、干抓儿、卤飘儿、苦清儿。

叠音式：嘎嘎儿、糊糊儿、饽饽。

合成式：构词上主要采用"名+名"的组合模式，主要有以下几种结构特点。

偏正结构：炸酱面、白杂碎、光儿汤、嘎巴脆、猫儿饭、黄金塔、藕零儿。

动宾结构：和菜、发糕、回头、爆肚儿、擀条儿、烧刀子、炒疙瘩儿、油炒面儿。

同位结构：薄脆、蒸而炸。

主谓结构：火烧、驴打滚、风搅雪、鱼儿钻沙、猴儿拉稀。

食物构词上主要采用附加式的后加式构词法和合成式的偏正结构，其他如附加式的前加式、叠音式构词以及合成词中的同位结构、主谓结构都是较少出现的构词形式。

2. 食物语义场的语义特点

（1）语义组合模式：

上列食物词群中所体现的语义论元主要有：工具、材料、方式、属性、结果、主体、客体、时间、处所，这些语义论元在食物名称上产生多种组合序列。

材料（辅料）+材料（主料）：大麦米粥、芥末墩儿、冰糖葫芦

材料+结果：茯苓饼、韭菜篓、菠菜篓儿

材料+属性：豌豆黄

方式+材料：荷叶粥、茶鸡蛋、烧鸭、酱瓜儿、干抓儿、蜜麻花儿、油炒面儿

工具+材料：坛子肉、炉肉

工具+结果：甑儿糕

动作+材料：和菜、摊黄菜、炒红果儿、炒疙瘩儿、卤煮火烧

属性+材料：元宝肉、白杂碎、私料子、虎皮月饼、春菜丝儿、柳叶儿汤

处所+材料：关东糖、南糖

以上食物名称的语义论元组合模式，只限于用"写实法"创造的食物名词，而对于"写意法"创造的食物名词就分析不出这种组合格式，例如：

驴打滚、风搅雪、四五子

上述列举的都是用借代、比喻、象征等手法来命名的名称，也是运用整体的指称来代表某种食物，因此这些词条形式上分析不出复杂的语义组合序列。

（2）义位的转喻

食物是人类生存的基础，人类往往用熟悉的食物名称来比喻、称代身边的人或事物，这是具有认知心理基础的用词方式。因此食物词群中一些义位也常常存在转喻的情况，比如：

小菜儿：指经常被人拿来出气的人，或无足轻重的事。

甑儿糕：指古怪主意，怪花招。

贼馄饨：指尖刻的人。

香饽饽：指吃香的人。

豆腐皮子：对南方人的蔑称。

糟豆腐：对南方人的蔑称。

糟蛋：低能而怯懦的人。

这些词语都被用来指代人或事物，在本义的基础上产生了新的转喻意义。

3. 食物语义场的文化特征

（1）体现饮食文化的层次结构

饮食之道是人类的最高文化。老北京土话的饮食名词体现了其浓郁的地方色彩。饮食文化的著名学者赵荣光先生就用"饮食文化圈"的概念将中华饮食文化分为十二个子属文化圈，把北京划入"京津地区饮食文化圈"内，认为"无论是中华民族饮食文化圈这个母圈，还是各次文化区位的子圈，其饮食文化形态与内涵，都是历史发展的结果，都是有条件的历史存在"[①]。"京津饮食文化圈的形成，主要在明中叶和清末的数百年间。朝廷天子、王公贵族、富商大贾、拥金寓公、悠游士流、乐医百工、三教九流、乡鄙农民、贩夫乞儿等构成了多层次、多类型的饮食文化，是最集中、最典型地反映中国封建社会饮食文化结构的一个区域。尤其是京、津两大都会的饮食生活消费类型、习尚和整个社会的饮食文化风貌，更与其他各饮食文化区多有不同。"[②]这种不同也体现在饮食词汇群中，既有"闾巷佣贩之夫"的"藿食""粝食"，如"豆汁儿""焦圈"，都是平民果腹所需的家常食品；也有宫廷御膳、高门大户的"美食""玉食"，后者因为处于饮食结构的"金字塔"顶层，故人群为少数，日常生活中也不会流行其食物的名词，因此食物词群主要还是体现了普通平民百姓的日常生活词汇。

（2）肴馔制作的灵活丰富

北京土话的副食词汇群品种之多和演变之繁，不可胜数，难以名状。以"小吃"为例，北京小吃俗称"碰头食"或"菜茶"，因都在庙会或沿街集市叫卖，人们无意中会碰到，老北京形象地称为"碰头食"。这类"碰头食"，光是油炸类小吃就有几百种之多，体现了京城百姓追求饮食的丰富性和多样性的特点。

（五）烹饪语义场

饮食文化具有浓烈的民族特色和时代特征，古人曰："食色，性也"，"民以食为天"，老百姓的"食"是与烹饪有着密不可分的关系的。老北京的饮食文化丰富多彩，表现在烹饪词族上也是数量繁多，语义复杂，并体现出燕京文化的独有特点。北京土话烹饪语义场属于层次关系语义场，从结构上可以分为烹饪方法、烹饪工具、烹饪作料三个子场，每个子场又分多个同位关系语义场。

[①] 赵荣光：《中国饮食文化史》，上海：上海人民出版社2006年版，第35页。

[②] 同上书，第45页。

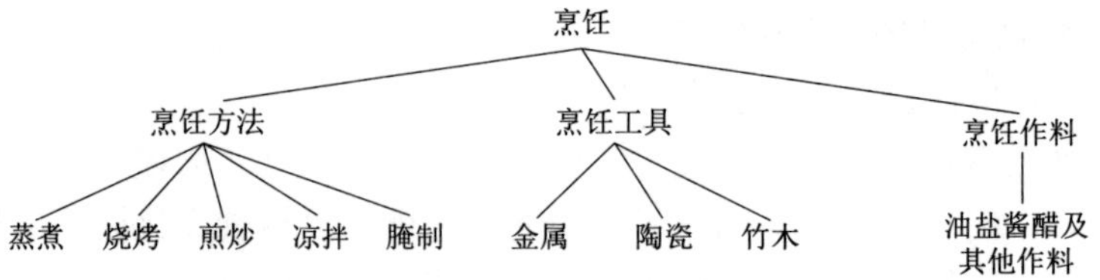

图 22 烹饪语义场结构层次

表 25 **烹饪名称**

	烹饪方法
蒸煮	蒸、煮、熬（爊）[ɑu˥]放在文火上煨熟、爆、涮、烫、炖、卤、焖、焐因火力不足而慢煮使得面食等发黏、啊烧水、焯用沸水略煮、焯捞儿用热水烫红、灼[tʂɑu˨]指面条凉了入水温热、咕嘟汤多曰煮，汤少曰咕嘟、矻哧用文火慢熬或炖、烀用半蒸半煮的方法焖熟、见开儿烧开、煮开、见热儿烧煮热、糗因火力弱而慢慢煮熟、熥用蒸或煎的方法给凉了的面食加热、卧煮去壳的蛋、馏饭食凉了再蒸之使热、馇熬、潽烧开而溢出、串重蒸、勾用杂合面类熬煮成粥、酤微火慢煮
烧烤	烤、烙、熏、氽（瀵）、炉放在炉子里烤、烪用没有火苗的微火烧、炕在炉边烘烤食物
煎炒	炒、炸、烩、炝、熘、烹、爆、爆炒用滚油极快地烹炒、抓炒肉肴炒的时间很短，以图其鲜、煸、熇/熻炼油、耗熬炼油脂、炼锅做菜前将油布满锅帮、煬在主料上挂上蛋糊或蘸上面粉用油煎炸
凉拌	拌、冰镇、过水把煮熟的面条放入清水浸一下捞出使其凉爽而筋道
腌制	齑炮制酸菜、腌渍、滗用热水或石灰水泡以去掉涩味、杀用盐使蔬菜里的汁水渗出、喂浸渍、酱用酱炮制、暴腌儿临时腌制
动作	擀、抻、切、剁、包、剥、削、填、剞、瓤填馅做菜肴、俏菜肴里加配料、沙筛除或淘除、酘淘洗米类
	烹饪工具
金属	锅/锅子/铁锅、平底锅、菜刀、茶刀一种轻便菜刀、铁杓/杓儿、漏勺、饼铛烙饼用的平底锅、支炉儿烙饼的炊具、炉子、拔火罐儿小烟囱，旧时北京人家都用煤球炉子，在生火添煤时用于拔火、剁子用铁片制成的糕点模子、胖小子一种小火炉、锅支子放在炉口垫锅的小铁块或砖块、火镲/火盖盖在炉膛口用来抑制火力的铁器，又叫“窝头盖儿”、马勺有柄的铁炒勺、提子/墩子柄与勺底垂直的用来舀酒和油的勺子、炙子烤肉用的铁箅子、火筷子火钳、通条、小铁勺茶匙、吊子烧开水的壶、擦床子擦瓜丝和萝卜丝的器具、洋炉子铁制附带烟囱的火炉、碗口勺烹饪用的舀油大勺
陶瓷	碗、盘儿/盘子、碟儿/碟子、盆、羹匙调羹、大海/大海碗直径约一尺的大号碗、扣碗儿盖碗、醋碗儿吃饺子用的醋碗、撇碗/撇拉碗撇口儿的碗、支锅/炉瓦儿用铁或砖头做的锅支子、小勺儿/小瓷勺汤匙、调羹、布碟儿布菜用的两三寸小碟子、鸭撇子盛炖鸭的撇口大碗
竹木	蒸笼、笼屉、筷子、墩子/刀墩子砧板、马勺舀水或饭用的木勺、水舀子水瓢、油/酒篓儿荆条编制的容器，外用桐油糊纸、圆笼一种木制有盖的圆形饭盒，饭店用来给顾客送饭
	笸箩浅儿一种平而浅的笸箩、浅子浅浅的笸箩、盖鼎/盖典儿/盖帘儿/锅拍儿/锅篇儿/拍子帘儿/浅子指用高粱秆编制的锅盖、瓢儿勺子、平鼎用箭秆儿编的蒸屉、炊帚清洗锅碗的炊具
	烹饪作料
油	油、猪油、大油专指猪油、牛油、香脂油猪的板油、网子油猪肠子里的脂肪，也叫穗子油、水油、鸡冠子油、香子油猪里脊附近的脂肪、花油网子油、花椒油、辣椒油、花生油、芝麻油、河油粗制的芝麻油
盐	盐、盐粒儿、粗盐、细盐粉盐、海盐、矿盐

续表

	烹饪作料
酱	芝麻酱、酱油、黄稀酱、甜面酱、辣椒酱
醋	醋
糖	糖、白糖、红糖、绵白糖细糖粉、白砂糖
其他	味精、葱、大葱、小葱、羊角葱老葱滋生的淡黄嫩芽、辣椒、蒜、姜、韭菜、茴[xuən˧]香、大料八角、桂皮、辣椒面儿辣椒粉、五香面儿五香粉、胡椒面儿胡椒粉、团粉芡粉

老北京土话烹饪语义场的特点：

1. 烹饪词群的形式特点

从构词的角度，其构词特点是：烧煮类烹调词以单音节为主。烹调词是较古老的一类词语，早在 50 万年前，北京猿人就已经学会使用火，结束了"茹毛饮血"的生食时代，因此烧煮类动词在造字上主要都从"火"居多。在上古先秦文献中就已经出现的煮、烧、煎、蒸、炒等词在现今北京土话中仍然使用，是主要的烹调词语，因此烹调类动词大多使用单音节这是一种存古的表现。在烧煮类动词中，也有少数一些复音词，有些是北京话中较为有特色的方言新造词，如：咕嘟、炻哧、焯捞儿、见开儿等。

2. 烹饪语义场的语义特点

（1）传承发展

汉语烹调词语从上古时期至今已经发生了巨大的变化，新老更替变化多样，据王洋《汉语"烹煮"语义场的历史演变研究》（2008），从先秦、魏晋六朝、唐宋、元明清的四个历史阶段的 57 部典籍中，搜集到的"烹煮"语义场的成员共有：炊、爨、烹、饪、𫗦、熬、煎、煮、𩱧（𩱐）、蒸、煨、炮、炙、烙、烧、烤、燔、炒、炸（煠、扎）、爆、焯、炖、烩、焖、馏、馈（餴）26 个。其中"爨、𫗦、𩱧（𩱐）、餴、炙、饪、炮、燔"等词是从唐宋以后就退出烧煮类语义场的旧词；"炊、烹、煮、熬、煎、蒸（烝）、炸（煠）、烧、炒、馏"是一直继承下来的词，且这些词中的"蒸、馏、煮、炒"四个词，古今语义没有差别；"烤、炖、烩、焖、爆、烙、煨、焯"是唐宋以后产生的新词，而"'烹、熬、煎、煮、蒸、烧、炒、馏'8 个词从先秦两汉一直沿用至现代汉语，而且都保持着较强的独立运用的能力"[①]。

课题组对北京话作家老舍、王朔的七部小说（四部长篇、两部中篇、一部短篇）的口语文本进行了抽样调查，在 49 个烧煮类动词中，出现次数

[①] 王洋：《汉语"烹煮"语义场的历史演变研究》，硕士学位论文，西北大学，2008 年，第 43 页。

较多且较为频繁的动词的词频依次是："炒" 43 次、"煮" 32 次、"炸" 13 次、"烤" 12 次、"烙" 10 次。在烧煮类动词中"炒"和"煮"出现的频率是最高的，其次是"炸""烤""烙"，可见，这些动词是北京话中较为核心的烧煮类动词。这些动词使用频率较高，也与老北京人的饮食习惯分不开，比如富有老北京风味特色的"炒肝""烤鸭""炸灌肠""炸咯吱_{一种油炸食品}"的小吃或菜肴都是用这些烹调方法制作的。以上对烹煮类动词的纵向考察，也说明在北京土话词汇中仍然保留上古时期烹饪词的用法，同时有些已经在现代汉语普通话烧煮类语义场中消失的词如"炙"，在北京话中还保留"炙子_{烤肉用的铁箅子}"的用法。

从横向角度考察，"煨、煲、焙、焗"等词在南方方言如粤语、吴语、湘语中是常用的烹调词，而在北京土话中却是少用甚至不用的。如老北京人会使用"熬"或"炖"而不用"煨"或"煲"，会使用"焖"或"蒸"而不会使用"焗"。

（2）义位不同

① 叫法相同，语义不同。有些烹调词，名称相同，却表示不同的义位，如"马勺"既可指金属的铁炒勺，也可指木制的大饭/水勺；"墩子"既指"提子_{柄与勺底垂直的用来舀酒和油的勺子}"，又指"刀墩子_{砧板}"。烧煮类动词中"熏"在北京土话中，一般少用，因北京市民冬天不做熏制鱼肉，其"熏"字有时是指不好的气味，如"熏味儿_{指肉类受热发出的轻微腐败气味}"。

② 方法相同，语义不同。烹调类动词有些虽然方法相同，但义位却有不同，如"爆"原始的义位有两个：第一，"将鱼、肉等切片置热油中快速煎炒"；第二，"将带壳的果物置火灰中煨或置热沙中炒"。北京土话的"爆"主要保留前一个义位，如"爆羊肉"就是以油为媒介物，但是"爆肚"则是以水为媒介物，把羊肚放在沸腾的水中涮几下后，立即起锅蘸上佐料吃。一个属于"煎炒类"语义场，一个属于"蒸煮类"语义场。

3. 烹饪语义场的民俗心理

烹调词的用法还与民众生活习俗有关，比如调味料中，老北京人有"吃葱吃蒜不吃姜"的民谚，因为"姜"这种佐料有较重的药味，不如葱蒜受人欢迎，再者北方少吃鱼鲜，用姜的机会就很少。

（六）四合院建筑语义场

北京四合院是我国古代诸多传统民居形式中颇具特色的建筑，它集各种民居形式之长，在华夏诸种民居建筑中堪称典范。北京土话四合院语义场从结构上可以分为规模等级、院落结构、装饰配件三个子场，每个子场又分多个层序语义场。

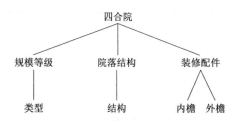

图 23 四合院建筑语义场结构层次

表 26 四合院名称

四合院			
规模	类型	一进院落：由四面或三面房子围合组成的四合院或三合院，又称基本型院落	
		二进院落：由两个院落构成，是在一进院落基础上沿纵向扩展而成，通常是在东西厢房的南山墙处加一道隔墙	
		三进院落：是在二进院落基础上再向纵深发展的，即在二进院落的正房后加出后罩房，后罩房与正房、耳房共同组成狭长的后院，又称典型或标准四合院	
		四进院落：是在三进院落的纵深方向再进一步扩展，在三进院落后加一排后罩房，四进院落属于大型四合院	
		复合型院落：多进院落受到胡同的限制，不能再向纵深发展而横向发展，出现了复合型的四合院。包含有一主一次型四合院、两组或多组并列型四合院、带花园四合院等类型	
院落	结构	宅门	王府大门：四合院宅门最高形制的屋宇式大门，亲王、郡王府使用，有五开间或三开间两种形式 广亮大门：仅次于王府大门的屋宇式大门，达官贵人门第使用，入口空间宽大敞亮，只有一个开间 金柱大门：级别上次于广亮大门的屋宇式大门，官宦人家使用，入口空间不及广亮大门宽大，只有一个开间 蛮子门：级别上次于广亮大门和金柱大门的屋宇式大门，普通官员与富商人家使用，门扇紧邻胡同街道，入口空间消失，只有一个开间 如意门：级别上次于蛮子门的屋宇式大门，平民之家使用；门扇紧邻胡同街道，但门扇被缩小，入口空间消失，只有一个开间 小门楼：四合院中使用最广泛的墙垣式大门，把门开在墙垣上，又叫"随墙门"，比屋宇式大门等级要低很多，平民使用 西洋式宅门：采取西洋式建筑，中西合璧的宅门
		影壁	大门内外 / 内：独立影壁[pei]：呈一字形迎门而设的影壁，又称"照壁" 坐山影壁：镶嵌在厢房山墙之上，与山墙连为一体的影壁 大门内外 / 外：一字影壁：设置在宅门之外，与宅门有胡同之隔，在对面宅院墙壁外砌成，起遮挡对面房屋凌乱建筑的视觉之用 八字影壁：位于宅门两侧，平面呈八字形的影壁，又称"反八字影壁""撇山影壁" 建筑形式：硬山式影壁：模仿硬山式建筑而建的影壁 悬山式影壁：模仿悬山式建筑而建的影壁

四合院			
院落	结构	房屋	正房：四合院中最主要建筑，供长辈居住 厢房：级别低于正房，在合院两侧左右对应，坐西朝东称为西厢房、坐东朝西称为东厢房，供子孙居住 倒座房：合院最南端临街的建筑，也是级别最底的房子，供下人居住，其坐南朝北，又称南房 耳房：在正房或厢房两侧接有一间或两间的房子，规模略小，布局颇似人耳，故有此称，分正耳房和厢耳房，正耳房常作书房用 后罩房/楼：四合院最后一排房子、级别低于正房和厢房，供家中女眷或未出嫁的女儿居住，若后罩房建成两层的形式，又叫"后罩楼"
		附属结构	门墩儿：即门枕石。设置在宅门门槛两侧，起支撑门框、门轴作用的石构件，又分方鼓石和抱鼓石两种 上马石：安放在宅门两侧，供人上下马用的阶梯状石构件 拴马桩：在倒座房的沿街墙上预留洞口，内置铁环，以供人客拴马之用；或以石柱埋入地下，露出一部分用作拴马 垂花门：四合院宅门的二门，是分隔内、外宅的一道门，通常整个垂花门用彩绘包裹起来，门上有一对倒悬的"垂莲柱"，只有二进以上的四合院才有垂花门，是四合院中装饰最精美的部分 看面墙：分隔内外宅的一道主要隔墙，是位于垂花门位置两侧，位置显要的墙面 抄手游廊：沟通各个房间，供人通行或小坐休息的回廊，是四合院中的附属建筑
装修	内檐	橱	碧纱橱：用于室内分间隔断用的隔扇，视房间进深大小而有6扇、8扇和12扇等，通常只开中央两扇作为门洞
		罩	花罩：亦是用于室内分间隔断用的隔扇，花罩不设下槛，而是在上方设挂空槛，视房间进深分五扇或七扇，在视觉和空间上更敞亮；花罩分为几腿罩、栏杆罩、落地罩、圆光罩、八角罩等形式
		架	博古架：又称"多宝格"。用来陈列古董、器物的架子
		板壁	板壁：又叫"板墙"，用来分隔空间的木质板墙
	外檐	门	街门：安装在大宅门或墙洞内的木质门框、门扇等 屏门：用来分隔院内空间的，起屏风作用的门，一般在宅门左侧设的一道门，避免跨入宅门后直接看到宅院 隔扇门：四合院用来装在正房和厢房的明间，用以分隔室内外空间的木门 风门：是帘架上开启的单扇门，帘架即隔扇门外贴附的一层装修，作保暖防热之用
		窗	牖窗：四合院开在墙面的窗户 什锦窗：安装在院落的隔墙上，有各种优美的几何图案，起装饰和采光之用的漏窗 棂条花格：即在不同的门、窗、帘架上用棂条拼出的富有吉祥寓意的花格，这些棂条图案给人以丰富的美感

　　老北京四合院建筑词语义场的特点：

　　作为人类文化的一部分，建筑总是反映着特定的社会文化。建筑创作涉及多个元素，这些元素构成的整体是由建筑语言维系的，从在四合院尤其是北京四合院的建筑语言中可以看到其潜藏的特点。

1. 等级性

四合院的建筑规制充分体现了封建时代皇权至上的政治伦理观与尊卑有序的等级道德观。在清代，四合院被明确地分为了亲王、公侯、品官和百姓四个等级，面积的大小也因地位尊卑而不同。以北京四合院的大门为例，按照古代礼制制度，大门是住宅的门第标志，礼的规制对大门的等级限定十分严格，低品官和庶民都只允许用单开间的门面。老北京四合院就是在单开间的门面中又依据门框槛安装位置的不同分为：王府大门、广亮大门、金柱大门、蛮子门、如意门等多种定式。《大清会典》规定：亲王府大门为五间，可开启中间三间，并且屋顶可用绿色琉璃瓦件，屋脊上可装吻兽；郡王府大门为三间，只有中间一间开启。况且清入关后以大门上的门钉作为等级的重要形式，其门钉的数量和材质也有严格规定。清代对大门门钉的使用在《大清会典》中亦有详细明文规定，亲王府制："门钉纵九横七"；《会典事例》中有"每门金钉六十有三"之句。世子府、郡王府："金钉、压脊各减亲王七分之二。"贝勒府、镇国公府、辅国公府："公门铁钉纵横皆七。"比郡王府四十五个门钉还多四个。但是在用材上起了变化，由金钉（即铜钉）改为铁钉。所以比郡王府用金钉的等级要低。公以下府第："公门铁钉纵横皆七。侯以下递减至五。"而以上所有这些都不能超过皇帝出入的大门的形制，《大清会典》规定"宫殿门庑皆崇基，上覆黄琉璃，门钉金钉，坛庙圜丘遗外内垣四门，皆朱漆金钉，纵横各九"，取"九"之数，表示九五之尊的皇帝是至高无上的。而其他亲王、郡王、公侯等官府的门钉数则依次递减，为纵九横七、纵横皆七、皆五等，地位低者其门钉是铁制的。此外，封建时代在房屋的间数、高度、建筑材料乃至装饰纹样和色彩等方面都有严格的制度规定，如《明会典》规定：只有五品以上所建的房屋梁柱间允许施青碧彩绘，屋脊允许用瓦兽，五行说中，黄色代表中央，象征高贵与华丽，清代规定其作为皇家宫殿御用的颜色，普通民舍只能用青色、灰色。总体来说，皇帝至高无上的权力是不许僭越的。

从四合院的布局方式来看，也体现了封建宗法制度的家族伦理关系。北京四合院在前院设"倒座房"，作为仆役住房、厨房和客房；后院有正房和东西厢房，位于中轴线的正房属最高等级，为家中尊者所居，厢房为晚辈住所。同时四合院的居住规制上遵循"以左为上"的传统思想，东侧为尊，西侧为卑，东厢房一般是家中大儿子、三儿子居住；西厢房一般为二儿子和四儿子居住，未出阁的女儿一般要住在院子最深处的后罩房。这种"父尊子卑、长幼有序、男女有别"礼法制度是需要严格遵守的。

2. 封闭性

四合院是由东西南北房屋围合起来的内院式住宅，在居住礼制中，对家中人的活动范围也有明确的约束。《明伦汇编·家范典》描述说："凡为宫室，必辨内外，深宫固门内外不共井，不共浴室，不共厕。男治外事，女治内事。男子昼无故，不处私室，妇人无故，不窥中门。男子夜行以烛，妇人有故出中门，必拥蔽其面。男仆非有缮修，及有大故，不入中门，入中门，妇人必避之，不可避，亦必以袖遮其面。女仆无故，不出中门，有故出中门，亦必拥蔽其面。铃下苍头但主通内外宫，传致内外之物。毋得辄升堂室入庖厨。"①对于来访的外人行为更要受到限制，四合院空间分为内院和外院，内院是家人生活起居的场所，具有很强的私密性，男客非请不允许进到内院来。

3. 和谐性

"和"是中国传统文化追求的最高境界，在传统文化的和谐范畴中，家和为贵是其中的一个重要层次，"贵和"作为一种重要的思想观念也体现在四合院的建筑设计中，北京四合院作为合院建筑的典型代表，所谓"合"即是由四面布置的房屋和连接房屋的院墙围合而成，中心为院。整个四合院以南北向纵轴为主，东西向横轴为辅，体现出均衡、对称的特点，建筑配置井然有序。中国的个体建筑在四合院的居住礼制是以血缘为纽带的同姓居住，并在布局上强调以组群建筑的对称、和谐从而创造出一种和睦之美。

建筑是人类的重要文化标志之一，老北京四合院就是以"文化纪念碑"的形式记载着老北京城的兴衰更迭的演变历程。

（七）车辆类交通工具语义场

北京地处内陆，交通工具主要以车辆为主，很少使用到船只，以下主要就车辆类语义场进行观察。

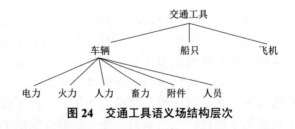

图 24　交通工具语义场结构层次

---

① （清）陈梦雷等原辑，（清）蒋延锡等重辑：《古今图书集成 32》，《明伦汇编·家范典》，北京：中华书局 1986 年版，第 38564 页。

表 27 | **交通工具名称**

交通运输工具		
车辆	电力	哐哐儿车：电车 蹦蹦儿车：一种电机发动的三轮车 嘟嘟车：摩托车 电驴子：摩托车 跨子车：有跨斗的摩托车 汽碾子：修筑马路的轧道车 市虎：汽车的代称 面的：指 80 年代流行的一种黄色出租车，即微型面包车
	火力	火车 板儿车：硬座旅客列车
	人力	二把手儿：一种手推的独轮木车，又叫"小单拱儿" 排子车：又叫"伙人车"。一种人力推拉的平板木车 板儿车：平板三轮车 平板儿：平板三轮货车 猴儿车：抗战时指拉着日本人的三轮车 骡儿车：用绕远来向乘客多索车资的人力车 牌儿车：旧时专指在交民巷拉外国人的人力车 轿子：旧时的交通工具，用竹或木制成，外面套有帷子，两边各有一根杆子，由人抬着走或骡马拖着走 人力车：民国时出现的装配了充气轮胎和滚珠轴承的机械车 自行车儿
	畜力	轿车：旧时供人乘坐的车，车厢外套着帷子，用骡马等拉着走 趟子车：牲口牵引在固定路线上往返的班车 敞车：由马、骡或牛等拉的无篷的木制车 大鞍子：一种骡子拉的红托呢布车，一般高官命妇于例才能乘坐 荡子车：专载乘客的敞篷骡车 趟子马：旧京的交通工具，供人租骑在固定路线上往返的马 趟子驴：旧京的交通工具，供人租骑在固定路线上往返的驴 驮脚：指用牲畜载客，作为代步的交通工具
	附件	帮套：帮助辕马拉车的牲口及套具 扳钟儿：脚踏车上装有弹簧的铃铛，又叫"车铃儿" 车斗：三轮车或机器脚踏车附设的车座，又指翻斗汽车的翻斗 跨斗：脚踏车或摩托车旁边带人的车座 车锅：轮盖，汽车或畜力车代替辐条的弧面铁盖 火车鼻儿：汽笛 和尚头：汽车的球头拉杆 花篮儿灯：人力车车座两旁的亭子形的油灯或电石灯 胶子：人力车或三轮车的车轮 拍子：人力车前端连接两个把的铜片，又指电车顶上的集电杆 判官头：马鞍前端翘起的部分 撇绳：驾畜力车或扶犁时用来控制牲口的长绳，又叫"扯络" 水簸箕：又叫"车簸箕"，人力车或三轮车上乘客放脚之处 洋桩子：车辕前端的小木桩，用来拴缰绳 闸把[pa√]儿：汽车的变速操纵杆

续表

交通运输工具		
车辆	人员	车把式：赶大车的人，即车老板 掌包儿的：畜力大车的主人 板儿爷：蹬平板车的工人 洋车夫：指人力车夫 车豁子：跟随主人轿车打杂的小厮 赶驴的：出租驴子供客乘骑的人 赶脚的：自备骡马车辆，供客骑乘运货，包括赶驴的、赶骡驮子的、赶大车的在内，统称"赶脚的" 拿辕的：官宦人家出行乘坐大鞍车时，左右二人在两旁手扶车辕而行的人
	船只	莲船儿、汽轮、小火轮
	飞机	飞机

交通运输工具语义场的特点：

1. 体现了"南船北马"的地域色彩

北京土话交通工具语义场中船只、飞机子场的词语系统不发达，在查阅的相关的数据资料中，仅出现少数几个词语，体现出不均衡性。这一方面是因为北京地处内陆，早期人们出行的主要交通工具是畜力，后来慢慢使用车辆，故船只很少出现在人们的日常生活用语中；另一方面，飞机是舶来品，从前也是远离人们生活的交通形式，因此这两个子场的词语构不成系统的词群。

2. 以人力畜力为主

在交通运输工具语义场中可以看到，在老北京的出行生活中，主要以人力、畜力为主，这一词群占了较大的比例。

（八）动物语义场

图 25　动物语义场结构层次

表 28　　　　　　　　　　　　　动物名称

动物	
家畜	牤牛_{公牛}、骟牛_{阉过的公牛}、母牛、水牛、黄牛、花牛、骒子、驴骡、马骡、叫驴_{公驴}、驴公子_{雄驴，特指种驴}、草驴、骆驼、儿马_{公马}、骒马_{母马}、骟马_{阉过的公马}、辕儿马_{驾辕的主力马}、马驹儿_{小马}、公猪_{兼指雄性公猪和阉过的公猪}、跑三儿_{种猪}、母猪、猪秧儿/仔猪/猪崽儿_{猪宝宝}、公羊、母羊、骟羊_{阉过的公羊}、绵羊、山羊、羊羔儿、公狗、母狗、狗崽儿_{小狗}、拿獾狗_{一种猎狗}、野狗_{流浪狗}、笨狗_{家养的一般土狗}、小叭儿狗_{哈巴狗}、哈巴狗_{狮子狗、叭儿狗}、郎猫_{公猫}、女猫_{母猫}、季鸟儿猫_{夏季出生的猫}、桃花儿猫_{春节后不久出生的猫}、兔子、柴鸡_{个儿小腿无毛的鸡}、公鸡、草鸡/油鸡_{母鸡、个儿大腿有毛的}、孵鸡_{抱窝鸡}、九斤黄_{一种黄毛鸡}、小鸡儿_{鸡崽}、毛毛腿儿鸡_{鸡子}、鸡桩儿_{鸡尾巴}、糠鸡_{肉很老的鸡}、秦桧儿鸡_{鸡的膆子}、公鹅、母鹅、小鹅_{鹅崽}、鸭子_{母鸭}、公鸭、母鸭、小鸭子_{鸭崽}、旱鸭子_{陆地上饲养的从没下过水的鸭子}、水鸭子_{水鸭}、母子_{雌性动物，也指做种子用的植物块根}、捎子_{拉帮套的牲口}、生匹子_{没驯熟的牲口}

续表

动物		
飞禽		啐得儿木啄木鸟、布谷鸟、画眉、斑鸠、小燕儿燕子、麻燕儿比紫燕大的燕子、娃娃燕儿雏燕、老家子/老家贼/家雀[tɕʻiɑu˩˧]儿/老家仓/老儿家麻雀、野鸡、鱼鹰子鸬鹚、鱼翠鸟叼鱼鸟、天鹅、山鹅[ŋɤ˥]、野鸭子野鸭、鹰一般指个头大的鹰、老鹞鹰鹰、鹞鹰子鹞鹰，一般指个头小的鹰、铁翅子老雕，鹫、兔儿虎猎鹰、鸦虎子巨鹫、夜猫子猫头鹰、鸽子、鹌鹑、老公/老鸹乌鸦、喜鹊[tɕʻiəu˥]、白鹤、丹顶鹤、孔雀、相思鸟儿、鸳鸯、鹦鹉、八哥儿、黄莺/黄鹂、粉眼儿暗绿绣眼鸟、红颏儿歌鸲、虎不拉伯劳鸟、灰串儿北画眉，一种棕色小鸟、叫天儿云雀、蓝颏蓝靛颏鸟、楼鸽栖息在庙宇和宫殿檐下的野鸽子、蚂蚱鹰燕隼、沙拉嘎儿一种喜鹊、呼呼黑儿大山雀，稍小于麻雀的鸟、呼呼红儿沼泽山雀、油子鸟媒，用来引诱同类的鸟、嘎吧嘴儿褐柳莺、老等苍鹭
走兽		大象、仔象小象、野牛、狮子、雄狮、母狮、老虎、公虎、母虎、白额虎、东北虎、华南虎、虎羔子虎雏、豹子、花豹、雪豹、熊、棕熊、狗熊、熊猫、野猪、豺狗、豪猪、刺儿猬刺猬、猴三儿/三子/三儿猴子、毛老三特指耍猴驯养的猴子、金丝猴、长臂猿、鹿、四不像麋鹿、狐狸、狸豹果子狸、花狸、野猫、野兔、狼、旱獭/土拨鼠、耗子老鼠、田鼠、岩鼠、山鼠、松鼠、山耗子地松鼠、檐目虎蝙蝠、地里迫[pʻai˩˧]子鼹鼠、寒大拉鼯鼠，也即寒号鸟、花拉棒儿金花鼠
蛇虫	蛇	长[tʂʻuɑŋ˥]虫蛇、公蛇、母蛇、毒蛇、无毒蛇、蟒蛇、眼镜蛇、眼镜王蛇、竹叶青、水长虫水蛇
	虫	歇了虎子/爬墙虎壁虎、千足虫蜈蚣、墙串子蚰蜒、蝎子、水蝎子水虿、苍蝇、饭蝇、大麻子苍蝇叮粪的苍蝇、绿豆蝇绿头蝇、麻豆蝇大麻蝇、蚊子、跟头虫儿孑孓、花斑蚊、蛇子跳蚤、臭虫、虮子虱卵、虱子头虱、八脚子狗虱、狗蝇寄生在狗身上的蝇子、瞎[tɕʻia˩˧]虻牛虻、瓮眼儿虫幼牛虻、鸡搋子鸡虱、小蠓虫儿蠓、潮虫子鼠妇、官儿老爷一种雄蜣螂、官儿娘子一种雌蜣螂、屎壳郎蜣螂的俗称、老琉璃/琉璃对体型较大的蜻蜓的总称、蚂螂对体型较小的蜻蜓的总称、白老婆儿一种胸腹淡灰近白的蜻蜓、黑老婆儿一种黑色蜻类，学名蛟蜻蛉、老膏药通身黑黄相间的蜓类、红秦椒儿/红儿/火葫芦一种红色蜻类、黄儿一种黄色蜻类，即黄衣、灰儿一种灰色蜻类、紫儿/老紫儿雌性的紫偏淡青色的蜓类、老子儿璃公蜻蜓、古老钱儿一种蜻蜓、老钢勒儿/老刚儿一种雄性墨绿色蜓类、老青儿一种墨绿色的蜓类、吊蚂螂一种蜻蜓、麻大头一种绿色蜓类、夜子儿一种黑色蜻蜓，又叫"黑儿"、豆娘子/琉璃鼠儿一种似小蜻蜓的绿色昆虫，学名蜻蛉、蛐蛐儿蟋蟀、油葫芦体大健硕叫声悦耳的蛐蛐、二尾[i˩˧]儿雄性善斗之蛐蛐、三尾[i˩˧]儿/三尾[i˩˧]儿大扎枪雌性善斗之蛐蛐、大秧子不善斗的蟋蟀、老米嘴不善斗的蛐蛐、灶马儿蟋蟀的一种，常在灶边活动、金钟儿鸣声如铃铛的蟋蟀、棺材头儿不善斗的蟋蟀，又叫"梆儿头"、一支夯缺了一条大腿的蟋蟀、蝴蝶[xu˥˩tʻie˩˧]儿、季鸟儿知了、蝉、热热儿/小热儿/沙板儿夏初出现的黄绿色嘎蝉，学名蟪蛄、伏天儿盛夏时出现的蝉，学名蛁蟟、伏凉儿/伏凉哥儿/秋凉儿秋天的一种绿色小蝉，学名鸣蜩、大麻季/麻季鸟儿个儿大、声音大的知了，一种蚱蝉、弹棉花的秋末的知了，声如弹棉花声、王师太一种大而黑的蝉，即丕蜩、哑巴[pa˥]子指不会叫的雌蝉、季鸟儿猴儿蝉刚拱出土的幼虫、蚕、大公蜂蜂王、公蜂雄蜂、母蜂雌蜂、蜂儿子幼蜂、蜜蜂儿、蜂刺蜂钩子、小黄蜂子黄蜂、马蜂细腰蜂、马蜂犊子/儿子小黄蜂、熊蜂个头特大的蜂、蚂蚁、蜂蚂蚁飞蚁、白蚁、叫麦长儿一种绿色草虫、肉虫子/肉虫儿米虫、蛀虫、地蚕、拉拉蛄蝼蛄、花牛儿天牛虫、铡草牛全身黢黑的天牛、花布手巾黑身翅有白点的天牛，又称花大姐、吊死鬼儿一种吐丝从树上吊下来的青虫，学名尺蠖、黄马褂儿金龟子、油酥豆金龟子、慈螬金龟子的幼虫，学名蛴螬、腻虫蚜虫、卷叶虫儿、蚂蚱蝗虫、蚂蚱墩/鞍儿小型蚂蚱，学名笨蝗、红姑娘儿一种短额翅红的蝗虫、玉米虫儿玉米螟、挂嗒扁儿/春米郎一种蝗类，学名大尖头蜢、刀螂螳螂、马鳖/牛鳖蚂蟥、蛐蜓蚯蚓、水虫儿、火虫儿萤火虫、鱼虫儿痧虫、水蚊子水黾、毛毛虫毛虫、地虱子地虱、蛔虫、牛蛔虫、肉芽儿肉中蛆、蛆屎蛆、狗豆子狗崽虫、杨剌子一种毛虫、蝈蝈儿、哑嘴儿幼小的蝈蝈、驴驹子大的雌性蝈蝈，叫声嘶哑、花大姐瓢虫、艾瓢儿翅红、体褐有花点的瓢虫、蹦蹦儿瓢虫、臭大姐放屁虫，即蝽象、飞蛾子、小蛾子米蛾、锢露锅一种黄红两色的蛾子、蛛蛛蜘蛛、老蟑儿蟑螂、油炸豆儿蟑螂、蛤蟆所有蛙类统称、金刚某种昆虫的蛹、蛐子蚕蛹、面包虫儿一种黑壳虫幼虫，作鸟食用、蝌蚪、疥癞蛤子/疥蛤子癞蛤蟆、米牛子/米蛘米里的小虫子、水牛儿蜗牛
鱼虾	鱼类	鱼花/鱼花子鱼苗、草鱼、鲤鱼、鲤鱼拐子/拐子小鲤鱼、鲫鱼、鲫瓜儿小鲫鱼、武昌鱼鳊鱼鱼、花鲫鱼桂鱼、鲈鱼、鲇鱼、胖头鱼大头鱼、白鳝、黄鳝、泥鳅、黄花儿鱼黄花鱼、白鲦子白鲦鱼、墨斗鱼墨鱼、鱿鱼、带鱼、金鱼儿、王老八又叫"王八"，北京乌龟和鳖不区分，统称王八、王八蛋鳖蛋、王八盖子龟甲、大眼贼儿一种小河鱼，供儿童玩耍
	虾类	小虾儿虾、虾仁儿虾米、小虾么虾皮、龙虾、对虾、螃应螃蟹、螃应夹子蟹螯、水牛田螺、河螺子河螺、海螺、蛤勒蛤蜊、大蛤勒蚌、灯篓子儿蟛蜞

老北京土话的动物语义场可见以下特点：

1. 动物词群的形式特点

动物词群在构词上从音节的角度极少使用单音节词，除少数词语如"鹰""鹿""熊""狼""蚕""蛆"可以作为单音节词使用，其他都使用复合音节命名动物。

从语素的角度，北京土话中语素"鸭"不能单用，家畜类动物中，所有的动物名称都能单用，只有"鸭"不能单用，组成复合音节时，通常也要加后缀"子"，如"小鸭""旱鸭""水鸭"必须说成"小鸭子""旱鸭子""水鸭子"。

动物词主要由单纯词和合成词构成。上列 371 个词中，单纯词有 18 个，其构成方式有联绵词：骆驼、蚂螂、蝴蝶、蚂蚱、蝌蚪、蚰蜒、蛤蟆、螃应、鹌鹑、蛤勒、鸳鸯、鹦鹉、琉璃；叠音词：蛛蛛、蝈蝈儿、蛐蛐儿；拟声词：虎不拉、沙拉嘎儿；合成词有 347 个，由复合式和附加式构成。

（1）复合式

复合式基本由偏正结构构成，少数是动宾结构：骟牛、跑三儿、叫天儿、呲嘴儿、锢露锅、嘎吧嘴儿；并列结构：金刚、母子；个别还有"的"字短语：弹棉花的。

在偏正结构中全部都是定中结构，其构成方式有：

名名式结构：前一个名语素对后一个名语素进行性别、性质、形状、类别、功能等的修饰、限制。这种限制有多种形式，例如：

性别限制：草驴、儿马、郎猫、油鸡、牝牛、骒马。

性质限制：驴骡、马骡、水牛、柴鸡、糠鸡、九斤黄、旱鸭子、古老钱儿、娃娃燕儿。

形状限制：熊蜂、白额虎、刺儿猬、千足虫、胖头鱼、疥癞蛤子、毛毛腿儿鸡。

类别限制：玉米虫儿、卷叶虫儿、水虫儿、火虫儿、鱼虫儿、蜂蚂蚁、季鸟儿猴儿、米牛子、肉芽儿。

时空限制：地蚕、地虱子、伏凉哥儿、夜猫子、季鸟儿猫、桃花儿猫。

功能限制：辕儿马。

形名式结构：前一个形容词语素对后一个名语素进行性质等的修饰、限制。例如：

笨狗、喜鹊、长虫、生匹子、野鸭子、寒大拉、花鲫鱼、臭大姐、花拉棒儿、小黄蜂子。

动名式结构：前一个动词语素对后一个名语素进行性质、形状等的修饰、限制。例如：

叫驴、孵鸡、爬墙虎、吊蚂螂、拿獾狗、铡草牛、拉拉蛄、唭得儿木、吊死鬼儿、油炸豆儿、叫麦长儿、挂嗒扁儿。

数名式结构：前一个数词语素对后一个名语素进行的修饰、限制。例如：

二尾、三尾、八哥儿、王八蛋、王八盖子。

区名式结构：前一个区别词对后一个名语素进行性别的修饰、限制。例如：

公猪、母猪、女猫、雄狮。

（2）附加式

附加式词语主要采用前加式和后附式两种形式。

前加式：主要使用前缀"老"构词，例如：

老鸹、老家贼、老琉璃、老钢勒儿、老膏药、老青儿、老紫儿、老鸲鹰、老蟑儿。

后附式：使用后缀"子、儿"构词，例如：

捎子、鸭子、母子、油子、屹子、虮子、三子、老家子、鸲鹰子、鱼鹰子、哑巴子。

黄儿、灰儿、紫儿、红儿、三儿、蹦蹦儿、热热儿、伏凉儿、秋凉儿。

总体来看，动物词群以复合式的偏正结构居多，其中名名式偏正结构占全部偏正结构的绝大多数，共 185 条，占全部合成词的 53.3%。

2. 动物语义场的语义特点

（1）昆虫类词群发达

动物语义场中昆虫类子场词群特别发达，在上列的各个子场的词语中，昆虫类子场占了 152 条，占全部动物词群的 40.9%，是一个庞大的词族，在这个子场中蜻蜓类、蜩蝉类、蟋蟀类词语尤其丰富，其中蜻蜓类命名有 23 个，蜩蝉类的命名有 14 个，蟋蟀类的命名也多达 11 个，这些昆虫分类细致，且描写生动，或按颜色，或按时令先后以及其功能的不同，进行分类，表明老北京对昆虫类尤其是这三类昆虫认知的深入和细腻。

（2）比拟式手法命名

喜用拟人化和拟物化的手法命名动物。例如：

拟人化：官儿老爷、官儿娘子、豆娘子、花大姐、白老婆儿、黑老婆儿、娃娃燕儿、伏凉哥儿、秦桧儿、哑巴[pa˥]子、金刚、王师太、王老八。

拟物化：琉璃、油葫芦、大秧子、黄马褂儿、吊死鬼儿、棺材头儿、油炸豆儿、琉璃鼠儿、唧鸟儿猴儿。

这样大批的词语使用拟人化或拟物化的手法，既生动传情，又诙谐有趣，体现出老北京对自然的亲近和幽默的天性。此外，在对动物命名中，有同名异类的情况，如"水牛"是指"田螺"，而并非指"牛"；也有异类同名的情况，如"红姑娘儿"既指一种昆虫——蝗虫，又指一种植物——灯笼草；"老公"既指乌鸦，也是对太监的别称。

（3）义位的特点

动物名词大多数只有一个义位，有少量动物名词存在多义位的特点，例如：

油葫芦：一种类似蟋蟀的鸣虫；瘦小的驴；鸊鹈，一种水鸟。

大眼贼儿：灰鹤；一种大眼金鱼；黄鼠。

水耗子：一种点燃后能在水面窜行的花炮；靠潜水供游客欣赏来挣钱的小孩。

鲫瓜儿：小鲫鱼；一种茎用莴苣；叽叽聒聒说个不停。

地里迫子：鼹鼠；矮小的人。

这些动物词语的多个义位一般是兼指不同的动物，但也有兼指植物与动物的，还有的甚至能兼指动物、植物或人的某种行为。

人类生活与自然界的动物息息相关，密不可分。人类的一切特征如外貌、性格特点等都能在动物身上找到原型。很多动物词语的派生意义源于动物的外貌、生理、禀性、行为、习惯、作用等特征，人类语言常常借助动物词语形容有某种动物特征的人或事物。在动物词语中，北京土话常常使用义位的隐喻与转喻来比喻人和事物，从而创造出许多新的语义，这些手法是：

以动物整体指代人或人的动作行为、性格品质。例如：

屎猴儿：打扫厕所的工人；土猴儿：浑身泥土的人；惇鸟儿：痴情而软弱的人；马蜂犊子：喻不肖子孙；土蜘蛛：当地的无赖汉；顺毛儿驴：只接受劝说不接受斥责的人；鹞鹰尖子：横暴逞强的人；屁鸭子：懵懂无知的小孩；傻骆驼：憨直而勤快的人，又指身体粗壮高大的人；傻狗儿：傻子；红虫子：婴儿、赤子；水鸡子：比喻浑身是水的人，落汤鸡；傻葫芦儿：厚道而且不爱多说话的人；急脸猴儿：指容易着急动怒的人；乌眼儿鸡：露出极其仇恨的样子；鹞鹰：比喻性格坚强。

用动物的某个部分指代人或人的性格、身体特征等。例如：

牛鼻子：道士；仙鹤腿：细长的人腿；鸡屎：指供人驱使的走卒，又指人的怯懦、无能；蝎子尾儿：清代男子的细辫子。

以动物或动物的某个部位比喻某种事物或某种性质。例如：

猫耳朵：眉豆；沙燕儿：风筝；虱子袄：棘手的事情；水骆驼：游泳工具，把裤子扎紧裤腿、裤腰，利用里面的空气使人漂浮在水面。

（九）植物语义场

图26　植物语义场结构层次

表29　　　　　　　　　　　　　　　植物名称

植物		
草	藤草	刺儿榛榛菲、荆条、藤子树开紫花的荆条、葛条粉葛藤、茅刺儿、草、茅草儿、刺五加、仙人掌、艾子艾草、车前草、婆婆丁蒲公英、狗尾[i.ɹ]巴草、苇子苇草、苇绒子芦苇、含羞草、浮萍、水葫芦、灯笼草、海绵丝瓜、青苔、肥猪菜肥猪草、野苋菜一种猪菜、刺儿菜一种猪菜、灰湿菜一种猪菜、苋丝草/痱子草、牛舌草、凤尾草、雪桐积雪草、龙须草灯芯草、红姑娘儿灯笼草，又叫"挂金灯儿"、三七、白术、芍药、和尚头桔梗、黄蒿子茵陈、灰儿菜/落落光菜蓼草、疥刺子蝎子草、洗麻子、拉拉蔓儿葎草，又叫"拉拉秧儿"、凉凉茄儿龙葵、牛舌头牛舌草、爬墙虎儿地锦草、茯苓、山玉米天南星、水连蒿水蒿、蒜瓣儿草知母、酸子溜酸模、小羊胡子细叶苔草、走马芹独活、砸碗草乳浆大戟、苲草金鱼藻、黑星星儿龙葵、赤包儿王瓜、鬼子姜洋姜，学名菊芋
	花草	山花、九花儿菊花、野菊花、桃花儿、杏花儿、梨花、梅花、兰花、桂花、荷花、莲花水莲花、蒲公英、海棠花儿、牡丹花、芙蓉花、水仙花、茉莉花、月季花、鸡冠花儿鸡冠花、栀子花儿、转日莲葵花、勤娘子牵牛花、紫藤花、熟角/蜀槿蜀葵、楼子花儿重瓣且花瓣高耸的花、棒儿兰玉兰、兰之花儿兰花
木	乔木	柏树、松树、松塔儿松球、水杉、槐树、梧桐、泡桐、柳树、白老头儿柳絮、柳绒子柳絮、粉团子榆叶梅、钻天杨、大叶杨、小叶杨、枫树、八角叶枫、白桦树、黄柏树、铁树、椿树、竹子、毛竹、斑竹
	灌木	万年青、狗奶子一种药用野生植物，即小蘖、枸杞、鬼圪针酸枣棵子、文王果文冠果，一种油料树种、扎蓬棵灌木丛、树棵子灌木、墩棵儿树矮小的灌木
谷	谷	谷子、种子、青稞子青色庄稼、高粱粒儿、玉米粒儿、黏米糯米、白米、籼儿米籼米、小米儿小米、大米、老米红米、黑米、糙米、瘪子/瘪谷秕谷、稗子、京西稻北京的一种水稻名、棒子/老玉米玉米、高粱、玉米杆儿/秸、玉米须子玉米须、麦子、麦余子麦糠、大麦、小麦、麦芒[uɑŋ.ɹ]儿、燕麦、荞麦、苦荞、二仓半老半嫩的灰实
果	瓜类	老倭瓜指扁的南瓜、黄瓜、刺儿黄瓜、冬瓜南方种、毛冬瓜北方种、癞瓜子/凉瓜苦瓜、葫芦圆形的葫芦瓜、瓠子长形的葫芦瓜、香瓜儿、琉璃瓦一种黄皮的甜瓜，即黄金瓜、梢瓜越瓜，又叫"酥瓜"、老洋瓜有纵行棱和纹的绿皮瓜，需去皮食用、老酥瓜花皮红瓤的瓜，皮可食、老头儿乐一种酥脆的甜瓜，又叫"面猴儿"、老秧瓜一种白绿色皮瓜，俗"菜瓜"、蛤蟆酥一种绿花皮的甜瓜、打瓜子多肉少的西瓜，是瓜子的来源、三白旱甜瓜是皮肉瓤三白的甜瓜、面猴儿一种大而黄的甜瓜，绵软不需牙嚼，又称老头乐、羊犄角蜜一种长形，有尖角的甜瓜
	果类	鲜货水果、干货干果、岗儿桃中小型果青酸味酸的桃子、沙果儿小型果肉沙软的苹果、火拉车一种产量很高的青绿苹果，又名虎拉车、虎拉槟一种变种苹果、闻香儿/闻香果槟子、山里红[ʂan.ɹlə.ɹxuŋ.ɹ]山楂、羹饼柿饼、黑枣儿一种皮肉均为黑紫色，形如半月，多核的柿科果实，又叫"君迁子"乌枣、莲蓬籽儿一种带酸味的小枣、嘎嘎枣儿一种棱型枣、挂拉枣儿一种去核，穿成串的干枣，又叫"挂络枣"、酸枣圆珠状味极酸的枣、扁缸儿/缸儿扁桃蟠桃、虫儿红一种甜枣，到生虫时才开始转红、胡厮赖杏和李子的混种水果、山豆子野樱桃、毛樱桃、滋毛儿大头大头栗子、老虎眼一种圆面大的酸枣

		植物
菜	叶菜类	菠[po˥]菜、火焰儿春天的嫩菠菜、水捆儿新鲜菠菜、窝儿里横未长大的变老的菠菜、大白菜、小白菜儿、圆白菜/洋白菜卷心菜、黄花儿菜黄花菜、空心儿菜蕹菜、韭菜、马蔺[lien˩]韭一种宽叶韭菜，又叫"大青苗"、野韭菜、韭黄儿、茼蒿、蒿子秆儿、曲麻菜/苦麻儿、苦苣苔/苦荬菜/野苦马菜/寝麻菜苣荬菜的俗称、苦苣苦荬、生菜、莴笋莴苣、苋菜、紫菜、苦菜、蕨菜、蒜苗儿蒜苗、香菜、小葱、大葱、香葱、羊角葱在旧葱根上长出的新葱、沟葱连畦子葱、铁杆儿青一种较矮的芹菜，又叫"棒儿芹"、苏子紫苏、薄荷、辣椒、大柿子椒灯笼椒、菜猴儿菜心、鲫瓜儿一种茎用莴苣、麻缨儿菜/麻莲儿菜/麻绳儿菜马齿苋，又叫"袜底儿菜"、扫帚菜形似扫帚的野菜、大白菜、野鸡脖儿叶有杂色，还没长大即上市的嫩韭、蒿子秆儿茼蒿、蒿子毛蒿子秆儿的叶子、娃子菜蔬菜中心长出来的茎和花、苕、掐菜掐去须子或豆瓣的豆芽儿菜
	豆类	蚕豆大豆、大豆黄豆、黑[xei˩]豆、花豆豇豆、青豆指青绿色的大豆、豆角儿长豆角、豇豆、豆角四季豆、荷兰豆、刀豆、扁豆、老柴皮老而干的豆荚、猫耳朵眉豆，一种宽扁豆，又叫"猪耳朵"或"洋扁豆"、纽儿幼小的豆荚，也指幼小的黄瓜
	根菜类	萝卜、青萝卜细长圆筒形，皮翠绿色，尾端玉白色的萝卜、水萝卜又名康萝、罗服、蒜瓣子萝卜、卞萝卜一种红皮萝卜、心儿里美青皮红瓤的萝卜、胡萝卜、茄包儿个儿的茄子"、苤蓝根茎类，俗音"撇id"、菜花花菜、西红柿/番茄、白薯红薯、麦权儿夏季麦收后种植的红薯、土豆马铃薯，有人称"地瓜"、山药蛋土豆的别称、洋葱、薤头、蒜头、生姜、姜母子姜种、仔姜、甘螺儿草石蚕的地下茎，用来做酱菜，又写作"甘露"、山药淮山、百合、凉薯、芋头、荸荠、莲藕、藕棒儿较粗的藕、菱角、莲子、莲蓬篓儿莲房、莲蓬

老北京土话的植物语义场可见以下特点：

1. 植物词群的形式特点

植物词群从音节形式看，除了个别词语"草"外，很少使用单音词，多由复音词构成；从语素形式看，以上 289 个词语，只有几个单纯词：苤蓝、芍药、茯苓、葫芦、薄荷、萝卜、荸荠，其他基本使用合成词。合成词由复合式和附加式两种方式构成。

（1）复合式

复合式词语绝大多数是偏正结构，其他少数是主谓结构：火拉车/虎拉车、虎拉槟、窝儿里横、老头儿乐、山里红、心儿里美；动宾结构：闻香儿/闻香果、打瓜、掐菜；并列结构：三七、胡厮赖。

在偏正结构中全部都是定中结构，其构成方式有：

名名式结构：前一个名语素对后一个名语素进行性质、形状、产地等的修饰、限制。例如：

水萝卜、刺儿榛、羊犄角蜜、缸儿桃、扫帚菜、沟葱、燕麦、京西稻。

动名式结构：前一个动词语素对后一个名语素进行性质、形状等的修饰、限制。例如：

爬墙虎儿、拉拉蔓儿、落落儿菜、挂拉枣儿、空心菜、含羞草、走马芹、砸碗草、转日莲、滋毛儿大头、钻天杨。

数名式结构：前一个数词语素对后一个名语素进行性质等的修饰、限制。例如：

二仓、九花。

形名式结构：前一个形容词语素对后一个名语素进行性质等的修饰、限制。例如：

癞瓜子、苦苣、凉瓜、墩棵儿树、赤包儿、黑枣儿。

以上结构中，以名名式结构占绝大多数，数名式结构只是极少数。这些结构中名名式结构和形名式结构在语素与语素之间的意义关系上还有不同的构成方式。例如：

名+名结构：① 偏正式结构，但表义重点在前一个语素上，例如：荆条、葛条；② 正偏式结构，即类名提前，也就是大名冠小名，例如：菜花、姜母子。

形+名结构：形容词作为修饰成分分为几类：

a. 颜色词作为修饰语素。例如：

"青"构成：青苔、青豆、青萝卜。

"白"构成：白术、白老头儿、白米、白薯、白桦树、大白菜。

"黄"构成：黄蒿子、黄柏树、黄瓜、黄花儿菜。

"红"构成：红姑娘儿、西红柿。

"紫"构成：紫藤花、紫菜。

"灰"构成：灰湿菜、灰儿菜。

"黑"构成：黑星星儿、黑豆、黑米、黑枣儿。

"赤"构成：赤包儿。

"粉"构成：粉团子。

b. 表性质的形容词作为修饰成分。例如：

野苋菜、野鸡脖儿、野菊花、凉凉茄儿、凉薯、酸子溜、酸枣、熟角、甘螺儿、生菜、生姜、苦菜、苦苣苔、香菜、香葱、洋白菜、洋葱、瘪子、瘪谷。

以上"野、凉、酸、熟、甘、生、苦、香、洋、瘪"等都是表示具体事物性质的词作为构词语素，个别还有表示抽象性质的词"鬼"作构词语素，如：鬼圪针。

（2）附加式

附加式词语主要采用前加式和后附式两种形式：

a. 前加式：主要使用前缀"老"构词，例如：

老米、老玉米、老倭瓜、老洋瓜、老秧瓜。

b. 后附式：使用后缀"子、头"构词，例如：

艾子、苇子、瘪子、稗子、棒子、瓠子、娃子、谷子、棒子、麦子、竹子、蕌头、蒜头、芋头。

以上可见老北京土话植物名词的特点，在上列 289 个词语中，除了 2

个单音词外，单纯词只占 7 个，合成词占了 282 个，占全部词语的 97.6%。表明老北京土话植物名词以合成词为主；合成词中以偏正式结构居多，占 263 个，在合成词中所占比例是 91%，其中又以名名式偏正结构为大多数，共 156 个，占整个偏正结构的 59.3%。这些都表明北京土话植物名词的构成方式主要以偏正结构特别是以名名式偏正结构为主。

2. 植物语义场的语义特点

（1）义位的特点

老北京植物义场的词语常常也被用来隐喻人物与事物，利用植物与人和事二者本来互不相干的领域建立起某种联系，从而产生一种生动、形象的表达效果。具体表现在用植物隐喻人或人的行为、性格、身体部位等，例如：

隐喻人的：死秧，比喻过于固执的人；杉篙尖子，比喻身材细而高的人；秧子，比喻不懂世事而常受欺骗的公子哥儿；精豆子，比喻聪明的小孩。

隐喻人的行为或身体部位：掉豆子/掉蒿子，比喻落泪；水葫芦儿，比喻妇女两鬓的长头发；光葫芦，比喻秃头。

（2）植物的拟人化

有时候，这种隐喻也用来表示说话人对某类人的厌弃或不便说出来的一种委婉的心理。例如：山药蛋，是对关外人的蔑称；生葫芦头，是对性特征没有发育成熟的姑娘的蔑称。

总体来看植物名词的隐喻大多都是针对人的，有时也兼指动物，例如：大秧子，比喻不善斗的蟋蟀，又指充当冤大头。甚至个别情况也有用人称来形容植物的，例如：娃子，比喻蔬菜中心长出来的茎和花。或用事物比喻植物的，例如：纽儿，比喻幼小的豆荚，也指幼小的黄瓜；死葫芦头：指不通的小路，死胡同。

（3）地域特点

美国学者安德森在其著作《中国食物》中指出：气候的变化和特殊的地理环境，赋予中国丰厚的植被遗产。他把中国的北方划分为小麦和混合谷物的区域，中部和南方划分为稻作区域。"华北是中国许多基本食用作物的原产地，包括粟、大豆、白菜（还有油菜籽）和桃在内。……在今日华北的农业中，引进的植物包括小麦、玉米、高粱、稻子、棉花和芝麻，已占据了支配的地位。"[①]并认为："水果与蔬菜在南北方也是截然不同的，北方是桃、枣、杏、梨、苹果和萝卜（以及其他种种东西）的产地，而稻作区域则盛产柑桔、荔枝、香蕉、芋头、莲等等。"[②]

---

① [美]尤金·N. 安德森：《中国食物》，马孆、刘东译，南京：江苏人民出版社 2003 年版，第 3 页。
② 同上书，第 154 页。

老北京的植物词群就体现了北方植被的鲜明特点。如北京谷类植物，以小麦、高粱、玉米、小米等为主要植物，而一般不生产稻谷，旧时只有海淀区六郎庄一带小面积地种植水稻，也即享誉京城几百年、明清两朝皇宫帝王们的美食——京西稻。其他果类植物，以桃、李、杏几种最多，金受审在《北京通》中就列举过这几种水果繁多的名称和叫法。①

　　桃：麦秋桃、香桃、萝卜桃、竹叶青、六月白、马窑白、伏桃、蜜桃、玛瑙红、陵白、沟子白、扁缸桃、大叶白、和尚帽。

　　杏：香白杏、果子吧哒、玉吧哒、铁吧哒、串玲儿、零水白、梅杏、红梅子、白梅子、火球儿、麻杏白、马蹄黄、草白、油吧哒、海红吧哒、桃吧哒、老爷脸、李吧哒、山后土杏。

　　李：水红李、腰子李、玉皇李子、长背红、三变丑、蛇串巧、鸡蛋黄、蜜腊脐。

　　可见以上名称有的多达十几种，足见该地区桃杏李物产之多而广。

（十）时间系统语义场

现代汉语时间系统中，"时点"和"时段"是体现时间观念的语言表述形式，也是时间系统中的一对重要范畴。老北京土话的时间表达方式主要也是以这对范畴为时间基准的。

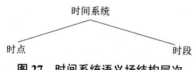

图27　时间系统语义场结构层次

表30　　　　　　　　　　　　**时间系统名称**

			时间系统
表时间的词类	时间名词	时点	今儿/今儿个今天、明儿/明儿个明天、喘气儿间歇、白天、初一、伏天、过节、过年、节下、黑天/黑间/黑下晚间、黑早儿黎明、冷天、礼拜（礼拜日）、年下、清早晨[ɕin˥]/大清早晨清晨、热天、三十儿（除夕）、大晌午中午、十五、晚上、早起、正月、打沉儿睡过一时、当当儿当口、际际、灯晚儿晚上开始掌灯以后、点子不吉利的时刻、岗子倒霉的时刻、点子、半夜、半天、这些日子、而今如今、后上晚间、头晌儿/前晌儿上午、后晌儿/后半晌儿下午、脚下眼下、此时、末了儿/末末拉了儿/末末了儿末了、晌和[xuo˩]中午、晌和头儿中午的一段时间、生儿周岁、下儿点（钟）、夜里个/夜里个/夜落个/夜来个昨天、早晨[xin˥]清晨、早已从前、这阵晚儿现在、这会儿、这阵儿这时候、大天亮/大天大亮天明、大天白日白天、中上中午、傍黑儿黄昏、傍晚儿傍晚、大前几个前天、黑更[tɕin˥]半夜深夜、黑灯下火指时间已到很晚、后蹬儿傍晚的一段时间、当向儿/当当儿正当某种时候、当口儿时机、关头、当儿/当子时候、回头以后、稍过片刻、空当向儿间隙、空儿闲暇、临了儿到最末后、眼时目前、眼下

---

① 金受申：《北京通》，北京：大众文艺出版社1999年版，第335页。

时间系统			
表时间的词类	时间名词	时段	雄黄年间年代古远、极早年间、年侯儿年代、年载儿年代,年月、脖儿一段时间、串气儿一连串的,无间歇的、会儿/会子一段较短的时间、垡儿一段时间、风三儿阴历三月、八辈子/八百辈子很久、这弓崩子这一段较长时间、粥月子、数九
	时间副词	时点	正、先、再、归结终究、到底、将刚、不久前、将将儿/将不将儿刚刚、将久终究、可可儿的恰好,正巧、立马顿时、立刻、已经/已就已然、立时刻立刻、冒猛的猛然、猛孤丁/猛咕叮猛然、时会儿时候、随赶着随即、紧接着、乍乍的突然地、忽然间忽然、临时节儿临时
		时段	常行礼儿时常、常行儿时常、溜溜儿自始至终、足足、总远一直、始终或永远、时不常不时、一满儿向来
	时态助词	时点	着、了、过、喽
		时段	拉拉不连续,拉开时间
	方位词	时段	末后儿/末后尾儿最后、前儿/前儿个前天、后儿/后儿个后天
		时段	前、以前、后、后手后来、以后、后尾儿后来,以后、过后儿过后,以后、前半路子以前的岁月、后半路子今后的岁月、后半辈儿后半生、上个月、下个月

时间语义场的特点:

时间词是日常生活中的基本词汇,关于"时间",《现代汉语词典》的释义是:(1)物质运动中的一种存在方式,由过去、现在、将来构成的连绵不断的系统。是物质的运动、变化的持续性、顺序性的表现。(2)有起点和终点的一段时间。(3)时间的某一点。

时间是一个线性的、一维的、永无止境的系统。对老北京土话语言系统中的时间义场来说,也体现出时间范畴的基本特点。

1. 模糊性

《现代汉语词典》的第一个释义,说明时间是连绵不断的系统,以一天的时间计算为例,按照汉民族对时间的认知心理,老北京土话对一天的时间划分是以自然现象,即太阳的日出日入来划分的,并在每一个时间段都有自己的时间词表达方式。

早晨:日出前后的一段时间。例如:

黑早儿黎明、清早晨[çin˥]、大清早晨[çin˥]清晨、早晨[çin˥]清晨、大天亮、大天大亮天明、傍亮儿佛晓。

上午:指清晨至中午 12 点的一段时间。例如:

头晌儿、前晌儿上午。

中午:指白天 12 点左右的时间段。例如:

大晌午中午、中上中午、晌和[xuo˥]中午、晌和头儿中午的一段时间。

下午：正午 12 点至日落的时间段。例如：

后晌儿、后半晌儿_{下午}。

傍晚：临近晚上的时间段。例如：

灯晚儿_{晚上开始掌灯以后}、傍黑儿_{黄昏}、后蹭儿_{傍晚的一段时间}、擦黑儿。

晚上：从太阳落山到深夜以前的一段时间。例如：

黑天/黑间/黑下_{晚间}、后上_{晚间}。

深夜：指从半夜 12 点到天亮的时间段。例如：

黑更[tɕiŋ˥]半夜_{深夜}、半夜、黑灯瞎火_{指时间已到夜晚}。

这些词语对时间的划分都是依据自然界太阳的变化而描述，上述每一个时间段之间都没有明确的分界线，体现出时间词模糊性的基本特征。

2. 相对性

时间词在表示时点和时段的划分上体现出相对性的特点。时点与时段的表达不会用精确的时间刻度来表达。

表示暂时时间的：临时肯节儿_{临时}、脖儿_{某一段时间}。

表示间歇性时间的：打沉儿_{稍过一时}、喘气儿_{间歇}。

表示已然的：已经、已就_{已然}。

表示正在进行的：将将儿_{刚刚}、将不将儿_{刚刚}、立马_{顿时、立刻}、可可儿的_{恰好、正巧}。

表示长久的：雄黄年间_{年代古远、极早年间}、八辈子/八百辈子_{很久}。

表示永远的：总远_{一直、始终或永远}、永辈子_{永远}。

表示时点和时段的时间词没有绝对精确的时间划分，时间线轴上的具体时点需要一定的语境才能体现，如：后手_{后来}、末后儿/末后尾儿_{最后}、后尾儿_{后来、以后}等词汇就需要借助具体的话语语境才能明确其时间点所处位置。

以上对老北京土话系统中的语义场进行了描写和概括。任何一种语言都包含着大量的语义场，语义场并不是简单的词汇堆积，而是在相当大的程度上表现为一种结构。同时语义不仅仅与句法和概念发生关系，"其组音方式、重音、音调、音长、句调等超音段特征的变化，词语的形态变化，都会引起语义的变化"[①]。总之，音系、形态、句法等层面与语义都有关系，语义可以说是语言的多种模块的中心和纽带。在语言中由于词汇系统的庞大，使语义场也呈现出多样性和复杂性，通过以上的词汇群，可以概览该方言的词义聚合系统，这些词语是在老北京特有的文化背景下孕育的特殊词汇，从中可以窥视老北京文化的多个平面，"语言有一个底座，说一种语言的人是属于一个种族（或几个种族）的，也就是说，属于身体上具有某

---

① 熊学亮：《语言学新解》，上海：复旦大学出版社 2007 年版，第 84—85 页。

些特征而不同于别的群的一个群。语言也不脱离文化而存在，就是说，不脱离社会流传下来的、决定我们生活面貌的风俗和信仰的总体。"① 语言是在人类创造文化的过程中产生的，其产生、发展、变化乃至消亡都受到文化的制约和影响，文化为语言的存在提供了一方沃土。限于篇幅，本书从衣食住行等10个成结构的语义场对北京土话富有特色的词汇语义做了一个大略的考察，以为下面章节语法的描写做先期的准备。

---

① [美]爱德华·萨丕尔：《语言论》，陆卓元译，北京：商务印书馆1985年版，第186页。

第二章　形态

　　形态（morphology），又译为"词法"，狭义的形态学主要探讨构形法和构词法，汉语的构词法中复合构词法和词类都不是严格意义的"词法"，因此本书采用"形态"这一词语，来观察老北京土话中的形态现象。汉语的形态现象较少，老北京土话也不例外，其形态主要表现在重叠、语缀以及复数"们"的音变构形等几种类型。

第一节　重叠

　　布龙菲尔德《语言论》中认为：重叠是一种变化。重叠作为汉语的一种重要构词手段，是指将语素或音节重复排列，改变其语义和语法功能，从而构成新词。老北京土话的重叠式是其构词的主要特点，重叠作为老北京土话的一个构词的重要手段，体现在名词、动词、形容词、量词、数词、副词等词类的重叠上。

一、名词的重叠

（一）名词重叠的构造形式

　　老北京土话名词重叠主要采取的是构形重叠和构词重叠两种类型，其形式有：AA 式、AA 儿式、ABB 式、ABB 儿式、AAB 式、AAB 儿式、ABB 儿式、AA（儿）B 子式、AA 儿 B 式、AABB 式、ABAC 式、A 儿 BB 式、ABA 式。

　　上述重叠式中 AA 式属于语法学范畴的构形重叠。AA 式构形重叠，一般来说语义不发生变化；其余形式都是在基式的基础上重叠后产生了词义的变化，属于词汇学范畴的构词重叠。

　　本书将重叠前的形式称为基式，重叠后的形式称为叠式。

1. AA 式

AA 式的名词有以下几类重叠形式：

（1）音节的重叠

指重叠的成分分别是单个的音节，每个音节单独都没有意义，例如：

蝈蝈儿、蛐蛐儿、铎铎、猩猩_{指动物}，也指聪明而爱占便宜的人。

这种重叠严格地说应该是重叠式语素构成的重叠式名词。

（2）语素的重叠

指重叠的成分是由单个的语素构成，按其表义形式主要分为以下几类。

指人称谓类：这一类主要是亲属称谓词，也有少数是指某一类人的。

太太_{曾祖母}、爷爷、奶奶、爸爸、妈妈、哥哥、姐姐、姑姑、外外_{外孙}、姥姥_{产婆，也指外祖母}、娃娃_{指某地生人之义，也指小孩儿}、回回_{对回民的称呼}、旗旗_{旗人}、妞妞_{小女孩}、姆姆_{天主教修道院女院长}、锛锛/侪侪_{脑门突出的小孩儿}。

指物名词类：这一类指物名词一般是由名词性语素重叠而成。

窝窝_{一种粘面制作的食品}、蛛蛛_{蜘蛛}、星星_{天体}、兜兜_{兜肚}、鬏鬏_{夫妇合卺时所戴的簪儿}。

儿语爱称类：这一类名词主要用在儿童口语中，或大人与儿童交谈时，凡涉及儿童的语境中，表示亲昵、怜爱的情况时出现。具体有以下几种。

指身体器官的儿语重叠：妈妈_{乳房}、乖乖_嘴、手手、脚脚、鼻鼻、肚肚、鸡鸡_{性器}；

指食物的儿语重叠：肉肉、饭饭、菜菜、蛋蛋、果果、水水、包包_{包子}、饺饺_{饺子}；

指衣饰的儿语重叠：鞋鞋、袜袜、帽帽、被被、衣衣；

指用具的儿语重叠：床床、桌桌、凳凳、杯杯；

指其他人与物的儿语重叠：宝宝、尿尿、巴巴_屎、球球、狗狗、羊羊、街街。

上述儿语中，有些词已经进入成人的语汇中，如：妈妈_{乳房}、乖乖_{嘴，也指对孩子的亲昵称呼}，在日常生活中就有"吃妈妈_{吃奶}""要乖乖_{接吻}"的常用说法。

语素重叠式的几种类别里，"指人称谓类"这组中的亲属称谓重叠式名词，基式与叠式词汇意义没有差异；"指物名词类"和"儿语爱称类"的基式和叠式大多也都没有词汇意义的变化。这些都属于构形重叠的范围。但是在 AA 式中，非表亲属类的指人名词重叠式则会产生意义的变化：如"姥姥_{产婆}""娃娃_{某地生人}"等的词义发生了转变，与该重叠的基式名词的原义已不同。

一般来说，AA 式的重叠式中，A 分别由名词性语素构成，极少有非名词性语素构成的情况。也有少数例外，例如"乖乖_{既指人嘴，又指对孩子的亲昵称呼}"，其基式 A 是形容词性质的，重叠后变成重叠式的名词。

2. AA 儿式

AA 儿式是在 AA 式的基础上，末尾音节儿化而产生的一种类型。这种类型主要分为以下三类。

（1）名词重叠

道道儿办法、主意、筋筋儿正当其时，正在筋节上、家家儿住户、人家。

这一类 AA 式是将单音名词重叠后+儿构成，"儿"只是在音节后面附加一个卷舌动作，有音无义，不是构词儿化，所附着的语素儿化后并不改变原词的意义和功能，上述重叠式是由名词重叠后发生的意义的变化，这种变化并非儿化产生的。

（2）非名词性语素或词重叠

混混儿地痞流氓、噜噜儿米粮陈腐受潮后产生的小串、相相儿相声、蹦蹦儿一种民间简陋的小戏、糊糊儿面粉和菜煮后的食物、砸砸儿乳房、怄怄儿轻微的玩笑、爬爬儿虱子的讳称、凉凉儿玻璃制品、热热儿蝉、哈哈儿笑柄、赳赳*儿/阄阄儿用纸揉捻成的小卷儿、拘拘*儿泥垢或黏面等经揉搓而形成的细条状物、呼呼儿一种胡琴、彩彩儿意外收入。[①]

这一类 AA 式主要将非名词性的语素或词重叠后+儿变成，"儿"是一个语素，所附着的语素或词儿化后改变了意义和功能，实际是构词儿化，上述重叠式+儿后词性发生变化，使非名词性语素或词变成名词。

（3）名词重叠变成量词

年年儿每年、天天儿每天、月月儿每月、处处儿每处。

这类名词重叠后具有了量词的特性，表示"每一"之义。语音上一般要带上儿尾。赵元任在《汉语口语语法》中将这种重叠称为"遍称重叠式"，并指出名词除"人人"外一般不用重叠表"每个"，也即普通名词一般没有重叠后表量词的特性。[②]上述表量词性质的重叠式主要限于表示时间和处所的名词才能进入这种语义模式。

AA 儿式重叠后，一种意义变化但词性不变，如（1）类，"道"，重叠后变成"道道"，由"道路"义，变为"方法、办法"。一种是意义和词性都发生变化，如（2）（3）类。

3. ABB 式

ABB 式重叠的层次关系只有 A+BB 型一种，基本不存在 AB+B 的类型。A+BB 格式中，A 一般由名词性语素、形容词性语素和动词性语素构成。具体又分以下几类：

（1）A 与 B 都是名词性语素的

艾窝窝北京小吃、椿姑姑椿树的荚实、蜜瘤瘤对子女的疼爱称呼、屎球球对子女的疼爱称呼、小妞妞小指。

---

① 文字右上角加"*"，表示该字是同音字，后文类同。

② 赵元任：《汉语口语语法》，北京：商务印书馆2001年版，第107页。

（2）A 是非名词性语素，B 是名词性语素的

糊爷爷_{烤煳变黑的食物}、煮饽饽_{水饺}、香饽饽_{吃香的人}、喧饽饽_{花钱大手大脚的人}、老丫丫_脚、土蛛蛛_{当地的无赖汉}。

（3）A 是名词性语素，B 是非名词性语素的

眼候候_{谓用眼睛盯住，贪馋艳羡的表情}。

（4）A 与 B 都是非名词性语素的

苦哈哈_{指生活困苦的人}、老抱抱_{屁股}、大光光_{裸体}。

4. ABB 儿式

ABB 儿式是在 ABB 式的基础上，末尾音节儿化而产生的一种类型。其重叠的层次关系是 A+BB 儿，A 一般由名词性语素、形容词性语素和动词性语素构成。

（1）A 是名词性语素，B 是非名词性语素的

裤嘎嘎儿_{用零碎布拼成的裤岔子}、铜当当儿_{旧时电车或人力车上用脚踏的铜铃}、秋拉拉儿_{秋雨连绵不止的天气}、话拉拉儿_{话特别多的人}、泥铜铜儿_{皮肤上搓出来的小泥条}、面杂杂儿_{玉米粉或麦粉做的杂杂状食物}、狗拉拉儿_{随地便溺的小孩}、屁瘤瘤儿_{多屁的人}。

有时候，这类形式的名词重叠后表示形状的，词性上转化为形容词，例如：

水拉拉儿_{物体沾水向下流貌}、汤拉拉儿水拉拉儿_{形容汤水流溢}。

（2）A 是非名词性语素，B 是名词性语素的

过家家儿_{儿童游戏}、黑星星儿_{龙葵}。

（3）A 与 B 都是非名词性语素的

碎末末儿_{碎末}、醉咧咧儿_{醉酒的胡话}、坏嘎嘎儿_{指坏主意坏点子非常多的人，或指对聪明而调皮的儿童爱称}、小蔑蔑儿_{极微小的东西}、怯咣咣儿_{不懂行的人}、小呕呕儿_{小玩笑话}、打杂杂儿_{一种游戏，又指不务正业、游手好闲}。

5. AAB 式

这一类重叠，一类指亲属称谓，AA 由名词性语素构成，例如：

奶奶姨_{父亲的姨母}、奶奶婆_{丈夫的祖母}、嬷[ma˥]嬷爹_{奶妈的丈夫}、嬷嬷妈_{奶妈}、妈妈娘_{母亲，用于戏曲}。

一类指日常事物，个别兼指某类人，又分为两类：

（1）AA 由名词性语素构成的

婆婆丁_{蒲公英}、婆婆觉_{婴儿在睡眠中发笑或啼哭}、娘娘驾_{最为娇贵之物或人}、舅舅屎_{俗称初生婴儿头顶的黑色斑块}、蛛蛛爬_{过于潦草的字}。

（2）AA 由非名词性语素构成

忽忽悠_{类似秋千的游戏}、花花哨_{吹牛的话}、囊囊膪_{猪胸腹部的肥肉}、刺刺猬[uei˥]_{刺猬}、皱皱纹_{皱纹}、嘟嘟车_{摩托车}、咕咕丢_{木偶戏中的人形}。

AAB 式的层次关系有两种：一种是 AA+B 式，以上大多属于这种构成方式；一种是 A+AB 式，这种属于少数，如忽+忽悠、刺+刺猬、皱+皱纹。但不管哪种构成方式，说出来时总是 AA+B，重叠形式作为一个整体。

6. AAB 儿式

这一类重叠，一类 AA 由名词性语素构成；例如：

妈妈论儿日常生活中的迷信禁忌和言论、妈妈牛儿一种催乳的中草药、窝窝馆儿一种小茶馆、娃娃脸儿指一种微红色的杏儿、故故典儿小计谋或指小事故、故故由儿相互间的小矛盾。

一类 AA 由非名词性语素构成，例如：

半半道儿半路、途中、玩玩意儿儿童玩具又指供人观赏的文物、倒倒脚儿指内八字、溜溜边儿极度靠边沿的地方、捻捻转儿陀螺之类的玩具、乖乖岔[tʂaˇ]儿嘴角、花花事儿丑事、痒痒肉儿喜爱的消遣，爱好、碾碾转儿用莜麦面做成的一种食物、齉齉鼻儿说话带鼻音，或说话带鼻音的人。

7. AA（儿）B 子式

旗旗片子不缠足的在旗妇女、膨膨裙子欧洲妇女穿的箍裙、花花儿肠子坏主意坏点子。

这种格式是 AAB 的基础上加“子”，总体来看，AA（儿）B 子式在重叠名词中数量不多，较少出现。

8. AA 儿 B 式

嘎嘎儿天早晚凉中午热的天气、蹦蹦儿车电动三轮车、蹦蹦儿戏评剧、骡骡/罗罗儿缸麻烦事，误会、塌塌儿房待朝房、喂喂儿蜜糖稀、塌塌儿搭地头蛇、毛毛儿虫毛虫、落落儿菜灰儿菜、籴籴儿汤玉米面做成块煮的汤。

这种重叠的层次关系是，先由 AA+儿式构成，再由 AA 儿+B 构成一个完整的重叠式。AA+儿式主要是使一些非名词性语素变为名词后，再与后一个名词组成一个名词重叠的格式。

9. AABB 式

构成“AABB”这种形式的重叠式名词，其来源与内部结构并不相同，又分几种类型。例如：

（1）基式 AB 原为一个复合词，重叠后实为 AB→AABB 的扩展式，例如：

边边沿沿下脚料、汤汤水水嫌恶污水过多。

（2）重叠式的 AA、BB 分别是由两个相同的词根语素构成的重叠式构词，AA 与 BB 一般都可独立成词，而少数却不能独立成词。例如：

婆婆妈妈啰唆、星星点点极少量、肉肉头头儿肉多而柔软貌、渣渣沫沫形容连渣滓带泡沫状。

上列重叠式中，“渣渣沫沫”的词根语素是不可以独立成词的。

（3）重叠式 AA、BB 分别是两个叠音词，AA、BB 都不可独立成词，例如：

旮旮旯旯儿角落、疙疙瘩瘩不平滑状，又指皮肤病。

（4）重叠式的 A 与 B 都是单音节名词，重叠后的 AA 与 BB 都不能单独使用，例如：

虫虫蚁蚁_{指令人厌恶的虫蚁之类}、球球蛋蛋_{形容次等水果，形小而不光鲜}。

还有的是以上各式的交叉使用，比较独特的是疙疙渣渣_{细碎小块}，其重叠式中 AA 是叠音词，BB 是重叠式构词。

名词的 AABB 重叠式是普通话的常见重叠格式，李桂周《也谈名词的 AABB 重叠式》一文，在对普通话名词的 AABB 重叠式进行考察后，得出的基本结论之一是，"这类重叠式在当代文学作品中出现较多，有由口语形式向书面语形式发展的趋势"[①]。而从本书所依据的语料中，老北京土话只有少数 AABB 式的名词重叠式构词。说明老北京土话中，名词 AABB 式重叠式在日常口语中较少出现，相比普通话名词的 AABB 重叠式其数量要少得多。

此外在老北京土话中，AABB 式重叠后一般会带有谓词的特性，如"婆婆妈妈""球球蛋蛋"等，在句子中往往要加上助词"的"。

10. ABAC 式

村言村语_{泛指粗野的语言}、街里街坊_{近邻的亲密关系}、童男童女_{祭祀用的制成男女童人形的冥器}、虎头虎脑_{赞美小男孩强壮、大眼睛而有精神}、狗头狗脑_{形容狡猾而不正派}、酒言酒语_{指醉后说的话}、风言风语、贼头贼脑。

这是一种嵌字式的重叠形式，A 由名词构成，BC 是由一个词构成，中间嵌入名词，构成一种回环式的重叠。这种名词的重叠式，有的功能已经变成形容词性的，不再是名词，如虎头虎脑、贼头贼脑等。

也有个别 ABAC 式，A 由非名词性语素构成，BC 是由不同的名词构成，如独门独院儿。

11. A 儿 BB 式

这种重叠是由一个儿化词加上一个名词重叠式构成，一般表示某种名称，例如：

墩儿饽饽_{一种圆而厚的点心}、哗儿咪咪_{小猫}。

12. ABA 式

这种重叠是名词 A 中间插入动词 B 重叠而成，一般表示事物或一种行为等，例如：

火盖火_{火镰}、话挤话_{在紧张的争论中以言语相逼的行为}。

以上第 8—9 种重叠式是老北京土话中较为少见的名词重叠形式。第 11—12 种重叠式是老北京土话中尤为少见的名词重叠形式。此外，名词还有一

---

① 李桂周：《也谈名词的 AABB 重叠式》，《汉语学习》1986 年第 4 期。

些比较特殊的重叠格式：**傻锛儿锛儿**傻子，但非贬义，用在对亲戚朋友间的亲昵称呼、**球球蛋儿蛋儿**形容小而不像样子、**样样儿宗宗儿**各种事项，这些重叠式因用例数量极少，此处不做分析。

总体来看，北京土话的名词重叠式其主要类型是 AA 式、AA 儿式、ABB 式、ABB 儿式、AAB 式、AAB 儿式几种。

（二）名词重叠的语音变化

老北京土话名词重叠时，语音会产生连读变调的情况。

1. 两字组变调：AA 式/AA 儿式变调

AA 式重叠前字为非上声的，重叠后字读轻声；AA 式重叠后有儿化时，直接在第二个音节按儿化规律变化，并读轻声。

蝈蝈kuoˉkuoˉ——kuoˉkuo˞

爷爷iɛˊiɛˊ——iɛˊiɛ˞

晦晦儿一种刺人的小毛虫xueiˇxueiˇə˞——xueiˇxuə˞

当当儿关键之处taŋˉtaŋˉə˞——taŋˉtãr˞

AA 式重叠前字为上声的，重叠后字读为半上。

姥姥lauˇlauˇ——lauˇlau˞　　狗狗kouˇkouˇ——kouˇkou˞

2. 三字组变调

（1）ABB 式、ABB 儿式变调

前字 A 保持原调，BB 按照两字组的情况变调，第二个 B 变读轻声或半上；ABB 式重叠后有儿化时，第二个音节按儿化规律变化，并读轻声。

艾窝窝aiˇuoˉuoˉ——aiˇuoˉuo˞

椿姑姑tʂʻunˉkuˉkuˉ——tʂunˉkuˉku˞

秋拉拉儿tɕʻiuˉlaˊlaˊ——tɕiuˉlaˊlar˞

醉咧咧儿tsueiˇlieˊlieˊə˞——tsueiˇlieˊlier˞

（2）AAB 式、AAB 儿式变调

AA 中，按照两字组的情况变调，第二个 A 变读轻声或半上，B 保持原调。

忽忽悠xuˉxuˉiouˉ——xuˉxuˉiouˉ

蛛蛛爬tʂuˉtʂuˉpʻaˊ——uˉtʂuˉpʻaˊ

倒倒脚儿tauˇtauˇtɕiaur˞——tauˇtauˇtɕiaur˞

捻捻转儿nienˇnienˇtʂuar˞——nienˇnienˇtʂuar˞

少数 AAB、AAB 儿式中，AA 的第二个音节 A 不变调，B 音节变调：

刺刺猬tsʻɿˊtsʻɿˊueiˇ——tsʻɿˊtsʻɿˊueiˉ

小小子儿小男孩ɕiauˇɕiauˇtsə˞——ɕiauˇɕiauˇtsə˞

3. 四字组变调

AA 儿 B 格式中，AA 中第二个 A 变调，读轻声或半上。

嘎嘎儿枣儿ka˥kar˩tsaur˩——ka˥kar˩tsaur˩

蹦蹦儿车pəŋ˥pə̃r˩tʂʻɤ˩——pəŋ˥pə̃r˩tʂʻɤ˩

AA 儿 B 格式中，也有个别例子，AA 中第二个 A 不变调，保持原调的情况，例如：

嗍嗍儿蜜tsuo˥tsuor˥mi˩

AABB 式和其他四字组变调情况如下：

四字格重叠式，实际上是 AA 式的连用。AA 和 BB 分别在第二个音节轻读。A 儿 BB 式是在 BB 音节上，第二个音节 B 轻读。而 ABAC 式、ABA 式的音节都不变调。

（三）名词重叠的句法功能

1. AA 式、AA 儿式、ABB 式、ABB 儿式、AAB 式、AAB 儿式的句法功能

上述老北京土话的名词重叠式，不论其内部构造形式如何，其语法功能与重叠前的名词的语法功能一致，可以在句子中充当主语、宾语、介词宾语、定语、状语，其中作宾语的频率要高于其他的成分。例如：

（1）作主语

小小子儿_{小男孩}就是淘气。（CDX）

（2）作宾语

我家有个胖娃娃，不吃饭，不喝茶，整天吃妈妈_{乳房}。（CDX）

别整天满处儿打杂杂儿去，干点儿正经的。（CDC）

他净闹些个花花事儿_{丑事}。（CDC）

听他这醉咧咧儿，一个字儿也听不真。（同上）

村子外头没有家家儿_{住户、人家}。（同上）

（3）作介词宾语

大小姐身子骨儿弱，我们总算把这位娘娘驾_{极娇贵的人}护送回来了。（CDX）

正在这个要紧的当当儿_{关键之时}，闯进一个人来。（同上）

（4）做状语

咱们的孩子，从小儿就糠饽饽儿_{比喻体格虚弱}似的，能干这个力气活吗？（CDX）

他年年儿_{每年}来海淀。（TYDC）

（5）作补语

　　这人长得巴巴嘗儿似的。（CDX）

　　他输得拉拉秧儿了。（同上）

作状语和补语成分的主要是 AA 儿式、ABB 式、ABB 儿式、AAB 式、AAB 儿的格式，AA 式是不能充当状语或补语的。

2. AABB 式、ABAC 式的句法功能

上述名词重叠后具有形容词、动词的功能，在句子中除了充当主语、宾语、定语、状语外，还能作谓语、补语。

（1）主语

　　这张牛皮可以裁十双鞋，剩下的边边沿沿，还可以利用。（CDX）

　　旮旮旯旯儿都找遍了，没有哇！（同上）

　　街里街坊的，彼此都能原谅。（同上）

（2）作宾语

　　这片草地太潮湿，免不了虫虫蚁蚁，留神爬到脚上。（CDX）

（3）作定语

　　这是他买的苹果，球球蛋蛋的，还四毛一斤哪！（CDX）

　　这个地方，虫虫蚁蚁的，走路要小心！别让蛇咬了！（同上）

　　像这样儿虎头虎脑的胖小子，谁不爱呀！（同上）

（4）作谓语

　　厨房里汤汤水水的，你还穿这件新衣裳？（CDX）

　　一桌子疙疙瘩瘩的，打扫一下吧！（CDX）

　　他总是婆婆妈妈的，一点儿都不利索。（TYDC）

（5）作补语

　　瞧他吐的渣渣沫沫的，多恶心人！（CDC）

　　这家的胖小子长得虎头虎脑的。（TYDC）

（6）做状语

　　这孩子酒言酒语地得罪了好些人。（CDX）

上述句子成分中，AABB、ABAC 式充当句子成分，尤其是充当谓词性的句子成分时，一般要加上助词"的""地"加以补足，语气才更为顺畅。值得注意的是，充当主语成分的"的"是名词性的"的"，充当谓语成分、补语成分、定语成分的"的"是形容词性的"的"。

（四）名词重叠的表义功能

1. 表示量的增减

词语重叠是一种表达量变化的语法手段，"调量"是词语重叠最基本的语法意义，不同的重叠式表示的量不尽相同。名词重叠的表义功能学界历来都有表示"多量"的看法。这种"多量"体现在名词方面是能表示遍指与统指、泛化与转化上；名词重叠后表示"多量"的特征集中体现在重叠式 AA 和 AABB 式上。例如：

　　人人、天天、汤汤水水、虫虫蚁蚁、旮旮旯旯_{角落}等都是表示遍指，重叠后由专称变为泛称，由单一变成"逐一"。

　　除了能表示"多量"的普遍性特征外，北京土话中名词重叠也能表示"小""少量""轻微"的语义特点。例如：

　　有表"小"义的，如"妞妞"，重叠后就由女孩指小女孩；

　　有表"少量"义的，如"疙疙渣渣、星星点点" 重叠后表示事物的微小或微少，有的则是表示程度的递减或指不讨人喜欢的事物，如"球球蛋蛋"。

2. 表示某种主观情感

　　名词在重叠后，除了表示量的增减外，还能够表示"轻视"等主观情感的语义特点，如 AA 式中的"回回""旗旗"，就是对回民和旗民的带有不尊重的、轻蔑的称呼。

　　其他名词重叠式，如 AAB 式重叠后或指称某一类人，或描写某一类事物或行为，一般不带有主观的情感色彩和评价。但是 AAB 儿式就与之不同，该格式是在 AAB 式的基础上，末尾音节儿化而产生的一种类型。因为儿化而产生表示"小""轻微""喜爱""非中心""不完整"等的意味，或者表示不那么好的人与事物。因此，AAB 更多的是一种客观描写，而 AAB 儿式倾向于表达说话者的主观感知和对事物的主观评价。

　　此外，AA 儿 B 子式，这种格式与 AAB 儿式不同，因为带的是"子"尾，因此，在语义上没有表示"小"或"喜爱"的意味，而偏向表示"轻蔑"或不带感情色彩的描写。

　　总体来看，名词重叠式在老北京土话中其语义可以表示量的增减，有的能表示"多量"，而有的表示"减量"，在众多的名词重叠式中，表示"小""少""轻微""轻蔑"等语义特点的格式要多于表示"大""多""重要""尊敬"等语义特点的格式，后者的数量相对较少。

　　朱德熙《语法讲义》指出："重叠式名词主要是亲属称谓。例如：'爷爷、奶奶、爸爸、妈妈、伯伯、叔叔、舅舅、哥哥、姐姐、弟弟、妹妹'。"又说"亲属称谓以外的重叠式名词只有'娃娃、星星、宝宝'少数几个。"①朱德熙先生一直强调研究现代汉语语法，要以北京话为主要研究对象，其语法例句也多是采撷的北京话语料，但是就重叠式名词研究的角度，朱先生是

---

　　① 朱德熙：《语法讲义》，北京：商务印书馆 1998 年版，第 26 页。

没有观察到老北京土话中的丰富的重叠式名词的形态特征的。

卢卓群（2002）谈道："词语的重叠在上古时期已经有了，《诗经》时代就比较发达"，"单音节名词重叠成 AA 在上古的商汤时代就可看到，到春秋战国时期亦有用例"。"名词的重叠式 AABB 来源很早，见于商周时期的《尚书》中。"[①]

二、动词的重叠

（一）动词重叠的构造形式

老北京土话动词重叠的形式主要有：AA 式、AA 儿式、AA 着式、ABB 式、ABB 儿式、AABB 式、ABAB 式、AB 了 AB 式、A 着 A 着式、A 着 B 着式、A 巴 A 巴式、A 说 B 说式、A 了 A 式、A 了 nA 式、A 一 A 式、A 不 A 式。

1. AA 式

这类重叠是由单个的动词重叠后而成，是典型的动词重叠式，例如：

吵吵许多人一起乱说乱嚷、喳喳/嚓嚓低声细语，小声交谈、祸祸祸害、戗戗争执、翻翻争吵、拜拜旧时汉族妇女行礼的一种形式。

2. AA 儿式

这类重叠是在重叠式 AA 的基础上+儿构成，加上"儿"后并不改变重叠式的词性和意义，例如：

抽抽儿萎缩，又指退步，能力减弱、挪挪儿移动，移开、坐坐儿坐一坐、歇歇儿歇一歇。

3. AA 着式

这类重叠是在重叠式 AA 的基础上+着构成，加上"着"后，带有了较强的描摹性。例如：

飞飞着伸展出来状、努努着凸出之状、出出着伸展于外，显露状、撅撅着翘起之状、裂裂着敞开张开的样子、勾[kou˥]勾着如钩之状、翻翻着翻转呈现于外、睬睬着保持斜眼看人的姿态。

AA 着式中的 A，一般是由动词构成的，动词 A 重叠后表示某种性状，AA 着带有了形容词的特征。

4. ABB 式

这类重叠是由单音动词 A+动词重叠式 BB 构成，例如：

打联联拉关系套近乎、打哈哈开玩笑开心、举高高用双手托住小孩两腋哄小孩的动作、掉歪歪对上司或上辈不服从。

---

① 卢卓群：《名词重叠式的历史发展》，《华中语学论库（第二辑）——汉语重叠问题》，武汉：华中师范大学出版社 2000 年版，第 482 页。

5. ABB 儿式

这类重叠式是由单音动词 A+动词重叠式 BB 儿构成，例如：

过哈哈儿_{与某人开玩笑}、遛趟趟儿_{徘徊，散步}、捏窝窝儿_{设圈套或指找碴儿}、晒阳阳儿_{阳光下取暖}。

6. AABB 式

这类重叠只是原词 AB 的词型变化形式，属于构形重叠，由 A 与 B 两个单音动词重叠而成，AB 其本身不是一个定型的语言单位，是由两个单音节动词分别复叠而组成的叠结式，例如：

勺勺叨叨_{滔滔不绝说不三不四的话}、骂骂咧咧_{指斥、咒骂}、唱唱咧咧_{哼着歌儿}、遮遮歇歇_{袒护}、捂捂盖盖_{遮掩}、跳跳钻钻_{儿童行路活泼蹦跳状}。

有些 AABB 的末尾音节带儿化，儿化后其语义不会发生变化，例如：

游游摸摸儿_{过于空闲而感无聊状}、拨拨转转儿_{没有主动性靠人指使去做事情}、喝喝咧咧儿_{拉长声音高喊状}。

7. ABAB 式

这类重叠式是由动词 AB 重叠构成，AB 或者是一个双音节动词，例如：

言语言语_{说话}、躲避躲避_{隐藏起来或离开对己不利的事物}、商量商量_{商量}、琢磨琢磨_{琢磨}。

或者是两个单音节词重叠而成，例如：

足窄足窄_{幼儿初学迈步}。

8. AB 了 AB 式

这类重叠是由动词 AB 重叠，中间插入"了"而构成，例如：

研究了研究、讨论了讨论、调查了调查、打探了打探。

9. A 着 A 着式

这类重叠式是由动词 A 加上虚词"着"后，整体重叠而成。例如：

念着念着_{正念着}、说着说着_{正说着}、锄着锄着_{正锄着}、骑着骑着_{正骑着}、睡着睡着_{正睡着}。

10. A 着 B 着式

这类重叠式是由 A、B 两个单音节动词分别加上虚词"着"重叠而成。例如：

藏着掖着_{隐瞒事情真相}、捂着盖着_{遮掩，防人知晓}、看着听着_{观察}、争着抢着_{争抢}、拿着带着_{拿着}。

11. A 巴 A 巴式

这种重叠式是由单音节动词 A 带上词尾"巴"（有时候写作"吧"），整体重叠而成。例如：

剁巴剁巴_{剁一剁}、捆巴捆巴_{捆一捆}、裹巴裹巴_{裹一裹}、卷巴卷巴_{卷一卷}、试巴试巴_{试一试}。

陆宗达、俞敏先生曾说这种重叠形式是"北京独有的"形式，是"别的方言区跟古汉语都没有"的。[1]

12. A 说 B 说式

这种重叠式是由单音节名词 A、B 与动词"说"重叠而成，是一种较少见的形式，用例也只限于一两种说法。例如：

横说竖说_{反反复复解释}、花说柳说_{反反复复地说，翻来覆去地说。}

13. A 了 A 式

这类重叠式是由单音动词 A 中间插入"了"重叠构成，例如：

看了看、摸了摸、走了走、打了打。

14. A 了 nA 式

这类重叠式是由单音动词 A，中间插入"了"和数词 n 重叠而成，数词 n 有时不限于"一"，例如：

看了一看、想了一想、转了两转。

15. A 一 A 式

这类重叠式是由单音动词 A 中间插入数词"一"重叠构成，例如：

尝一尝、扛一扛、跳一跳、跑一跑、摇一摇、抖一抖、议一议。

16. A 不 A 式

这类重叠式是由单音动词 A 中间插入"不"重叠构成，例如：

走不走、写不写、抄不抄、成不成、说不说。

（二）动词重叠的语音变化

动词重叠后会产生语音的变化，主要有以下的变化：

1. 动词重叠后，第二个音节一般轻读，这种情况包括 AA 式、ABB（儿）式、AABB 式，ABAB 式，例如：

造造_{造谣污蔑}tsɑu˥tsɑu˥——tsɑu˥tsɑu˩

打棱棱儿_{哼胡琴声}ta˩ɭəŋ˩ɭəɚ˩——ta˩ɭəŋ˩ɭə̃ɚ˩

缝缝补补fəŋ˩fəŋ˩pu˩pu˩——fəŋ˩fəŋ˩pu˩pu˩

言语言语_{说话}yɛn˩y˩yɛn˩y˩——yɛn˩y˩yɛn˩y˩

AABB 动词重叠式除了第二个音节轻读外，有些第三、第四个音节需读为阴平。例如：

唱唱咧咧tʂʻɑŋ˥tʂʻɑŋ˥lie˥lie˥——tʂʻɑŋ˥tʂʻɑŋ˩lie˥lie˥

抱抱怨怨pɑu˥pɑu˥yɛn˥yɛn˥——pɑu˥pɑu˩yɛn˥yɛn˥

有些 ABB 式，BB 也可不轻读，例如：

没咚咚_{没钱}mei˩toŋ˥toŋ˥——mei˩toŋ˥toŋ˥

---

[1] 陆宗达、俞敏：《现代汉语语法》（上册），上海：群众书店 1954 年版，第 103 页。

2. 动词重叠,所附虚词或中间插入的成分一般要轻读,这种情况包括:AB 了 AB 式、A 着 A 着式、A 着 B 着式、A 了 A 式、A 了 nA 式、A 一 A 式、A 不 A 式。

A 着 A 着式、A 着 B 着式中的"着"一律轻读为[tʂə̦],其轻读调值视前一音节而定。例如:

帮着帮着paŋˉtʂə̦ˌpaŋˉtʂə̦　　　　　哭着闹着kʼuˉtʂə̦ˌnɑuˇtʂə̦

AB 了 AB 式、A 了 A 式、A 了 nA 式、A 一 A 式、A 不 A 式中的"了""一""不"一律轻读,分别记作:[lə̦][i̦][pu̦],其轻读调值视前一音节而定。例如:

研究了研究yɛnˉtɕiouˉlə̦ˌyɛnˉtɕiouˉ　　想了想ɕiaŋˇlə̦ˌɕiaŋˇ
摇一摇iauˉi̦ˌiauˉ　　　　　　　　　走不走tsouˇpu̦ˌtsouˇ

上声调的单音动词重叠,按北京话上声的连读变调规律变调,即第一个音节变读为阳平。例如:

数数ʂuˇʂuˇ——ʂuˊʂu̦　　　　　　考考kʼauˇkʼauˇ——kʼauˊkʼau̦
补补puˇpuˇ——puˊpu̦

动词重叠式第二个音节若读轻声时,韵母中主要韵腹是"a"的音节,"a"要变读为"e[ə]"。例如:

擦擦tsʼaˉtsʼaˉ——tsʼaˉtsʼə̦　　　　看看kʼanˇkʼanˇ——kʼanˇkʼən̦
开开kʼaiˉkʼaiˉ——kʼaiˉkʼə̦　　　　烫烫tʼaŋˇtʼaŋˇ——tʼaŋˇtʼəŋ̦
闹闹nɑuˇnɑuˇ——nɑuˇnɑu̦　　　　掐掐tɕʼiaˉtɕʼiaˉ——tɕʼiaˉtɕʼiə̦

以上是动词重叠的音变情况,此外,一些特殊的重叠形式如"A 说 B 说式"一般不产生声韵调变读的情况。

(三)动词重叠的句法功能

北京土话中动词重叠的句法功能,主要的句法功能是作谓语,有时也可以充当状语、主语、定语等句法成分。

1. 作谓语

上文所列的动词重叠形式,都可以充当谓语。例如:

衣服都皱皱折皱了。(CDC)

他一边儿走道儿一边儿打棱棱儿哼胡琴声。(同上)

人家送了我几盆花儿呀,哎,现在我养着养着,也,有点儿上瘾似的。(BJKY)

我毕业那时候儿,新疆那要人,那时候儿这个东北要,我们都争着抢着到新疆去。(同上)

2. 作状语

他又喝醉了,唱唱咧咧地走回来。(CDC)

有时候儿地下，走着走着就出泉水，当时情况是这样儿。（BJKY）

这好，一天没歇，就到居委会来，还跟上班一样。天天，这忙着忙着就来了。（同上）

上车就走，跟姥姥说再见，妈妈说再见。也不，不是说像别的孩子哭着闹着不去。他可，没有这样儿事儿。（同上）

动词重叠式做状语主要限制在 AABB 式、A 着 A 着式、A 着 B 着式等有较强描摹性的格式中。

3. 作主语

说说不要紧！都不是外人！（CCL-LS《骆驼祥子》）

"商量商量好不好？"他还是蹲在那里。（同上）

考虑了考虑才决定去干。（TYDC）

4. 作定语

可是和祥子动手是该当想想的事。（CCL-LS《骆驼祥子》）

一种明知不妥，而很愿试试的大胆与迷惑紧紧地捉住他的心。（同上）

此外，有些重叠式在句子中的不同位置出现，其充当的成分也会不同，例如：

囔囔半天也没听出他囔囔些什么来。（CDC）

"囔囔 因鼻子通气不畅而带鼻音说话"在句子中，既可作全句主语中的成分，又可在充当宾语的小句中作谓语。

（四）动词重叠式的句法特征

1. 动词重叠式带宾语。

基式 VV 是及物动词的一般都可以带宾语，例如：抄抄书、买买菜、扫扫地等。除此外，A 着 A 着式也能够带宾语，例如：

你要真正搞一正式工作，他还不愿意干。干着干着工作，等会儿一上了班儿了，他又下班儿他就。（BJKY）

我说，我都烦了，半夜睡着睡着觉，你们这一嚷嚷，我就得，我就得提溜着心。（同上）

后来呢，那天呢，吃着吃着羊肉串儿呢，结果呢，就剩了半袋儿羊肉了，半袋儿羊肉全给吃了。（同上）

A 着 A 着动词重叠式，当动词是及物性动词时，一般也可以带宾语。

2. 动词重叠后不能带补语。

北京土话中的动词重叠式一律不能在后带上补语，比如：

*看看完、*商量商量仔细、*缝缝补补干净、*想了想清楚、*铺一铺整齐。[①]

---

① 文字左上角加"*"号表示该用法不合语法规则，后文类同。

以上重叠式都不能带上表示结果类的补语，都属于不合格的用法。

3. VV 动词重叠后一般不能后附表时态意义的虚词"过""着"，重叠式中间可以插入实现体标记"了"或者数字"一"，如"散了散步、试一试深浅"。但是，不能插入经历体"散过散步"或者插入持续体"他去看着看电影"等。

4. 动词重叠式一般在陈述句中不能受"不"否定，但是在表示疑问、反问或表示假设、条件等的句式中，可以被"不"否定。例如：

有工夫挤我，干嘛不挤挤曹先生？（CCL-LS《骆驼祥子》）

丰！你进来！有人叫咱们滚，咱们还不忙着收拾收拾就走吗？（CCL-LS《四世同堂》）

假如有钱，你会不问问老太太钱放在哪喝儿吗？（TYDC）

这些句式中含有埋怨、不满或动作应该发生而未发生从而带有批评、质疑等的意味。

5. 动词重叠式在句子中很少受"没/没有"否定。

表示主观否定的动词"不"与动词重叠式的搭配受一定条件的限制，而表示客观否定的"没/没有"出现的频率则极低。"没/没有"与动词重叠式组合的情况，笔者在 CCL 语料库中搜索到的 20 世纪 30—60 年代老舍作品共 9568 条语料，仅仅只出现 3 条语料；此外，CCL 语料库中 20 世纪 80 年代王朔作品共 4882 条语料，以及"北京口语语料库"收录的 8531 条口语语料，"没/没有"与动词重叠式的组合概率均为零。

在老舍作品中出现的 3 条语料，"没/没有"与动词重叠式组合的情况是，"没"只与动词"V 一 V"式组合，例如：

碎铁里什么乱七八糟的东西都有，事前也没挑一挑？（CCL-LS《春华秋实》）

阮明还是不出声，连头也没抬一抬。（CCL-LS《骆驼祥子》）

"没有"则与动词"VV"式组合，例如：

"要加薪？"司长笑了笑，"老人儿了，应当的，不过，我想想看。""没有想想看，司长，说句痛快的！"沈二哥的心几乎炸了，声音发颤，一辈子没说过这样的话。（CCL-LS《沈二哥加了薪水》）

（五）动词重叠的语义功能

老北京土话动词重叠式有多种格式，每种格式不一样，其语法意义也会有差异，即使是同一格式，若所处的语境不同，语法意义也不尽相同。总体来看，北京土话动词重叠式的语法意义体现在几个方面。

1. 表示动作"量"的减少或减弱

老北京土话动词重叠式可以表示动作行为减少或减弱的"轻量"，这种意义在老北京土话的动词重叠式"抽抽（儿）"一词中体现得较为明显。例如：

这些蘑菇，晒干了就抽抽儿_{指收缩、变小而短}了，才这么一小堆。（CDX）

这件衬衫，是照我的身材买的，谁知道一下水，就抽抽_{指收缩、变小而短}得不能穿了。（同上）

她四十多岁的时候，还是个圆盘大脸；一过六十，就抽抽儿_{指收缩起皱之状}了，满脸皱纹儿，真是个老太太了。（CDX）

我的记性可越来越抽抽_{退步、能力减弱}。（CDC）

怎么学着学着倒抽抽了_{退步、能力减弱}？（同上）

以上"抽抽（儿）"表达的语法意义，或是表示"量的减少"，或是表示能力的"减弱"，其表示出的"轻量"的语法意义是十分清楚的。

2. 表示动作时量"短"的短时态

所谓短时，是指动作发生的时间相对较短，动作所表示的时量是不定的少量。

他总在这儿抽袋烟，歇歇腿，并数一数铜子儿。有时候还许遇上避风或避雪的朋友，而闲谈一阵。他对这个门洞颇有些好感。（CCL-LS《牛天赐传》）

你和太太出去看着好不好？那边的山很好看。我要和徐小姐单独的说一说话。有二十分钟就行。（CCL-LS《残雾》）

你上这儿来住几天，躲避躲避。总算我们怕了他们。然后再去疏通，也许还得花上俩钱。（CCL-LS《骆驼祥子》）

老人立着，看了会儿，摇了摇头。哈着腰，用手摸了摸，摇了摇头。他蹲下去，连摸带看，又摇了摇头。活了七十多岁，他没看见过这样的粮食。（CCL-LS《四世同堂》）

刘四爷笑了笑，眼珠往心里转了两转。（CCL-LS《骆驼祥子》）

他把棉衣卷巴卷巴全卖了。（同上）

朱德熙先生在《语法讲义》中指出："动词重叠式除了表示时量短之外，有时表示动量小。"[①]老北京土话动词重叠表时短量小的出现频率相当高，上文所列的几乎每种动词的重叠格式都有这种语法意义，其中表示"短时"的用法其使用率要高于表示"轻量"的使用率，后者出现的例句较少。

3. 表示动作行为的尝试态

吕叔湘先生在《汉语语法分析问题》和《现代汉语八百词》等著作中，认为动词重叠是动词的变化形式，并总结为"短时态"，又称"尝试态"；而赞成动词重叠式能表示"尝试"义的其他学者还有赵元任、朱德熙、王

---

① 朱德熙：《语法讲义》，北京：商务印书馆 1998 年版，第 67 页。

还等人。虽然一些学者认为动词重叠式不存在表示"尝试的意义"。但仔细观察老北京土话，其表示尝试义的动词重叠式还是客观存在的。例如：

> 山前有牡丹池与芍药池，每到春天便长起香蒿子与兔儿草，颇为茂盛；牡丹与芍药都早被"老人"揪出来，看看离开土还能开花与否。（CCL-LS《正红旗下》）

> 一天晚上，他正要再摇一摇那个聚宝盆。（CCL-LS《骆驼祥子》）

4. 表示动作进行的持续态

动词重叠式有少数格式能够表示动作持续的状态。例如：

> 他们呛呛_{争执}老半天了。（CDC）

> 衬衣的袖口出出着，不好看，绾起来吧！（CDX）

> 胖太太说到这里，她的永远缩缩着的脖子居然挺了起来……（CCL-LS《四世同堂》）

> 你看她勾勾叨叨_{滔滔不绝地说不三不四的话}，跟外人说这些干嘛！（CDC）

> 讲课吧，讲着讲着，就冒出一句什么来指不定。（BJKY）

> 有时候儿你拿着带着球，你想跑，跑也跑不快，让别人儿，眼看就让别人儿追过来了。（BJKY）

表示动作的持续主要有 AA 式、AA 着式、AABB 式、A 着 A 着式、A 着 B 着式等有这种语义特征。

5. 表示动作行为"多量"的反复态

李人鉴（1964）指出："动词重叠是表示不定量的，就尚未实现的动作行为来说，就是它可以持续或者可以重复；对于已经实现的动作行为来说，就是它曾经持续或者曾经重复[①]。也就是说，动词重叠式具有持续态的同时，有时候还有一种反复态，二者是有细微差异的。例如：

"重复"的动作行为，就表示动作"多量"而产生的反复态。

> 别一气儿都买了，拉拉_{指不持续，拉开时间}着点儿买。（CDC）

> "你是个明白孩子！"母亲在愁苦之中得到一点儿安慰。"好吧，咱们多勒勒裤腰带吧！你去，还是我去？"（CCL-LS《正红旗下》）

> 学人说话，跟人瞎聊天儿，有的时候儿，我爱学人说话，有时说着说着，就南腔北调儿了。（BJKY）

> 大家糊里糊涂，推推搡搡，拖儿带女，一齐拥到院子里。（CCL-LS《四世同堂》）

> 成天拐拉拐拉地出来进去，出来进去，好象失落了点东西，找了六十多年还没有找着。（CCL-LS《柳屯的》）

[①] 李人鉴：《关于动词重叠》，《中国语文》1964 年第 4 期，第 258 页。

我呢，老怕一口气不来，就呜呼哀哉。所以一听他花说柳说_{反反复复地}说，翻来覆去地说，我就投了资；想乘着还没断气，多抓弄几个。(CCL-LS《春华秋实》)

表示动作的反复多量主要有 AA 式、A 着 A 着式、AABB 式、ABAB 式、A 说 B 说式等。

6. 动词重叠的表达功能

毛修敬（1985）指出："动词重叠是一种情态，这个情态表现为一个动程，这个动程体现着量。这就是动词重叠的语法意义。"[①]朱景松（1998）认为动词的语法意义之一是"强调动作、行为、变化主体的能动性"，并指出"强化能动性是动词重叠式的最根本原因"。[②]因此，正是动词重叠式的这些语义特征，使动词重叠式较比原式更具有情态的摹状性并能表示说话者对事件和动作行为的主观态度，如表示某种行为是微不足道或不重要的，或表示委婉的、随意的、轻松的、非专业、不正式的或强调的多种语气。例如：

（1）表示事情不足道之或动作轻微的语气

一直到他当了家，这种关系还没有断绝。我们去看他，他也许接见，也许不接见，那全凭他的高兴与否。他若是一时心血来潮呢，也许来看看我们。(CCL-LS《正红旗下》)

带我去玩玩?上白云观?不，晚点了，街上遛遛去?（同上）

赁了辆破车，他（祥子）先练练腿。(CCL-LS《骆驼祥子》)

（2）表示委婉的语气

动词重叠后由于音节的迭宕轻缓，往往使语气显得委婉、和缓，并常常用来表示一种愿望，要求或商量等带有一些祈使的口吻。例如：

"我，祥子，你开开门!"祥子说得非常自然，柔和。(CCL-LS《骆驼祥子》)

回去休息休息吧! 累了一天! 该歇着啦! (CCL-LS《四世同堂》)

娘子，给疯子擦擦血，换件衣裳! 赶紧走，躲躲去。冯狗子调了人来，还了得! 丁四，陪着赵大爷也躲躲去，这场祸惹得不小! (CCL-LS《龙须沟》)

很明显以上例句若都采用动词的原式，其命令性语气会使话语显得强硬，而动词重叠后比原式的语气要和缓委婉得多，往往带上了商量或请求的口气。

[①] 毛修敬：《动词重叠的语法性质语法意义和造句功能》，《语文研究》1985 年第 2 期，第 34 页。

[②] 朱景松：《动词重叠的语法意义》，《中国语文》1998 年第 5 期，第 378—383 页。

（3）表示随意的语气

动词重叠有时表达的是随意、将就的语气。动词重叠式中，V巴V巴的格式通常用来表示随意的语气。例如：

芹菜也没切，好赖撅巴撅巴就下锅了。（L&Y）

你横是多少也有个积蓄，凑吧凑吧，就弄辆车拉拉，干脆大局！（CCL-LS《骆驼祥子》）

陆宗达、俞敏二先生认为像卷巴卷巴、捆巴捆巴、撅巴撅巴等单音节带"巴"的"重叠形式除了表示'一下儿'的意思以外，还有一种'好好歹歹的感情'。[①]"好好歹歹"就是指不问条件好坏，将就地做某事。可见V巴V巴这种重叠式所表示出的随意性特点是较明显突出的。

（4）表示轻松的语气

动词重叠经常性表示一种轻松，闲适的语气。例如：

就是在个这样的杂院里，虎妞觉得很得意。她是唯一的有吃有穿，不用着急，而且可以走走逛逛的人。（CCL-LS《骆驼祥子》）

处长清闲的时候，可以来跳跳舞，玩玩牌，喝喝咖啡。天晚了，高兴住下，您就住下。（CCL-LS《茶馆》）

以上例句中，动词重叠后比原式更能体现一种自在、惬意的轻松语气。

（5）表示某种情态的语气

重叠有时表示说话人对眼前事物具体情状的说明。例如：

到我家里呢我一看，当时我就心里一愣，脑袋都给打了好几处伤，裹着裹着就来了。（BJKY）

句子中"裹着裹着"，描述了伤者的一种狼狈情态，也隐含着其包扎是非正式的、非专业的、将就着的意思在内。

（6）表示强调的语气

动词重叠后，还经常表示一种强调的语气。例如：

我等着，他们敢进咱们的小羊圈，我教他们知道知道我孙七的厉害！（CCL-LS《四世同堂》）

老太爷决定在炕上躺着不起来，教瑞丰认识认识"祖父的冷淡"！（同上）

她是最老实的人，但是被捆好的一只鸡也要挣扎挣扎吧？我很不放心！（同上）

以上例句中，ABAB重叠式与原式比较起来，原式只是一种客观的陈述或一般的疑问，而重叠后就带有很明显的强调意味，其表达功能更

---

① 陆宗达、俞敏：《现代汉语语法》（上册），上海：群众书店1954年版，第103页。

为生动。

总之，动词重叠后较比原式来说，总体上已经不再是单纯表示一种冷静、客观、不带感情色彩的描写或疑问，而是表达多种丰富生动的语气、描摹此情此景的状态，其对人与事物的表达功能是更为细腻和形象的。

关于动词重叠的语法形式和语法意义，国内有不同的争议，至今还未有一个准确的定论。关于动词重叠表示"动词短时量少"和"尝试态"的质疑，早在 20 世纪 80 年代，就有学者发出质疑，学者们从不同角度对此进行了讨论，并举出反例证明"短时量少"和"尝试态"是不严格的说法。造成这一局面的本质原因，还归结于汉语是没有形态的这一根本特点，重叠在句法形式中的表现并非普遍性的，而是受一定的环境、一定的条件所限制的。因此，不同的动词重叠格式表现出的语法意义，这些格式可能是一种格式，可以表示几种语法意义，如 VV 式，动词重叠的各种语法意义都能表示（这与该种格式是动词重叠的典型格式有关）；V 巴 V 巴式即可表示"一下儿"的短时态，又可表示"随意、将就"的意思。或者是一种格式只具有某一种语法意义，如 A 了 A 式、A 了 nA 式、A 一 A 式等，就只能表示短时态。即使在一种格式中也可能出现有些动词重叠后具备某种语法意义，有些动词重叠后不存在某种语法意义的不均衡局面。例如：VV 式，其重叠格式中出现的动词不同，表达的语法意义也会有所不同，总体来看，VV 式中具体的行为动词表示短时量少的频率比抽象的动词要高。

在老北京土话中，学界所讨论的动词重叠的各种语法意义都有体现，因此应综合性地考量动词重叠在该方言中的语法意义，应区分因句子构造的不同、动词类别不同而出现的动词重叠语法意义有无的问题。

三、形容词的重叠

（一）形容词重叠的构造形式

老北京土话形容词重叠的形式复杂，变化多样，具体来看，概括起来有以下的变化形式：

AA 式、AA 儿式、A 儿 A 儿式、AA 儿 B 式、AA 着式、AA 的式、AA 儿的式、AA 得慌式、AABB（儿/儿的）式、AA 儿 BB 儿式、AABC式、ABCC 式、ABAB 式、AB 儿 AB 儿式、A 儿 BA 儿 B 式、ABAC 式、A 儿 B 儿式、ACBC 式、AAB（儿）式、ABB（儿）式、AB 儿 B 儿式、ABA 式、AB 儿 A 式、A 里 AB 式、A 了 AB 式、A 里 A 气、A 儿 BB 式、A 子 BB 式、AB 儿 AB 儿式、A 儿拉 B 儿拉式、A 不 AB 不 B 式、A 不 BB式、A 咕 BB 式。

以上这些变化形式可以分为几种模式。

1. 单纯的重叠式

（1）单音节重叠，即 AA 式

北京土话中单纯重叠就包含以下格式：AA 式、AA 儿式、A 儿 A 儿式、AA 儿 B 式、AA 着式、AA 的式、AA 儿的式、AA 得慌式等。

① AA 式

这类重叠式，原式 A 一般由形容词充当，重叠后表示某种状态，例如：

新新<small>新鲜、不合常情</small>、嚕嚕<small>形容速度快</small>、倒倒<small>丢人的可耻的</small>、齐齐<small>齐整</small>、歪歪<small>倾斜之状</small>。

② AA 儿式

这类重叠式是形容词 A 重叠加"儿"式构成，表示某种性质或状态，例如：

矩矩儿<small>安安定定地</small>、款款儿<small>慢慢儿</small>。

③ A 儿 A 儿式

这类重叠式是形容词 A 儿化后重叠构成，例如：

蔫儿蔫儿<small>悄悄地</small>、鼓儿鼓儿<small>气呼呼</small>、撩儿撩儿的<small>形容火苗微弱貌</small>、劲儿劲儿的<small>劲头十足</small>、跩儿跩儿的<small>走路一扭一扭状</small>。

④ AA 儿 B 式

这类重叠式是由形容词AA重叠并儿化后加上一个单音节语素构成，例如：

粉粉儿碎<small>形容极碎</small>、缩缩儿密<small>反悔</small>、蹊蹊儿跷<small>不稳当的状态</small>、嘣嘣儿蜜<small>不履行诺言，食言或指婴儿吸吮拇指</small>。

⑤ AA 着式

这类重叠式，原式 A 是形容词，重叠后加上"着"表示某种样貌，例如：

秃秃着<small>喻末端不完整</small>、梗梗着<small>歪着脖子不服气的样子</small>、髼髼/蓬蓬着<small>蓬松状</small>、宴宴着<small>不十分满的样子或指衰微状</small>。

⑥ AA 的式

这类重叠式，由 AA 加助词"的"构成，表示某种动作的状态或事物的情状，例如：

缕缕的<small>虫子连续不断地爬行</small>、黏黏的。

重叠式 AA 中，原式 A 不一定由形容词充当。

⑦ AA 儿的式

这类重叠式，是 AA 儿化后加助词"的"构成，例如：

啡啡儿的<small>怒极而出粗气貌</small>、够够[kouˀ]儿的<small>厌烦貌</small>、蔫蔫儿的<small>暗暗的、悄悄的</small>、溜溜儿的<small>整整的</small>。

⑧ AA 得慌式

嗦嗦得慌[·xəŋ]<small>寒冷透骨的感觉</small>、痒痒得慌。

（2）双音节重叠，即 AABB 式

① 分体重叠：AABB

即 AB 可以分开各自重叠再进行的组合。有时候习惯上在末音节儿化或加上"儿的"。例如：

白白净净儿/白白净净儿的非常干净洁白。

加上"儿/儿的"在语义上通常表示赞赏、喜爱的语义色彩。

这类 AABB 重叠式构成的重叠式形容词，其来源与内部结构并不相同，又分几种类型。例如：

A. 基式 AB 原为一个复合词，重叠后实为 AB→AABB 的扩展式，例如：

局局面面很体面的样子、顺顺当当顺利、结结巴巴生活拮据貌、实实在在确实, 老实貌、四四方方物体正方貌；

胖胖大大儿赞美体形稍胖而强壮、肥肥大大儿赞美衣服宽肥、和和气气儿和蔼貌、白白净净儿的非常干净洁白。

B. 重叠式的 AA、BB 分别是由两个相同的词根语素构成的重叠式构词，AA 与 BB 多数不能独立成词，只有少数才能独立成词。例如：

柴柴拉拉不嫩貌、积积作作感觉数量太小貌或指过于拘谨、花花搭搭纷杂貌, 又指断续状、离离希希古里古怪、磕磕巴巴结巴、稀稀溜溜儿形容稀稠适宜、自自美美儿安详舒适、欢欢势势活泼生动貌、高高飕飕儿高而凉、夌夌连连形容穿着不利落貌或指马马虎虎。

上面所列的 AABB 式 A、B 都是不能独立成词的。

C. AABB 式还有几种变体形式：

AA 儿 BB 儿式：边边儿沿沿儿。

AABC 式：倒倒丢人的可耻的、扬扬不睬儿傲慢不理睬人状、哩哩啷噹形容不利索貌。

ABCC 式：雾气沼沼烟雾弥漫貌、烟气杠杠烟雾弥漫状、土气沆沆布满灰尘状。

② 整体重叠：ABAB

即 AB 构成一个整体再重叠的形式。例如：

刮搭刮搭的衣物湿透貌、悠搭悠搭形容奔波貌、、忽搭忽搭形容飘动或扇动的样子、滴溜滴溜快速旋转貌、忽扇忽扇形容上下颤动的样子、吱歪吱歪的形容吃力、劳累的样子、撂得撂得指走路时腿部起落生硬不自然的样子。

这种形式还有"AB"儿化再重叠的方式，构成 AB 儿 AB 儿式。例如：

屁颠儿屁颠儿的形容因受人恩惠而受宠若惊地行动做事、抹搭儿抹搭儿形容眼皮的开合样子、呼扇儿呼扇儿指被风吹动貌或颤抖状、扶摇儿扶摇儿飘飘荡荡。

这种格式还可以变换为：A 儿 BA 儿 B 式。例如：

眼儿候眼儿候的十分羡慕眼馋貌。

整体重叠通常要加上"的"，在北京土话中，整体重叠出现的频率不高。

2. 扩展式重叠

即在基式 AB 的基础上嵌入不同的成分而构成。

（1）单音节重叠

① ABAC 式：

哏头哏脑滑稽可笑的容貌、炸魔炸鬼形容动作突然反常，使人害怕、狗头狗脑形容狡猾而不正派的形貌、碰头碰脑形容随处都是、知根儿知襻儿了解底细、扎拉扎煞树枝丫丫杈杈状、异香异气有点香气却不太好闻、立眉立眼形容生气愤时的面部表情。

② A 儿 B 儿式：

魂儿画儿的指表面条条块块的污痕、抖儿擞儿的蹦蹦跳跳状、蹾儿摔儿的生气发火时摔东西、敲儿擦儿形容冷言冷语讽刺人、颠儿三儿的指衣着单薄，又指走路跳跳窜窜貌、溜儿湫儿的暗暗地，鬼鬼祟祟、仔儿码儿的杂七杂八、气儿棒儿的恼怒寻衅状、游儿磨儿的指闲得无聊、撤儿咧儿的轻浮大意。

③ ACBC 式：

心跳口跳喻紧张时的精神状态、辛苦甘苦指生活工作中的困难艰苦情况、嘻和儿蔼和儿谓待人谦逊和蔼、滴楞潽楞形容累累下垂，摇摆貌。

（2）双音节重叠，包括前叠式和后叠式。

① AAB 前叠式

这类重叠式是由形容词 AA 重叠后，再加上一个形容词或非形容词语素构成，有时末尾音节"儿"化。例如：

呱呱叫非常好，含称赞语气、末末拉最末后的、般般大儿指其年岁相差不多、稀稀罕儿指少见的食物。

② ABB 后叠式

这类重叠式是由单音节形容词 A 加上重叠词 BB 构成，例如：

矮趴趴低矮、臭烘烘充满臭味、毒花花曝晒，指阳光极强，极热、油糊糊布满油腻貌、零激激形容毫不着力貌、浑糨糨头脑混乱，思路不清、青虚虚微黑色又指脸色晦暗、窄溜溜狭窄而漫长、冷洼洼寒冷、红咻咻微带红色、潮乎乎潮湿貌、苦哈哈贫困而苦恼貌、辣蒿蒿油脂食物放久氧化后吃起来舌头有麻辣感。

ABB 这种格式，通常会在最末一音节儿化。例如：

鼓溜溜儿高高凸起，饱满、黑黪黪儿黝黑、黑炭炭儿黝黑、辣苏苏儿形容微有辣味之感、甜丝丝儿形容滋味甘美。

这种格式通常还有一种变体形式：AB 儿 B 儿。例如：

辣丝儿丝儿、蓝汪儿汪儿、绿英儿英儿、美滋儿滋儿、凉飕儿飕儿、热乎儿乎儿、硬梆儿梆儿、稀溜儿溜儿、绿油儿油儿。

上式都是在单音节形容词 A 后，加上"B 儿"的重叠形式，语义上和 ABB 的大体一致：甜丝丝儿=甜丝儿丝儿。

③ 插入式重叠，有 ABA 式和 AB 儿 A 式。

ABA 式,这类重叠式是在两个单音节语素 A 中间插入动词 B 重叠构成，例如：

硬碰硬_{凭力量相抗}、　实打实_{地地道道}、　原顶原_{照原数}、　直打直_{直接，径直}、　头顶头_{第一流，最好}。

AB 儿 A　这类重叠式是在两个同形同义的单音节语素 A 中间插入"B 儿"重叠构成，例如：

九成儿九_{几乎，将近}、　颠倒儿颠_{指年老糊涂，说话行事经常出错或是非颠倒}。

3. 附缀式重叠

在附缀式重叠中，北京土话没有前缀型的形容词重叠式，只有中缀型和后缀型两种重叠形式。

（1）中缀型

① A 里 AB 式

污里污涂_{模糊不清貌}、　哆里哆嗦_{浑身颤抖的样子}、　嘎里嘎巴_{到处是污垢}、　血里血乎_{喻受不住刺激而惊慌不安}、　颠里颠预_{获赞人老实，或贬人愚钝}、　荒里荒唐_{不安稳、慌慌张张}。

② A 里 A 气式

媚里媚气_{指男性显得娇媚}、　母里母气_{娘娘腔}、　女里女气_{指男子举止似女人}、　孩里孩气_{动作天真，有些稚气}。

有时，A 里 AB 式，由于第二音节"里"的弱读，而变成 A 了 AB 式。

二了二思_{犹豫不决，模棱两可貌}、　孩了孩气_{指像孩子那样的行动、性情和爱好等}。

上式中，"了"应该是"里"轻读后音变的结果，它们都应该归为一种格式。

③ A 儿 BB 式

赞儿哄哄_{怪话连篇}。

④ A 子 BB 式

咧子轰轰_{形容满口脏话}。

⑤ AB 儿 AB 儿式

齐头儿齐脑儿_{整平、平正状}、　没边儿没沿儿_{形容水面宽阔}、　逛等儿逛等儿的_{指衣服穿在身上肥大而摇曳}、　咕颠儿咕颠儿_{形容颠簸奔跑的样子}。

⑥ A 儿拉 B 儿拉式

劲儿拉味儿拉的_{形容盛气凌人}。

⑦ A 不 AB 不 B 式

褴不褴，褛不褛_{衣服破旧貌}。

以上格式中，"里""儿""子"等可看作是意义虚化的中缀，由它们构成了极为复杂的形容词重叠式。

（2）后缀型

后缀式重叠主要有：

① A 不 BB 式：水不几几_{水分多而味淡}、酸不唧唧_{不好的酸味}、酸不溜溜_{味道发酸}、咸不嗦嗦_{很咸}。

② 咕 BB 式：软咕囊囊_{形容物体柔软，含贬义}、热咕嘟嘟_{燥热而使人不适}、面咕唧唧_{指不酥脆}。

上文对北京土话的形容词重叠形式进行了一个基本的归纳，在以上三种类型中，第一类单纯的重叠式属于典型的形容词重叠式；第二、第三两类即扩展式重叠和附缀式重叠是非典型的形容词重叠式。

（二）形容词重叠的语音变化

形容词重叠后所产生的音变是一个很复杂的语音问题。对于不同的形容词重叠格式的音变情况，学者们都有所探讨。（1）AA 的变读：朱德熙（1956）、赵元任（1979）对 AA 式，胡裕树（1979）、俞敏（1985）对单音节形容词 AA 式的变调都指出：AA 重叠以后，第二个音节读阴平调值 55；（2）AABB 的变读：吕叔湘指出，"在口语中 BB 常读阴平调，第二个 A 读轻声，第二个 B 常儿化"①；（3）ABB 的变读：黄伯荣、廖序东在《现代汉语》中指出："单音节形容词的叠音后缀，不管原来是什么声调的字，也都念成 55 调值"②；（4）A 里 AB 的变读：朱德熙认为 A 里 AB 式重音定位在第一个或最后一个音节上。

老北京土话中形容词重叠后其音变情况较为复杂，但总体规律与上述的现代汉语形容词重叠的变调情况相似，以下对老北京土话形容词重叠的规律做一个归纳。

1. 单纯型形容词重叠

（1）单音节形容词重叠，如果儿化，第二个音节不管基式原调是什么，一般变读成阴平。例如：

短短儿tuan↘tuar˥——tuan↘tuar˥　快快儿kʻuai↘kuar↘——kʻuai↘kuar˥
够够儿kou↘kour↘——kou↘kour˥　糊糊儿xu↗xur˥——xu↗xur˥

AA 式重叠时并不是所有的单音节形容词重叠都是这样变读，也有例外的情况。例如：

坏坏的xuai↘xuai↘　臭臭的tʂʻou↘tʂʻou↘　花花_{形容计谋多}xua˥xua˩

一般来说，AA 第二个音节不儿化时，仍然读作其本调，有时读为轻声。

（2）双音节的形容词重叠，如果是 AABB 重叠时，第二音节读为轻声，

---

① 吕叔湘：《现代汉语八百词》，北京：商务印书馆 1999 年版，第 718 页。

② 黄伯荣、廖序东：《现代汉语》（上册），北京：高等教育出版社 1997 年版，第 107 页。

第三、第四音节应该读为阴平①。

　　大大咧咧_{办事漫不经心}tʌˋtʌˊliɛˊliɛˊ——tʌˋtʌˊliɛˉliɛˉ

　　别别扭扭_{不顺心、不和睦}piɛˋpiɛˊniuˊniuˊ——piɛˋpiɛˊniuˉniuˉ

　　憋憋囚囚_{烦闷又指狭窄}piɛˋpiɛˊtɕʰiouˊtɕʰiouˊ——piɛˋpiɛˊtɕʰiouˉtɕʰiouˉ

　　但有时候，AABB 重叠后，除了第二音节轻读外，第三、第四音节有些并不按规律变读阴平，而是仍读为原调。例如：

　　重重落落_{形容重叠层数多}tʂʰuŋˊtʂʰuŋˊluoˋluoˋ——tʂʰuŋˊtʂʰuŋˊluoˋluoˋ

　　半半流流_{形容不庄重}panˋpanˋliouˊliouˊ——panˋpanˋliouˊliouˊ

　　磁磁实实_{充满而无空虚状}tsʰɿˊtsʰɿˊʂɿˊʂɿˊ——tsʰɿˊtsʰɿˊʂɿˊʂɿˊ

　　其中哪些变调，哪些不变调，有时候只能凭语感，其个中规律有待进一步探究。

　　其他四音节的重叠中，AABC、ABCC 等重叠处一般按"AA 儿"的规律变调。

　　以上这些规则只适合实语素重叠的形容词，而对扩展型和附缀型的重叠式就不适用了。对后两种重叠式一般原则是逢实语素重读，而逢虚化的语素采用轻读的方式。

　　2. 扩展型形容词重叠

　　这种形式主要表现为 ABB 的变读情况，ABB 式的变调，BB 不管原调读什么，重叠后 BB 一般读阴平调。例如：

　　油糊糊iouˊxuˉxuˉ　　　　矮趴趴aiˋpʰaˉpʰaˉ　　　毒花花tuˊxuaˉxuaˉ

　　短撅撅tuanˋtɕyɛˉtɕyɛˉ　　白叉叉paiˊtʂʰaˉtʂʰaˉ　　大光光taˋkuŋˉkuŋˉ

　　也有例外的情况，如掉歪歪tiauˋwaiˉwaiˋ，该例中 BB 的第二个音节读作了轻声。

　　3. 附缀型形容词重叠

　　这种形式中第一个音节读本调，一般将第二个音节轻读，第三、第四两个音节多数读为阴平调。

　　臭了咕唧tʂʰouˋləˋkuˉtɕiˉ　　　　滴拉嘟噜tiˉlʌˋtuˉluˉ

　　酸巴溜丢suanˉpeˋliuˉtiouˉ　　　胡鲁巴涂xuˊluˋpʌˉtʰuˉ

　　土里刚戗tʰuˋləˋkaŋˉtɕiaŋˉ　　　秃不拉茬tʰuˉpuˋlʌˉtʂʰʌˊ

　　有时也有例外的情况，如黑咕隆咚xeiˉkuˋluŋˊtuŋˉ，第三个音节读作了原调。

　　形容词重叠的音变情况，有大规律之下的少数例外，这些与大规律不一致的音变情况，目前还不能找出合理的解释。

---

　　① 下文加着重号的文字是特指变读轻声的音节。

（三）形容词重叠的句法功能

形容词重叠后，除了可以作谓语之外，还可以作定语、状语、补语。

1. 作谓语

这间小屋憋憋囚囚_{狭窄、不通畅}的，你能在里头写作吗？（CDX）

在这种场合，说话要嘎巴溜丢脆。（同上）

咱大老粗土里刚伐的，您别在意。（同上）

形容词重叠式作谓语，一般要加上"的"。

2. 作定语

穿着一件短撅撅的旧棉袄。（CDX）

毒花花的太阳晒得人都冒油儿了。（同上）

就是一点儿稀麻拉儿_{稀疏、寥落}的人。（同上）

3. 作状语

（1）充当方式状语

屋里多日不住人，蛛网、尘穗儿滴拉嘟噜_{累累而下垂状}挂满屋角。（CDX）

行了！老头儿穿，还是肥肥大大儿的好，穿着舒服。（同上）

（2）充当情态状语

巴巴结结_{谓能力不够，勉强应付}地买了一辆自行车。（CDX）

老六说话总是半半流流_{指不够庄重}的。（同上）

客人稀里呼噜_{众多纷纭状}都来了。（同上）

（3）充当时间状语

他们的车破，又不敢拉晚儿，所以只能早早的出车，希望能从清晨转到午后三四点钟，拉出车份儿和自己的嚼谷。（CCL-LS《骆驼祥子》）

我久久盯了他半天。（CCL-WS《浮出海面》）

（4）充当方位状语

忽然，大家安静了，远远的来了一队武装的警察。（CCL-LS《骆驼祥子》）

（5）充当程度状语

这种龙须菜，苦阴阴儿的挺好吃。（CDJ）

形容词重叠式做状语的几种情况中，作方式状语和情态状语时出现的频率最多，而作时间、方位和程度状语时出现的频率较少。

4. 作补语

正在剃头，剃到半不噜噜_{指事情做到一半，尚未完成}孩子找我，有急事，叫我回家去。（CDX）

冷得滴拉哆嗦_{颤抖的样子}的。（CDX）

呱啦一声，花瓶掉在地上，摔得粉粉儿碎。（CDX）

5. 作主语

年轻轻的别让家务缠住了。（CCL-WS《动物凶猛》）

6. 作宾语

老江讲起打桥牌的高着儿，这正是小赵的痒痒筋儿_{最喜爱的消遣和爱好}。（CDX）

剃头剃了一个大光光_{全部裸露的样子}。（CDC）

总之，形容词重叠的句法功能主要是作谓语、状语和定语，作主语和作宾语的情况不多，不大出现在主语和宾语的位置。因此，形容词作谓语、状语、定语的能力远远高于作主语、宾语的能力。

（四）形容词重叠的语义功能

1. 度量性

朱德熙曾指出，形容词基式往往表示单纯的属性义，而重叠式所表示的属性义，总是跟一种"量"的观念，跟人们对度量的认知有着密切的关系。形容词重叠一般强调事物的性状度量，有时表示事物量的增加，有时也表示量的适中。

表示量的增加，例如：

满满荡荡地斟了一杯酒。（CDX）

"满满荡荡"相当于"很满"，表示程度达到一定的高度，是表示事物量的增加。

这老头子都八十岁了，还活得劲劲儿的_{指生命力充沛}。（CDX）

"劲劲儿"有"越来越"的含义在其中，也是指程度的加深。

表示量的适中，例如：

喝了一碗稀稀溜溜儿_{稀稠适宜}的粥。（CDX）

"稀稀溜溜儿"表示度量适中，不稀不稠。

退休了，自自美美儿_{形容安闲舒适的生活状态}地过一个安静幸福的晚年。（CDX）

"自自美美儿"表示舒服、闲适，指恰到好处，令人满意的一种状态，因此，这种程度义是一种"量"的适中义。

朱德熙曾指出，AA、AABB 形容词重叠式，"在状语和补语两种位置上往往带着加重、强调的意味"；在定语和谓语两种位置上的时候，"不但没有加重、强调的意味、反而表示一种轻微的程度"。[①]而在老北京土话中，定语位置和谓语位置的形容词重叠不一定表示"轻微"义。

---

① 朱德熙：《现代汉语语法研究》，北京：商务印书馆2001年版，第37页。

重重落落的_{形容重叠层数很多}一大堆旧杂志。（CDX）

三点钟来到这儿，时间还是富富余余_{多而有余的状态}的。（同上）

上例中，"重重落落""富富余余"都没有表示"轻微"义，反而表示"量多"之义。

此外，形容词重叠表示度量性，可以是双向性的，不仅可以正向指数量的上升，也可以反向指数量的下降。例如：

扯扯连连_{连续不断的}走了好些人。（CDC）

大道上缕缕行行的净是去逛庙的人。（同上）

不管是指"数量"的上升还是下降，总体来看，都是表示程度的加重。

2. 强调性

与表示"度量"的程度义密切相关的是形容词常常通过重叠表示对事物或动作行为的强调。例如：

毒花花的太阳恶恶实实_{狠狠地、极度地}的晒了一整天。（CDC）

"毒花花"强调太阳之猛烈，如果去掉这个重叠的形容词，对太阳的描述就只是一种客观陈述，语义上就平实了许多。

3. 描摹性

形容词重叠后，往往描摹事物的某种状态，因此，王力先生曾将形容词重叠式称为"绘景法"，"绘景法是要使所陈说的情景历历如绘"[①]。

这孩子伸出嫩绰绰儿的小手儿，要妈妈抱。（CDX）

日子过得皱皱巴巴的，一直不宽绰。（同上）

那胖子走起道儿来拖抡拖抡的。（CDC）

"嫩绰绰儿"形容鲜嫩可爱的样子，用来表示婴儿胖嘟嘟、嫩生生的小手，十分形象；"皱皱巴巴"本指表面不平，多皱纹的形状，此处用来形容经济拮据，是再好不过的描写；"拖抡拖抡"形容身上的肉膘下坠而颤动的样子，用来展示胖子肉墩墩的模样，可谓如见其人。这些重叠式比较基式形容词来说，如"嫩""皱"等是无法替代其生动性的，这种描摹的生动性程度远远高于基式形容词的描写程度。

形容词重叠式的描摹性还有层次性，即"强式描摹"和"弱式描摹"。

4. 评价性

形容词重叠式往往表示说话人对客观事物的主观评价，表达肯定、喜爱或否定、讨厌的感情色彩，因此，形容词重叠式往往体现鲜明的感情倾向。例如：

表示肯定、喜爱的评价：

---

① 王力：《中国现代语法》，北京：商务印书馆 1985 年版，第 296 页。

这花扞儿水水灵灵的多好看呐！（CDC）

瞧，这小猫儿养得多好，欢欢势势的。（CDX）

表示否定、讨厌的评价：

二姥姥年纪大了，别惹她生气，一生气，粘叨叨絮叨叨，唠叨起来没完。（CDX）

我不喜欢喝酸奶，嫌它那酸拉咕唧的味儿。（同上）

这块布红赤拉鲜_{像鲜肉那样颜色的}的可不好看，（CDC）

有时也表示中性的评价：

这孩子一个人儿在家，没人跟他玩儿，整天磨磨丘丘的_{指闲得难受，烦闷不安}。（CDX）

这老头儿又去练功了，三九天光膀子练，神神道道的_{指很有精力的样子}！（同上）

上述例子中，形容词重叠式只表示了说话人对某人某事的客观评价，并不表示褒贬义的感情倾向。

四、重叠式副词

（一）重叠式副词的构造形式

重叠式副词在老北京土话中包含副词的重叠式和重叠式副词。前者是由副词重叠而成，后者是由非副词重叠而成的重叠式副词，因此将其合称为"重叠式副词"。

老北京土话重叠式副词的形式不多，一些在近代北京口语中出现的重叠式副词目前已经消失。以下结合 19 世纪中期北京口语的一份语言典籍，英国传教士、驻华公使威妥玛的《语言自迩集》（1886）来讨论。

从形式上，重叠式副词主要有以下几种类型：

1. AA（儿）式

（1）A 为单音节副词。例如：

再再_{再三地}、断断、真真、单单、很很、好好、几几、万万、足足儿、常常儿、刚刚儿、偏偏儿、渐渐儿。

这种类型的重叠式 AA 都有与之相对应的基式副词 A，如"常——常常""刚——刚刚""偏——偏偏"等，AA 都是在能单用的基式副词 A 的基础上重叠而成，是副词的重叠式。

（2）A 为非副词。例如：

看看[kʻan˥kʻan˧]_{即将}、晃晃儿_{偶然，有时}、明明_{显然、确实如此}、整整、偷偷儿、远远儿、处处儿、重重儿、少少儿、慢慢儿、乏乏儿、遭遭儿、溜溜儿_{自始至终，}

足足、悄悄儿、差差儿几几乎，险些儿、**儴儴地**大口地。

重叠式 AA 都有与之相对应的可以单用的基式 A，但 A 没有副词的用法。如"远—远远""偷—偷偷""处—处处"等，"远"是形容词，"偷"是动词，"处"是名词。AA 都是非副词重叠后转化为副词的，是副词的重叠式。这种形式朱德熙指出"只能作状语，是典型的副词"[①]。

3. AA（儿）的式

真真的很真、乍乍的突然地、特特儿的特为、专门、可可儿的恰好，正巧、溜溜儿整整、足足、足足儿的。

4. AAB 式

几几乎险些。

5. AABB 式

恶恶实实狠狠地、极度地、特特意意特意地、将将巴巴勉勉强强。

6. A 不 A 式

时不时、来不来动不动。

（二）副词重叠的意义分类

从意义上，重叠式副词有 5 种类型。

1. 评注性副词

断断、真真、万万、偏偏儿、几几、几几乎、明明儿、偷偷儿、悄悄儿、特特儿的。这些副词一般是对事物作出某种评价。

真真——表示对事物和情况的确认，含有感叹意味。相当于"的确、确实"。

> 别人若是这么欺负他，咱们还当拦劝呢，你反倒这样儿的刻薄，太错了，真真的我心里过不去。（WTM《语言自迩集》）

> 俗话儿说"酒肉朋友、柴米夫妻"，这话真真的不错啊。（同上）

几几——表示某种事情接近实现。

> 都因为前年我吃错了药，几几没有丧了命，到今儿想起来，心里还跳呢。（WTM《语言自迩集》）

几几乎——表示事物的状况非常接近某种程度。相当于"差不多""简直"。

> 我急忙赶上去扶住，几几乎没有跌倒。（WTM《语言自迩集》）

2. 时间、频率副词

刚刚儿、渐渐儿、长长儿、常常儿、遭遭儿、晃晃儿偶尔、有时、再再再三地、

[①] 朱德熙：《语法讲义》，北京：商务印书馆 1998 年版，第 28 页。

乍乍的_{突然地}。

其中，"长长儿"是近代北京口语使用的重叠式副词。

长长儿——既可表示某种动作或状况的长期存在，相当于"永远、长久"；也可表示动作行为的经常发生，相当于"经常、常常"。

> 我还长长儿的劝他呢，后来知道他的脾气不能改了，不是有出息儿的东西，何必白劳唇乏舌的劝他呢？（WTM《语言自迩集》）

"长长"在唐代就开始实用，宋代比较流行，现代北京土语中只使用"常常"来表达，而在《自迩集》中，"长长"和"常常"二词都在使用，例如：

> 我常常儿的想你。（WTM《语言自迩集》）

> 素常我尚且长长儿的来，老家儿的好日子，倒不来，那怎么是朋友呢？（同上）

说明近代北京口语还可以自由地使用这一对同义的重叠副词。

3. 程度副词

慢慢儿、很很、重重儿、细细儿、严严儿、满满儿、高高儿、乏乏儿、好好儿、快快儿、多多儿、少少儿。

其中，"少少儿、很很"是近代北京口语中使用的重叠式副词

少少儿——本义为数量少，其副词义表示程度的轻微。

> 我教给你法子，但只饿着肚子，少少儿的吃东西。若是那么样，就是些微的着点儿凉，也就无妨了。（WTM《语言自迩集》）

"少少"作程度副词，现代北京土语已经不再使用，取代它的是同样表示程度轻微义的"稍稍"一词。

很很——相当于"狠狠"，表示严厉、厉害义。

> 刚才我心里实在受不得，动了气，很很的打了他一顿。（WTM《语言自迩集》）

> 彼时我就要叫住他、很很的羞辱他来着，后来我想了一想，说："罢啊！做甚么？他理我，我就体面了么？谁那们大工夫，和他计较这些个？（同上）

以上副词都是由形容词重叠而来，除了"少少儿"的副词义有虚化的意义外，其他仍与原基式的意义是一致的。关于这类词是副词还是形容词，还是有争议的问题，本书采用朱德熙（1998）的意见："'好、快、慢、远、早、细、大、满、紧、深'等等本来是形容词，重叠以后只能作状语，可见已经转成副词。"[1]将这些词看作重叠式副词。

---

① 朱德熙：《语法讲义》，北京：商务印书馆1998年版，第194页。

4. 范围副词

处处、处处儿、足足。

北平的好处不在处处设备得完全，而在它处处有空儿，可以使人自由的喘气；不在有好些美丽的建筑，而在建筑的四周都有空闲的地方，使它们成为美景。（CCL-LS《想北平》）

当时正是午后，阳光象水盛满槽子充溢在每条胡同里，流漾耀目，处处望去都是一片光晕迷蒙。（CCL-WS《玩儿的就是心跳》）

从副词的意义类型上看，只有否定副词没有重叠形式，其他意义类型的副词基本都具备重叠的形式。

（三）副词重叠的语音

副词重叠时语音变化分为几种情况。

1. 基式是单音节副词，重叠式 AA 都读原调。例如：

将将_{刚好合适}tɕiɑŋ˥tɕiɑŋ˥   再再tʂai˥tʂai˥   万万uan˥uan˥

2. 基式是单音节形容词，重叠式是 AA（儿）的，第二个音节变阴平。例如：

好好儿xɑu˩xɑur˥   慢慢儿man˩mar˥   细细儿ɕi˩ɕiər˥

3. 重叠式为 AABB 时，第二个音节轻读，第四个音节有时读阴平，有时读原调。例如：

恶恶实实˥˩˥ʂʅ˩ʂʅ˥   特特意意tʻɤ˥tʻɤ˩i˩i˥

（四）副词重叠的句法功能

1. 重叠式"AA 儿"式与基式都能在句中充当状语，基式后一般不能带副词后缀"的"，而重叠式普遍都能带副词后缀"的"，例如：

偏——偏偏

偏死扭着说你的话是了，一口咬定了，不肯认错，能不叫人更生气么？（WTM《语言自迩集》）

昨儿刚长点儿云彩，偏偏儿的又叫风刮散了。（同上）

你，你看看我是谁？一个男子汉，干什么吃不了饭，偏干伤天害理的事！（CCL-LS《茶馆》）

而提到骆驼祥子的时候，也不再追问为什么偏偏是"骆驼"，仿佛他根本就应当叫这个似的。（CCL-LS《骆驼祥子》）

刚——刚刚

我才出门刚要走的时候儿，有人来找你。（WTM《语言自迩集》）

今儿东方亮儿，就起身往回里走，道儿上除了打尖，也总没有敢

歇着，刚刚儿的赶掩城门儿的时候儿，才进来了。（同上）

真——真真

凡有勤谨体面少年的子弟们，到了挑缺应升的时候儿，真肯提拔保举。（WTM《语言自迩集》）

嗳！那人口真真的不少，还有一个姑娘没出门子么？（同上）

单——单单

我得罪了谁？谁？皇上，娘娘那些狗男女都活得有滋有味的，单不许我吃窝窝头，谁出的主意？（CCL-LS《茶馆》）

作了父母的夫妻特别的能彼此原谅，而小胖孩子又是那么天真可爱。单单的伸出一个胖手指已足使人笑上半天。（CCL-LS《婆婆话》）

在重叠式副词中也有不带"的"的情况，如"断断""万万""几几""几几乎""差差儿"是不能带"的"的，例如：

若不严严儿管教，断断使不得，等他回来的时候儿，把他捆上，重重儿的打一顿才好。（WTM《语言自迩集》）

上星期几几乎险些出了大事故。（CDX）

祁家，在她看，已经丢失了三个男人，祁老人万万死不得！（CCL-LS《四世同堂》）

以上几个重叠副词大都带有较强的文言色彩，它们作状语时通常没有副词后缀"的"。

2. 重叠式副词与单音节副词受音节的限制有所不同。

单音节副词受音节的限制度要小，比较自由，后可接单音节动词或形容词，也可接双音节动词或形容词，但这种音节的限制还要根据语义的需要来决定。比如"常"在表示"行为动作发生的频率"义时，多修饰单音节动词，也可以修饰双音节动词。例如：

这个庄子好，地方又宽绰，屋子很凉快，我常去。（WTM《语言自迩集》）

他常常想起小羊圈一号来。院子里有那么多的花，屋中是那么安静宽阔，没有什么精心的布置，而显出雅洁。（CCL-LS《四世同堂》）

再如，"白"表示"徒然"义时，既能修饰单音节动词，也能修饰双音节动词。

与其在家里白坐着，不如去逛一逛，只当解个闷儿，又有何不可呢？（WTM《语言自迩集》）

他是个最讲理的，知耻的，全人类里最拿得出去的，人！他不能这么白白的挨打受辱，他可以不要命，而不能随便丢弃了"理"！（CCL-LS《四世同堂》）

但在表示"不付任何代价得到某种利益"之义时，"白"就只能修饰单音节动词：

　　他说：我没白吃，给的价钱在那儿，说着就把几个大钱扔在草里。（WTM《语言自迩集》）

　　这个，儿子和这儿媳妇呢，那是特别幸福了，也不交钱，白吃白喝，连早晨连被子都不叠就走了。（BJKY）

与单音节副词不同，重叠式一般修饰双音节动词，或者后接复杂成分，一般不能接单音节光杆动词。例如：

　　你若不信，悄悄的探听个信儿，管保你无妨无碍的呀！（WTM《语言自迩集》）

　　故此我们俩，足足的游玩了一天。（同上）

　　明明儿的是谎话，那糊涂的人们，当成真事，还呆头呆脑、有滋有味儿的听呢。（同上）

　　我的意见，不如趁这个空儿，赶紧请一位名师教他念书，渐渐儿的知识开了，明白了世务的时候儿，自然而然的就改好了。（同上）

3. 否定的位置。

否定式附加在重叠式副词的位置时，否定式一般出现的位置不同。

评注性副词的重叠式其否定式一般只能出现在重叠式后面，例如：

（1）偏偏

　　吃早饭的时候儿，我就去了一次，偏偏儿的遇见他不在家。（WTM《语言自迩集》）

　　字这种玩艺刷刷的来的时候，说真的，并不多；要写哪个，哪个偏偏不在家。没笔墨砚也好。（CCL-LS《上任》）

　　马汉玉在一张纸上刷刷写着他的电话号码，"你呀，挺好挺聪明的一个偏偏不干好事，要我说你这份聪明用到正道上，干什么你都干出名堂来了"。（CCL-WS《橡皮人》）

万万

　　总而言之，酒就是乱性伤身子的毒药。任着意儿喝，万万使不得。（WTM《语言自迩集》）

　　他们万万没有想到，东阳到日本是有去无回，连块尸骨都找不着了！（CCL-LS《四世同堂》）

　　看他们父女，张着嘴，说不出话来。他居然动了心，倒仿佛大赤包是万万死不得的。（CCL-LS《四世同堂》）

　　请你下来，我保证会给你充分申辩的机会。你现在这种样子是我万万没有料到，从心里说也不原看到的，这跟你本来的形象不符。

（CCL-WS《人莫予毒》）

（2）断断

　　若不严严儿管教，断断使不得，等他回来的时候儿，把他捆上，重重儿的打一顿才好。（WTM《语言自迩集》）

其他如频率、程度和范围副词等类型，否定式出现的位置就比较自由，可在重叠式前后出现。例如：

　　外婆不是常常说，不准和年岁大的人拌嘴吗？现在，他可是说得头头是道，叫孙七与小崔的岁数一点用处也没有了。（CCL-LS《四世同堂》）

　　"大概拿铜当作了金子，不开眼的东西！"小顺儿的妈挂了点气说。她自己是一棵草也不肯白白拿过来的人。（CCL-LS《四世同堂》）

4. 后缀"儿"的附加。

重叠式副词经常性地加上后缀"儿"，这体现出北京土语的儿化特色。重叠式副词一般都要加上富有北京话特色的"儿"缀，不只是基式是非副词的，就是基式是副词的也会在重叠式后加上"儿"缀。这是比较具有口语特色的情况。在所有重叠式中，只有少数几个副词后一般不加"儿"，如断断、真真、足足、几几、万万、几几乎等，估计是与这些词语本身具有的文言色彩有关。

（五）副词重叠的语义、语用功能

张谊生（2000）在讨论现代汉语副词的重叠形式和基础形式的语义功能时，认为副词的重叠式和基式在语义功用上的区别，"主要体现在四个方面：1. 缺略、2. 增添、3. 偏重、4. 分化"[1]。

1. 从老北京土话的重叠式副词来看，其语义功能主要表现在：

（1）语义义项的减少

从一些学者的研究来看，现代汉语单音节副词的基式和单音节副词的重叠式在语义上的差别，首先表现在义项的多少上，大多是重叠式的义项比基式要少。"一般来说，重叠式总是在基式的基础上形成的。""往往只承续到诸多义项中某一个义项的用法，对这一义项起强调作用。"[2]北京土语中的副词重叠情况也不例外，如上文中所举的"常—常常儿"这对副词的例句，"常"有表示动作行为发生的次数和动作行为的持续性二个义项，而"常常儿"就只有前一个义项，对后一个义项就没有承续。例如：

---

① 张谊生：《现代汉语副词研究》，上海：学林出版社2000年版，第185页。
② 齐沪扬：《谈单音节副词的重叠》，《中国语文》1987年第4期，第263页。

在他入教以前，他便常到老便宜坊赊点东西吃，可是也跟别的旗人一样，一月倒一月，钱粮下来就还上账。（CCL-LS《正红旗下》）

我就这么想，局长太太要是能常和我的太太在一块儿，以局长太太的地位，以我太太的聪明，她们若能统一战线，我敢保必能成一个不小的势力。（CCL-LS《残雾》）

以她的洗作本领和不怕劳苦的习惯，她常常想去向便宜坊老王掌柜那样的老朋友们说说，给她一点活计，得些收入，就不必一定非喝豆汁儿不可了。（CCL-LS《正红旗下》）

上式中"常"单用时，表示两个义项，而"常常"就只有表示"动作、行为发生的次数多"的义项。

（2）语义义项的分化

分化是指重叠式副词在产生之时，就已经与单音节基式副词在语义上没有关联，尽管在语义上还有某些联系，但基式与重叠式的表义功能已基本分化。比如"好——好好儿"就是这种情况。

"好"一般作形容词和副词。作副词用时其义项主要有：（1）表示程度深，并带有感叹语气；（2）表示多或久。例如：

到昨儿，顺便儿，到他家一问，那儿的人说他搬了好久咯，现在小街儿西头儿，拐弯住着呢。（WTM《语言自迩集》）

全家竟自没有人主持祭灶大典！姑母发了好几阵脾气。她在三天前就在英兰斋满汉饽饽铺买了几块真正的关东糖。（CCL-LS《正红旗下》）

而"好好儿"一般作副词，表示"尽力地""尽情地"和"细致耐心"之义。例如：

昨儿因为是我，肯忍你那行子的性子罢咧；若除了我，不拘是谁，也肯让你么！好好儿的记着我的话，快快儿的改罢！（WTM《语言自迩集》）

那马你还不好好儿的拴上他？你看他把门碰坏了。（同上）

二者在语义上已经完全分化。

（3）语义义项的增加

副词重叠后在基式副词的基础上衍生出新的义项。例如：悄——悄悄。"悄"的义项有"轻轻""偷偷"两项，而"悄悄"则在此基础上，还有"静静地"之义。例如：

他们现在还都无可如何的活着，不久他们会无可如何的都死去——没有挣扎，没有争斗，甚至于没有怒骂，就那么悄悄的饿死！（CCL-LS《四世同堂》）

例中"悄悄的"只有"静静地"一个义项。

（4）语义义项的偏移

重叠式具备基式的全部义项，但是有些义项并没有全面发展，在使用中，往往偏重于某个义项，而其他义项不常使用。例如：白——白白。"白"的两个义项："徒劳"和"表示不付任何代价而得到某种利益"。

"白白"大多数情况下都是表示"徒劳"义，表示第二个义项的只有极少的用法。

2. 就语用功能来看，重叠式副词的语用效果主要体现在：

（1）表示对事物的强调

我再再地跟他说，可他就是不听。（CDX）

毒花花的太阳恶恶实实地晒了一整天。（CDC）

他大老远的特特儿的把东西送来了。（同上）

"再再地""恶恶实实""特特儿的"都是表示对动作的强调，增强了说话人想要表达某种程度的语气。

（2）有较强的摹状性

使用重叠式还是基式副词，可以看到其语感效果是不同的，重叠式有较强的描述性，能凸显出某种场面气氛，情景化意味很强。

慢——慢慢儿

你这么慢走是身上有病么？不是，是人老了，腰腿都软了，这个事我实在做不来。（WTM《语言自迩集》）

我慢慢儿的蹑手蹑脚儿的，走到跟前儿，隔着窗户纸儿一抓，把窗户抓了个大窟窿，恰好抓住了，一看，是个家雀儿。（同上）

细——细细儿

那我倒有一个法子，今儿个忙些儿，没空儿细说，请先生明儿过来，咱们再商量，行不行？（WTM《语言自迩集》）

那俩瓶，乍见的时候儿，好像是一对儿，细细儿的一瞧，尺寸就不一样。（同上）

重叠式副词尤其是由单音节形容词重叠而来的重叠式副词，常表示动作行为在时间上的持续性、反复性，能更生动地描摹事物的情状，较之单音节基式副词的口语化色彩更浓，同时重叠式的使用较之基式的使用往往有加强语气的功用。

重叠式副词的这种语用功能，还与重叠式副词带"的"的作用有密切关联。

正如前文所指出的，重叠式副词除了少数几个文言色彩较强的词语外，一般都带有"的"的标记，带"的"与不带"的"在语感上、韵律上给人

的感觉是不同的,同时从语用上,带"的"的重叠式副词更具有摹状性,例如:

> 瑞宣、韵梅,都披上衣服起来了,悄悄走到院子里,招呼南屋的街坊。(CCL-LS《四世同堂》)
>
> 圣诞的第二天早晨,地上铺着一层白霜,阳光悄悄的从薄云里透出来。人们全出来了,因为阳光在外面。(CCL-LS《二马》)
>
> 今天是八月节,家家讲究团圆,怎么单单咱们说分家呢?(CCL-LS《四世同堂》)
>
> 他须活下去,而唯一的生活方法是挣薪水。他几乎要恨自己为什么单单的生在北平!(同上)

很明显,上述例句加"的"与不加"的"字给人感觉不同,加"的"后在语感和韵律上多了一层舒缓的韵味以及强调的语气,不加"的"时语气上给人的感觉就生硬得多。

第二节　语缀

关于"语缀"的术语,学界有不同的看法。吕叔湘先生认为:"语缀一般分为前缀、后缀、中缀。"并指出"不把前缀、后缀总称为词缀而总称为语缀,就可以概括不仅是词的而且是短语的接头接尾成分,连那些不安于位的助词也不愁没有地方收容了"。①吕先生的意思很明确:语缀比较词缀涵盖的范围更大,其附着的对象不仅仅是词根或词,还可以是短语。也即语缀包括词缀在内,有时还包括那些难以归属的助词。对于语缀的这种认识,赵元任、王力先生也持相同的看法。

因此本书以吕说为基础,采用"语缀"这一术语,对老北京土话的构词形态展开具体的讨论。

一、名词的语缀

(一)前缀

老北京土话严格意义的前缀较少,典型的只有"老""阿""第""初""小"等。

1. 老[lɑu˩]

由形容词虚化而来,虚化程度有所不同,用来构词主要有几种用法。

---

① 吕叔湘:《汉语语法分析问题》,北京:商务印书馆1979年版,第48—49页。

（1）附着在语素之前，构成指动物名词

老边猪边远贫瘠地区饲养的猪，皮厚肉薄，是猪肉中下品、老家贼麻雀、老刚儿一种青色蜻蜓、老琉璃蜻蜓、老籽儿一种黄灰色蜻蜓、老米嘴只能吃不能斗的蟋蟀、老等鹭鸶、老道一种体型小的黄色蝴蝶、老蟑儿蟑螂、老鹞鹰鹰。

（2）附着在语素之前，构成指植物名词

老腌瓜越瓜、老倭瓜南瓜、老玉米玉米、老鸡头芡实、老虎眼一种圆而大的酸枣、老爷脸儿一种红色的杏、老鸹食儿蛇葡萄、老来少苋菜。

（3）附着在语素之前，构成指事物名词

老叼起重机、老谣指不可信的话、老爷儿太阳、老叉新式纸牌中的A，又称"尖儿"、老海海洛因，又指吸食海洛因的人、老干儿绿豆做的干淀粉，又指女仆。

（4）附着在语素之前，构成指人或人体部位的名词

指人：老公太监的俗称、老蛮旧时婚礼上搀扶新娘的女仆、老三旧时挑水夫的总称、老好子老好人、老帽儿嘲笑农民或土气的人、老膗[tʂʻuaiˊ]胖人、老泡儿男妓、老抢儿强盗、老赶对外行之人的嘲讽、老花子乞丐、老缝有兔唇的人、老憨缺乏处世经验的人、老糟对江南人的蔑称、老西儿旧时对山西人的别称、老犟儿执拗的人、老斋傻子、老凿儿（子）死心眼的人、老干旧指女仆、老紧学徒工、老帖最年轻的盟兄弟、老抓对妻子的谑称。

以上是用"老"作前缀构成指人名词，往往都是带有贬义的称呼。

指人体部位：老公嘴儿指天生胡须轻微而腮颊枯瘦的面貌、老抱抱屁股、老苹果脸蛋、老屋子脑袋、老丫丫脚丫、老樱桃嘴。

（5）附着在少数表示亲属称谓的名词性语素之前，构成亲属称谓词

老姑娘家中女儿排行最末者、老儿子家中儿子排行最末者、老舅舅舅辈排行最末者、老叔儿叔叔辈排行最末者、老婆妻子。

以上"老"构成的名词其虚化程度都很高。

（6）附着在表姓氏的单音语素之前，构成称呼

老王、老张、老李。

"老"一般表示对年长和熟络的人的称呼，但有时也并非绝对的年长，其虚化的程度不如以上（1）—（5）中"老"的虚化程度高。

以下例词中的"老"是形容词的实语素。

老鼻子极多、老准儿不可动摇的准主意、老伧儿货对老人的不敬之词、老鼻烟壶儿对年老饱经世故的人的贬称、老帮壳对老年人的贬称、老屡头对油滑、怯懦、不识大体的人的贬称、老模咯嚓眼形容年老而面貌变丑、老斗鸡世故深而难对付的老油子、老合儿老于闯荡江湖的人、老油勺老于世故而且油滑的人、老腌儿指腌得日久的咸鸡蛋。

"老"还经常用来表示人的性格品质等特征：老直指性格质朴、耿直而单纯、老根指遵守旧礼法，思想不开通，有贬义、老梆指生长得结实，又指老成持重，这些例词中的"老"也应看作形容词的实语素。

2. 阿[ʌ˥]

只用在满人称皇子、少爷、公子的"阿哥"和满人称父亲为"阿玛"、称母亲为"阿扎"的几个亲属称谓中。[①]"阿"在实际口语中变读为去声[ʌˊ]。

3. 第[tiˊ]

加在数词前用来排序，表示序数：第一、第二、第三……第一千零一等。在单纯排序之外，往往要加上量词或量名词组：第七天、第一号生意、第一支香烟。有时也可将量词和量名组合去除，如：吃饭就第一成了问题；他还是自居为第一的花旦。

在表示时间单位时往往不用"第"，如：腊月二十三过小年；七九河开，八九雁来。

4. 初[tʂʻu˥]

加在数词"一"到"十"的前面，表示农历每个月上旬前十天的次序：大年初一、初五一清早、初一初二的。

5. 小[ɕiɑuˊ]

（1）加在姓氏前，用作称呼

主要是说话人从自身角度对比自己年轻的人的称呼，被称呼者也许已经并不年轻：小王儿、小张儿、小赵儿。

（2）附在语素前构成指人或人体部位的名词

小白脸儿指俊美的男青年、小花脸戏剧中的丑角、小俚扒手、小贫吝啬之人、小人儿为女择婚时，对男方的称呼、小菜儿不被重视的人或事物、小秃儿光头。

（3）附在语素前构成指物名词

小道儿货指偷盗而来的货物、小豆腐儿用玉米面或糜子面等与菜叶混合煮成的浓粥、小糖子麦芽糖、小九九儿本是乘法口诀，用以指用钱上的计算或指打小算盘、小鸡子鸡，不论大小都可称呼、小月流产、小日子儿妇女生理期、小盐子一种低级土盐。

以下例词中的"小"是形容词性的实语素：小菜毛一种小而圆的荸荠、小使供人役使的童仆、小八件儿北京一种糕点、小口指夭亡的儿童、小押儿一种小型典当铺、小气吝啬、小金豆子儿极为伶俐聪明的儿童。

（二）中缀

北京土话里名词的中缀有"里""得""不"。

1. 里[liˊ]

构成中缀时读为轻声[liｰ]，用来构成指物名词。

---

① 笔者注："阿姨"的"阿"可能是近现代源自其他方言的新语缀，并不是老北京土话所固有的。

山里红_{山楂}、海里奔_{稀罕之物}。

有时"里"进一步弱读为"[lə˩]"，例如：

山里[li˩]红_{山楂}——山里[lə˩]红；海里[li˩]奔_{稀罕之物}——海里[lə˩]奔。

2. 不[pu˅]

构成中缀时读为轻声[pu˩]。用来构成名词指人：二不溜子_{二流子}、二不愣子_{指言行粗鲁、有些痴傻的人}。所指称的一类人多数表示贬义。还可构成事物名词：半不道儿_{半路}、半不截儿_{半段}。

（三）后缀

赵元任对后缀的定义是"汉语里的后缀是虚语素，多数是轻声，出现在词的末了，表示这个词的语法功能"[①]。老北京土话的后缀十分丰富和发达，这些后缀附加在名词、动词、形容词、副词等词类后，意义已经虚化，表达不同的语法功能。

老北京土话的名词后缀形式多样，可以分为单音节和双音节两种形式。

单音节后缀：有"儿、子、头、货、巴、法、手、性、们、色、家、包、妈、婆"等等。

双音节后缀：形式较少，有"头子""虎子""巴子""鬼子""婆子""包子""法子"等，可以看成是复合语缀。

以下具体讨论：

1. 头[tʻou˩]

"头"作后缀时读作轻声 [tʻou˩]时是真词缀，一般指事物名词和抽象名词。"头"附在某些名词后指某种人时，读本调"头"[tʻou˩]，这时相当于类词缀的功能。本书综合考虑"头"作为语缀的情况。"头"一般附加在名词性、动词性和形容词性语素后用来构成名词。

（1）附加在名词性语素后，可以构成具体名词和抽象名词。

① 构成具体名词

主要用来指人或物。

指人或人体部位：杠头_{好争辩的人}、缠磨头_{遇事对人缠绕磨烦或争议不休的人}、柴头_{办事无能力者}、黑炭头_{脸皮发黑之人}、力巴头（儿）_{指外行人}、团头_{丐帮头子}、耳头_{耳朵}。

指物事：日头_{太阳}、瓦头_{瓦垄儿的屋檐部分}、木头_{指棺材}、花头_{酒的泡沫}、梆子（儿）头_{不善斗的蟋蟀}、和尚头_{桔梗又指牛胯骨前沿的肉}、地头_{本义是目的地，旧时常指坟地}、狗鸡头_{一种野菜}、猴儿头_{灰指（趾）甲}、火头_{失火时，火由谁起，谁家即是火头}、私门头_{私卖淫之家}、死葫芦头_{不通的小路，又指死胡同}。

---

① 赵元任：《汉语口语语法》，北京：商务印书馆 2001 年版，第 114 页。

② 构成抽象名词

用来指事物或人的性格、体貌等。

肉头_{食物入口有柔软感，或指人微胖，旧时也指冤大头}、鬼头_{赞美物品之小巧可爱}、门头_{人情、遇事求人}。

（2）附加在动词性语素后，构成具体名词表示人与物。

① 表示人物：刺儿头_{指不好对付的人}、晕头_{指糊涂没有准主意的人，又指净上当的人}、磨咕头儿_{做事不爽利的人}、淋头_{做事偶尔失神被人占便宜者}。

② 表示工具、物品：熨头_{熨斗}、回头_{一种油炸小吃}、套头_{京剧道具的一种}、饶头_{买卖时附带白给的一点儿东西}、当头_{指用以典当的衣物}、唤头_{剃头匠招徕生意的响器}、狗碰头_{棺材最劣者的别称}、判官头_{马鞍前端翘起的部分}、拢头_{跨在驴背上的一对筐子}。

③ 构成抽象名词表示事物或某种内在情绪：熬[ɑu˥]头_{令人作呕，不舒服，或指忧愁}、回头_{以后，稍过片刻}、摸[mɑu˥]头_{指清楚的了解}、掉头_{超支或有缺额}、扛头_{不愿降低条件与人合作}、打头_{最重要的事件}、落[lɑu˩]头_{指盈余的利润}、想头_{盼头}。

（3）附加在形容词性语素后。

① 构成具体名词指人：大舌头_{指有口齿不清毛病的人}、老实头_{老实的人}、孱头_{指卑怯、软弱、无能力的人}、奘头_{指说话生硬态度不和蔼的人}、大头_{冤大头}、蔫头_{好隐忍不与人争执的人}、憨头_{憨厚之人}。

② 构成抽象名词：甜头、苦头、噱头、俏头_{指占了便宜}、盼头儿_{指可能实现的良好愿望}、鬼头_{机智，又指赞美物品小巧可爱}、滑头_{油滑之人，又指油滑，不老实}、懈头儿_{松弛，又指松弛的程度}，其中"鬼头""滑头""懈头儿"兼具形容词的功能，在句中可以充当谓语、主语、宾语。

> 看蓝东阳那么滑头，他觉得自己是上了当，所以他不愿再负领队的责任。（CCL-LS《四世同堂》）

> 到底是京中的朋友可靠呀！阎乃伯们这群滑头，吃我喝我，完事大吉，一点真心没有！（CCL-LS《赵子曰》）

> "我告诉你！明天和商业大学赛球，你的'游击'，今天下午非去练习不可！好你个老滑头，装病！"欧阳天风骂人也是好听的，撇着小嘴说。（CCL-LS《赵子曰》）

> 布鞋穿小不穿大，因为有懈头儿。（CDC）

> 下过水的鞋帮子懈头儿大。（同上）

> 瞧他多鬼头，小脑瓜儿一转悠就是一个主意。（同上）

以上，"鬼头""滑头""懈头儿"都有充当谓语的功能，其作为形容词的特点较明显。

（4）"X头儿"的构词

有时"头"习惯上要"儿化"，构成"X头儿"。"X"可以由名词、动词、形容词性语素构成。

① 名词性语素：

指人：房头儿大家庭中对长兄、二弟、三弟等的概称、蜡头儿受困为难的人、门头儿专为施粥厂熬粥的师傅、卖头儿菜店负责掌称的人、磨咕头做事拖拉的人。

指动物：棺材头儿不善斗的蟋蟀。

指物：石头儿特指宝石、糖头儿指骗子的诱饵、砟头儿煤灰渣、由头儿缘由、云子头儿服装、器物上的装饰花纹、炕头儿炕面靠近灶火的一边、水头儿汁水、山花头儿指山墙外面、俏头儿放在菜肴上或面条里的佐味食物、尺头儿尺码、帽头儿瓜皮帽、帽盔儿、骨头儿制造器物的动物之骨、拧头儿扭动阀门的柄，又指转钮、筛头儿头绪。

构成抽象名词：寸头儿巧劲儿、精神头儿精力、人头儿人缘，又指品质、作风，必用于贬义。

构成时间名词：晌和头儿中午一段时间、先头儿不久以前。

② 动词性语素：浮头儿最上层、表面、咂咂头儿奶头、包头儿缝补在鞋头部分的皮子、讹头儿可以用来讹诈的理由、熬头儿希望、指望，又指艰难度日想头儿希望、扒头儿可以用手扒住的东西、榨头儿割剩下来的庄稼茎、碰头儿小聚。

③ 形容词性语素：活头儿傀儡戏里的人形、闷头儿保持沉默的人、甜头儿味甜的黄酒、怵头胆怯，害怕。

形容词加上“头儿”，有时会构成新词：“苦头儿”与“苦头苦痛、磨难”意思不一样，后者是抽象名词，而“苦头儿”一指苦味的酒，一指轻微的苦味，变成表示具体事物的名词。

“X 头儿”和“头”的构词功能是一样的，也都能构成具体名词和抽象名词。

以下例词：磕素头不带香烛拜佛、葫芦头光头、护头小孩不爱让人剃头的行为、磕达儿头满族妇女的一种礼节、碰头磕响头、磕头儿打瞌睡等中的“头”非语缀，而是名词性实语素。

有时候“头”与其他语素构成形容词：挠头为难或令人为难、又指头发蓬乱、晕头头脑发昏、糊涂。

> 这是件挠头令人为难的事。（CDC）
> 瞧这个挠头头发蓬乱疯子。（同上）
> 一绕就把我绕得晕了头了。（同上）

这里的“头”是名词性的实语素。

2. 头子[t‘ou˧˥tsɿ˧˦]

少数情况下，一些语素后可以附加上“头子”构成指人、人体部位和事物的名词，“头子”是复合语缀的连用：

手艺头子对工人的轻蔑称谓、眉头子眉头、嘴头子嘴唇的四周，又指嘴、个头子身高；

拔香头子谓盟兄弟绝交、楮头子黑话，指钱、靴头子一种旧式棉鞋、作坊头子手工业作坊，有轻蔑义、色头子渔色的兴趣、搌布头子即小块旧布片做成的抹布，有轻蔑义、肥头子儿皂荚的种子。

用“头子”构成的名词其出现的频率要远远少于“头”的构词频率，

说明"头子"构成名词的能产生性是很弱的。

3. 货[xuoɤ]

"货"作后缀时不轻读,仍读原调。一般附在单音节或双音节的名词性、动词性和形容词性语素后构成指人的名词。

(1) 附加在名词性语素后

炕头子货_{旧时对妇女的蔑称}、菜货_{懦弱无能的人}、关东货_{裹在蒲包里抛在露天的死孩子}、蓝材货_{脏污不洁之人}、料货_{不成材器的人}。

(2) 附加在形容词性语素后

嘚儿货_{性情暴躁的人}、土泼辣货_{指地方恶霸}、贱货_{轻佻放荡的妇女}、骚货_{轻佻放荡的妇女}、歪辣货_{强硬不顺情理之人}、老货_{对老人的不敬称呼}、好货_{对人的不敬称呼,常用于否定式}、破货_{性生活糜烂的女人}、土泼辣货[tʻuɤpoɤlaɤxɤ]_{地痞恶霸}。

(3) 附加在动词性语素和短语后

吃货_{无能的人}、跑途子货_{指多次嫁人又离婚的放荡女人}、赔钱货_{旧时对女儿的贬称}。

"货"指人时,意义基本虚化,同时都是表示消极的意义,指称某类品行不好的人,并且统统都是贬义称呼。

"货"作指人后缀一般是由指物而借喻来指人的。例如:

窝货:本义指"滞销货",用来形容无能力,不敢出头露面的人。

　　　这个窝货!连他丈人都不敢见。(CDX)

"货"在指物时其表示"货物、货品、货色"的实语义较强:硬头货_{指不易消化的食物}、蓝货_{珐琅制品}、鲜货_{水果}、沟货_{废品}、大路货_{指一般的低档货物}、里腥货_{隐语,指假货}、刀尺货儿_{指为了卖高价而经过修饰的旧货}、过手货_{二手货}、择手货_{挑出来的次货}、抓货_{到旧货市场收购的意外便宜货}、红绿货_{宝石、翡翠、玉、玛瑙等物的统称}、快货_{容易销售的商品}、凉货_{夏季出售的凉席、扇子类的商品}、杀货_{货物销售得快}、条货_{供酒席用的肉},以上例词都应该看作名词性的实语素。

4. 巴儿[parˉ]

"巴"作名词后缀时,一般要儿化,"巴儿"作后缀时读为轻声[parˉ],主要附在名词性、动词性和形容词性语素后,用来构成指人、人体部位、人的行为或指物名词:

(1) 指人:催巴儿_{奉主人命奔走催办事情的仆人}、力巴儿_{指小店铺做粗活的学徒,又指生手}、臁巴儿_{肥胖得行动不灵便的人}、侨巴儿_{短期归国华侨}、叫磕巴儿_{叫战的人,又指挑动厮打的行为}、凿巴儿_{指应当挨打的家伙,又指丑相}、肋巴_{两肋部位}、脚丫巴儿_{脚趾缝}、卡巴儿_{指树的枝杈之间,又指事情可进可退之际}。

(2) 指物:蒂[tiɤ]巴儿_{瓜果花朵与枝茎连接处}、嘎巴儿_{湿的或黏的东西干燥后形成的凝结物}、鞋巴儿_{儿语,指鞋}。

"巴"作名词后缀不儿化的也有例外,如:哑巴、尾巴、鸡巴、哈拉巴_{肩骨,琵琶骨}、磕巴_{口吃,结巴}等可以不儿化,还有嘴巴_{耳光,北京土话指口部时不用"嘴巴"一词,指打人的耳光时,是不儿化的}。

挨了一个大嘴巴。（CDX）

大嘴巴扇他。（同上）

被老太婆这么一气，他可真恼啦！差不多非过去打她两个嘴巴才解气！（CCL-LS《旅行》）

天赐问老师怎不去找女人？老师说被女人打过一个很响的嘴巴，女人打嘴巴如同杨柳的枝子砸在头上，没意思了。（CCL-LS《牛天赐传》）

有时"巴"可以加后缀"子"，构成复合语缀：嘴巴子_{耳光}、尾巴子_{尾巴}、脸巴子_脸。例如：

没方法处置她，他转过来恨自己，很想脆脆的抽自己几个嘴巴子。（CCL-LS《骆驼祥子》）

看哪！戴眼镜的忽然强硬起来，回手给了老虎一个大嘴巴子！（CCL-LS《小坡的生日》）

这只猫秃尾巴子。（CDX）

这孩子脸巴子怎那么红呀？（CDS）

"巴儿"构成的名词在句中充当主语和宾语。

这是叫碴巴儿来了。（CDC）

这件事正在卡巴儿上，如果另有考虑，就赶快停止进行。（CDX）

穷得家里嘎巴儿_{谓极细小的财物}没有。（同上）

5. 手[ʂou˥]

附在名词、动词和形容词性语素后构成指人名词，指人一般都是具有某种专业技能或从事某种职业、干某种事情的人。

（1）附在名词性语素后构成指人名词

鼻儿手_{职业吹唢呐的人}、名手_{某一领域的专家}、敌手_{力量能相抗衡的对手}、枪手_{旧指持枪的兵}、机枪手_{熟练的机枪射击者}、鼓手_{打鼓的人}、水手_{船员}。

（2）附在动词性语素或短语后构成指人名词

吹鼓手_{婚丧等事之作乐者}、射手_{指熟练的射箭或放枪炮的人}、打手_{替主子欺压殴打人的人}、帮手_{帮助工作的人}、刽子手_{执行死刑的人}、扒手_{小偷}、拐子手_{拐带小孩的人}、剩饭手_{指无能的人}、扒窃手_{小偷}。

（3）附在形容词性语素后构成指人名词

好手_{指擅长某种技能的人}、老手_{指对某个领域富有经验的人}、对手_{指本领不相上下的竞争者}、能手_{指有能力的人}、凶手_{指行凶的人}、生手_{指没有太多经验的人}、新手_{指刚出道的人}。

（4）附在动词、形容词性语素后常常是对某类人物的性质进行概括和评价

有时候，"手"可以儿化：硬手儿_{能干的人}、嫩手儿_{阅历未深的人}。

我希望自己能算个硬手儿！告诉我，郑书记，我需要准备什么？

（CCL-LS《女店员》）

都是新来的嫩手儿，且得闯练哪！（CDX）

个别情况下，使用复合语缀：崩子手熟人行骗的人、骗子手专门行骗的人等。

李四爷只勉强的哼了两声。他觉得这个说相声的医生是个不折不扣的骗子手！（CCL-LS《四世同堂》）

一来二去的，毛毛虫就娶上了这位新太太。听到这儿，我们多数人管他叫骗子手。（CCL-LS《毛毛虫》）

（5）附在动词性语素或形容词性语素后构成表事物、行为的名词

偷手指技术上的窍门，又指工料中节省下来的余地、拿手把握、扶手能让手扶住的器物、代手抹布、砸手失败、了手完事、结束、带手儿做其他事情顺便做某事、爽手省事容易办、毒手伤害人的狠毒手段、狠手伤害人的狠毒手段。

"手"附在语素后，有时具有形容词功能，在句中充当谓语等，不是名词后缀：扎手事情难办、闹手不驯服、板手（因钱不够花而）不方便、瘝手由于无人帮助或缺乏工具而做事不方便、拿手棘手、难办、绕手棘手、难办、秃手空手、徒手。

他一走，我可瘝手了。（CDX）

这个犯人闹手，你提防着点儿。（同上）

这程子我觉得挺板手。（CDC）

这个病可拿手，不好治。（同上）

（6）附在方位词后构成表时间名词

后手后来、里手里头、外手靠外一边。

有时候也用来指人：下手屈居在后的人，这种情况只有极个别用法。

6. 手子[ʂou˧ʦ̩˩]

"手"后在极少情况下再加上"子"构成复合语缀构词，一般放在形容词后面表示某种令人嫌弃的"状态"：热手子、淘气手子、快手子。

日子过得快手子。（CDC）

瞧他那淘气手子！（同上）

这个热手子真了不了。（同上）

个别情况下附在动词后构成指人名词：混手子游手好闲到处混饭吃之人。用"手子"的虚语素充当后缀的例词很少。

7. 性[ɕiŋ˥]

附在名词、动词和形容词性语素后构成名词。表示人与事的某种品性或个性特点：

土性、改性能够改过的特点、左性怪癖、依*性误会，差错、揉性对心性迟慢者心急而无奈、烈性、记性、死性死板，办事不灵活、由性无人管束，一切行动任凭自己、弹性、药性、野性、人性、软性、血性、母性、兽性、天性、德性。

少数情况下构成副词：

爽性_{索性}、索性。

"性"的能产性较强，在北京话口语文本中常常出现大量用"性"构成的名词，例如：

磁性、理性、刺激性、恶根性、封建性、宗教性、艺术性、戏剧性、放射性、原则性、代表性、真实性、警告性、革命性、传染性，这些都是现代新兴的名词。

以下例词中的"性"是名词性的实语素：

同性、异性、傲性、耐性、个性、男性、女性。

有时候，"性"还可以构成儿化的形式，例如：

可是，我苦干一天，晚上还教水泡着，泥人还有个土性儿，我受不了！我不干啦！我还去拉车，躲开这个臭地方！（CCL-LS《龙须沟》）

所以这人的说话水平，是哇，说话自如不自如，也有很大的伸缩性儿。（BJKY）

从那儿以后吧，就长记性儿了。咱钱包儿里也别带钱了，咱就索性呢，月票呢，咱就一光杆儿月票。（同上）

8. 鬼[kuei˅]

"鬼"的能产性很强。主要有两种情形。

（1）可以附加在名词、动词和形容词性语素后构成指人名词。由"鬼"构成的名词，往往用来指称某一类人，常常带有贬义。在构词时，常常撷取人的性格、体貌特征、嗜好、性别、行为或国籍等某个角度来构成名词。

从性格品行：糊涂鬼、淘气鬼、精明鬼、狡猾鬼、机灵鬼、别扭鬼、迷瞪鬼儿_{好色之徒}、馋鬼、下作鬼_{吝啬之人}、冒失鬼_{不审慎的人}、小气鬼_{吝啬之人}。

从体貌特征：矮鬼、瘦鬼、蓝眼鬼、小红鬼、笑鬼、黑鬼、巨鬼、痨病鬼。

从嗜好：烟鬼、大烟鬼_{抽大烟的人}、酒鬼。

从行为：讨厌鬼、败家鬼、小要命鬼、吊死鬼、丧气鬼、流亡鬼、维新鬼、拦路鬼、开路鬼、怨鬼、醉鬼、捣乱鬼_{常与人捣乱之人}、乌二鬼_{好说谎话的人}、促狭鬼_{好戏弄人的人}、白日鬼_{白吃白喝占便宜之人}、荒唐鬼儿_{指嫖赌挥霍之人}。

从性质：死鬼_{已死的人，特指已死的丈夫}、活鬼、小鬼、屈死鬼、短命鬼、穷鬼、病鬼、恶鬼、野鬼、土鬼、末路鬼。

从性别：女鬼。

从国籍：日本鬼、俄国鬼、中国鬼。

（2）附在名词或动词性语素后构成指物名词。

虐子鬼儿_{疟疾病}、油炸鬼_{油条}、油鬼_{油条}、扒皮鬼儿_{指衣服瘦小，紧紧裹在身上的样子}。

有时候，"鬼"可以使用儿化的形式指人或物：油滑鬼儿、小黑鬼儿、逃学鬼儿、小泥鬼儿、暴腾鬼儿胡乱挥霍钱财的人、勾引鬼儿引诱人做坏事的人、外丧鬼儿喜欢在外乱跑的人、荒唐鬼儿指嫖赌挥霍的人、孤鬼儿指孤单的人，多用作自己慨叹的比喻、痨病鬼儿指身体特别瘦弱的人、短命鬼儿骂人的话，又指早夭的儿女、机灵鬼儿指特别聪明、灵巧的人、吊死鬼儿从树枝上吐丝缒下的青虫。

儿化后对人的称呼语气要和缓得多，有时还具有喜爱、戏谑或怜惜、自嘲之色彩。

这个小机灵鬼儿，什么事也难不住他！（CDX）

想起我那个短命鬼儿指早夭的儿女，心里不好受，要是活到现在，享受新社会的幸福，该多好哇！（同上）

到如今，剩下我一个孤鬼儿。（同上）

9. 鬼子[kuei˥tsา˥]

"鬼子"也是一个复合语缀，附在名词和形容词语素后构成指人名词。

钱鬼子泛指开银号、票庄、炉房、钱铺之人、金鬼子靠买卖金银为生的商人、洋鬼子对洋人的蔑称、小鬼子对日本人的蔑称。

"鬼子"构成的指人名词和"鬼"一样，都是带有贬义色彩的指称形式。

10. 包（儿）[pau˥/pauʴ˥]

可以附加在名词、动词和形容词性语素后构成指人名词，经常性地使用儿化。

毛包不讲情理，爱争吵起哄的人、土包土混混儿、脓包指无能的人、坏包指阴险狡猾毒辣的人、软蛋包指斥无勇气的人、事儿包指多事之人、白脸包脸色白皙而内心险诈的人、怂包斥人无能、旱包迷信中的一种能作怪的僵尸，据说是孕妇胎死腹中男婴而变，又称旱魃、底包京剧团中管杂务的人、馕食包指吃得多的人、脓带包经常拖鼻涕的小孩、乏包指人极为懦弱无能、私盐包指不敢公开见人的人或物、气包儿容易生闷气的人、蒲包儿外表漂亮而无能的人、拧包儿固执的人、受气包儿、病包儿病人。

"包（儿）"指称人时绝大多数都是表示消极意义，是对某种不良品行或不好的人的概称。少数情况下，"包（儿）"构成的指人名词，不表示褒贬之义，如：散包儿一种没有店址专门包办筵席的人；此外，个别时候也有表示喜爱的用法：坏包儿对聪慧而调皮的小孩的爱称，此时，必须使用儿化的形式。

加在名词或动词、形容词性语素后构成指事物名词。

门包拜见上级或同级官吏时给门房的小费、痂瘩包新式纸牌中的Q、茄包儿小个的茄子、砂包一种黑砂壶、虱子包有很多虱子的衣物、搭包练武摜跤人所穿的帆布短衣、搂包儿非正式的脚行、烧包有点钱总想花出去的行为、捂汗包指衣服穿得过暖、麻练包麻袋、拽包儿一种玩具、赤包儿王瓜，熟时红色、双包儿成对出售的小红蜡烛。

"包"极少情况下构成动词：闹毛包争吵、粘包儿受牵连。

两口子闹毛包。（CDC）

他儿子瞎闹，他粘了包儿了。（同上）

人家怕粘包儿，都不敢理他。（同上）

11. 包子[pau˥tsɿ˩]

"包"在构成指人或物名词时，有少数情况下可在后面加上"子"尾，构成"包子"的复合语缀。

怂包子怯懦的人、菜包子指无能的人、土包子指未见过世面或比较土气的人、蛋包子指男性的肾囊。

用"包子"构成指人名词的情况极少。比较特殊的是，有的还具有动词的特征：吵包子众人喧闹争吵。

为了那档子，大伙儿又吵包子了。（CDC）

听，楼上王家又吵包子了，不知道为了什么事。（CDX）

12. 蛋[tan˅]

附加在名词性、动词性和形容词性语素后构成指人名词。

软蛋指软弱的人、屎蛋行为不正、名声不好之人、山药蛋马铃薯，旧时也指对关外人的蔑称、圣蛋娇养的儿子、糟蛋低能而怯懦的人、混蛋糊涂而无知觉之人、穷光蛋对穷人的贬称、倒霉蛋儿倒霉之人、傻蛋傻人，多指男性、憨蛋傻子、王八蛋骂人语、兔蛋指徒有其表的男性、酸蛋傲慢的人、卧蛋内线、坐探、宝贝蛋对家中孩子的昵称、泡蛋指爱说谎的男童、气蛋因疝气而阴囊肿大之症状。

由"蛋"构成的名词一般也都是表示贬义或揶揄色彩的词。有时候，该语缀也可以放在某些语素后构成指人体或指物名词：屁股[xuo˩]蛋儿臀部的坐骨部分、抽皱蛋指皱得厉害的衣服。

"蛋"有时也构成动词和形容词。

趴蛋垮、坏、泡蛋形容爱说谎。

13. 的[tə˩]

做后缀读作轻声[tə˩]。

（1）附在短语后构成名词，"的"的结合面很宽，构成的名词可以表示可行各业或各种类型的人，也可以用来指物，其能产性极强。

① 附在动宾短语后构成名词：看青儿的看守田园庄稼的人、打印子的高利贷者、掌灶儿的掌厨大师傅、赶脚的出租驴子供客乘骑的人、拍花的人贩子、缝穷的专给人缝补旧衣服的人、吃瓦片的专靠出租房产谋生的人、混事的妓女、吃生米的指不好对付的人、了事的热心排难解纷的人、摇铃的指小贩、画糖的街头用轮盘赌的形式卖糖果的小贩、跑大海的人力车夫，专指其索费低且不怕路远。

② 附在偏正短语后构成名词：杆儿上的乞丐头子、小班大儿的指晚辈，小孩儿们、虎牌儿的伪装成有威势有才能而吓人。

③ 附在主谓短语后构成名词：内扇的内侍太监、囚攮的为囚人所食，骂人语，意指极其鄙视、第老的凡兄弟及盟兄弟的最幼者、海墁的全面铺砖的、手使的手头常用的、官中的属于大家的、病拿的指因长期患病而情绪低落或心理变态、主事的能负责的人、掌柜的。

④ 附在并列短语后构成名词：花儿朵儿的指妇女头饰的花朵。

总体来看，"的"附在动宾短语后构成指人名词是最主要的手段。

（2）附在时间名词后表示某个时点或时段。

大年下的_{指春节期间}、大清早晨的_{早晨}、大晚上的_{晚上}。

这种形式，常常在词语前加上"大"字，表示强调。

（3）附加在形容词性语素后构成名词，指称某种人或事物。

热的_{被斩首的人}、闲的儿_{游手好闲的人}、小的儿_{小妾}、稀的_{玩笑话，又指新奇事物}、长的、短的、高的、矮的、胖的、瘦的、红的、绿的等。

14. 气[tɕʻiˑ]

附在名词性、动词性和形容词性语素后构成名词，有的是兼具形容词的兼类词。

（1）附在名语素后：孩气_{孩子气}、狗气_{指谄上傲下的恶劣态度}、局气_{指仪表文明，又指守规矩、公平}、匠气_{谓绘画雕刻等技术庸俗}、底气_{指人的生命力}、牛气_{骄傲自得的神气，又含有羡慕称赞之义}、彩气儿_{中彩的机会}。

（2）附在动语素后：翻气_{妇科病}、扬气_{谓商人对顾客惜货不买的态度，又指神气}、凿气_{执拗的性格}、激气_{怒气、脾气}、喘气儿_{间歇}、闹气（儿）_{发脾气}、开气儿_{长衫或裤子旁边的开口}。

（3）附在形语素后：哏气_{可笑的面貌}、贱气_{表露于外的轻佻、下流的神气}、媚气_{柔媚的姿态}。

"气"在例词中，已经失去原来的意义，是虚化的语缀。

"气"构成的词语可以在句中充当主语、定语、宾语、谓语、补语。

> 虽然八十多了，底气还足，说起话来，滔滔不绝。（CDX）
> 我就懒得瞧他狗气的样子。（同上）
> 别惹他犯狗气，闹一个灰头土脸儿。（同上）
> 别有俩钱儿就那么扬气_{硬气、神气}。（同上）
> 成了小伙子了，怎么还这样儿孩气？（同上）
> 这孩子长得真哏气。（同上）

下面例词中的"气"是名词性实语素：

艮气_{衣服久不洗濯而发出一种恶臭}、哈气_{水蒸气}、溜气_{浊气，如葱、蒜等腐烂时发出的气味}、唛气_{从小孔漏气}、壮气_{笼屉里充满蒸汽}。

15. 家[tɕiaˑ]

家[tɕiaˑ]在老北京土话中是一个常见的构词语缀，往往构成指人名词。其功能主要有：

（1）表示所指的一类人

加在少数指人名词后，表示作为名词所指的一类人：

老人家_{尊称老人}、尊家_{对人当面的尊称}、女人家、姑娘人家、小孩子人家、女儿家、大爷们家_{指成年男性}。

"家"在以上例词中，都是意义虚化、读音弱化的真词缀。

　　而在北京话口语文本中，比如老舍小说中还有大量的用"家"做后缀的词：

（2）表示某种行业的人或具有某种身份的人

行家内行人、商家、大家。

（3）表示掌握某种专门学识或从事某种专门活动的人

小说家、资本家、艺术家、专家、作家、画家、作家、文艺家、科学家、道德家、政治家、收藏家、美术家、哲学家、运动家、历史家。

　　以上这些例词中，"家"在位置上固定，语义类化，表示某一类人，应该看作是类后缀。

16. 们（儿）[mən˩/mər˩]

附在名词性语素后构成指人名词。

爷们指男子，又称丈夫、爷们儿对男子的尊称、老爷们儿指成年男性、姐们（儿）、哥儿们（儿）对男子的指称、娘[nia˩]儿们（儿）对妇女的指称，语气不文雅、老姐们老妈子、女仆，有客气之义、老娘[nia˩]们（儿）成年女性、小娘[nia˩]们（儿）年轻女性、野娘[nia˩]们坏女人。

　　"们"的功能较为复杂，具有作语缀和复数助词的功能，其作后缀常常是儿化的形式"们儿"，"们（儿）"充当后缀时，其功能与表示复数的"们"是有所不同的。

　　① 所构成的名词词义会发生改变，而表示复数的"们"只是复数助词，其构成的名词词义并不发生变化。

娘儿们≠娘　　爷们儿≠爷

大娘们=大娘+大娘；老头子们=老头+老头

② "们（儿）"作名词后缀可以接受数量或指量短语的修饰，例如：

　　祥子干吗见便宜不捡着呢？他看了这个娘们两眼，是的，她只是个娘们！假如她愿意呢，祥子没法拒绝。（CCL-LS《骆驼祥子》）

　　有一个爷们来找你。（CDX）

　　他首先想到应该回家去，好好揍那娘们一顿。她早该挨顿揍了。不过那有什么用？只会叫她更捣坏。（CCL-LS《鼓书艺人》）

而作为助词的"们"是不允许加数量短语修饰的，例如：

*三个大娘们；*四个老头们；*四五个姑娘们。

③ 用于称呼人时，语义上只是称谓而并不表示复数。

　　四奶奶笑了半天才憋出话来："您钱多，宝庆，好哥们，您有钱。我们穷人得挣钱吃饭。一回白干，他们下回还得来。"（CCL-LS《鼓书艺人》）

　　呸！呸！呸！偷我的东西，还打了我的爷们，狗杂种们！我说，我的那口子在家哪？（CCL-LS《龙须沟》）

上面例句中,"哥们"和"爷们"都不表示复数。

17. 法[fa˥]

作后缀读轻声[fa˙]。

附在名词性、动词性和形容词性语素后构成抽象名词,表示某种见解、方法和行为方式等。

附在动词性语素和短语后,动词性语素往往以单音节为主,"法"附在短语后的情况很少。

想法、说法、打法、办法、看法、设法、相法、哭法、教法、闹法、搞法、交法、管法、作法、吃法、喝法、挣法、指法、唱法、写法、喷法、笑法、安法、算法、跑法、作法、问法、玩法、爱法、说话法儿。

附在形容词语素后构成形容词或名词,形容词语素既可以是单音节的也可以是双音节的,但以单音节的为多数。

细法_{细致,细腻}、邪法、妙法、乱法、曲法、黑法、贵法、马虎法。

附在名词性语素后构成名词。

笔法、手法、戏法、书法、字法、箭法、佛法、王法。

"法"的虚化程度各不相同,附在形容词性语素后的"法"语缀虚化程度要高过附在动词性和名词性语素后的"法"语缀。

"法"的功能较为复杂,由其构成的词语可以受数量短语修饰和定语的修饰,主要充当宾语、主语成分,这时"法"偏向作名词的后缀。

> 那年月,又不见经传。于是,尽管我有些才华,也不能不表现在爱哭上面。我的肚子一空,就大哭起来,并没有多少眼泪。姑母管这种哭法叫作"干嚎"。(CCL-LS《正红旗下》)

> 二哥虽然很精明,可到底和定大爷这样的人不大来往,所以没能沉住了气。定大爷觉得二哥的说话法儿颇为新颖,就仿佛偶然吃一口窝窝头也怪有个意思儿似的。(同上)

> 他的笑法很突出:咔、咔地往外挤,好象嗓子上扎着一根鱼刺。每逢遇到教友们,他必先咔咔几下,象大人见着个小孩,本不想笑,又不好不逗一逗那样。(同上)

"法"也出现在"怎么/这么/那么+个+X法"或"怎样/这样/那样+个+X法"的结构中,这时"法"语缀表面好像能受"这么、那么、怎么"的修饰,似乎具有动词的功能,但是该结构的"X法",前面是受省略的数量短语"个"修饰的,例如:

> 往年老师傅过"破五"回来就扣工薪,徒弟就卷铺盖!今年怎么一下子他就这么大方起来了呢?告诉告诉我,"五反"怎么个搞法?(CCL-LS《春华秋实》)

　　　我又预备好了三百台水车，您看这回怎么个交法呢？（同上）

　　　那些姑娘看样子挺高兴，有的微笑，有的大笑，男人拿大把票子塞给她们。有些人就是这么个爱法，未见得没有意思。（CCL-LS《鼓书艺人》）

　　因此，"法"更应该看成是名词后缀，而不能当作兼具动词后缀的跨类语缀。

　　有个别的词语如"变法儿_{用各种方法，千方百计}"属于谓词性的短语形式，在句中充当谓语。

　　　别变法儿淘气。（CDC）

　　　变着法儿给修好了。（同上）

　　可见，"变法儿"是短语缩略而成，其凝固性并不是很高，不应看成是由于"法"的附加而构成的词语。

　　此外，北京土话中，"法[faʔ]子（儿）"能够独立运用，不能附在语素或短语后构词，只是一个名词，而不是名词语缀。

　　　有什么法子呢！隔行如隔山，你老得开茶馆，我老得干我这一行！到什么时候，我也得干我这一行！（CCL-LS《茶馆》）

　　　假若您真猜对了，我一定想法子找到她的儿女！（CCL-LS《全家福》）

　　　可是，死的死了，活着的还得活着，有什么法儿呢！穷人哪，没别的，就是有个扎挣劲儿！（CCL-LS《龙须沟》）

18. 妈[maʔ]

附在名词、动词和形容词性语素后构成指人和指物的名词。

事儿妈_{爱挑剔的人}、蝎子妈_{最狠毒最可恨的人}、芝麻秸儿妈_{自认为无所不知的人}、毛脚子妈_{粗率慌张的人}、水妈_{宫里或府里专管洗衣的妇女}、唠叨儿妈_{埋怨嘱咐人的话烦琐}、礼儿妈_{戏指多礼的人，有嫌其琐细之义}、抽皱妈_{过于折皱的衣物}。

"妈"的构词能产性不强，通常所指称的人与事也都是带贬义的称呼。

有时候还可构成"妈儿"来指称专事某一类行当的女性：看妈儿_{照看孩子的女佣}、跟妈儿_{指妓院中专管跟随妓女外出的妇女}、哄妈儿_{照看孩子的女佣}，个别还构成"妈子"的复合语缀：老妈子_{女仆}。

这类构词其虚化的程度不高，还保留着实语素的意义。

19. 婆（儿）[pʼoʔ/pʼorʔ]

能产性弱，只有少数几个词，用来指称女性：收生婆_{接生婆}、产婆、稳婆_{接生婆}、老娘婆_{接生婆}。

有时候，"婆"儿化并构成"婆儿"的形式附在语素后表示人与物。

恶叉婆儿_{指暴躁的儿童}、白老婆儿_{一种蜻蜓}、黑老婆儿_{一种黑色蜻蜓}、媒婆儿_{婚姻介绍人}。

20. 婆子[pʻoˑtsɿ˨]

"婆"加"子",构成"婆子"的复合语缀:老婆子_{对妻室的称呼}、大婆子_{正妻}、小老婆子_{小妾}、大脚婆子_{大脚女人}。

"婆子"构词的结合面很窄,只有少数几个词语。

21. 佬(儿)[lau˨/laur˨]

能产性较弱,只出现在少数几个词后,附加在名词或形容词性语素后表示某类人,常常具有贬义。

乡下佬、乡下佬儿、土佬儿、打鼓佬_{京戏乐团的指挥}、阔佬、英国佬、俄国佬。

"佬"有时可以使用儿化音节,但不影响其语义。

在老北京土话中,表示某一类人时,还可以写作"老":

窝儿老_{指一生未出过远门见闻寡少不懂世故人情的人}、家姑儿老/家过老_{嫁不出的老姑娘、老处女}、天老儿_{自幼毛发都白的人}、日子老儿_{称擅于控制家庭日用花费的人}、傻老_{忠厚老实之人}、阔老_{指有钱的成年人、老年人}、好老_{旧时京剧界用以称道前辈名演员}。

这个"老"虽有不同程度的虚化,但应该看作是名词的实语素。

22. 爷[iɛ˨]

附加在名词或形容词性语素后表示某类人。

板儿爷_{对平板三轮车工人的嘲称}、款爷_{大款}、帽儿爷_{讥称有些土气和傻气的人}、哥儿大爷_{对纨绔子弟之称}、倒二爷_{指投机倒把的个体商贩}、佛爷_{小偷,江湖隐语}。

23. 痞[pʻi˨]

附加在名词性语素后表示某一类人。

地痞_{本地无赖,流氓}、牌痞_{沉溺于打牌的人}。

24. 虎子[xuˑtsɿ˨]

是老北京土话一个较为典型的复合语缀,"虎子"已经完全虚化。该词缀往往附加在名词性、动词性和形容词性语素后,构成指人或物的名词。

(1)附在名语素后:妈虎子_{老北京人借以吓唬小孩的虚构的可怕之物}、麻虎子_{同"妈虎子"}、蝎(拉)虎子_{壁虎}、菜虎子_{贪吃菜肴的人}、老皮虎子_{一种假想的野兽,用来吓唬儿童}、皮虎子_{蛮横的人}、鸦虎子_{巨鹫}。

(2)附在动语素后:跟头虎子_{武戏中的演员}、吃虎子_{贪吃的人}、睡虎子_{贪睡的人}、压虎子_{传说能使人发生梦魇的鬼怪}。

(3)附在形语素后:生虎子_{指生手,又指没有驯熟的鸟兽}。

用"虎子"构成的指物或指人的名词常常也表示消极的意义,多数都是带有贬义的。有时候,"子"尾也会改成"儿"尾,使用"虎儿"来构词:雏巴虎儿/雏虎儿_{初入社会的青年,青年生手}、初个虎儿_{指初出茅庐的人}、爬墙虎儿_{地锦草}、灯虎儿_{谜语}、螭虎儿_{工艺品中雕琢的似龙无角的装饰}、大趴虎儿_{大马趴}、倒叉虎儿_{京剧武功之一}、欢虎儿_{形容}

_{儿童活泼好动}，这些名词或指人，或指与人有关的动作，或指物，相对来说其构词的能产性是有限的。

25. 腻子[ni˅tsɿ˧]

"腻子"经常附着在单音节名词性语素后表示喜好或沉湎于某一种事物的某一类人，"腻"表示"粘着、滞留"的实语素义还较为明显，可以看作是与"子"复合构成的一个指人后缀：

茶腻子_{喜在茶馆久坐饮茶以消磨时间的人}、酒腻子_{酷好久坐长饮的人}、澡腻子_{喜欢在浴池里滞留的人}、书腻子_{总爱滞留在书场的人}、烟腻子_{喜欢滞留在鸦片烟馆的吸毒者}。

个别情况也有附着在形语素后指人的：苦腻子_{爱纠缠不休的人}。

26. 嘴子[tsuei˅tsɿ˧]

"嘴子"经常附着在单音节形容词性语素后表示某一类人，"嘴"原有"嘴巴"之义，构成"嘴子"后。意义虚化而形成一个语缀，也可看作是与"子"复合构成的另一个指人后缀。

卫嘴子_{北京对天津人的嘲称}、齐嘴子_{对回民的称呼}、贫嘴子_{好说讽刺玩笑话的人}、碎嘴子_{指好说人或训教人的人，多指老年人}、快嘴子_{指口快的人}。

27. 虚子[ɕy˧tsɿ˧]

"虚子"附在名词性语素后表示某一类人。

土虚子_{旧指当地的无赖汉}、文虚子_{指伪装斯文，酸文假醋的人}、母虚子_{指女土豪}。

"虚子"的构词能力不强，只有少数几个词。

28. 孙子[suən˧tsɿ˧]

"孙子"附在名词或其他语素后表示某一类人。

哈喇孙子_{常易受骗的人，即冤大头}、三孙子_{指受欺压的可怜人}、龟孙子_{詈语}。

"孙子"在此处已经不是亲属称谓词，而是完全虚化的后缀形式。从构词能力看，其能产性也不高。

上文对名词的后缀进行了一个较为系统的观察分析，从名词后缀的构词能力来看，结合面较宽的后缀是头、鬼、货、手、们、性等；结合面较窄的后缀是家、妈、婆、佬等；复合语缀的结合面往往都很窄，如虎子、手子、婆子、巴子、虚子、孙子等，在土话中都只是少数几个词。结合面宽窄与能产性是成正比的：结合面宽，能产性强；结合面窄，能产性弱。因此，名词后缀虽然有一个庞大的家族，但其各自的构词能力是参差不等的。

（四）名词语缀的个案分析

在老北京土话中，"儿"缀和"子"缀是最典型的两个名词后缀，其能产性也是最强的，下文重点讨论这两个语缀。

1. "儿"缀

(1) "儿"的音节构成特征

老北京土话的"儿"绝大多数是单纯的儿化韵,儿化后不自成音节,是前头那个字的卷舌韵尾[-r]。下面从其构成音节的方式加以探讨。

① 单音节儿化

瓣儿　　　罐儿　　　柜儿　　　猫儿　　　毯儿　　　叭儿唤狗声

咂儿乳房　财儿少量财物　莴儿　　年儿　　班儿工作时间　说儿理由

北京话中的单音节儿化词数量较多,一般说来,单音节动词和形容词儿化后变成名词性的事物;单音节名词儿化后多数与非儿化的意义没有多大区别,但是在口语中有些单音节名词的儿化词还有与之对应的非儿化平行格式,这种儿化与非儿化是有区别的。

丁儿肉菜等切成的小方块儿——丁成年男子　　信儿消息、音信——信信件

掌儿钉鞋掌所用的皮——掌手掌　　肝儿指食用的牛羊等的肝脏——肝指人和动物的消化器官

驹儿驹子——驹少壮的马　　星儿小而细碎之物——星星星

以上名词儿化后与不儿化发生了意义上的变化。

② 双音节儿化

葱白儿大葱的茎　　耗干儿徒耗时间　　炒肝儿风味小吃　　发小儿幼年的朋友

腰站儿中途休息　　掉点儿下雨　　毛衫儿初生婴儿的衣服　　手彩儿手法

瓦片儿房产　　老家儿指父母　　金点儿算命行业　　窝脖儿旧指挑夫

以上双音节词必须儿化。双音节也有非儿化的平行格式。

跑道儿往来奔走——跑道供飞机起落和滑行的路　　没劲儿没意思——没劲没力气

人心儿人群中央——人心泛指大众的思想感情和愿望　　淘气儿顽皮的孩子——淘气顽皮

死水儿喻有限的钱财——死水不流动的池水等　　土气儿潮气、土腥味儿——土气不时髦

以上双音节儿化后与不儿化意义上有较大区别。

③ 三音节儿化

头发帘儿刘海儿　　黑老婆儿一种黑色蜻蜓名　　算盘手儿喻节俭的人

痒痒肉儿身体怕痒的部位　　光屁溜儿光着身子　　瞎话瘤儿一向爱说谎的人

干柴棒儿喻干瘦的人　　门插棍儿短横门闩

三音节儿化后只有极个别的有对应的非儿化平行格式,其意义也产生区别。

四五六儿待人接物的规矩礼节;缘由、道理——四五六基数

④ 多音节儿化

离弦走板儿喻说话离题　　顶针续麻儿相声等的一种文艺形式

三茶六饭儿指招待伺候得周到　　常行人家儿指小户人家

保媒拉纤儿做媒　　满堂满馅儿喻完满无欠缺

保不齐严儿难免　　撅尾巴馆儿水井

牛屄大沙燕儿_{胡吹乱侃的话}　　　　神化不倒坛儿_{指从早忙到晚}

杉木十三圆儿_{旧指一种棺材}　　　　狗打屁鼓槌儿_{喻奉迎谄媚}

多音节儿化一般都是短语形式，以四字格的居多，五音节以上的儿化就较为少见了。

（2）"儿"的构词特点

北京土话中"儿"可以附着在多种词类后构成新词，通常可以使动词、形容词等转变为名词，是名词性后缀。但也有少数词的词性不改变，或变成名词外的其他词类。下文具体讨论。

① 名词+儿

单音节名词+儿

果儿_{果实}　　　　灰儿_{尘土}　　　印儿_{痕迹}　　　鼻儿_{能穿物的小孔}

食儿_{多指动物的食物}　　市儿_{旧货市场}

偏正式名词+儿

这种形式构词的能产性很强，分为以下两种形式：

N+X 式

水词儿_{废话}　　　　风丝儿_{微风}　　　糖瓜儿_{瓜型的麦芽糖，祭品}

眼圈儿_{眼眶}　　　　树熟儿_{树上熟透的果实}

上式中 X 可以是名词，也可以是动词，X 是名词时可以是自由的，也可以是黏着的。

A+X 式

亮面儿_{给人留脸面}　　娇哥儿_{指过于娇惯的孩子}　　　胖墩儿_{胖孩子}

老腌儿_{长期腌制的咸菜}　　小菜儿_{酱菜；或指地位低下的人}

上式中，X 如果是名词就具有无限的能产性，其意义可变或不变。

联合式名词+儿

细胳膊蜡腿儿_{形容人特别瘦}　　　鸦默雀静儿_{寂然无声}

有些名词儿化后与非儿化词的意思相差较大。

水儿_{汁水}——水_{氢氧化合物}　　　姑娘儿_{旧指妓女}——姑娘_{未婚女子；女儿}

白面儿_{海洛因}——白面_{小麦磨成的粉}　　鸡子儿_{鸡蛋}——鸡子_鸡

老生儿_{排行最末的孩子}——老生_{戏曲的角色}　　爷们儿_{男子的合称}——爷们_{丈夫的背称}

水牛儿_{蜗牛}——水牛_{牛的一种}　　　年儿_{年月}——年_{特指春节}

天儿_{天气}——天_{天空}

② 动词+儿

"儿"缀黏附在动词后，一般将动词变成名词性的词或短语。

单音节动词+儿

盼儿_{希望}　　穿儿_{衣服}　　吃儿_{食物}　　判儿_{旧指钟馗像}　　拧儿_{别扭}

联合式动词+儿

抓挠儿喻指可指望的人或事物；办法　　　磕碰儿指器物上的伤痕

藏蒙儿捉迷藏　　　　　　　　　　　　动静儿声音；消息

怕惧儿恐惧　　　　　　　　　　　　　头疼脑热儿微恙

过节过亮儿指过年过节　　　　　　　　有根有绊儿有来历

没紧没慢儿磨蹭　　　　　　　　　　　随菜随饭儿不另行招待

东跑西颠儿四处奔忙　　　　　　　　　招猫递狗儿无端招惹别人

钻头觅缝儿过于深究

述宾式动词+儿

尝鲜儿吃应时的鲜货　　加塞儿排队时插队　　　串房檐儿租房子住

呆着颏儿一动不动　　　护秃儿护短

述补式动词+儿

打挺儿指小孩闹脾气　　颤忽儿颤悠　　　　　烀熟儿人工催熟的水果

靠准儿可靠　　　　　　择干净儿推卸　　　敞开儿随意、尽量

躲闪儿避身处　　　　　失闪儿意外　　　　　叫醒儿叫人起床

提醒儿从旁指点

连谓式动词+儿

放屁崩坑儿喻说话算数　　登梯爬高儿指高空作业；或喻小孩子不顾危险爬高

先来后到儿指先后的秩序

主谓式动词一般是儿化词后加上谓语性成分，所以不是典型的儿化形式，例如：

细水儿长流喻节省　　趁热儿打铁做事不失时机　　八字儿没一撇儿喻事情没有一点眉目

小喇叭儿吹了喻人死　　一把儿死拿固执　　　　怀儿来着干对己有利之事

"儿"缀附加在单音节动词后，主要的语法功能是使动词或动词性词语变成体词性的成分，但在北京土话中，有些单音节动词附加"儿"后，其词性仍不会改变。例如：

颠儿离开　　玩儿玩耍、招致　　火儿生气发怒　　告儿告诉　　闷儿躲藏

以下几例是较为典型的保持动词用法的儿化词：

你叔叔来了，看见你又要发脾气，快颠儿吧！（CDX）

他想玩儿玩儿小买卖儿。（CDC）。

在冰场上要花招儿，玩儿了一个大跟斗。（CDX）

听了这一句话，当时就火儿了。（CDX）

她告儿说明儿有事儿不能来了。（TYDC）

这么半天他闷儿哪儿去了？　（TYDC）

"儿"附在动词短语后，很多情况下仍是谓词性成分，上文所举联合式、

述宾式、述补式的儿化词中都可以看到，"儿"化后不少词语仍然保持谓词性的语法功能。

③ 形容词+儿

单音节形容词+儿

热儿蝉的一种　浅儿一种圆形器皿　短儿短处　宽儿宽度　尖儿物体细而锐利的头，又指出众之人

弯儿弯曲的地方　毒儿过错、罪过　远儿远处　狠儿发急的神态　软儿指称重时盛物的袋子或篮子

AA 式形容词+儿式

热热儿蝉的一种　忽忽儿胡琴　歪歪儿斜靠着休息　乖乖儿顺从

AB 式形容词+儿

高矮儿高矮的程度　深浅儿深度　肥瘦儿五花肉　厚薄儿厚度　长圆儿椭圆形

与动词一样，单音节形容词儿化后，一般也会改变词性变成名词，但是也有个别单音节形容词儿化后，其词性也不会改变，例如：

俊儿喻相貌清秀　抠儿吝啬

好个少爷，长得怪俊儿的。（WTM《语言自迹集》）

那个人才抠儿呢！一个大钱儿看得比车轱辘大。（CDX）

在 AA 式和 AB 式形容词中，部分词语儿化后其词性仍然不变，例如：

细细儿形容条状物细　香香儿睡得正香　忍忍儿稍作忍耐　甜酸儿甜而微酸　强努儿勉强用力

那线儿像头发那么细细儿。（WTM《语言自迹集》）

我睡着香香儿的，听见嗳哟一声，我就赶忙起来了。（同上）

这事情但凡忍忍儿，不就过去了吗。（同上）

干不了，别强努儿，看闪了腰。（同上）

④ 量词+儿

量词带"儿"，一般意思不变。

把儿量词：一把儿年纪　沓儿一小摞　遍儿一次　篇儿量词　撮儿指成丛的　摸儿次、回

顿儿成顿的饭食　下儿动作的次数　段儿一段　块儿团状物　对儿成对

掐儿拇指和食指拈着的量　捏儿食指和拇指捏着的粉状物为一捏儿

⑤ 数词+儿

数词带"儿"后，通常意思会发生变化，与原基数词的意义已经不同。

半儿整体中的部分　三儿猴子；又指排行第三的孩子　万儿旧指字号名姓　几儿哪天；何时

四儿用于人的小名　三七儿闲话　五儿排行第五的孩子　幺五儿骨牌名　四五六儿待人接物的礼节

⑥ 副词+儿（的）

白白儿徒然　待待儿稍等　往往儿经常　偷偷儿行动不使人觉察　当当儿当口

刚刚儿刚好　将将儿恰好　渐渐儿渐渐　特特儿的专门　可可儿的恰好

副词儿化，一般都是以重叠式的形式出现的。

⑦ 拟声词+儿

巴儿唤狗声　　　　嘚儿俗指男阴，又指赶牲口的吆喝声　　忒儿象声词　　嗞儿形容猪鼠的叫声

呲儿形容撕布、纸的声音　呜儿形容哭声　　　　　嗷儿形容叫声　　嗓儿抖空竹发出的响声

⑧ 方位词+儿

边儿尽头　　　　前儿前天　　　　后儿后天　　　　里儿衣服的反面

⑨ 代词+儿

什么儿任指食物　　哪儿哪里　　　　这儿这里　　　　那儿那里

（3）重叠式+儿

在老北京土话中存在许多重叠式+儿的现象，并且其形式多样，体现出多样化的形态。

① 名词 AA +儿式

妈妈儿乳母　　塌塌儿简陋的小房　太太儿夫人　　年年儿每年　　　家家儿家庭

窑窑儿指土挖的洞穴　兜兜儿兜肚　　嘎嘎儿旧指鸡蛋　相相儿旧指相声　八八儿八哥

② 名词 ABB +儿式

狗拉拉儿形容随地大小便的小孩儿　　　泥拘拘儿身上搓下来的小泥条儿

话拉拉儿特别爱说话的人　　　　　　　秋拉拉儿立秋后的连绵阴雨

③ 动词 AA +儿式

掖掖儿使严实　　听听儿稍等待　　啡啡儿乳房　　散散儿散心　　挨挨儿稍稍推迟

咪咪儿咪上眼睛稍作休息　蹊蹊儿办事没把握　躲躲儿暂避　　痒痒儿痒处　　说说儿随意说

住住儿一动不动　　哈哈儿引人发笑的事　抽抽儿萎缩　　晃晃儿偶尔　　蹭蹭儿时间稍延迟

④ 形容词 ABB +儿式

形容词除了前文列举的 AA+儿式外，还有以下这种重叠构式，只是其构词的能产性较弱。

坏嘎嘎儿喻狡黠的人　黑黔黔儿形容黝黑　小蠓蠓儿指成群飞的小虫　傻铛铛儿旧时对乡下人的蔑称

⑤ 其他重叠式

AA 儿的式

赳赳儿的因不好意思而躲避　蔫蔫儿的悄悄的　款款儿的慢慢的　蹑蹑儿的蹑手蹑脚

AA 儿 B 式

罗罗儿缸误会、纠缠　　嘁嘁儿蜜棒棒糖　　毛毛儿雨毛毛雨　　可可儿粉可可做成的粉末

AAB 儿式

巴巴瞪儿巴不得　　末末了儿最后　　倒倒脚儿指缠足妇女的脚　齉齉鼻儿指鼻音重的人

斗斗脚儿指内八字脚　妈妈头儿乳头　碾碾转儿玩具名　　不不镫儿旧时小孩玩具名

ABB 儿式

醉咧咧儿酒醉貌　　逗悠悠儿互相耍贫嘴　晒阳阳儿冬天在户外晒太阳

怯当当儿嘲笑土里土气的人　跑趟趟儿徒劳往返　艾窝窝儿风味小吃

打能能儿婴儿刚会站立的颤悠貌 　　卖嚷嚷儿故意大声说话让人听见

ABB 儿的式

眼巴巴的急切盼望 　　滴溜溜儿的形容不停地转动 　　好端端儿的平白无故的

A 儿 A 儿式

针儿针儿形容疼痛 　咯儿咯儿形容鸡叫 　咳儿咳儿形容咳嗽声 　哪儿哪儿处处

A 儿 A 儿的式

巴儿巴儿的伶牙俐齿 　　吧儿吧儿的象声词，小鼓声 　　跩儿跩儿的形容胖人走路

哼儿哈儿的象声词，表轻视 　　摇儿晃儿的走路不稳貌 　　刷儿刷儿的形容下小雨声

A 儿 B 儿式

钩儿弯儿形容事物曲折复杂 　里儿面儿正反面 　坑儿坎儿路不平 　这儿下儿这儿

根儿襻儿底细 　　牛儿忙儿指耕牛芒神 　　叮儿铛儿象词 　　醋儿酱儿言谈中的不满

A 儿 B 儿的式

抖儿擞儿的举止轻佻 　　球儿嘎儿的小而萎缩貌 　　气儿谤儿的骂骂咧咧

迭儿忙儿的形容手脚不闲着 　　蹾儿摔儿的借摔东西出气 　　黏儿涎儿的说话办事啰唆

回儿画儿的不干净，布满印痕

AABB 儿式

婆婆妈妈儿动作迟缓 　　溜溜逛逛儿溜达 　　肉肉头头儿肥厚柔软

拨拨转转儿靠别人支使做事 　　宗宗样样儿每一种每一件 　　随随步步儿随时随地

条条框框儿各种清规戒律 　　硗硗囊囊儿指不牢固

AABB 儿的式

局局面面儿的形容正经 　　商商量量儿的商量 　　四四地地儿的形容整洁舒适貌

一 AA+儿式

一丢丢儿极少的量 　　一抠抠儿极少的量 　　一驹驹儿很少 　　一丁丁儿极少的一点儿

⑥ 特殊重叠式

屁颠儿屁颠儿为人奔波效劳的轻贱之态 　　糊泞儿糊泞儿的形容食物外表没坏，内里已经腐烂

跑跑颠儿颠儿东跑西颠 　　祖祖辈儿辈儿世世代代

颠儿哼颠儿哼边跑边喃 　　傻锛儿锛儿指傻子

边儿边儿沿儿沿儿椅角旮旯处

从上文可见，在重叠式+儿的形式中，绝大多数谓词性词语加"儿"后，其词性不会改变成名词，大多都是保持原来的词类功能。

（4）插入合成词中的语缀"儿"

在老北京土话中，"儿"经常性地可以插入合成词中，构成"A（B）+儿+C（D）"式的结构。例如：

蔫儿坏暗中使坏 　　碾儿房碾坊 　　连儿鬓指眉毛连生

眼儿气_{指嫉妒}　　　片儿警_{管片的户籍民警}　　八宝儿菜_{酱咸菜名}

豆面儿糕_{小吃名,也即驴打滚儿}　玉面儿白_{一种杏的名称}　　独眼儿龙_{指一只眼的人}

花儿牌楼_{彩牌楼}　　　玩儿蝎子_{干危险的事}　　凿儿脑袋_{指前后凸出的头}

枣儿槟榔_{槟榔的一种,尖长如枣核}

以上例中，"儿"缀一般都是先与前面的语素或词构成儿化词，再修饰后面的语素或词，是一种偏正式的构词方式，因此这种形式的"儿"缀并不是真正意义上的中缀。

（5）"儿"的语义特征

赵元任先生曾说过："'卷舌韵'的用法，不但是为说漂亮北平话用它，在文法上，连词上，都是很重要的。"[①]儿化词在北京话中占有很大的比重，它在北京话中是十分生动并且十分活跃的部分，这其中，"儿"缀不仅是在文法上具有重要的语法功用，"儿"化还具有丰富的语义内涵，是显示京城百姓语码意义的一个重要手段。

① 指细小义

表小是儿化最基本的语义特征，一般来说，儿化后许多词语都带有小称的语义特征。

A. 香袋儿_{装香料的绣花小袋}　山儿_{小山}　　　　燕儿_{小燕子}

环儿_{泛指小而圆之物}　　铲儿_{小铲子}　　　茄包儿_{小个的茄子}

B. 小彩儿_{少量奖金}　　　汗儿_{身上出的少量的汗}　片儿汤_{薄面片煮成的汤食}

檐儿_{屋顶伸出墙外的部分}

C. 闲儿_{闲暇}　　　　　下儿_{钟点}　　　　段儿_{一段时间}

阵儿_{某一段时间}　　　日儿_{一下子或转瞬之间}

A 类指但凡与人和物有关的细小之物，都可以儿化，并且这类儿化经常性地带"小"，被学者称为带"小"儿化词，例如：

小小子儿_{指幼小的男孩}　小软儿_{弱小者}　　小萝卜儿_{一种瓢红皮白的小萝卜}

小押儿_{旧时的小当铺}　　小过年儿_{旧指小戏名}　小炸食儿_{油炸的小点心}

小蛤蟆儿_{小青蛙}　　　小打扮儿_{短装}

B 类是由细小义转指空间上的少、薄以及不成整体的事物。

C 类指时间上的短暂。因此，"儿"语缀在表示细小义时，也把小的语义特征投射到时空上的少、薄、短等概念意义上。

儿化词表细小义是人们公认的基本语义特征，但是北京土话在很多情况下，一些语素和词附上"儿"后，也不一定表细小义。

---

① 赵元任：《新国语留声片课本·说明》，上海：商务印书馆1935年版，第12页。

据毛修敬（1984）的分析研究，[1]在其所选的 1500 个自然儿化词中，带有细小意义的不足 200 个，仅占总数的 1/8，多数儿化词与细小义无关。以下举一些自然儿化词无细小义的例证：

官所儿_{旧指衙署}　吃租儿_{靠出租房产生活}　端午儿_{端午节}　俊人物儿_{指貌美的人}

老祖儿_{曾祖父母}　窝脖儿_{旧指搬运工}　初交儿_{新交的朋友}　厂甸儿_{北京地名，以举办大型庙会名扬天下}

相反的有时候儿化词还可以带"大"，这种带"大"的儿化词或者表小的人与物件，或者根本没有细小的意义，反而有表"大"的意义。例如：

大锅儿_{旧指烟袋锅儿}　　大不点儿_{表示小或少}　　大奶奶儿_{正妻}

大家家儿_{指有派头讲排场的大家庭}　大八件儿_{八种花样的点心}　大气儿_{气儿又指粗重的呼吸}

大门头儿_{大宅门}　　大马金刀儿_{喻仪态万方}

② 表喜爱、轻松、幽默、戏谑等的感情色彩

日常生活中，儿化词担当着许多感情色彩的附加意义，表示说话人的情感倾向，这种情感倾向大多是具有积极意义的、令人轻松愉悦的，以及表示美好的事物，表示戏谑幽默等多种色彩意义，体现出"儿"语缀充满活力的特点，例如：

心尖儿_{喻极珍爱的人或物}　　丫头片儿_{对小女孩的戏称}　　冤家儿_{指情人}

官儿_{为官之人，现泛指领导}　　滚圆儿_{形容极圆}　　蛾眉儿_{形容女子长而弯的眉毛}

小鬼头儿_{指机灵的小孩}　　小老虎儿_{喻充满活力的年轻人}

③ 表示厌恶、轻蔑、鄙视的心理

北京土话中的"儿"化词，有积极的语义特征，但也有少量消极的，表示嘲讽、轻视、嫌弃等感情色彩意义的词语，例如：

小偷儿_{窃贼}　　破货儿_{旧时对失去贞操妇女的蔑称}　老呔儿_{北京人对东北人的蔑称}

房儿县_{京城对郊区房山县的轻蔑俗称}　绝根儿_{喻后继无人}　　女混混儿_{旧指横行街市的女流氓}

小蛮子儿_{对南方小孩的蔑称}　　鬼门关儿_{迷信用语}

在老北京土话中，表示贬损意义的儿化词早已有之，在徐世荣《北京土语辞典·旧京土语》就收录了 20 世纪二三十年代以来老北京土话中带贬义的儿化词语，如大脚片儿_{旧时对不裹脚妇女的蔑称}、土混混儿、乡下佬儿等，这些词语是儿化词中表示非积极意义的附属感情色彩义的历史印迹。

北京话的语缀"儿"是一个最能代表北京方言特点的构词语缀。历来人们对它多有研究，一般来说，对语缀"儿"的语法功能学界公认它是名词性的后缀，从上文分析来看，"儿"缀在构词层面上可以跟所有的实词类

---

① 毛修敬：《北京话儿化的表义功能》，《语言学论丛》第 12 辑，北京：商务印书馆 1984 年版，第 84 页。

构成新词，可以说是一个泛义的构词语缀。从形态特征来看，"儿"缀一般能将绝大多数单音节名词、动词、形容词变为名词，但少数单音节动词和形容词仍保留原有的词性；个别量词、一部分数词可以变为名词，但多数量词仍然词性不变；副词一般要重叠后才能加"儿"，并不改变副词的词类特点。代词和特殊的处所和方位名词加上"儿"缀后其词性仍然不变。从短语类的动词和形容词加"儿"后缀来看，绝大多数仍然保留谓词性的构词特征。因此深入"儿"的构词特点仔细观察，可以发现"儿"缀作为名词性后缀是有很大的限制性的：即黏附在名词后可以无限自由，但是黏附在动词和形容词后，只限于单音节的动词和形容词可以转化为名词，并且还是非全部的。有的单音节动词和形容词附上儿缀后仍然不改变词性。此外，多数动词和形容词短语附加"儿"缀后也不改变其谓词性的特征。因此，本书通过对"儿"的音节构成特征、"儿"的构词特征以及其语义特征几方面做了详尽考察后，得出的结论是："儿"缀作为名词性的后缀其功能是不典型，也是不普遍的，并非所有的词附上"儿"缀后都可以变成名词。与具备丰富的形态变化的印欧语相比较来说，语缀"儿"在汉语中的形态特征并不发达，这与没有严格意义的形态变化的汉语的特征是相符合的，所以说汉语只有广义的形态，作为民族共同语基础方言的老北京土话，其"儿"语缀所表现出的特征也验证了这一命题。

2."子"缀

老北京土话除了语缀"儿"外，"子"缀也是该地区最活跃的构词词缀之一，通常用作后缀。这种构词形式也称作"子化"。老北京土话的"子"尾，一般读作轻声，音[tsʅ˨]或[tsa˨]；读作[tsa˨]时，有些老北京人会把声母读作齿间音[tθ]。日常生活中，[tsʅ˨]或[tsa˨]两种读音可以自由变读而意义不变。

（1）"子"缀的音节构成特征

下文从其构成音节的方式加以探讨。

① 单音节+"子"尾

刺[la˧]子瓶子　　　蹦子小的硬币　　　报子一种大幅的宣传品
锅子火锅儿　　　插子匕首类器物　　　抄子一种密齿梳子
戳子图章　　　当子空当　　　矬子指身量矮小之人
粉子淀粉　　　虼子跳蚤　　　苍ts'aŋ˧子苍耳

② 双音节+"子"尾

风门子屋门　　　旮旯子角落　　　锉把子讥讽矮人
嘎杂子詈词　　　睡虎子指贪睡的人　　　光眼子指裸体
黄羊子黄羊　　　翅ts'ʅŋ膀子翅膀　　　改桄子改变计划

惯家子技艺熟练的人
③ 三音节+"子"尾

抽不冷子突然、骤然　　　眼犄角子眼角　　　八脚子一种狗虱

羊肉床子羊肉店　　　耳根台子指耳后软骨部分　　　四不像子麋鹿

是故由子闲杂、琐细之事　　烟袋油子烟袋中积存的黑色黏液　　狗食盆子嘲指谄媚之人

不论秧子指不管不顾、不讲情面　二半破子指一知半解　　　尾巴根子尾巴

④ "子"中嵌式

语素+子+语素　　　　　　　　　　　　　　　　　地里排子鼹鼠，又指身材矮小的人

洞子货温室培育的果蔬　　冬子月农历十一月　　　踩子脚武术动作

网子油猪大肠外形如网状的脂肪　鬼子姜一种植物　　锁子骨肩胛骨

槽子糕蛋糕　　　　　　鼻子头指被拿作典型以儆效尤的人

子尾词+语素

板凳子狗一种矮腿狗　　半截子揖一种不礼貌的作揖礼　马牙子蒜一种蒜瓣细小的蒜

鞭杆子香一种粗壮的长香　半瓶子醋指不十分精通某事或技能　急脸子狗指性格暴躁的人

裂牙子酸味道十分酸

子尾词+子尾词

鼻子脸子指恼怒的神色　　孩子爪子指过多的子女　　房子样子房子的形状

⑤ "子""儿"连缀式

子尾词+儿

鸡子儿鸡蛋　　　　　　蛋子儿指睾丸　　　瓜子儿西瓜或倭瓜的籽粒

臭子儿指失效而打不响的子弹、炮弹　撮子儿一种游戏　　枪子儿枪弹

童男子儿未婚男子　　　十八子儿一种手钏儿

白镜（净）子儿指脸上肤色白净的人　　败家子儿不肖子孙

小矬子儿指身材矮小　　　准日子儿确定下来的准确日期

子尾词+儿尾词

孩子核儿指形貌猥獕之人　　　锅子底儿火锅底料

果子干儿一种果脯　　　果子酒儿指只用素菜不用荤菜下酒

肚子眼儿肚脐　　　　锅子底儿吃涮羊肉等的一套调料

儿尾词+子尾词

把儿缸子有柄的大茶杯　　　脖儿搂子指用手向脖颈处搏打的动作

板儿带子一种宽而硬的线织腰带，练武功人喜系用　呵儿喽子支气管炎患者

颠儿鸭子走了或跑了　　　猴儿帽子冬日一种毛织帽

（2）"子"缀的构词特点

① 构成名词

A. 附在名词后

前面成分不能单用。

盬子（砂制器皿）　　匙子（代指拳头）　　褯子（尿布）　　蝇子（苍蝇）　　瓷瓦子（碎瓷片）

鸡猫子（喊叫）　　嘁瘪子（指受斥责）　　二梭子（怯懦貌）　　二不愣子（指有些痴傻之人）

前面成分可以单用：前面成分能单用时，其结构有两种。

a. X/XX+子式

杠子（馒头）　　　　　　把子（旧指结义交友）　　　　雀子（雀斑）

洞子（暖房）　　　　　　局子（旧指警察局）　　　　　饭碗子（职业的代称）

东西子（指物或人，有嫌恶义）　　光棍子（未婚男子）　　行家子（行家）

脖颈（梗）子（脖子）

b. 偏正式

偏正式又构成以下几种格式。

名语素/词+中心语素+子式

地窨子（地窖）　　　　　　菜虎子（指人吃饭时贪吃菜肴）　　葱胡子（葱的根须）

河漂子（指漂在水面上的尸首）　菜包子（骂人无用）　　　　　火嘁子（火炉上的拔火罐）

地崩子（步行）　　　　　　城豁子（指城墙作为临时通道拆开之处）　鸡嗓子（指嗓音难听）

羊房子（羊的胎盘）　　　　翅膀子（指鸟类的翅膀）　　　被搭子（一种大行李袋，可驮在马背）

大头蚊子（指冤大头）　　　胳膊头子（臂部肌肉）　　　棺材瓤子（骂老人的粗野用语）

形/动语素+中心语素+子式

暗令子（暗号）　　　　　　拐磨子（一种手摇小磨）　　　蹦鼓子（一种粗制小鼓）

白蛉子（一种叮人的小飞虫）　记脸子（指脸上有斑块的容貌）　半刺[laɿ]子（喻指半瓶子醋）

假招子（虚假、故意作态）　　犟眼子（固执己见的人）

在名词性的"子"尾词中，偏正式构词的能产性较强。

B. 附在动词或动词性短语后

具体有以下几种形式。

单音节动词后

背子（指专门背着筐篓贩运货物之人）　吵子（指吵闹的行为，又指一种民乐班子）　戳子（印章、图章）

撸子（小手枪）　　　　　　绷子（指一段行程或时间）　　汆子（一种煮水工具）

耗子（老鼠）　　　　　　　咧子（闲话、气话）

并列式动词后

打补子（补缺）　　　　　　炖吊子（一种菜肴名）　　　出拱子（指发生事故或指提出不高明的建议）

拉锁子（一种女红的刺绣方法）　打吵子（争论、吵嘴）　　　滑串子（指滑头、不老实的人）

动宾式动词后

当家子（指本家本族或同姓）　出门子（指姑娘出嫁）　　　拔节子（农作物猛长时茎的下部拔起貌）

憷窝子（指小孩害羞胆怯）　　刷报子（指宣传某人的隐私）　掺份子（凑份子）

蹭棱子（消极怠工、故意拖延义）　蹿檐子（指发怒）　　　　　赌气子（因愤怒而作出决绝之举）

抽冷子（猛然）　　　　　　翻戴网子（倒打一把）　　　犯牛脖子（偏强）

在动词性的"子"尾词中，动宾式构词的能产性最强。

C. 附在形容词或形容词性短语后

方子_{羊两肋下端的肉}　　　　　　　　软子_{指称重时的包装物}

黄子_{蛋黄的汁液}　　　　　　　　　　瘪子_{指谷物等果实不饱满，转指受责备、被斥责之事，或指不顺利之义}

乐子_{乐趣，又指惹人耻笑之事}　　　　　　怯子_{指讲话带外地口音的人}

恶歹子_{极、甚之义}　　　　　　　　　　苁小子_{指无能的人}

② 构成量词

沓子_{纸张等重叠在一起}　　　档子_{量词}　　　　　　码子_{量词}

门子_{量词，相当于"件、方面"}　　点子_{一些}

有时借用名词构成临时量词。

一抿子_{一些或一件、桩}　　一箸子_{筷子夹菜时夹一下的量词}　　一家子_{一家}

一辈子_{一生}　　　　　一垛子_{一块}

此处，数词"一"常常表示"整个"之义。

③ 构成时间名词

程子_{指一段时间}　　　　　垡子_{指较长的一段时间}　　　一绷子_{指较长的时间和距离}

会子_{一段时间}　　　　　阵子_{某段时间内}　　　　　前半路子_{前一段时间}

上半路子_{前一段时间}

（3）"子"缀的结构特点

在结构形式上，三音节以上的 "子"尾词可以分析为两种情况：一种是可分析出结构形式的；一种是无法分析出结构形式的。

① 成结构的"子"尾词

由语素再加上一个"子"尾词复合而成。

冒猛子_{突然}——冒+猛子　　　　秋傻子_{指立秋后仍不凉快}——秋+傻子

砂鹽子_{一种砂制器皿}——砂+鹽子　　手梢子_{手指尖}——手+梢子

附在词或词组后构成新词，例如：

构成词：东西子——东西+子；赌气子_{赌气}——赌气+子；逗闷子_{相互调笑}——逗闷+子。

构成词组：山旮旯子_{指偏远的山区}——山旮旯+子；四六句子_{指连串骂人的话}——四六句+子；蝎拉虎子_{壁虎}——蝎拉虎+子。

② 不成结构的"子"尾词

少数"子"尾词无法分析其结构：

苇炸子_{在苇丛中栖息的一种小鸟}："苇炸"和"炸子"都不成立。

蔽粘子_{江湖黑话，一种行骗术}："蔽粘"和"粘子"都不成立。

土虚子_{指本地的市井无赖}："土虚"和"虚子"都不成立。

二半破子：无论是"二半"+"破子"，还是"二"+"半破子"、"二半破"＋"子"都不成立。

（4）"子"缀的语法、语义和语用功能

① 是体词或体词性短语的标志

老北京土话中，"子"尾是体词化的标志，前一词根语素无论是名词、动词还是形容词，加上子尾后一律变成名词或量词。

② 改变词义

名词加上"子"尾后，一般意义不发生变化，但有些名词加上"子"尾后，意义会发生改变。

海——海子_{湖沼}　　　　　路——路子_{门路}

门——门子_{门路、量词}　　　　棒——棒子_{玉米}

一些量词加上"子"尾后不再表示量词的意义，而是表示东西的性状、大小和性质的名词。

个——个子_{身材}　　　　　册——册子[ts'ai˧ts˧]_{说唱演员称师傅传授的脚本}

③ "子"尾词通常并不表示"小"的意义

北京土话中子尾词一般都是对客观事物的指称，不通过该语缀来表示事物的大小和地位的高低。表示事物大小和等级地位时通常要加上形容词来加以区别。比如：小子_{儿子}——大小子_{指年龄较大的男孩或指大儿子}；大婆子_{正妻}——小婆子_妾。

④ "子"尾常用于构成指人名词，在表人时具有不同的色彩意义

A. 用来构成表人体器官的名词

身子_{身体、身孕}　　手脖子_{手腕}　　腮帮子_腮　　手丫子_{两个手指间相连处}

脚丫子_脚　　牙床子_{齿龈}　　嘴头子_嘴　　奶膀子_{乳房}

表示人体器官时，一般是客观的指称，但也有带感情色彩的词语。例如：

脸子_脸、嘴皮子_{指口齿，喻伶牙俐齿，含贬义}、豁唇子_{兔唇}、光眼子_{裸体}都是偏向于贬义的。

B. 用来构成表亲属称谓的名词

大伯子_{指丈夫的哥哥}　　家达子_{自家人}　　大姑子_{丈夫的姐姐}　　老婆子_{妻子}

老爷子_{父亲}　　大舅子_{妻子的哥哥}　　新娘子_{新娘}　　大姨子_{妻子的姐姐}

表示亲属称谓时，一般没有褒贬的色彩。

C. 用来构成表示昵称的名词

北京土话中经常使用"子"来构成人名，表示对人的昵称，含有亲切、喜爱之意，例如：

二子、大民子、小山子、亮子、彪子、玲子、蛋子、柱子、小妞子。

和其他方言一样，北京土话也常用"子"构成人名，通常是人的

小名，既有对男性的，也有对女性的，在日常生活中亲朋好友间使用，这些小名或表示怜爱，或表示亲热、熟络，其中传达出的是一种亲情和友情。

D. 用来指称不同类型的人，或指生理、性格有缺陷的人。多数表示轻蔑、不敬或嫌恶之义

京油子对北京人的贬称　吃虎子指饕餮之徒　生虎子新手

睡虎子指贪睡的人　二性子阴阳人　外撇子外人

无赖子无赖　半憨子称半傻的人　齿壳子豁齿之人

恶左子指行为粗暴的人　急脸子指易发怒的人　拐子脚腕又指微跛的人

鞑子汉人对北方游牧民族的贬称　神叉子指特别精明强干能应付一切的人

矮矬子身材短小者　半语子指说话不清楚不完整的人

半标（彪）子戏指言行不严肃、不庄重、喜欢玩笑的人

苍ts'aŋˋ不郎laŋˋ子詈词，指狡猾、邪恶之人

善荏子指脾气温顺的人。一般用其否定义

指人的名词绝大多数都是贬义词。也有少数指物的名词表示贬义色彩的，如酒憋子对酒壶和盛酒器皿的贬称；还有表示抽象意义的事物，如幺蛾子怪点子、不好的主意等名词。

（5）"子"缀的语体色彩

"子"尾词具有较强的口语化色彩，一般来说，都是在生活口语中出现，除了文学创作诸如相声、话剧、小说等口语文本中会使用外，书面语中是不常见的。往往在表示比较"俗"的事物和口气时使用。比如上文中对有生理和性格缺陷的人的称呼是绝对不会出现在较为严肃的书面语体中的。总体来看，子尾词无论是指人还是指物名词一般都不出现在正规庄重的场合。

（6）"子"缀与"儿"缀的分布功能

"子"缀与"儿"缀在老北京土话中是构词能力很强的两个语缀，二者在语法功能和分布环境上各有不同，但又相互联系。

名词加"儿"和"子"，意义保持不变：

半疯子＝半疯儿不正经、言行放肆，无所顾忌的人　戳子＝戳儿印章

当子＝当儿空当儿、空隙　心尖子＝心尖儿指最心爱的东西或人

光棍子＝光棍儿单身汉　脚丫子＝脚丫儿脚

屁股蛋子＝屁股蛋儿臀部　腮帮子＝腮帮儿腮部

死凿子＝死凿儿指性格倔强的人　吐沫星子＝吐沫星儿说话时从口中喷出的碎唾液

仰巴脚子＝仰巴脚儿仰面跌倒　贼心眼子＝贼心眼儿不好的想法、意念

名词加"儿"和"子"，意义发生改变：

份子作为送礼所出的钱≠份儿本领、体面　老头子老年男子、又指丈夫≠老头儿老年男子、又指父亲

老爷子_{父亲}≠老爷儿_{太阳}　　门子_{门路}≠门儿_{家族}

对子_{对联}≠对儿_{量词}　　本子_{簿子}≠本儿_{本钱}

烟子_{烧火或熬油时聚集的黑色物质}≠烟儿_{烟丝、烟末儿的统称}　　片子_{名片}≠片儿_{量词}

此外，老北京土话中也出现一批"子"与"儿"并立的构词现象：

石头子儿_{石子}、败家子儿_{指倾家荡产、不务正业的子弟}、灯篓子儿_{一种生在水边的小螃蟹}、小紧子儿_{指紧身内衣}、镚子儿_{硬币}、臭子儿_{因失效而打不响的子弹}。

"子"和"儿"在语法形式和功能上都具有较多相同的特征，比如：（1）都是构成名词的标志；（2）都有改变词性的功能。但是"儿"语缀更多表示小称，在表示名物时常带有怜惜、轻松、喜爱等语义特点。相反，"子"缀通常没有指小的意义，在表示名物时常带有粗俗、轻视，甚至憎恶的语义特点。老北京土话中这两个语缀有诸多相同点，然而在"子"与"儿"的分布上，与现代汉语共同语和诸多官话方言一样，"子"缀和"儿"缀"虽然存在着一些很明显的倾向性，但是没有一种可靠的方法，可以判断哪些名词可加'子'，哪些名词可加'儿'，哪些名词两个都不能加，只有硬记才行"。[①]

从历时的角度看，老北京土话"子"缀和"儿"缀的发展是不平衡的，以下撷取近代以来，北京话的口语文本为观察对象（时间以成书年代为准），看不同时期两个语缀的发展状况。

表 31　　　　　老北京土话"子"缀和"儿"缀各时期分布比例

著作名	作者	年代	子缀	儿缀	"子"+"儿"总数	百分比（%）	
						子缀	儿缀
《红楼梦》	曹雪芹	18世纪40年代	398	473	871	45.7	54.3%
《儿女英雄传》	文康	19世纪60年代	408	895	1303	31.3	68.7
《春阿氏谋夫案》	王冷佛	20世纪初	140	246	386	36.3	63.7
《小额》	蔡友梅	20世纪初	181	332	513	35.2	64.7
《四世同堂》	老舍	20世纪40年代	379	398	777	48.8	51.2
《顽主》	王朔	20世纪80年代	51	30	81	62.9	37.03

---

① 李英哲编著，熊文华译：《实用汉语参考语法》，北京：北京语言学院出版社1990年版，第246页。

续表

著作名	作者	年代	子缀	儿缀	"子"+"儿"总数	百分比（%）	
						子缀	儿缀
《贫嘴张大民的幸福生活》	刘恒	20世纪90年代	108	137	245	44.1	55.9
《面对着生活微笑》	言也	21世纪10年代	117	467	584	20.0	79.96

从以上自清代中期以来各时期关于北京话的口语文本中，各位作家作品中的儿化词比例明显大于子尾词的比例，特别是用纯北京话创作的口语文本，如《儿女英雄传》《春阿氏谋夫案》《小额》《面对着生活微笑》等作品中，儿化词均高达 60% 以上。其中唯一的例外是在王朔的作品中，儿化词的比例小于子尾词的比例，这种现象可以解释为作家创作时，有意识地使用共同语的规范用词而规避了北京土语中儿化词的特色。

学界认为，"子"作为名词后缀，是上古就有的语法现象，从魏晋之后，特别到了唐朝时期，使用"子"尾词是都城长安民间的习惯，"子"已经具有十分活跃的构词能力。与此同时，"子"表示小称从唐代开始消失，在一些大的物体名词后也可以加上后缀"子"。①"子"作为名词后缀的性质已经十分明显。从上文可见，北京土话中，"子"作为一个重要的构词后缀是符合汉语发展的历史轨迹的，但是，从近代以来的文献和目前老北京土话的语料可见，"子"尾词在北京话中其构词活力开始慢慢退化，远远不及儿化词使用的频率。"子"在名词和动词后的构词能力还较为活跃，但形容词加"子"尾的构词现象相对已经少了很多，而用"子"尾构成量词和时间名词的就屈指可数了，只留下上文中所列举的少数几个词。同时，北京土话中开始出现"子"和"儿"尾词可以两用，意义不变以及"子"与"儿"并立连缀的构词现象，这些现象预示着"子"尾与"儿"尾的一种竞争，其胜负结果只能等待时间的证明。

二、动词的语缀

（一）动词的前缀

1. 打[ta˩]

"打"在老北京土语中是一个具有较强能产性的语缀。"打"的基本意

---

① ［日］志村良治：《中国中世语法史研究》，江蓝生、白维国译，北京：中华书局1995年版，第29页。

义是"（用手或器物）撞击（物体）"，而在土语中"打"的词义已经有了一定的引申，应用也更趋灵活，存在明显词义泛化倾向，"打"在具体的词汇中其基本语义已经虚化，变成一个较为典型的语缀。

"打"作前缀具有两种形式。

（1）打 N 式，即"打"与名词或名词性短语组合。

打把式练武术、又指夜卧乱踢乱打，找门路等、打鬓妇女把两鬓描黑、打灯笼小孩赤身、打灯笼儿只穿外衣不穿内衣、打店住店、打叅叅儿一种游戏，又指游手好闲、打鼓心悸，又指支离破碎、打卦无目的地游荡，又指损坏等、打花舌儿打嘟噜，又指用巧言谄媚、打劲儿颤抖、打糠灯说无聊的玩笑话、打笼儿一种引诱野鸟的工具、打垯儿耕作上培垄，又指布匹上拱起的埂条、打水漂儿把小石片横撇在水面的游戏，又比喻挥霍钱财、打天秤人力车、三轮车仰翻、打闷雷不知道内情而暗自猜疑、打瓦解体、败坏、打窝子撒食于水引诱鱼类、打响翅昆虫振羽、打欢翅儿鸟类高兴事时扑腾两翼、打顿儿稍过一时、打扮儿指衣帽服装的形式、打本子指京剧剧团编写剧本的工作、打冰冬季储藏冰块以备夏日使用、打补子补缺，补空、打糙儿谓衣物不甚精美，只供家居使用、打吵子争论，又指吵嘴、打戳儿盖章、打春立春、打底儿打草稿、打灯虎儿猜谜语、打食儿指鸟类找食物，又指已婚者出轨、打泡儿指京剧演员初到一处的试演、打牙帮骨打牙祭、打悠秋儿打秋千、打杂件指应付纠纷或繁杂的事务、打眼谓容易引起盗贼注意、打眼儿停车时轮下用砖石顶住以防打滑、打嘴指嘲笑别人的过错，自己也犯这种过错、打饭大量盛饭、打杠子劫财、打脸儿化妆、打尖儿除去植物的顶端、打票买票、打印子旧时放高利贷的术语、打饥荒指生活困难，又指遭受牵连。

（2）打 V 式，即"打"与谓词或谓词性短语组合。

①"打"+动词

打锛儿因不流利而中断、打摽悠双手攀住高处，身体悠荡、打闪用前后镜查看后脑发型、打尥活把陈旧的商品作旧货处理、打尥儿干粗活、打蹭儿白享受、打镲指斥说话做事不负责任，又指失约、打喳喳儿耳语、打嗤宫里太监在皇帝皇后来到时嘴里发出嗤声，示意闲人回避回避、打沉儿稍过一时、打当出售过期典当物品、打点打发、打滴溜儿悬空旋转、打兑放债人转移债权、打反鼓说话不算数、打反翅飞走，比喻逃走、打撅衣不蔽体、打快马勺抓住时机立即攫取、打老一种掷击铜元或香烟画片的游戏、打落闲坐闲聊、打老鸹出殡下葬、打连连保持经常往来，又指舍不得离开、打能耐禽兽被宰杀时挣扎、打能能儿婴儿颤巍巍站立、打扫修剪，又指吃尽、打停沉淀、打呼打鼾、打咕儿童相互打闹，又指轻微低声争吵、打拉儿指肉食中最不好之处、打开天指久雨后天晴、打落指不真心购买，只是问问价钱、打伤耗指商业经营中的损耗、打总儿聚集汇拢、打夜作做夜工、打佯儿装作不知、打刻子蟋蟀弹腿、打寻寻思、打坐坡指成年人不知上进不肯努力、打盘儿鸟类在空中盘旋飞翔、打穿儿指从街道、小巷或住宅院落穿过、打短儿做短工、打尖中途休息，吃饭、打晃儿身体摇动，站立不稳。

②"打"+动词性短语

打背功儿自言自语、打朝审旧指帝王审判死囚、打吃溜吸气表示为难或不同意、打出调歪游手好闲、打过堂儿积水连成一片、打腰站儿指长途跋涉时中途休息、打坠咕噜儿谓小孩撒娇打滚的行为、打出溜儿一种儿童冰上游戏、打正吊歪指教育子女操心费力却收效甚微、打牙撂嘴儿闲聊天，相互调笑之义、打头碰脸指常与众多熟人相见。

③"打"+形容词

打单_{天凉时穿单衣}、打头_{领先，带头，又指最重要的}、打扁儿_{舌头转来转去}、打蔫儿_{指精神不振}、打愣儿_{短时发呆}、打横儿_{横着，又指阻拦等}、打闲儿_{失业}、打迟儿_{说话或行事中极短暂的停顿、犹豫}。

以上"打"构成谓词性词语或短语时，常常有儿化的现象，但儿化后仍是谓词性的词或短语，并不改变其词性。

上述几种格式中的"打"在动词实义的基础上，其语义已经泛化，并在特定结构"打N式"和"打V式"中固化成词，意义已经虚化，其义项引申范围十分广泛，有些已经超出"打"的本义和引申义。"打"构成"打N式"和"打V式"一般在句中充当谓语。例如：

这花儿打籽儿_{植物开花后结成种子}了，摘下几颗明年再种。（CDX）

以后免不了跟他们的厂领导打咬子。（同上）

老张家的大小子不好好儿干，被工厂除名，整天打游飞_{无正当职业而到处游手好闲}，真不像话。（同上）

王厂长琢磨信里的话，高起兴来，一个人儿打自得儿_{表示得意的小动作}，哼哼唧唧地出来进去。（同上）

这个年轻人，老是改不了懒惰的毛病，你要是劝他，他还跟你打坐坡_{指成年人不知上进不肯努力}。（同上）

（2）拿[na˨]

"拿"的本义是：用手或用其他方式抓住、搬动东西，并引申出：用强力取；捉；掌握；刁难、要挟；装出，故意做出；领取、得到，伤损等义项。在老北京土话中，有些动词性语素"拿"出现在词首时已失去其本义和引申义，产生意义虚化的现象。

拿蹭儿_{不买票而听戏}、拿大顶_{武术中的一个动作，即倒立}、拿熟儿_{即杀熟}、拿鸭子_{走了}、拿褶儿_{衣裙等缝制成有褶纹的样式}、拿滑_{指鞋底或车轮轮胎有防滑的结构}、拿龙_{修理自行车车轮变形的瓦圈}、拿筷子_{扎筷子}、拿摞儿_{几个人胸背相贴排成直行的游戏}、拿灰_{勾灰}、拿手_{棘手、难办}、拿饨儿_{食物结成团}、拿脚_{吸脚，使拔脚费力}、拿弯子_{散步、溜达}、拿约会儿_{指男女恋爱定期约会}。

以下例词"拿"是实语素。

拿跎_{拿主张}、拿乔_{拿架子}、拿搪_{假意推脱来刁难}、拿腔儿_{装出某种腔调来}、拿大_{自负，摆身份}、拿蛤蟆_{指积水过多}、拿拌_{故意寻衅争吵}、拿款儿_{摆架子}、拿毛儿_{寻衅，找茬}、拿事_{主持事务}、拿捏_{摆架子挟持人}、拿伏_{拿捏}、拿放_{拿捏}。

"拿"作前缀构成的词语通常在句中或小句中作谓语，例如：

再找他，他已经拿鸭子_{走了}了。（CDX）

你们又来拿蹭儿！现在不比从前，不允许啦！（同上）

腰里拿褶儿，就好看了。（同上）

"拿"作前缀构成的词语，可以单用，但常常凝固的程度不高，中间可以插入其他成分，相当于离合词使用。

> 我跟剧院的人都熟，咱们俩去拿个蹭儿怎么样？（CDX）
>
> 孩子们拿着摞儿玩儿老鹰逮小鸡。（CDC）
>
> 这条裙子多拿几个褶儿。（同上）
>
> 拿点儿芡。（同上）
>
> 拿拿弯子去。（同上）
>
> 劳您驾，把这前轱辘拿拿龙。（同上）

（二）动词的中缀

动词的中缀有：不[pu˩]、得[tə˩]、打[ta˩]。

"不"用来构成动词或短语。

巴不得强烈地希望着、巴不结急切、迫不及待、巴不结的呢正合心意、怨不到怪不得，可以说怨到。

"得"用来构成三音节的动词。

架得住禁受得住。

"不""得"构成中缀时读为轻声。

"打"除了作前缀，还可以作动词的中缀。其用法主要有：

1. 用在重叠的单语素形容词中间

直打直谓直爽相对、实打实以诚实对诚实，又指地地道道。

> 咱们以后经常接头办事，最好是直打直，有什么说什么。（CDX）
>
> 我跟你说实打实以诚实对诚实的价钱吧！少三十块钱不卖。（同上）
>
> 咱们可是实打实地地道道的交情。（同上）

"打"在例词中只具有语法意义，插入其中作词缀，起强调作用，其本身的实语素义已经完全消失。

2. 用在短语或小句中间起对称作用

> 盐打那么咸，醋打那么酸。（CDX）

"打"在小句中没有实际的语义，是完全虚化的语素，除去之后也不影响原结构的意义，是典型的虚化语素。

（三）动词的后缀

老北京土话动词的后缀也十分丰富和复杂，特别是其字形有多种写法，一字还有多音的现象。所有动词后缀都弱读作轻声。

1. 巴[pa˩]

"巴"读作轻声[pa˩]。在老北京土话中，"巴儿"是名词性后缀，而"巴"是动词性后缀，其功能是使单音节词双音化。"巴"一般附着在动词性语素后构成动词。

附在动词性语素后：窝巴_{卷曲不能伸展}、嘎巴_{凝固附着，又指挖苦臭落}、刺巴_{粗糙}、搓巴_{搓弄，又指踩踹}、落巴_{指走路时两条腿略微分开并有些弯曲}、眨巴_{指眼睛连续迅速的开合动作}、揪巴_{扭打}、挖巴_挖、撅巴_{折断}、死巴_{死心眼}、撕巴_撕、挣巴_{用力解脱}、支巴_{动手打架}、估巴_{估摸}、卡巴_{分开两条腿}、趔巴_{走路时两腿分开}、裂巴_{开口部分向外分开}、掐巴_{苛待、刁难}、龄*巴_{斗殴}、颀巴_{行动敏捷，办事利索}、说巴_说、裹巴_{包裹}、打巴_{打架}、剁巴_剁、捶巴_{用拳头打}、卷巴_卷、拉巴_{抚养}、耍巴_{挥舞、舞动}、拴巴_{捆、系}、曳巴_{艰难地扶养}、敛巴_{匆匆收拾}、搂巴_{搜索、搜刮}、卖巴_{草率地卖}、绕巴_{拐弯抹角儿的使人上圈套}。

"巴"前的动语素如果单用的话，都是及物动词。

以"巴"做后缀的词，都在句中充当谓语。

　　李大婶儿真颀巴_{行动敏捷，办事利索}，干什么都是麻利脆快。（CDX）

　　把绑绳挣巴_{用力解脱}开了。（同上）

　　碗上还嘎巴_{凝固附着}着饭米粒儿呢。（CDC）

　　他们龄巴_{斗殴}半天了。（同上）

　　手都冻僵巴了。（同上）

　　他的话真倔巴，能冲倒大山。（同上）

有时候，"巴"还可以儿化，儿化后其谓词词性不改变，仍然在句中充当谓语、补语。

　　这人狗巴儿_{别扭，不随众}，甭招呼他！（CDX）

　　这棵君子兰怎么蔫巴儿啦？（同上）

　　这几棵大白菜都僵巴儿_{完全干枯}了。（同上）

　　这几条咸鱼晒干巴儿_干了。（同上）

"巴"构成的动词还可以重叠使用，这时动词的语义为"稍微做"或"草草做"的意思，动词在程度上有量的变化，具有程度减轻的语义。

　　把白菜洗巴洗巴_{稍稍洗洗}。（CDX）

　　不信，你就试巴试巴_{试一试}。（同上）

有个别情况下"巴"还构成连词：迫巴_{无论，又写作"排巴""派巴"}。

　　迫巴_{无论}什么东西，能解饿就行。（CDC）

2. 得慌[tə˧xəŋ˦]

"慌[xuɑŋ˥]"作后缀时变读为[xəŋ˦]，"得慌"都读轻声[tə˧xəŋ˦]，可以看做是复合语缀。

加在动词性和形容词性语素后构成动词，可以跟单音节语素组合，也可以跟双音节语素组合。

（1）附加在单音节语素后：

闷得慌_{闲着没事而感觉无聊}、比得慌_{谓相比不如而羞愧}、撑得慌_{因多吃而过饱}、堵得慌_{胸部发闷，又指心情不舒畅}、闹得慌_{因喧闹而难受，又指心中因病而难受}、急得慌_{着急}、够得慌_{指费时费力，又引申为攀附不起}、麻得慌形容使人惨不忍睹的感觉，又指丑恶得使人皮肤起栗、气得慌嫉妒、杀得慌伤口因药物等的刺激而疼痛、沤得慌湿东西长时间黏附在皮肤上，产生的不舒服感、臊得慌害羞、惭愧、憋得慌胸闷，又指心情不畅快、愧得慌有愧、熟得慌烦乱已极。

（2）附加在双音节语素后：恶心得慌、窝囊得慌、叹息得慌、趷蹬得慌坐车道路不平，车子颠簸难受、闹腾得慌指有事或有病心里感到不安宁、憋闷得慌心中不畅快、硌棱得慌难受。

"得慌"在动词后都已经弱读为轻声，并且"慌"的本义完全消失，只是表示某种难过的状态或表示某种标准难符合。例如：

　　我不愿意到那儿去，人家穿的都是什么，我就是这套布衣服，多比得慌。（CDX）

　　吃多了，撑得慌，有酵母片吗？吃两片。（同上）

　　人家能瞧得起咱们吗？就是做了亲，以后日子长了，咱们可够得慌啊！（同上）

3. 着[tʂɤ˩]

"着"一般来说是放在动词词尾作时态助词使用，表示动作和状态的持续义。但在北京土话中，有的"着"并不具有这种表示时态的语义功能，是完全虚化的一个后缀。

嗔着埋怨、得[tei˩]着饭桌上请人吃菜的客气话、该着碰巧遭遇而获得、合不着不合算，不值得、合着用于句首，表示判断，或指原来、喝儿呼着呵斥，禁止、怀儿来着指自私自利，自己往怀里搂财物的行为、亮着因身体裸露而受凉、努着指因用力过度，使肌肉受伤而感到疼痛、闪着受凉，又指腰部扭伤、扣着得到好处有好收获、杠着注定，该着、仗着幸亏、真着清楚、舔着不知羞耻、靦颜、透着显得、搭着外加、向着偏袒。

　　他老嗔着埋怨我不早点把洗衣机买回来。（CDS）

　　别客气，这鱼做得不错，您得着。（CDX）

　　这可是该着注定你走运，你不必求人，人家来求你。（同上）

　　这么一说，合着原来你当头头，我替你跑腿儿。（同上）

　　那个姓魏的不够朋友，什么事都怀儿来着中饱私囊。（同上）

　　这回去参观，他可是扣着了得到好处有好收获。（CDC）

　　他本来就愿意，搭着外加别人一劝，就去了。（同上）

　　盖上点儿，瞧回头亮着因身体裸露而受凉。（同上）

上述例句中，"着[tʂɤ˩]"都附在动词后，但并不表示持续的时态义，有些"着"去掉并不影响句义，如"怀而来着"变成"怀而来"句子仍能成立。再如：透着显得的"着"，省略与不省略，语义一样。

　　这话透着点儿难听。（CDC）

　　这话透点儿难听。（同上）

可见"着"只是后缀，附在动语素后构成动词，一般是使单音节动词构成双音节。

此外，有些"着"是附在动语素和形语素后构成形容词，例如：

　　舔着_{不知羞耻、靦颜}还说嘴呢。（CDC）

　　这本画册印得挺真着。（同上）

4. 腾[t'əŋ˧]

"腾"作动词后缀往往弱化轻读，有时声母还变为不送气音，在土话中，还可写作"登"或"蹬"。

搬腾_{频繁地吃零食}、 暴腾_{尘土飞扬}、 扑腾_{跳动，又指人挥霍钱财}、 支腾_{拖延、悬搁}、 松腾_{不拥挤，又指宽舒}、 跳腾_{指由此处到彼处，反复交替地变动}、 喧腾_{宣传，又指形容食物松软的状态}、 翻腾_{宣扬揭开某人的秘密，又指翻动}、 捣腾_{指由此处到彼处，反复交替地变动}、 搅腾_{搅和、捣乱}、 饶腾_{有话不直说，拐弯抹角，又指吹腾吹嘘}、 吹腾_{吹嘘}、 折腾_{不安定}、 踢腾_{指挥霍，又指以脚松散某物}、 掀腾_{以手松散某物}、 豁腾_{指物被压紧而使之松活}、 暴腾_{指尘土飞扬，又指将事宣扬得人人皆知}、 闹腾_{不安静}、 悠腾_{不过急或不过窄}、 跑腾_{奔走，奔波}。

"腾"往往附加在单音节动语素后，其词汇意义已经消失，与动语素组合后产生新的意义，同时有些动词兼具形容词特征。例如：

　　拿了不少奖金，手里松腾多了。（CDX）

　　你们要大扫除啊？瞧这屋子里暴腾得进不去人儿了。（同上）

"腾[t'əŋ˧]"在土语中也写作"登[təŋ˧]"，声母变为不送气声母。

叨登_{把旧时不愉快的事情回忆或述说出来，又指乱翻}、 呲登_{斥责}、 眯登_{闭目养神}、 拾登_{乱翻检，拾翻}、 淘登_{寻觅、搜寻}、 搬登_{频繁地吃零食}、 刁登_{翻供使审判者为难}、 呲登_{斥责}、 搇登_{搇摄}、 叨登_{翻搅，又指宣传}、 合登_{松动}、 换登_{以情感人}、 攉登_{搅动}、 逛登_{游玩}、 涮登_{用言语取笑}。

这些例词也只能在句中充当谓语，例如：

　　这人特小心眼儿，遇到点儿不顺心的事，恨不得把八百年前的事儿都叨登出来。（CDS）

　　眯登了一会儿。（同上）

　　把乱七八糟的老箱底都给拾登出来了。（同上）

有时"登"还与形容词结合构成动词：迟登_{迟疑}。

极个别情况是"腾"还可以附加在动词后构成名词：讨腾_{令人劳神的人}。例如：

　　这个涎脸孩子是个讨腾。（CDC）

5. 棱[ləŋ˧]

附在单音节动词后，构成动词，表示某种动作行为。

支棱_{竖立起来}、 扑棱_{指禽类、鱼类蹦跳抖动的样子}、 掂棱_{掂摄}、 掰棱_{详细查看}、 立棱_{指人刚硬不合群}、 抖棱_{抖露}、 和棱_{搅和}、 拉棱_{扯散}、 仄tʂai˧棱_{仄歪}。

有些附在动语素或形语素后构成动词，表示动作的某种持续的状态：

翘棱_{指物品的角边翘起者}、 革棱_{物不平状}、 趄棱_{倾斜}，例如：

翘棱着腿。（CDQ）

6. 搭[ta˦]/[tə˧]

"搭"在土话中也写作"达""哒""打""答""嗒""捣""得"等不同形式，附加在单音动词的后面，表示跳动、震荡性质的动作，该后缀没有意义，是完全虚化的语缀。

"搭"的能产性极强，齐如山在《北京土话》中列举了许多例词："如扒搭、甩搭、翻搭、倒搭、抽搭、吊搭、推搭、蹦搭、跳搭、撑搭、瞎搭、兴搭、瞪搭、冲搭、滴搭、花搭、踹搭、揉搭、兜搭、斗搭等等甚多。"[①]并认为遛达、鼓捣也可书写为溜搭、鼓搭（打）。

可见，单音节及物性动语素许多都可以和"搭"搭配构词，同时，部分"搭"附着语素成词后只有构形意义，没有构词意义，构成的词语与动语素的基本义不改变。而有一些则产生引申意义。

敲搭用言语刺激，提醒、都搭用手指人、兜搭勾搭、磕搭讥讽、唪搭鸟啄、艮搭打嗝、套搭说完又说、瓜搭悬垂，又指沉下脸、扭搭走路时身子不停扭动、抽搭用力弹，又指抽泣、就搭将就，凑合、抡搭前后甩动，又指在各种环境中锻炼、挤搭排挤、抹[ma˥]搭指眼皮向下但未合拢的轻蔑神情、扫搭看、瞧、跳搭周旋、应付，又指逞凶。挣扎、嘎搭开合剪子、百搭白费、撩搭布类下缘掀动、掫搭裂开，又指吃力地向前探着脖子踮、瘸搭跛脚人走路身体不平衡、绕搭缠绕，又纠缠、忽搭扇动，又指不好的活动、跺搭单腿用力踏地。

"V搭"在句中一般都充当谓语，有时也作补语或状语。

风吹得窗帘直撩搭。（CDC）

瞧他张着大嘴，掫搭掫搭拉着绳子跑。（同上）

"V搭"有时候可以重叠使用。

你把身上的土抽搭抽搭。（CDS）

孩子别太娇了，多抡搭抡搭有好处。（同上）

他不高兴就摔摔搭搭。（同上）

7. 拉[la˦]

"拉"有时也写作"啦""捋""喇""剌"。主要附着在单音节动词性语素后构成动词。

背拉保留，调匀、锛拉前额突出、拐拉蹒跚，又指走路慢慢扭动、刮拉受牵连、搋拉搅取、爬拉收敛在一处、巴拉收取、扒拉翻动、拨开、趴拉植物等倒伏、划拉扫，收取、拀拉把碍手的东西拨拉出去、□[çye˥]拉看、拉拉拖着，又指掉落、扑拉鸟翅扇动，或指鱼身跳动、捋[lu˥]拉指软物与他物轻微摩擦、嘎拉较量比试，又指男女交媾、背拉平摊、拨拉来回转动、拖拉衣物平行穿用，打粗穿、凹拉凹陷、挖拉搜求、撇拉撇嘴、泡啦消极怠工，故意消磨时间、吒啦尖声叫喊、吱啦尖声急叫、咋喇指人善说而声大、扎拉米饭粗糙夹生感，又指说话声音刺耳。

---

① 齐如山：《北京土话》，沈阳：辽宁教育出版社2008年版，第121页。

个别附着在拟声词后构成动词：啪啦（啪喇）_{摔裂，损坏，又指嗓音不洪亮}，例如：

大瓦盆啪啦了_{摔裂}。（CDC）

这烟筒使一年就得啪啦_{损坏}。（同上）

还有附着在数词性语素之后构成名词的：半拉_{指整体的一半}。

比较特殊的是，与"拉"构词时，有时候一个词往往有多种异体字的写法，例如：

耷拉_{下垂}——搭拉、搭落、苔剌、嗒喇、搭剌、耷剌。

趿拉_{把鞋后帮踩在脚后跟下}——沓拉、塌拉、蹋拉、拖落、遢拉。

这种形式应是联绵词转化而来。

8. 咕[kuˇ]

"咕"有时也写作"古"。

毛咕_{害怕、心里不安}、戳咕_{暗中怂恿}、唧咕_{遗屎遗尿，又指窃窃私语}、挤咕_{用指甲尖挖，又指夹挤}、捏咕_{嘀咕，密谋，撮合}、拧咕_{旋转，又指走路时肩膀随着腰来回扭动}、扭咕_{扭动}、叨[tɑu˥]咕_{小声地自言自语，又指轻微地翻腾}、打咕_{打闹}、料咕_{察看，计划}、葬咕_{辩论，争论}、抹咕_{暗泣、擦泪，又指潦草涂抹}、日^①咕_{拾掇，又指随便乱放或乱吃}、塞咕_{乱吃或乱放}、掖咕_{藏掖}、擩咕_{给予}、攘咕_{强行给予}、委咕_{动作迟缓，又坐在某处不停扭动身体}、捯[uai˥]咕_{修理，对付}、踩咕_{贬低}、撑[tuei˥]咕_{填塞}、腻咕_{长时期依偎}、入[ʐuˇ]咕_{乱藏}、捅咕_{教唆，又指挑拨}、委咕_{依偎着磨来磨去，又指迟缓地行动}、轧儿咕_{欺侮}、咽儿咕_{冷言驳斥}、磨咕_{有意拖延时间}。

"咕"的能产性较强，及物或不及物动词都可附着其后构成动词。

个别由"咕"构成的动词如嘀咕_{窃窃私语、心里惴惴不安，又指小动作}有多种书写形式：嘟咕、抵估、抵鼓、狄咕，疑为联绵词转化而来，可以表示多种意义。

俩人嘀咕了半天。（CDX）

一见处长的脸色不好，自己心里有鬼，就嘀咕起来。（同上）

小王趁人不注意，把一小箱子零件儿嘀咕出去啦。（同上）

"咕"附着在动语素后构成动词，在句中只能充当谓语。

小虎，小牛，你们别再这儿打咕_{打闹}了，吵得我看不了书。（CDX）

那是粉刺，别瞎挤咕。（CDC）

不知道又把东西日咕_{乱塞}哪儿去了？（同上）

9. 哧[tʂʅˇ]

也写作"扯""查""嗤"。

掰哧_{剖析、分辨}、刮哧_刮、剔哧_{扫地扫不干净}、摸哧、巴哧_{费眼力地看}、抠哧_{摆弄，又指非常吃力地做事}、吭哧_{做事非常费力的样子}、咬哧、揪哧、捆哧、扎哧_{搔痒}、剜哧_{费力寻找，搜集}、翻嗤_{乱翻搅}、捯哧_{反复延续地捯，又指打扮}、突嗤_{抓紧完成，突击，又指侮弄}、哈哧_{哈欠}、撬嗤_{刮，又指设法除掉某人}、

---

① 笔者注："日咕""日弄""日囊"中的"日"疑为"入"的避讳写法。

喀嗤熬、撇嗤撇嘴轻视、龉哧连续地刮、跑哧给人奔走帮忙。

10. 罗[lou˧]

也写作“摗”“喽”“搂”“娄”“落”等，读作轻声。

赶罗指事匆忙，又指催迫、张罗照顾、料理、盼念、胡罗轻柔、撕罗清理、择罗指事情头绪太多需清理、过罗儿过头、过分、忒儿娄有声音地吸啜、呲喽斥责、任风吹干、踡喽蜷曲。

该语缀经常习惯性地写作“落”，“落”有多种音变形式：[lou˧][luo˧][lɑu˧][liou˧]。

读[lou˧]的：抖落宣扬，挥霍、踅落寻找，搜寻、淘落性生活过度致身体虚弱；

读[luo˧]的：散落松散，不黏、扑落扑、拂落撣去，拂掉（“拂落”本音[fu˥luo˥˩]，现变读为[xu˦lu˧]）、敛落归置；

读[lɑu˧]的：数落列举错处，责备，训斥，又指絮叨；

读[liou˧]的：奚落。

“落”也能附加在形容词性语素后构成形容词：

冷落、实落实在的，朴实，实诚、利落利索。

11. 叨[tɑu˧]

勺叨话多且不考虑分寸、唠叨说起来没完没了、叨叨唠叨、絮叨唠叨、数叨用絮絮叨叨的言语批评人、忙叨不安稳、慌慌张张、磨叨絮絮叨叨地埋怨、责怪。

“叨”经常性也写作“道”：认道认得，认识、张道举动毛躁、絮道话多、噌道斥责、啈[xəŋ˥]道、冲道有魄力，有闯劲、嘿儿道斥责、落[lɑu˥˩]道潦倒、没落。

在读音上有时“[tɑu˧]”会音变为“[tə˧]”，如：说道[tə˧]在互有意见时明辨是非。

在字形上有些词两种写法都行，例如：念叨/念道，而且不改变轻声。

12. 摸[mo˧]/[mə˧]

也写作“么”“莫”“摩”“磨”。附着在单音节动语素后构成动词。

咂摸寻思，反复研究、觉摸感觉到、夹摸欺诈、踅摸寻思、裹摸夹带、绕摸用言语引人上当、估摸预计、推测、呐摸琢磨，考虑、捉摸猜想，估计、琢摸寻思、约摸估计，大概、略摸稍微、作摩算计。

有时候“摸”构成的动词兼具名词的功能，例如：

　　学本事不受点儿夹摸不行。（CDC）

13. 悠[iou˧]

附着在单音节动语素后构成动词：

晃悠摇摆不止、转悠转动，盘桓、忽悠、嘎悠、磨/抹悠转来转去、杠悠坐着摇摆、轧/嘎悠坐着摇摆，又指摇摆着慢走、咯悠同轧悠、逛悠摇晃，又指游荡、颤悠颤动、压悠轧悠。

14. 合[xɤ˧]/[xuo˧]

又写作“和”，是“合”的变读。两种读法，皆作轻声。附着在单音节动语素后构成动词。

掺合[xuoɻ]/和[xuoɻ]参与，干扰、匀合[xuoɻ]/匀和[xuoɻ]调配使均匀、就合[xuoɻ]/就和[xuoɻ]靠近，收缩、说合/说和[xuoɻ]双方调解、踩和[xuoɻ]指用言语嘲笑、挖苦人、潮合[xuoɻ]疾病传染、凑合[xuoɻ]勉强将就、朝合[xuoɻ]、搅合[xuoɻ]、觑合[xuoɻ]眯缝眼睛、堆合[xuoɻ]因害怕而瘫软、岔和[xuoɻ]/[xɤɻ]排遣、欺和[xuoɻ]向某处靠近或聚集一起、坐合[xuoɻ]指不能挺立而向下压、把合[xɤɻ]个人独占，又指紧紧把握、掂合[xuoɻ]用手约量、撮合[xɤɻ]充当中间人，帮助双方把事情办好、谢合[xɤɻ]谢。

也有少数附着在单音节形语素后构成形容词。

全合[xuoɻ]齐全、长合/和[xuoɻ]略长、圆合[xuoɻ]圆形、忙合[xuoɻ]/忙活[xuoɻ]殷勤地招待客人，又指婚丧等事帮忙。

还有个别附着在单音节名语素后构成动词。

泥活[xuoɻ]把黏稠的东西涂抹到某处，又指应付繁多的事务。

"和"有时还写作"活"。

比较特殊的还可以构成跨类词：既作形容词——黏和[xuoɻ]烂软而黏稠；又作动词——黏和[xuoɻ] 指男女间形成了非常关系。

在读音上，[xuoɻ]与[xɤɻ]与不同的动语素搭配时，会有不同的形式，有时读[xuoɻ]，有时读[xɤɻ]，依据具体习惯而定。

15. 索[souɻ]

"索"也写作"嗦""唆"。附着在动语素或形语素后构成动词：抠索鼓弄，搜寻，吝啬、摸索、抹[maɻ]索用手抹平、哆嗦身体颤抖。

也有附着在形语素后构成形容词的：利索整洁，又指爽快。

16. 弄[nuŋɻ]/[nəŋɻ]

"弄"也写作"哝""囊"，其实语素义已经消失，主要附着在动语素后构成动词，"弄"音[nuŋɻ]或[nəŋɻ]，具体变读依照习惯而定。

读[nuŋɻ]的：搓弄摆弄，又指蹂躏、攒弄摆弄，组装，又指管束、摆弄用手对物件做多种动作，又指陷害整治人、归弄收拾整理、掇弄掂弄物品，又指耍笑人或故意指使人、糊弄将就，对付，哄骗、圈弄指设下圈套使人上当，又指用好言语加以约束。

读[nəŋɻ]的：架弄拿，又指摆架子作阔，或指抬举一人借以招摇、日弄乱弄，乱鼓捣、择弄拔、擓[uaiɻ]弄胡乱摆弄、委弄用手乱弄，鼓捣、作弄捉弄、糟蹋身体、局*弄合伙作弄人、对弄/哝争辩、卡弄有控制地、拉弄扯散。

"弄"有时也习惯性写作"囊[naŋɻ]"，附在动语素后构成动词：

团囊将物品团在一处、忽*囊将就、对付、揣/搋囊戒小孩少吃，又指人怀中揣着何物、日囊同"日弄"、咕囊蠕动、扑囊陷入松软物体中、窝囊屈而不伸，又指委屈。

其中"窝囊"有多种形式：倭囊、倭儴、窝嚷，该词的词根形式不固定，应该是联绵词转化而来。

"囊"有时附在拟声词后构成动词，"囊"写作"嚷"：

嘟囔小声说话、 嗡囔鼻子不通气，发出不清楚的声音。

例词都与人发出声音有关，其中的"囔"加口旁，应是后造之字。

17. 乎[xu˧]（儿）

"乎"也写作"忽""呼"。附着在单音节动语素后构成动词：

栖乎儿局蹐，偎、 瞇乎儿眼睛眯成一条缝、 觑乎儿眯缝眼睛、 蹷乎儿蹷、 瘫乎儿变软、 匀乎儿均分、均匀、 贴乎接近、近似，又指近情理，合理、 踩乎指用言语嘲笑、挖苦人、 觉乎感觉、 嘘乎见面客套寒暄、 在乎认真计较、 镇乎威服、 招呼照料，吩咐、 吹呼斥责、吹嘘、 嘿儿呼呵斥，又指伺机窃取、 岔忽派遣，又指打断话头、 颤忽儿上下颤动、 攒忽儿蜷曲、 接忽接触、 坍乎倒塌、 堆tsuei˥乎因极度惊恐而瘫软。

个别情况下也有附着在名词性语素后构成动词的如：耳乎理会，又指仿佛、 泥乎把黏稠的东西涂抹到某处，又指应付繁多的事务。

18. 对[tuei˧]

经常也写作"兑"，附着在单音节动语素后构成动词。

挤对/兑逼迫、 磨对/兑磋商、 钉对适宜，适当、 轧对研讨，商议、 砸兑商量确定、 打兑筹划、置备、 拆兑借钱的隐晦语，意即暂时挪用、 摘兑摘借、 迁兑换整为零，又指对付使用、 匀兑调配。

19. 作[tsuo˧]

附着在单音节动语素后构成动词。

窝作抑郁、憋闷、 下作贪吝，又指疼爱的过分、 积作积善或积恶得到报应、 沤作酝酿、 恘作脏得使人不舒服、 落作饭庄子接外活后到办事人家做准备工作，又指建筑行业在工地做准备工作。

"作"能产性不强，只有少数几个词。

20. 性[ɕiŋ˧]

"性"一般是名词性的类词缀，而在北京土话中，有少数的动词后也可附加"性"来构成动词。

倒性失去挺拔和平整、 回性失效、 依性误会，差错、 犯性多指野兽发野性，又指人发怪脾气。

"V"性在句中可以充当谓语等成分，例如：

　　菠菜用热水一焯就倒性。（CDC）

　　日子一长，这药就回性了。（同上）

有时候还可以附加在名词性或形容词性语素后构成形容词：牛性有办法，有本领、 左性怪癖、 快性性情爽快、 死性死板、性情固执、 揉性对心性迟慢者心急而无奈。

上述例词在句中也只可充当谓语，例如：

　　那小子可真牛性，真办成了。（CDC）

　　他干点儿什么都那么左性。（同上）

　　他是个快性人，做什么事情都不拖泥带水。（CDS）

此外还有几个结合面较窄的动词后缀。

21. 咯[kɤ˧]

"咯"也写作"葛""哥""干""搁"等形式。

答咯/搭葛/搭干_{理睬}、犯葛_{要脾气，闹别扭}、骑搁_{搁置}。

22. 嘞[lə˧]

唠嘞_{絮烦，数说}、嘞嘞_{絮道，多言}。

23. 丧[saŋ˧]

"丧"也写作"嗓""搡"。

灌丧_{无节制地饮酒}、凹丧_{凹陷}、憨*丧_{被人抢白}、攮丧_{指胡乱向嘴里填食东西}、嚎丧_{大声哭喊}、倔丧_{用生硬的语言待人}、沁丧、填丧、撅丧、闯丧_{四处游荡，又指行动冒失}、填搡_{指无节制地吃，又指无理由地给予}。

24. 势[ʂʅ˧]

也写作"事"。

发势_{发酵得很松软}、落势/事_{家道衰落}。

25. 撒[sa˧]

"撒"也写作"挲""抄"。

觉撒_{胎气动}、抛撒_{挥霍}、耷*/搭撒_{垂下}、哈*撒_{摇动、晃动}、摩挲_{轻轻抚摸使展开，又指安慰}、揉抄_{轻揉}、扨撒_{用指肚捻搓}。

26. 化[xua˧]

化[xua˧]有时音变为[xuo˧]。

烂化[xuo˧]_{指食物变软}、克[kʼɤ˥]化_{指食物难消化}、开化_{心情舒畅，又指茎根植物没长成或年轻人思想不开通}、行化_{饭后散步，遛食儿}。

27. 腻[ni˧]

熬腻_{使厌烦}、逗腻儿_{拖拉，行动迟缓}、抹腻_{细致}、起腻_{磨烦，又指烦闷}、怄腻_{用嬉笑的态度，故意使人着急、生气}。

"腻"的语素义在有些词中还较为明显，虚化程度并不很高。

28. 唧[tɕi˧]

倒唧_{表白}、碎唧_{絮叨}、吧唧_{嘴上下开合}、吭唧_{哭泣，又指做事费劲}。

29. 溜[liou˧]

出溜_{滑，又指痒的触觉，还指一来一去地蹭}、吸溜_吸、走溜_{徘徊}。

30. 哄[xuŋ˧]

溜哄_{用动听的话讨好人}、搅哄_{捣乱}、起哄、闹哄_{吵闹}。

老北京土话动词后缀十分丰富，其中"巴""腾""搭""拉""弄/囊""叨/道""罗/落""哧""合""悠""摸""乎/忽"等构词的结合面较宽，能产性很强；而"作""丧""撒""嘞"等结合面较窄，只能构成少数几个动词。

以上对老北京土话动词的后缀做了大致描写，其主要特点表现为：

（1）字音不固定：上列后缀大部分字音都有多音形式，有的多达四种读音形式。

（2）字形不固定：做后缀的虚语素字形往往都不固定，可以有多种写法，同时，一个词根后可以附着不同的后缀，且其语法意义并不改变，例如：

表示"扯散"义的：拉棱＝拉弄。

表示"用言语嘲笑、挖苦人"的：踩乎＝踩和。

类似以上这种形式的还有多种，不一一列举。

（3）意义虚化：这些后缀已经完全虚化，附着在动词后多是使单音节动词双音节化，已经没有实词义，而只有一定的语法意义。

这也是实词虚化的基本特征，可以说这些动词后的虚语素都已经变成完全的动词后缀形式。

三、形容词的语缀

（一）形容词的前缀

1. 单音前缀

北京土话形容词具有单音前缀，构成 XA 式，主要有以下几个：

（1）精[tɕiŋ˥]

附着在形容词性语素前表示极、特别、十分、非常等义，通常用于不好的消极性的形语素前。

精湿极湿、精凉极凉、精瘦极瘦、精穷十分、精细儿的特别细的、精湿呱哒很湿状。

有时还可附在量词前构成形容词：精点儿极小、很小。

（2）稀[ɕi˥]

也写作"希"，附着在形容词性语素前表示程度较深或达到极点。

稀嫩极嫩、稀破极破碎、稀烂八糟极破碎之状、稀松对某种事物或情况的否定，如不精湛，不难等。

希/稀奇罕见、希希/稀稀罕儿稀罕。

（3）溜[liou˥]

附着在形容词语素前表示程度很深或达到极点，表示极、多、特别、十分的语法意义。

溜光形容表面十分光滑、溜尖十分尖锐、溜尖儿指器皿中盛物堆得上尖、溜满儿极满、溜黑非常黑、溜严极严、溜平十分平而光滑、溜滑很滑、溜圆很圆。

"溜"的本义是"偷偷地走""盯着，集中目光看"，又引申为"逢迎、吹捧"，下面这些例词中的"溜"是动词性的实语素：

溜哄说好听的话讨好、溜奉同溜哄、溜沟子逢迎、谄媚、钻营、溜边儿比喻怯懦，不敢负责、溜门子_{窃贼溜入人家行窃}、溜丘_{偷偷斜视状}、溜须_{献殷勤，讨好}。

（4）瓦[uaˇ]

"瓦"作前缀时必变读为去声，以和名词性语素的"瓦[uaˋ]"相混。其功能主要是附着在形容词性语素前表示事物的某种性质、状态。

瓦蓝_{蔚蓝}、瓦灰_{一种淡灰色}、瓦凉_{阴凉}。

"瓦"的能产性不强，构词的结合面较窄。

（5）响[ɕiɑŋˋ]

附着在形容词性语素前表示事物的"很、极"的程度义。

响干_{极干}、响饱_{极饱}、响晴_{很晴朗}。

（6）蔫[niɑnˉ]

附着在形容词性语素前表示事物的某种性质、状态，有的具有表示"很、非常"的程度义。

蔫冷_{很冷}、蔫甘_{指话不多且性情安详}、蔫准_{不多说话而心里有数}。

"蔫"本义有"不动声色，悄悄地"之义，上述例词的实语素义开始虚化，只是程度上还有一些实语素的痕迹，应该是处于半虚化状态的准词缀，以下例词中的"蔫"是形容词性实语素：蔫淘_{暗中淘气}、蔫损_{专好暗中作弄人}、蔫拱_{暗中怂恿或挑唆}。

（7）齁[xouˉ]

附着在形容词性语素后构成形容词，表示某种性质，具有"很、极其、非同一般、过、太"等的程度义。

齁咸_{极其咸}、齁甜_{极其甜}、齁热_{极其热}、齁冷_{极其冷}、齁远_{极远}、齁寒碜_{极寒碜}。

"齁"一般和表示感觉如味觉、触觉等的语素组合构词，常常用于含贬义的形容词上。

（8）杀[ʂaˉ]

附着在名词性语素后构成形容词，表示某种性质。

杀菜_{怯懦}、杀口_{某种味道对舌头有很强的刺激感}、杀口儿甜_{极甜}。

"杀"也构成动词：

杀冷儿_{天开始冷}、杀得慌_{因盐水、药水刺激皮肉而引起疼痛}。

（9）笔[piˇ]

附着在形容词性语素后构成形容词，表示某种性质。

笔齐_{很齐}、笔直_{很直}、笔管溜直_{很直}。

（10）泡[pɑuˉ]

附着在形容词性语素后构成形容词，表示某种性质。

泡海_{挥霍钱财}、泡满_{指菜肴数量充足}、泡囊_{松软}。

此外，苗细_{极细}、飞薄_{极薄}中的"苗""飞"都是虚化的语素，应当作形容词语缀，只是这二个语缀，只能构成个别词语，能产性极弱。

2. 双音前缀

老北京土话形容词双音前缀很少，只有"稀巴""齁巴"两个，其构词能力也很弱：稀巴烂_{破碎达到极点}、齁巴咸_{十分咸}，只能构成个别的例词。

（二）形容词的中缀

镶嵌在形容词性语素中，构成 AXA 式，北京土话形容词中缀不发达，只有"不""么""七八""得""里"可以看作构成形容词的中缀。

不[pu˥]：半不道儿_{半道}、半不截儿_{半截}。

"不"有时用来构成对举的短语：褴不褴，褛不褛_{衣服破旧貌}。

么[mo˥]：小么大儿_{半大}、咋长么短_{原原本本，又指不直说其事，避讳地说}、乍么深儿_{刚改变为新状态时}。

七八：零七八碎_{零碎}；乱七八糟_{乱糟糟}、乌七八黑_{污浊貌，又指黑漆漆}。

"不""么""七八"在词或短语中没有任何的实语素义，完全作为衬音的字在使用，可以看成是几个中缀。同时其构词能力都很弱，"不""么"都只能跟少数几个单独的词根构词。

"得"也常常作为形容词的中缀出现：

① 用来构成三音节的形容词

戳得住_{指有威信、孚众望}、哭得过儿_{指人的形貌极其瘦弱难看，有如死人而可悲}、空得落_{空荡荡}、苦得哈_{形容生活困苦}。

② 用来构成四音节的形容词"A 得儿 B"式

苦得儿累_{指衣衫不整，精神疲惫状}、闷得儿密_{隐蔽地、不敢公开、自饱私囊}。

"里"构成形容词往往表示事物的性质状态，如：黑里翠_{肤色极黑而光亮}。

在构成形容词时，"里"也会进一步弱读为"[lə˥]"：

污里[li˥]污涂_{形容模糊不清状}——污里[lə˥]污涂

夜里[li˥]巴睁_{猛然醒来神智还不清醒貌}——夜里[lə˥]巴睁

"里"构成形容词中缀有以下两种情况：

单音节形容词"A 里 AX"式：血里血乎_{喻受不住刺激而惊慌不安}、拉里拉忽_{粗心大意貌}、嘎里嘎巴_{粗糙而不柔软}。该式中"X"是一个虚语素，音节上都是读成轻声。

双音节形容词"A 里 AB"式：荒里荒唐_{不安稳慌慌张张}、颟里颟顸_{或赞人老实，或贬人愚钝}、媚里媚气_{指男性显得娇媚}、母里母气_{娘娘腔}、楞里楞怔_{睡眠初醒时的迷糊状态}、各里各生_{陌生，又指夹生}。

以上用"里"构成中缀的形容词格式都是表示对事物性质状态的一种描摹，多数情况下都是表示消极的语义。

"里"构成形容词有时弱读为[lə˥]时，字形上还会经常写作"了[lə˥]"：

野了[lə˧]骨无礼粗野、二了[lə˧]二思犹豫不决，模棱两可貌、孩了[lə˧]孩气指像孩子那样的行动、性情、爱好等、黑了个翠肤色极黑而光亮、水了吧唧水分过多。

例词中的“了”应为“里”的变读。

（三）形容词的后缀

1. 单音后缀

（1）的[tə˧]

几乎可以附着在状态形容词的各种形式后。

出现在双音节形容词AB式后：冰凉的、雪白的、稀烂的、辣蒿儿的辣得很美味。

这类形容词限于基式只能重叠为ABAB式的形容词，基式不能重叠为ABAB式的一般双音节的形容词是不能加“的”独用的，如：疯道私生活不规矩、凉渗微寒、干净、大方，直接加“的”有些勉强，需要一定的语境，前加程度副词修饰或重叠为AABB式后才能直接加“的”。

出现在双音节形容词重叠式AA式后：好好的、红红的、真真的清清楚楚的。

出现在ABB式后：绿油油的、矮趴趴的低矮的、苦哈哈的形容贫困而苦恼、鼓溜溜儿的高高凸起，饱满。

出现在“副词+A+的”的结构中：挺直的、怪好看的、特小的、好可怜的。

出现在四字格的形容词后：

双音节形容词重叠式AABB后：干干净净的、离离希希的古里古怪、嘎嘎渣渣的形容渣滓很多。

A里AB式后：糊里糊涂的、㧐里㧐登的眼睛不断眨巴状、蹀里蹀斜的踉踉跄跄。

A里BC式后：毛里咕叽的形容慌张而举止失当、零里八敲的零七八碎、马里马虎的。

A儿A儿式后：哔儿哔儿的气得呼呼的、份儿份儿的神气十足、撩儿撩儿的形容火势微弱、劲儿劲儿的劲头十足，又指神气傲慢。

ABAB式后：咈囔咈囔的津津有味、眯瞜眯瞜的形容眯着眼睛的样子、嗨哄嗨哄的形容腮帮子蠕动状。

其他形式：恶拉巴心的恶心要呕吐、吭哧白囊的极其费力的样子、红不棱登的红颜色，含厌恶义。

出现在多音节形容词重叠式后：凉丝儿丝儿的很凉、甜丝儿丝儿的略带香甜味道，又形容甜美、香喷儿喷儿的香气扑鼻、呼扇儿呼扇儿的颤动、不结实的样子、渗凉儿渗凉儿的形容天气寒冷。

（2）腾[t‘əŋ˧]

“腾”也写作“登”，轻声。附在形容词性语素后构成形容词：熟腾食物多指水果接近腐烂，又指心中烦乱、**憎腾/蒙登**模糊而性气不沉静，糊涂、**火腾**热闹、火暴、兴旺、**暄腾**松软，一般在句中充当谓语，例如：

> 这几十斤香蕉在纸箱子里捂了十天，都熟腾了。（CDC）
>
> 他一进考场就蒙登了。（同上）
>
> 日子过得很火腾。（CDQ）

（3）拉

附着在形容词性或动词性语素后构成形容词表示事物的某种性质。

粗拉粗糙、**哈拉**油质或油质食物变味、**皮拉**结实，又指不娇气、**撇拉**形容走路时脚向里或向外歪斜、**兀拉**泼辣。

（4）棱[ləŋ˧]

附着在形容词性语素后构成形容词表示事物的某种性质或状态。

侧棱倾斜、**窄棱**窄小、**焦棱**烧焦而使边缘翘起、**硌棱**刺耳、不受听、**歪棱**歪、**斜棱**斜视。

"棱"构成的形容词常常也在句中充当谓语表示某种持续的状态，例如：

> 玛力姑娘的蓝眼珠一转，歪棱着脑袋噗哧一笑："反正这些话有理！"

（CCL-LS《二马》）

（5）道[tɑu˧]

道[tɑu˧]有时又读作[təu˧]。"道"可附在形容词性语素后构成形容词。

邪道古怪、蹊跷、**疯道**指私生活不规矩、**神道**精力旺盛，又指古怪可笑、**王道**性子猛烈，剧烈，又指横蛮、**正道**正派、**霸道**横蛮，又指物性猛烈、**诡道**指小孩机灵、**外道**客气、**棍*道**服装利落、**筋*道**指食物有韧劲，又指精神好。

也可附在名词性语素构成形容词：**沫道**没条理，头绪不清、**地道**指货物质量高或工艺技术好，也借指人的品格好。

还能附在其他语素后构成形容词：**筋道**指食物有韧劲，又指精神好、**棍*道**服装利落，这两个词有多种写法：

筋*道——靳道、劤道、筋逗、筋豆。

棍*道——棍丢、棍逗、棍吊。

"筋*""棍*"的本字不详。通过上例也可观察到，"道"字只是借音而已，是一个完全虚化的语缀。

（6）嗖[sou˧]

也写作"飕""索"，附着在形容词性语素后构成形容词。

溜嗖敏捷或熟练、**高嗖**形容高大、**俐嗖**轻快之义、**飘嗖**飘扬轻快敏捷等义。

（7）巴[pa˧]

"巴"既可作动词的后缀，也可附着在形容词性语素或其他语素后构成形容词。

窄巴窄小，又指不富裕、**干巴**指东西失去水分变硬，又指人瘦、**蔫巴**水果因干燥而萎缩，又指精神不振、**瘦巴**

比较瘦、僵巴_{僵硬}、刺巴_{指表面不光滑而有小凸起或毛刺儿}、赖巴_{指身体虚弱}、力巴_{外行}、涩巴_涩、皱巴_{多皱纹，对指衣服穿得紧}。

（8）乎（儿）[xu˩]

也写作"忽"，读作轻声。附着在形容词性或其他语素后表示事物的某种性质、状态和某种程度义。

鲜乎_{鲜活}、善乎_{平和，简单，轻而易举，又指少、小、差}、近乎_{关系密切}、二乎_{惊疑，胆怯}、腻乎_{黏稠适中}、泞乎_{稀软如粥状}、潮乎儿_{微微潮湿的样子}、圆乎儿_{圆，又喻圆通}、乱乎/忽_{乱，又指乱而热闹}、眇乎_{依稀看见或记得}、软乎_{柔软}、邪乎_{超乎寻常，离奇}、玄乎_{离奇}、悬乎_{危险}、晕乎_{头脑不清醒}、碎乎_{烦琐，絮烦}、悬的乎_{有点儿危险}。

"忽"构词还有例外的情况如："拉[la˩]忽_{粗心，疏忽}"，又写作"喇忽、邋忽、拉胡"的不同形式，这是从满语"lahu"借来的借词现象。

（9）气[tɕʰi˩]

附着在形容词性语素后构成形容词，表示某种性质、状态。

硬气_{理直气壮}、傲气、傻气_{愚蠢}、俏气_{细气，秀气}、狂气_{狂妄}、硗气_{娇嫩易坏}、神气_{可笑}、丧气_{使感到不吉利}、秀气_{买卖收入多}、厌气_{讨人嫌，贪婪}、磁气_{指路子广，交游广}、臊气_{像尿和狐狸的气味儿}、水亮气儿_{鲜嫩、艳丽的外观}、匪气_{指流氓气}。

个别时候可附着在动语素或名语素后构成形容词：提气_{让人感到有精神，又指要强、争气}、书气_{赞面容举止文雅}、牛气_{骄傲自得的神气}。

（10）溜[liou˩]

附着在单音节性质形容词性语素后构成形容词，有一定的表达程度的意义。

稀溜_{形容稀}、酸溜_{形容酸}、直溜_{非常直}、瘦溜_{身材苗条，肥瘦适中}、滋*溜_{形容动作极快}、匀溜儿_{不大不小，适中正合之义}、拘溜儿_{弯曲}、鼓溜儿_{饱满}、快溜儿_{速度快}、曲溜儿_{曲里拐弯}、瘦溜儿_{指脚形以及鞋形窄瘦}、稀溜儿的_{形容稀稠适宜}、直溜儿_{物体直而不曲状}、中溜儿_{中等}、澈溜_{水满将溢貌}、顺溜_{不蓬乱，又指顺畅}、细溜_{细，不粗}、小得溜_{一点儿，少量的}。

还有个别附着在单音节名词性语素后构成形容词和动词：风溜_{凉快，又指乘凉}。

"溜"构成的形容词有时儿化后会变成名词：曲溜儿_{弯弯曲曲的条纹}。例如：

水牛儿爬过，留下一道儿曲溜儿。（CDC）

（11）势[ʂʐ˩]

也写作"实"，读作轻声。附着在形容词性或其他语素后表示某种性质或某种程度。

刺*势/辣*实_{厉害}、棒实/势_{身体结实}、火势_{气势旺盛}、欢势_{活泼、高兴}、虎势_{赞人的形态雄壮}、旺势_{炉火旺盛，又指事业兴旺}、宽势_宽。

"势"经常性地写作"实"：垦实_{坚实}、拙实_{壮实}、笮实_{结实}、憨实_{形容东西的粗壮}、皮实_{不娇嫩}、肥实_{指动物肥壮，又指生活好}、足实_{指享受很好}、凿[tsuo˩]实_{指器物坚牢}、匀实_{周全，均匀}、典实_{慎重}、密实_{结构精密}、硬实_{坚韧}。

偶尔写作"式"：俏式_{指体态外貌轻灵而美丽}。

（12）生[ʂəŋ˥]

附着在形容词性语素后表示某种性质或某种状态。

轻生_{轻，又指轻松}、扁生_{形容物体扁平，有赞义}、脆生_{形容食物酥脆，又指人声音清亮}、板生_{形容物体平整硬挺}。

2. 单音节双叠后缀

（1）XX

主要是附着在单音节形容词后以重叠的形式充当后缀，"XX"是虚语素，一般是重叠式的第二个音节轻读，大多表示"非常、很"的程度意义。主要有：

-乎乎：潮乎乎_{潮湿的样子}、腻乎乎_{黏稠，油腻}、黑乎乎、黏乎乎、胖乎乎、湿乎乎、油乎乎、傻乎乎_{痴呆之状}。

-花花：毒花花_{阳光极强、极热}、白花花_{很白的样子}。

-巴巴：紧巴巴、皱巴巴、干巴巴、赖巴巴_{身体虚弱状}、累巴巴_{形容孕妇行动不便}、窄巴巴_{窄小}。

-梆梆：紧梆梆、硬梆梆。

-溜溜：酸溜溜、尖溜溜_{非常尖}、窄溜溜_{窄而长}。

-哄哄：臭哄哄、乱哄哄。

其他：矮趴趴_{低矮}、短厥厥_{衣服短小而难看}、亮堂堂、黑黢黢、凉嗖嗖、冷冰冰、乱糟糟、娇滴滴、暖烘烘、软绵绵、红通通、狠歹歹_{凶狠状}、红哧哧_{微带红色}、稀剌剌[la˨la˩]_{稀疏的样子}、辣蒿蒿_{很辣}、零激激_{毫不着力状}、腻拽拽_{黏糊糊}、蔫扎扎_{黏糊糊}、青虚虚_{微带黑色}、傻呵呵_{痴呆之状}、实拍拍_{坚实无空隙}、直勾勾_{眼睛发直状}、浑戗戗_{不明理、不聪明}、楞科科_{迟钝、发呆状}。

（2）XX儿

这种形式是后缀双叠后儿化的形式，比较"XX"式单纯表示形容词的某种性质状态来说，"XX儿"式还兼具有表示喜爱的意味在内，在表示程度义方面，"XX"式偏向表示"很、极"的程度义，而"XX儿"式偏向表示"轻微的"或"适中的"程度义。

-乎乎儿：潮乎乎儿、稠乎乎儿、黏乎乎儿、面乎乎儿、胖乎乎儿、软乎乎儿、油乎乎儿、圆乎乎儿。

-溜溜儿：光溜溜儿、鼓溜溜儿_{高高凸起、饱满}、直溜溜儿_{直立之状}、圆溜溜儿_{非常圆的样子}。

-阴阴儿：潮阴阴儿_{微微潮湿，有赞美义}、苦阴阴儿_{微带苦味}。

其他：沉甸甸儿、活生生儿、硬梆梆儿、黑黢黢儿_{黝黑}、油汪汪儿、矮颠颠儿_{谦虚和蔼}。

（3）X 儿 X 儿

这种形式是将"X 儿"整体重叠而构成的，"X 儿 X 儿"在意义上与"XX儿"没有明显的区别。

-乎儿乎儿：潮乎儿乎儿、面乎儿乎儿、黏乎儿乎儿、傻乎儿乎儿、蔫儿乎儿乎儿、胖乎儿乎儿、热乎儿乎儿、傻乎儿乎儿、油乎儿乎儿、圆乎儿乎儿。

-丝儿丝儿：甜丝儿丝儿、凉丝儿丝儿、辣丝儿丝儿。

-滋儿滋儿：甜滋儿滋儿、酸滋儿滋儿、美滋儿滋儿。

-溜儿溜儿：稀溜儿溜儿、圆溜儿溜儿。

-汪儿汪儿：蓝汪儿汪儿、油汪儿汪儿。

其他：凉飕儿飕儿、凉森儿森儿、绿英儿英儿、绿油儿油儿、慢悠儿悠儿、硬梆儿梆儿。

以上的重叠后缀中，不论"乎乎"还是"乎儿乎儿"的能产性均最强，可以附在较多的单音形容词后构词，结合面最宽，"其他"类的重叠后缀能产性较弱，通常只有一种说法。

3. 双音节后缀

形容词还有使用双音节后缀构词的，其形式变化多样，种类繁多。为避免驳杂，以下提取多音节后缀的"首字"作为分类依据。

（1）"不"类

① 不搭[puˌtaˉ]

用作单音节形容词性语素的后缀，含有"一点"或"有些"的意思。

白不搭_{指物件褪色或食物清淡无味}、阴不搭_{阴沉沉}、干不搭_{空气干燥}、臊不搭_{害羞}、灰不搭_{灰灰的}、膻不搭_{膻膻的}、蔫儿不搭_{蔫蔫的}、秃不搭_{秃秃的}、涩不搭_{涩涩的}、讪不搭_{羞愧貌}、锈*不搭_{眼睛疲劳状}、悬不搭_{危险}。

② 不唧[puˌɕiˉ]

用作单音节形容词性语素的后缀，含有"有那么一点儿"或"有些"的意思。

滑不唧_{指湿而滑的状态}、黑不唧_{黑色，含厌恶义}、软不唧_软、酸不唧_{不好的酸味}、咸不唧_{咸而令人生厌}、臭不唧_臭、嫩不唧_嫩、肉不唧_{动作缓慢貌，又指瓜果等软而不好吃}、蔫不唧_{精神萎靡}、黄不唧_{黄而难看状}。

"不唧"往往表示不好、厌恶、不喜欢的意义，例如：

这个人干什么都肉不唧的，没个脆快。（CDX）

他也不是干什么去了，把手脸都弄得黑不唧的。（CDS）

③ 不唧儿[puˌɕiəɻˉ]

用作单音节形容词性语素的后缀，含有"有那么一点儿"或"略微""适中"的意思。

辣不唧儿略带辣味儿、蔫不唧儿不作声响、悄悄地、苦不唧儿微带苦味、酸不唧儿好吃的酸味、又指微感疲劳、咸不唧儿略带咸味、甜不唧儿略带甜味、肉不唧儿赞美人的性格温和、又指人的面容丰润、乐不唧儿微笑状。

"不唧儿"往往表示喜欢的意义，例如：

这个姑娘好脾气儿，肉不唧儿的，跟谁都说得来。（CDX）

她做的泡菜辣不唧儿的挺好吃。（CDS）

这种菜苦不唧儿的还不难吃。（同上）

④ 不棱[puˌləŋˈ]

歪不棱歪着、仄[tʂaiˈ]不棱身体歪着要倒下的状态。

⑤ 不墩儿[puˌtuərˈ]

胖不墩儿略有点胖而不高。

⑥ 不阴儿[puˌiərˈ]

潮不阴儿赞词、微微潮湿、苦不阴儿微苦之味。

⑦ 不嗤/哧[puˌtʂʅˈ]

僵不嗤形容呆滞的样子、闷不哧指沉默寡言的脾气性格。

⑧ 不丝儿[puˌsərˈ]

凉不丝儿略有凉意、甜不丝儿甜丝丝、咸不丝儿略带咸味。

⑨ 不嗦[puˌsuoˈ]

甜不嗦甜得不适口、辣不嗦辣得不适口、咸不嗦咸得不适口。

⑩ 不拉[puˌlaˈ]

苦不拉、酸不拉、咸不拉、涩不拉、馋不拉、蔫儿不拉、半不拉指事情做到半截。

⑪ 不滋儿[puˌtsərˈ]

美不滋儿形容得意的心情和神情、苦不滋儿、甜不滋儿、酸不滋儿、咸不滋儿。

⑫ 不溜（儿）[puˌliouˈ/puˌliourˈ]

用作单音节形容词性语素的后缀，这类只有少数几个例词。

中不溜（儿）中等，不大不小、酸不溜儿酸、咸不溜儿咸。

⑬ 不英[puˌiŋˈ]

绿不英绿而令人生厌。

⑭ 不登[puˌtəŋˈ]

奥不登甜得过度、傻不登很傻。

⑮ 不津儿[puˌtɕiərˈ]

潮不津儿微微潮湿状。

（2）"得"类

① 得乎[təˌxuˈ]

潮得乎很潮、黑得乎很黑、咸得乎很咸、赖得乎很赖、悬得乎危险、沉得乎很沉。

② 得乎儿[tə˧xuɻ˧]

潮得乎儿微微潮湿状、稠得乎儿稠粘之状、面得乎儿面软状、酸得乎儿、稀得乎儿、浑得乎儿、美得乎儿、乐得乎儿求之不得，又指因满意而自得的神态。

③ 得溜儿[tə˧liour˥]

匀得溜儿大小、间距等均匀。

（3）"咕"类

① 咕咚[ku˧tuŋ˧]

热咕咚很热、冒儿咕咚突然、杂儿咕咚内容丛杂。

② 咕丁[ku˧tiŋ˥]

猛咕丁突然。

③ 咕囊[ku˧naŋ˥]

软咕囊形容物体柔软，含厌恶义、肉咕囊松软的感觉、酸咕囊酸臭腐败之味。

④ 咕嘟[ku˧tu˥]

稠咕嘟儿很稠、热咕嘟热而使人生厌。

⑤ 咕拽[ku˧tsuai˥]

腻咕拽很腻、黏咕拽很黏。

⑥ 咕奈[ku˧tsuai˥]

馊咕奈馊而令人生厌的味道。

（4）"巴"类

① 巴啦儿[pa˧lar˥]

稀巴啦儿稀疏、寥落。

② 巴搭儿[pa˧tar˥]

哑巴搭儿默默。

③ 巴嘚儿[pa˧tər˥]

哑巴嘚儿默默。

（5）"么"类

① 么实儿[mə˧ʂər˥]

乍么实儿突然。

② 么滋儿[mə˧tsər˥]

乐么滋儿笑嘻嘻貌、笑么滋儿笑嘻嘻。

③ 么嗤[mə˧tʂʅ˥]

臊么嗤羞答答。

（6）"个"类

① 个叉[kɤ˧tʂʻa˥]

秃个叉光秃秃。

② 个滋儿[kɤ˩tsər˥]

咸个滋儿微咸。

③ 个张[kɤ˩tʂɑŋ˥]

木个张发木的感觉。

④ 个拽[kɤ˩tʂuɑi˥]

腻个拽油腻而令人生厌的感觉。

（7）其他

① 出溜（儿）[tʂʻuliou˥/tʂʻuliour˥]

光出溜赤裸裸、蔫出溜儿悄悄地。

② 嘚搭儿[tə˩tar˥]

哑嘚搭儿默默。

③ 默嘚儿[mə˩tər˥]

哑默嘚儿悄悄地，又指沉默不语。

④ 麻啦儿[ma˩lar˥]

稀麻啦儿稀疏、窎落。

4. 多音节后缀

　　形容词还有多音节后缀，多音节后缀形式复杂多样，一般附在单音节形容词性（极个别附着在名词性语素）后，构成四字格形容词的形式，在读音上，后缀的首音节都读为轻声，第二、第三个音节均读为阴平调。多音节后缀可以分为叠音式和非叠音式两种。

　　（1）叠音式

　　叠音式指多音节后缀中，末尾两个音节是叠合的，例如：

① 不唧唧/几几[pu˩tɕi˥tɕi˥]

酸不唧唧不好的酸味、水不唧唧/几几水分多而味淡、甜不唧唧甜而令人生厌、黑不唧唧、黄不唧唧、灰不唧唧、涩不唧唧、傻不唧唧不聪明、懒不唧唧非常懒惰。

　　"不唧唧/几几"表示事物性质状态时，具有某种厌恶之意。

② 咕囊囊[ku˩nɑŋ˥nɑŋ˥]

软咕囊囊形容物体柔软，含厌恶义、肉咕囊囊松软的感觉。

③ 不溜溜[pu˩liou˥liou˥]

酸不溜溜味道发酸，含厌恶义，又指人做作。

④ 咕嘟嘟[ku˩tu˥tu˥]

稠咕嘟嘟很粘稠、面咕嘟嘟指食物面而令人生厌、热咕嘟嘟热而令人不舒服。

⑤ 咕唧唧[ku˩tɕi˥tɕi˥]

面咕唧唧指瓜果吃起来不酥脆。

⑥ 不嗦嗦[pu˧suo˥suo˥]

甜不嗦嗦_{甜得不适口}、辣不嗦嗦_{辣得难受}、咸不嗦嗦_{咸得难受}。

⑦ 不英英[pu˧iŋ˥iŋ˥]

绿不英英_{绿而令人生厌}。

（2）非叠音式

指多音节后缀中，音节不叠合的形式，其格式也具有复杂多样性，具体分为：

A. "不"类

① 不出溜[pu˧tʂʼu˥liou˥]

光不出溜_{非常光滑}、蔫不出溜_{不声不响, 悄悄地}、黏不出溜_{很黏}、滑不出溜_{非常滑}。

② 不出溜儿[pu˧tʂʼu˥liour˥]

光不出溜儿_{非常光滑}、黏不出溜儿_{非常黏}。

③ 不溜丢[pu˧liou˥tiou˥]

灰不溜丢_{因故感到害羞或没趣儿}、紫不溜丢_{紫微微的}、酸不溜丢_{味道发酸}、苦不溜丢_{味道很苦}、滑不溜丢_{很滑}。

④ 不啦唧[pu˧la˥tɕi˥]

一般与表示气味、颜色、味道、性格等的单音节形容词组合，有较强的感情色彩，主要表示厌恶的意味。

臭不啦唧_{臭味}、灰不啦唧_{灰色, 含厌恶义}、酸不啦唧_{味道发酸, 含厌恶感}、苦不啦唧、秃不啦唧_{单调}、刺儿不啦唧_{性格古怪, 不合情理}、破不啦唧_{形容衣物等脏破}、贱不啦唧_{形容不自重或故意撒娇的样子}。

"不拉唧"的构词能产性特别强，能和大多数单音节性质形容词语素组合构成形容词，据胡明扬先生在《北京话初探》中的统计，[①] "不拉唧"能够和 128 个单音节性质形容词语素组合构词，是多音节形容词后缀中最活跃的一个后缀形式。

⑤ 不啦撒[pu˧la˥sa˥]

破不啦撒_{形容衣物等脏破}。

⑥ 不呲咧[pu˧tsʼi˥lie˥]

白不呲咧_{白得不好看, 又指淡而无味}、干不呲咧_{失去水分变硬, 空洞无味}、灰不呲咧_{灰灰的, 有厌恶意}、咸不呲咧_{特别咸}。

⑦ 不棱/楞登[pu˧ləŋ˥təŋ˥]

二不棱登_{傻里傻气}、顸不棱登_{粗, 含厌恶义}、红不棱登_{红色, 含厌恶义}、花不棱登_{花色鲜艳, 含厌恶义}、傻不棱登_{不聪明、灵敏貌}。

---

① 胡明扬：《北京话初探》，北京：商务印书馆 2005 年版，第 143 页。

⑧ 不唧溜[pu˦tɕi˥liou˥]

滑不唧溜_{非常光滑，又指人油滑}、 酸不唧溜儿_{略带酸味}。

⑨ 不唧撩[pu˦tɕi˥liɑu˥]

黄不唧撩_{黄色，含厌恶义}、 酸不唧撩_{不好吃的酸味}、 寡不唧撩_{食物淡而无味}、 滑不唧撩_{湿而滑}。

⑩ 不溜秋/球[pu˦liou˥tɕ'iou˥]

黑不溜球_{黑糊糊的颜色}、 酸不溜秋_{很酸}、 圆不溜秋_{很圆}、 脏不溜秋_{很脏}、 贼不溜秋_很
狡猾的样子</sub>。

⑪ 不溜唧[pu˦liou˥tɕi˥]

滑不溜唧_{光滑而令人生厌}。

⑫ 不啦叉[pu˦lɑ˥tʂ'a˥]

秃不啦叉_{单调，又指事情没有收尾}、 干不拉叉_{枯干无水分}、 浅不拉叉_{很浅}、 腥不拉叉_{特别腥}。

⑬ 不囊唧[pu˦nɑŋ˥tɕi˥]

酸不囊唧_{酸臭腐败味}。

B. "巴"类

① 不/巴溜丢[pu˦/pa˦liou˥tiu˥]

黑不溜丢_{很黑}、 黄不溜丢_{黄黄的}、 稀不溜丢_{不稠浓而令人生厌}、 矮巴溜丢_{矮小}、 紫巴溜
丢_{稍带紫色，紫微微}。

"巴"应是"不"的变读。

② 巴英儿[pa˦iə̃r˥]

苦巴英儿_{微带苦味}。

③ 巴溜湫[pa˦liou˥tɕ'iou˥]

稀巴溜湫_{诙谐的}。

④ 巴棱/愣登[pa˦ləŋ˥təŋ˥]

傻巴棱登_{傻头傻脑的样子}、 瘦巴棱登_{很瘦}。

⑤ 巴嗤溜[pa˦tʂ'ʅ˥liou˥]

光巴嗤溜_{赤裸状}。

⑥ 巴齐溜[pa˦tɕ'i˥liou˥]

光巴齐溜_{赤裸裸}。

⑦ 巴撩条[pa˦liɑu˥t'iɑu˥]

细巴撩条_{细长之状}。

⑧ 巴出溜[pa˦tʂ'u˥liou˥]

蔫巴出溜_{悄悄地}。

C. "啦"类

① 啦呱唧[la˦kua˥tɕi˥]、

苦啦呱唧_{带有苦味，含厌恶义}、 凉啦呱唧_{非常凉，带厌恶义}、 傻啦呱唧_{呆傻}、 秃啦呱唧_{光秃秃}、

凉啦呱唧_{凉而令人生厌。}

② 啦咕唧[la˧ku˥tɕi˥]

肉啦咕唧_{很柔软，又形容瓜果飘不脆、} 软啦咕唧_{很软的感觉，含厌恶义、} 酸啦咕唧_{不好的酸味、} 黏啦咕唧_{黏糊糊的感觉、} 傻啦咕唧_{不聪明、不机灵。}

③ 啦咣唧[la˧kuaŋ˥tɕi˥]

傻拉咣唧_{傻头傻脑的样子、} 醋儿啦咣唧_{嫉妒、} 青儿啦咣唧_{指青皮的态度。}

④ 啦咣当[la˧kuaŋ˥tɕi˥]

懈啦咣当_{懒怠无神、} 澥啦咣当_{形容汤或粥类很稀薄、} 稀啦咣当_{形容汤或粥类很稀薄。}

⑤ 啦咣汤[la˧kuaŋ˥tʻaŋ˥]

稀啦咣汤_{不浓貌。}

⑥ 啦巴叉[la˧pa˥tʂʻa˥]

秃啦巴叉_{树叶稀少露出枝丫貌。}

⑦ 啦不唧[la˧pu˥tɕi˥]

蔫拉不唧_{指植物等失水分干枯，又指精神不振。}

⑧ 啦巴唧[la˧pa˥tɕi˥]

浑啦巴唧_{形容非常不懂事理、} 赖啦巴唧_{身体瘦弱貌，又指品行不端状、} 软啦巴唧_{非常软状，含厌恶义、} 水啦巴唧_{水分多而令人生厌、} 土啦巴唧_{非常土气的样子、} 稀啦巴唧_{不浓稠而使人生厌。}

⑨ 啦嘎唧[la˧ka˥tɕi˥]

贫啦嘎唧_{寒酸状、} 咸啦夏唧_{味道咸而令人生厌。}

⑩ 啦巴秃[la˧pa˧tʻu˥]

乌啦巴秃_{不明不白，又指水不热而微温。}

⑪ 啦呼噜[la˧xu˥lu˥]

稀啦呼噜_{众多纷纭貌，又指一下子就吃完食物。}

⑫ 啦咕咚[la˧ku˥tuŋ˥]

杂啦咕咚儿_{多而杂。}

⑬ 啦咯唧[la˧kɤ˥tɕi˥]

苦啦咯唧_{味苦而令人生厌、} 水啦咯唧_{形容水分多而味淡，含厌恶义。}

⑭ 啦咕拽[la˧ku˥tʂuai˥]

腻啦咕拽_{油腻而令人生厌、} 黏啦咕拽_{黏糊糊的感觉。}

D."里"类

"里"实际上是"里[lə˧]"的音变形式，偶尔音读为[la˧]，有时候习惯上也写作"了"，读作[lə˧]。

① 里/了夏唧[lə˧ka˥tɕi˥]

臭里夏唧_{带有臭味、} 卤里夏唧_{空气潮湿使人觉得发黏、} 青里夏唧_{青色，含厌恶义、} 咸里夏唧_味

道极咸，含厌恶义、秃里戛唧光秃状，又指不圆满。

② 里巴唧[lə┤pa┐tɕi┐]

水里吧唧水分多而吃起来无味，又指技能或质量低劣、臭里巴唧很不好的臭味、懒里巴唧非常懒惰。

③ 里咣唧[lə┤kuaŋ┐tɕi┐]

懈里咣唧随便、马虎。

④ 里呱唧[lə┤kua┐tɕi┐]

贫里呱唧说废话，又指小气、傻里呱唧不聪明。

⑤ 里咕唧[lə┤ku┐tɕi┐]

软里咕唧非常软、毛里咕唧慌张而举止失当、蔫里咕唧无精打采、白里咕唧白得不好看。

⑥ 里巴秃[lə┤pa┐t'u┐]

乌里巴秃茶、水、酒等不热。

⑦ 里葫芦/呼噜[lə┤xu┐lu┐]

稀里葫芦糊里糊涂、稀里呼噜众多纷纭貌，又指一下子就吃完食物。

⑧ 里咕囊[lə┤ku┐naŋ┐]

面里咕囊很不酥脆。

⑨ 里咕拽[lə┤/la┤ku┐tʂuai┐]

黏里咕拽黏糊糊状、腻里咕拽过于油腻。

⑩ 里咕奈[lə┤ku┐nai┐]

腥里咕奈形容很腥气。

⑪ 里格扎[lə┤kɤ┐tʂa┐]

麻里格扎粗糙而多小颗粒。

⑫ 里巴梯[lə┤pa┐t'i┐]

胡里巴梯糊涂。

⑬ 里巴睁[lə┤pa┐tʂəŋ┐]

夜里巴睁猛然醒来神志还未清醒貌。

⑭ 里咣当[lə┤kuaŋ┐taŋ┐]

穷里咣当形容很穷、稀里咣当形容很稀。

⑮ 里巴哧[lə┤pa┐tʂʅ┐]

黑里巴哧、黄里巴哧、红里巴哧、楞里巴哧、酸里巴哧。

⑯ 里巴哄[lə┤pa┐xuŋ┐]

臭里巴哄指很臭。

⑰ 里蹀躞[lə┤tiɛ┐xiɛ┐]

蹀里蹀躞走路不稳状。

⑱ 里秃噜[li┤tu┐lu┐]

踢里秃噜衣裤太肥太长，又指折断而成堆坠落状。

⑲ 里蹋拉[liˌt'aˑlaˑ]

蹋里蹋拉_{形容拖着鞋的样子。}形容拖着鞋的样子。

E. "咕" 类

① 咕隆咚[kuˌluŋˑtuŋˑ]

黑咕隆咚_{很黑}很黑、 深咕隆咚、 圆咕隆咚_{很圆}很圆。

② 咕啦撒[kuˌlaˑsaˑ]

污咕啦撒_{肮脏}肮脏, 又指作风不正派。

③ 咕囔唧[kuˌnaŋˑtɕiˑ]

面咕囔唧_{很不酥脆}很不酥脆、 软咕囔唧_{很软的样子}很软的样子、 肉咕囔唧_{很柔软, 又形容瓜果瓤不脆。}很柔软, 又形容瓜果瓤不脆。

④ 咕龙通[kuˌluŋˑt'uˑ]

直咕龙通_{直而不曲状。}直而不曲状。

⑤ 咕棱登[kuˌləŋˑtənˑ]

圆咕棱登_{圆鼓鼓的。}圆鼓鼓的。

⑥ 咕溜秋[kuˌliouˑtɕ'iou]

黑咕溜秋、 圆咕溜秋、 贼咕溜秋。

⑦ 咕令丁[laˌlinˑtingˑ]

猛咕令丁_{特别猛}特别猛、 瘦咕令丁_{特别瘦}特别瘦、 秃咕令丁_{秃秃的。}秃秃的。

F. "么" 类

① 么滋儿[məˌtsərˑ]

乐么滋儿_{笑嘻嘻。}笑嘻嘻。

② 么咕咚[məˌkuˑtuŋˑ]

醉么咕咚_{大醉貌。}大醉貌。

G. "啷" 类

① 啷刚戗[laŋˌkaŋˑtɕˌiaŋ]

土啷刚戗_{土气}土气, 又指布满尘土。

② 啷河耗[laŋˌxɤˑxauˑ]

土啷河耗_{尘土飞扬貌。}尘土飞扬貌。

H. 其他类

-呲忽咧[ts'iˑˌxuˑlieˑ]: 辣呲忽咧_{味道很辣}味道很辣、 热呲忽咧_{很热。}很热。

-丝忽啦[sɿˌxuˑlaˑ]: 热丝忽啦_{灼热感, 又指离别的伤痛感。}灼热感, 又指离别的伤痛感。

-个啦叉[kɤˌlaˑtʂ'a]: 秃个啦叉_{光秃状。}光秃状。

-搭活登[təˌxuoˑtənˑ]: 稀搭活登_{松散而易被摇动。}松散而易被摇动。

-鼓/咕伦敦[kuˌluənˑtuənˑ]: 圆鼓伦敦_{滚滚圆}滚滚圆、 胖咕伦敦。

-净搭啦[tɕiŋˌtaˑlarˑ]: 瘦净搭啦儿_{赞美妇女体型纤细, 面容清秀。}赞美妇女体型纤细, 面容清秀。

-滞咕乃[tʂʅˌkuˑnaiˑ]: 油滞咕乃_{油平平的。}油平平的。

-么搁张[mə˦kɤ˦tʂɑŋ˥]：白么搁张_{空秃秃}。

（四）形容词语缀的特点

形容词语缀从数量上看，存在着前缀、中缀、后缀不平衡发展的现象。后缀特别发达，而前缀、特别是中缀就较为稀少。就每一类语缀内部来看，也存在不平衡的发展，后缀中多音节后缀的数量也多于单音节和双音节后缀的数量。

1. 构词特点

（1）字音字形

字音上：形容词前缀一般都读本调，例外的是"瓦"做词缀时，不再读其本调上升调，而必须读作去声调；形容词中缀一般读轻声；后缀的情况不同，双音节的后缀，第一个音节要读轻声，第二个音节读阴平调；多音节后缀，实际也是三音节后缀，第一个音节读轻声，第二、第三个音节一律变读为阴平。

字形上：形容词前缀的字形较为固定，而中缀和后缀的字形常常不固定，特别是后缀的字形，不同的人写作时，可以自由地写作，而不影响其语义，有时一个后缀有几种写法，例如：

-不棱登—— -不愣登、-不伦登。

-不啦唧—— -不刺唧、-不拉唧。

-么搁张—— -木搁张。

-里戛唧—— -了戛唧、-勒戛唧。

此外，形容词后缀的不同写法还与语义虚化，字音轻读或变读有关，比如，北京土话中"里[li˦]"常常变读为"[lə˦]"，字形上也被写作"了、勒"，由此使后缀的形式极为复杂多变，总体看来，"里、了、勒"类应该合为一类，"巴"和"不"类也是由于音变的情况产生分支，应该是"不"[pu˦]变读后，产生"巴"[pa˦]的读音，或者相反。

这些都可以看出形容词后缀的高度虚化性。

（2）组合特点

形容词性语缀总是固定地附着在单音节形容词性语素前后表示事物的性质、状态、程度等。只有很少的是附着在双音节形容词后，例如：

-巴拉——小气巴拉、恶心巴拉。

-巴焦——老实巴焦。

还有些语缀是嵌入双音节形容词中的：恶勒/啦巴心、兀勒/啦巴秃、正勒/啦巴经等。

除上述少数形容词语缀是附着在双音节形容词之外，绝大多数都是与单音节形容词性语素构词。其与词根的组合主要具备以下几种特点。

附加在描写味觉的词根上：

酸啦咕唧、咸里戛唧、苦不啦唧、甜不嗖嗖、寡不唧撩。

附加在描写触觉的词根上：

精凉_{极凉}、热丝忽啦、软啦咕唧、凉不丝儿、卤里戛唧_{空气潮湿使人觉得发黏}。

附加在描写嗅觉的词根上：

臭里戛唧_{带有臭味}、腥里咕奈_{形容很腥气}。

附加在描写颜色的词根上：

瓦蓝、黑咕隆咚、红里巴哧、青里戛唧_{青色}、紫巴溜丢、白不呲咧。

附加在描写人与事物性质状态的词根上：

精穷、溜尖儿、圆咕溜秋、矮巴溜丢_{矮小}、破不啦唧、瘦咕令丁_{特别瘦}、傻啦巴唧。

除个别情况外，形容词语缀几乎不与表示美好性质的形容词词根构词：美、香、好、高等是很难进入到形容词语缀构成的形式中的。

2. 语义特点

形容词语缀可以表达一些附加的意义，其表义的总体特征是对程度义的描述。

从表达的程度义来看，主要有两种：

（1）程度义的加强

形容词语缀大多数都有加强词根语义的作用，意义上都有"很、极、非常、特别、十分"的语法意义。

比如形容词的前缀"精、稀、溜、蔫、向"等都使所构成的形容词的意义在程度上有所加深；而后缀的各种形式也都普遍具有这种加深程度的意义功能。

（2）程度义的减轻

形容词语缀普遍有加强程度意义的功能，而一些语缀却也能使程度义有所减轻，例如：

臭豆腐闻起来臭剌戛唧的_{带有臭味}，吃起来倒挺香。（CDS）

这种饼干，甜丝儿丝儿的，倒不难吃。（CDJ）

若把以上例句改为不用形容词语缀的形式：

臭豆腐闻起来很臭，吃起来倒挺香。

这种饼干，很甜，倒不难吃。

使用"很臭"，"特别甜"的形式，明显可见其程度就比上述使用形容词语缀构成的形式要强很多。

在表示事物的程度义的描写上，北京土语主要通过"儿化"形式的形容词语缀的特有手段来表示。

A. 酸不唧（味酸，又指疲倦、酸疼无力）　　B. 酸不唧儿（略微带酸）

　酸不啦唧（味道发酸，含厌恶义）　　　　　酸不唧溜儿（略带酸味）

　酸不溜溜（味道发酸，含厌恶义）

A 组程度比形容词单用的程度要加强，并且带有明显的厌恶义；B 组程度比形容词单用的程度要轻，同时感情色彩上是表示喜欢和认可的意味。例如：

> 苣荬菜苦巴英儿的倒挺好吃。（CDC）
>
> 国光苹果有点儿酸不唧溜儿的挺好吃。（CDS）
>
> 这盘儿芥末白菜，辣丝丝儿的，好吃。（CDX）
>
> 这种苹果酸不唧儿的，好吃。（同上）
>
> 大树底下凉阴阴儿的，可以坐着歇会儿。（同上）

以上例词中的语缀，都带有儿化的形式，使平时一些偏向于不好的"味觉"或"感觉"的形容词性语素产生好的意义，并有使所构成的形容词程度意义减轻的作用。

3. 句法功能

形容词语缀构成的形容词，不论前缀、后缀、中缀等其基本的句法功能都是一致的，都可以在句中充当谓语、定语、状语、补语的功能。作谓语、补语、定语或状语时，一般都要加上形容词后缀"的"，但加不加"的"也要视使用者的习惯而定。例如：

作谓语：

> 首都机场候机室里，水磨石地面溜平（平而光滑）。（CDS）
>
> 这大肥肉腻拉咕拽的（很油腻），吃不多。（CDC）
>
> 这菜汤稀啦逛荡，哪儿有几片儿叶子！（同上）

作定语：

> 干了一上午的活儿，又热又累，就想喝点稀巴拉儿（较稀）的粥。（CDS）
>
> 这么大的屋子只放一对沙发，秃不剌茬的不好看。（CDS）

作状语：

> 这孩子光巴齐溜的下河了。（CDC）
>
> 这件外衣，灰不溜丢的，太老气了。（CDX）
>
> 这台机器不知让谁蔫不出溜地给修好了。（CDS）

作补语：

> 这篇文章写得秃不剌唧（单调、枯燥）的，没什么意思。（CDS）
>
> 你给客人倒水别倒得溜满儿（非常满）的。（同上）
>
> 长得溜黑（黑黢黢）。（CDC）

形容词语缀构成的形容词，一般来说不能受程度副词和否定副词的修饰。

4. 感情色彩

形容词语缀能表达说话人主观上对所描写的客观事物的态度和不同的感情色彩，绝大多数表示厌恶、嫌弃、不喜欢等贬义色彩，同时也描述了说话人对客观事物的评价或肯定、否定的态度。例如：

> 这块布红的。
> 这块布红唏唏的。
> 这块布红不棱登的。
> 这块布红不唧撩的。
> 这块布红不啦唧的。
> 这块布红里巴唏的。

单用一个"红"字，只是一种纯客观的描述，无法表达说话人喜欢还是不喜欢的心理活动，但使用形容词的不同语缀后，其中的感情色彩意义就明显不同，说话人的厌恶或不喜欢的主观态度以及对"布"的性质的评价，红得不好看的语义就跃然而出，运用形容词生动语缀的这种表达手段，增添了语言表意的丰富性和多样性，也加强了语言的生动性和形象性。

形容词语缀体现在对事物感情色彩上贬义多于褒义，在表示褒义的感情色彩上，北京土语主要也是通过"儿化"的特有手段区分意义功能，这种格式通常表示对事物的赞美，或者是原本不喜欢、不好的事物向程度减轻的方向发展。如"苦不阴儿"虽然表示"苦"的意味，但是却含有褒义，指微苦之味。例如：

> 这种苦瓜，并不太苦，就是苦不阴儿的，炒着好吃。（CDX）

此外还有：不唧——不唧儿；得乎——得乎儿等，儿化与不儿化在感情色彩上是有不同的，以下具体比较之。

> 不唧——不唧儿
> 臭不唧——臭不唧儿
> 傻不唧——傻不唧儿
> 咸不唧——咸不唧儿
> 凉不唧——凉不唧儿

"不唧"与"不唧儿"都有"有一些儿"的意义，但是"不唧"表示的是厌恶义，而"不唧儿"表示的则是喜爱的意义。

> 这杏子酸不唧的有什么吃头？（CDS）
> 我喜欢吃这种酸不唧儿的桔子！（同上）
> 他今天有点儿蔫不唧的，大概不舒服了。（CDC）

这人老是那么蔫不唧儿的，从不招惹是非。（同上）

得乎——得乎儿

"得乎"和"得乎儿"也有儿化和不儿化的差异，不儿化时，含有厌恶之意；儿化后就转变为赞美之意。例如：

这条小河太脏了，稠得乎的漂着垃圾、杂物，该疏通疏通了。（CDX）

一碗莲子粥端上来，稠得乎儿的真好喝。（同上）

总体来看，形容词语缀构成形容词时，只有少数格式能够表示褒义，而大多数一般都是表示事物不好的或消极意义的性质、状态，语义上都以贬义居多。

四、副词的语缀

副词的语缀有中缀和后缀。

（一）副词的中缀

用来构成副词的中缀主要是：不。

将不将儿_{刚刚、仅仅}、猛不丁_{突然、猛然}、抽不冷的_{突然、骤然，又指偶然}、好不当央的_{无缘无故}、好不央儿的_{无缘无故}、好不应儿的_{无缘无故}。

"不"是完全虚化的语素。

（二）副词的后缀

北京土话副词的后缀不多，口语中出现最多的有"的""然""价"等，以下具体列举。

1. 的[tə]

读作轻声。附着在副词性或形容词性语素后构成副词。分为两种。

（1）叠音式

一般附着在重叠式副词后：

渐渐的、暗暗的、悄悄的、微微的、真真的、特特儿的_{特为、专门}、乍乍的_{突然地}、可可儿的_{恰好，正巧}。

（2）非叠音式

冒猛的_{猛然、突然}、乍猛的_{猛然、突然}、非常的、猛咕叮的_{忽然而来的动作}、没的_{无缘无故的，又指无可}、抽不冷的_{突然、骤然，又指偶然}、赶紧的_{赶快}、虎拉巴儿的_{突然、猛然}、来不来的_{动辄}、冷不丁的_{突然}、不差离的_{差不多的}、不差嘛的_{差不多、大体}、三天两头的。

2. 价[tɕiə]

"价"必读轻声[tɕiə]，是[tɕiaŋ]的音变形式，又写作"介"，有时候也写作"家"。"价"应是"这样"合音虚化而来。

主要附着在否定副词之后构成副词，表示劝阻或禁止之义，或者附着在时间名词之后，表示某一段时间。

别价/别介 不要这样做、甭价/甭介 不可、不需要、不好价 违反禁忌。旧时含有迷信罪过之义、不价 拒绝之词、成年价 整年地、见天价 每日、整天价 成天地。

3. 乎[xu˧]

附着在副词性语素后构成副词。

几乎、似乎、特别乎、几几乎 险些。

"乎"作为副词后缀能产性不强，就以上列举的少数几个。

4. 然[ʐan˧˥]

"然"的构词能力较强，来自上古汉语中主要用作状态形容词的词尾，表示"……样子"的语义。"然"作为副词词尾，不再表示"……样子"的语义，而主要是起标志副词和使副词双音节化的作用。

忽然、自然、当然、不然、已然、仍然、必然、依然、果然、截然、断然、猛然、毅然决然地。

5. 自[ts˥˩]

"自"的能产性也较强，主要也能和形容词性语素构成副词。

亲自、暗自、独自、竟自、紧自、私自。

其中，"竟自、紧自"在早期的口语文本中较常出现，例如：

> 至于串胡同收买破鞋烂纸的妇女们，原来吆喝"换大肥头子儿"，也竟自改为"换洋取灯儿"。（CCL-LS《正红旗下》）

> 七七抗战以后，永远客满的这一家公寓竟自空起来。大学都没有开学，中学生很少住公寓的。（CCL-LS《四世同堂》）

> "别紧自蹲着，说话呀！你起来！"她似乎也觉出冷来，愿意活动几步。（CCL-LS《骆驼祥子》）

> 他劝道，"别紧自伤心。人人都有个归宿；有死，也有生，明天的人比今天还多，生命永不停息。（CCL-LS《鼓书艺人》）

在20世纪50年代前老舍的北京口语文本中，"自"构成的这两个副词还存在，而到20世纪80年代王朔作品中，这两个副词不再使用。

6. 其[tɕʰi˧]

"其"的能产性也不强，构成的例词极少。

尤其、大概其 可能、大概、任其、极其、闹归其/闹了归其 原来、恐其 恐怕。

"尤其"和"大概其"在口语中出现的频率较高，例如：

> 尤其是春天的时候儿，颐和园里头啊，花儿盛开呀，嗯，一进园，就闻见香味儿挺浓的。（BJKY）

屋里就转不开身儿。所以晚上备课的时候儿呢，时常出现一情况是什么呢？自己写的教案呢，写着写着呢，尤其是单页的，有时候儿一不注意呢，可能就掉到水盆儿里了。（同上）

"尤其"作状语是基本的功能，但也常常作为句首状语出现：

你如果人要一吹呢，跟着是呼气吹吸气啊，这就噗儿噗儿噗儿的，这样儿叫噗噗噔儿，不过那太危险，尤其小孩儿吹太危险。（同上）

我们家里还有这一条儿，还不是说，尤其我那老大呀，这媳妇儿呢，她就有点儿想法。生了个女孩儿呀，哭了半天。（同上）

"大概其"是典型的方言色彩的副词，在北京土话中也经常出现：

完了之后，啪，改成咱们现在的人民币了。这大概其是，不是五一年就是五二年，五零年两三年的时间，很短很短。（BJKY）

这本书您大概其看过多少遍？（CDS）

大概其他明天走。（同上）

和"尤其"一样，"大概其"也有充当句首状语的功能。

"闹归其"常常也写作"闹了归其"，是北京土话较有特色的副词，一般置于句首的情形较多，例如：

闹归其你是里码儿人哪！（CDD）

闹了归其，这是个骗局呀！（CDX）

7. 尔[ərˇ]

"尔"构成的副词只有一个：偶尔。

8. 个[kɤˇ]

构成副词的结合面很窄，只有两个。

挨个儿依次、顺序、 真个的确、确实,简直。

"真个"在口语中出现频率很低，在"北京口语语料库"中的检索结果是零，而在北京大学 CCL 语料库中，就北京作家的作品检索出的例子，只有老舍作品的两例。

一会儿，他又想到，假若日本鬼子真个打进城来，她怎么办呢？他屡次想进城去看看她，可是又不肯耽搁了军队中托咐给他的工作。（CCL-LS《火葬》）

上哪儿找石队长去呢？假若举人公已经真个被捕，石队长还敢在王宅吗？（同上）

此外，在北京方言词典中也只收有一例：

他幼稚得很，真个跟孩子一样。（CDD）

可见，"真个"作为副词其使用的概率是极小的。

（二）副词后缀的特点

1. 构词特点：字音字形上，一般不轻读，但有些后缀如"的""价"字音要轻读，字形上也有不同的变体形式。

2. 句法功能：和一般副词的句法功能一样，副词后缀构成的副词在句中只能充当状语。以下主要观察"的"与"价"的特点。

"的"类：

作状语时，词缀"的"往往习惯上也写作"地"。例如：

他大老远特特儿的把东西送来了。（CDC）

冒猛地_{猛然}听见一声尖叫。（CDX）

大家都在这儿看报，你猛咕叮地嚷什么？（CDJ）

这家伙没的_{无缘无故地}跑这儿来瞎搅。（CDC）

虎拉巴儿的_{猛然}给了他一下子，（同上）

"价"类：

老张成年价在外地办采购。（CDX）

这条街，整天价车来人往，非常热闹。（同上）

这个人，见天价来麻烦您，明天您别见他了。（同上）

"价"在否定副词后，其语法功能稍有不同：

咱们都是好朋友，您别价，真这么一来，以后不好来往了。（CDX）

你甭价，还是我出面的好。（同上）

"价"所构成的否定副词，在句中可以充当谓语。此外还可以独立使用：

别价，这么做事可不行啊！（CDJ）

别价啊！快搁下！（同上）

到我家里坐坐？——不价！您休息吧！（CDX）

这稿子请您转交。——不价，让小周去吧！（同上）

"价"构成的否定副词可以作为独立语单独使用，此时，其功能已经相当于否定副词"不"的语法功能。

副词后缀在汉语史上发展一直较慢，太田辰夫在论述近代汉语副词时共列出"然、来、是、为、也、且、而、乎、在、其、经"11 个副词的后缀[①]，志村良治在论述六朝至唐末的中古汉语副词时也说："从整体上看，中古时期'～自''～为''～在''～地''～来''～然''～经''～复''～是'等词尾化的现象极为明显。"[②]杨荣祥在二位学者的基础上，剔除二

---

① ［日］太田辰夫：《中国语历史文法》，余志鸿译，北京：北京大学出版社 2003 年版，第 249 页。

② ［日］志村良治：《中国中世语法史研究》，江蓝生、白维国译，北京：中华书局 1995 年版，第 78 页。

者提出的不正确的副词词尾，列举了 10 个较为可靠的副词词尾：乎、然、自、复、其、地、尔、生、个（箇）、可。[①]

笔者从"北京口语语料查询系统"（BJKY）184 万字的语料中，对上述 10 个副词进行了搜索，还保留在北京口语中的副词后缀有："乎、然、自、其、的/地、尔"几个，"复、生、个"作为副词后缀的出现率是零，这大致反映了近代汉语副词后缀在北京土语中的发展传承情况。

---

① 杨荣祥：《副词词尾源流考察》，《语言研究》2002 年第 3 期，第 66—70 页。

第三章　词类

本章主要对老北京土话的实词和虚词词类进行分类考察。

第一节　名词

一、名词的分类

名词的分类存在不同的划分角度，各家并不统一。本书主要依据名词的结构、意义等角度进行划分。

（一）结构分类

1. 语音结构类型

从音节角度看北京土话的名词，可以分为二种。

（1）单音节名词

由一个语素构成的名词，包含儿化的单音节名词。

有关自然方面的单音节名词：

指天象：天、风、雨、雪、雾、虹[tɕiaŋ˅]；

指地象：山、水、土、地；

指节气时令：春、夏、秋、冬、节、时、刻、分、秒；

指鸟兽虫鱼：狼、马、牛、羊、猪、狗、猫、鸟儿、鸡、蚕、鱼、皮、毛；

指树木花草：树、木、草、花儿、叶儿、枣儿、梨儿、杏儿、桃儿。

有关人事方面的单音节名词：

指人、人体、器官：棍_{有钱而强横不讲理的人}、鹰_{指男女合伙骗人者中的女方}、料_{对人的贬称}、手、心、血、皮、肉、毛；

指亲属称谓：爸、妈、奶_{奶奶}、姑、舅、哥、姐、弟、妹、侄儿、孙儿；

指生产：地_田、瓜、菜；

指衣食住行：衣——布、鞋，

食——米、肉、酒、茶、烟、酱、醋、盐、葱、蒜、火，
住——家、门、窗、户、床，
行——道、路；

指祭祀迷信：庙、神、鬼、妖、魂儿；
指婚丧礼俗：小妾、妾、坟、墓；
指金银财货：钱、玉、财；
指文化教育：书、画、纸、笔、墨、棋；
指音乐舞蹈：歌、舞、琴、鼓、箫；
指军队战争：军、师、兵、将、仗；
指抽象概念：礼、信、诚、气、性、情、灾、凶、祸、吉、福、哏乐子。

（2）复音节名词

由两个或两个以上的音节构成的名词。分为单纯复音词和复合复音词。

① 单纯复音词

叠音词

尜尜儿一种儿童玩具，又指一种食品、八八儿八哥儿、蛐蛐儿、蝈蝈儿、蛛蛛蜘蛛、屉屉屎、饽饽糕点，又指饺子、晦晦儿杨剌子、罗罗衣服被褥等被水浸湿干后留下的圈状痕迹、媄媄[mei˥ mei˥]乳房、能能婴儿尝试站立的动作、 锛锛脑门凸出者，北京对有此特点小孩的称呼。

联绵词

双声联绵词：琉璃蜻蜓。

叠韵联绵词：哈巴哈巴狗、 葫芦瓠瓜、 骨镳儿指某种截状物、 蚂蚱蝗虫、 旮旯墙垣内角、馄饨。

非双声叠韵：骨朵儿花蕾，又指蝌蚪、石榴、碌碡给粮食脱粒的农具、疙瘩皮肤上凸起的硬块、蝴蝶、牡丹、芙蓉。

外来词

塔塔处所，满语、 鹅淋衣物等湿而干后留下的痕迹，满语、 德合乐一种宽腰带，又指摔跤法之一，满语或蒙语、包衣清代王府中的家奴，满语、 他丝蜜回民的羊肉菜肴，回语、 胡同小巷，蒙语。

② 复合复音词

合成名词：由两个或两个以上词根语素构成。

蹲门雕旧指门岗警察、刷溜杆指貌美标致的少年，有不庄重义、板凳狗笨狗和哈巴狗的混种、棒儿芹一种蔬菜。

派生名词：由词根语素加上词缀构成。

石头、想儿希望、盼头、划拉儿门环、喜儿有庆祝意义的宴席、饭碗子指职业、混子指各行业中充数混饭吃的人、 虼子跳蚤。

重叠名词：由两个相同的词根语素重叠构成。

混混儿没有正业的流氓无赖、 兜兜一种衣饰、 胯胯胯部、 言言言语、 鬏鬏妇女的一种发簪、 筋筋

儿_{适当其时}。

以下主要从语法关系的角度考察复合复音词中合成词的构成情况。

2. 语法结构类型

（1）**联合式复音名词**

① 从语义的组合关系上，由两个并列的实语素构成。其构成的形式主要有：

同义联合：指构成语素的义项的基本意义相同。

倒卧_{因冻饿而倒毙街头者}、 经纪_{各行商业交易间的中间人}、 勾当_{事情}、 地土_{目的地}、 楞匆_{指做事不知利害，一往直前者}、 丝毫_{极微小的量}、 章程_{法规、规定}、 坐蹲儿_{称跌倒而坐在地面上}、 铺排_{丧家作佛事时为僧道服役的人}、 消耗儿_{消息，信息}、 躲闪儿_{直接以回避或隐藏的住所}、 磕碰儿_{挫折}。

近义联合：指构成语素的意义相近，并构成新词。

薄脆_{一种薄片状油炸面食}、 杂碎_{指用动物脏腑做成的食品}、 应酬_{交际往来}、 陪送儿_{嫁妆}、 行化_{指对食物或药饵的吸收消化}、 醒攒儿_{醒悟}、 新近_{近日}、 失闪儿_{意外的事故}、 阴凉儿_{遮住阳光之处}、 嚼裹儿_{生活费用}、 吃烧儿_{日常生活所需}、 日月儿_{生活，生计}。

对义联合：指构成语素的意义相对或相反。

阴阳_{为亡者代开映榜的人}、 东西_{货物，也用作詈词}、 肥瘦儿_{指肉有肥有瘦之处，又指衣服的宽窄尺寸}、 古今儿_{掌故。故事}。

偏义联合：指构成语素的意义只剩下一个，另一个语素只起陪衬作用。

睡婆婆儿觉_{指婴儿睡觉微笑}、 长短_{偏指短}、 规矩_{偏指规字}、 歇觉_{睡觉}。

② 从词类的组合关系上，其形式关系主要有：

名+名，例如：祸福、寒暑、天壤。

动+动，例如：吃喝儿_{伙食}、是非、交游、包涵_{埋怨、责难}。

形+形，例如：生死、阴阳、老弱、亏空_{债务}、喜好_{爱好}。

数+数，例如：三七儿_{指能引起是非的闲言碎语}。

（2）**偏正式复音名词**

由正语素和偏语素构成，偏语素修饰、限制、说明正语素，以下就偏语素对正语素的修饰关系进行分析。

① 从语义的组合关系上，有多种不同的语义关系。

性质限定：偏语素对正语素进行性质的限制说明。

香脂油_{猪的板油}、 新屉儿_{新出屉的蒸食}、 臭豆腐_{北京特产的豆制品}、 白干_{烧酒}、 旧家_{以前居住过的家}、 甜棒_{甜玉米}、 酸枣儿、 美人儿_{年轻貌美的女子}、 乐哥_{纨绔子弟}、 毛姜_{做事轻浮而不稳重的人}、 坏种_{指坏事的人}、 土棍_{市井流氓无赖}、 怯勺_{旧时对乡下人的称呼}、 烂桃_{对作风不正派的男女统称}、 猪狗臭_{狐臭}。

数量限定：偏语素对正语素进行数和量的限制说明。

一零儿_{零头}、 二苍_{芡实}、 三白_{一种皮、肉、瓤皆白的甜瓜}、 三青子_{指性情乖张的人}、 四六句子_{指连串的骂人话}、 四不像子_{麋鹿}、 五花儿_{猪肉肘部的好肉}、 六枝儿_{六指}、 七寸儿_{七寸碟}、 八宝儿_{多种}

材料合成的食品美称、 九花儿_{菊花}、 十冬腊月_{农历十月}、 十条_{旧时对妓院的讳称}、 千章_{豆制品}、 万字儿_{宗教护符}。

特征限定：偏语素对正语素进行特征或形状的概述和说明。

泥腿_{下等人}、 活地_{工人工作之处}、 板儿牙_{门齿}、 乌眼鸡_{好争斗的人}、 琉璃球_{聪明而圆滑的人}、 棒儿香_{一种有如棒形的短香}、 扁缸儿桃_{蟠桃}、 扁塌脸儿_{一种扁平而横宽的脸儿}、 葱心儿绿_{葱绿色}、 光饼_{一种表面光亮的北京风味点心}、 光葫芦_{完全剃掉头发的光头}、 兔儿草_{一种野草，弯如兔尾}、 骨朵儿_{花蕾}。

职业、身份、地位限定：偏语素对正语素进行职业、身份、地位的限定。

蹲儿兵_{清末类似今之警察的兵}、 监妗子_{监狱内的女警}、 马挑子_{马夫}、 杠夫_{出殡时抬扛棺材的人}、 茶师傅_{红白喜事中的司仪}、 家生子_{家奴所生之子}、 公子哥_{官宦家子弟}、 京油子_{指社会阅历很深，精通顸事的北京土著}、 官客_{指男子}、 堂客_{指女子}、 娇客_{女婿，新姑老爷}、 撞客_{迷信指因遇鬼而病倒的人}、 孙伙计_{对孙子的谑称}。

颜色的限定：偏语素对正语素颜色的限定说明。

红果儿_{腌制的山楂}、 黄糕_{北京风味糕点，色淡黄}、 赤包儿_{王瓜}、 白肉_{白水煮的猪肉}、 青白脸_{一种白中透青的脸面肤色，借喻奸诈阴险的人}、 蓝颏儿_{一种鸟儿}、 灰顶儿_{抹石灰的房顶}、 绿豆蝇_{一种绿色苍蝇}、 紫花布_{从受霜冻的棉桃里剥出的棉花纺织成的布}、 黑枣儿_{一种果实}。

质地、材料的限定：偏语素对正语素的质地、材料进行限定说明。

布衫儿_{布褂}、 草窠儿_{草丛}、 麻经儿_{一种麻绳}、 金镏子_{金戒指}、 铜活_{旧式家具门窗上的铜制零件}、 铁锞子_{带状铁皮}、 铅亮子儿_{枪弹}、 煤碴儿_{北京一带用的燃煤燃烧后的硬块}、 糖葫芦儿_{北京风味食品}、 冰核儿_{旧时夏季消暑的冰块}、 杏仁茶_{杏仁粉调的米茶}、 荷叶粥_{大张荷叶趁热盖于熬好的米粥上，使之变成淡绿色的粥，有荷叶的清香}。

行动方式的限定：偏语素对正语素的行动方式进行限定。

家教_{家庭教育}、 寡居_{居孀}、 水炖儿_{一种温酒器皿}、 胎里坏_{指人品行不端，生来就坏}、 胎里素_{指生来不吃荤腥}、 蛮妆_{缠足}、 门吹儿_{喜丧大事，门前所设奏乐的排场}、 步碾儿_{步行}、 高买_{假装顾客窃物的贼}。

功能用途的限定：偏语素对正语素表处所、器物、用具等进行功能、用途方面的说明和限定。

官衣儿_{官吏和军警的制服}、 油篓子_{厨房用油壶}、 汤瓶_{回民冲澡用的水壶}、 冲壶_{旧时淋浴用的蓄水斗}、 太平水缸_{旧时消防用的水缸}、 京糕纸_{一种淡黄色包裹京糕的纸，也可用来习字}、 冰桶_{旧时夏日用来取凉或冰镇瓜果等的用具}。

处所的限定：偏语素与正语素之间地点、处所的限定。具体分为两种情形：

偏语素对正语素所表示的地点、处所的类别限定。

官所儿_{泛指政府机关}、 号房_{官署的传达室}、 饭庄子_{高级大饭馆}、 大药房_{旧指西药房}、 私学房_{私塾}、 盆儿窑_{烧制陶瓦器皿的作坊或工厂}、 山货屋子_{专售土特产的商店}、 皮货局子_{出售皮毛的营业处}、 果局子_{鲜果店}。

偏语素对正语素所来自的处所进行限定说明。

沟葱_{在沟垄中培植的大葱}、 沟耗子_{秽水沟边生长的大鼠}、 树熟儿_{在树上未摘而熟烂的果子}、 树莺儿_{枣树}

上未落的干红枣、 树挂冬天挂在枝条上霜雪。

领属关系的限定：偏语素和正语素是领属关系。

胳肢窝腋部、 腰板儿腰背部、 树卡巴儿两树枝叉处、 葱胡子葱须、 心程心思、 眼只毛眼睫毛、 耳镜儿耳鼓膜、 狗脸指斥喜怒无常的人、 杨树狗儿杨树的花穗、 羊蝎子羊的脊骨、 手梢子手指尖、 脖梗子指脖子后部、 鼻须鼻毛。

类属关系的限定：偏语素和正语素是类属关系，偏语素表小类名，指属；正语素是大类名，指类。

松树、 杏树、 桃花、 兰草、 胖头鱼鳙鱼、 白薯红薯、 打瓜籽多肉少的西瓜，专作瓜子的瓜。

指称关系的限定：偏语素表指称，对正语素进行限定说明。

他人、 旁人、 诸事、 别肚直肠、 别人。

② 从词类的组合关系上，其形式关系主要有：

名+名，例如：官街公众行走的街道、 猫耳朵一种面食、 韭菜篓韭菜包子、 旗匣板子指旗人妇女天足者。

名+形，例如：味厚指饮食多油腻、 母哈哧指泼辣而粗野的妇人、 报脆儿旧时报纸编审所需的快手、 眼模糊眼屎、 靴黑儿黑鞋油之类、 豌豆黄儿北京小吃、 河鲜儿夏秋湖塘内新产的莲蓬、莲藕、芡实、菱角等应季果品、 火亮儿炉火中余烬的光亮。

名+动，例如：孀居寡妇、 胎教、 戏出儿绘画或泥塑中按旧剧人物绘制成的艺术品、 树串儿柳莺、 食困饭后困倦欲睡的习惯、 拾漏儿乘机会得到财富、 瓜挠儿给蔬果去皮的工具、 锅贴儿北京一种油煎食品，又指耳光、 行贩儿专营某项货品的商人。

形+名，例如：双棒儿双胞胎、 主腰儿旧京妇女的一种布制围腰、 笨面指土法磨出的色黑质粗的面粉、 醉八仙儿醉后姿态、 旱甜瓜是雨水稀少时成熟的甜瓜。

形+动，例如：大夯大腿、 小抠儿吝啬鬼、 死抠儿思想固执，又指钻研。

数+名，例如：半拉瓜指半个头皮、 半拉月半个月。

数+形，例如：半空儿生长不良的花生。

（3）述宾式复音名词

两个语素的语义关系是支配和涉及的关系，前一个表示动作行为，是动语素，后一个表示被动作支配的部分，是名语素。

安根吃饭、 烫澡洗热水澡、 把家虎儿不准人动自己或自家东西的人、 杀熟儿对熟悉的主顾抬高价格、 献勤儿献殷勤、 坐壶指把水壶安放在火炉上烧水、 抓街乞丐饿极而抢夺路人或商贩的食物、 猜闷儿猜谜、 跟骡儿旧时官宦出行轿后骑骡子的侍从、 害口指孕妇害孕呕吐的生理现象、 害眼结膜炎。

从词类的组合关系上，只有一种形式：动+名。

（4）主谓式复音名词

主谓式复音名词常常以重复合式的形式出现，即两个词根语素相在，其中一个已是一个复合词根，整个词的结构表现出重复合的形态，在结构层次上具有两层复合结构的特点。

主谓式复音名词的语义关系是陈述和被陈述的关系。

人来疯越有客来越活跃的人，多为讥诮小姑娘之语、 **猴儿拉稀**吹糖人儿的小贩售卖的糖品之一、 **嘴吃屎**指面朝下跌倒。

（二）意义分类

名词按照其意义主要分为：一般名词和特殊名词，一般名词包含专有名词、普通名词，特殊名词包含时间名词、方位名词等，以下主要讨论一般名词，特殊名词下文另述。

1. 专有名词

专有名词指某一独有的事物名词，包含地名、人名、国名、机构名、山川名、湖海名、星辰名、朝代名等。例如：

故宫、天安门、后门北京地安门的俗称、王府井、白石桥、北海、昆明湖、大清王朝、香山、启明星、老爷儿太阳、日头太阳、婆婆月亮，儿语、二子人名。

2. 普通名词

普通名词是表示具体事物的名词，包括物质名词、抽象名词、集体名词。

（1）物质名词

物质名词相对于实体名词而言，表示可以用感官感知的具体事物。

自然天象类：如星星、风、雨、雷、闪电、山、河、湖、海、地、泥。

植物类：如洋槐树、榆叶梅、榆钱儿、木犀花桂花、转日莲向日葵、兰芝花儿兰花。

动物类：如蚰蜒蚯蚓、蜡蜡咕蝼蛄、花蝴落[lau˅]大型黑色彩蝶、刀螂螳螂、季鸟儿知了、屎壳郎蜣螂、蚂螂蜻蜓、长虫蛇、呼不喇鹧鸪、檐目虎蝙蝠、水牛儿蜗牛、虼蚤跳蚤、马蜂黄蜂、钱串子蚰蜒、夜猫子猫头鹰。

生活用品类：如取灯儿火柴、火筷子火钳、吊子烧开水的壶、水舀子水瓢、话匣子留声机、胰子肥皂、电棒儿手电筒、月份牌儿日历、马粪纸粗厚纸板、马子马桶、烙铁熨斗、豆儿纸手纸、把儿缸子搪瓷杯、戳子印章。

人体组织类：如脑袋瓜儿头、后脑勺儿后脑部、下巴颏儿下巴、额罗嗦男子喉结、腨楞盖儿膝盖、耳朵翅儿耳翼、小肚子下腹部、胳勒拌儿外肘尖部、斗圆形的指纹、簸箕开口的指纹。

服饰类：如汗褡儿对襟背心、小褂儿短上衣、大褂儿单长袍、马褂儿对襟上衣、坎肩儿背心、大氅大衣、毛窝棉鞋。

首饰装扮类：如纂儿妇女的发髻、胭脂、水粉。

食品类：雪花儿酪土制冰淇淋、咯吱盒儿油炸豆腐皮、老豆腐豆腐脑、糊涂糕山楂制作的果酱、麻莲儿菜马齿苋、鸡子儿鸡蛋、撒裂荸荠、井拔凉夏季从深井打上的水，清凉解暑。

建筑类：大宅门儿深宅大院、大杂院多家分租的大院子、顶棚天花板、天棚凉棚、城根儿_{城脚下之地}、门插关儿_{门闩}、青灰_{刷墙用的材料}、琉璃瓦。

行政机构类：官府、衙门、巡警阁子_{警察派出所}、侦缉队_{民国时对刑事犯侦查缉捕的机关}。

市井行业类：戏园子_{戏院}、水局子_{消防队}、窑子_{妓院}、膏子铺_{鸦片店}、烧活店_{冥衣}_铺、鸭子坊_{养鸭的人家}、杠房_{专替人办理丧事的行业}、粪场_{经营粪肥的行当}、饽饽铺_{点心店}、挂货店_估_{衣店}、煤油庄_{专营煤油的店铺}、姜点_{杂货店总称}。

（2）抽象名词

抽象名词是表示抽象的概念、形状、属性等的名词，更多偏向于人们对客观事物的主观认识。

思想意识类：奔头儿_{理想，希望}、想头儿_{念头}、成色_{有出息，有前途}、吃累_{精神、财力和体力}_{有负担}、瓜葛_{纠纷}、规矩_{传统观念、法则}、架势_{姿态、样子}、讲儿_{意义，含义}、开窍儿_{思想解放}、墨水儿_{知识，文化}。

心理情感类：性情、舒心儿_{心情舒畅，适意}、喜好、兴致。

个性才干类：能耐_{本领，本事}、牛劲_{力气大，又指性情执拗}、顺把_{驯服}、忘性_{记性不好}、死轴子_{性情犟，固执}、为人_{人品}。

宗教鬼神类：魂儿、鬼、神仙、八仙、王母娘娘、兔儿爷、马虎子_{虚构的}_{怪物}、木楞鱼儿_{木鱼}。

伦理道德类：道德、人伦、仁义、诚信、守节、孝道。

吉凶祸福类：吉祥、福、禄、喜兴、灾祸、背运_{恶劣的命运}、点儿_{不幸的遭遇}。

赏罚利益类：功名、利益、名声、权势、名分、功劳。

事件事业类：人事、时事、国事、事业。

（3）集体名词

集体名词所指的对象是事物的一个类，是同类的部分聚合。

哥儿_{兄与弟弟妹妹的合称}、弹药、车马、纸张、书报。

二、名词的语法分析

（一）名词的句法功能

名词的基本句法功能是充当主语、宾语，一般来说可以无条件地充当主、宾语，由于名词内部存在不同的语义属性，名词的句法功能也呈现出多样性。

1. 作主语

杨伯峻、何乐士（1992）根据主语与谓语的关系，把古代汉语的主语分为四类：施事主语、受事主语、存在主语、主题主语。[①]以此观察老北京

---

① 杨伯峻、何乐士：《古汉语语法及其发展》，北京：语文出版社1992年版，第758页。

土话的主语，这几种情况都存在。

（1）施事主语

这类句子的主语都是动作的发出者，具体分两种情况：

① 施事主语都是指人的名词。例如：

王先生说话净盖_{以言语压制}人。（CDC）

大刀王五把那个大毛子撂嗞_杀了。（同上）

外国人乍学咱们的话，说起来总带点儿艮_{生硬，不自然}。（同上）

二妹正在害口_{孕妇呕吐的生理现象}，想吃杏干儿。（CDX）

一群孩子脱得光出溜儿的，跳到河里玩儿水。（同上）

② 施事主语是动物类有生名词，其自身能发出动作，也可以归入施事者。例如：

哪儿的冻狗子_{指寒季生的小狗，常因冷而尖叫不休}，叫唤了一夜，吵得我睡不好。（CDX）

小猫子一直在老鼠洞口嘿儿呼_{死死盯着，待机获取}着。（CDS）

小松鼠撅着_{翘着}尾巴，在树上蹦来蹦去。（CDS）

（2）受事主语

这类主语是动作的承受者。例如：

红烧肉他一吃就是一大碗，真有口道福儿_{指有口福}。（CDS）

这道数学题还真让他给抠哧_{指非常费力地做事}出来了。（同上）

这些黄瓜太嫩，还得再老成_{指瓜果熟透}才能摘了当种儿。（同上）

他的字写得真不怎么样哩溜歪斜_{歪歪扭扭}可难看了。（同上）

（3）主题主语

这类主语和谓语之间不存在施受关系，主语是谓语描写、评论的对象，这种主题主语句的谓语或是对主语的出身、情况加以评论，常常表示客观的感情色彩；或是对主语加以描写评论，常常带有较强烈的主观感情。例如：

二牛是他们家的娇皮哥儿，在一块儿玩儿，你可得让着他。（CDX）

小两口儿挺和美_{指感情好，亲密无间}。（同上）

看那孩子满脸的鼻丁伽巴儿_{干鼻涕}，真恶心人！（CDS）

这块地里的棒子_{玉米}长得多好啊！（同上）

这个小姑娘脸蛋子白里透红，多水灵啊！（同上）

（4）存在主语

这类主语主谓之间也没有施受关系，谓语只表示主语的存在和有无，谓语或是表示主语静态的"有""无"的存在，或者是表示主语动态的"来""去"的隐现。例如：

书房外有一座精致的小假山，霜清老人高了兴便到山巅拿个大顶_{指双手着地，头朝下倒立。}（CCL-LS《正红旗下》）

眼前又恰好是一片盆儿朝天碗儿朝地的景象。（CCL-LS《四世同堂》）

我们是伙计，你是头目，毒儿_{罪责，过错}可全归到你身上去。（CCL-LS《上任》）

昨儿咱们胡同儿八号李家来了一位大爵儿_{指高级干部}，坐着汽车，带着好几个随从，看模样，挺气派的。（CDX）

存在主语一般都由名词充当，大都是表示处所、人物、事物的普通名词

2. 作宾语

老北京土话的名词既可作动词的宾语，也可做介词的宾语。例如：

丁二爷听见张大哥的语声慌忙藏在里屋去出白毛汗_{受热或受惊吓而出的汗水。}（CCL-LS《离婚》）

哪儿学来的赖皮经_{无赖的作风。}（CDC）

你拿这么个破玩意儿还当成娇哥儿_{不经碰碰的宝贝。}（同上）

此外，经常性地充当介词宾语，比如"把、被、在、给"等介词都可以带介词宾语。例如：

今天天儿不错，我得把被卧晒晒。（CDS）

你就会给别人捧臭脚_{阿谀奉承别人。}（同上）

我们写的那份儿报告撂_{搁，放}在您的办公桌上了。（同上）

你去把昨儿个买的小盆儿拿来。（TYDC）

名词和介词组成的介宾短语，可位于谓语动词前或后，表时间、表地点、表对象等。由于动宾之间语义关系的复杂性，宾语的类型也存在着多样化的特点。以下具体分析。

受事宾语：

这类宾语是谓语动作的接受者。例如：

通讯员这工作得让人跑细了腿_{形容奔走的辛苦。}（CDS）

干了一上午的活，又热又累，就想喝点稀巴拉儿_{较稀的粥。}（同上）

夏天狗热得直流黏涎子_{从口中流出的黏液。}（同上）

施事宾语：

这类宾语中，谓语动作是由宾语发出的，宾语充当着施事者。例如：

来听报告的人不多，会场上稀刺刺_{稀疏状}的坐着几个人。（CDS）

母亲是受过娘家与婆家的排练的，尽管不喜多嘴多舌，可是来了亲友，她总有适当的一套话语，酬应得自然而得体。（CCL-LS《正红

旗下》）

天空飞着些小燕，院内还偶尔来一两只红的或黄的蜻蜓。（同上）

主题宾语：

这类宾语中，谓语动词实际是对宾语的判断和描述，说明宾语所处的状态。例如：

谁不知道祥子是头顶头的棒小伙子。（CCL-LS《骆驼祥子》）

你这个大怯子指说话带外地方音的人，满口的南方腔儿。（CDS）

你买的苹果全是球球蛋儿蛋儿形容小而不成样子，没有一个像样儿的。（同上）

目的宾语：

这类宾语往往都是动作所发出的目的。例如：

劳心淘神，都是为了你们。（CCL-LS《四世同堂》）

一个十四五岁的小男孩给沏茶灌水和跑腿儿指买东西，送信儿等零活儿。（同上）

对象宾语：

这类宾语往往是谓语动词所指向的某个对象。例如：

老王算是没敲敲诈上张二。（CCL-LS《柳家大院》）

他就会溜阿谀奉承领导。（CDS）

存在宾语：

这类宾语往往紧跟着表示"有""无"的动词后，或者表示出现、消失的动词后。例如：

天上稀剌剌稀疏的样子地有几颗星星。（CDS）

她脑瓜顶儿头顶上插了两朵花儿。（CDS）

溜溜儿一股股，一阵阵的东风带来一天黑云。（CCL-LS《骆驼祥子》）

这类宾语既可以表示静态的存在，也可以表示动态的存在。

处所宾语：

这类宾语中，动词后的名词都是表示动作发生的处所。例如：

我记得头年去年夏天，他来过北京。（CDS）

你的裤子都秃噜拖拉着，不利落状到地上了。（同上）

他才不得已的，像一条毛虫似的，把自己拧咕走路时肩膀随着腰来回扭动到首席。（CCL-LS《四世同堂》）

3. 作定语

绝大多数名词可以直接充当定语。例如：

装个饽饽点心匣子去看亲家。（CDS）

他就是这么个草鸡畏缩人。（CDC）

给孩子拌点猫儿饭用某肴里的卤汁拌的大米饭吃。（同上）

他是个母狗眼儿喜欢偷偷斜视的人，老爱瞄人。（同上）

有些名词作定语时，通常要带"的"：

这只金镯子的成色颜色和质量不错。（CDC）

水龙头的拧头儿松了。（同上）

4. 做状语

名词一般不能充当状语，但在有条件限制的情况下可以充当状语。郭锐（2002）总结了现代汉语名词做状语的三种情况，[①]这三种情况北京土话中也存在。

名词+形容词：

这下儿可乐子笑话，可笑的丑事大了。（CDC）

别走！这三间房子怎么办？为这屁股大的一点地和这间臭房，就值得我干一辈子的吗？（CCL-LS《八太爷》）

名词+动词性成分：

没饿死，我就得念祖师爷的恩典！挣得多，花得多，左手进来，右手出去。（CCL-LS《方珍珠》）

有处所功能的名词+动词：

母亲让他们到屋里坐，他们不肯，只好在院里说话儿。（CCL-LS《正红旗下》）

哥儿们，都是街面上的朋友，有话好说。德爷，您后边坐！（CCL-LS《茶馆》）

营长，山上见！我也在红旗上签了名，我要到主峰看看我的名字！（CCL-LS《无名高地有了名》）

5. 作谓语

名词经常性地直接充当谓语。例如：

炉放在炉子里烤一炉烧饼。（CDC）

他可皮指身体结实了，摔几个跟头跟没事儿人似的。（同上）

岁数了，不是说着玩的。（CCL-LS《骆驼祥子》）

名词作谓语时，还经常性地使用动物名词或与动物有关的名词作谓语：

他在家猫闲呆着呢。（CDC）

这孩子猴依偎，纠缠着他不放。（同上）

使用动物名词作谓语时，通常前加形容词加以修饰：

那小子可真牛有本领，真办成了！（CDC）

这小子真鸡屎指怯懦、无能！到时候儿又打退堂鼓，不敢去了。（CDX）

---

① 郭锐：《现代汉语词类研究》，北京：商务印书馆2002年版，第213页。

这孩子顶白眼儿狼 忘恩负义，没有良心 了，你甭疼他。（CDS）

（二）名词的组合特征

名词的组合特征指名词与其他词类的组合能力。也即名词作为中心语接受其他词类修饰的能力。

1. 名词可以受数量词修饰

人不能没有点儿捆拘儿 约束。（CDC）

他尝着点儿苦辣子 苦头。（同上）

这人一脑瓜子糨子 糨糊。（同上）

他是在六扇儿门 官府、衙门 里呆过的，还不懂这个？（CDS）

2. 名词一般不能受副词修饰，也不能作补语

但在老北京土话中有特殊的例外，名词若具有形容词的意义时，可以接受副词的修饰：

这家伙才鸡屎 指怯懦，无能 呢！（CDC）

这孩子才叫猴 顽皮 呢！（同上）

3. 名词经常用在介词后头，组成介词短语

在湖边溜达、给 替 老王家看门、跟 像 猴头狗 指相貌丑陋可笑 似的、跟 在 抽屉里、用白开 白开水 送下去、站的 在 地上。

4. 名词作中心语可以被多种成分修饰

名词+名词：耳头眼儿 耳孔、黄粉坨子 一种黄豆制品、鸡嗓子 指刺耳难听的嗓音、猫鱼儿 喂食猫的小干鱼。

形容词+名词：老姐妹儿 指妇女间多年的友好关系、老豆腐 北京小吃、蔫土匪 指人阴险、漂亮斋 指出色的工作。

动词+名词：闹戏儿 指情节简单的短戏、念山音 指从旁说挑拨的坏话、撒裤腿儿 指裤脚开放的裤子、剩汤落[la˅]水儿 吃剩的饭菜、颠儿核桃 逃跑。

方位词+名词：内囊儿 内情、里皮袄 酒的戏称、里臁儿 大腿内侧的肌肉、外撇子 指外人、外请儿 指非亲生的子女。

代词+名词：那晚儿 那时候、那会儿 那时、那半溜儿 那边一带地方、这晚儿 现时、这家家儿 骄横者自称。

数量词+名词：仨大油，俩大醋 三个钱的油，两个钱的醋，喻指细琐小事、三寸碟儿 一种最小的菜碟、三只手 窃贼、六仙 六仙桌、二尾子 两性人、八脚子 一种狗虱。

偏正短语+名词：杉篙尖子 指人体型高而细瘦、沙果儿梨 一种小梨、山子石儿 花园中堆叠的假山、山药豆儿 薯蓣藤上结的"零余子"、八仙人儿 指传说中的吕洞宾等八仙。

动宾短语+名词：揿头排子 指用芦席、竹竿等搭成的方片状棚顶、切口语 歇后语、扫晴儿娘 北京民俗，久雨不晴，剪纸作妇人持帚状，悬于檐下，表示祈晴的心愿、扇风耳 指两耳耳轮展开的形状。

5. 指称动物性别作定语的名词

由区别词，自由或不自由的名词性语素构成。

公：公鸡、公牛、公猪、公羊、公狗。

母：母牛、母猪、母羊、母狗。

草：草鸡、草驴。

郎：郎猫。

女：女猫。

（三）名词的活用功能

关于"活用"，早在 20 世纪 20 年代，陈承泽在《国文法草创》中就提出"本用活用问题"，陈氏指出："盖凡字一义只有一质而可有数用，从其本来之质而用之者，谓之本用。""若明其本用，则活用自得类推。"[①]在老北京土话中，名词活用是一种较普遍的现象。具体分为：

1. 名词活用为动词

（1）名词直接活用为动词

半天不说话，是想把客人冰了走。（CDC）

我是腿_走着来的。（同上）

猴_{依偎}在身上不下来。（同上）

雏儿_{怯懦}得跟老米嘴儿似的。（同上）

穿那么些衣裳回头火笼_{受热致头昏或晕厥}了。（同上）

福_拜了两福_拜。（同上）

不抽烟瘾_{上瘾}不死人。（同上）

（2）副词后的名词活用作动词

他老狗_{巴结，谄媚}着人家。（CDC）

那小说才粉_{色情的、淫秽的}呢。（同上）

别白话_{空谈}起来就没个完。（同上）

她把那话都学说_{陈述或转述}给她妈听了。（同上）

他可刺儿_{喜欢挑剔且易激怒}了，尽挑眼儿。（同上）

他棋下得可白薯了！（同上）

对木匠活儿我可半刺架儿_{大致会干某种技术活，但不精湛}。（同上）

对这行儿买卖，我可二五眼_{对某种事物缺乏识别能力，不懂眼}。（同上）

---

① 陈承泽：《国文法草创》，北京：商务印书馆 1982 年版，第 18 页。

2. 名词活用为形容词

（1）程度副词后的名词活用为形容词

他真白薯_{指某一方面低能，技巧拙劣}。（CDC）

这小子真菜_{懦弱无能}，这都不敢。（同上）

他俩特铁_{友好}。（同上）

瞧他多鬼道，小脑瓜儿一转悠就是一个主意。（同上）

他来得多寸_{巧，凑巧}，正是当口儿。（同上）

他为人挺四海_{豪爽}，绝不是小肚子鸡肠儿的人。（同上）

他倒挺文墨的，可不缺这个礼儿。（同上）

（2）指示代词后的名词活用为形容词

少数情况下指示代词后的名词可以活用为形容词。例如：

别那么屄头_{怯懦}，大着点儿胆子。（CDC）

此外，还有一些名词在动词后活用为形容词的情况：

把刀磨哑巴_钝了。（同上）

（四）名词的兼类功能

老北京土话中名词不仅存在着"活用"的现象，同时也具有"兼类"的现象。由于"活用"与"兼类"二者之间的界线较难分清，以下依据主要的几条原则进行限定。

1. 是否临时：活用是临时性的，使用频率较低；兼类是经常性的，使用频率较高。

2. 是否稳定：活用是不稳定的，比较随意；兼类是稳定的，具有固化的特点。

3. 是否受限：活用只能在限制的条件下成立，兼类不受条件限制而能独立成立。

同时，一个词能否兼类还受以下几条规则限制：

1. 同一性：该词的几个用法同音同形。

2. 对立性：该词经常性具有两套对立的系统功能。

3. 联系性：该词的意义间有密切的关系。

依据以上各条，老北京土话中下列名词应属于兼类现象：

柴

（1）名词

本义柴火：拾柴割草、煤米柴炭、添柴烧火、油盐柴米、劈柴生火烧水；

（2）形容词

① 不嫩，指蔬菜含纤维太多。

　　　　这芹菜显得柴。（CDC）
　　　　这芹菜放柴了。（CDD）
② 肉的纤维粗糙。
　　　　这只鸡太老了，肉都发柴了。（CDX）
　　　　那位先生预备的"桂花翅子"，是又柴又硬，比鱼头还难吃！
（CCL-LS《老张的哲学》）
③ 食物发干，不松软。
　　　　这煎饼一凉就柴。（CDC）
④ 不高明，低劣。
　　　　这皮鞋多柴。（CDC）
　　　　他的棋下得柴。（同上）
⑤ 低能。
　　　　你这个人真柴，不会先躲一躲，不见他吗？（CDX）
　　　　这个球队太柴了，零比三输给人家。（同上）
　　　　这个人柴。（CDC）

潮$_1$
（1）名词：本义潮汐、潮水。
潮气、风潮、旱潮、潮流、潮浪、潮劲、人潮。
（2）形容词：潮湿。
潮湿蒸热、潮润、潮渌渌、潮阴阴、掌心发潮。
"潮"在老北京土话中还有作另一个形容词的功能，记作"潮$_2$"。
潮$_2$
① 成色低劣：潮银子_{指成色不好的白银}。
② 质量差：不拿潮货当好货卖。（CDX）
③ 技术不好：这个木匠手艺潮。（CDX）
④ 个人出身或履历有污点：他知道自己底儿潮，也不跟人争。（CDX）
根据朱德熙"兼类问题跟我们如何分析词义有关系"。[1]这一联系性原
则，潮$_2$与潮$_1$之间没有意义上的联系，故不把"潮$_2$"当作兼类词。
镲儿哄
（1）名词：本义为起哄。
　　　　那纯粹是个镲儿哄。（CDC）
（2）动词：敷衍了事，又指毫无成就地结束。
　　　　那档子事，临了儿就这么镲儿哄了。（CDC）

_____

① 朱德熙：《语法讲义》，北京：商务印书馆 1998 年版，第 38 页。

挺好的一码事，让你这么一吵，镲儿哄了。（CDJ）

本来嘛，十几个工人都是外行，瞎凑合，半个多月镲儿哄，能干出好活儿吗？（CDX）

牛

（1）名词：本义指动物——牛。

黄牛、水牛、奶牛、牦牛。

（2）动词：

① 威风，神气。

这家伙现在可牛了，又买房子，又买汽车。（CDD）

② 有本事，能力强。

这小子真牛，那么难办的事，都让他办成了。（CDD）

③ 表现清高，目空一切。

你还别跟我牛儿，我向来不在乎这个。（CDS）

苗

（1）名词：本义指初生的种子植物。

蒜苗、豆苗儿、麦苗儿、韭菜苗儿。

（2）动词：指儿童任性，发脾气，爱哭闹不止。

这孩子怎么啦？又犯苗哪！（CDX）

这孩子苗着哪，谁也不怕。（同上）

木

（1）名词：本义指树木。

果木、树木、木头。

（2）动词：呆定不动。

一句话就把他木在那儿啦！（CDX）

你们俩别木着，可以说说话儿嘛。（同上）

盆

（1）名词：本义指盛物器具。

（2）动词：指斗蟋蟀斗败的，不能再斗，要静养十几天，叫"盆"。

这个蛐蛐儿授了，还得盆几天。（CDX）

棚

（1）名词：本义指遮蔽阳光和风雨的设备。

（2）动词：用土掩盖。

种了几粒花籽儿，上头用土棚上。（CDX）

猫

（1）名词：本义指动物。

（2）动词：① 躲藏；② 闲呆。

　　　他猫起来了。（CDC）

　　　猫了一个冬天。（同上）

　　从以上名词这种活用或兼类的情况，可以看出，老北京土话中，名词与动词、形容词之间的可转换性，正如袁仁林在《虚词说》中所说的"盖天地间虚实恒相倚，体用不相离，至静之中而有至动之理，凡物皆然"。[①]这段语录，实际也是指出了汉语中词类的灵活变动性。

（五）名词的转义

　　上述名词的兼类现象实际与名词的转义有着必然的联系。老北京土话由于在使用的过程中产生了转义，因而也产生了词性的改变，通常转义与本义往往是并存的。除上文举出的例子外，以下是更多的实例。

1. 肉[ʐouˇ]

（1）名词。人和动物体内接近皮的部分的柔韧物质。例如：

　　　他又多么体面，多么干净，多么利落！他的黄净子脸上没有多余的肉，而处处发着光；每逢阴天，我就爱多看看他的脸。（CCL-LS《正红旗下》）

（2）形容词。① 做事缓慢，心性迟钝；② 指瓜果等柔软不脆；③ 多肉的。例如：

　　　他真肉，没一点儿麻利劲儿。（CDC）

　　　这西瓜是肉的，不好吃。（CDX）

　　　长了个大肉鼻子。（CDC）

（3）动词。不慌不忙地做。例如：

　　　像你这么肉，得肉到哪天哪？（CDX）

2. 勺[ʂauˊ]

（1）名词。勺子。例如：

　　　他自己下手又加了两小勺辣椒油。一碗吃完，他的汗已湿透了裤腰。（CCL-LS《骆驼祥子》）

（2）动词。① 打架；② 批，捆。例如：

　　　说着说着勺起来了。（CDX）

　　　勺他一个耳刮子。（CDC）

3. 哨[ʂauˇ]

（1）名词。哨子。例如：

上面的沙云由流动变为飞驰，天空发出了响声，象一群疾行

［①］ 袁仁林：《虚字说》（解惠全注），北京：中华书局1989年版，第131页。

的鬼打着胡哨。（CCL-LS《四世同堂》）

（2）动词。① 鸟叫；② 吹嘘；③ 用巧语使上当；④ 劲风斜吹。例如：

画眉哨得多好听。（CDX）

哨起来一套一套的。（CDC）

他哨了我一块钱去买水果。（同上）

开着门，风哨火，这壶水可开不了。（CDX）

4. 神[ʂən˥]

（1）名词。① 宗教指万物的创造者；② 神话中的人物。例如：

她只在我母亲在我们屋里给灶王与财神上了三炷香之后，才搭讪着过来，可有可无地向神像打个问心。（CCL-LS《正红旗下》）

（2）形容词。① 超出常情，使人惊异；② 神情或行动可笑；③ 过分地，毫无节制的。例如：

让他一说，这种草简直神了！什么病都治。（CDX）

瞧他戴了那么一顶帽子，多神！（CDC）

这孩子真能神闹。（CDC）

5. 水[ʂuei˥]

（1）名词。① 氢氧化合物，无色、无味、无臭的液体；② 江河湖溪海洋；③ 稀的汁；④ 指附加的费用或额外的收入。例如：

这里是比较凉爽的地方，有水，有树，有芦苇，还有座不很高的小土山。（CCL-LS《正红旗下》）

玉泉山的泉水还闲适的流着，积水滩，后海，三海的绿荷还在吐放着清香。（CCL-LS《四世同堂》）

外间屋的小铁炉上正煎着给我洗三的槐枝艾叶水。（CCL-LS《正红旗下》）

咱们都不甘心不做事，白拿薪水，何况一位英雄呢？（CCL-LS《西望长安》）

（2）动词。① 探测深度；② 盘问；③ 回避。

水水这河有多深。（CDC）

连哄带吓唬，把他的真话水出来了。（同上）

出来吧，别老水着我。（同上）

（3）形容词。① 技能或质量低劣；② 拮据，困难。

他那字写得太水了。（CDC）

近来听说他日子过得挺水。（同上）

（4）量词。① 过水一次；② 涮一次水。

衣裳都洗了三水了。（CDC）

这元宵已经打上三水了。（同上）

6. 絮[ɕy˅]

（1）名词。① 棉絮；② 像棉絮样的东西。例如：

他不能教自己鼻涕眼泪长久的流着，身子象块破棉絮似的瘫在床上。（CCL-LS《火葬》）

我忘了我的聪明与厉害，我温柔得象一团柳絮。（CCL-LS《阳光》）

香喷喷的酒味一丝一絮的往鼻孔里刺，刺的喉部微微发痒。（CCL-LS《赵子曰》）

（2）动词。① 做被褥时铺棉花；② 积食。例如：

絮件棉袄。（CDC）

絮住食了。（同上）

（3）形容词。餍足。

这戏都听絮了。（CDC）

面条儿我都吃絮了。（CDD）

7. 影[iŋ˅]

（1）名词。① 影子；② 影格儿；③ 祖先的画像。

我只看了个后影儿。（CDD）

影格儿：用来影着描摹的字范。（CDC）

早年间过年就挂影。（同上）

（2）动词。① 描摹；② 隐蔽，遮蔽。

您把这个花样儿影下来。（CDC）

他影在大车后头，急速地把烙饼、摊鸡蛋吃下去。（CDD）

8. 晕头[yn˥˩t'ou˥]

（1）名词。净上当的人，冤大头。

他是个晕头，吃了亏还不知道呢。（CDC）

（2）形容词。头脑发昏，糊涂。

能给孩子刀玩儿吗？你真晕头了。（CDC）

9. 褶子[tʂɤ˅tsɿ]

（1）名词。衣服、皮肤等的皱褶。

他的脑门上有许多褶子，褶子中有些小小的白皮，象是被日光晒焦的。（CCL-LS《四世同堂》）

（2）动词。失败。

那事儿就褶子了。（CDC）

10. 瓷[ts'ɿ˩]

（1）名词。① 用高岭土烧制的材料；② 陶瓷。

（2）动词。① 翻白眼，目光呆定；② 眼珠儿瞪着不动。

不行了，脸上颜色变了，眼睛也瓷了。（CDX）

他瓷着眼珠儿看着她，一句话也没有说。（CDD）

(3) 形容词。① 形容眼光不灵活；② 有义气，交情牢固。

这个姑娘眼睛发瓷。（CDX）

咱们是瓷哥儿们，哪能不给你兜着。（同上）

11. 刀[tɑu˥]

(1) 名词。刀具。

(2) 动词。① 用锐利的爪子抓或抓取；② 挠、刮、剔。

小心！这鸟儿爪子厉害，刀人。（CDX）

急忙之中，把柜里的东西都翻出来，刀着什么拿什么，好东西都让他们抢走了。（同上）

拿梳子把乱头发刀了几下儿就出去了。（同上）

12. 村[tsʼuən˥]

(1) 名词。村庄。

(2) 形容词。指言语粗野，夹有污秽骂人之词；又指听了秽言秽语而不愉快。

这么村的话。（CDC）

你的嘴里太村了，得改改。（CDX）

(3) 动词。用粗野的话骂人。

我实在忍不住，也村了他几句。（CDX）

那几个人胡骂流丢，您趁早儿躲开，别村了您的耳朵。（同上）

13. 粪[fən˩]

(1) 名词。粪肥。

(2) 动词。滋生繁衍。

原来只有几条鱼，现在越粪越多了。（CDX）

14. 风[fəŋ˥]

(1) 名词。空气流动的现象。

(2) 形容词。指少女活泼爱说笑，毫不拘谨。

瞧这丫头够多风！当着生人也这么大说大笑的。（CDX）

风丫头又到哪儿风去了？（同上）

15. 猴[xou˥]

(1) 名词。猴子。

(2) 形容词。儿童灵巧而调皮。

这孩子猴着呢。（CDX）

16. 笼[luŋ˨]

（1）名词。笼子。

（2）动词。在炉灶里燃起柴、煤而生火。

　　费了半天劲儿，没笼着。（CDX）

　　这个炉笼不着，笼那个炉子，你会笼吗？（同上）

17. 马[ma˨]

（1）名词。哺乳动物。

（2）动词。① 省略；② 删掉。

　　那段台词，让她给马了。（CDX）

　　今天的演出，得早点儿结束，我看，那出《借靴》就马了吧！（同上）

18. 棉[mien˨]

（1）名词。棉花。

（2）形容词。① 斤两不足；② 精神不振；③ 食物受潮变软。

　　这包花生米，一斤半棉点儿。（CDX）

　　这只黄雀儿怎么啦？不吃不喝，也不叫唤，发棉！（同上）

　　这几个焦麻花儿，搁棉了，不好吃了。（同上）

19. 皮[pʰi˨]

（1）名词。指人或生物体表面的一层组织。

（2）形容词。① 本是焦炸酥脆的食物，因受潮而变得软而有韧性；② 变得麻木。

　　油条放了一天，都皮了，咬不动了。（CDX）

　　看惯了，都皮了，也不觉得怎么难过。（同上）

20. 票[pʰiɑu˩]

（1）名词：作为凭证的纸片。

戏票、车票、船票。

（2）动词：① 无偿劳动；② 京剧爱好者免费登台演出。

　　凡参加打灯虎儿的都有奖，给一点儿纪念品，没白没票。（CDX）

　　前几天我再联欢晚会上票了一出《空城计》。（同上）

21. 秧[iɑŋ˨]

（1）名词：植物的幼苗。

秧苗、菜秧、黄瓜秧。

（2）动词：对花草幼苗的养护。

　　这是君子兰的小苗儿，好好儿秧着吧。（CDX）

（3）形容词：倔强、负气。

　　不说还好点儿，越说越秧了。好！我不管你们的事了。（CDX）

22. 狗[kou˥]

（1）名词：犬。

（2）形容词：① 巴结，谄媚；② 暴躁易怒。

他老狗着人家。（CDC）

他那脾气才狗呢。（同上）

以上可见，在老北京土话中，名词通常产生转义的情况，由于转义，上述名词都是身兼名词和谓词的双重功能，其基本特点符合兼类词的原则。

三、特殊名词的研究

特殊名词即时间名词、处所名词和方位词，是名词的附属类别，一般被统称为特殊名词，以下具体讨论这类名词。

（一）时间名词

即表示时点、时段的名词或名词性短语。朱德熙曾对其有所界定："时间词是能做'在''到''等到'的宾语，并且能用'这个时候''那个时候'指称的体词。"同时进一步强调"表示时间的词不一定是时间词"[①]，把能表示时间的副词、时间名词和数量词进行了区分。本书在此只讨论时间名词，对于时间副词和表时间的数量词暂不放在此处讨论。

1. 时间名词的分类

时间名词不仅可以表示时序，也可以表示时点、时段。

（1）表时序：即表示时间流转的顺序。例如：

表季节顺序的：春季/景天儿_{春天}、夏景天儿_{夏天}、秋季天儿_{秋天}、冬季天儿_{冬天}。

表年轮顺序的：头年_{去年}、来年_{明年}、后年。

表日期顺序的：大前儿/大前儿个_{大前天}、前儿/前儿个_{前天}、昨儿/昨儿个_{昨天}、夜儿个/夜里个/夜落个/夜来个_{昨天}、今儿/今儿个_{今天}、明儿/明儿个_{明天}、后儿/后儿个_{后天}、大后儿/大后儿个_{大后天}。

表昼夜顺序的：大天白日_{白天}、大晚上_{夜晚}。

表过去未来的：过去、现而今_{现在，如今}、如今晚儿_{现今}、将来。

（2）表时点：即表示某个具体的时间点，即时间的早晚、时间的位置。

如今儿个、眼下_{目前，现在}、眼面前儿_{跟前，眼前}、眼时_{现时，目前}、眼时下_{眼时}、脚下_{目前，现在}、才刚_{刚才}、当儿_{时候}、当当儿_{正当某时际}、当儿/当子_{时候，又指空隙}、当口儿/当向儿_{时机，关头}、这咱_{此时}、转眼_{一瞬间}、一蹿儿_{极言时间过得快}、四下儿_{点钟}、一晃儿_{极言时}

---

① 朱德熙：《语法讲义》，北京：商务印书馆 1998 年版，第 43 页。

间过得快。

（3）表时段：即表示时间的长短，时间的"时量"。

① 指某一个时段的：以下以时间词中所包含的某个语素具体列举。

含"程"的：程子一段时间，一些日子、一程子一段时间，一些日子、这程子这段时间、那程子那些日子。

含"会"的：会儿/会子较短的一段时间，又指某一期间、一时半会儿短期内、有会子有了一段时间、时会儿时候儿。

含"阵"的：这阵儿这时、那阵儿那时，指短暂的当时、那阵子那时候，专指一个时期、一阵儿/一阵子一个短时间。

含"后"的：一大后以后多日，又指很久以后、后登儿傍晚的一段时间、久后/久以后一段长时间后、过后儿以后、后手后来、后尾儿后来，以后。

含"路"的：前半路子前一段时间、上半路子前一段时间。

含"末"的：末了儿最后、末末了儿最后、末末拉了儿最后、末后尾儿最后。

含"先"的：先头儿不久以前、从先从前。

含"当"的：这当儿这时候、那当儿那时候。

含"早"的：早已以前，旧时、早前儿以前。

含"晌"的：前半晌儿上午、后半晌儿下午、大半晌儿约指半天。

其他：一大气一段时间、一宿一夜、往常间平常或指以前的一段日子、起根儿从前、回头以后、有日子已经很久了、头天此日的前一天、望这么/们来近来，最近以来、雄黄年间年代古远，极早年月。

② 指与月份有关的：大尽夏历三十天的月份、初几儿农历一个月上旬的某天、一冬儿一个冬天、风三儿阴历三月、五风六月五六月之间、出月儿下一个月初的时间、个月行程大约一个月的时间、雨水季儿农历六七月间、大年下的春节期间、转过年儿来明年之初。

③ 指与年份有关的：头年儿春节之前的一段时间、大年底的年终，年末、当年儿本年内、年根儿底下年末、年下过年的时候。

④ 指时令节气的词语：打春立春、五月端、五儿端午节、中秋节/月饼节、腊八节、大年三十。

表32　　老北京土话对"一天之内"的时间词的表述

早上	上午	中午	下午	傍晚	晚上（时点、时段）
大清早晨şən凌晨	上半晌上午	晌午头儿正午	后半晌下午	下晚儿黄昏、傍晚	黑下夜晚，晚上
大早晨şən凌晨	前半晌上午	晌午xuo中午	后半晌儿下午	擦黑儿黄昏、傍晚	黑家晚上
一早儿/一大早儿/大早儿黎明时分，极言其早	前半晌上午	大晌午xuo中午	晚半天儿下午	傍黑儿黄昏	黑间晚上

早上	上午	中午	下午	傍晚	晚上（时点、时段）
一清早儿清晨，言其很早	前晌儿上午	中午	后晌儿下午	晚么晌儿黄昏，傍晚	起更打初更，晚八时左右
傍亮儿拂晓时分	头晌儿上午	半晌不夜中午		一黑儿天色刚黑	黑更tɕin˦半夜深夜
黑早儿黎明	头晌午上午	晌午天儿中午		掩栅栏儿ts'a˦ɻar˩黄昏	大晚上夜晚
大天大亮天明	早晌儿上午	晌午歪了过午		后登儿较长的黄昏	夜里深夜
大天亮天明	早半晌儿上午	晌午xuo˦头儿中午			晚半晌儿天黑之后至午夜以前
早起清晨	早上从清晨到上午的时段	中上中午			后上晚间
早清儿清晨					
早下tsɑu˦ɕin˦清晨					
早晨ʂən˦					

表 32 中，很明显地看到，老北京土话对"一天之内"的时间名词，分类细致，说法多样，即使是同一个时段、时间点的时间名词，也可以有多种说法，比如"早上"这一时间段就有 12 种表述的方式，而表述"傍晚"这一时段的时间名词也有 7 个之多。

2. 时间名词的语法功能

时间名词经常性地充当状语或句首修饰语，同时还具有名词所具有的语法特点。

（1）作状语或句首修饰语。

一黑早儿黎明就有人上班了。（CDX）

头年儿指春节之前的一段时间我就想去看你，就是太忙。（同上）

快接电话，回头以后，精过片刻人家挂上了。（同上）

这个人，见天见每天来麻烦您，明天您别见他了。（同上）

他灯晚儿晚上开始掌灯时候才回来。（CDC）

（2）作主语宾语。时间名词做主宾语时，一般表示事件发生的时间，可以是时间点，也可以是时段。

今儿晚上是个月黑天无月光的黑夜，一个人儿走山路可危险！（CDX）

为你的事起了个黑早儿黎明。（同上）

到了十冬腊月_{十月}，这儿的气温降到摄氏度零下四十度。（同上）

这件事情等转过年儿来_{指明年之初}再商量吧。（同上）

（3）作介词宾语。时间名词还可以充当介词宾语。

从昨儿个到今儿，他没吃东西。（TYDC）

（4）作谓语。时间名词可以单独作谓语，能表示日期、时间等。

快年下_{春节}了，该买点儿什么东西啦！（CDX）

太阳平西_{下午将晚的时候}了，老二怎么还不回来？（同上）

（5）作定语。时间名词作定语表示对事件等的时间上的说明或限定。

老爷子，您别说了，那都是雄黄年间_{古时候}的事啦！现而今的青年们压根儿没见过。（CDX）

（6）作补语。时间名词作补语一般由数量短语加时间名词构成，常常表某个时段。例如：

我不是到上海去了一程子吗，回来以后，我不在老地方住了。（CCL-LS《骆驼祥子》）

二哥福海和二姐耐心地搀着老太太，从街门到院里走了大约二十多分钟。（CCL-LS《正红旗下》）

课题组曾分别选取了"每月""两日""这会儿"三个时间词，对从 18 世纪中期到 20 世纪末四部产生于不同时期的北京方言小说：《红楼梦》（18 世纪中期）、《儿女英雄传》（19 世纪中后期）、《四世同堂》（20 世纪中期）、《我是你爸爸》（20 世纪后期）的句法分布位置做了频率统计考察，具体结果如图 28—29。

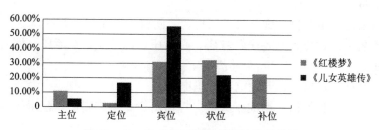

图 28　18—19 世纪时间词的语法分布位置

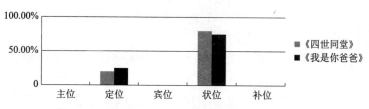

图 29　20 世纪 40—80 年代时间词的语法分布位置

以上数据说明：时间词的句法分布位置是有章可循的，而不同的时间词由于本身性质的不同，决定了它们分布位置的差异性，不同时间词的句法分布位置，有所侧重。同时由于历史发展的变化，时间词由近代主要充当宾语居多，到现代充当状语居多；由近代能出现在主语宾语的位置到后期基本不在主宾语位置出现。

（二）处所名词

处所名词是表示地域、地点、方所的名词。和方位名词比较，处所名词主要表示空间性，而方位词则兼具表达空间性和时间性。

1. 处所名词的分类

（1）专名的处所词：多用于表示专名。

表示自然地名的：主要以自然地貌作专名标。

什刹海、香山、八达岭、龙庆峡、门头沟、上王峪、亮马河、昌平沟崖、观音泉、昆明湖。

表示名胜类建筑物名的：

天安门、故宫、颐和园、碧云寺、天坛、紫竹院公园、太庙、十三陵、北海白塔、于谦祠、三圣庵、白云观、荣宝斋、东文昌阁、金台书院。

表示行政区划名的：

北京市、延庆区、通州区、斋堂镇、沿河城村、顺义龙湾屯、张山营、马家堡、良乡。

表示路街名的：主要以村、庄、街、巷、胡同等作专名标，这类处所名词量特别大。

村名标：中关村、魏公村、二村、二闸村、三元村、五村。

庄名标：黄庄、马各庄、方庄、百万庄、二里庄、二老庄、四合庄、六郎庄。

屯名标：六里屯、五爱屯、五里屯。

街名标：长安街、南池子大街、棕树斜街、烟袋斜街、延寿街、广化寺街。

巷名标：南锣鼓巷、千福巷、万明巷、万福巷、果子巷。

路名标：礼士路、二龙路、五路、七圣路、万泉河路、万源路。

道名标：马连道、东夹道。

里名标：万红里、万寿里、永安里、万安里、马连道中里、马连道西里。

胡同名标：缎库胡同、灵境胡同、砖塔胡同、笤帚胡同、樱桃胡同、钱市胡同、炭儿胡同、双鱼胡同、香饵胡同、教子胡同、耳朵眼胡同、罗圈胡同。

　　庙名标：老虎庙、马神庙、铁老鹳庙、蝎子庙、皂君庙。

　　寺名标：万寿寺、释迦寺、石佛寺、法华寺。

　　宫名标：雍和宫、昌运宫、南宫、太阳宫。

　　坊名标：白纸坊、马坊。

　　桥名标：七孔桥、三元桥、三虎桥、酒仙桥、五里桥、五路桥、五孔桥、卢沟桥。

　　门名标：天安门、地安门、前门、午门、正阳门、广安门、永定门、西华门、东直门、西直门、崇文门、左安门、右安门、和平门、宣武门、广渠门、东便门、西便门、西红门、大红门、建国门、新华门。

　　市名标：缸瓦市、花市、猪（珠）市、果子市、珠宝市、骡马市。

　　营名标：蓝旗营、东铁营、马官营、马泉营、万子营、骚子营、养马营。

　　口名标：灯市口、鲜鱼口、新街口、五道口、鸡（吉）市口、菜市口、赵公口。

　　园名标：潘家园、九华园、一亩园、五芳园、七星园、六台园、官园。

　　店名标：马望店、五里店、十八里店。

　　树名标：七棵树、九棵树。

　　居名标：四槐居、五路居、三路居、四路居、五路居、十里居。

　　房名标：奶子房、十间房、前营房、北官房、鸽子房。

　　坟名标：公主坟、曹家坟、董家坟、焦家坟路口、马家坟、祁家坟、六公主坟、七王坟、八王坟、九王坟、十王坟、铁家坟、铁狮子坟、索家坟、英家坟、杨家坟、张家坟、朱家坟。

　　坡名标：褡裢坡、马坡、十字坡、绍家坡。

　　沟名标：二里沟、二道沟、五里沟、马尾沟。

　　坑名标：苇子坑、猪尾巴坑、臭泥坑。

　　洼名标：马连洼、鸟儿洼、前泥洼。

　　河名标：三里河、三岔河、八里河、十里河。

　　楼名标：呼家楼、马家楼、一间楼、五间楼。

　　厂名标：琉璃厂、马厂、二七厂、铸钟厂、蓝靛厂。

　　堡名标：十里堡、双泉堡、米家堡。

　　府名标：娘娘府、雍王府、平西府、申王府。

　　窑名标：大北窑、大瓦窑、后窑、傅家窑。

　　圈名标：六圈、马圈、小猪圈。

　　松名标：一棵松、五棵松。

杨名标：八棵杨。

甸名标：马甸、海甸（淀）。

井名标：王府井、板井、梆子井、饮马井。

拨子名标：二拨子、四拨子。

以上，冠以"村""庄""屯""市"等地标名已非行政区划中地名义，而是作为街道等的命名标了，其中冠以"市"的地名标，是指"集市"义，也不是行政区划的意义。而"营"的地名也已经由从前的行政区划变为一般的街道名了，"坡""洼"则是从表示自然地貌的标记变为一般的路街名。此外，老北京路街名中，冠以"坟""楼""口""居""店""府""园""树"等地名标记的是一些很有地方特色的路街名处所标记词。

（2）类名的处所词：多用于表示方所。

表示单位机构名的：使用表示单位机构的类名标。

官所儿_{泛指政府机关}、水局子_{旧时的消防局}、巡警阁子_{旧指巡警分驻之所}、教育部、人事厅、财务处、礼宾司、九三学社、北京大学、车管科、审计署、语言研究所、职业技术学校、法学院、中文系。

表示商住性建筑的：使用表示与经商有关的类名标。

铺名标：饽饽铺_{点心店}、绒线儿铺_{专售针线的店子}、胭脂铺_{专售脂粉的铺子}、成衣铺_{缝纫店}、酱肘子铺、大车铺、毡帘铺_{卖毡、毯、门帘的铺子}、烟儿铺_{烟草店}、膏子铺_{鸦片店}、药铺_{中药店}、当铺、煤铺_{买煤炭的铺子}、切石铺_{专门打石碑的石器店}、盒子铺_{专卖酱卤肉类、熏鱼的铺子}、粥铺_{专卖秫米粥的铺子}、饽饽铺_{糕点铺}、酪铺_{专卖乳酪的铺子}、鞋铺_{专售鞋的店}、香蜡铺_{出售祭品的店铺}、喜轿铺_{备办喜事的店铺}、响器铺_{出售乐器的店铺}、学房铺儿_{旧嘲称私塾}、棚铺_{一种承办喜事丧事搭棚业务的店铺}、钱铺_{钱庄}、奶茶铺_{出售奶制品的店铺}、和尚铺子_{代邀僧人做法事的处所}、挂货儿铺_{旧货店}、干果铺_{干果店}。

店名标：油盐店、烧活店_{冥衣铺}、缸瓦店_{卖缸、盆、粗陶器的店子}、山货店_{买扫帚、簸箕、箩筐等农具的店}、干果店_{卖柿饼、桃脯等果子干的店}、南货店_{卖南方运来货品的店}、洋货店_{卖进口货的店}、裱糊店_{装潢店}、裱背店_{裱背字画的店}、首饰店_{金银饰品店}、姜店_{南货店、茶食店、饽饽铺的总称}、烤肉店_{专卖烤肉的店}、挂货店_{估衣店}、切面店_{买机器切面的店}、帽子店_{专售帽子的店}、大车店_{旧时的民间旅舍}。

庄名标：绸缎庄_{卖高级绸布料的店}、鞋帽庄_{买鞋和帽的联合店}、煤油庄_{专卖没有燃料的店}、钱庄_{储汇金钱的商号}、饭庄子_{规模较大的大饭馆}、热庄子_{一种大饭馆}、冷庄子_{一种大饭庄}。

坊名标：鸭子坊_{养鸭的人家}、浆染坊_{洗染店}、醋坊_{酿造醋的工场}、豆芽作坊_{炮制绿豆、黄豆芽的工场}、粉坊_{制造粉条儿的工场}、豆腐坊_{制造豆腐的工场}、碾坊_{碾米厂}。

园名标：戏园子_{戏院}、酱园子_{酱菜铺}。

馆名标：菜馆、戏馆子_{戏院}、书茶馆儿_{旧时茶馆兼带说书的场所}、书馆儿_{旧时说书场所}、报馆_{报社}。

床名标：羊肉床子_{羊肉铺}、菜床子_{菜店}、鱼床子_{鱼店}。

厂名标：鸭绒厂_{加工制造鸭绒成品和蒲绒的工厂}、木厂子_{木材厂}、洋车厂子_{出租人力车的场所}

花儿厂子指培育养花卉的处所。

堂名标：澡堂子浴室。

房名标：杠房殡仪馆、学房私塾、报房报贩延报的处所、鸭子房儿养鸭场、象房指驯养大象的处所、火房子一种极简陋的小旅店。

社名标：游艺社旧时供艺人说唱和表演杂技的娱乐场所。

棚名标：剃头棚儿理发的处所、茶棚露天茶馆儿。

号名标：银号储汇金钱的商号。

局名标：局子旧指官署、油局子售食用油的店铺、果局子水果店、信局子清末邮局、皮货局子出售皮毛的店铺。

屋名标：水屋子旧时买水之处、挂货儿屋子旧货店。

行名标：马车行租赁马车的店铺。

场名标：粪场专营粪肥的场所。

表示构成地名的其他类名：

旮旯：旮旯儿角落、旮旯子角落，含贬义、旮旮旯旯儿房屋、庭院、街道的所有角落、背旮旯儿角落。

街、道、路：当街指街道上、过道儿庭中可通过的路、道儿北喽街道的北边、门道旧式平房有大街门的，门外称门洞儿，门里称门道、路北道路的北边、马路牙子马路的边沿、后身儿街道后面的小巷。

庭院：当院庭院之间、后头院儿后院、后厦正房之后的廊子。

其他：背灯影儿背着灯光的暗处、背阴儿阳光照不到之处、口儿上指巷口通往大街处、家门口儿指自家住所的附近、下洼子地势低洼之处、世界多处，到处、这半溜儿这一带地方、那半溜儿那边一带地方。

2. 处所名词的语法功能

处所词作为特殊名词的一类，具有名词的语法功能。在句中主要充当主语、宾语、定语、状语，不能充当句子的谓语。

（1）作主语

处所词充当主语是常见的功能，例如：

天坛，太庙和故宫，依然庄严肃穆，古老的玻璃瓦闪烁着锃亮的光彩。（CCL-LS《四世同堂》）

寒苦的人们也有地方去，护国寺，隆福寺，白塔寺，土地庙，花儿市，都比往日热闹。（CCL-LS《骆驼祥子》）

处所词做主语时，往往出现在一些特殊的句式中，例如：

作存现句主语：

书房的门口站着两个十七八岁的丫头，见赵子曰进来，两个交头接耳的直嘀咕。（CCL-LS《赵子曰》）

炕上坐着个中年的妇人，因屋中没有火，她围着条极破的被子。

（CCL-LS《骆驼祥子》）

作"是"字句的主语：

> 北城外的大钟寺、西城外的白云观，南城的火神庙（厂甸）是最有名的。（CCL-LS《北京的春节》）

> 天安门前是多么大呀，找人和找针一样的难。（CCL-LS《四世同堂》）

作"有"字句的主语

> 春天不是男婚女嫁的好时候么？东村西村都有喜事，唱歌跳舞的机会就更多了。（CCL-LS《无名高地有了名》）

> 城外小山上有二王庙，供养的便是李冰父子。（CCL-LS《青蓉略记》）

> 定宅门外已经有好几辆很讲究的轿车，骡子也都很体面。（CCL-LS《正红旗下》）

（2）作宾语

> 他真愿意去看看中山公园与太庙，不是为玩耍，而是为看看那些建筑，花木，是否都还存在。（CCL-LS《四世同堂》）

> 正好象一看见香山，准知道碧云寺在哪儿藏着呢。（CCL-LS《微神》）

> 这家伙，照现在这样，他蹬上车，日崩_{形容极快地远去载}西直门了，日崩南苑了，他满天飞，我上哪儿找他去？（CCL-LS《龙须沟》）

（3）作定语

> 天安门的，太庙的，与社稷坛的红墙，红墙前的玉石栏杆，红墙后的黑绿的老松，都是那么雄美庄严，仿佛来到此处的晴美的阳光都没法不收敛。（CCL-LS《四世同堂》）

> 母亲的娘家是北平德胜门外，土城儿外边，通大钟寺的大路上的一个小村里。（CCL-LS《我的母亲》）

> 崇效寺的牡丹，陶然亭的绿苇，天然博物院的桑林与水稻，都引来人声伞影……（CCL-LS《骆驼祥子》）

（4）作状语

处所词一般构成介宾结构充当状语，例如：

> 这时候，姑母带着"小力笨"从西庙回来。（CCL-LS《正红旗下》）

> 拿着两包火柴，顺着大道他往西直门走。（CCL-LS《骆驼祥子》）

> 大年初二要祭财神，吃元宝汤（馄饨），而且有的人要到财神庙去借纸元宝，抢烧头股香。（CCL-LS《北京的春节》）

> 老二没进祖父屋中去，而站在院中卖嚷嚷。（CCL-LS《四世同堂》）

（5）作补语

处所词与介词构成介宾结构后，才能充当句子的补语，例如：

只剩下晚上得睡在关帝庙，叫盟弟去住那间小北屋。（CCL-LS《也是三角》）

站在公园或屋里，她觉得她的每一个脚指头都嘎噔嘎噔的直响！（CCL-LS《四世同堂》）

城里的人们却大不同了：他们走在街上，坐在茶肆，睡在家里，自觉的得着什么权柄似的。（CCL-LS《老张的哲学》）

母亲喝了茶，脱了刚才上街穿的袍罩，盘腿坐在炕上。（CCL-LS《正红旗下》）

（三）方位词

方位词是表示方位、处所的词。方位词具有系统封闭，黏着性、后置性、能产性等特点。赵元任指出："方位词或者是一个语素，如'上'，或者是一个语素组合，如'上头'，跟他前头的从属于它的体词合起来构成一个处所词，如'桌子上'，或者一个时间词，如'晚上'。""方位词表示事物的位置（包括时间上的），本身是体词性，但是翻成外语往往跟一个介词相当，因而有人管他叫'后置词'（postpositions）。"显然，方位词除了表述空间性之外，还具有表示时间性的特点。[①]

1. 方位词的分类

（1）单纯方位词

老北京土话的单纯方位词包括：

上、下、前、后、里、外、内、中、间、左、右、东、西、南、北、旁、边儿、头儿、侧、处、方。

（2）合成方位词

合成方位词主要分为后附式和复合式两类。

后附式：L+边儿la˩——左边儿、右边儿、上边儿、这边儿、前边儿、旁边儿旁边、北边儿北边、西边儿西边；

L+边儿——前边儿、后边儿、左边儿、右边儿、旁边儿；

L+间儿——当间儿当中、当中间儿当中、夹间儿当中部位；

L+面儿——四面miŋ˩儿、里面儿、外面儿、上面儿、下面儿；

L+头儿——东头儿、西头儿、前头儿、后头儿、里头儿、外头儿；

L+上——路上、山上、嘴上、背上、脸上、脑门上；

[①] 赵元任：《汉语口语语法》，北京：商务印书馆 2001 年版，第 277—278 页。

L+下——山下、底下、石崖下、廊下、棚下、地下、乡下；

L+里——头里_{前面，以前}、八下里_{泛指各处}、四下里；

L+外——城外、门外、院外、胡同口外、村子外、塞外；

L+内——城内、洞内、鼻内、屋内、室内、院内、盆内；

L+方——前方、后方、北方、南方；

L+侧——左侧、右侧、台侧、门侧、两侧；

L+中——河中、空中、口中、心中、怀中、手中；

L+前——面前、跟前、人前、门前；

L+后——身后、背后、事后、雨后；

L+旁——眉旁、耳旁、腮旁、口旁、身旁、道旁、路旁、院旁、树旁；

L+先——事先、首先、原先；

L+处——到处、四处、各处、远处、近处、高处、处处。

复合式：

偏正——东北、东南、西北、西南、中间；

对举——东西、南北、前后、左右、内外、上下、里外。

"方位词是一个可列举的类。复杂的方位词同时是处所词或时间词。"①
例如：

这个年头儿呀，妈，亲妈也大不过真理去！（CCL-LS《方珍珠》）

我从胡同那一头儿起，两头儿一包，快当点儿！不准动气，人家给多少是多少，不要争竞。（CCL-LS《四世同堂》）

2. 方位词的语法特点

方位词作为特殊名词，其主要语法功能与名词一致。在句中可以作主语、宾语和定语，也能充当状语、补语等功能。北京土话方位词大多情况下不直接作主语、宾语，往往需构成方位结构才能作主语、宾语。

（1）作主语

他拿出鼻烟壶，倒出点茶叶末颜色的闻药来，抹在鼻孔上，也就够了。（CCL-LS《正红旗下》）

我们的胡同里没来过那样体面的轿车。（同上）

左方摆好，一看右方（过日子的钱）太少，就又轻轻地从左方撤下几个钱。（同上）

春月下，半株古松旁，立着的白衣"孤胆大娘"，向他们招手。（CCL-LS《无名高地有了名》）

---

① 赵元任：《汉语口语语法》，北京：商务印书馆 2001 年版，第 279 页。

（2）作宾语

天比平日远了许多，要不是教远山给截住，简直没有了边儿呀！（CCL-LS《小木头人》）

他觉得自己是落在什么迷魂阵里，看不清东西南北。（CCL-LS《四世同堂》）

这年月呀，女人尊贵啦，跟男人一样可以走南闯北的。（CCL-LS《龙须沟》）

组成方位结构作动词宾语。

虽然是不多的几只，可是清亮的鸣声使大家都跑到院中，抬着头指指点点，并且念道着："七九河开，八九雁来"，都很兴奋。（CCL-LS《正红旗下》）

果然，他刚走到枣树旁，南屋里的病人已坐起来，从窗上的玻璃往外看。（CCL-LS《四世同堂》）

可以单独作介词宾语。

方位词经常性地附着在介词之后充当宾语。例如：

他想一拧腰，改变飞行的方向，可是恰好落在泥塘的最深处。（CCL-LS《正红旗下》）

也可以组成方位结构作介词宾语。

冯狗子把帽沿拉得很低，轻轻进来，立于门侧。（CCL-LS《龙须沟》）

作介词宾语大多以"在……之……"的结构出现，例如：

可是，他也知道，在它们成为钻石之前，他是要感到孤寂与苦闷的。（CCL-LS《四世同堂》）

风儿多么清凉，日光可又那么和暖，使人在凉暖之间，想闭上眼睡去，所谓"陶醉"，也许就是这样吧？（CCL-LS《内蒙风光》）

同时，双手抱拳，放在左脸之旁，左肩之上。（CCL-LS《四世同堂》）

这种结构多出现在口语文本中，生活中的口语交流则不大使用。

方位词若单独作主、宾语往往是在对举的情况下使用，例如：

前少后多、东看西看、东说西说、旁敲侧击。

走上走下、跑左跑右、走南闯北。

（3）作定语

前些年，他不记得是哪一年了，白莲教不是造过反吗？（CCL-LS《正红旗下》）

花炮的光亮冲破了黑暗的天空，一闪一闪，能够使人看见远处的树梢儿。（同上）

母亲若是已经知道，东家的姑娘过两天出阁，西家的老姨娶儿媳妇，她就不知须喝多少沙壶热茶。（同上）

他常上南温泉，几乎天天要找个借口到镇上来一趟。（同上）

（4）作状语

可以单独充当状语，这种情况也多在对举的情况下出现。

您这么有学问，上知天文，下知地理，又作过国会议员，可是住在我这里，天天念经；干吗不出去做点事呢？（CCL-LS《茶馆》）

大黄狗正在枣树下东弹弹、西啃啃地捉狗蝇，王家父子来到。（CCL-LS《正红旗下》）

她是闲不住的人，只好拿着把破扫帚，东扫一下子，西扫一下子的消磨时光。（CCL-LS《四世同堂》）

经常性地组成方位结构，置于介词后构成介宾短语充当状语。

我当是老街旧邻们都揣着手在一旁看祁家的哈哈笑呢，原来……（CCL-LS《四世同堂》）

象春花一般骄傲与俊美的青年学生，从清华园，从出产莲花白酒的海甸，从东南西北城，到北海去划船。（CCL-LS《四世同堂》）

俏皮的喜鹊一会儿在东，一会儿在西，喳喳地赞美着北京的冬晴。（CCL-LS《正红旗下》）

（5）作补语

一到冬天，她就犯喘，咳嗽上没完。（CCL-LS《正红旗下》）

二哥找了块石头坐下，擦着头上的汗，十成在一旁蹲下，呆视着微动的苇叶。（同上）

通常是构成方位结构，组成介宾短语，一起充当补语。

财神、灶王，和张仙（就是"打出天狗去，引进子孙来"的那位神仙）的神龛都安置在两旁，倒好象她的"一家之主"不是灶王，而是关公。（CCL-LS《正红旗下》）

齐凌云，你干吗躲在一边儿，不给他几句呢？（CCL-LS《女店员》）

伊姑娘把托盘又放下，坐在父亲的床边儿上，轻轻拍着他的手。（CCL-LS《二马》）

第二节　动词

一、动词的分类

动词分类是一个复杂的问题，至今没有统一定论，以下从动词的结构、语法语义的角度对动词展开考察。

（一）结构类型

1. 语音结构类型

（1）单音节动词

老北京土话单音节动词根据其义项的多少，分为以下几类。

① 单义动词：只有一个义项的动词

把pa˅手托婴儿臀部使其大小便、把pa˅粗粗地用线缝、梆敲击、炮pɑu˥烹饪法之一、鐾磨蹭刀剪使其锋利、毙枪毙、煸烹饪法之一、辨辨认、布布菜、噌申斥、叉两分而张开、□tsʻa˥堵塞、焯蔬菜等放沸水微煮而捞出、绰顺手快拿、沉tʂʻən˥稍待、沉tʂʻən˥下坠、称tʂʻən˥拥有较多钱财、冲tʂʻoŋ˥用剪刀裁割布料、拄tʂʻu˥以手扶棍等支撑身体、呲厉声斥责、趿踮起脚尖登踩、掼赶快制作、搭加、添、嗝吃、在tai˥表人或事物的位置、□tən˥张嘴猛吞、扽tən˥短暂地一下下拉扯、抵偿命、摁用力向下按压、泛吃得不合适要呕吐、轧ka˥剪、跟在、剐被尖利之物划破或钩住、哈xa˥呵斥、薅揪、号写上、标明、合覆盖于上、含xən˥噙、哄起哄、吼*窥伺而欲获得、唬威吓、混谋生混事、激炮制蔬菜、搛用筷子夹菜、磕拼命、啃kʻən˥贪婪地吞吃、劳烦劳、乐lɤ˥笑、睙斜眼看、量lɑŋ˥打、量lɑŋ˥打量、观察、撩略略扫视、聊闲谈、缭斜行连缀的缝纫方法、裂liə˥撕开、溜逢迎、吹捧、馏蒸热、睩看、噜申斥、□ly˥抽打、抢如说、掠lyə˥顺手夺取、淋luen˥、沦luen˥床上被褥长条状粗粗地卷起、麻吓、漫超越、眯小睡、缅衣服不系紧，而是折起披住、撵使之离开、弄nou˥做、伛故意开玩笑使人心急、排使鞋撑大、嗙自吹自播、抨用诈骗的方法让人说出实话、劈pʻi˥嗓音嘶哑、比pʻi˥比较、谝自吹、拼舍弃不顾以之相抵、品观察了解、噗沸腾而流溢、欺凑近、缉tɕʻi˥缝纫法之一、卡挤住而不能松动、戗支撑、缲衣边等针脚内敛、朽tɕʻiou˥槽烂、屈鹅用嘴啄人、缺缺德、攘散播、绕快步走远路、扔ʐən˥抛弃、搡用力推挤、塞sei˥放入缝隙或小孔中、僧缓缓地向行进、喽虫蚁叮咬、捎抽打、渗等待、刷ʂua˥挑选、褥沿着衣边缝、提介绍婚姻、替用纸描摹、腆挺起、挑tiɑu˥挑眼、酘tʻou˥清洗衣物、褪清洗污垢、屯堆土阻拦水流、瓦砌好、舀uai˥用勺子取水等、委坐卧时身体轻微扭动、污因污染而掩住光亮、袭xi˥侵入、显出人头地、现出丑、小尚不满意的意数、泄溶解凝固物、饷饷伺之、行实行、兴ɕioŋ˥允许、修削、许允许、暄物体松软、漾往外倒流、掩夹住、洇渗出、迎按人来的方向走去、应符合、悠悬在空中、饫热水浸泡使温、移y˥花木移植、匀分出一些、葬损失、糟自毁、躁用力践踏、贼tsei˥从旁偷偷注目、扎tsa˥钻入、扎tsa˥指肢体接触冰冷之物而感觉刺痛、拃用手指量长短、缯缠裹、攥吸去汁液、着接触、遮tʂɤ˥减轻、掩饰、镇使之澄清、挣挣钱、壮充分装满、坠附加、濯雨淋、滋小孔往外喷射、髭毛发竖起、渍污垢附着、鬃苍蝇落在人身上移动的动作、纵缩皱、镟雕镂、钻tsuan˥旋转穿透、赚欺骗、作tsuo˥胡搞、撷tʂuai˥强加给人。

② 双义动词：有两个义项的动词

挨在、靠近、爱喜爱；容易倾向于某种情况、揞置放；对上号、熬煮；消极地待着、拔冰镇；拔擢、掰用手使物裂开；绝交、奔辛苦地谋生；为生活而谋求、闭pin˥关闭、合拢、碴碎片碰破身体皮肤；混合而煮、蹅踩；受牵连、搀扶；介入纠纷、拆拆卸、拆散、铲铲除；骑牲畜磨损腿裆间皮肉、吵吵骂；作聚、抻拉、扯、撑支撑；因多吃而过饱、杵触、碰或触、站立、蹿跳、喷射、责骂、发怒、汆烹调法之一；快速煮沸、催受某种动力促使和推动；催促、窜指衣袖裤腿向上缩；指臭味刺鼻、 捯两手交替把长线等拉向自己；两腿前后交替快跑、 点在沸水中加点儿凉水；制作、 定确定；液体凝固、 逗逗弄；逗笑、 督督促；引动、 酚用酱油浸泡、 剁tuo﹁用力投掷使之黏附；用力投掷使之刺入、 发发射，旧时充军罪、 飞飞翔；投掷、 废打成残废；浪费、 俘fou﹁捉住；窃取、 改修改；嘲讽、污蔑、 盖遮掩；超越、 擀碾轧；用力擦拭使之光亮、 顶相当于；有力量能起作用、 杠磨锉刀具；磨磋、 兑抵偿；以死相拼、 端平举着拿；大部或全部财物拿获或盗取、 给使对方得到；施以某种动作、 拱怂恿；缝纫的一种方法、 过经过；互通有无、 哈xa﹁巴结；弯腰、 耗拖延时间；等待、 喝饮；收购、 候请人吃饭自己付钱；等着接待、 晃故意出示又收回的戏弄动作；游荡、 嚼用牙磨碎；没结没完地讲话、 就抽缩；进食时搭配着吃或喝、 圈tçyεn﹁监禁；封闭、 卷恶语骂人；裹成圆筒形、 砍侃大山；帽子戴得不正、 扛肩负；忍受痛苦、 搭卡住；刁难人、 舀k'uai﹁用瓢等取水；下象棋将帅的移动、 来过来；指购买或以其他方式获得、 晾身体外露，无覆盖；不立时接待客人、 了解决纠纷；产生结果的不正常行动、 裂lie﹁开而不掩；分裂、 领引领；手拉着手、 理ly﹀整理；温习、 捋顺路走过去；顺序进行或阅读、 抹用手往下揉搓；用手摩挲使平、 抹自刎；不再计较而除掉、 嘲用嘴亲吻；贪馋地吃、 腻使人生厌；心烦而生厌、 拧旋转；相反、 劈p'i﹁分开；撕裂、 骗欺瞒；单腿一跳而登上或跳上、 撬烹饪加入配菜、 沁猫狗呕吐；斥责人乱语、 焌烧灼；弄灭、 屈tç'y﹀斤两不足；鞋尺寸太小、 去离开；旧剧中人物的扮演、 认辨识；认购、 纫将线穿过针孔、 揉揉搓；稍微移动位置、 赛比得上；超越、 扫打扫；眼光一瞥、 晒阳光照射；消极怠工、 伤伤害；接触过多而心烦、 哨鸟叫；退、 窥视；劲风斜吹、 漱洗漱；灌、 甩男女相爱；抛弃一方；放开大步、 涮洗涮；爽约、 溻汗或水浸泡衣物；炸煮食物、 摊分配；受牵累、 蹚高抬脚试步前进；踢、 煽蒸热；借热力治病、 □t'iŋ﹀篡夺；顶撞、 捅向外宣扬隐秘之事；刺杀、 挖ua﹀抠、剜；取用、 问询问；抬举重物，先摇撼一下试两斤、 寻çin﹁白取；嫁祸、 轧摇动而下压；行走缓慢、 约称重；论斤购买、 曳吃力地向前拉着走；劳苦地干活儿、 云说；游荡、 砸tsa﹀弄碎；商品滞销；用缝纫机做缝计、 炸爆炸；大声喊叫、 择挑选；理清头绪、 折tʂʅ﹀倾倒；身体倒翻、 指指向；倚仗、 周推翻；拉、 踒走路摇摆而缓慢貌；说话喜好夹杂文言诗句。

③ 三义动词：有三个义项的动词

抱苍蝇停留过；收养，抱、 锛推折；绊倒；鸟啄食、 崩诈骗；协商不成而决裂；枪毙、 别卡住；另外，转动、 卒瓦打破陶瓷等；打击；草草缔系、 蹭小步缓行；沾上；摩擦、 □tʂ'ua﹀踩，踏；蹬、 踹死；破坏；售出、 串灌入；面食稍蒸使热；除掉谷粒上的糠壳、 吹合拢嘴唇用力出气；事情办不成；交情破裂、 戳触动；因碰撞受伤；立住、 凑碰、赶；接近；聚会、 攒拼凑；蜷缩；揉搓成一团、 撮吃；用手捏住；聚合；收集、 呆驻足；闲着；等候、 带带领；捎带兼做；附加上、 搞商议；联络；较量、 撅从腰折断；当面使人难堪；突出、 落lau﹀获得；虫鸟栖止；坠下、 遛缓慢行走；散步，锻炼嗓音；让人走冤枉路、 拿用手抓住；挟制阻挠；伤损、 挠nau﹁抓；获得；逃跑、 弄nŋeu﹀干；设法取得；逗引、 拍打；吓唬；吹捧、 刨除去；追问；制作毽子；打架；中断供应、 抢使刀剪刮出锋刃；跌倒前搓而受伤、 忍让；小睡；使心情平静而入睡、 □zʐou﹁刮起；迅疾飞跳状；摇荡、 入zu﹀塞；暗暗递送；插进、 闪闪动；倾斜；抛弃、 扇煽动；用手掌打嘴巴；鼻翅息伏颤动、 烧使着火；烹调；侥幸获利而不正常、 拾捡拾；整理；向前跌倒、 受接受；遭受；忍受、 耍戏耍；玩弄；把繁重的事推给少数人身上、 顺贴着；整理；大口吞咽、 喂豢养；浸泡；足球等的短传、 窝挑起；折；弯曲、 捂密闭不透气；闷紧；因密闭而使食物变坏、 焐盖使暖；严密存储；陷入泥淖、 沾沾染；微微含有；贴近、 招招呼；疾病的传染；抓住、 支派遣办事；推延时日；应付、 制量长短；衣物被虫伤损；衣物折叠处破损、 捽揪；粗粗缝上针线；聚拢而系紧。

④ 四义动词：有四个义项的动词

吃阻塞；行骗；吸收；禁受、 抽从中拿出；从低处向上提；抽风；收缩、 揣藏在衣服里；用力挤压；用拳直捣；指牲畜怀孕、 吊悬挂；吊球；用绳子系着往上或下提放；将面料和里子缝在一起、 开吃饭；动身；兴办；打破了头、 剋k'ei﹁揍；严厉斥责；刻苦学习；抠、挖、论照规定来讲求；区别；按辈分分；比较而言、闹发脾气；获得；落得；开玩笑、撇扔；撇嘴；用撇嘴表示轻蔑；向外倾斜状、糗过于黏糊而烂；微火长时煮；蜷缩家居；萎靡不振、挑tiau˨˩˦拆毁；担负全责；屋脊的建筑；抬起。

⑤ 五义动词：有五个义项的动词

冲tʂʻoŋ˨˩˦对准；看顾；打瞌睡；以物投掷；用言语顶撞、蹾用力向下重放；身体坠落跌伤；因颠簸而疼痛；冷淡待客；放置不动、搂占便宜；用算盘计算；节制；筵席上抢着多吃菜；足够、闷封闭；遭受打击；声音不响亮；用热水浸泡；踢球时用力踢对方球员身体、拽投掷；粘贴；手臂不能伸的毛病；把事情办坏；不指姓名的谩骂。

⑥ 六义动词：有六个义项的动词

勾用笔画出边缘；用笔画出钩形符号；用灰、水泥等涂抹缝隙；调和使黏；结合；引来。

⑦ 七义动词：有七个义项的动词

套罩在外面；把棉花等装入被褥或袄里缝好；拴系；模仿；引出；拉拢；溃烂的浸染。

⑧ 八义动词：有八个义项的动词

赶等到；迁就；追；加快动作；去；驾驭；驱逐；遇到。

王力指出："同一时代，同一个词有五个以上的义项是可疑的（通假意义不在此例），有十个以上的义项几乎是不可能的。"① 北京土话中四个义项以上的动词出现的频率较低，十个及以上义项的动词暂未发现，证明王力先生的说法有一定的道理。

（2）双音节动词：由两个音节构成的动词

炸酱　奔瓜　吃味　下茶　冒坏　顶缸　跳槽　烧包

吊猴　受窄　拿闷　捉呆　闻臊　断团　干查　虎事

（3）三音节动词：由三个音节构成的动词

扇凉翅　看萨达　押孤丁　吃木耳　吃不起　不过意　闹吵子　撒丫子

2. 语法结构类型

动词的构词主要有单纯词和合成词的类型。

单纯词

联绵词：躏跸在泥水中踩踏、搀拉摆动、耷拉垂、捯饬打扮、叨登翻搅、宣扬、嘀咕小声说话、赶落催迫、膈应烦躁、佝偻弯曲、阑干搁置、拉呱闲谈

上述联绵词词形都不固定，一词有多个写法，例如：

躏跸——跁蹅、跁踏、霸踏、跁跺

捯饬——捣持、捣饬、刀尺、掇饬、倒扯

嘀咕——啾咕、狄咕、低估、抵鼓

叠音词：蹅蹅tsʻuo˥/莎莎/搓搓搓弄、踩躏、拉拉/喇喇滴落、流下、詈詈/咧咧胡说、喳喳/嚓嚓耳语、诓诓进谗，挑唆、鸣鸣（鸭子）吃

① 王力：《诗经词典序》，《王力文集》第20卷，济南：山东教育出版社1991年版，第415页。

合成词

动词的语法结构体现在合成词的双音节和三音节的构词方式上，其结构类型主要有：

复合式

（1）联合型

拾翻_{寻找} 裹抹_{掩饰} 淘换_{寻找难得之物} 归置_{收拾} 听甩_{看赌吃红} 鼓逗_{鼓弄} 讹搅_{讹诈}

刺痒_痒 戳掰_{土法正骨} 攒弄_{摆弄} 搓磨_{纠缠} 蹬踹_{两腿乱蹬} 抖搂_{摆弄} 撂蹦_{跳动}

（2）述宾型

拿搪_{端架子} 扫房_{大扫除} 撒村_{撒野} 擅脸_{冒犯长辈} 挠头_{事情难办} 说山_{吹牛} 充鹰_{硬充好汉}

吃味_{多心} 出马_{医生出诊} 传鸡_{鸡瘟} 犯彪_{得意忘形} 等雷_{等待责罚} 凫水_{游泳} 害眼_{红眼病}

拉晃绳_{犹豫不决} 仰八壳_{仰倒} 摊黄菜_{炒鸡蛋} 贴秋膘_{秋补} 溜沟子_{逢迎}

（3）述补型

拉倒_{算了} 住闲_{暂居某处} 出死_{因害怕而不做} 玩完_{完蛋} 砸僵 吊歪 飘高_{高空失足}

闹着玩 横起来 看瘪了 吃不住 卯上了

（4）偏正型

碎闹_{乱杂而心烦} 臭嚼_{神侃} 白垫_{白白浪费时间} 神聊_{最能说} 山砍_{无边际地说} 胡吣_{胡说}

零揪儿_{零碎地花钱}

附加式：翻儿_{闹翻}、蹭儿_{听白戏}、呲儿_{厉声斥责}、透着_{显着、觉着}、盯着_{代为看守}

重叠式：翻翻_{争吵}、咧咧_{啼哭}、强强_{争辩}、匀匀_{聚缩}、拉拉_{零碎坠落}

（二）动词语法语义分类

动词的分类有多项标准，有从词类意义划分的、从语法功能划分的，还有从语法功能和语义相结合的角度划分的，本书主要采用后面这种被广泛使用的多标准分类展开对动词的考察。

从词义分类：

1. 动作动词

动作动词又称为"行为动词"，是表示动作行为的动词小类。动作动词都具有[+述人][+行动]的语义特征。以下主要以人的身体动词为主观察老北京土话的动作动词。

（1）肢体动词：包括人体手部、腿部、全身动作的动词

① 手部动词

击打类手部动词：

单音节：打、拍、捶、揍、敲、捅_{刀刺}、捣、戳、掸、插、擂lei_ˇ、砍、勺_掴、批_(颊)、掴kuai_{ˉ 拍打}、扳tsei_{ˉ 用手掌打（脸）}、撇_{打（脸颊）}、掫_{捶打（人）}、扐_{用拳背捶击}、夯_{用大棍子打}、惚_{抢击}、揪_{扭打、撕打}、量_{打人}、搐_{抽打}、扠_{猛推}、梃_打、撲_捅、揳_捅、擂_{插、塞}、凿_打。

双音节：捆打_{拍打}、捆击_{拍打}、拐打_{击打}、磕打_{敲击}。

击打类手部动词的语义特征：[+打击][±持具][+物体][+强力][±连续][+遭受][+接触]。

（"±"符号表示有的动词是持具的，有的不是，是个二选项）

持具类手部动词：

单音节：炒、抄、擀、锤、砸、揎_{以细棍打}、拆、撞、捣、拨、杀、挡、搅、描、写、挑、扎、刺、拨、扫、划、掭、绞、铰、探、撺、拌、捩_{以布吸取}、摊、绑、缝、缠、缉tɕʻi˥_{用网子捉小虫}、擞_{以物捅火使旺}、梆_{用棍棒打}、布_{给人搛菜}、冲_{用剪刀的单刃剖}、铳_{凿（石）}、攥tʂʻuaŋ˩_{捣碎（药材）}、盖_{用片形东西打}、揆_{以物捅进}、揳_{以物捅进}、剞_{用刀在肉类表面划出纹路}、撅_{粗略地扫}、括_{刮修}、棱_{用木棍打}、打_{被（球）击中}、操_{支钗}、镞_{在纸上镂刻}。

双音节：划拉_{拂、扫}、忽搭_{用扇子搧动}、揭嘶_{刮、杀}。

持具类手部动词的语义特征：[+持具][+施以动作][+目的][+物体]。

拉伸类手部动词：

拉、拖、伸、拖、抻、掰、扳、牵、拽_拉、捯_拉、攥_{把大拇指和食指尽量岔开量指尖距离}、膨_{用双手撑使松散}、㧖_{撑开}。

拉扯类手部动词的语义特征：[+徒手] [+位移][+拉伸]。

撕扯拆毁类手部动词：

扯、撕、剥、扭、揪、捽_{揪、搋}、攘、捺_{扭着撕扯}、掰_{拆毁}、挑tʻiɑ˩_拆。

撕扯类手部动词的语义特征：[+徒手] [+用力] [±分离]。

抽捞类手部动词：

舀（扩）kʻuai˩、捧、抽、捞、控_{捞起带液体的东西使水分流干}、捱_舀。

抽捞类手部动词的语义特征：[+取得][+向上][+处所][+物体][±持具]。

挤拧类手部动词：

拧、捏、掐、卡、挤。

挤拧类手部动词的语义特征：[+徒手][+挤压][+物体]。

拿取类手部动词：

拿、抄_拿、取、撮、揣、掂、摘、持、操、搜、端、捉、攞_捉、架/架弄_拿、携带、挠_{拿、取}。

拿取类手部动词的语义特征：[+持拿][+获得][+手指][+物体]。

摆放类手部动词：

摆、挪、摞、搁、搬、移、撂、挏_{移动}。

摆放类手部动词的语义特征：[+放置][+位移][+徒手]。

抬举类手部动词：

抬、举、抩_{抬、举}、抡、提、扛、托、扬、架_托、攘_{散扬}。

抬举类手部动词的语义特征：[+徒手][+向上][+位移]。

搓擦类手部动词：

搓、揉、擦、抹、摸、挲、摩、攒揉搓成团、捋、撸捋、抿抹、擦、搋推拿使苏醒、捐㧅拂、揉抄揉搓。

搓擦类手部动词的语义特征：[+徒手][+摩擦][+物体]。

搂抱类手部动词：

搂、抱、摽手臂搂紧、箍、挽、扶、搀、揽、搦向上扶起、豽k'ɣ˥合抱扣紧。

搂抱类手部动词的语义特征：[+手臂][+围住][±搀扶]。

扔掷类手部动词：

投、掷、扔、抛、撇、摔掷、甩、撒、丢、㧟投掷、掷击、了扔、抛、捔掷击、拽抛。

扔掷类手部动词的语义特征：[+弃去][+向外][+用力][±投掷]。

掘取类手部动词：

抠、掘、挖、掏、撬、剜、刮、扒、剠挖、抠、掀掏取、挝挖。

掘取类手部动词的语义特征：[+获取][+向下][+发掘]。

抓抢类手部动词：

单音节：抓、挠轻搔、扢搔痒、搔、胳肢在人身某部搔痒、掳抓、抢、掠顺手夺取。

双音节：裹抹攫取、划拉搂取、捐㧅搂取、抢掠。

抓抢类手部动词的语义特征：[+手指][+抓挠][+抢夺][+用力轻重]。

按压类手部动词：

摁、揿、按、揞、掩、压、捂、掖、抵、挂、杵拄、捻、㩖tʂ'uai˥用拳用力压挤搓揉、搣uei˥用手用力使物变弯曲、挤咕用指甲尖挤。

按压类手部动词的语义特征：[+徒手][用力][按压][+遮蔽]。

招摇类手部动词：

单音节：撼、摇、抖、招。

双音节：逛悠摇晃、哈撒摇撼。

招摇类手部动词的语义特征：[+摇动][+方向]。

绾系类手部动词：

拴、系、绾、掇、扣、捆、结用手打结、捯缠绕、撇缝、扰捆束、摽捆、缯、缠、裹、解解开。

绾系类手部动词的语义特征：[+绑缚][+使牢固]。

摆弄类手部动词：

把、㨃弄、玩、弄、撩拨、拂拉拨动、搓弄摆弄、委弄用手乱弄。

摆弄类手部动词的语义特征：[+手持][+把玩][+摆弄]。

拣选类手部动词：

拣、拾、捡取、挑、择用手挑选。

拣选类手部动词的语义特征：[+拾取][+选择]。

传递类手部动词：

传、递、把pai˩递，交、给、交。

传递类手部动词的语义特征：[+传递][+涉外][+对象]。

其他手部动词：

拦、拌、撅折断、捐撅、折、指、揭、擢撅动、挓拔（毛发）、推、搡、挎用肩或肘勾着携带、扢同"挎"、挽卷。

② 腿部动词

步行类腿部动词：

单音节：走、行、迈、步碾儿步行、进、退、过、遛缓行、绕快步走远路、蹭迈小步缓行、蹽走离、拐走路时扭动、趷、串各处穿行、扢走路脚向外撇、步行、蹳t'ueiˋ后退、跩摇摆着走、蹚试探着前行。

双音节：趔趄tɕye˩脚步不稳、颠了走了、跶跶小孩子刚学会走路、咕蚬缓慢地行动、脚打地步行、溜达散步、闲逛、腿着/腿儿着步行、胢跁走路两腿叉开、逛荡漫无目的到处走动、串游在街巷中各处穿行、干走儿硬挺着徒步旅行、拉胯行走时一条腿拖在后面、扫拐走路抬脚时脚往横里甩、行化饭后散步、压步走、散步。

多音节：地崩子步行、日崩了走得干脆、扔崩了决然离开、六一子走了、拿弯子散步、溜达、趾了脚脚下一滑、脚打地步行。

步行类腿部动词的语义特征：[+行走]。

站蹲类腿部动词：

站、蹲、戳直立、杵立、咕嘟蹲。

站蹲类腿部动词的语义特征：[+直立][+下蹲]。

跳跃类腿部动词：

跨、跳、跃、蹦、撂蹦儿跳动。

跳跃类腿部动词的语义特征：[+跳动][+向上]。

奔跑类腿部动词：

奔、跑、挠走或跑，逃、追、逃、码按足迹追寻、奔驰四处奔跑、开腿走、跑、开路走、臊跑无节制地乱奔波、起黑票潜逃。

奔跑类腿部动词的语义特征：[+跑动][+快速]。

踩蹬类腿部动词：

单音节：踩、踏、蹋、蹬、踢、踹、蹚、扁踏、踩、趾踮起脚尖登踩、躁用力践踏、兑页tʂ'uaˋ在泥泞中乱踩、蹫踢倒。

双音节：蹦跶脚乱踩地、蹅在泥泞中乱踩、蹅蹅用脚揉搓、蹬踹脚乱踢。

踩蹬类腿部动词的语义特征：[+踩踏][+踢蹬]。

③ 全身动词

扭、摔、倒、扑、戴、穿、护、滚(打架、互殴)、凫水(游泳)、狗刨(俯式游泳)、暗溜儿(潜泳)、爬、着穿、翻滚(乱翻身)、拱(用身体某部撞动)、㤻(搋)(紧裹)、攒忽儿(蜷曲)。

全身动词的语义特征：[+身体][+动作]。

④ 五官动词：包括人体眼部、耳部、口部、鼻部、脸部动作的动词

视觉动作动词：

单音节：看、瞅(稍稍看)、盯、瞭/撩(略略扫视)、瞥、睃(斜眼瞪)、亮(端相)、瞄(扫视、监视)、遛(浏览)、睽(看)、眊(盯)、哨(窥探)、眒(偷偷注视)、贼(盯着看)、照(看)、觇(窥视)。

双音节：瞔么(目光频繁转动)、翻白儿(翻白眼)、白瞪(目光斜视以表示轻蔑)、睽希(观赏)、眨巴(眨动)、睃症(瞪视)、磁固(眼球凝定)、犯照(乱看)、发饧(眼神呆滞)、溜湫(用假装不在意的目光看)、抹搭(眯)、眯睽(眯着眼看)、瞭眅(眼睛眯成一条缝)、扫搭(迅速地扫视)、眯缝(眼睛微开)、茄睽(斜视表轻蔑)、瞅着(从旁斜视)、眼瞅(亲眼看见)、眼见(亲眼看见)。

听觉动作动词：

听、不过火(耳聋)。

嗅觉呼吸动词：

闻(嗅)、吸溜(吸气)、嗝顿儿(呃逆)、抽搭(哭泣后一抽一抽地呼吸)、啡儿啡儿的(气得呼呼的)、喘/捯气儿(临死前的紧急呼吸)、闭气(昏厥而暂停呼吸)。

言说动作动词：

单音节：说、唱、吵、学(陈述或转述)、吒(大声喊)、烹(用大话恫吓)、㖏(语气不平和)、噌(斥责)、干(抢白)、嚼(絮道、诽谤)、搞(商讨)、牖tṣʻa(言语冲突)、抚(言语顶撞)、搾(以言语试探)、卷(骂)、噘(骂)、舂(把机密告诉人)、村(用粗话骂)、哈(呵斥)、开(责备)、狼(用言语顶撞)、撸(训斥)、抡(训斥)、拍(以言语威吓)、嗙(吹嘘)、烹(用大话恫吓)、谝(自夸)、㞎(自吹)、呛(斥责)、搡(胡说)、丧(咒骂)、哨(夸张描述)、瞳(好言劝慰)、讻(训斥)、熏(训斥)、诌(胡说)、拽(骂)、告儿kaŋr(告诉)、嘿儿(呵斥)、呲儿(斥责)。

双音节：言语(说话、告诉)、嗫啵(不停地说话)、哏哆(斥责)、胡柴(胡说)、嚼蛆(胡说)、嚼说(诽谤)、讲究(非议)、计较(非议)、噌道(斥责)、喳喳(耳语)、诶诶tṣʻuꜜtṣʻu(低声碎语交谈)、臭嚼(诬蔑别人、强辩)、吹乎(吹嘘、斥责)、吹腾(吹嘘)、开嗙(吹牛)、戳咕(暗中怂恿)、呲嘚(斥责)、堵搡(用言语顶撞是回答不出)、嘎巴(挖苦、奚落)、刻薄(挖苦)、嘿儿(呵斥或大声警告)、扯句儿(闲谈)、放光儿(背后说别人坏话)、含怨(埋怨)、话白(撒)(讥讽)、揭嗤(责骂)、口磣(说话带脏字)、拉呱(闲谈)、嘞嘞(絮道)、撂皮(说谎话)、撂屁(胡说)、滋屁(胡说(骂人语))、咧咧(胡说)、咧子(背后损人)、抡荤(说脏话)、齉齉(带鼻音说话)、排宣(责骂)、呛呛(争吵)、俏皮(讥讽)、敲打(轻微训斥)、丧嘴(说不吉利的话)、丧梆(以言语冲撞)、勺叨(絮叨)、碎唧(絮叨)、显披(白)(自我炫耀)、显贵(自炫)、言声儿(作声)、招呼(吩咐、斥责)、喝咧(拉长声音高喊)、胁吓(用严厉的话吓唬)、说事(吹嘘)、瞎掰(胡说)、瞎呵(呵斥)、学说(陈述或转述)、絮烦(啰嗦)、炸刺(急叫)、咋唬(叫嚷)、吒啦(尖声喊叫)、征问(质问)、吱啦(尖声急叫)、冒泡儿(胡说)。

多音节：话赶话(口角时，双方以强硬语言相互攻击)、打背功儿(自言自语)、哼啊哈的(漫不经心地应答)、噘三七(乱骂)、撒呓症(说梦话)、言语声儿(言语、作声)、猫儿打镲(无稽之谈、胡言乱语)、没拉干儿(不

顾时地而喋喋不休。

吃喝动作动词:

吃类动词:

单音节:吃、咬、喂、啃k'ən˅贪婪地吃、开吃、逮吃、餐吃、馆连舔带吸地吃、磕轻咬、扁用牙床碾碎食物、揣过多地吃、遛啃残附的肉或瓤、啃k'ən˅咬、搂吃饭时抢吃菜肴、履吃、呛大吃、塞过多地吃、顿儿吃、含xən˅噙在口中、嘣吃吸、沙用舌头剔除。

双音节:咕蚖缓慢地咀嚼、赶嘴趁人吃饭时赶去就餐、磕嘁很缓慢地吃、口沉喜食咸味、搂桌进餐时抢吃菜肴、牡敛mu˥lin˩用牙床嚼、盘登零碎吃、扒拉用筷子把食物往嘴里拨、日咕吃(骂人语)、填揉无节制地吃、安根吃饭、慈悲吃、嗑嘁缓慢地吃、划搂狼吞虎咽地吃。

喝类动词:

喝、抿张嘴轻轻吸饮、灌揉无节制地饮、熬喝心中烦闷而酗酒、喝寡酒不吃菜,光喝酒。

脸部动作动词:

笑、哭、撇酥儿咧嘴哭、撇拉撇嘴、溜蒿子哭泣、骰鼻子收皱鼻子使起皱纹、撇齿拉嘴龇牙咧嘴、立眉立眼生气时脸部的表情。

从五官动作动词看,北京土话的言说类动词十分发达,吃喝类和视觉类动词也种类繁多,听觉类动词则十分贫乏。

行为动词常常充当表示施事主语的谓语,其语义特征是[+自主性][+及物性]。

2. 状态动词

状态动词与行为动词相对,主要表示人或事物处于持续状态中的动作,这类动作的主语一般不表示施事,而是表示陈述的对象。张猛(2003):"状态动词的基本特点有两个:其一,主语不是受事而是动作的当事。其二,一般不带宾语;如果带了宾语,所带宾语为使动宾语,是动作的当事。"[1]北京土话的状态动词有以下几类。

主语是有生名词的状态动词。

单音节:病、饿、死、活、躺、停、杵站立、栖依偎、盘盘腿、挂显露、干慢待、逛震荡、糊黏、积积恶致报、蘁炮制、架托、砍帽子等随便扣在头上、磨耗时间、泡拖延消磨时间、刨深追、黏滞留、眍眼珠深陷、跨半坐在边缘上、靠假寐、眯闭目养神、迫(体积大的人)坐、撇用力低垂、忍小睡、揉行动迟缓、悠使摇晃、髯(头发)松散、慎隐忍、歪躺、偎待着不活动、委坐着或躺着蠕动、絮积食、满胸腹内堵塞,膨胀感。

双音节:恶睡过分久睡、恶觉睡眠不足而精神不振、摆划安排、料理、发变发育得漂亮、轧悠着摇摆、挂搭悬垂、轱辘蜷曲、忽搭穿、忽闪扇动、齰嘁连续地刮、黏缠疾病久而不愈、腻咕长时间依偎、旁跨横坐在马背上、撒散披散、围蹭围绕四周蹭来蹭去、淹缠(病)缠绵、栖乎儿偎、蹉乎儿蹉。

---

① 张猛:《〈左传〉谓语动词研究》,北京:语文出版社2003年版,第66页。

主语是无生名词的状态动词：

熟、澄澄清、喂浸渍、烀用半蒸半煮的方法闷熟、欢旺盛、沤泡着、炟烟压住火、闪倾斜、溻衣物湿透贴在身上、暄膨胀、咕嘟长时间煮、矻嗏熬、炖、塌架倒坍、侧歪倾斜。

主语是抽象名词的状态动词：

衰、夯糟糕、沤作酝酿、发达。

有些状态动词是有生名词和无生名词充当主语时都可以使用的：

沉、碎、胖松软胀大、丘暂时浅埋、作酝酿。

老北京土话中还有一些状态动词是由动词词根与时体标记词"着"构成的。

盯着代为照料、扛着端着架子、翻着持相反意见、歇着睡觉、挂着在饥饿中、舀k'uai着步行、舳着食物过咸而伤着喉咙、豁着、憋着暂时忍住怒气伺机爆发、透着显得、亮着因身体裸露而受凉、敛着保持自我约束、搂着有节制地、罩着气势、实力压倒别人、闪着受凉、眹眹着目光斜视、呆定、出出着向外突出、翻翻着翻转呈现于外、飞飞着形容伸展出来、努努着凸出之状、撅撅着翘起状、裂裂着敞开张开的样子。

这些词都是表示人和事物处于某一种状态的词，其表示持续的语义特征因有固定的标记而特别明显。

以上所列举的状态动词有不及物动词和及物动词，前者数量多于后者，因此大多数状态动词都不能带宾语，状态动词的语义特征是[-自主性]。

3. 心理动词

《马氏文通》："凡动字记内情所发之行者，如'恐''惧''敢''怒''愿''欲'之类，则后有散动以承之者，常也。"[1]对心理动词的意义和句法功能就做了论述。

心理动词是表示情绪、意志、知觉、思维、记忆、表象等和心理活动密切相关的动词。心理动词都具有[+述人][+大脑器官][+思维活动]的语义特征，在语法功能上具有带动词性宾语的特点。

心理动词分情感类心理动词和感知类心理动词两大类。

（1）情感类心理动词

情感类心理动词主要表示人对外界反映的种种情绪，以及人对外界事物刺激产生的肯定或否定的心理状态。以下就这类动词的语义特征进行分类介绍。

表喜爱类心理动词：

贪喜欢、爱喜欢、疼疼爱、待见喜爱、得人儿惹人喜欢、迷瞪喜爱以致沉溺、偏疼特别喜爱、好希喜爱、向着疼、爱。

---

① 马建忠：《马氏文通》，北京：商务印书馆 1998 年版，第 214 页。

表愉悦类心理动词：

乐高兴、开化心情舒畅、暄翻愉快、开朗、乐不够儿很快活。

表思念类心理动词：

想、念叨想念、想疯了十分思念。

表感动类心理动词：

知情感谢、感激、感念。

表羡慕类心理动词：

馋艳羡而贪欲、喝儿呼着艳羡而贪欲、眼热羡慕。

表尊重类心理动词：

敬、服儿、服气儿佩服、藐轻视。

表满足宽谅类心理动词：

狠儿蜜得意、满足、解气过瘾、是了味儿满足、爽神免得操心、够念儿满足、含怜原谅。

表气恼类心理动词：

恨、怄惹怒、炸大怒、火儿大怒、挂火儿恼怒、气儿了生气、窝憋心中不舒畅、有气生气、恼撞恼怒、背过去指因气恼等而晕厥、气不忿儿心中不平。

表难受类心理动词：

受受气、不得心里不安、硌扭心中不快、窝作憋闷、淹心伤心、皱憋憋闷、直受儿受气、受罪、腌臢心里别扭。

表惊慌疑问类心理动词：

惊受惊过度而产生恐惧、半死儿被打、受惊的状态、吓毛了惊慌状、吃心多心、提溜猛然震惊、唬背了受惊吓而失理智、走心经受了刺激、烧心心急如焚、怀疑。

表烦忧类心理动词：

熟烦乱已极、腻心里烦闷、劳令人劳神、频说话冗长而使人厌烦、腻歪烦躁、起腻烦闷、熬头忧愁、熬碴儿烦恼、鏊糟烦恼、憋闷（囚）忧郁、憋屈心情不舒畅、窝憋抑郁、窝作抑郁烦闷、戴愁帽发愁、怪哭的痛心、熬心烦恼、嗔心不高兴、勾烦引人烦恼、够受很难受、熟烦恼、碎闹事情繁杂使人心烦、心不净心中有烦恼、心闹心中烦恼、纣背焦躁不宁、发愁烦恼、硌扭烦闷、恶嗦烦躁、絮烦厌烦、窝心感到委屈。

表害怕胆怯类心理动词：

怵害怕、瘆恐怖、麻感到可怕、茶怯懦、惇怯弱、二愣害怕、二乎惊疑、胆怯、毛产生恐惧、毛咕害怕、发毛害怕、发怵怯懦、捧怕恐怕、怯场登台演出心里发慌。

表厌恶类心理动词：

伤因接触过多而厌烦、多嫌嫌弃、恶漾（心）让人厌恶、厌气讨人嫌、嫌脸讨人嫌、嫌吡嫌弃、膈应厌恶。

表妒忌羞惭类心理动词：

促忌嫉妒、气怀小儿因见妈妈抱别家孩子而嫉妒哭闹、腼腆害羞。

表担心隐忍类心理动词：

含_{使心计}、提溜心_{担心}、搁心_{在意、关注}、张心_{劳神}、张神_{费心}、含奸_{使奸计}。

表歉疚愧悔类心理动词：

愧、认_{认输、甘愿}、不过意_{抱歉}、服软儿_{服输、抱歉}、认盆儿_{服输}、堵心_{悔恨}、臊皮_{自惭、}羞愧。

表遗憾希望类心理动词：

遗憾、惋惜、凉了_{失望}、可惜了儿的/可了儿的_{惋惜的口气}。

表情感类心理动词以及表示喜爱、思念、感动、敬重、羡慕、害怕类心理动词是二价动词，其他如表示满足、气恼、难受、惊异、歉疚、遗憾等多是一价动词，并且是还具有使役义的使役心理动词，情感类心理动词大多可以受程度副词"很"修饰，语义特征是[+自主性] [+描述性]。

（2）感知类心理动词

表达主体对客观事物的认知、感受的心理动词。具体分为：

表思维的心理动词：

纳摸_{琢磨}、生簧_{想计谋}、寻思、计较、思忖、忖量_{思考}、醒攒儿_{醒悟}、虑论lin₁_{思考}。

表感知的心理动词：

觉_{感觉}、拘_{不自在}、耳乎_{理会}、认道_{认识}、认识、知道、理会_{感觉到}、觉照_{自觉}、觉摸着_{感受到}、透着_{显着、觉着}、搁心_{在意、关注}。

表估量的心理动词：

趄摸_{琢磨}、估巴_{估摸}、估摸、估量_{警惕、提防}、没承想_{没预料到}、料到。

表忆念的心理动词：

没耳性_{记忆力差}、记、忘。

表企图的心理动词：

打算、图、料规_{预计}。

表感知类的心理动词大多都是二价心理动词，同时一般不能受程度副词修饰，语义特征是[+自主性][+陈述性]。

4. 能愿动词

能愿动词又叫助动词，在句中主要与动词构成组合关系的一类词。能愿动词分为以下的类别：

表示可能：能₁、可₁、会、可以、横_{可能}、横是_{可能}、横许_{可能}。

表示能够：能₂_{有能力}、能够、可₂_{能够}、好、得tɤ↗、得以、免不了、容易。

表示意愿：敢₁_{有胆量}、敢₂_{当然}、想、要、肯、愿、乐意、愿意、想要、要想、高兴、好意思。

表示必要：非_{必须、一定}、得tei↘_{应该、必须}、官_{肯定、一定}、要、应、该、应该、应当、敢情_{当然}、敢自_{当然}、一定、要想、喏定_{一定、当然}、犯得着、犯不着。

表示评价：配、值得。

表示许可：准、许、准许、容许、允许。

表示禁止：别、甭。

能愿动词的语义特征是[+可能][+意愿]。

5. 使令动词

使令动词是表示致使、派遣、命令、促成等行为意义的动词。老北京土话的使令动词有：

致使类：使、叫/教、让、容、给。

派遣类：派、支。

命令类：令、命令。

促请类：请、催、邀、求、要。

使令动词往往构成兼语短语，其语义特征是[+致使][+命令]。

6. 趋向动词

表示人的行动趋向的动词。分为：

单音节趋向动词：上、下、进、出、回、过、开、起；

双音节趋向动词：由单音节趋向动词分别和"来""去""开"构成；

	上	下	进	出	回	过	开	起	转
来	上来	下来	进来	出来	回来	过来	开来	起来	转来
去	上去	下去	进去	出去	回去	过去	开去	起去	转去
开	○	○	○	○	○	○	○	起开	○

老北京土话中还保留着"起去"的用法，例如：

"别看傻大黑粗的，鞑子拔烟袋，不傻假充傻！"她的声音又高了起去。（CCL-LS《骆驼祥子》

她也帮着晒菠菜，茄子皮，晒干藏起去，备作年下作饺子馅儿用。（CCL-LS《四世同堂》）

大个子嘻嘻了几声，把钱拿起去，说了实话。（CCL-LS《文博士》）

除了"起去"，还有"起开_{闪开、躲开、让开}"构成的复合趋向动词：

你给我起开，我没时间跟你废话。（CDS）

劳驾，起开点儿让我过去。（同上）

"起开"主要用于祈使句中。

趋向动词最常用的句法功能是充当趋向补语，其语义特征是[+趋向][+位移]。

7. 存现动词

表示事物存在、消失、隐现等的动词。存现动词的主语往往是被说明的对象，是主题主语；存现动词的宾语一般都是表示存现的人或事物。

表存在：有、是₁、在、挨在。

表出现：冒露、出现、挂显露、发生、浮现、涌出。

表消失：眯隐藏、走了、撤了走、颠儿了、颠儿丫子了跑离、挠丫子走了、挠了走了或跑了、撒丫子了跑了、闷得儿密吞没、私吞。

存在动词的语义特征是[+存在][+领有]；隐现动词的语义特征是[+出现][+消失]。

8. 关系动词

表示陈述事件中前后两部分相互关系的动词。

姓、是₂、归、靠、像、成为、属于、等于、属于、好像。

关系动词都是黏宾动词，后面必须带上宾语。其基本的语义特征是[+陈述][+等于][+属于]。

9. 比类动词

用于表示人或事物性质、状态相互差异性等的动词。比类动词涉及比较的主体，比较者和比较的客体，即被比较者。比类动词一般充当句中的谓词。

老北京土话的比类动词主要有：

比₁pi↘、比₂p'i↘、譬如、不如。

比₁和比₂只是读音不同，其语法功能是相同的。

比类动词的语义特征是[+相似性][+比较]。

二、动词的语法分析

以下从造句功能和分布功能对动词的语法特点进行分析。

（一）动词的句法功能

动词作谓语是其主要的句法功能。例如：

奔辛苦谋生了一辈子，落得倒卧街头。（CDX）

以下主要对动词充当其他句法成分的情况进行探讨。

1. 动词作主语、宾语

动词作主、宾语，能做主宾语的动词大多是不及物光杆动词，例如：

孟石的死并没使他动心到现在这样的程度，因为他把女儿给了孟石，实在是因为他喜爱默吟。（CCL-LS《四世同堂》）

他什么也顾不得想，而只搭拉着脑袋等死。（同上）

生还是灭呢？在这复杂而无意义的文化里？（CCL-LS《生灭》）

心理动词有时也可以作宾语：

让他自个儿去我还真有点犯嘀咕担心、踌躇。（CDS）

你老是那么一套，我都听恶心非常厌烦了。（同上）

让我上台讲话，我心里老犯毛咕害怕。（同上）

一想起来，他心中就觉得发堵憋闷、不痛快。（CCL-LS《骆驼祥子》）

有些二价心理动词也能带动词性宾语，例如：

一开会他就爱冲嘴儿打瞌睡。（CDS）

小女孩就是爱捯饬打扮，捯饬起来一个比一个漂亮。（同上）

2. 动词作状语

才这么远的道儿，我腿着走着、步行去就行了。（CDJ）

瞧她那两脚土，准是步辇儿步行来的。（CDX）

嗨，你又上哪儿闯丧在外瞎跑去！（CCL-LS《龙须沟》）

什么东西也禁不住盯坑儿长久地不肯舍弃使。（CDS）

3. 动词作定语

不干那挨骂受骂的事。（CDC）

这是垫窝儿最末生出来的小狗。（同上）

4. 动词作补语

单音节动词作补语：

听得见、拿得动、猜得到、吃得开、嚼得动、赔得起、接得到、咂摸得出。

双音节动词作补语：

冷得打劲儿颤抖。（CDC）

长顺气得发抖，脸变成个紫茄子。（CCL-LS《四世同堂》）

老周是慢条斯理儿，老吕急得蹦跳，你看这个乱劲儿！（CCL-LS《春华秋实》）

现在，只有有钱的，有势力的，跟歌女舞女们，走得出去！（CCL-LS《方珍珠》）

动词短语作补语：

话还没听完，就把他急得背过气去休克，失去知觉。（CDS）

他气得直打蹦儿跳跃。（同上）

多冷的天，我也得奔去。（CDX）

好吗，要抢走我的女儿，砸了我的园子，逼得我没地方去作艺！（CCL-LS《方珍珠》）

（二）动词的组合特征

1. 动词带宾语的限制

动词能带宾语是其根本性的语法特征，同时动词能否带宾语也是划分动词小类的一个重要的条件。根据以上动词的分类，以下针对及物动词带宾语的情况观察动词带宾语的不同形式。

带受事宾语

受事宾语可以由有生名词或无生名词充当。

　　小松鼠撅着_{翘起}尾巴，在树上跳来跳去。（CDS）

　　拉巴_{抚养}几个孩子真不容易。（同上）

带施事宾语

　　她的两眼一齐看一看桌面，很快的又一齐看到远处坐着的客人，而递过去一点微笑。（CCL-LS《四世同堂》）

带结果宾语

结果宾语指动作完成后新产生的结果，结果宾语往往由无生名词充当。

　　挺好的盘子全让他给摔裂璺_{裂缝}了。（CDS）

　　我去找点胶泥巴儿，捏个飞机模型。（同上）

总体来看，行为动词带结果宾语的是少数，而带受事宾语则占绝大多数。

带对象宾语

对象宾语是指及物动词在表示人或人与人之间的行为、活动时所带的宾语，一般由有生名词充当。

　　老李就势儿往后撤了撤身子，躲开丁二爷的嘴。（CCL-LS《离婚》）

　　你得动软的，拿感情拢他，我再用面子局_{约束}他。（CCL-LS《龙须沟》）

带处所宾语

处所宾语一般都由表示处所或方位的名词充当，动词都是表示趋行、居止的动词。

　　这家伙，照现在这样，他蹬上车，日崩_{快速跑}西直门了，日崩南苑了，他满天飞，我上哪儿找他去？（CCL-LS《龙须沟》）

　　虽然是不多的几只，可是清亮的鸣声使大家都跑到院中，抬着头指指点点，并且念道着："七九河开，八九雁来。"都很兴奋。（CCL-LS《正红旗下》）

带时间宾语

时间宾语一般由表示年月日、节令等时间名词充当。

她的北平变了样子:过端阳节会没有樱桃,桑葚,与粽子!(CCL-LS《四世同堂》)

他只好闷在家里,一语不发的熬过去星期日。(同上)

带原因宾语

原因宾语可以由有生名词、无生名词或抽象名词充当。

街上的人除了左右前后的躲车马,都好象心里盘算着怎样到海岸或乡下去歇几天。(CCL-LS《二马》)

带目的宾语

目的宾语一般由无生名词充当。

两个人正在交涉大氅的寄放问题,欧阳天风满头是汗的跑进来。(CCL-LS《赵子曰》)

喝完茶,他去找小刘,商量给秀莲溜活_{通过练习使技艺熟练}的事儿。(CCL-LS《鼓书艺人》)

带存在宾语

存在宾语由有生名词或无生名词充当。

从前,就连我们的小小的坟地上也有三五株柏树,可是到我父亲这一辈,这已经变为传说了。(CCL-LS《正红旗下》)

这里很清静,苇塘边上只两三个钓鱼的,都一声不出。(同上)

2. 动词受程度副词修饰的条件

(1)动词不能单独受程度副词修饰,但带上表示支配对象的述宾短语后可以受程度副词修饰。例如:

他确实挺招人喜欢。(CCL-LS《鼓书艺人》)

他们非常的轻看教员,而教员也不敢惹他们。(CCL-LS《牛天赐传》)

他厌恶这些没脑子没人格的人,可是不敢十分得罪他们。(CCL-LS《猫城记》)

(2)心理动词可以受程度副词修饰,并能带宾语

老二很爱听妈妈的话。(CCL-LS《四世同堂》)

他非常疼爱外孙子,几乎把孩子给惯坏了。(同上)

我顶讨厌他那抠抠搜搜的毛病了。(CDS)

也有些一价心理动词虽能受副词修饰,但不能带宾语:

这个问题,总弄不清楚,心里真腻透_{心里烦闷}了。(CDJ)

这件事,叫我好窝憋_{心中不舒畅},说不出来道不出来。(同上)

这孩子太怵窝子_{怕见生人},一见生人就哭。(CDS)

3. 动词带有体范畴的表现形式

动词具有时间性的特点，具有体范畴的变化。这种变化表现在：

（1）后附体貌标记

动词后附体貌标记词如：了、着、过、起、起来、来着等，表示行为活动或状态处在时间流中的情状。例如：

一气儿开_吃了三大碗。（CDC）——完成体

你们先逛荡_{慢慢走}着，我后赶儿。（同上）——持续体

在我满月的前几天，北京已经刮过两三次大风。（CCL-LS《正红旗下》）——经历体

姑母从初六起就到各处去玩牌，并且颇为顺利，赢了好几次。（CCL-LS《正红旗下》）——起始体

把这蛐蛐儿盆起来。（CDC）——起始+持续体

那年我游黄山来着。（CDX）——经历体

（2）动词重叠

有时也可以不需体貌标记词，通过动词本身的重叠达到表示时体的变化。

这件衣服还带着胰子沫儿呢，再酸酸_{用清水漂洗}。（CDC）

用热毛巾熥熥_{热敷}能消肿。（同上）

把刚晒干的被单儿抟抟平。（同上）

以上例句中，动词重叠后都具有了表示短时体的功能。

（3）动词重叠+助词"看"

一辈子可想出什么来了？老想想看！想他妈的蛋！（CCL-LS《沈二哥加了薪水》）

你的腿？我看你满可以不再拄拐了！走走看，走走看吧！（CCL-LS《西望长安》）

他的心跳起来，试试看吧，反正也无家可归，被人逮住就逮住吧。（CCL-LS《骆驼祥子》）

以上例句中，动词重叠后再加上助词"看"，都表示尝试体的功能。

（三）动词的兼类

指动词具有两类或两类以上词的语法功能。老北京土话中动词也常常具有兼类的功能。例如：

1. 盖[kaiɿ]

（1）动词：本义指由上而下地遮掩。

（2）形容词：卓越；超乎寻常地好。

这手字儿写得可盖了。(CDC)

演得真盖。(同上)

2. 冲[tʂʻuŋ˥]

(1)动词：本义① 指面对，向；又指② 以物投掷；③ 用言语顶撞。

冲北走。(CDX)

绰起一块砖头就冲那只狗。(同上)

姑姑也不二乎，当时冲了她几句。气得她脸色铁青，一言不发。(同上)

(2)介词：① 凭借；② 由于某种关系，看在某人身上。

冲他这份儿淘气劲儿，也不能饶他。(CDC)

不冲（着）大家，我算跟他没完。(同上)

(3)形容词：① 有力量；② 强烈；③ 精彩、出色。

这位演员嗓门儿真冲！(CDX)

汽油味儿太冲，打鼻子。(同上)

这手字儿写得多冲！(同上)

3. 扯[tʂʻɤ˩]

(1)动词：本义指拉。

(2)形容词：多、极之义。

钱花得扯了去了。(CDC)

4. 成[tʂʻəŋ˩]

(1)动词：本义指应答时表示同意、认可。

成，您放心！(CDX)

(2)形容词：① 赞美之词，能干、得意或顺利；② 足够了，不再要了。

你可真成！(CDX)

成了，装满了！(CDX)

5. 窜[tʂʻuan˩]

(1)动词：本义指乱跑、乱逃。

(2)形容词：气味浓烈。

谁家煮肉呢？这味儿真窜！(CDC)

满屋子臭味儿，这个窜哪！(CDX)

6. 干[kan˩]

(1)动词：本义指做。

(2)形容词：坏、糟糕。

那件事怕要干了。(CDC)

这下子可干了。(同上)

7. 接[tɕiɛ˥]

（1）动词：本义指靠近、接触。

（2）介词：① 自、从；② 经由。

接这儿数起。（CDC）

接他家门口儿过。（同上）

8. 卤[lu˥]

（1）动词：本义指用盐水等煮。

（2）名词：油水、好处。

做这小买卖儿，没什么卤。（CDC）

9. 闭[pi˥]

（1）动词：本义指关、合之义。

（2）形容词：超过、胜过；极好、精彩。

这场比赛白闭他们。（CDC）

她唱得闭透了。（同上）

10. 顺[ʂuən˥]

（1）动词：本义顺手拿取。

（2）介词：① 自、从；② 经由。

我顺家里带点儿花生。（CDC）

顺这条道儿也过得去。（同上）

（四）动词的转义

动词在原义的基础上发生引申或比喻义。

1. 打[ta˥]

（1）动词：本义指用手或器具撞击物体。

（2）转指：① 虫蛀衣物；② 计入；③ 刺激；④ 假设。

衣裳让虫子给打了。（CDC）

明天约请的人，打上他，才六个人。（CDX）

咖啡打得睡不着。（CDC）

就打这盆花儿养不活，还有两盆呢！（CDX）

2. 嚼[tɕiɑu˥]

（1）动词：本义指上下牙齿磨碎食物。

（2）转指：① 絮道（贬义）；② 诽谤，随口乱说。

俩人到一块儿嚼起来没完。（CDX）

背后嚼人。（CDC）

3. 叫[tɕiɑu˅]

（1）动词：本义人或动物发出的较大的声音。

（2）转指：狗交配。

狗又叫上了。（CDC）

4. 举[tɕy˦]

（1）动词：本义指往上托，或往上升。

（2）转指：拿走。

我的书包谁给举儿去了。（CDC）

5. 卷[tɕyɛn˦]

（1）动词：本义指把东西弯转裹成圆筒状。

（2）转指：骂。

叫他亲娘祖奶奶的一顿臭卷。（CDC）

卷了一大顿。（同上）

6. 戳[tʂʻuo˥]

（1）动词：本义指用力使物体的顶端向前触动或穿过物体。

（2）转指：① 直立、站；② 有威信；③ 支持；④ 站得住，有势力。

连个凳子也没有，只好戳着吧。（CDX）

他当个头头还戳得住。（CDC）

您给他戳着点儿。（同上）

戳西四，镇东单，北京城哪里都吃得开。（同上）

7. 放[fɑŋ˅]

（1）动词：本义指释放。

（2）转指：① 弄倒；② 砍伐。

一下子把他放躺下了。（CDC）

那片林子都给放了。（同上）

8. 挂[kuɑ˅]

（1）动词：本义指悬挂。

（2）转指：① 显露；② 穿某种颜色的衣服。

挂着醉象儿。（CDC）

挂蓝；挂绿。（同上）

9. 滚[kuən˦]

（1）动词：本义指翻转、滚动。

（2）转指：斗殴。

俩人滚上了。（CDC）

10. 还[xuan↗]

(1) 动词：本义指返回原处。

(2) 转指：呕吐。

他一晕船，吃的东西都还出来了。（CDC）

11. 板[pan↘]

(1) 动词：本义指露出严肃或不高兴的表情。

(2) 转指：管、约束。

别一动儿就打人，得板着点儿。（CDC）

非把你这些坏毛病板过来不行。（同上）

12. 毁[xuei↘]

(1) 动词：本义指毁坏。

(2) 转指：胡乱侮弄。

好好儿哄着弟弟，别毁他。（CDC）

13. 架[tɕia↘]

(1) 动词：本义指支撑；

(2) 转指：① 拿、携带；② 托；③ 竟有。

谁把我的钢笔架走了。（CDC）

架着个鸟笼子。（同上）

满满的一屋子架多少人哪！（同上）

14. 啃[k'ən↘]

(1) 动词：本义指咬。

(2) 转指：始终穿着某件衣物而不替换。

他老抱着一条裤子啃。（CDC）

啃坏了算了（同上）

15. 卖[mai↘]

(1) 动词：本义指买卖。

(2) 转指：① 自炫；② 损坏（器皿）。

知道你行，甭这儿卖来。（CDC）

嘿！这个碗要卖——怎么放在这么个悬地方儿！（同上）

16. 拿[na↗]

(1) 动词：本义指用手抓住，搬动东西。

(2) 转指：① 要挟、刁难；② 折磨、伤害；③ 强烈的作用刺激变质。

这是成心拿我呢。（CDC）

病拿得他起不来了。（同上）

漆让酒精拿白了。（同上）

以上动词是在本义的基础上，产生了各种引申义和比喻义，而其词类性质却并没有发生变化。

第三节 形容词

一、形容词的分类

朱德熙（1956）按照形容词的语法特征，将形容词划分为性质形容词和状态形容词。本书在此基础上结合形容词的音节和语法、语义特点对形容词进行分类考察。

（一）结构类型

1. 语音结构类型

（1）单音节形容词

笨不黏、瘪窘迫、骷颜色陈旧、昌动作漂亮、乏低劣、葛怪癖、艮不脆、颀粗壮、夯懒散、紧不太平、犟固执、靖安宁、拘拘束、绝滑稽、绝情、糠果蔬因失去水分而发空、可适合、苦过分、狂狂妄、旷空旷、老极多、累lei₁累赘、楞生涩、生硬。

2）复音节形容词

包含双音节和多音节形容词。

双音节形容词：

独害孤僻、发变发育得漂亮、发怊执拗、各单特别、骨棒结实、活便灵活、尖钻尖刻、解劲起作用、倔丧语气不平和、局气公平、靠准儿可靠。

多音节形容词：

空巴廖空荡荡、讹搅赖不诚实、红腺儿的微红的、颠儿哼颠儿哼连跑带喘状、咕颠儿咕颠儿颠簸奔跑状、老眉攓嗵眼儿年老枯干状。

2. 语法结构类型

（1）单纯词：

联绵词：由双声、叠韵、非双声叠韵联绵词构成。

腌臜肮脏、又指心里别扭、丁对适宜、各色怪癖、囫囵完整的、激灵突然一惊状、疴碜丑、褴褛不整洁、喇嘛酩酊大醉、榔槺猛烈、狼犺大而笨重、撒撒邋遢、肋脦不整洁、累赘样子蠢笨、离光离奇、溜湫鬼鬼祟祟状、离希不严肃、麻利快、敏捷、邋遢、衰腔扭捏、乔兀棱边角翘起、淹缠缠绵、挓挲张开、吃惊。

叠音词：

喝喝絮烦、喋喋不休、谂谂絮道。

（2）合成词

① 复合式

主谓型：髭[ʦʻʅ˥]蓬蓬松、火蹦有生气、脸热脸皮薄而不愿求人、脸软心软而不愿拒绝人。

联合型：艹旧陈旧、潮干儿半干半湿、脆快干脆而痛快、过逾过分、滑涮灵活、活润灵活而滑润、近便近。

支配型：抱腿儿裤子肥瘦合适、饿膛了饿极了、还阳兴奋、离经儿言过其实、拉丝拖沓。

偏正型：拗甜过甜、饱壮饱满、僻角儿偏僻、进干极干、绰肥只选择有油水的职业干、次火品质低劣、猴儿快极快、的当妥帖、锯扯犹豫不决。

述补型：刮净齐整而干净、究真儿较真、靠长儿持久、苦死至少、最低。

② 附加式

前加型：飞薄极薄、精湿极湿、垈/磁棒坚实、溜黑黝黑、老梆结实、老成持重。

后缀型：孱头懦弱、棒实/势结实、长和/合、霸道横蛮、猛烈、棍道服装挺脱、僵巴僵硬、亮飕敞亮、刺巴粗糙、喇忽疏忽、狼忽猛烈、刺势厉害、糙拉粗糙。

③ 重叠式

倒倒丢人的、可耻的、梗梗直着、歪歪倾斜状、劲儿劲儿的劲头十足。

形容词在语法的结构类型上看，单纯词中保留了一批联绵词，叠音式较为少见。合成词中，复合式的形容词里，联合型、支配型和偏正型都比较多，主谓型、述补型相对较少。形容词的附加形式和重叠形式都极其复杂，本书在形态部分已作了详细描述，此处不再赘述。

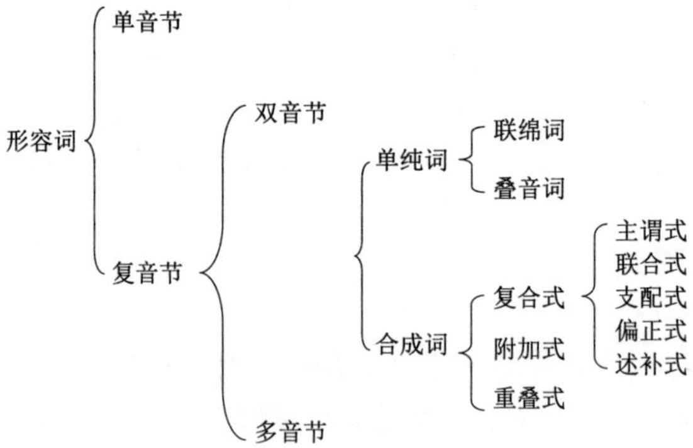

图 30　形容词的语法结构类型

（二）语法语义分类

从语法语义的角度，北京土话的形容词可以分为性质形容词和状态形容词。

1. 性质形容词的类别

性质形容词是表示人和事物的性质或形状的，反映的是事物的基本属性。以下从几个方面对性质形容词进行描写。

（1）表示物的属性：描述事物形状、质地以及味觉、触觉、嗅觉等的性质形容词。

表示事物好的属性特征的褒义形容词：

美、好、香、抹泥干净、合适、杀凌凉爽、活泛灵活、款式漂亮、合样、妙相漂亮、出色。

表示事物不好的属性特征的贬义形容词：

糙物不精细、糟坏、腥、恶、臭、楞生硬、不协调、涩巴涩、蔫冷没风没雪而寒冷。

表示事物的客观属性的中性形容词：

圆、方、扁、弯、斜、凉、酸、甜、咸、壮ʈʂuaŋˋ粗、旷空旷、膀松软胀大。

（2）表示人的品性：表述人的形象、品行的性质形容词。

描述人美好的品性：

率俏皮而干脆、能耐有本领、伶俐聪明、硬朗结实、抹使不畏困难而前行、恭本老实、本分、鬼道机智、筋骨儿强健、麻利敏捷、卯靠稳妥、抹腻细致、蔫准话少而胸有成竹、老实人诚恳、皮实坚固、健壮。

描述人不好的品性：

葛怪癖、碜人面貌不美、生性情乖僻、毛举止轻浮、滑好偷懒、苍人太狡猾、鲁粗鲁、苗（小孩）不柔顺、各路性情古怪、稀松无毅力、左性与人犯别扭、手辣毒辣、气粗有勇无谋、冒失莽撞、抠门儿吝啬、莽夯鲁莽、没脸丢脸、腼腆害羞、磨叽没条理、麻烦、黏歪不爽利。

有些形容词既可以表示人也可以表示物，两可使用：

褒义：漂亮、水灵、地道得体、发盛兴旺、发达、骨力结实、有筋骨、秀柳窈窕；又指不粗笨、玲珑明了。

贬义：赖人品不高或指物不善、娄变质、懦弱、寒碜丑、难看、寒衿贫寒、砢碜貌丑，又指不光彩、乱忽纷乱。

中性：绵软柔软、轻趫轻、肉头物坚而柔又指人性情柔和。

（3）表示度量

表示被修饰的事物的标准量度的性质形容词。张斌（2010）指出，"量度形容词可以带确定量度的数量补语，它们大都是单音节的，而且大都是积极、消极配对的"。[1]老北京土话的量度形容词表现为：

厚——薄、冷——热、松——紧、宽——窄、快——慢、粗/顸粗——细、多——少、大——小、长——短、深——浅、迟/晚——早、高——低/矮、

---

[1] 张斌：《现代汉语描写语法》，北京：商务印书馆2010年版，第122页。

贵——贱、远——近。

量度形容词的重要特征就是比较，因此，量度形容词使用的标准和范围必须是在同类/种事物之间进行衡量，非同类事物是不能用量度形容词来进行比较的。

（4）表示颜色

颜色词是现代汉语词汇系统中的一个特殊类聚系统，课题组曾对老舍、王朔这两位不同历史年代的作家的 16 部作品进行了系统的梳理，①归纳出老北京土话中的基本颜色词为：

红、黄、白、绿、黑、蓝、灰、紫、青。

共 9 个。在此基础上再进行各种组配，形成复杂的颜色词系统。同时从 9 个基本颜色词中，还衍生出一些中间色：

红色——粉色；黄色——肉色；蓝色——藏青、月白。

这些在基本颜色词之外的颜色词都属于非基本颜色词。

本书以这 16 部作品为主，兼收关于北京土话词典中颜色词的记录，对颜色词的结构进行基本的描写。

颜色词与其他性质形容词不完全相同，具有自己的构造系统。颜色词也分为单纯词和合成词两大类。

单纯词：指单音节颜色词。

由红、黄、白、绿、黑、蓝、灰、紫、青的基本颜色词充当。

合成词：由复合式、附加式、重叠式的颜色词构成。

（一）复合式：一般指双音节，包含少数三音节颜色词。其结构分为以下几种类型：

① 联合式：

红润、黑润、白健、白软、青碧。

联合式表示具有某种颜色的同时，还同时兼具另一种性质，中间可以加上连词"而"，两个语素之间的关系是并列的。

② 偏正式：

偏正式颜色词，是颜色词中基数最大的一族，以下观察基本颜色词的各种组合情况。

A. 由表示程度的语素+基本颜色词构成。这一类又分几种情况。

a. 形容词语素+基本颜色词：

---

① 16 部作品为老舍的长篇小说《四世同堂》《骆驼祥子》《离婚》《我这一辈子》，中篇小说《阳光》《月牙儿》，短篇小说《微神》《断魂枪》，散文《一些印象》《非正式的公园》《小动物们》《我的母亲》《大明湖之春》；王朔的《玩的就是心跳》《看上去很美》《动物凶猛》。

深红、浅红、暗红、半红、大红、微红、鲜红、通红、焦红、干红、嫣红。

深黄、浅黄、淡黄、半黄、娇黄、嫩黄、干黄、焦黄、昏黄、暗黄、枯黄。

深绿、浅绿、淡绿、嫩绿、暗绿、惨绿、大绿。

深蓝、浅蓝、淡蓝、暗蓝、蔚蓝。

深紫、暗紫。

深灰、浅灰。

深黑、灰黑、污黑、焦黑、昏黑、暗黑、青黑_{比灰色深、黑色浅的颜色。}

浅白、洁白、惨白、傻白、苍白、煞白。

藏青。

b. 动词语素+基本颜色词：

蹬黄、靠紫_{接近浅紫色}、靠蓝_{浅蓝色}、紫里套青、白里带青。

c. 基本颜色词语素+基本颜色词语素：

灰红、黑红、紫红。

灰黄、黑黄、红黄。

灰绿、黑绿、蓝绿。

灰蓝。

灰紫、黑紫。

灰白。

青灰、青黑、青蓝、青绿、青白。

红青、蓝青。

d. 非基本颜色词语素+基本颜色词语素：

朱红、粉红、翠绿、碧绿、碧蓝、赭红、赭黄、褐红、褐黄、褐绿、黝黑_{微青黑色}、素白。

以上都是采用"修饰语+中心语"的格式构成，前者修饰后者，表示后者深浅变化程度的形态状貌。

B. 由表示实物的语素+基本颜色词构成：

丹红、金红、枣红、血红、桃红、橘红、酒红、潮红、猩红、玫瑰红、铁锈红、象牙红。

鹅黄、金黄、草黄、杏黄、土黄、滩黄、蜡黄、柚黄、米黄、屎黄、橘黄、柠檬黄。

油绿、金绿、豆绿、豆瓣绿、墨绿、湖绿、苹果绿、国防绿。

海蓝、天蓝、宝石蓝。

玫瑰紫。

乌黑、漆黑。

雪白、银白、花白、蜡渣子白、月白_{稍微带点灰色的浅蓝}。

葡萄灰、银灰、钢灰。

雪青、磁青、豆青、铁青、菊花青、碗子青_{用橡实壳煮出的青色}。

以上以实物为比拟对象，进行比拟式的造词，给人以直观形象的感受。

C. 由表示实物的语素+语素"色"构成：

肉色、金色、土色、黄金色、月白色_{淡蓝色}、藕荷色、墨色、檀色、橙色、米色、茶色、棕色、丁香色、茶青色。

D. 由颜色词语素+语素"色"构成：

红色、粉色、青色、藏青_{蓝中带黑}色、藏蓝_{稍带红色的深蓝}、暗青色、铁青色、青蓝色、深褐色、浅粉色。

E. 其他语素+表示实物的语素构成：

靠缸_{含有微蓝的灰色}。

③ 正偏式

由中心词语素+基本颜色词构成，这种形式较为少见，一般指以前一种基本颜色为主，后一种颜色为辅，例如：

黄白、蓝青、蓝灰。

"黄白"仍以"黄色"为主色系，是黄中带白；而"蓝青""蓝灰"则指以"蓝"为主色系，是蓝中带黑色或灰色。

④ 述补式

由基本颜色词加上表示补充说明的语素构成，两个语素之间存在补充说明的主从关系，其中可以加上补语标记"得"。

红亮、黑亮、白亮、红艳、白净。

（二）附加式：指由基本颜色词为词根，前加或后附词缀的形式构成。分为：

前加型：由虚化的前缀附着于基本颜色词构成。

单音前缀——瓦蓝_{蔚蓝}、涅蓝_{暗蓝}、趣青_{灰绿色}、黢黑。

多音前缀——嘎碑儿绿_{翠绿}、黢满儿乌黑_{黑漆漆}、煞蜡子白_{惨白}、乌眼儿青_{脸发青状}。

后缀型：由基本颜色词附带生动后缀构成。具体又分两种：

基本颜色词+叠音后缀：红扑扑、红晿晿、红彤彤、绿汪汪、绿油油、蓝汪汪、蓝莹莹、蓝洼洼、黄橙橙、黄登登、黑糊糊、黑忽忽、黑森森、黑黢黢、黑炭炭、黑漆漆、黑洞洞、白花花、白茫茫、白辣辣、白亮亮、灰渌渌、灰茫茫、青虚虚_{微黑色}、紫红红。

基本颜色词+多音后缀：红不唽、红搭棱儿、红赤拉鲜、黄不唧、黄不唧撩、红不棱登、红不呲咧、灰不拉几、白不唧、白不呲咧、白不拉查、灰不溜秋、紫巴溜丢、紫烂毫青、紫里蒿青、黑漆撩光、黑不溜秋、黑了个翠、黑咕隆咚、绿不拉叽。

（三）重叠式：指由基本颜色词重叠而成的颜色词。

基本颜色词重叠后必须带上"的"，例如：

红红的、黄黄的、绿绿的、蓝蓝的、黑黑的、白白的、灰灰的。

通过以上各个层面的构词因素来看，北京话中红、黄、绿三色系基本颜色词作为词根的构词能力最强，紫色系构词能力最弱，其次是青色系、灰色系。

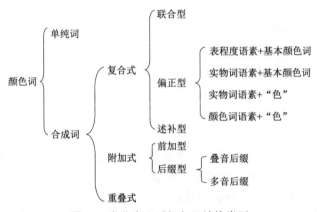

图 31　老北京土话颜色词结构类型

2. 状态形容词的类别

状态形容词的类型可以分为 AB 式、AA 式、AABB 式、ABB 式、A 里 AB 式、A 不 XY 式、A 了 XY 式、ABCD 式等多种形式。

（1）AB 式

名语素+形语素：

水亮_{草木茂盛，又指人美丽}、水灵、雪白、油亮、漆黑。

这种类型是名语素修饰形语素的定中结构，通常表示比况意义，表示"像 A 一样的 B"。

形语素+形语素：

稀松_{无毅力}、浑实_{身体紧凑有力}、嫩绰_嫩、蔫甘_{少话而安详}、黏热_{闷热}、酸狂_{傲慢}、拗甜_{甜得不适口}。

这种类型是前一形语素修饰后一形语素的状中关系。也有的是联合关系：

酸疼、乌黑、干冷、滴溜、碧绿、热活、巧密_{精巧}、透亮_{晶莹清澈}、窄憋_{窄小}。

类前缀+形语素：

飞薄、溜黑、煞白、精湿、泡松_{松软}、瓦凉_{阴凉}、萧薄_{萧条}。

这种类型是一个带虚化的类前缀和一个形容词组合而成。

（2）AA 式

AA 式状态形容词中由两个不成词语素重叠构成，A 不能单用。

噌噌_{速度快}、堂堂、纤纤、纷纷、匆匆、昏昏、茫茫、惶惶、鬅鬅_{蓬松}。

（3）ABB 式

ABB 式状态形容词由一个单音节形容词和 BB 状态形容词构成，BB 或者是形容词或动词的重叠，或者只是一个后缀。

形容词+BB 形容词重叠式

白亮亮、热辣辣、孤零零、恶歹歹、毒花花。

上式中，BB 是形容词的重叠。

形容词+BB 动词重叠式

大咧咧、短撅撅、直勾勾、苦哈哈、粉晃晃、水淋淋。

上式中，BB 是动词的重叠。

形容词+BB 后缀式

潮渌渌、秃磕磕、绿汪汪、辣蒿蒿、冷洼洼、零激激、坏嘎嘎儿、秃磕磕、稠嘟嘟、腻拽拽、臊哄哄、厚敦敦、尖溜溜、楞瞄瞄。

上式中，BB 是一个后缀形式。

（4）ABAB 式

ABAB 式状态形容词一般是由 AB 式状态形容词重叠而成。

碧绿碧绿_{翠绿状}、滴溜滴溜_{眼神活动状}、呜囔呜囔_{一味地吃}、滋歪滋歪_{负重貌}、呱嗒呱嗒_{衣物水淋貌}、忽搭忽搭_{扇动状}、忽扇忽扇_{上下颤动状}、眯㑔眯㑔_{眯眼状}、㑔㑔_{肥蒂蠕动}、扑扇扑扇_{撅动状}、悠搭悠搭_{奔波状}、撒流撒流_{水满将溢状}、颤悠颤悠_{颤动状}、拗甜拗甜_{过甜不爽口}、傻高傻高_{很高}。

（5）AABB 式

状态形容词的 AABB 式，一般都由没有基式的双音节形容词构成：

歪歪拧拧、花花搭搭_{颜色深浅不同}、楞楞磕磕、寡寡劳劳、静静懒懒、厚厚敦敦、蛄蛄嚷嚷_{屈伸蠕动状}、痴痴怔怔、悖悖谬谬、迟迟顿顿。

AABB 式有些是由动词语素或动语素加其他成分构成：

吞吞吐吐、捅捅咕咕_{暗中挑拨状}、积积作作_{数量少}、拨拨转转儿_{不主动}、揪揪巴巴_{过紧}、洒洒泼泼_{很满状}、压压插插_{挤得很满}、游游摸摸儿_{空闲而无聊}、抓抓挠挠_{匆匆忙忙}、憋憋囚囚_{窄小而憋闷}、支支动动儿_{不主动}、拘拘缩缩_{拘谨}。

由名语素或名语素加其他成分构成：

沙沙棱棱_{松散而酥脆}、神神道道_{很有精力}、丝丝拉拉_{断断续续}、蝎蝎蜇蜇_{志忑}、桠桠杈杈_{枝丫很多状}、油油沉沉_{油迹斑斑}、渣渣沫沫_{连渣带泡沫状}、局局面面_{很体面的样子}。

由叠音成分构成：

勺勺叨叨_{啰嗦}、糁糁渣渣_{渣滓多}、簏簏篸篸_{不舒展}、笮笮实实_{着实、结实}、哩哩啦啦_{淋淋滴滴状}、溜溜湫湫_{鬼鬼祟祟}、离离希希_{古里古怪}、花花离离_{很乱}。

以上叠音部分的字形是不固定的，有多种写法，如："勺勺叨叨"也写作"韶韶刀刀"，同时叠音部分的音节本身不含意义，重叠之后产生意义，表示事物的某种状态。

以上 AABB 各式都不能还原成双音节 AB 式形容词。

（6）A 儿 A 儿的

劲儿劲儿的_{劲头十足}、撩儿撩儿的_{微弱状}、跩儿跩儿的_{走路一扭一扭状}、吧儿吧儿的_{口齿清晰伶俐状}。

（7）A 儿 B 儿的

溜儿湫儿的_{鬼鬼祟祟状}、美儿侈儿的_{扬扬得意}、球儿嘎儿_{品貌不扬}、抖儿擞儿的_{蹦蹦跳跳状}。

（8）ABAC 式

呱啦呱嗒_{言语粗野}、皮脸皮嗤_{小孩不听教诲}、死心死肺_{死心眼}、二了二思_{犹豫不决貌}。

（9）A 里 AB 式

逛里逛荡_{震荡状}、麻里麻登_{眼睛不断眨巴状}、媚里媚气_{男人作娇媚状}、母里母气_{女里女气}。

A 里 AB 式在语义上都带有消极的、不讨人喜欢的色彩。

（10）BACA 式

七溜出溜_{滑动状}、七嚓喀嚓_{动作迅速、爽利}、心跳口跳_{紧张状}。

带后缀式：状态形容词中还有一批单音节形容词带后缀的形式。

（11）AXYZ 式

AXYZ 式形容词一般是由一个单音节形容词（个别情况下是名词）带上后缀的形式。

面咕囔叽_{很不酥脆}、腻拉咕拽_{过于油腻}、热丝忽拉_{灼热}、醉末咕咚_{大醉}。

（12）AXY 式

磨咕丢_{羞答答}、热咕嘟_{闷热}、臊么嗤_{羞答答}、沉嘟噜_{很沉重}、零唧咕_{零散}。

（13）A 不 X 式

干不搭_{不湿润}、蔫不唧_{精神萎靡}、黏不搭_{黏糊糊}、胖不墩儿_{矮而略胖}、中不溜儿_{居中}。

（14）A 不/巴 XY 式

秃不拉苴_{器物顶端残缺状}、红不棱登_{红得不好看}、蔫不出溜_{慢慢的}、光不出溜_{非常光滑}、猾巴唧撩_{很狡猾}、花巴棱登_{彩色斑驳}、贱巴啰嗦_{下贱}、傻巴唛瞪_{傻头傻脑}。

（15）A 不/巴 XY 式中，"不"和"巴"是一个音节的变体形式，二者常常可以互换着写。例如：

"红不棱登"可写作"红巴棱登"；"花巴棱登"可写作"花不棱登"。

（16）A 不 XX 式

水不几几_{水多而味淡}、傻不几几、咸不唧唧、凉不唧唧、甜不索索_{甜得味道不好}。

形容词加"不 XX"组成的状态词都带有厌恶色彩。

（17）A 里/了 XY 式

紫了蒿青_{皮肤青紫}、腻了咕拽_{不舒服}、懈了光唧_{马马虎虎}、臭了咕唧、胡里倒替_{神魂颠倒}、干里巴瞎_{太干糙}、叽里赶蛋_{众多而纷乱}、麻里格扎_{粗糙而多小颗粒}、面里咕囔_{很不酥脆}、腻里咕拽_{黏糊糊}、蔫里咕唧_{无精打采}、水里巴几_{水分过多}。

A 里/了 XY 式中，"里"和"了"是一个音节的不同变体，"里"通常也写作"了"，例如：

"紫里蒿青_{皮肤青紫状}"常常也写作"紫了蒿青"。

还有由双音节词带后缀的情况：

（18）ABXY 式

疙瘩噜苏_{布满疙瘩状}、汗沫溜丢_{汗水淋漓状}、精湿呱哒_{湿淋淋}、挠头蹀躞_{头发蓬乱}、气鼓挠刀_{怒气冲冲}、臊眉搭腆_{十分害羞}、血糊淋拉_{血淋淋}、阴死巴活_{衰弱}、圆鼓伦敦_{滚滚圆}、贼骨滑溜_{贼头贼脑}、破衣拉撒_{衣服褴褛}。

上式中 AB 一般是一个词，带上后缀 XY 后变成了状态形容词。XY 一般都是借音的后缀形式，没有实际语义。如：蹀躞，本是指脚步不稳之义，而在"挠头蹀躞"中只是借其音而已，并没有实际的意义了。

（19）ABXX 式

嘎巴轰轰_{布满嘎巴儿状}、赞儿哄哄_{怪话连篇}、咧子轰轰_{满口脏话}、雾气沼沼_{雾气弥漫状}、二意思思_{踌躇不定}、烟气杠杠_{烟雾弥漫状}、暴土扬扬_{飞沙扬尘状}。

上式中 AB 是一个词，带上 XX 叠音后缀构成状态形容词。

二、形容词的语法分析

（一）性质形容词的语法功能

朱德熙对形容词的语法特征进行了细致的归纳："1. 形容词分为性质形容词和状态形容词，前者主要表示属性，后者则具有描写性；2. 凡受'很'修饰而不能带宾语的谓词是形容词；3. 形容词除了作状语外，还能作定语、谓语、补语和主语；4. 形容词可以重叠。"[①]

---

① 朱德熙：《现代汉语形容词研究》，《朱德熙文集》，北京：商务印书馆 1999 年版，第 1—37 页。

张斌（2010）对形容词的语法特征也进行了不同类别的补充[①]：

性质形容词：1. 能受"不"和"很"的修饰，后面不能带宾语；2. 许多性质形容词可以按一定的方式重叠；3. 性质形容词可以修饰名词；4. 一部分性质形容词可以修饰动词或动词短语；5. 大多数性质形容词可以做补语；6. 一部分性质形容词可以充当主语和宾语。

状态形容词：1. 状态形容词一般不能受"很"之类程度副词的修饰，一般也不能受"不"修饰；2. 状态形容词可以修饰名词；3. 有些状态形容词可以做状语；4. 大部分状态形容词做谓语时，后面要加"的"；5. 状态形容词做宾语时一般要加"的"，作补语时动词后一般要加"得"。

以上都是对形容词的语法特征的一般描写或粗线条的规则。反映在北京土话中，这些语法特点在形容词中大部分是吻合的，但少部分并不契合。以下具体讨论之。

1. 性质形容词的造句功能

老北京土话的性质形容词在造句功能上和以上特征大致无二，以下主要从单音形容词的角度，必要时兼及双音节形容词，以此观察老北京土话性质形容词的功能。

单音节形容词的造句功能：

作谓语

单音节形容词作谓语主要陈述或描述人或事物的性质、状态，而且一般不能是光杆形容词，前后需附加其他成分。例如：

> 炉子荒着_{虚耗着}呢。（CDC）
> 这一圈看样子要黄。（同上）
> 这场地太旷_{空旷}。（同上）
> 萝卜搁糠_{瓜果等失去水分而发空}了，飘儿轻。（同上）
> 宅子里不靖_{安宁（迷信指没有鬼祟）}。（同上）

单音节形容词前后需附上能愿助词或时态助词、程度副词、否定副词等成分才能成立。但是少数单音节形容词也可以直接作谓语。

> 他嘴狂_{狂妄}。（CDC）
> 响_烧一壶开水。（同上）
> 他心里野_{心不定}，念不下书去。（同上）
> 油欢_{滚沸}了。（同上）

单音节形容词充当谓语是老北京土话中常见的现象，这些形容词还有：瘪、黑、欢、顺、阴等。

[①] 张斌：《现代汉语描写语法》，北京：商务印书馆 2010 年版，第 128—133 页。

作定语

单音节形容词作定语修饰体词性成分，主要描述事物的属性、内容等。例如：

这个小精豆子_{聪明的孩子}真鬼头。（CDX）

又是刘二媳妇儿的破屁户嘴_{不能自制喜欢泄露隐私的嘴}给传出去了。（同上）

嘿，这个碗要卖捧坏_{捧坏}——怎么放在这么个悬_{危险}地方儿。（同上）

胡明扬论证："北京话形容词大多数可以直接用作定语，一般只有少数不能用作定语。"[①]并统计出 30 个单音节形容词，25 个双音节形容词不能直接作定语。

单音节：背（重听）、草、差、沉、次、逗、对、多、浮、滑、抠、累、密、木、囊、腻、黏、齐、轻、少（上声）、少（去声）、松、烫、通、透、险、严、阴、油、匀。

双音节：孤单、光滑、含糊、厚实、滑溜、近乎、可惜、模糊、平安、平稳、奇怪、齐全、齐心、齐整、清楚、软乎、随便、稳重、细腻、显眼、详细、匀称、运气、扎实、周到。

在这些形容词中，单音节的只能作为构词语素构成偏正式词语，不能直接充当句子的定语，例如：

草鸡_{母鸡，又指怯懦}、木头砟子_{木头碎末，比喻食物无味}、少[ʂɑu˩]相_{年老而相貌年轻}、阴门儿_{阴险的手段}。

双音节形容词作定语必须带"的"字，例如：

上唇很短，无论是要生气，还是要笑，就先张了唇，露出些很白而齐整的牙来。（CCL-LS《骆驼祥子》）

坐的是宽大柔软的沙发，踩的是华丽厚实的地毯，响的是留声机，看的是电影明星照片。（CCL-LS《文博士》）

作状语

单音节形容词作状语修饰动词，主要形容动作的方式、状态、程度等。例如：

这辆车满载儿了，上后头那辆吧。（CDX）

大家伙儿齐打夯儿_{众人一齐干}地给他提意见。（同上）

作补语

单音节形容词作补语补充说明谓词性成分，主要说明其程度、结果等，例如：

你背心穿苦_{过头}了洗不出来。（CDC）

---

① 胡明扬：《北京话初探》，北京：商务印书馆 2005 年版，第 147 页。

输钱输老极多了。（同上）

水都流荒了。（同上）

一个又胖又高的妇人，眼睛已经喝红，摇着脑袋，正打钢琴。（CCL-LS《二马》）

做主语、宾语

双音节性质形容词可以直接充当主语、宾语，例如：

高兴是不难想象的。（CCL-LS《正红旗下》)）

沟水的颜色变成红红绿绿。（CCL-LS《龙须沟》）

乡下人真难办事，永远没有个痛痛快快！（CCL-LS《茶馆》）

单音节性质形容词很少直接充当主语、宾语。

2. 性质形容词的组合特点

（1）能受"很""不"的修饰，不能带宾语。

性质形容词都能受"挺、太、真、可、忒、怪、特、最、很"等程度副词修饰。例如：

单音节：最矮、挺凉、特红、可贵、忒狠、十分圆。

双音节：怪齐整、很光溜、真棒势极好、挺富泰、十分害臊、非常快当。

性质形容词也能受"不"修饰。例如：

单音节：不赖、不高、不小、不远、不错、不坏。

双音节：不甚齐整、不地道、不痛快、不耐烦、不满意、不高明。

（2）性质形容词有条件地重叠

单音节形容词的重叠

老北京土话口语中的单音节性质形容词没有 AA 式，AA 式只存在于书面语体中。如果重叠则需要儿化或加助词"的"，且第二个音节读轻声。单音节形容词重叠的形式有：

AA 儿

好好儿、慢慢儿、少少儿、早早儿、晚晚儿、块块儿。

AA 的

扁扁的、细细的、甜甜的、红红的、尖尖的、真真的。

AA 儿的

棒棒儿的、臭臭儿的、方方儿的、胖胖儿的、香香儿的。

双音节形容词的重叠

北京土话中双音节形容词重叠的形式只有 AABB 一种格式，并且重叠后有些必须儿化、有些可以带上助词"的"，重叠后"BB"部分读轻声。例如：

AABB 儿（的）

大大方方儿（的）、阔阔绰绰儿（的）、絮絮叨叨儿（的）、直直溜溜儿（的）。

AAB 儿 B 儿（的）

光光溜儿溜儿（的）、地地道儿道儿（的）、亮亮堂儿堂儿（的）。

AAB 儿 B 儿（的）是 AABB 儿（的）变式。

AABB（的）

富富裕裕（的）、齐齐整整（的）、娇娇嫩嫩（的）、客客气气（的）。

胡明扬（1987）收集了北京土话的 400 个形容词，单音节形容词 218 个，双音节形容词 182 个。其重叠的比例是：

$$
\begin{array}{r}
\text{能重叠的单音节形容词 115 个，占（115/218）52.7\%}^{①} \\
+ \quad \underline{\text{能重叠的双音节形容词 98 个，占（98/182）53.8\%}} \\
\text{能重叠的全部形容词 213 个，占（213/400）53.2\%}
\end{array}
$$

其中，能重叠的单音节形容词有 115 个，双音节形容词 98 个，共 213 个，占总数的 53.2%；单音节形容词有 103 个不能重叠，双音节形容词有 84 个不能重叠，共 187 个，北京土话中超过半数的形容词是可以重叠的。

李大忠（1984）对普通话的 1738 个双音节形容词进行统计，结果是能重叠的只有 300 个，不能重叠的高达 1438 个，占总数的 17.2%[②]。可见，北京土话形容词重叠的比例要远远高于普通话形容词重叠的比例。

（二）状态形容词的语法功能

1. 状态形容词的造句功能

状态形容词可以充当多种句法成分，同时不同的格式在充当句法成分时，是有不同的。

作谓语

AA 式状态形容词充当谓语时，必须附带助词"着"：

怎么老嘟嘟 _{衣物聚拢不舒展} 着裤腰，不系上？（CDC）

鬅鬅着头发。（同上）

你戴帽子，老是歪歪 _{倾斜之状} 着，不好看！（CDX）

状态形容词作谓语时后面一般要加上"的"，例如：

壶底麻麻渣渣的 _{不光滑、有颗粒}，掉进了泥土，快涮涮吧。（CDX）

一夜没睡好，眼睛锈不搭的，眼圈儿都是黑的。（同上）

吃了一杯冰激凌，心里凉森儿森儿的 _{冰凉的}。（同上）

---

① 胡明扬：《北京话初探》，北京：商务印书馆 2005 年版，第 151 页。

② 李大忠：《不能重叠的双音节形容词》，《语法研究和探索》第 2 辑，北京：北京大学出版社 1984 年版，第 207—223 页。

说话吧儿吧儿的_{口齿伶俐}，尿炕刷儿刷儿的_{嘲指小孩只是嘴头子能干}。（CDC）

少数状态形容词可以直接充当谓语：

赵大哥颟里颟顸_{老实质朴}一辈子，真是个好人哪！（CDX）

东西抛海_{很多}，吃着也放心。（CDC）

但是有些状态形容词在前有状语修饰时，才能直接充当谓语：

他穿什么都那么嘟嘟囔囔_{衣物聚拢不舒展}，不俐落。（CDC）

有话直接说出来，别零不唧_{不集中统一}。（CDS）

作状语

状态形容词作状语，通常要带上"地"，例如：

他呜囔呜囔_{一味地吃而不顾别}地吃起来没个完。（CDS）

忙忙道道地出来，连钱包儿都忘了。（CDX）

状态形容词也可以直接作状语：

恶恶实实_{着着实实}坑了他一大笔。（CDC）

北京早晚凉丝儿丝儿挺舒服。（CDS）

他的字写得真不怎么样哩溜歪斜可难看了。（同上）

他干什么都特别快，七吃咔嚓_{动作敏捷迅速}一会儿就完。（同上）

状态形容词作状语时如果出现在多层状语结构中，往往要加上助词"的"：

两只眼睛溜里溜丢的往四下里看。（CDX）

这些日子连阴天，卤拉戛唧的真难受。（CDS）

眼长得很匀调，没有什么特别出色的地方，可是结结实实的并不难看。（CCL-LS《骆驼祥子》）

走到了家，街门已经关好，小坡用头轻轻一碰，门就软乎乎的开了。（CCL-LS《小坡的生日》）

状态形容词作状语时，常常可以后置：

这只猫老爱趴在人身上，毛毛烘烘的，打它一下子就跑了。（CDC）

亏得大哥会办事，满盘子满碗的_{圆满成功}，两家儿都认可了。（CDX）

你这人怎么说话呢？四五不靠六_{说话不着边际}的。（CDJ）

作定语

状态形容词一般不能直接作定语，修饰名词作定语时通常要加上"的"：

他穿了一件花巴棱登_{彩色斑驳}的小褂儿。（CDC）

看他那阿替五替_{扬扬得意状}的样儿，又是扬头儿又是腆肚儿的。（同上）

碰上这么一个死塌塌的服务员，问他什么，他都懒得说。（CDX）

作补语

状态形容词作补语往往要加"得"：

醉得走起道儿来蹀里蹀躞的_{脚步不稳}。（CDC）

干得二拉巴当_{形容事情做到一半}的，不能算完。（同上）

这件衣服做得瘦瘦溜溜_{肥瘦适中}的挺合身。（CDS）

作宾语

状态形容词作宾语必须要加"的"：

他干什么都是笨笨拉拉的_{笨手笨脚}。（CDC）

屋里不挂画儿，透着白么捆张的_{空秃秃}。（同上）

2. 状态形容词的组合特点

（1）状态形容词不受程度副词和否定副词修饰。

状态形容词通过修饰成分、重叠以及加后缀等形式表示程度的加深，一般不再受程度副词修饰。

状态形容词也不受否定副词修饰，如果表示否定时，采用"别+状态形容词"的形式。

（2）状态形容词有 AB 式可以重叠为 ABAB 式、不自由的语素 A 重叠为 AA 式以及没有基式的形容词可以重叠为 AABB，其他形式不能重叠。

（3）形容词带后缀形式构成状态形容词有一定的限制。不是所有的形容词都可以带生动后缀，据胡明扬列举的 400 个形容词的统计，在老北京土话中带后缀的形容词比例如下[1]：

能带情态词缀的单音节形容词共 144 个，占（144/218）66.0%

+ 能带情态词缀的双音节形容词共 19 个，占（19/182）10.4%

能带情态词缀的全部形容词共 163 个，占（163/400）40.7%

可见只有不到半数的形容词可以带后缀，而双音节形容词能带后缀的就更少，主要有以下 18 个[2]：

恶心、小气、老实、秃兀、正经、糊涂、啰唆、花哨、傲气、疙瘩、娇气、邋遢、肋赋、马虎、毛躁、迷糊、模糊、窝囊。

（三）形容词的兼类

老北京土话中形容词和名词、动词一样，也存在兼类和活用的情况。一些形容词可以直接带宾语，属于形动兼类词；一些形容词兼有名词的功能，属于形名兼类词。它们既有单音节的形容词，也有双音节的形容词。

1. 单音节形容词兼类

（1）扁

① 形容词：本义指扁平。

---

[1] 胡明扬：《北京话初探》，北京：商务印书馆 2005 年版，第 152 页。

[2] 笔者注：胡明扬先生统计的 19 个双音节形容词实际为 18 个。

② 动词：转侧收缩躯体；用脚踩扁。

一扁脸，躲过了一枪。（CDX）

好几条毛虫，都让我扁死了。（同上）

（2）黑

① 形容词：指极度贪财而昧良心。

这小子太黑了，一家伙卷了几十万去。（CDD）

② 动词：吞没。

我那块瑞士表让他给黑起来了。（同上）

（3）瘪

① 形容词：指物体表面凹下去。

② 动词：无法应对、窘迫；倒闭。

今天下午就交费，这可瘪了我。（CDX）

这么赔下去，买卖非瘪不可。（CDC）

2. 双音节形容词兼类

（1）窝囊

① 形容词：本义指怯懦。

② 动词：委屈；蜷缩。

他爹扛大活，窝囊了一辈子。（CDC）

鞋太小，窝囊着脚趾头。（同上）

（2）秀气

① 形容词：本义指清秀。

② 名词：经手人侵吞的小利。

采购这批材料一定有点儿秀气，你们俩瞧着办吧。（CDX）

（3）冷淡

① 形容词：本义指不热闹、不兴旺。

② 动词：指受到冷淡的待遇。

不怕他们文面上的，可也不必故意冷淡他们。（CCL-LS《老张的哲学》）

第四节　数词

王力曾指出："中国人的称数法，乃是中国语法的一个主要部分。世界各族的称数法并不相同：例如咱们所谓'一万'，英法等语却称为'十千'；咱们所谓的'八十'，法国人却称为'四个二十'；咱们所谓'七'，柬埔寨人却称为'五二'。"①可见数词在语法研究中具有重要的地位。

一、数词的分类

关于数词的分类目前没有统一的定论，国内关于数词的分类有几种代表性的方案，最早从结构角度对数词进行分类的是朱德熙（1958），他把数词和数词结构进行了区分，第一次建立了汉语数词的结构系统。此后，张斌、邢福义、赵世开等对数词也进行了不同角度的分类。本书结合众多学者们的分类方法，按照以下的分类方式对北京土话的数词进行相关描述。

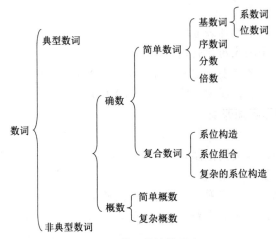

图 32　数词的结构层次

（一）典型数词

1. 基数词

包括系数词和位数词。

（1）系数词：指 10 以下表示确切数目的数词。根据大小写的书写形式分为：

小写：一、二、三、四、五、六、七、八、九、十。

大写：零、半、壹、贰、叁、肆、伍、陆、柒、捌、玖、拾、两、双。

（2）位数词：表示数的单位，与系数词组合成复合数词。

共有：十、百、千、万、亿、兆。

2. 序数词

指次序先后，表顺序的词。

序数词表达可以采用两种方式。

---

① 王力：《中国现代语法》，北京：商务印书馆 1985 年版，第 235 页。

（1）基数表达：用基数+量词的表达。如：一月、二月、三月等。

用基数形式表达序数时，都与相关量词构成，如：年、月、天、个等，这里都是表示时间或事物的次第顺序。

（2）表数助词"第、初、老、头"+基数词表示。

表数顺序：第一、第二、第三等无穷大的数字；

表事情或时间的顺序：头水儿_{第一流、第一次}、头晌儿_{上午}；

表示家中排行：老大、老二、老三、老四；

表时间顺序：初一、初二、初三、初十；

表时间或排行一般不超过十的基数范围。

3. 分数

用"数+分之+数"表示。

半拉_{二分之一}、一百百_{百分之百}、十分之一二、百分之九十九、万万分之一。

少数时候用"数+之+数"表示：十之八九。

4. 倍数

用"数+倍"表示。

五倍、十倍、百倍、四万五千倍。

5. 系位构造

由系数和位数构成的复合数词：

五十万、一千亿、八千万亿。

6. 系位组合

系位组合有三种形式：

位数词+系数词：十一、十六、十九；

系数词+位数词：三十、七百、五万、一兆；

系数词+位数词+系数词：二十四、五十一、七十九。

7. 复杂的系位构造：

复杂的系位构造有几种形式：

系数部分是简单的系位构造：三十万、九千万、九百亿；

系数部分是并列的数词：二三倍、八九岁、四五百；

系数部分是系位的组合：一万零一年、十二亿七千五百万、八亿三千三百二十万；

位数部分是"万万"：四万万、十万万、三千万万。

8. 简单概数

概数词是表示大概数目的数词。简单概数构成方式有：

（1）由"两、几、数、多少、若干"等概数组成

（美言）两句、几（颗大星）、十数（分钟）、多少（碗茶）、若干（人）。

（2）由相邻的数词连用

（3）用相邻的两个数词表示

① 正序表示：

一两（块）、二三（年）、三四（小姑娘）、五六（棵树）、初五六日、十五六（本）、十八九（丈）、二十三四（岁）、三百四百的。

② 逆序表示：

三两（天）、三两（吊钱）、三两（个月）、三二（年）、三二十（年）。

③ 相邻奇数表示：

三五（个）、三五（人家）、七九（河开）。

没有"一三""五七"的相邻奇数表示概数的用法。

9. 复合概数

（1）由"成、小、约、近、上下"+数词组成

成千成万、小_{不满、接近}五十的人、近百年来。

（2）由数词+"多、上下、左右"组成

三十多岁、三个多月、一千多米、五里多地、二百多户；

两块上下钱、三十上下岁、五十上下（岁）、一万上下字；

四百人左右、十岁左右、十五万字左右、二十三岁左右、四点钟左右。

（3）由数词+助词"来"组成

半尺来长、三四十来块、四点来钟、民国二十来年、二百来个、百十来人。

刘月华等指出，现代汉语的概数表示法，"北方多用'来'，南方多用'把'"①。考察老北京土话很明显地只用"来"表概数，不用"把"表概数；只用"上下"表概数，不用"上"表概数，符合方言表示概数的大致规律。

（二）非典型数词

由特殊数词构成：

1. 系数词和位数词合音

廿_{二十}、卅_{三十}。

2. 系数词和量词"个"组合

一个、俩、仨、㑚sɤ」_{四个}、五个wu」vwo」、六个liou」vwo」、七个tɕi˥vwo˩、八个pa˥kɤ˩、九个tɕiou」˩kɤ˩、十个sʐ˩˩kɤ˩。

这套数量词中"二、三、四"和量词"个"组合时构成合音，"五、六、七"和量词"个"组合时，"个"变读为轻声"wo"，"一、八、九、十"和

---

① 刘月华、潘文娱、故韡：《使用现代汉语语法》，北京：商务印书馆2004年版，第121页。

量词"个"组合时，"个"读轻声。

3. 江湖或商业用的隐语数词

老北京土话还有一套由江湖黑话发展来的由一到十的数目词，各行各业还有差异。

最普通的一套：

流一、月/咬二、汪三、斋/库四、中/脚五、廖六、星七、奔八、爱/吵九、君十。

菜行使用的一套：

提一、列二、掰三、呼四、抓五、深六、线七、张八、弯九、歪十。

此外，对钱数的称呼还有一些隐语，例如：楮流半一吊五百钱、楮流割一吊钱、干子□葛两吊钱、干子半两吊五百文、干子月两吊二百文。

4. 虚数数词

用位数词表虚数：百鸟朝凤、千层糕、千百个人、千万小片、万千条、百十亿。

二、数词的语法分析

（一）数词的句法功能

数词在句中主要的功能是作定语，往往置于短语或数量结构中直接充当定语。

　　迈着四六步儿不紧不慢的步子，不慌不忙儿的来了。（CDC）

　　他都是个小四十的人了。（同上）

　　这可是个一百一百分之百的好玩艺儿。（同上）

此外可以充当主语、宾语、谓语、状语、补语等成分。

1. 作主语

　　这个二百五指知识技术水平不高的人可帮不了什么忙。（CDX）

句中"二百五"是指代某一类人，该数词已经发生了转义。

数词往往不直接做主语，在不同的短语形式中充当主语。

　　你就是嚷出七奇迹来也不行。（CDC）

2. 作宾语

数词常常可以直接作宾语：

　　我向来不听那套三七儿闲言，风言风语。（CDC）

　　对那档子事，我只知道个二五八大略的内情。（同上）

　　一早儿起来，又是唱又是伍干其他事或有其他情形。（同上）

　　他知道个六什么也不是。（同上）

　　他可是贫出七出奇的事来了。（同上）

3. 作谓语

数词没有单独数词作谓语的情况，往往是由数词构成的词或短语结构充当谓语。

这份儿遗产，他们哥儿俩二一添作五_{平分}了。（CDX）

瞧他多四在_{悠闲、清闲}，大模大样儿的望躺椅上一躺。（CDC）

现在小两点了。（同上）

4. 作状语

四六不懂_{什么也不懂}还要硬往里掺和。（CDC）

七出儿_{很快状}几下子就干完了。（同上）

这点儿东西，咱们三一三十一一_{背拉平均}。

瑞全万也没想到钱诗人，钱伯伯，天下最老实的人，会受毒刑。

（CCL-LS《四世同堂》）

5. 作补语

数词也不能直接作补语，需要构成短语形式作补语成分。例如：

这件事他估计得八九不离十。（CDX）

这件事弄得七权子八权子的，怎么处理？（CDJ）

到处找了七开八到_{反复、仔细}，也没找着他。（CCL-LS《龙须沟》）

6. 作独立语

数词有时候还可以单独充当独立语表示某种语气。例如：

六_{表示否定}！他知道什么！（CDC）

六_{表轻蔑之义}！你想得倒美！（CDX）

（二）数词的组合能力

老北京土话中，数词的组合能力十分强，体现在以下方面。

1. 数词+数词的组合

数词与数词组合可以采用联合式、偏正式、复合式几种。

联合式：十五、两三（个）、三五（天）、四六（步儿）_{平稳缓慢的步子}。

偏正式：一半、九十、六千、五万。

复合式：一百八十、六七十、十四五、十七八、二千零六十二。

2. 数词+量词的组合

数词和量词组合，可以构成"数+量"式的定中组合。

千张_{豆腐片}、一百亩、二百钱、五千石、三千万万、三六九等_{等级差别很多}、八（百）辈子_{很久}、八瓣儿五_{碎裂}、半半截儿_{半段}、二来来_{重复再做一次}。

3. 数词+名词的组合

数词+名词的组合有偏正式和联合式两种。

（1）偏正式：可以构成两种偏正式的定中组合。

数词+名词式：二哥kɤ˥弟兄中排行第二的，"哥"常读轻声、二爹满人称二叔、三哥称山东籍的劳力者，如挑水夫、四海豪爽、三孙子受欺压而逆来顺受的人、六陈铺粮行、六猴掷骰子用语。

名词+数词式：风三儿阴历三月、猴七儿调皮的小男孩儿、猴三儿猴子又指调皮的小男孩儿、藕零儿糖煮的藕片、冬瓜等杂食、王（老）八鳖、人五人六装模作样。

（2）联合式：由数词+名词、数词+量词的定中结构并列而构成联合式。

仨瓜俩枣儿指轻微的事物、三天两后晌时日不多、三头五块三元或五元钱。

个别情况由数词+数词组合而成：三三两两。

4. 数词+动词的组合

（1）偏正式

数词+动词式：

四闪向四周扩展、三岔儿牛羊尾椎旁的肉、四合儿四合房、七出儿动作很快、对半儿各半平分、零揪儿零碎吃、三十六拜。

动词+数词式：

连三并排有三个抽屉的老式桌子、掂三算计、涮三儿故意失约使人上当、四仰八叉伸开四臂仰身而卧。

（2）主谓式：四称端正、四六拆四六开、叮当五四激烈斗殴或责打、四五不靠六说话不着边际、八九不离十差不多、七开八到反复、仔细、成三破四给中人的百分比，买方付百分之三，卖方付百分之四。

（3）述宾式：接三人死后第三天举行念经设祭的仪式、送三人死三天晚间焚烧纸马纸钱等的仪式、推三窝四推诿、调三儿窝四挑拨离间、猜仨赚俩猜疑、欺骗、不管三七二十一不加考虑。

5. 数词+形容词的组合

零杂儿碎催、一大三大费用处处扩大、生七码八形形色色、七老八十年纪大、猴里八七顽皮而狡黠、零七八碎儿乱七八糟、乌七八黑污浊状。

6. 数词+副词的组合

不三不四。

7. 数词+后缀

三儿/三子猴子的别称、五老老月、老荣（容）、老合儿、老软儿、老柴的总称。

第五节　量词

量词是表示计量的单位。量词的正名和分类经历了漫长的探讨过程。何杰（2000）曾总结指出，自 1898 年以来，量词的分类方式有"（1）物量词、动量词两大类；（2）度量衡单位量词和非度量衡单位量词两大类；（3）单纯量词和复合量词两大类；（4）度量衡单位量词和形体单位量词两大类；（5）度量衡单位量词、部分量词、范词三大类；（6）物量词、动量词、形量词三大类；（7）物量词、动量词、复合量词三大类；（8）物量词、动量词、复合量词、复音量词四大类；（9）直接分为若干类（7 类、8 类、9 类）"。①可见量词分类的复杂性。本书主要从物量词、动量词、时量词几个角度，展开对量词的讨论。

一、量词的分类

（一）物量词

老北京土话的物量词可以分为：个体量词、集合量词、量度量词。张斌（2010）指出："物量词内部成员数量较多，情况复杂，有划分小类的必要。……尽管大家对物量词内部的划分不尽相同，但有几类是大家公认的，那就是：个体量词、集合量词、量度量词。其他的小类可以全部归并到这三类。"②以下主要从这三类物量词进行归纳。

1. 个体量词

"个体名词都有自己特定的个体量词"③。个体量词是汉语特有的语法类型，也是名量词的主体。北京土话中常用的个体量词有：

把、部、笔、本儿、柄、场、出/出儿、串、床、处、道、滴、顶、栋、堵、发、封、幅儿、副、个、根/根儿、杆、间、件/件儿、管、卷、句、家/家儿、架、节/节儿、块/块儿、棵、口/口儿、扣_{给钟表上弦捻动的匝数}、款、粒/粒儿、辆、拉la˩、领、轮、枚、码、门、门儿、面、名、泡pau˥_{一泡屎}、泡儿paur˩_{线的一挂}、盘/盘儿、匹、撇、品、篇儿、片/片儿、铺pʻu˥、起儿、扇/扇儿、首、艘、束、所/所儿、水_{过水一次}、刷子_{桩, 件}、桶、道_类、抬、台、堂、条、贴、挺、头、停/停儿、朵tʻuo˩、位、尾、丸儿、项、员、游儿_{分成的次数}、盏、种、张、座、炷、只、折儿、尊、支、枝、轴。

2. 集合量词

用来表示成组或成群的人或事物。老北京土话常见的集合量词包括：

帮_{一群八个骆驼}、帮儿、把/把儿、抱、班/班儿、辈儿、辫子、丛、簇、撮儿tsʻuor˥、茬儿、层、串儿_{一群六个骆驼}、沓儿、对/对儿、代、队、垛子_{一小团儿}、垛、份儿、幅儿、骨搭儿_{小块/堆儿}、行、户儿、伙儿、剂、季、届、煎、捆、块/块儿、桄儿、溜、溜串儿、类、绺儿、拉溜儿、溜儿、垄、路、摞/摞儿、提溜儿、叠儿、嘟噜儿、片、匹、扑儿_{草或某种收获物的一团}、圈、群、起、起子、畦、掐/掐儿、乘、垧、团/团儿、滩、套、贴儿_{成数, 停}、坨儿、窝/窝儿、汪/

---

① 何杰:《现代汉语量词研究》，北京：民族出版社 2000 年版，第 28 页。
② 张斌:《现代汉语描写语法》，北京：商务印书馆 2010 年版，第 140 页。
③ 朱德熙:《语法讲义》，北京：商务印书馆 1998 年版，第 48 页。

汪子、样儿、箸子、组、子儿、堆tsuei˥、攒子、撮儿tsuor˥。

3. 度量量词

（1）容积量词

容积量词主要是借用名词而来的量词，主要有：

杯、包、车、簸箕、秤、船、床、氽儿、斗、袋/袋儿、碟儿、兜儿、肚子、地、缸/缸儿、罐儿、锅、盒儿、壶、黑板、脚、口、筐、篮子、脸、脑门子、盘儿、瓢、瓶儿、蒲包儿、勺儿、升、手、身、市街/世界、屉/屉儿、听儿、桶、坛、坛子、堂、筒儿、碗/碗儿、窝、屋子/屋儿、院子、匣儿、箱/箱儿、盅/盅儿、盅子、桌、桌子。

容积量词常常和数词"一"搭配使用，有时也可以用"半、两、三"数词表示，"一"不表确数，而是表示"满""整个"的意思，有时可以省略不说。

（2）长度量词

尺、寸、里、千米、厘米、米、公分、丈。

"千米、公分"等长度量词是借用外来的度量单位。

（3）面积量词

分、亩、顷、平米/平方米。

"平米/平方米"等面积单位也是借用的外来的度量单位。

（4）体积量词

方。

（5）重量量词

斤、克、两、钱、石、吨、公斤、磅。

重量量词中"石"是消失的量词，目前口头语中不出现了。

（6）货币量词

礼九十六两银子为一礼、铜子儿、吊、文、分、块、毛、元、角、圆。

货币量词具有鲜明的时代性，"礼、铜子儿、吊、文"等货币计量单位由于改制，随着历史的变化在口语中早已不用，只存活在老年人的口语或作家的书面语体中。例如：

　　那棒子面儿才多少钱一斤哪？才一吊二块钱一斤……（BJKY）

（二）动量词

老北京土话动量词分为专用动量词和借用动量词两类。

1. 专用动量词

用于对动作的计量，包括：次、回、顿、遍、趟、场、番、下儿、通、和指洗涮换水的次数。

2. 借用动量词

采用借用名词和借用动词的方式构成动量词。

（1）借自名词

眼、拳、脚、面、宿、手儿、圈儿、巴掌、嗓子、剪子、鞭子、锤子、斧子。

（2）借自动词

拜、晃、滚、闪、气、实施气儿、过儿、开儿、抹儿、丢点儿、丢丢儿、抠抠儿。

（三）时量词

用于对动作延续的时间久暂进行计量。主要采用时间名词来充当。

年、岁、季、月、天、周、程子、崩子、阵/阵儿、晚儿、分钟、刻钟。

程荣在讨论北京话量词时曾指出："北京话量词最大的特点是儿化"，并认为量词儿化时，"将儿化音从书写形式上显示出来是十分必要的，否则'挑儿'与'挑'。'拨儿'与'拨'等在书面上就没有区别"。[①]至于哪些量词能儿化，哪些量词不能儿化还有待进一步寻找规律。

二、量词的语法分析

1. 量词的组合特点

量词与其他词组合根据其类别的不同而有区别，名量词可以和数词、形容词、方位词、指示代词、疑问代词、表示约量的词组合；动量词可以和数词、指示代词、方位词以及表示约量的词组合。

（1）数词+量词

量词作为表计量的单位，与数词的组合是其最基本的方式。

① 基数+量词

由基数词+量词构成数量词组，例如：

抖搂了一个翻堂引起满堂观众大笑的包袱儿。（CDC）

好汉也搁禁受不住三脬稀。（同上）

请和尚念一棚红白事办一场经。（同上）

以上是基数词+名量词，动量词也可以和基数组合。

洗了两和xuoᴠ遍。（CDC）

好一顿撅骂。（同上）

---

① 程荣：《北京话量词》，载胡明扬等著《北京话研究》，北京：北京燕山出版社 1992 年版，第 260 页。

这麦子过一捧_{过水的次数}热水就上磨。（同上）

② 序数+量词

由序数词+量词构成数量短语。例如：

头喷儿_{结果实的次数}棉花。（CDC）

咱这儿卖的都是头水儿_{第一流}货，次的都刷_{选择}出去了。（同上）

数词+形容词+量词

在数词和量词间可以加上形容词"大""小""整""全""好""多"等，构成一种有限的扩展式。例如：

排宣_{责骂}了一大顿。（CDC）

一大拤子_{能用手握住的一東西}竹棍儿。（CDX）

回到家中，他才觉出点疲乏，赶紧划搂_{狼吞虎咽地吃}三大碗饭。（CCL-LS《四世同堂》）

粉笔全让他掰成一小箍节儿一小箍节儿的了。（CDS）

他谈一整天并不倦容，大家听一天也不感疲倦。（CCL-LS《敬悼许地山先生》）

我给你预备下嫁妆一全份，一对匣子两只大箱……（CCL-LS《柳树井》）

我想，就想回家吧！家里这儿，十好几年没回来了……（BJKY）

拉进城来，卖给汤锅，也值十几多块一头……（CCL-LS《骆驼祥子》）

③ 代词+量词

量词与指示代词"这""那"，构成指量短语。例如：

告诉你，过了这个村可没有这个店。（CCL-LS《茶馆》）

这块布灰不搭不好看。（CDS）

张大哥这程子精神特别好……（CCL-LS《离婚》）

他没心听戏，也不会鼓捣那个洋玩意儿。（CCL-LS《四世同堂》）

有时候还可以由数量结构和指量结构进行组合。

他这二年老这么病病殃殃的。（CDS）

这两天他又不老实了，又该拐打_打了。（同上）

量词也与疑问代词"哪""几""多少"组合构成疑量短语。例如：

你算是哪道_类做买卖的。（CDC）

前些年，他不记得是哪一年了，白莲教不是造过反吗？（CCL-LS《正红旗下》）

几个花生，几个红、白鸡蛋，也随着"连生贵子"等祝词放入水中。（同上）

开过多少回炮，一回也没打死咱们，北京城是宝地！（CCL-LS《茶馆》）

还可以由数量结构和疑量结构进行组合。

这又是哪一句啊？小苹！（CCL-LS《春华秋实》）

他宁可多在家中练习几点钟的画，而不肯去多教几点钟的书……（CCL-LS《四世同堂》）

"几+量词"构成的疑量短语还可以与"这""那""哪"组合。例如：

不用喊车，这几步路我还能对付！（CCL-LS《四世同堂》）

和那几间东倒西歪瘆病腔子的草房，都不算一回事！（同上）

④ 方位词+量词

量词可以和方位词"前""后""上""下"组合。例如：

瑞宣的心中反倒比前几个月痛快的多了。（CCL-LS《四世同堂》）

谢谢您，于同志！这回可找对了！前两回你都没找对！（CCL-LS《全家福》）

教他到后半天出去转一转街。（CCL-LS《四世同堂》）

可不是后半年！你姑母也跟了他去，要不是为你，我还干什么活着？（CCL-LS《小玲儿》）

上回五月节，他们都忘记了咱，俺也没说什么。（CCL-LS《文博士》）

还照上一批的交法。（CCL-LS《春华秋实》）

下月再说，下月那能再赔十五镑呢！（CCL-LS《二马》）

他答应二奶奶，下次来跟她打扑克……（CCL-LS《鼓书艺人》）

量词与方位词组合不如数词、代词自由，与"上""下"组合只限于少数几个量词，如"次""回""批"，特别是"后"除了与"月""年"极少数时量词构成的数量结构组合外，一般不能与其他量词直接结合。

⑤ 形容词+量词

由"满全、整个、整、全"等表示事物达到一定量的形容词与量词组合，这种"量"只是某种不表具体数目的量，从而构成形量短语。例如：

在我满月的那天，已经快到下午五点钟了……（CCL-LS《正红旗下》）

晴美的阳光与尖溜溜的小风把白姥姥和她的满腹吉祥话儿，送进我们的屋中。（同上）

带着满身污泥，手捧官帽，骂骂咧咧地回了家。（同上）

而且把我们的全家，包括着大黄狗，都牵扯在内……（同上）

惹得牧师推翻全盘计划，干脆连跟班的也不带……（同上）

我全身的血都沸腾起来。（CCL-LS《全家福》）

您！就凭您，办一、二百桌满汉全席的手儿，去给他们蒸窝窝头？（CCL-LS《茶馆》）

李大妈，我，还有全院的人都说了……（CCL-LS《全家福》）

从天亮到清早，全城的炮声不绝。（CCL-LS《北京的春节》）

初六那天，请你们全宅光临……（CCL-LS《残雾》）

全国的水车多了，要都是坏的，那还怎么生产？（CCL-LS《春华秋实》）

全厂的人谁不热心增产，我怎么不该卖点力气，去学新东西呢？（同上）

全胡同里的人家都没有影壁！（CCL-LS《四世同堂》）

监视全校的一切活动。（同上）

"满""全"一般与借用名量词组合构成某种不表示确切数目的量。但有时候，"全"还能与专用名量词组合，这时"全"相当于数字"一"，反而能表示具体的量了。例如：

全个小村子里的人，连鸡犬，已都被暴敌炸死……（CCL-LS《无名高地有了名》）

小箱是她的全份图书馆……（CCL-LS《残雾》）

她的眼和耳控制着全个院子……（CCL-LS《四世同堂》）

而父亲也只有他这么一个珍宝接受他全份的爱心。（同上）

它使他们意味到全个北平就也是一口棺材！（同上）

而把全副的和颜悦色都向瑞宣摆正。（同上）

便拿出全副精神，支持与维持华北的特殊的政权。（同上）

那点钱是外婆的全份儿财产，也是她的棺材本儿。（同上）

给她个全份执事，六十四人杠的发送。（同上）

"整"与量词组合的范围要比"满""全"大。

与专用名量词组合，例如：

现在，他敢赊整只的酱鸡了。（CCL-LS《正红旗下》）

只有霜清老人才学出众，能够唱整出的《当铜卖马》，文武双全。（同上）

可是他总觉得整个的北平也多少是他的。（CCL-LS《四世同堂》）

他已说不上整句的话来，而只由嘴中蹦出一两个字。（同上）

野求的泪象开了闸似的整串的往下流。（同上）

一两一个的小金锭与整块翡翠琢成的小壶都并不算怎样的稀奇。（同上）

把这条大街整个儿的作成一条"车海"。(CCL-LS《二马》)

要摘花他们便整棵的连根儿拔出来。(CCL-LS《不成问题的问题》)

街市整条的烧起,火团落在我们院中。(CCL-LS《我的母亲》)

整篇整本密密匝匝的全是小黑字儿!(CCL-LS《小坡的生日》)

天赐卖了很大的力量,到底是整把儿攒合适。(CCL-LS《牛天赐传》)

樱树没有海棠那样的轻动多姿,而是整团的雪全体摆动……(CCL-LS《听来的故事》)

大字小字,插图说明,整页的都是阮明。(CCL-LS《骆驼祥子》)

与集体量词组合,例如:

整副的黑脸全气得暗淡无光。(CCL-LS《赵子曰》)

他以为这都是消灭与破坏那整套的文化……(CCL-LS《四世同堂》)

她还看见了整堆的钞票象被狂风吹着走动的黄沙似的……(同上)

整群的人象机器似的一齐向前拥了一寸……(CCL-LS《骆驼祥子》)

他手里只有五块钱,而且是他的整部财产。(同上)

东洋人整批的收茧,没咱们的份儿……(CCL-LS《文博士》)

整队的巡警忙着把路让开……(CCL-LS《赵子曰》)

一整排雨道从天上倒下来。(CCL-LS《猫城记》)

与借用名量词组合,例如:

他们灌他凉水,整桶的灌,而后再教他吐出来。(CCL-LS《四世同堂》)

冠先生并没有七盘八碗的预备整桌的酒席……(同上)

带绸条的干事们拿着整篮子的昭和糖来分发……(同上)

没关系的人去看夏大嫂,墙头上有整车的村话打下来……(同上)

有的整坛的搬着香油……(CCL-LS《我这一辈子》)

至于把醋当了酱油,整匙的往烹锅里下。(CCL-LS《老张的哲学》)

饭也不吃,茶也不想,只整瓢的喝凉水。(同上)

整盒的粉笔在缸底上冒着气泡,(CCL-LS《赵子曰》)

哈德门烟连乡下也整箱的去。(CCL-LS《牛天赐传》)

与度量衡量词组合。例如:

一阵就把整顷的庄稼吃净……(CCL-LS《骆驼祥子》)

与时量词组合,例如:

他便老含笑不语，整天无话可说。(CCL-LS《正红旗下》)

我有时候整夜的不能睡。(CCL-LS《我这一辈子》)

当"整"与数量结构组合时，由原本不表示确定的数量，这时却能表示确定的数量，例如：

能一气打两整天整夜的麻雀牌，而还保持着西太后的尊傲气度。(CCL-LS《四世同堂》)

想一想，她们虐待你整七年！(CCL-LS《柳树井》)

整五点半，敲门。(CCL-LS《离婚》)

他和它们玩了整整三点钟。(CCL-LS《牛天赐传》)

还是得捆到整八个月呢，不敢决定。(同上)

以上可见，"满""全""整"与量词组合时，最自由的是"整"，可以与物量词的多种类别进行搭配，而"满"能搭配的量词只限于借用名量词，没有专用名量词搭配的情况。"全"介于中间状态，并且只有少数几个专用名量词可与之组合。

刘世儒（1965）在考察魏晋南北朝量词时指出：(量词)"可以同形容词组合，又可以同方位词组合，这都可以说明这一时代的量词，名词性质都还相当显著（那些根本就是由名词调用来的更不用说，如'盘'），但是不能因此就把它仍混同于名词。因为在这个时代，名词在一般的情况下已经不能够自由而随便地同数词相结合了，而量词却可以完全不受这种限制。"[1]从北京土话的量词组合来看，量词与形容词组合、方位词的组合不是那么自由，已经受到不同程度的限制，同时必须是在构成数量词的条件下才能组合，单用的量词是"绝没有这种可能"的。

2. 量词的造句功能

量词往往和数词组合成数量短语后充当句法成分。

（1）作宾语

这楼房有四起儿。(CDC)

他都一生儿了。(同上)

绰起一把青字儿就追出去了。(同上)

（2）作定语

我跟他摘了一礼半的银子。(CDC)

挨了好一通儿熏。(同上)

水牛儿爬过，留下一道儿曲溜儿。(同上)

---

① 刘世儒：《魏晋南北朝量词研究》，北京：中华书局 1965 年版，第 10—11 页。

他身底下住的是一所儿小四合儿_{四合房}。（同上）

攮_{散扬}了一地土。（同上）

量词还可以单独作定语，例如：

给了他个窝脖儿_{回绝}。（CDC）

搣_弯个弓子。（同上）

他们俩闹了个乌眼儿青_{仇恨的样子}。（同上）

净说些个无着儿_{无根据}的瞎话诓哄人。（同上）

畦ci_{在畦子里施种}上点儿菠菜。（同上）

谁说我没干正经事儿？我干的哪件不正经啊？（CCL-LS《龙须沟》）

羊群里出骆驼，哪个学校收你？（CCL-LS《方珍珠》）

这种情况是，在数量结构中，当且仅当前面的数词是"一"时，数词可以省略，留下量词单独充当定语成分。

（3）作状语

那个青头儿楞_{鲁莽的人}一头就闯进来。（CDC）

一顿就把他打瘫_{瘫痪、降服}了。（同上）

这人办事认死扣儿_{死心眼儿}，一点儿不活便_{灵活}。（同上）

我一路哨_{窥探、跟踪}着他。（同上）

（4）作补语

他闹肺病闹得一脸青虚虚_{微带晦暗}的。（CDC）

大伙儿糗_{依偎}成一堆。（同上）

用土茜_{清除}一下儿这鸡屎。（同上）

量词结构充当谓语的情况很少，除了量词重叠可作主语，量词结构基本不能作主语。

第六节　代词

一、代词的分类

老北京土话的代词分为人称代词、指示代词和疑问代词三类。本节主要从形式与功能两个方面来讨论老北京土话的这三类代词。

（一）人称代词

老北京土话的人称代词有三身代词、反身代词、统称代词等，根据代词所指代的对象不同，人称代词分为以下几类，见表33。

表 33 老北京土话人称代词

分类		单数	复数	尊称
第一人称	自称	我 uoˇ	我们uoˇmənˇ、姆么mˇməˇ、我们uanˇməˇ（郊）	
		咱 tsanˇ	咱tsanˇ、咱们tsanˇ·mənˇ	
		俺anˇ	俺们anˇ·mənˇ	
	傲称	爷、老子、大爷我、这家家儿		
第二人称	对称	你niˇ、你丫ɻiˇiaˇ（禁）	你们niˇ·mənˇ、你们nənˇ·mənˇ（郊）	您、您哪、您您偺nˇɤˇ（回）
第三人称	他称	他tʰaˇ、他丫tʰaˇiaˇ（禁）	他们tʰaˇmənˇ、您tʰanˇ（郊）	您tʰanˇ
反身代词	己身称	自个儿tsʅˇkɤˇ、自己个儿tsʅˇtɕiˇkɤˇ、各个儿kɤˇkɤˇ、一各儿iˇkɤˇ		
旁称代词	他称	人家zˇənˇtɕiaˇ、别人pieˇzˇənˇ、旁人pɑŋˇzˇənˇ、仁人ɤˇzˇənˇ		
统称代词	总称		大伙儿taˇxuɤˇ、大家taˇtɕiaˇ、大家伙儿taˇtɕiaˇxuoˇ	

注：表中"郊"表示郊区使用；"回"表示回民使用；"禁"表示禁忌语。

"姆么"有时候也读作"m̩ˇma̩ˇ""m̩ˇm̩əˇ"，还可以通过"m̩ˇm̩ˇ"两个自成音节的音变形式表示复数义；"您""偺"通过合音形式表示复数和尊称义。关于"您"的合音，学界有不同的看法：王力（1958）、吕叔湘（1985）、陈松岑（1986）、周一民（1998）、郭凤岚（2008）、刘云（2009）认为"您"是由"你"和"老"的合音形式；张斌（2010）指出："您"是"你们"的合音形式。

（二）指示代词

指示代词是指代人或物的代词，根据指示、区别的作用可分为不同的类别。具体见表 34。

表 34 老北京土话指示代词

指称 分类	指代 人物	指代 处所	指代 方向	指代 时点	指代 时段	指代 程度	指代 情状	指代 方式
近指代词	这	这合儿tʂeiˇxɤˇ 这里、这儿合儿 tʂeɻˇxɤˇ 这里、这（半）溜儿 这一带、这弯儿 这一带、这儿	这么这个方向、这边、这边旯、这边儿	这咱此时、这会儿此时、这阵儿此时、这阵子此时、这tʂeiˇ阵晚儿现在、这会儿	这崩子这一段时间、这程子最近一段时间、这晚儿现时、现代	这么	这份儿这样的、这种状态的、这样儿、这早晚儿音其时间太晚	这么tsaˇmənˇ/tsaˇ

续表

指称＼分类	指代人物	指代处所	指代方向	指代时点	指代时段	指代程度	指代情状	指代方式
远指代词	那	那合儿nei˞xɤrˌ那里、那儿合儿nˑəˌxɤrˌ、那（半）溜儿那一带、那弯儿那一带、那儿	那么那个方向、那边、那边儿那边、那边儿	那会儿那时、那阵儿那时,指短暂的时间、那当儿那时候	那当儿那时候、那程子那些日子、那晚儿那时候、那阵子一个时期、那阵儿那时候	那么nˑɤˌmə	那份儿那样的,那种状态的、那样儿、那么样儿、偌样儿nˑɤˌviãrˌ那样	那么nˑɤˌmə
旁指代词	其他、旁的、别的、其余							
分指代词	每、各							
虚指代词	某							
统指代词	另、一切							
互指代词	彼此							
特定指代词	本							

注：表处所的指示代词，"这/那合儿tʂeiˌ/neiˌxɤrˌ"有时候也读作"这/那哈儿tʂeiˌ/neiˌxarˌ"。

以上代词中，本、该、彼此都由文言指示代词发展而来。

（三）疑问代词

疑问代词根据对人、事物、处所、时间、程度、方式、数量等的询问而产生不同的类别。疑问代词分为以下几类，见表35。

表35　　　　　　　　　　　老北京土话疑问代词

类别	词例
问人	谁、哪个
问事物	怎（么）个话儿怎么回事、怎么回事、啥什么、什么、哪（一）门子、干吗、嘛
问处所	哪合儿哪里、哪儿合儿哪里
问方向	恁么
问时间	什么时候、多咱、几几几号
问数量	多少、几、几多
问方式	怎么着、怎么
问性状	怎的/地、怎着怎么着、怎样、怎么样、怎

注："恁么"问路用语，意谓从哪边、哪条路、什么方向走。

二、代词的语法分析

（一）人称代词的句法功能

1. 三称代词的语法功能

典型的人称代词分为第一、第二、第三人称，分别是自称、对称和他称，因此合称为三称代词。三称代词在句中主要担当以下的句法成分：

（1）作主语

我买了个月票，宣武公园，哎，每天去。（BJKY）

你呀，甭给我钱。你挣四、五十来块钱，你甭给我花，一分钱我都不要。（同上）

他一玩儿去他就忘了。（同上）

因为有时候儿我们在单位聊起就说，您怎么学徒时喝起了，我就是这么喝起的酒。（同上）

你们全都不知道，我这个岁数，旧社会咱们怎么过来的？（同上）

有些事儿呀，咱们不懂的事儿呀，这农活儿咱们又不懂。（同上）

复数形式"我们"可以用于包括式（包括听话人）和排除式（排除听话人）。"咱们"只能用于包括式而不能用于排除式。有时候二者可以互换，有时候不能换。例如：

家属抱着孩子来看病，一进门儿，大夫你给我们打一针……（BJKY）

你赶紧给我们去信，我再给您多捎。（BJKY）

上例中，"我们"不可以换成"咱们"。

就看看我们国家有什么相应的对策，能把物价控制住……（BJKY）

如果你们家要是同意，那我们就结婚……（同上）

上例中，"我们"可以换成"咱们"。

（2）作宾语

他就问我，合着给我出主意，问你当兵不当。（BJKY）

有个张德江，那会儿都称他是足球儿大王，现在说叫球儿星啊……（同上）

主任哪，上这儿啊，请他们喝盅得了嘛。（同上）

来几个小伙子，给你弄到联防队去，先揍你们一通儿。（同上）

（3）作定语

我儿一个月呢，能够拿到一百二三十块钱，是哇，很好。（BJKY）

现在，你虽然说回家了，党和国家月月儿给你的退休金不少。（同上）

我们这里头，这屋里住着一家，八个孩子，那粮食哪儿够吃的呀。（同上）

（4）作兼语

那会儿独门独院儿啊，里头不让你出去了就。（BJKY）

我说也不怎么怪事儿全让我碰上了。（同上）

使他们的，啊，身体呢，能够壮实。（同上）

（5）作同位短语

三称代词还可以和名词、代词、指量短语、数量短语构成同位短语，在句中充当主语、宾语、定语等。

　　　　你父亲您老人家身体还好吧？（CDS）

　　　　你一各儿自己去吧。（CDC）

　　　　你各个儿自己拿这书哇，①不当回事去。（BJKY）

　　　　剩那十块钱，跟这商店的伙计你们大伙儿分。（同上）

　　　　他们两个人收入横是不到二百块钱吧……（同上）

　　　　我这个生活呀，我们这老俩是一百块钱，一百块钱。（同上）

2. 反身代词的语法功能

（1）作主语

　　　　自个儿再写点儿什么玩艺儿吧。（BJKY）

　　　　那会儿呢，各个儿也胆儿小，后首儿就不干了，就回来了。（同上）

（2）作宾语

反身代词很少作宾语，往往是在介词结构中充当宾语。例如：

　　　　那作为自个儿呢，就应该本着这个国家的规定，是吧，那政策，按政策办。（同上）

（3）作定语

　　　　房子现在反正是自个儿房嘛，就是这么凑合住着呢，反正。（BJKY）

（4）作状语

　　　　洗裤子全得自个儿弄。（BJKY）

　　　　就我们家里人自个儿见着，初一见面儿都得请安，道新禧……（同上）

　　　　您看我好比带头儿的吧，我就各个儿先减下，减下三斤去。（同上）

（5）作同位短语

反身代词常常和三称代词构成同位短语，在句中充当主语、宾语。例如：

　　　　那是你各个儿自己的事。（CDC）

　　　　昨天他一各儿自己上姥姥家去了。（CDX）

　　　　我们都吃完了，就剩你一各儿了。（CDX）

　　　　我各个儿自己这生活就是这么样儿过来的。（BJKY）

　　　　你自个儿没办法，就得想办法。（同上）

3. 旁称代词的语法功能

（1）作主语

　　　　我们院儿，人都管叫和平院儿，没跟谁打过架，都挺好的。（BJKY）

　　　　人用你，人给你钱，不用你，给你什么钱呢。（同上）

---

　　① 北京口语语料系统中，反身代词"自己"写作"个个儿"，为与各家统一并避免歧义，本书改为"各个儿"。

别人对我谈起物价来，呃，跟我看法儿有不同地方儿。（同上）

人家照顾我，就是洗那洋灰袋子，洗那洋灰袋子呀，是洗一条三分……（同上）

旁人受的罪我先不说，单说巡警们就真够瞧的。（CCL-LS《我这一辈子》）

（2）作宾语

那会儿谁家不干净，马上，就跟着去通知拾掇，帮助人家归置。（BJKY）

我就自己就把这些机会就让给别人。（同上）

（3）作定语

净顾了收人家暖壶了。（BJKY）

基本不是人家那原来的老调儿。（同上）

因为女儿我总觉得生活在别人的一个陌生的家庭里头……（同上）

（4）作状语

旁称代词不单独作状语，而是用于介词后引进动作对象从而作动词的状语：

我婆婆呀，在外头哇，给人家当保姆……（BJKY）

跟人家做小工活儿，就这么，就一辈儿辈儿地下去了。（同上）

因为个儿大了，个儿也高，比别人都大。（同上）

还有时候儿夜里给人修理灯去啊，（同上）

跟旁人一打听，的的确确是由洋人那儿拿来的钱。（同上）

（5）作兼语

早就应该让人家小个儿的上。（BJKY）

我也有时候儿躲着，别让别人撞着我。（同上）

不过老龙你我的交情要紧，似乎不必抓破了脸叫旁人看笑话。（CCL-LS《老张的哲学》）

4. 统称代词的语法功能

（1）作主语

大伙儿一块去。（CDC）

大家伙儿住到新房以后，都非常痛快，哈，非常痛快。（BJKY）

大家凑钱帮的忙，每月给我三十块钱，几年的光景。（同上）

（2）作宾语

有时候儿我也劝大家伙儿，你们别老闹别扭……（BJKY）

所以国家也经常号召大家伙儿要节约用水，是啊。（同上）

就是说那文件，发给大伙儿，要认真学，认真看。（同上）

（3）作状语

统称代词可以独立作状语。例如：

我们每星期天都大家在一块儿会拢，老人特别高兴。（BJKY）

统称代词也可以在介词结构中作宾语，一起构成状语修饰动词。例如：

都把大伙儿都给吃穷了。（BJKY）

或者是想一些其他办法给大伙儿解决。（同上）

街道主任吧，对大家伙儿都挺好的……（同上）

（4）作同位短语

反身代词和自称代词一起构成同位语作句中主语。

咱们大家伙儿也是那个，过去我说在解放战争也好，呃抗日战争也好，没有那些人的牺牲，咱们能够生活得好吗？（BJKY）

那我们大家伙儿都乐意嘛，是不是，都乐意。（同上）

我们大伙儿都挺有意见的。（同上）

有时候，旁称代词也能构成同位短语作句中主语。例如：

到那儿以后，人大家伙儿对我还挺好……（BJKY）

（5）作兼语

每年到暑假的时候儿，经常地组织大家到外边儿去玩儿。（BJKY）

要求大家把全部精力放在工作上……（同上）

（二）指示代词的句法功能

1. 近指和远指代词

老北京土话的指示代词是二分的，分为近指和远指。吕叔湘（1985）认为指示代词的指示用法是"这、那后面有名词的时候，它的作用是指示；这、那后面没有名词的时候，它的作用是称代（当然也兼指示）"，同时还认为"这和那的主要作用在区别，就是回答'哪个'这个问话"。①明确地说明指示代词具有指示、称代、区别的作用。以下从指示功能和句法功能的角度观察老北京土话的近指和远指代词。

（1）指示人物的代词

表近指的：这tʂɤˇ/tʂeiˇ；

表远指的：那naˇ/neiˇ。

"这""那"是指示代词的基础词根，在此基础上加上其他词语成分构成指示代词系统。

① 这、那的指示功能

这、那用于指示：

---

① 吕叔湘：《近代汉语指代词》，上海：学林出版社 1985 年版，第 195、202 页。

老太监一瞧这姑娘好，这，给这姑娘吓背过气去了。（BJKY）

拿昨天我听那《四郎探母》，过去不叫唱。（同上）

这、那用于称代：

哎，吃窝头儿呀，就反正就这个。（BJKY）

那混合面儿是这个多种这个杂豆儿乱七八糟的杂粮磨到一块儿，那跟黑砖头似的。（同上）

这、那用于区别：

"这""那"用于对举的情况下其区别作用就更强：

看我们这小孩儿，也是天天在这哄着，也得在那抱抱。（BJKY）

我们这大姑娘住一间半。我那儿子带俩孩子啊，他们住一间。（同上）

您说请了半天儿不来，这老头子，这个那个，抱怨。（同上）

"这""那"不对举的情况下，也能起到区别的作用：

春游啊，因为这春游，我都闹过意见。（BJKY）

那个《茶馆儿》那剧我看过。（同上）

这、那用于承接：

"这""那"除了有以上的指示功能外，还具有承接的功能。例如：

京剧呀，很多的不叫唱，京剧。这老人儿爱看京剧。（BJKY）

经过这个土地革命儿以后，这农村这个有了变化。（同上）

他爷爷心脏病，那还住院呢，住的鼓楼医院。（同上）

钉十一点钟回家，给这孩子做饭。吃完饭，那孩子走了，下午没事儿我就歇会儿。（同上）

② 这、那的句法功能

作主语：

这是十五吨的吧，过去，那都是连带一斗儿才拉七吨，机车四吨，斗儿装三吨。（BJKY）

后首儿，日本来的时候儿，那可就不行啦。（同上）

作定语：

像我这个儿，站，都不能直脑袋，都得这相儿。（BJKY）

那汽车上顶着这么一大包，那大包里头据说是气，拿那气给走那汽车。（同上）

你像城根儿这穷人吧，住那小破房儿，夏天哗哗那漏跟筛子似的……（同上）

"这""那"极少单独作宾语，即使作宾语也只在对举的情况下出现，例如：

人家送这送那，咱干脆送点儿钱得了。（CDC）

（2）指示处所的代词

表近指的：这合儿tʂeiˇxɤrˌ//xarˌ这里、这儿合儿tʂərˇxɤrˌ/xarˌ这里、这半溜儿tʂeiˇpanˇliourˇ这一带、这弯儿tʂeiˇuarˇ这一带、这儿tʂərˇ。

表远指的：那合儿neiˇxɤrˌ//xarˌ那里、那儿合儿那里nerˇxɤrˌ/xarˌ、那半溜儿neiˇpanˇliourˇ那一带、那弯儿neiˇuarˇ那一带、那儿nərˇ。

① 表处所代词的指示功能

表处所代词常常具有回指的功能，回指前面的处所。

现在你看我们这哈儿，一天，呃就这么一个小破院儿，啊，一天就收几千块钱。（BJKY）

比咱们这哈儿要便宜多了。咱们这哈儿还根本见不着呢。（同上）

就在北京这儿哈儿拉洋车呀，蹬三轮车儿呀，做小生意，一直到解放。（同上）

一到牛街南口儿那儿哈儿特好。（同上）

所以那个他那爱人呢在天桥那哈儿工作，所以离家比较近，因为我们家就在菜市口儿这儿哈儿……（同上）

② 表处所代词的句法功能

作主语：

过去这儿哈儿啊，从天桥儿来说呀，也是比较繁华地区。（BJKY）

那哈儿，一天三十几度。（同上）

那弯儿没有人家儿。（CDC）

这半溜儿都是住户，没有什么机关、单位。（CDX）

这溜儿没有姓王的。（CDC）

作宾语：

搁的这儿合儿吧。（CDC）

然后就是讨饭，要饭，来到这儿哈儿的。（BJKY）

坐那哈儿以后，什么也不吃，什么也不干啦……（同上）

你到那半溜儿去打听打听。（CDX）

我就管这半溜儿，那半溜儿另有人管。（同上）

作定语：

那儿哈儿菜也便宜，粮食也便宜，就是交通闭塞。（BJKY）

作状语：

处所代词置于介词后构成介宾结构作状语。例如：

就坐在这哈儿，脱了一条裤衩儿，着风了，由那儿作下的关节儿炎。（BJKY）

像那西单商场启铭茶社那儿跟这个常宝望他父亲他们那儿办了一个相声儿大会，就在那儿哈儿演。（同上）

（3）指代方向

表近指的：这么/们[tsən˨˩mən˩]这个方向、这边、这边儿[tʂei˨piaŋ˥laˬ]这边、这边儿[tʂei˨piar˥]。

表远指的：那么/们[nən˨˩mən˩]那个方向、那边、那边儿[nei˨piaŋ˥laˬ]那边、那边儿[nei˨piar˥]。

"这么""那么"语义上表示"这边"。"这边儿""那边儿"是老北京土话一对有特色的表示方向的指示代词，有时候也写作"这边拉""那边拉"，其本字应该是"儿"。在表示方向时，说话者往往伴以手势来进行表达。

在句法功能上主要作主语、定语、宾语、状语。

作主语：

大水塘里头哇，那边儿也洗菜也洗衣服哇，这边儿就拿桶打上就喝。（BJKY）

那边儿主要就是种小麦，种麦子，种老棒子，就是种这些东西。（同上）

这边儿拉净是，嗯，荒地……（同上）

我在那个清河的北边儿，离清河也就二十里地，那边儿拉呢，跟这边儿拉的风俗就不太一样。（同上）

作定语

从牛街十路，这边儿车比较多，比较方便，到哪儿去都比较方便。（BJKY）

那边儿姓焦家，那边儿拉他不是此地人，他是外县人。（同上）

作宾语：

您请这边儿。（BJKY）

小笼筐儿里头，我哥哥坐那边儿，我坐这边儿，我们走着。（同上）

作状语：

表处所代词经常充当状语，可以单独作状语，也可以和介词构成介宾结构作状语。例如：

冲这么来。（CDC）

脸冲那么站。（同上）

一直望那么去。（同上）

极少数儿不好的名角儿呢全上这边儿来。（BJKY）

天上就黑了，大黑锅底，打那边儿就东北，西北就来了，完了那雨下得那个瓢泼似的……（同上）

到这边儿拉，就是沙子多，一刮起来一点儿风就，就起土……（同上）

（4）指代时点

表示近指：这咱tʂɤˇtsanˇ此时、这会儿tʂeiˇxuərˋ此时、这阵儿tʂeiˇtʂərˇ这时、这阵子tʂeiˇtʂənˇtʂʅˇ这时、这阵晚儿tʂeiˇtʂənˇʋuarˋ现在、这会儿。

表示远指：那会儿neiˇxuərˋ那时、那阵儿neiˇtʂərˇ那时，指短暂的时间。

表示时点的指示代词往往都是表示一个较短暂的时间，主要在句中充当状语。例如：

收拾收拾，咱们这咱就走。（CDX）

那阵儿指短暂的当时正时兴穿反毛皮大衣。（同上）

这阵晚儿他也许到家了吧？（CDC）

这阵儿不那么疼了。（同上）

刚才那阵儿，雨多大呀！（同上）

（5）指代时段

表示近指：这崩子[tʂeiˇpəŋ˥tʂʅ˩]这一段时间、这程子[tʂeiˇtʂʻəŋ˥tʂʅ˩]最近一段时间、这晚儿[tʂeiˇʋuarˋ]现时、现代。

表示远指：那当儿[neiˇtãrˇ]那时候、那程子[neiˇtʂʻəŋ˥tʂʅ˩]那些日子、那晚儿[neiˇʋuarˋ]那时候、那阵子[neiˇtʂənˇtʂʅˇ]一个时期、那阵儿[neiˇtʂərˇ]那时候。

指代时段的代词往往表示一段相对较长的时期或时代，在句中主要充当状语。例如：

这崩子这一段较长时间他老没来了。（CDC）

这程子净是闹痢疾的，要注意饮食卫生。（CDX）

那阵儿你还没来呢。（CDC）

那当儿他没少来下棋。（同上）

那晚儿还没兴火车呢。（CDX）

你忘了那阵子她天天来咱们家。（CDX）

也有较少作主语的情况：

这崩子这一段较长时间有十年。（CDC）

（6）指代程度

表示近指：这么tʂɤˇməˇ。

表示远指：那么naˇməˇ。

表示程度的指示代词形式较为单一，其语法功能也较单纯，主要充当状语，对事物某种程度、状态进行说明。例如：

这两天这么热，是燥雨气候干燥即将下雨哪！（CDC）

老师那么辛辛苦苦的，父母挣钱容易吗？（BJKY）

（7）指代情状

表示近指：这份儿[tʂɤꜜfərꜜ]这样的、这种状态的、这样儿[tʂɤꜜiãrꜜ]、这么样儿[tʂɤꜜməꜜiãr]、这早晚儿[tʂɤꜜtsɑuꜜuarꜜ]言其时间太晚、这么。

表示远指：那份儿[naꜜfərꜜ]那样的、那种状态的、那样儿[naꜜiãrꜜ]、那么样儿[naꜜməꜜiãrꜜ]、那么。

表情状的指示代词在句中主要充当状语成分，例如：

怎么这早晚儿才起床！（CDX）

瞧你这份儿脏！（同上）

你到我这份儿上早着呢。（BJKY）

这么样儿我就到十天的时候儿我就能下地了。（同上）

哎，就是这么一点儿一点儿地凑合，一年一年的，（同上）

您瞧我这关节儿炎，就是那么累的。（同上）

人还说："嗨，老太太待您那么不好，您就甭管。"（同上）

（8）指代方式

表示近指：这么[tsənꜜməꜜ/tsəmꜜ]。

表示远指：那么[nənꜜ/nənꜜ]。

"这么[tsənꜜməꜜ]"常常读作其合音形式[tsəmꜜ]。

表方式的指示代词在句中主要也是充当状语成分，例如：

这小三轮儿它爱翻。我这么一上，腾，它就折过来了。（BJKY）

都在那麦地里就挖一小沟儿，就那么偎着，飞机来了，扔米，扔大米。（同上）

手那么一动换，笔尖儿那么一动换就出来这一笔的诀窍儿。（同上）

2. 旁指代词

包括：其他[tɕʰiꜜtʰaꜜ]、旁的[pʰaŋꜜtəꜜ]、别的[piɛꜜtəꜜ]、其余[tɕʰiꜜyꜜ]。

① 旁指代词的指示功能

旁指代词语义上都有表示"另外的、剩下的、其他的"等意思，在指示用法上具有表示指示和称代两种用法。其中，"其他、旁的、其余"指代功能较强，称代功能较弱；"别的"指代功能和称代功能都比较强。例如：

除了槐树上悬着的绿虫儿而外，没有其他的生物。（CCL-LS《四世同堂》）

旁的妇女是孕后九或十个月就生产。（CCL-LS《记懒人》）

她挤进来，其余的人也就鱼贯而入。（CCL-LS《四世同堂》）

"其他"一般没有称代的功能，"旁的、其余"少数时候可以直接称代上文的人或事物。

多甫一玩起来便心无二用，听不见也看不见旁的……（CCL-LS《正

红旗下》)

灵感一来，他便写出一句，命令同学们补足其余。(同上)

其余的是几只"紫点子"和两只黑头黑尾黑翅边的"铁翅乌"。(同上)

"别的"指代和称代的功能都较强，例如：

指代：

他不养别的鸟，红、蓝颏儿雅俗共赏，恰合佐领的身份。(CCL-LS《正红旗下》)

再往里，是厕所味，与别的臭味。(CCL-LS《宗月大师》)

称代：

看见她的眼，人们便忘了考虑别的，而只觉得她可爱。(CCL-LS《四世同堂》)

常二爷看见祁老人眼中的泪，不敢再说别的，而只好横打鼻梁负起责任……(同上)

② 旁指代词的句法功能

旁指代词最主要的句法功能是作定语。例如：

反正回民就是牛肉，羊肉，其他肉不能，不能吃。(BJKY)

但是其他人结婚呢，就光家具费呀，就需要一两千块钱……(同上)

别的村儿你爱怎么骑怎么骑。(同上)

没有旁的过节的东西，只挂一串儿"葫芦"有什么意思呢?(CCL-LS《四世同堂》)

其中，"旁的""其余""别的"作旁指代词常常还可以作主语、宾语，具有指代前文提及的人和事物的功能。例如：

写文章吧，没有旁的可说。答应了。(CCL-LS《文博士序》)

槐树上轻轻落下个豆瓣绿的小虫，在空中悬着，其余的全不动了。(CCL-LS《一些印象》)

她不过就记忆力不好，别的还可以。(BJKY)

我到这唐山是工作，根本谈不上别的，所以没机会接触社会。(同上)

她的这个精力不干别的，主要就是学习……(同上)

"旁的""其余"单独作主语、宾语的频率很低，"别的"则能常常单独充当主宾语。

3. 分指代词

包括：每[mei˩]、各[kɤˀ˥]。

分指代词"每"表示"每一"的意思，指全体中的任何一个。强调其共性的一面。"每"作为逐指代词，可以和时量词、名量词、动量词、名词等搭配使用。其主要的句法功能是作定语。

大家凑钱帮的忙，每月给我三十块钱，几年的光景。（BJKY）

每礼拜由昌平再往北京来赶，带着孩子挤这车。（同上）

四个孩子每人家里都有电冰箱。（同上）

每回开家长会都是一大堆问题，回家发一顿火儿。（同上）

再加工龄，每工龄加多少钱。（同上）

分指代词"各"，语义上指全体中的各个不同，强调差异的一面。"各"在指称功能上还可以细分为：

① 表示不止一个。

各种的买卖，都多了。（BJKY）

我说你看现在政府对老年人，嗯，各方面儿都照顾挺好的哈。（同上）

② 表示不止一个并且彼此不同。

各学校的老师，必须得配合村政府啊，要搞文化活动。

说这么一包里头哇，就各种各样儿东西都有······（同上）

"各"在句中主要充当定语。例如：

那个出门儿呢，就可以买到各式各样的青菜。（BJKY）

各个房，大伙儿都在一块儿住。（同上）

4. 统指代词

包括：另[lin˅]、另外[lin˅uai˅]、一切[i˄tɕʼiɛ˅]。

统称代词"另""另外"语义上指代上文所说范围之外的人或事。"一切"则指代全部或各种的人或事。

在语法功能上"另""另外"多用在名词或数量短语前，在句中的主要功能是作定语：

两个儿子，一个也在公安局工作，另一个儿子在北京绒毯厂。（BJKY）

其中的一项是不准仆人闲一会儿，另一项是不肯看仆人吃饭。（CCL-LS《骆驼祥子》）

另外那个姑娘，是个黑市商人的女儿。（CCL-LS《鼓书艺人》）

有个姑娘拿大拇指捂着鼻子，另外一个做了个鬼脸。（同上）

"另""另外"主要起指代的功能。

"一切"在句中可以承担多种语法功能。例如：

作主语：

一切都须由父亲操持。（CCL-LS《正红旗下》）

一切都有了生意，只有北平的人还冻结在冰里。（CCL-LS《四世同堂》）

作宾语：

　　大姐来到，立刻了解了一切。（CCL-LS《正红旗下》）

　　烤肉是最实际的东西，他们暂时忘了其他的一切。（CCL-LS《四世同堂》）

作定语：

　　不叫灶王爷与一切的人知道。（CCL-LS《正红旗下》）

　　淹湿了一切的东西。（CCL-LS《龙须沟》）

作状语：

　　她把弟妇生娃娃的一切全交给大姐办理……（CCL-LS《正红旗下》）

　　她只顾了喘气，把一切别的事都忘掉。（CCL-LS《四世同堂》）

"一切"只能出现与介词构成介宾结构一起充当状语。

5. 互指代词

老北京土话互指代词只有"彼此[piˑtsʻ]"一个。

互指代词可以指称人，也可以指称事物。是具有文言色彩的代词。在句中可以担当多种成分。

作主语：

　　我们这个还算住得不远，彼此都认识……（BJKY）

　　住楼房以后吧，就没有这种感觉了。反正彼此之间好像特别生。（同上）

　　彼此了解了，也就更亲热了。（CCL-LS《正红旗下》）

　　姐姐变了样子，妹妹也变了样子，彼此呆呆的看着。（CCL-LS《四世同堂》）

"彼此"可以与代词构成同位短语作句子的主语：

　　他们彼此沟通还是挺快的。（BJKY）

　　当初不知怎么论的，他们彼此兄弟相称。（CCL-LS《四世同堂》）

作状语：

　　凡事总要彼此商量，才有前途！（CCL-LS《春华秋实》）

　　大嫂，要是老彼此挑剔毛病，还能团结得好吗？（CCL-LS《西望长安》）

作定语：

　　普通的彼此敷衍的话是不应当多说的。（CCL-LS《四世同堂》）

　　他那些彼此永远挤着的牙轻轻咬那么几下……（CCL-LS《牺牲》）

"彼此"作定语时，往往是以修饰某个谓词性短语结构的情形而出现。

作谓语：

　　这个如果要论文化水平的话，也都彼此彼此，都不那么高。（BJKY）

"彼此"常常要以重叠的形式才能作句子的谓语。

6. 虚指代词

虚指代词只有"某[mou˩]"一个。

（1）虚指代词的指代功能

"某"在语义上有多种指代功能。

① 指不确定的人或事物。例如：

> 由我们售货员某个人决定，说这物价卖多少钱就卖多少钱。（BJKY）
>
> 比如像某一样儿东西，你偏让它不长哪，这也是不可能的。（同上）

② 指知道名称却不便说出的人或事物。例如：

> 他明明知道某某人对他不起，或是知道某某人的毛病，他仍然是一团和气，以朋友相待。（CCL-LS《敬悼许地山先生》）

③ 用在姓氏后指确定的人或自称。例如：

> 告诉他们哪，秦某人七十多岁了才明白这点大道理！（CCL-LS《茶馆》）
>
> 的确是空前！我冠某办事，当然得有两手惊人的！（CCL-LS《四世同堂》）

（2）虚指代词的句法功能

"某"不能单用，有时可以叠用，常与名词组合或用在姓氏后作句中成分。

作主语：

> 某人对你不甚好吧？（CCL-LS《四世同堂》）
>
> 只要我陶某人辞掉王司令那儿的差事，还能不给您方家好好出把子力气？（CCL-LS《鼓书艺人》）

作定语：

> 一个电报送到北京政府保荐老张作南方某省的教育厅长。（CCL-LS《老张的哲学》）
>
> 她永远不把目光注射在某一点上，呆视好久。（CCL-LS《火葬》）

作兼语：

> 使某某几个人联合，以先生为盟主。（CCL-LS《牛天赐传》）
>
> 哎，托某某人买一辆什么牌儿的车，把它写清，您带着。（BJKY）

作状语：

> 神气象是对某件事很严重的思索着……（CCL-LS《牛天赐传》）
>
> 有的玩过票而因某种原因不能再登台……（CCL-LS《牛天赐传》）

上例中"某"只能作介词宾语，与介词结构一起充当句子的状语。

7. 特定指代词

这类代词只有"本[pən˩]"一个。

"本"指代说话人自己或所在的处所、机构、集体。"本"也不能单用，一般只与名词组合构成句子成分。

作主语：

这个，这个本人哪，叫王连平。（BJKY）

诸位小官们，本大官在这金光镇上已住了好几年，论身分，官级，学问，本大官并不比任何人低。（CCL-LS《民主世界》）

"本"可以和名词组合后与代词构成同位短语作句中主语：

他本身也找不到工作，即便找一临时工，也挺费劲的，不好找。（BJKY）

哎，他本人儿叫"麒麟童"，艺名儿叫周信芳。（同上）

他本人是国民党青年军、三青团团员。（CCL-LS《西望长安》）

以上例句中"本"复指前面的名词或代词，此处不限于指说话人自己或所在的处所、机构、集体。

作定语：

一瞧就是什么本地的巡官……（BJKY）

反正也就是本职工作搞好就完了，别的多余的也不干。（同上）

祥子还没言语，本桌上的人又说了："说话呀，骆驼！"（CCL-LS《骆驼祥子》）

（三）疑问代词的句法功能

1. 问人疑问代词

问人的疑问代词主要有：谁、哪个。

（1）谁[ʂei˧]

老北京土话问人通常使用"谁"。在句中可以作主语、宾语、定语。例如：

作主语：

您说这谁创造财富？（BJKY）

作宾语：

丫挺的给我发青海去了，您说赖谁？（同上）

作定语：

是谁的错儿，就承认是谁的，……（同上）

（2）哪个[na˧kɤ˧]/[nei˧kɤ˧]

"哪个"可以问人，问人时可作主语，但更常作定语。

作主语：

哪个是你们的经理？（CCL-LS《女店员》）

作定语：

　　哪个孩子吃次的？哪个孩子都不吃次的。（BJKY）

　　笑话！哪个作官的不搂钱呢？（CCL-LS《四世同堂》）

"哪个"也可以问物，问物的时候基本上作定语。例如：

　　您说哪个歌儿是回民的，没有，是啊。（BJKY）

　　这是哪个浑蛋厂子做的这种坑人的活儿！（CCL-LS《四世同堂》）

2. 问物疑问代词

问事物的疑问代词主要有：怎（么）个话儿怎么回事、怎么回事、啥什么、什么、哪（一）门子、干吗、嘛。

（1）怎（么）个话儿[tsən˅（mə˥）kɤˌxuar˅]怎么回事

有几种说法：怎么话儿[tsən˅mə˥xuer˅]、怎么个话儿[tsən˅mə˥kɤˌxuar˅]、怎个话儿[tsən˅kɤˌxuar˅]。多用以质问对方，在句中充当宾语。

　　你这是怎么话儿？往我们的门口儿泼脏水，你还有理哪？（CDX）

有时候，"怎么个话儿"还可以单独作小句，置于句前表示质问。例如：

　　怎么个话儿，你还别犯牛儿，我还不服你。（CDS）

　　怎么个话儿，你这是要干什么？（同上）

（2）怎么回事[tsən˅mə˥iauxuei˥ʂɿ˅]

用来询问情况，在句中作宾语。

　　这是怎么回事？哭什么？（CDX）

（3）啥[ʂa˅]什么

"啥"指"什么"，常常用来询问事物。在句中主要作定语。

　　这是啥事儿呢？（CCL-LS《柳屯的》）

　　要是我大哥听见您弹，说出点啥话来，您别放在心上。（CCL-LS《鼓书艺人》）

有时候可以单独成句：

　　啥？啊，唐老爷，俺领你去。（CCL-LS《文博士》）

（4）什么[ʂən˅mə˩]

"什么"用来询问事物是最常见的形式，在句中主要作宾语、定语、状语。

作宾语：

　　你闲着的时候，干点什么？养花？养鱼？玩蛐蛐？（CCL-LS《正红旗下》）

作定语：

　　父亲并没有去买什么年货，主要的原因是没有钱。（CCL-LS《正红旗下》）

作状语：

  公公婆婆挑着样儿吃，大姐可什么也吃不着！（CCL-LS《正红旗下》）

"什么"也可以单独成句。例如：

  什么？洋人？洋人算老几呢？我斗斗他们！（CCL-LS《正红旗下》）

（5）哪（一）门子[na˩i˥mən˥tʂɻ˩]

"哪（一）门子"用于事物前，表示"何必、何须"的反问语气，"一"可以省略不用。在句中主要充当定语。

  不年不节的，你送的哪一门子礼？（CDX）

  我又不是不相信你，起的哪门子誓。（同上）

（6）干吗[kan˩ma˥]

"干吗"表示"做什么"，用于问事物或问原因，在句中作谓语、状语。

作谓语：

  你干嘛呢？（CDC）

作状语：

  干嘛不来？（同上）

（7）嘛[ma˥]

"嘛"表示"什么""哪里"，用于问事物、处所或原因，在句中主要作状语。

  你吗不去呀？（CDC）

"嘛"可以和语气词连用，单独作小句表反驳、反问的语气。例如：

  嘛呀？他不是不来，是没空儿。（CDC）

3. 问处所疑问代词

老北京土话问处所疑问代词主要有：哪合儿_{哪里}、哪儿合儿_{哪里}，它们都是"哪里"的音变形式。

"哪合儿[na˩xɤr˥]/[na˩xar˥]、哪儿合儿[nar˩xɤr˥]/[nar˩xar˥]"经常也写作"哪哈/喝/呵儿、哪儿哈/喝/呵儿"。问处所疑问代词在句中可以充当以下句法成分：

作主语：

  哪儿呵儿有卖油漆的？（CDX）

作宾语：

  这个钱放在哪儿哈儿呢？（BJKY）

作定语：

  您是哪喝儿人哪？（TYDC）

4. 问方向疑问代词

问方向的疑问代词只有恁么[nən˩mən˩]_{哪个方向, 哪边}一个，有时候也写作"哪么"，其本字应为"恁"。问方向的疑问代词主要作状语：

> 老先生！去中山公园哪么走哇？（CDX）
>
> 望哪么走？（同上）

5. 问时间疑问代词

问时间的疑问代词主要有：什么时候、多咱、几儿_{几号}，可以表示时点、时段、日期等，并各自在句中充当不同的句法成分。

（1）什么时候[ʂən˩ʂə·mə·ɕʐ˩xou˩]

作宾语：

> 一直等到什么时候儿啊？嗯，五几年啊？（BJKY）

作状语：

> 家具店它不定什么时候儿才来……（BJKY）

作定语：

> 什么时候的事？（TYDC）

作谓语：

> 人阴历十五就，就都走了，你这都什么时候儿了？（BJKY）

（2）多咱[tuo˧tsan˩]、多早晚[tuo˧tsau˩uan˩]

"多咱"是"多早晚"的合音[tuo˧tsau˩uan˩]—[tuo˧tsan˩]，语义指"什么时候"，主要充当状语。

> 他多咱来？（CDX）
>
> 你打算多咱去买票。（同上）
>
> 我没跟谁吵过架，多咱没吵过，跟谁街坊，都没打过架。（BJKY）
>
> 多咱到家了多咱算踏实了……（同上）
>
> "多咱我拉上包月，才去住宅门！"祥子颇自傲的说。（CCL-LS《骆驼祥子》）

（3）几儿[tɕɚr˩]

"几儿"是老北京问日期的常用的疑问代词，表示"几号""哪一天"之义。

在句中充当谓语、宾语、状语等成分。例如：

作谓语：

> 今儿几儿啊？（TYDC）
>
> 要这个计划实行，那得几儿呀！（CDX）

作宾语：

> 阴历是几儿？这年月，又是阳历，又是阴历，还裹着星期，简直

说不清哪天是哪天！（CCL-LS《残雾》）

看看现在，今到几儿啦，腊月廿六了，你坐了这大半天，可进来一个买主？（CCL-LS《新韩穆烈德》）

此外，"几儿"还可以作状语，这时有表示询问日期"几号""哪一天"的。例如：

作状语：

先生，我几儿上工呢？（CCL-LS《骆驼祥子》）

得了，帮帮忙吧，明天再歇工；不卖今天卖几儿个？！（CCL-LS《牛天赐传》）

老师几儿来？（同上）

也有询问某个不确指的时间段"什么时候"的，例如：

我几儿骂过人？小泥鬼儿！（CCL-LS《龙须沟》）

不这么奔，几儿能买上车呢？（CCL-LS《骆驼祥子》）

作状语表示"什么时候，何时"之义时，"几儿"也可写作"几儿个"，例如：

噢，仲文！几儿个学得这么会耍嘴皮子呀？（CCL-LS《残雾》）

不弄没了明沟，咱们这里几儿个才能不脏不臭？（CCL-LS《龙须沟》）

你几儿个给我娶媳妇呀？（CCL-LS《老年的浪漫》）

你几儿个来的？（CCL-LS《兔》）

你知道吗，小王几儿个结婚？（CDS）

6. 问数量疑问代词

问数量的疑问代词主要有：多少、几、几多。

（1）多少[tuoˀʂauˀ]

"多少"一般问数量，在句中主要充当定语。

培养一大学生国家拿出多少钱来呀，啊？（BJKY）

你一天能吃多少菜？（同上）

"多少"有时候也能作宾语，但作宾语时，一般都是回指前文，"多少"后省略了中心语。例如：

开两麻袋票子！哈，他们哥儿七个开支开多少？开了他妈好几麻袋，用三轮儿拉着，拉着就上食堂吃饭去。（BJKY）

呃，挣不少钱呢，这实际自己才得到多少哇？（同上）

深圳市它没有多少人。反正广东省宝安县一个小渔村儿。你想它本地人能有多少哇？（同上）

因此，这种情况应该也看作是省略了中心语的定语成分。

（2）几[tɕi˩]

"几"用来询问数量，主要是询问数目，多为数量不太大的数目。往往作定语。

> 你弟兄几个呀？（CCL-LS《女店员》）

> 有工夫为什么不给朋友说几句好话呢？（CCL-LS《西望长安》）

（3）几多[tɕi˩tuo˥]

"几多"也是询问数量的，主要询问不确定的数量，往往作定语。

> 你算算一共要几多钱？你算算看！（CCL-LS《牺牲》）

> 这得用几多钱？（同上）

7. 问方式疑问代词

问方式的疑问代词主要有：怎么着、怎么。

（1）怎么着[tsən˩mə˩tɕiɛ˥]/ [ɹ̩tɕiɛ˩ʂɤ˥]

"怎么着"可以询问方式，表示"怎么样""怎么办"。

作宾语：

> 我打算怎么着？这破家又不是我一个人的！（CCL-LS《龙须沟》）

作谓语：

> 第二步，你说该怎么着？（CDX）

> 你这里来，把这八个妖精怎么着？（CCL-LS《猫城记》）

作状语：

> 怎么着搞好国民经济工作，哈。（BJKY）

> 该怎么着办就怎么办。（同上）

"怎么着"可以作为小句或句子独立出现：

> 怎么着，打吗？（CCL-LS《末一块钱》）

> 怎么着？饭车上去？"老五立起来，向车里望。（CCL-LS《四世同堂》

（2）怎么[tsən˩mə˩]

可以询问性质、状况、方式、原因等，其询问面比较广，询问方式时主要充当状语：

> 我净想开小差儿跑，跑，跑不了啊！怎么跑啊？（BJKY）

> 国家领导人怎么样儿解决这问题？（同上）

> 我是靠，怎么考的呢？完全是靠自己努力。（同上）

除了询问方式，"怎么"也可以询问性质、状况、原因等：

> 您楷书怎么比他们写草书快？——问性质

> 老丁，老丁，你快出来瞅瞅，这老太太怎么着了？——问状况

> 咱们怎么老不出名儿啊？——问原因

8. 问性状疑问代词

问性状疑问代词主要有：怎的/地、怎着怎么着、怎么着、怎样、怎么样、怎。

（1）怎的/怎地[tsən˩tiɪ]

"怎的/怎地"表示"怎么样"，往往是对动作或情况的反问。

作谓语：

我就是批你了，你敢怎的？（CDS）

我就是不听你的，你能把我怎么样？（同上）

作状语：

小文可就不知怎的笑了笑，点了头，躲开了。（CCL-LS《四世同堂》）

一片灯光里，不知道怎的被推了出来。（CCL-LS《末一块钱》）

（2）怎着[tsən˩tʂɤ˥]

"怎着"主要询问动作或情况。在句中主要作谓语。例如：

吃出甜头来了是怎着？（CCL-LS《骆驼祥子》）

非去出臭汗不过瘾是怎着？（同上）

他有本事，有主意，他要怎着就怎着。（CCL-LS《残雾》）

（3）怎么着[tsən˩məɪtʂau˥]/ [tsən˩məɪtʂɤ˥]

"怎么着"与"怎着"一样也是询问动作或情况。

作主语：

怎么着也不对。我可是问心无愧，没作过一点对不起人的事。
（CCL-LS《我这一辈子》）

作宾语：

"你说怎么着？"小崔一点也不怕她……（CCL-LS《四世同堂》）

你猜怎么着？（同上）

作谓语：

我要怎么着，就决不听别人的劝告！（同上）

有时候，也可以在复句中充当小句的谓语。例如：

不论怎么着，我也得把秀莲看住。（CCL-LS《鼓书艺人》）

不管怎么着，丈夫都怪我不好。（同上）

"怎么着"问性状时，还可以作为小句或句子独立出现，表示对事物的
性质、状态提出疑问或反问，例如：

怎么着，要劲儿吗？还真不离！（CCL-LS《骆驼祥子》）

怎么着？我碰不了洋人，还碰不了你吗？（CCL-LS《茶馆》）

（4）怎样[tsən˩iɑŋ˥]、怎么样[tsən˩məɪiɑŋ˥]

"怎样""怎么样"都是询问事物的性质、状况或方式的。在句中可以
充当多种成分。

① 怎样[tsən˨nɛɔ˩]

作定语：

卢平福是怎样的人？（CCL-LS《文博士》）

我得教你看看，看看到底博士是怎样的人物！（同上）

作补语：

经理，事儿办得怎样了？（CCL-LS《春华秋实》）

作谓语：

六爷，那两桌家伙怎样啦？（CCL-LS《正红旗下》）

二大爷！你做得对，做得好，丁翼平不敢怎样了你！（CCL-LS
《春华秋实》）

② 怎么样[tsən˨mə˩iɛɔ˩]

作谓语：

二爷，您怎么样啊？（CCL-LS《茶馆》）

作补语：

您这儿预备得怎么样啦？（CCL-LS《龙须沟》）

"怎样""怎么样"作定语、谓语、补语时都是询问人与事的性质或状
态的，而作状语时则是询问方式的，例如：

放胆去赊，无须考虑怎样还债……（CCL-LS《正红旗下》）

我说不上来那几步是怎样走回去的……（CCL-LS《歪毛儿》）

叫我的女儿快活是我的责任，不管她怎么样对不起我!（CCL-LS《二马》）

"怎样""怎么样"还可在小句中表示询问或反问：

丁四，我跟你打个赌，怎样？（CCL-LS《茶馆》）

怎么样？还不是饿着！（CCL-LS《四世同堂》）

（5）怎[tsən˩]

"怎"表示"怎么"，主要询问动作或情状。在句中主要作状语。例如：

酒嘛，怎能没酒味儿，你又憋着什么坏呢？（CCL-LS《正红旗下》）

怎能那么办呢？你们分居另过，你手里又不宽绰！（CCL-LS《茶馆》）

（四）代词的活用

1. 人称代词的活用

（1）单复数互换

① 单数用作复数

人称代词单数"咱"用来表示复数"我们"或"咱们"。例如：

后来我们说那咱也去玩儿玩儿吧，我们去劝业场了什么的遛了
遛……（BJKY）

你都给吃了，我们吃什么呀？后来他说那咱就，咱不煮着吃咱炸着吃吧。（同上）

旧的那一套儿，咱该抓过来咱得抓过来，该扔下的呢，还就得扔下。

人称代词单数"怹"表示复数"他们"。例如：

怹都来了。（CDC）

② 数用作单数

人称代词复数"我们"用来表示单数"我"。例如：

这从前我们不是那小姑娘儿么？谁逗你似的，那会儿您能领会得到吗？（BJKY）

那会儿我说一人儿单过，我们儿子不让。（同上）

就且我们那个老头儿一有病，我就没出去。（同上）

人称代词复数"咱们"用来表示单数"咱"。例如：

我说那咱们唱戏得了。这个村儿里挺奇怪的。哟，唱戏谁唱啊。哟，我说我唱啊。（BJKY）

人称代词复数"姆们/姆么"用来表示单数"我"。例如：

姆们/么不愿意嘛。（CDX）

就姆么一个人儿。（CDC）

女性常用"姆么"表示"我"有亲热、俏皮、撒娇之义。

（2）人称代词的转义

人称代词"自己"在老北京土话中有时候并不表示反身代词，而变为表示"亲近、不显得疏远"的意义，具有形容词词性。例如：

这么客气就透着太不自己了。（CDC）

这是自己话。（同上）

说话透着自己。（CDX）

同时，"自己"还指亲近、友好之人。例如：

您拿我当自己，我也不拿您当外人。（CDX）

（3）人称代词的虚指

人称代词虚指是指代不确定的人或事物，包括不知道或知道而不想说等情况。

三称代词都可以在一定的语言环境下产生虚指。

① 人称代词"他"的虚指：

指代不定数量或事物，例如：

不管他多少钱，反正我不抽烟，不喝酒……（BJKY）

也可以不指代任何人或事物，仅只是加强语气，例如：

你甭管哪哈儿，他也是吃力的工作。（BJKY）

② 人称代词"你"的虚指：

不像菜，你像菜，有时候儿还能遇到这些问题哈……（BJKY）

那就是说，那人量材取用，是不是？你文化高，人就欢迎你，这代价就高，工资就高，是不是？（同上）

人称代词"我"一般没有单独用来虚指的情况，往往要采用对举的方式：

什么全没有，一盘散沙，你不管我，我不管你。（BJKY）

我说就跟吃东西似的，你喜欢吃甜，他喜欢吃咸的，那喜欢吃酸的，各好一味。（同上）

（4）人称代词的任指

人称代词任指是泛指任何人或事物。人称代词任指主要有"人"。

"人"作为旁称代词，常常也用来泛指。

你有力气，人用你，人给你钱，不用你，给你什么钱呢。（BJKY）

人有的结婚，摆个十几桌，二十桌，这不要钱哪？（同上）

我就，不出门儿。人说我死性。（同上）

上例中"人"泛指自己或某人以外的某个人或某些人。

（5）人称代词的转指

人称代词在一定的语用环境下产生转指。例如：

①"人家"指"我"

门口没有，没有卖糖的，还不教人家吃两个枣儿？"小顺儿怪委屈的说。（CCL-LS《四世同堂》）

哈哈，人家不上那个当，人家要初次见面便得到便宜。（CCL-LS《月牙儿》）

"人家"转指"我"多是女性或小孩子撒娇、发泄不满时常用的指称方式。

②"别人"指"我"

就偏偏遇见你这么个人，把别人的纪念品也随便拿了走！你自己的呢？我问你！（CCL-LS《西望长安》）

上例"别人"转指"我"，往往表示不满、嗔怪的语气。

③"人"指"我"

跟人家做小工活儿呀还得有人，托人还得去干去。人不干吗，人也不要。（BJKY）

上例小句"人不干吗"中的"人"实为指说话者自己。

2. 指示代词的活用

指示代词活用主要有任指和虚指。

（1）任指

"这""那"对举任指某些事物。

看我们这小孩儿，也是天天在这哄着，也得在那抱抱。（BJKY）

他这个过上松心的日子了，所以呢，不愁这，不愁那个的……（同上）

过去受限制很大，这儿不许摆，那儿不许设立什么的。（同上）

"这""那"对举时常常任指许多的人或事物等。

（2）虚指

"这""那"单用时也常常虚指某些人或事物，例如：

过去很多的那个，京剧呀，很多的不叫唱，京剧。这老人儿爱看京剧。（BJKY）

我们这马主任还没回来呢……（BJKY）

去年冬天差点吹了灯，这一开春，我算又活了。（CCL-LS《方珍珠》）

上例中"这"不起指别与称代的作用。

好，那刘师傅您给我们派车吧。（BJKY）

拿昨天我听那《四郎探母》，过去不叫唱。（同上）

有一私人，他做那个什么，个体户儿。（同上）

以上各例中"这""那"都不起具体的指代作用，是虚指的手法。

3. 疑问代词的活用

疑问代词的活用有任指、虚指、不定指、引出话题和列举五种情形。

（1）任指

指代任何人或事物。

谁也不知道我过去对这个比较喜好。（BJKY）

在这一条街上，你见着谁，就得鞠谁的躬，就得给谁鞠个躬。（同上）

您说现在这个，就这个自由市场，卖什么都有。（同上）

要嘛儿什么有嘛儿什么。（CDC）

（2）虚指

指代未知的，或说不出或不想说的某些人或事物。

咳，我这孩子跟哪个孩子跟谁家孩子都比不了，我这孩子什么也不干。（BJKY）

过去咱们，就拿牛街这地方儿，对于这个礼拜寺，过去有很多的

什么。（同上）

他全都熟悉：哪儿哪儿有毛病，哪儿哪儿得改装，哪儿哪儿必须换零件儿。（CDX）

（3）不定指

指代某些不能确指的人、事物。

多少儿懂一点儿。（BJKY）

还能真是多少能卖一点儿……（同上）

上面摆上几颗红枣，并覆上一块柿饼儿，插上一枝松枝，枝上还悬着几个小金纸元宝，看起来颇有新年气象。（CCL-LS《正红旗下》）

（4）引出话题

疑问代词有时不一定指代某个人或事物，而是与引出某个话题有关。例如：

那谁，倪志福不就在那个厂子出去的吗。（BJKY）

跟刚才那个谁呀，那个，那个老陈啊，有类似的想法……（同上）

那，那什么，定大爷，您看王掌柜的事儿怎么办呢？"（CCL-LS《正红旗下》）

上例中"谁""什么"是说话者引出一个话题时常使用的手段。有提起另一个话题的作用。

有时候，还可以使用疑问代词先暂时指代某个事物，在话语中提起回忆、停顿或舒缓语气等作用。例如：

在这儿，我给她买了一瓶儿什么，桔汁儿……（BJKY）

后来结果她，由北京京剧团那后来就转到哪哈儿，转到这个工程兵文工团去了，就搞话剧去了。（同上）

那个，哪儿哈儿那个，贡院，有一个球儿场……（同上）

（5）列举

疑问代词"谁、哪儿、什么、多少"等，有时候通过重叠表示"不止一个"的意思，起列举的作用。例如：

哪儿哪儿都有他的朋友。（CDX）

嗯，一来了就说谁谁那姑奶奶来啦！（BJKY）

我就不必提哪个单位，哪个哪个人了吧。（同上）

我作局长，你便是局长太太；我撤了差，你还是洗太太；等我明天再弄上官，你又是什么什么太太。（CCL-LS《残雾》）

默吟！我还有多少多少话要跟你谈呢！（CCL-LS《四世同堂》）

这是哪儿哪儿大舅妈，啊，哪儿哪儿的大姑，这是咱们家什么什

么亲戚，就只能给这样儿介绍介绍……（BJKY）

疑问代词有时还可以重叠三四次以言列举的人事之多。例如：

或者我们谁谁谁得了什么冠军哪，打破什么什么纪录，我听着心里就感到高兴。（BJKY）

有时候儿我也问他，放学以后你净跟谁玩儿啊？哎，说跟谁谁谁。（同上）

是哪个哪个什么什么什么工厂啊，说把一个四季青公社的黄瓜全包了，说多少钱一斤，四十块钱一斤，啊，全包了。（同上）

浑身上下，哪儿哪儿哪儿哪儿都有伤。（CDX）

第七节　副词

一、副词的分类

吕叔湘（1990）曾说："副词内部需要分类，可是不容易分得干净利索，因为副词本来就是个大杂烩。"[1]学界对汉语副词的分类有多种分法。本书根据语义特征和功能特征，将副词分为以下 7 类：程度副词、范围副词、时间副词、频率副词、否定副词、情态副词、语气副词。以下就老北京土话中较有特色的副词加以探讨。

表36　　　　　　　　　　老北京土话副词分类

程度副词	挺、忒、特、太、最、很太、过于、觰过于、太、十分、足十足、贼很、极、老极、过于、冒过头、夥t'uoˇ太、过于、差（一）点儿、差一差儿险些、差差儿险些、几乎、几几乎、紧一紧儿险些、差点儿、正好儿、将好儿刚好、正好、将将儿刚好合适、些微ɕyɛˉɳei˧稍微、略摸儿稍微、特己表程度之深
范围副词	单另儿另外单独、将不将儿刚才、仅仅、苦死至多、块堆儿一起、一同、净、才、都、概儿一概、九成儿九几乎、将近、通t'uŋˇ拢儿总共、一划儿一律、全部、一水儿一律、再分但凡、但分、但凡、专另特为、左不仅、特特儿的特为、专门、偏偏单单、可怜带数儿全部
时间副词	才、就短时内、还、回头一阵、迟疑、将刚、不久前、将将儿刚刚、将才刚才、脚下眼下、此时、刚、可可儿的恰好、正巧、立马顿时、立刻、立时刻立即、马上、碰脆儿凑巧、还、眼见眼看、马上、已就已经、坐地儿/坐根儿本来、向来、立即、坐地窝儿马上、立即、坐窝儿当时、正当、马上、身底下现在正在、猛咕叮/猛跎丁猛然、冒猛地、冒冷子、冒猛子猛然、急忙、连忙、赶忙、赶紧、暂时、临时、紧自/尽自一个劲儿地、总、老总是、将久终究、永辈子终生、至死、总远一直、始终、永远、连气儿连续不停地、一连气儿不断儿、一劲儿不停、不间断、随时、间或、时不时
频率副词	直点儿频频地、紧自频频、常会儿时常、常行儿时常、连三并四屡屡地、经功儿偶尔、平时、晃晃儿偶尔、有时、接连不断地、没短经常、三天两头儿经常、三天两后晌三天两头、指时日不多、时不常儿时常、时不时时常、无冬历夏经常的、一满儿向来、直点儿不断地、频频地、直个点儿不断地、频频地

---

[1] 《吕叔湘文集》第 2 卷，北京：商务印书馆 1990 年版，第 512 页。

续表

否定副词	不、甭、没、没有、别、哪跟哪、那哪儿成、也不也不知道
情态副词	暗含着_{含蓄地、按实际用意说}、蔫_{悄悄地、不动声色地}、悄悄、悄悄儿、偷、偷着、偷偷、偷偷儿、打头儿_{首先}、官_{肯定、一定}、海_{大肆}、净意/竟意_{专门}、净心_{故意}、可劲儿/可着劲儿_{尽力}、瞎_{胡乱}、喀定_{一定、当然}、铁准_{一定、无疑问}、偷私_{暗中、私下}、眼见_{明明}、眼证儿_{明明}、幸亏、一边儿_{一样、一般}、照直_{径直、直}、直打直_{直接、径直}、足_{竭力、十足}、楞_{偏偏、硬}、错来_{其实}
语气副词	敢、敢情、敢则、反儿、左不是_{反正是}、可kɤ˩_{表示如愿}、可kɤ˩_{表示警告}、可得_{表示反问}、未止_{未必}、左不反_{反正}、简直、管莫_{也许}、果不其然儿_{不出所料}、果然、果真、索_{索性}、爽得_{索性、更加}、兴许、未见准_{不一定、不见得}、没法儿_{不可能、决不会}、保准儿_{肯定、保证}、保不齐_{难免}

（一）程度副词

表示动作、行为、状态所达到的某种程度的副词，常用于动词和形容词谓语前，在句中用作状语。概括起来分为五类：一、表极度；二、表适度；三、表渐度；四、表近度；五、表轻度。

1. 表极度

这类副词分为三类：表示程度至极、过甚、很高。下文分述之。

（1）表程度至极

这类副词的语义特征是表示动作行为或状态达到极点，有程度最高之义。

[贼]：附着在形容词性语素前表示事物的某种性质、状态，具有表示"很、极"的程度义：贼白_{很白}、贼亮_{很亮}、贼死_{极度疲劳}、贼胖_{很胖}、贼狠_{特别狠}、贼疼_{很疼}、贼精_{很精}。

> 这白醋贼酸贼酸的。（CDC）
> 她唱得贼好。（同上）

[忒tʰei˥]：表示"极甚，非常"之义。

> 他们俩忒好咧！（CDX）
> 这道儿忒难走哇！（同上）

[没冒儿]：表示极好、无以超越。常常用在动词后作补语。

> 那个戏他唱得可真没冒儿了。（CDC）

有时候和其他副词连用表示程度之极：

> 这座玉雕，简直没冒儿啦！（CDX）

[没治]：表示到极点，达到无以形容的程度。常常在动词或形容词后作补语。

> 把她乐得没治了。（CDC）
> 精彩得没治了。（同上）

[老]：表示"很、极"，常用于形容词前表示程度的最高级。

人家老早就工作了，工作的比你挣得还多，人家还在北京。（BJKY）

咱这儿能给他解决住房，他可以在北京住，但是他住得那么老远。
（同上）

那么现在小的儿，你猛一听老不如梅兰芳那味儿好。（同上）

还可表示"极多"义。常用在动词后作补语。

输钱输老了。（CDC）

可吃老了去了。（同上）

[最]：表示"极"，常用于形容词前表示程度的最高级。

北京城最穷的时期，就是那个，日本在这儿时候儿。（BJKY）

嗯，那时候儿我最喜欢看京剧。（同上）

[顶]：表示"极"，常用于形容词前表示程度的最高级。

顶多能买不到三十斤鸡蛋。（BJKY）

赵大爷，您这程子老斗争恶霸，可怎么不斗斗那个顶厉害的恶霸
呢？（CCL-LS《龙须沟》）

[倍儿]：表示"极其"之义。常用在形容词前表示程度极高。

倍儿棒。（CDC）

倍儿痛快。（同上）

[十分]：表示"极"，常用于形容词前表示程度之极。

反正住房条件也不说是十分优越的，哎，房子就这样儿。（BJKY）

嗯，虽然说也不显得十分宽敞吧，反正也够挤的。（同上）

（2）表程度过甚

这类副词的语义特征是用于动词或形容词之前，表示动作行为、状态
超过了某种程度或一定的标准，是超出常情的。

[佷xən˅]：表示"太、过于"之义，比"很"的程度更深。

煮得佷烂了不好吃。（CDC）

不用佷多的。（同上）

[忞t'uo˅]：表示"太、过甚"之义。用于形容词前表示超过某种程度。

忞多了。（CDC）

忞大。（同上）

[老]：表示"过于"，超出了常规的标准。常置于动词后作补语。

领口儿挖老了。（CDC）

这褂衣服腋下前后相连的部分去老了。（同上）

[齁/ 齁丁儿/齁丝]：表示"过于、太"，常用在形容词前表示超过了一
般的程度，通常是人情所不希望的程度。

这碗汤齁咸，怎么喝呀！（CDX）

炒了一盘子黄瓜，齁丁儿咸，没法儿吃。（CDC）

那菜做得齁丝咸。（同上）

[冒]：表示"过头"之义。常用于动词后作补语。

钱花冒了。（CDC）

料规_{预计}好了省得花冒喽。（同上）

[特已]：表示程度深。

你特已地淘气啦。（CDX）

（3）表程度很高

这类副词的语义特征是表示程度既不是极点，也不过甚，是表现程度高的意思。这类表示程度的副词是最多的，常常有挺、忒、特、太、很等，用在形容词前。

他这人儿挺老梆_{老成持重}。（CDC）

这号儿大花条子布太楞_{颜色生硬不协调}。（同上）

这个物价，尤其这青菜，涨得忒多，是不是……（BJKY）

嗯，这《四世同堂》，我特爱看。（同上）

就说现在这面茶，您说北新桥儿有一个卖面茶的那很有名。（同上）

此外，有个别副词可以置于小句句首，以表示程度。例如：

[打头]：表示"首先、最先、最重要的事件"等义。

你要到那么远的地方去，打头你的身子骨儿不行。（CDX）

你老是发牢骚，打头问问你有这个本事没有？（同上）

2. 表适度

这类副词的语义特征是表示程度不偏不倚，正恰合适。

[正好儿]：表示"恰好"的意思。

给你两个小时呢，正好儿是中午，还得要吃饭。（BJKY）

正好儿有一人，因为他后背冲着北啊，他冲南正好儿撬锁呢。（同上）

[将好儿、将将、将将儿]：表示"刚好合适、刚刚、正好"的意思，这组副词可以指向事物的数量、时间、程度的不多不少、不早不晚、不大不小等。

将好儿有一个。（CDC）

这双鞋我将将穿下去。（CDX）

他走了将将有五个月了。（CDS）

五斤半将将儿够吃。（CDX）

赶到那儿，大会将将儿开始。（同上）

[足]：表示"十足"之义。可用于动词或形容词谓语前作状语：

一通儿足忙。（CDC）

奶要想掺水那，那是可以足掺，就是这个很不容易看出来。（BJKY）

大的那个塑料口袋里边儿了，足有半袋儿鸟儿呢也。（同上）

也可以置于动词或形容词后作补语：

反正这一天要是想吃足了菜呀，真花不少钱，没有两，两块钱啊吃不下来哈。（BJKY）

我们现在呢，已经配足了，配足了六个人了……（同上）

就说攒足了，一点儿不花能攒三，二三十块钱儿吧。（同上）

[足足儿]：表示"整整"之义。城区较少使用，主要在郊区有此说法。"足足儿"不能置于动词后，只能出现在动词前。

足足儿等了一天。（CDC）

[较比]：表示"比较"之义，表示具有一定的程度。

条件啊，较比高一点儿，一个是口齿得好，一个是面貌得好，体质得强。（BJKY）

因为老贾这个人哪，较比是不错的人。（同上）

道儿北有个较比阔气的人家，后边是瓦房，大门可是只拦着个木栅，没有木门，没有门楼。（CCL-LS《骆驼祥子》）

3. 表渐度

这类副词的语义特征是表示程度在变化之中，用于形容词、动词谓语前表示程度的加深。

[更加]

本身你就有病，再一喝那个呢，病就更加严重，甚至里头还有白灰。（BJKY）

食堂也搞得那个更加正规一些，更加宽敞一点儿。（同上）

[更]

我妈也是老北京。我爸爸呢更是了。（BJKY）

"厕所"，不知道，嗯，人听不懂。我说茅房，那更不知道了。（同上）

4. 表近度

这类副词的语义特征是表示对程度的差不多的模糊估计，有"几乎、差不多、大概"等意义。

[紧一紧儿]：表示"险些儿、差点儿"的意思。

他紧一紧儿从边儿上掉下去。（CDC）

紧一紧儿没让狼叼了去。（同上）

[差（一）点儿、差一差儿、差差儿]：表示"几几乎、险些儿"的意思。

差点儿掉下去。（CDX）

　　差点儿没掉下去。（同上）

　　差一差儿让车撞了。（CDX）

　　差差儿摔下去。（CDC）

老北京土话中"差（一）点儿/差一差儿/差差儿"与"差（一）点儿/差一差儿/差差儿……没"肯定和否定两种格式表示的事态都是相同的，即没有实现之义。例如：

　　差点儿掉下去。（CDX）

　　差点儿没掉下去。（同上）

　　差差儿碰着。（CDC）

　　差差儿没碰着。（同上）

[几几乎]：表示"险些"之义。

　　上星期，几几乎出了大事故。（CDX）

5. 表轻度

这类副词的语义特征是表示"稍微、稍稍"之义，用在动词、形容词之前表示程度的轻微。

[略摸儿]：表示"稍微"之义。

　　略摸儿有点儿歪。（CDC）

　　略摸儿知道点儿。（同上）

[略脖儿]：表示"略微"之义。

　　他俩略脖儿有点儿象。（CDC）

　　略脖儿再添上点儿。（同上）

[些微]：表示"稍微"之义。

　　些微有点儿疼。（CDC）

　　些微地放点儿盐就可以了。（CDX）

　　你些微用点儿力气就能举起来。（CDX）

（二）范围副词

关于范围副词，杨伯峻、何乐士（1992）指出："范围副词的'范围'主要是指施事、受事者的范围，即指发出动作者或接受动作者的范围。'范围'的内容包含什么？主要是指发出或接受动作者是全体还是个别，是多数或是少数；有时也指发出动作时是施事者共同发出的还是以其他方式如各自、分头……发出的。"①从施受关系的角度准确指出了范围副词的特点。从语法功能的角度范围副词由于是主语或宾语与谓语发生关系时的范围、

---

① 杨伯峻、何乐士：《古汉语语法及其发展》，北京：语文出版社1992年版，第306页。

数量，这种范围既有显示同一范围内全体成员的同质性，也有凸显同一范围内个体成员的异质性；同时范围副词本身由于语法分布的位置关系有的前指、有的后指；有的实指，有的虚指；有的只能出现在谓词性成分前，有的只能出现在体词性成分后。鉴于范围副词内部的复杂性，本书将老北京土话范围副词分为三类：一、表总括；二、表限定；三、表类同。

1. 表总括

这类副词的语义特征是表示全体无例外或多数。语义主要指向主语，少数情况下也指向宾语、谓语、状语、兼语等。具体又可细分为：

（1）表全体，总括

这类副词表示毫无例外。通常用在形容词前。

[一划儿、一水儿、一崭]：表示"一律、全部"之义。常用于动词谓语前表示无例外的。

　　　　一划儿都是红的。（CDC）
　　　　那堂木器一水儿都是本色儿的。（同上）

有时候也用于形容词前，指向性质状态：

　　　　这些木器是一划儿新。（CDC）
　　　　屋儿里的家具是一崭新的。（同上）

以上数词"一"引申为形容词"满、全"，并虚化为副词，表示"都、全"之义。

[净]：表示"总、都"之义。

　　　　净说离希_{不严肃的}话。（CDC）
　　　　这些日子他净跟咱们蹲猛子_{避而不露面}。（同上）

[都]：表示"全部"之义。

　　　　包子蒸过了火，都塌_{底部脱落}在屉儿上了。（CDC）
　　　　瘦得俩眼都塌_{凹陷}了。（同上）

[所]：表示"决然、完全"之义。

　　　　说什么他是所不答应，非要不可。（CDC）
　　　　觉得病所好了。（同上）

[概儿]：表示"一概"之义。

　　　　惹着我，我可概儿不论！（CDC）
　　　　概儿不是他的个儿。（同上）

[通拢儿、拢共]：表示"总共、全部"之义。

　　　　通拢儿是一百个人。（CDC）
　　　　拢共我们算起来是八个人，给全公社攒了是十七台广播机。
（BJKY）

[可怜带数儿]：表示"全部、尽所有"之义。

可怜带数儿就剩这么些了。（CDC）

可怜带数儿都拿来了。（同上）

[再分、但分、但凡]：表示"但凡、凡是"，强调所说范围无例外。

再分有法子，也不去求爷爷告奶奶去。（CDC）

再分能在北平，还是在北平。（CCL-LS《骆驼祥子》）

咱们旗人，但分能够不学手艺，就不学！（CCL-LS《正红旗下》）

因为妈妈但分有点主意，也不肯叫我去。（CCL-LS《月牙儿》）

但凡我有的，就有你一份，这不在话下。（CCL-LS《四世同堂》）

[凡、凡是]：表示"全部、都"之义。

除了我大姐没有随便赊东西的权利，其余的人是凡能赊者必赊之。（CCL-LS《正红旗下》）

凡是他不愿明说的地方，他便问一声"啊"，叫客人去揣摩。（CCL-LS《正红旗下》）

（2）表共同

这类副词表示动作行为由多个主体共同发出的。有"都、共同"的意义。

[块堆儿、一块儿]：表示"一起、一同"之义。

咱俩块堆儿走。（CDC）

块堆儿做活儿。（同上）

三个五个一块儿抽烟卷儿啊，乱说呀，有什么意思啊。（BJKY）

（3）表数量多

这类副词表示动作行为涉及的范围广，有"广泛地、几乎都"等意义。

[九成儿九]：表示"几乎、将近"之义。

看起来，九成儿九是去不成了。（CDX）

2. 表限定

（1）表单独、仅只

表示仅限于某种情况、程度或数量范围。

[单另、专另]：表示"另外单独、另外专为、特为"之义。

病号儿饭单另做。（CDC）

单另给他又开了一趟。（同上）

这菜是专另给他做的。（同上）

[左不]：表示"仅仅、不过"之义。

没什么大病，左不是着了点子凉。（CDC）

[将不将儿]：表示"刚刚、仅仅"之义，有勉强达到某种数量或程度

之义。

　　　将不将儿够。（CDC）

　　　将不将儿过得去。（同上）

　　[才]：是对数量、次数、能力、程度的限定。表示"只、仅仅"之义。一般在数量短语或体词性短语前作修饰成分。

　　　那棒子面儿才多少钱一斤哪？才一吊二块钱一斤，是不是啊。（BJKY）

　　　这地铁，据说是四十多千米吧，这环城才一毛钱，多便宜啊！（同上）

　　　我不识字，我说你爸爸才小学几年级，他小学他都没毕业。（同上）

　　　那过厅才六米，不够住，也紧张一些。（同上）

　　[苦死]：表示"至少、最低、最小的限度"。

　　　苦死得这个数儿。（CDC）

　　　苦死三天才能完工。（同上）

　　[就]：表示"只、仅仅"之义。

　　　教数学的一个老师，是个女孩子。这个岁数儿嘛，也就二十六七岁。（BJKY）

　　　那阵儿就一个棉袄，小棉袄。你再多冷也是这一，家里就就这个……（同上）

　　[至不济]：表示"最不好，至低限度"。

　　　至不济也能买到几个烧饼吃吃。（CDX）

　　　做个临时工，每天至不济也拿三四块钱。（同上）

　　[至少]：表示最小的限度。

　　　这农村房子它是比较宽绰的，是吧，至少有个三间两间的，是吧。（BJKY）

　　　我觉的在事业上呢，也应该有自己的追求，至少是这样儿。（同上）

　　（2）表分头、各自

　　这类副词表示主体的动作行为是分头进行的，或者也表示对动作行为施及范围的限制。

　　[各自]：表示分头进行之义。

　　　他们现在都各自有一个小孩儿。（BJKY）

　　　反正各自心里都有各人，不像过去反正那样儿来往，那么密切了。（同上）

　　[单单]：表示"只、仅仅"之义。

　　　不能单单凭自己车队这个出车情况来决定你的，你这车辆安排。

（BJKY）

他定了定神，为什么单单爱这个贫血的女人？（CCL-LS《新时代的旧悲剧》）

[偏偏]：表示"单单"之义。

你跑就跑你的得了，为什么偏偏要我老二陪绑呢？（CCL-LS《四世同堂》）

各种各样的梨，各种各样的苹果，已经叫人够看够闻够吃的了，偏偏又加上那些又好看好闻好吃的北平特有的葫芦形的大枣，清香甜脆的……（同上）

3. 表类同

这类副词只有"也"一个，表示"同样"之义。有几种语义。例如：

[也]："也"表示类同。

她是清河织呢厂的一个工人，啊，体格儿壮，个儿也高……（BJKY）

那二小子呢也是仨小子一闺女。（同上）

"也"表示两事并列。

那会儿晃晃儿也有挣得着钱，有挣不着钱的时候儿。（BJKY）

我们老伴儿，过去她跟家里头，也不好串门儿，也不招街坊，没有什么事儿。（同上）

"也"叠用，表示无论怎样结果都一样。

说北京土话，撵鸭子上架，你上也得上，不上也得上，是不是？（BJKY）

你认可也得认，你不认可也得认。（同上）

"也"可以修饰谓词性成分、体词性成分，不能修饰数量结构，也不能置于主语前。

[一边儿]：表示"一样、一般"之义。

俩孩子一边儿高。（CDC）

一边儿长。（同上）

（三）时间副词

表示时间观念的副词。既表示动作发生的时间，也表示动作发生的时间状态。主要分两大类：一、动作发生的时间；二、动作发生的时间动态。

1. 动作发生的时间

（1）表过去

这类副词表示动作已经完成。

[已就、已然、已经]表示"已经"之义，指动作已然完成。

事情已就这样了，谁也别说什么了。（CDC）

那地方儿气候哇跟北京是不一样的。现在呢，已然习惯了……（BJKY）

今年我已然是六十三岁了。（同上）

等到我们去的时候儿，孩子已经抱家来了。（同上）

[将、将将儿、将才、刚]：表示"刚、刚刚、刚才、不久前"之义，指过去不久前已经发生的动作。

他将进门儿不大一会儿。（CDC）

他将将儿一周岁。（同上）

将才有人来了么？（CDX）

刚壮气_{笼屉充满蒸汽}，别揭锅。（CDC）

[坐地儿、坐根儿、坐窝儿]：表示"原本、本来"之义。

我大哥坐地儿就住在这儿。（CDX）

坐根儿是他拉我来的。（同上）

坐窝儿我就认为这段文章里有错误。（同上）

[才]：表示"以前不久"或事情发生得晚或结束得晚。

好，都十二点了，你才回来，怎么办呢？（BJKY）

哎，这把车开出去，这毛主席坐着车才走。（同上）

[还]：表示早已如此。

她，学这琴哪跟这念书，学琴还在前边儿，前边儿些日子。（BJKY）

原来我调到城外头来以后，我还在这个咱们这五道口儿百燕庄儿合作社。（同上）

（2）表现在，进行

这类副词表示动作行为发生的时间是在当前这个时间段。

[可可儿的]：表示"恰好、正巧"之义。

正说他呢，可可儿他来了。（CDC）

[碰脆儿]：表示"凑巧"之义。

也许碰脆儿见到他。（CDX）

[脚下]：表示"眼下、此时"之义。

您脚下在哪个衙门行走？（CDC）

脚下我在这儿当个小差。（同上）

[坐窝儿、坐地儿、坐地窝儿、坐根儿]：表示"当时、正当、立即、马上"之义。

坐窝儿你买的时候就该好好儿看看。（CDC）

他刚一开口，坐地儿就让我给顶回去了。（同上）

请您稍候一候儿，这表好拾掇，坐地窝儿就能得。（同上）

[立马、立时刻]：表示"顿时、立刻"之义。

他一听这话，立马就炸蹦儿_{发急暴跳}。（CDC）

立时刻的就叫他走。（同上）

[身底下]：表示"现在正在"之义。

他身底下住着一个四合院儿。（CDC）

[正份儿]：表示"正处于某种情况的当口"之义。

他正份儿生气呢，别招他啦。（CDC）

煤来得巧，我们这儿正份儿冷呢。（同上）

（3）表将来，未然

这类副词表示将来发生的动作。

[马上、眼见]：表示"眼看、马上"之义。

眼见就到年根儿了。（CDC）

因为岁数儿在那儿呢，我已经都马上就奔二十五的人了。（BJKY）

[回头]：表示"过一阵、迟些"之义。

有话回头说。（CDC）

快接电话，回头人家挂上了。（CDX）

我可不去，回头又挨说。（同上）

（4）表短暂

这类副词表示动作行为、事件在短暂的时间内发生或出现。

[猛孤丁、猛咕叮、猛跐丁]：表示"猛然、蓦地"之义。

猛孤丁我听不出是谁的语声儿。（CDX）

猛孤丁地爬起来，就往楼下跑。（同上）

他猛跐丁地一嚷，吓我一哆嗦。（CDS）

[冒猛地、冒冷子、冒猛子]：表示"猛然"之义。

冒猛地听见一声尖叫。（CDX）

冒冷子推了我一把，是谁呀？（同上）

他冒猛子一喊我，吓我一跳。（CDS）

[就]：表示在很短的时间内。

您等等，您等等，这就来，这就来。（BJKY）

我一问告诉说老贾摔着了，哎，我赶紧就过来……（同上）

[急忙、连忙、赶忙、赶紧]：表示在很短的时间内。

二姐没听见什么，可是急忙跑出去迎接舅妈。（CCL-LS《正红旗下》）

爸爸一叫，她连忙朝着堂屋走去。（CCL-LS《鼓书艺人》）

家里人听见这个好消息，都赶忙围过来打听。（CCL-LS《四世同堂》）

娘子，给疯子擦擦血，换件衣裳！赶紧走，躲躲去。（CCL-LS《龙须沟》）

（5）表暂且

表示动作行为在短时间内的权宜之计、临时行动或决定。

[暂时、临时]：表示"短时间内、暂且"之义。

哎，东北插队的有一部分人呢，现在暂时回不来。（BJKY）

解决房子又解决不了，只能现在这么暂时地凑合着。（同上）

这是急来临时抱佛脚啊！（同上）

临时先抓这个，公社儿的这个土建工程。（同上）

"临时"也可以指短期出现的某种新情况。例如：

有时候儿就是临时有一点感冒。（BJKY）

2. 动作发生的时间动态

这类副词表示动作行为发生或进行的状态，是对时间动态的一种描述。

（1）表示时间的先后

表示动作的先后。

[先、首先]：表示动作行为比另一个先发生，常与"后、后来"相对而言。

这个，先是肾结石，后来就是高血压，突然间来一个柏油便。（BJKY）

到儿童游乐场的时候儿呢，就是，首先玩儿的就是那个飞机。（同上）

表示前后事情紧接着。

[就]：表示紧接着另一个动作行为或事件。

掌柜的回家了，那我就失业了。（BJKY）

苏联撤走专家的时候儿，就连他给提溜走了……（同上）

（2）表示时间的早晚

这类副词表示动作行为发生得早或晚，或表示说话人认为动作行为本该早点发生而实际是晚了。

[早]：表示动作或事情发生得早。

现在这房子早坍塌，早坏了，它早就没有了就。（BJKY）

像袁世海这样儿早就应当让他退出舞台啦，不能再上啦！（同上）

[早先]：表示"原先"之义。

　　　　早先，我这个三间屋子里头儿哇，就是八块一的房钱哪……（BJKY）

　　　　我们那大孩子是这个早先是一个钳工吧。（同上）

[晚]：表示动作行为或事情发生得晚。

　　　　我要再晚退仨月啊，我又升一、两级差不多，因为退休补一级再增加，七十块……（BJKY）

　　　　我再晚死一会儿，我便连住在你心中的希望也没有了。（CCL-LS《微神》）

[就]：表示事情发生得早或结束得早。

　　　　从我小时候儿，十五岁学徒我就喝酒。（BJKY）

　　　　我认为她跟我说着玩儿呢。好第二天人就来了，骑车就给带来了。（同上）

[才]：表示事情发生得晚或结束得晚。

　　　　都十二点了，你才回来，怎么办呢？（BJKY）

　　　　都解放了，都岁数儿都大了，十好几啦，这才进学校门儿。（同上）

（3）表示时间的间隔

这类副词表示动作行为不定时的、随时发生。

[随时]：表示动作行为不定时地发生。

　　　　反正就是随时进货，随时就卖了……（BJKY）

　　　　遇到了，那你再随时地再问呗。（同上）

[时不时]：表示动作行为或事情随时地发生。

　　　　到现在呢，病根儿落下了，时不时地就是犯病。（BJKY）

　　　　在医院里头，也是时不时地就出现危险。（同上）

（4）表示时间的持续

这类副词表示动作行为持续的状态；强调持续不变。

[老]：表示"总是"之义。

　　　　拉胡琴儿吧，你老拉，也烦得慌，腻得慌。（BJKY）

　　　　老吃大米饭。吃大米饭呢，她也不爱吃，粘的。（同上）

[紧自]：表示"接连不断、一个劲儿地、总是"之义。

　　　　不必紧自往死牛犄角里钻！（CCL-LS《四世同堂》）

　　　　他紧自不来，咱们别等了。（CDX）

[紧着]：表示"不停顿"之义。

　　　　他紧着走，一会儿也不歇着。（CDS）

　　　　别让他着凉啊，别紧着咳嗽啊。（BJKY）

[一个劲儿]：表示"始终如一"之义。

　　　　这个老头儿，待人一个劲儿，不是有偏有向，有冷有热。（CDX）

[还]：表示动作继续进行，或事物现象继续存在。

　　我那鸟儿养了有，现在七年啦都还活着。（BJKY）

　　考本儿时候儿说花个一千两千的，人还惦着考本儿去呢。（同上）

[连气儿、一连气儿、一（个）劲儿]：表示"连续不停、不间断、无休止"之义。

　　这药可不能连气儿吃，吃两天，停服一周，再吃两天。（CDX）

　　他一连气儿挑了四桶水。（同上）

　　雨是一个劲儿地下。（同上）

[坐根儿、地根儿]：表示"从头到尾、始终、全然"之义，多用在否定式中。

　　我坐根儿就没见过他。（CDX）

　　我地根儿就不认识他。（CDS）

（5）表示时间的终点

这类副词表示时间的最终点。

[永辈子]：表示"终生、至死"之义。

　　永辈子不忘这次教训。（CDX）

　　干这行儿，永辈子也发不了财。（CDD）

[总远]：表示"一直、始终、永远"之义。

　　打那儿起他总远没病过。（CDC）

　　我总远也不再去了。（同上）

[将久]：表示"终究"之义。

　　将久总得找个婆家呀。（CDC）

　　我看这将久不是办法。（同上）

[终归]：表示"最终、最后"之义。

　　这样下去，终归不是个事儿。（CDS）

　　终归有一天他会回来的。（同上）

[到了儿]：表示"到底、终究"之义。

　　老人到了儿没熬过来。（CDD）

　　那孩子奋斗了好几年，到了儿考上了一个名牌。（同上）

（四）频率副词

　　表示在一定的时间内动作行为反复进行或发生的次数的副词。主要分为三类：一、表示频繁、反复；二、表示偶尔、有时；三、表示惯常、经常。

1. 表示频繁、反复

这类副词表示动作行为、事件出现的次数多,语义特征是反复之义。

[直(个)点儿、直(个)劲儿]:表示"频频、一再"之义。

　　他直点儿闹个没完。(CDC)

　　那天我去他那儿去,他直个点儿说我。(CDD)

　　天太冷,冻得我直个劲儿发抖。(同上)

[连三并四]:表示"屡屡地"之义。

　　家里连三并四地有人闹病。(CDX)

　　赵子曰一声不发,只连三并四的嗑瓜子。(CCL-LS《赵子曰》)

[紧自]:表示"频频地"之义。

　　你别紧自磨烦我啦!我有什么办法?(CDX)

　　这几出戏,紧自唱,也就没人愿意听了。(同上)

[直点儿、直个点儿]:表示"不断地、频频地"之义。

　　他直点儿问你,你怎么不言语?(CDX)

　　这孩子直点儿着急,你帮助他做一做。(同上)

　　直个点儿地作揖。(同上)

　　这雹子直个点儿地往窗户上打。(同上)

[接连]:表示"一个跟一个地""一次跟一次地"之义。

　　接连咱们北京市又出现好几个这样儿的事儿。(BJKY)

[见见、见天、见天见]:表示"天天,每天"之义。

　　他见见来。(CDC)

　　见见一早儿就出去。(同上)

　　见天练操。(同上)

[再]:表示"又一次"之义。土音读作"tai√"。一般指将要重复的动作时用。

　　以后再说吧。(CDX)

　　明天再来。(CDC)

2. 表示偶尔、有时

这类副词表示动作行为、事件出现的间或性。

[晃晃儿、经功儿]:表示"偶尔、有时"之义

　　他倒晃晃儿也来一趟。(CDC)

　　晃晃儿来,晃晃儿不来。(同上)

　　他经功儿也来看看。(同上)

　　经功儿来,经功儿不来。(同上)

[间或]:表示"偶然、有时候"之义。

间或看见一具尸体，不时看见一根孤零零的柱子竖在那儿。（CCL-LS《鼓书艺人》）

间或有一家，窗帘里面还有亮光。（同上）

3. 表示惯常、经常

这类副词表示动作行为经常发生，成为某种习惯。

[常会儿_{时常}、常行儿_{时常}、常行里/礼儿_{时常}、三天两头儿_{经常}、时不常儿_{时常}、时不时_{时常}、无冬历夏_{经常的}]：表示动作行为经常发生，或事情经常出现。

他常会儿来找我下棋。（CDX）

常行儿不说一声儿就走了。（CDC）

他常行礼儿不来。（同上）

近来三天两头儿下雨。（CDX）

他倒是时不常儿地来。（同上）

时不时地我也提他个醒儿，免得出错儿。（同上）

无冬历夏穿一件蓝布褂子。（同上）

[没短]：表示"经常"之义。

没短地麻烦他。（CDX）

他那程子没短上这儿来。（CDC）

[向来]：表示"从来、一向"之义。

他向来是个大喇_{粗心大意的人}。（CDC）

我爷爷我奶奶向来说话就是北京味儿，我要跟他们说吧，能带出点儿北京味儿……（BJKY）

[一满儿]：表示"向来"之义。

这话我一满儿没说过。（CDC）

[经功儿]：表示"平时、一向"之义。

他经功儿不上这儿来。（CDC）

经功儿也没看过一回电影儿。（同上）

（五）否定副词

表示否定、禁止的副词，通常位于谓语前。否定副词分为三类：一、表示主观的否定；二、表示客观的否定；三、表示禁止。

1. 表示主观的否定

这类副词主要表示对行为或状态的否定带有说话人的主观评价。

[不]：表示否定。

开始一去时候儿呢，很不习惯。那地方儿气候哇跟北京是不一样的。（BJKY）

我这儿子他不乐意，就把这事儿就放下了。（同上）

[不介]：表示拒绝之词。"介"常写作"价"。

不介，那不是他。（CDC）

不介，我可不去。（同上）

2. 表示客观的否定

这类副词主要表示对行为或状态的否定，带有说话人对客观存在的行为或事物的否定。

[没、没有]：表示已然或曾经的否定。

我说我还真没上过潭柘寺。（BJKY）

自己还是活这么大年纪呀没有忘掉这样的经验。（同上）

[没门儿]：表示"不行、办不到"之义。"没门儿"常常单用。

没门儿！不能给！（CDC）

你想打他，没门儿！（同上）

3. 表示禁止

[甭]：表示禁止某人干某事。只限于用在动词前，是"不用"的合音形式。

甭撅了，就让它应应着_{炉火不很旺地燃烧着}去吧。（CDC）

您给我烟抽我都不抽，您甭提别的了。（BJKY）

[甭价]：表示不同意之词。

你甭价，还是我出面的好。（CDX）

[别]：表示禁止某人干某事。语义特征是"不要"。

咱们得爱惜那粮食，别糟蹋粮食……（BJKY）

您且也别出去了，您在家也别缝毛活了，您什么也别干了……（同上）

[别价]："别价"是"别这样"的合音形式。常常单用或构成"您别价"的格式。

别价，干吗？剩您一人儿，把孩子都看起来了，您干吗单过去。（BJKY）

咱们都是好朋友，您别价，真这么一来，以后不好来往了。（CDX）

（六）情态副词

表示动作行为的状态或表示动作行为进行的方式、手段等的副词。主要分为：一、表公然、分明；二、表暗中、秘密；三、表躬亲；四、表特意、故意；五、表坚决；六、表肆意、专横；七、表自然；八、表徒然；九、表难易；十、表偏颇；十一、表直接；十二、表侥幸；十三、表交互、轮迭；十四、表极力。

1. 表公然、分明

这类副词表示动作行为是公开的，明白无遮蔽的。

[眼见、眼证儿]：表示"明明、分明、明显"之义。

眼见是那么回事，他楞不承认。（CDC）

你买的这辆飞鸽儿车，眼见是冒牌儿，你上当了。（CDX）

他眼证儿_{明明、分明}是昨天到的，不是前天。（CDC）

[明明]：表示显然如此或确实。

明明知道人家有孩子，有妻子，她呢硬从中插一杠子……（BJKY）

还是就像刚才讲的，明明是九十万的东西，我六十万我能拿下来……（同上）

[公开]：表示不加隐蔽的。

反是我这人吧，在街坊来说吧，都是公开称的"胖大姐"……（BJKY）

放了很多录像，这个录像是公开卖票的，啊。（同上）

[错来]：表示所说的是实际情况，即"其实"之义。

他七八岁，错来刚七岁。（CDC）

错来不是那么回事。（XDKY）

2. 表暗中、秘密

这类副词表示动作行为在暗地、秘密进行。

[暗含着]：表示"含蓄地、按实际用意说"之义。

暗含着骂了几句。（CDX）

他不来，暗含着就要你去。（同上）

[蔫]：表示"悄悄地、不动声色地"之义。

这孩子外表老实，其实蔫淘。（CDC）

半天没看见他，敢情蔫溜了。（同上）

[偷私儿]：表示"暗中、私下"之义。

嘿，有好吃的别一个人儿偷私儿吃呀！（CDC）

[悄悄、悄悄儿]：表示"暗地里"之义。

在北京来讲吧，如果你要是，嗯，悄悄地办了呢，好像是不太光彩。（BJKY）

还是抬着棺材悄悄儿地埋去。（同上）

[偷、偷着、偷偷、偷偷儿]：表示私下里偷偷做某事。

然后夜里吧，就有一个女生就发现吧，有人趴窗户，就往里看，偷看。（BJKY）

我这个驾驶证儿呢是在当时领导不允许的情况下，是偷着摸缝儿

考下来的。（同上）

结果就偷偷瞒着我们买了车票，我们就都回来了。（同上）

有的同学背着我，还偷偷儿又买了票啦，又接着坐儿回去了。（同上）

3. 表躬亲

这类副词表示动作行为由施动者自身发出。只有"亲自"一词。

[亲自]：表示自己直接做。

哪些死角儿啊，或者什么的，都要亲自去做去。（BJKY）

后来就找到他们院长，还是我自己亲自去的，是哇……（同上）

4. 表特意、故意

这类副词表示动作行为是由施动者有意发出的。

[特特儿的]：表示"特为、专门"之义。

他大老远的特特儿的把东西送来了。（CDC）

[特特意意]：表示"特意地"。

人家特特意意地来看你。（CDX）

[净心、净意（儿）]：表示"故意、专门"之义。用在谓语动词前。"净心""净意"也写作"竟心""竟意"，有时候也可以连用。

净心说给他听。（CDC）

这是我净心净意给你买的。（同上）

[故意]：表示施动者有意为之。

哎哟，真对不起您，我也不是故意的啊。（BJKY）

我说我这还不是说故意跟你装洋蒜呢，我说我就习惯了，就是"您"。（同上）

5. 表坚决

这类副词表示施动者在发出动作时态度坚决或确定。

[喏定 zɤⁿtiŋ]：表示"一定、当然"之义。

他喏定不答应。（CDC）

你喏定要走吗？（CDX）

[铁准]：表示"一定、无疑问"之义。

铁准是那么回子事。（CDC）

铁准是他干的。（CDD）

[决]：表示"一定"，一般放在否定词前面。

完了事，您听我一笔账，决不会叫您为难！（CCL-LS《正红旗下》）

尽管她时常发愁，可决不肯推卸责任。（同上）

[官]：表示"肯定、一定"之义。

我官能赢他。（CDC）

　　我跟他下一盘，官能赢他。（CDX）

6. 表肆意、专横

这类副词表示动作的发出者态度专横、任意为之。

[海]：表示"大肆、无限制地"之义。

　　海说。（CDC）

　　海花钱。（同上）

[瞎]：表示"胡乱、肆意"之义。

　　瞎炸庙_{虚惊乱叫}。（CDC）

　　又怕他到外头呢满世瞎跑，跟这些不三不四的人接触。（BJKY）

[横、横是]：表示"强硬、坚决"之义。

　　不能说比别人儿强，横是比别人儿都不少干。（BJKY）

　　我横是没动，能硬扣到我头上吗？（CDX）

　　他也不能横着都变着买东西。（BJKY）

7. 表自然

这类副词表示事物或行为变化本该如此。

[自然]：表示动作行为本该如此。

　　像我们那时候儿没条件，自然就得老念书是不是……（BJKY）

　　就刚进山谷哇，你就自然觉得很凉爽。（同上）

8. 表徒然

这类副词表示动作行为是枉然的、没有效果的。

[白]：表示动作行为没有效果；徒然之义。

　　你说，说出大天来也白搭，多少人说情也白搭。（BJKY）

　　哎呀，排了半天队白排了，又吃不上了。（同上）

还可表示无代价、无报偿之义。

　　儿子和这儿媳妇呢，那是特别幸福了，也不交钱，白吃白喝，早晨连被子都不叠就走了。（BJKY）

　　就不可能有这些东西，就是干看着人家发。人家而且全都是白来的。（同上）

[白白]：表示没有效果，徒然。又指无代价、无报偿。

　　现在觉得这事儿都非常惋惜，把这个时间都白白地浪费过去了……（BJKY）

　　学习，那都是很好的时候儿就白白地丢了。（同上）

也可表示无代价、无报偿。

　　一个不敢抗敌的人，只好白白地丢了老婆。（CCL-LS《四世同堂》）

　　不是他不肯把学问白白送给人，便是不屑于与一个没学问的人谈

学问……（同上）

9. 表难易

这类副词表示动作行为或状态难于或易于完成。

[难、难以]：表示动作行为难以实现。

　　还有一个特级老师，特级教师，可以说是全北京打着灯笼都难找的。（BJKY）

　　这个阶段，一直日本挨这儿呆了八年，啊。咱们经受这个痛苦哇，是不少的，是哇。哎，这个一直都难以形容的，啊。（同上）

[轻、轻易]：表示轻易或轻率。

　　办什么事情一定要公平，对这个儿媳妇儿子闺女一定要公平。要那个重待儿媳妇儿轻待闺女，所以这个家庭困难就没有了。（BJKY）

　　因为那个，我是不轻易揍孩子的。（同上）

[易、容易]：表示动作行为易于完成。

　　母亲生过两个男娃娃，都没有养住，虽然第一个起名叫"黑妞"，还扎了耳朵眼，女贱男贵，贱者易活，可是他竟自没活许久。（CCL-LS《正红旗下》）

　　炕的面积大，孩子们不容易滚了下去；半夜里也容易照管，不至于受了热或着了凉。（CCL-LS《四世同堂》）

[好]：表示容易完成某个动作行为。

　　有的老头儿，买件裤子也不好买。现在这裤子，一式净是筒裤。（BJKY）

　　一般的孩子还是好管的，还是好管的。（同上）

10. 表偏颇

这类副词表示主观意愿跟现实情况相反，或动作状态偏离常情。

[愣]：表示"偏偏、硬"之义。

　　我在北京多年，愣会没上过北海。（CDC）

　　下那么大雨，你愣不知道？（同上）

[偏、偏偏]：表示主观或客观要求与现实情况相反。

　　一个男子汉，干什么吃不了饭，偏干伤天害理的事！（CCL-LS《茶馆》）

　　大夫，你看，我专爱吃点硬的，他们偏叫我喝粥，这不是故意气我吗？（CCL-LS《开市大吉》）

　　可是那个片儿这偏偏坏事儿变成好事儿了。（BJKY）

　　她心中有无限的忧虑，可是偏偏要拿出无限的慈祥。（CCL-LS《四世同堂》）

11. 表直接

这类副词表示动作行为直截了当地进行。

[照直]：表示"径直"之义。

咱有话照直说。（CDC）

下班儿照直回家。（同上）

[直打直]：表示"直接、径直"之义。

直打直的望里院儿跑。（CDC）

咱们有话就直打直说吧。（同上）

12. 表侥幸

这类副词表示说话者认为动作行为是由于偶然的原因而得到成功或免去灾害。常用在动词谓语前。

[幸亏]：表示因侥幸而避免了某种不利的事情。

回来我们这个车掉山涧里去了，幸亏呢没死人，就是说就摔了一下儿。（BJKY）

幸亏有你叔父，要不是他，我早就饿成两层皮了！（CCL-LS《老张的哲学》）

13. 表交互、轮迭

这类副词表示动作行为以交相轮迭的方式发生。

[互相]：表示彼此同等对待的关系，是施动者共同发出某一动作行为。

北京市的这个人情啊，嗯，我们住平房的还好一些，时间长了，互相还都认识，都了解。（BJKY）

我呢，跟他嫂子呢也不吵架，就是互相看不上。（同上）

[相互]：表示"互相"之义。

家里边呢，有一个弟弟，有一妹妹，也都相互成立了家庭……（BJKY）

住得不好，家里头房子很小。所以说，有时候儿相互干扰影响……（同上）

14. 表极力

这类副词表示竭尽所能完成动作行为。

[可劲儿、可着劲儿]：表示"一个劲儿地、竭尽全力"之义。

可劲儿干活。（CDC）

可着劲儿唱。（同上）

[足]：表示"竭力、用尽全力"之义。

他足这么一吹，大伙儿都信了。（CDC）

足喝一顿。（同上）

（七）语气副词

语气副词在语义上主要表示语气。根据所表示的语气的不同，可分成八类：一、表示肯定、强调语气；二、表示不定、揣度语气；三、表示委婉的语气；四、表示疑问、反诘语气；五、表示释因的语气；六、表示印证的语气；七、表祈使、决断语气；八、表示转折的语气。

1. 表示肯定、强调语气

[大概其]：表示"大概是、约略言之"之义，有时候也写作"大概齐"。

这次出差，大概其要半个月才能回来。（CDX）

大概其花了二十多块钱。（同上）

[索、索性、爽得]：表示"索性、更加"之义。"索性suoᴧ·ɕiŋ˥"的"索"土音变读为"suo˥"。

近几天，他索起不来了。（CDX）

眼睛索睁不开了。（同上）

我就觉得那个甭让，就索性别让奶奶看了。（BJKY）

这个小学和这个中学吧，就一墙之隔。嗯，索性就给拆了变成一个学校。（同上）

不说倒好，一说爽得更闹了。（CDC）

前一阵儿他还来来，这阵儿爽得不照面儿了。（同上）

[所]：表示"索性、干脆"之义。

东家所不上柜上去了。（CDC）

[真、真正]：表示"确实、的确"之义。

我说我还真没上过潭柘寺。（BJKY）

那过去呀那阵儿是糜子面儿，又是芝麻盐儿，花椒盐儿，给你撒上，真正是那个芝麻酱。（同上）

[敢情、敢自]：表示"当然，毫无疑问"之义。"敢自"比"敢情"更土俗些。

马路这么平，敢情好走。（CDJ）

这库底儿，好，敢情快都掏光了……（BJKY）

你能到我们厂子来，那敢自好了。（CDJ）

"敢自"可以在回答问题时独用，有时候可以写作"赶子"，例如：

表示"当然、无疑问"的赞同之义：

这身衣服我穿着不错吧？——赶子。（CCL-LS《日出》）

也可表示疑惑或不相信之义：

蛇肉真好吃！——敢自？（CDJ）

[一准、一准儿]：表示"肯定、一定"之义。

这菜一准没放盐。(《全家福》)

我说老乡亲，容我回去先跟老伴商量商量。过一天一准回复。
(CCL-LS《鼓书艺人》)

今后你要是得了济，一准儿在门墩身上。(《全家福》)

[指定]：表示"肯定"之义。

我指定能超过我爸。(《全家福》)

就说反正每年吧，指定都得出去玩儿去一次……(BJKY)

[准保]：表示"肯定，保证"之义。

我们要是十一点开饭吧，他到十点半准保回来，就玩儿回来了。
(BJKY)

要是，你看哪个柜台前冷冷落落啊，准保就是没什么东西。(同上)

[简直]：表示"完全如此"，常带有夸张语气。

我说你看咱们家现在这东西，简直都搁不了了。(BJKY)

要吃一顿净棒子面儿窝头那简直就是不容易的事儿啊。(同上)

[反、反儿、反(儿)正]：表示坚决、肯定的语气。

反我不去。(CDC)

有什么事儿反儿是都挺严的。(BJKY)

腿发胀，反儿正是不好受，脑袋发胀更不好受哈。(同上)

[左不、左不是]表示"反正、反正是"之义。具体还有不同区别：

表示"坚决、肯定"的语气：

左不就是那么回事，谁干都行。(CDC)

左不是那一套老话儿。(CDX)

表示情况虽然不同但结果一样：

我不去了，左不还是看那些东西。(CDC)

这老头子叫我去，左不是陪他下棋。(CDX)

[非]：表示"必须、一定"之义。

他非要去。(CDC)

我可不是说我非不掏这四十块钱。(BJKY)

就总有那么一个想法儿，我非得要坐一次飞机，非攒钱坐一次飞
机。(同上)

常常用在"非……不……"格式中，表示"必然会怎样"。

这事非坏不坏。(CDC)

非糟不糟。(同上)

非砸不砸。(同上)

[白]：表示"定然、十拿九稳"之义。

　　我要是出场，白赢你们。（CDC）

　　他白输。

2. 表示不定、揣度语气

　　这类副词表示对动作行为或某种事件、性质状态、数量等不太确定，而猜测、估摸，或加以推测。

[管莫、敢莫]：表示"也许"之义。

　　他管莫还不知道呢。（CDC）

　　敢莫又是你干的。（同上）

[横、横是]：表示"揣测"之义。

　　夜校啊，去了横有一年多。（BJKY）

　　有可能咱们三个岁数儿横也差不了太多，是哇。（同上）

　　他们两个人收入横是不到二百块钱吧，凑合……（同上）

　　他横是不来了吧。（CDX）

[兴许]：表示"也许、或许"之义。

　　等咱们的眼睛都闭上，永远不再睁开，世界兴许就太平了。（CCL-LS《四世同堂》）

　　就业以后呢，兴许也有机会考。（BJKY）

[大约]：表示"大概"之义。

　　盖了一间房，周围大约有十二米，挺矮的，并不太高。（BJKY）

　　我爱人儿的娘家，是我姑娘姥姥家，这个至亲，大约钉二十口儿人吧，是哇。（同上）

[捧怕]：表示"估计"之义，常兼具担心义，为"恐怕"的变读形式。

　　他捧怕不会来了。（CDC）

　　姥姥捧怕这孩子摔着碰着，整天不敢离身儿。（CDX）

[怕]：表示"恐怕"之义。

　　那个计划怕会糠_{失败、落空}。（CDC）

　　这天怕会下雨。（TYDC）

[甭]：表示"莫非"之义。表示猜测的语气。

　　这话甭又是他胡造造的吧！（CDC）

　　孩子哭了，甭是摔着了？（同上）

[未止、未见准]：表示"未必、不一定"之义。

　　虽然约定了，可他未止来。（CDX）

　　我看，你大哥未见准知道这件事。（同上）

　　"未止、未见准"除了在谓语之前作修饰语，表示对动作行为、事件的不确定，有时也可以独立使用。例如：

他说要来，可天到这个时候儿了，未见准了。（CDX）

或者作谓语：

你说他答应替咱们去办，我看未止！（同上）

[未必]：表示"不一定"之义。

可是，我自己不敢作主，东家们又未必肯出钱，我只好楞着！（CCL-LS《四世同堂》）

刚才那个人未必一定是侦探，不过我心里有那回事儿，不能不防备一下。（CCL-LS《骆驼祥子》）

[没准儿]：表示"可能、不一定"之义。

八点钟也没准儿拉你去了，这还是好事儿。（BJKY）

你说一块钱，没准儿两块也能买了。（同上）

3. 表示委婉的语气

这类副词表示对动作行为或事件的一种期待的语气，或想要否定却又不直接说出的语气。

[最好]：表示"最为恰当"之义，表示一种希冀的语气。

他们呢是老北京人，要求条件就多。要求最好是，嗯，磕头，或者是鞠躬。（BJKY）

如果条件允许的话呢，就大办，条件不允许呢，最好还是旅行一次。（同上）

[未免]：表示不以为然，表示否定的委婉语气。

他不大爱叫我小坠根，我未免有点不高兴。（CCL-LS《歪毛儿》）

祁老人对书籍没有什么好感，不过书籍都是钱买来的，烧了未免可惜。（CCL-LS《四世同堂》）

[不免]：表示"免不了"之义。

反儿那时候儿又挺小的，所以，不免落泪。（BJKY）

我一佩服您，就不免有点象挤兑您，是不是？（CCL-LS《龙须沟》）

[难免]：表示"不免"之义。

嗯，难免有些个矛盾，我这么想。（BJKY）

[保不准]：表示"难免"之义。

出门儿在外的，保不准遇到点儿什么麻烦。（CDD）

[保不齐]：表示"难免"之义。在句中作动词谓语的状语。

天气太热，保不齐有中暑的。（CDX）

有时候可以作谓语：

有点小灾小病是保不齐的。（CDX）

那可保不齐。（同上）

[备不住]：表示"说不定，也许"之义。

今天备不住他会来。（CDC）

这是备不住的事儿。（CDC）

4. 表示疑问、反诘语气

[难道说]：表示反问的语气。

难道说就没有什么争论的时候儿吗？（BJKY）

那难道说你就让我们吃糠咽菜，吃那忆苦饭吗？（同上）

[难不成]：加强反诘语气。

难不成是你干的？（TYDC）

难不成还要我去？（同上）

[可得]：表示反问语气。

我可得会呀！（CDC）

可得有哇！（同上）

[哪能]：表示"岂能"之义。

他说他今天来，哪能不来呀！（CDS）

你说坐车哪能说不挤呀，是吧？（BJKY）

[何必]：表示"不必"之义，用于反问语气。

小孩子人家，何必这么心重呢！（CCL-LS《春华秋实》）

我知道，那不是"给"她的钱吗？何必记账呢？（CCL-LS《四世同堂》）

[何苦]：表示"不值得"，用于反问语气。

你这是何苦呢？多年的弟兄还要客套？（CCL-LS《方珍珠》）

妈，这是何苦呢？北京好容易解放了，大家伙儿都有了盼望，您干吗这么闹脾气呢？（同上）

5. 表示释因的语气

这类副词表示明白了原因和结果。

[怪不得]：表示明白了某种原因。

怪不得前天夜里我听见狼嗥！（CCL-LS《小坡的生日》）

你这小伙子，怪不得不出去吃点东西！（CCL-LS《春华秋实》）

[怨不到]：表示"怪不得"之义，也说成"怨不道"或"怨道"。

怨不到这么冷呢？敢情门没关上。（CDX）

[敢、敢情、敢自、敢是]：表示"原来"之义，有出乎预料之义。

这事敢你还不知道哪？（CDD）

敢情是你呀？我还当是二弟哪！（CDX）

他敢自是个学生呀!(CDS)

我喊了半天没人儿理我,敢是家里没人儿呀!(CDD)

6. 表示印证的语气

这类副词表示所说或所料与预期的相符合。

[果不其然儿]:表示"不出所料"之义,"果不其然儿"也可以简化为"果不其、果不然"。常用在谓语动词、形容词或主语之前。

果不其然不是?胡同口宋家的老三,逮进去了不是?（CDG）

让你说对了,果不其然儿,下午要开会。(CDX)

我不识文断字,可是我准知道这个。果不其然,到院里那个狗娘养的奉了圣旨似的教我跪下。(CCL-LS《杀狗》)

有时候也可以独立成小句,对上一句的说法加以评述,例如:

我就早知道吗,他一跑起来就不顾命,早晚是得出点岔儿。果不其然!还不快洗洗哪?（CCL-LS《骆驼祥子》）

[果然]:表示事实与所说或所料的相符。

她说你看着吧!果然,过了这么两个星期吧,立刻特别难坐,那车。(BJKY)

小顺儿随着妈妈,拿了汤来——果然是白水冲虾米皮。(CCL-LS《四世同堂》)

[果真]:表示"果然"之义。

他们果真来了。(CCL-LS《四世同堂》)

钱先生果真下了牢,不过还没有受刑。(同上)

7. 表祈使、决断语气

表达某种心愿,或提醒、要求、促使对方做某事的语气。

[可k'ɣˋ]:表示如愿的语气。

他可来了。(CDC)

可解放了。(同上)

[可k'ɣ˧]:表示警告的语气,一般读轻声。

小心,他可来了!(CDC)

可要下雨!(同上)

[还]:表示没想到如此,多含赞叹、自得的语气

作为自己来说呢,我还真是挺住了。(BJKY)

《四郎探母》,哎,哎,听着还挺好,老戏,是吧。(同上)

[千万]:表示"务必"之义,有祈使请求的语气。

我死了以后,千万别给我烧,啊,好歹的你给我弄个棺材,给我埋喽。(BJKY)

我说您千万别打他。我说您要打他，那如同打我啦。（同上）

[没法儿]：表示"不可能、决不会"。带有辩驳的语气。

哼，没法儿是他干的。（CDC）

你没法儿不知道。（同上）

8. 表示转折的语气

[倒]：表示"反倒"之义，是转折的语气。

官儿不大，架子倒不小。（CDD）

因为这个，住处也倒改善了。（BJKY）

二、副词的语法分析

（一）副词的修饰功能

副词又叫修饰词，其主要的功能就是修饰句中的谓词性成分，有时也可以修饰主语或名词性成分。副词的类别不同其作为修饰词所修饰的对象也不尽相同，以下具体举例观察之。

1. 修饰动词或动词性结构

副词从语法功能上看都能修饰动词、动词性结构，只是由于动词小类的不同，对副词的选择会有差异（见表37）。

表37　　　　　　　　　　　　副词与动词的搭配情况

副词类别 ＼ 动词类别	动作行为动词	心理活动动词	存现动词	判断动词	能愿动词
程度副词	+（部分）	+	+	+	+
范围副词	+	+	+	+	+
时间副词	+	+	+	+	+
频率副词	+	+	+	-	-
否定副词	+	+	+	+	+
情态副词	+	+	+	-	+
语气副词	+	+	+	+	+

从表37可见，副词不是完全都能修饰动词，具体到个别的动词小类时，副词和动词的搭配情况就有差异了：如部分程度副词不能修饰行为动词，如表示程度极高的副词"太、忒、特、挺、很、恨"等，以及表示程度过甚的副词"冒、够"等；频率副词不能修饰判断、能愿动词；情态副词不能修饰判断动词等。

修饰动词作状语是副词最主要的功能，而有少数程度副词还可以修饰动词作补语，例如：

[冒过头]:

　　吃冒了。（CDC）

　　这次办喜事儿，钱花冒了。（CDS）

[老过甚]:

　　领口儿挖老了。（CDC）

　　这褂衣服腋下前后相连的部分去老了。（同上）

[极很]:

　　守着窗户底下这就是，别扭极啦！（BJKY）

　　到现在近视相当厉害。那是受罪极啦。（同上）

[很+分]:

　　尤其由北京到广州，啊，呃，挤得很。（BJKY）

2. 修饰形容词或形容词性结构

　　副词修饰形容词或形容词性结构是有较大限制的，不如与动词性成分搭配自由，只有少数副词可以修饰形容词性谓语或形容词性结构（见表38）。

表38　　　　　　　　　　**副词与形容词的搭配情况**

副词类别	限制
程度副词	－
范围副词	＋（限表总括的副词）
时间副词	－
频率副词	＋（仅少数）
否定副词	－
情态副词	＋（仅少数）
语气副词	

　　程度副词、时间副词、否定副词、语气副词都不可以和形容词及形容词性结构搭配，而范围副词、频率副词、情态副词只有少数可以修饰形容词及其结构。

　　副词修饰形容词在句中作状语，而有少数程度副词还可以修饰形容词作补语的情况，例如：

[极]:

　　这城根儿这一带这儿乱极了。（BJKY）

　　那黄花儿鱼那大，味儿鲜极了，大黄花儿鱼特别好。（同上）

[很]:

　　非常喜欢数学，所以到了人家演算数儿时候儿，我就快得很……

（同上）

3. 修饰体词性成分

副词修饰动词、形容词及其结构是其典型的功能，副词还有修饰名词、名词性短语以及数量短语的非典型的功能。但也只有少数副词能够与体词性结构搭配，一般是范围副词、时间副词、语气副词。例如：

[就]：

就这事儿，挺好，啊，一点儿顾虑没有，嗯。（BJKY）

一拉车的带一号坎儿，就那么一坎肩儿，上头有那个字，有号码儿，嗯。（同上）

现在我们就老俩，一八十三，一八十四。（同上）

她现在就七岁多点儿吧。（同上）

那阵儿就一个棉袄，小棉袄。（同上）

我们这屋，就我那个屋子就是三摊儿就我一人儿。（同上）

[仅仅]：

一个好劳力呀，一天的这个劳动的价值仅仅两毛多钱。（BJKY）

仅仅这些就显得很不够了哈。（同上）

[只]：

也没多大用处，只咱们手使的东西能有就行啦。（BJKY）

北方的通县，离咱们北京不远，只二十千米。（同上）

这样儿呢，不靠父母，只你们俩人儿攒钱。（同上）

[拢共]：

这地方儿人不太多，拢共五个人。（BJKY）

[凡]：

我年轻的时候，凡事用不着婆婆开口，该作什么就作什么！（CCL-LS《正红旗下》）

我是一片忠心，凡事决不能马马虎虎！（CCL-LS《四世同堂》）

[偏偏]：

可是那个片儿这偏偏坏事儿变成好事儿了。

偏偏在过年的时候来捣乱，贼秃子！（CCL-LS《正红旗下》）

为什么别人都一声不出，偏偏老金长着三头六臂？（CCL-LS《哀启》）

我们都不愿打仗，偏偏他骗着我们去打。（CCL-LS《猫城记》）

[至少]：

天气凉时候儿还办办舞会，每至，每月至少两次。（BJKY）

以上"就、仅仅、只、凡、偏偏"等范围副词，可以直接修饰名词、名词性短语、数量结构、指代结构等。

还有些副词可以修饰整个句子或小句。例如：

[打头（儿）]：

这地方不错，打头_{首先}空气新鲜。（CDX）

这种办法，打头儿_{当初、开始}我就不同意。（CDD）

[凡是]：

凡是我能帮助你的，你只管说就是了！（CCL-LS《残雾》）

凡是晓荷所提到的烟，酒，饭，茶的作法，吃法，他几乎都不知道。（CCL-LS《四世同堂》）

[迟早]：

迟早张文不是甩了她，就是卖了她。（CCL-LS《鼓书艺人》）

[至少]：

或者星期日看看电视，至少星期六看看电视。（BJKY）

表 39   副词与体词的搭配情况

副词类别	名词或名词性短语	指代结构	数量结构	句子或小句
程度副词	−			
范围副词	＋	＋	＋	＋
时间副词	＋（少数）	＋（少数）	＋（少数）	＋（少数）
频率副词	−			＋（个别）
否定副词	−			
情态副词	−			
语气副词	＋（少数）	−	＋（少数）	−

总体来看，副词修饰体词性结构主要限于范围副词，时间副词、语气副词、频率副词只有少数或个别情况才能修饰体词性结构。

（二）副词的独用

老北京土话中副词不仅可以充当状语、补语这些句法成分，同时一些副词可以独用的情况也不鲜见。例如：

他说要来，可天到这个时候儿了，未见准了。（CDX）

蛇肉真好吃！——敢自？（同上）

老孟，何苦呢，咱们都是朋友！（CCL-LS《四世同堂》）

唉，都是中国人，何必呢？这玩艺，我可不能干！（CCL-LS《龙须沟》）

没准儿，日本人会来查呢！（CCL-LS《四世同堂》）

以下对能够独用的副词进行列表归纳。

表 40   **可独用的副词**

副词类别	词例	数目
程度副词	差不多、差一（点）儿、顶多、有点儿、正好、至多、最少、最多	8
范围副词	大概、大约、尽量、全都、顺便、一块儿、一起、一直、拢共	9
时间副词	迟早、刚刚、刚好、快、立刻、马上、然后、随后、同时、早晚、照常、照旧	12
频率副词	偶尔	1
否定副词	不、没、没有、甭、别、不曾	6
情态副词	赶紧、怪不得、互相、亲自、幸好、照样	6
语气副词	本来、必须、不必、趁早儿、当然、的确、敢情、果不其然（儿）、何必、何苦、没准儿、难怪、难免、未必、兴许、也许、真的、准保、未见准	19
共计		61

以上是 61 个能够单用的副词，由于没有进行对全部副词的一一排查，因此表 40 只是一个数据的估算，待对全部副词的独用情况进行盘底后，最终才能确定。总体来看，副词的独用常常不是光杆副词的使用，绝大多数情况下要配合语气词才能单独使用。同时副词的独用，较多的情况下都出现在问答句式中，表示对问题的回答时使用。

（三）副词的连用

副词在使用过程中还会产生连用的情况，这种连用主要有同类连用和异类连用两种。

1. 同类连用

同类副词连用有范围副词：全都；时间副词：早先、早晚、已经、迟早；频率副词：再又；否定副词：莫不；等等。

[全都]：

　　这个，我儿子他们全都上班了，一天呢就哄着自个儿玩儿……（BJKY）

[再又]：

　　再又调了一个别的医院的时候儿，在那儿工作得不错。（BJKY）

[早先]：

　　早先一入社会吧，我就在电灯公司，电灯公司干什么呀，就是抄写的那个电费收据。（BJKY）

[早晚]：

　　有时候儿中午哇，还热一点儿，早晚儿就比较凉快了，啊。（BJKY）

[迟早]：

　　只要有货，迟早必遇见识货的人，用不着忧虑。（CCL-LS《四世

同堂》)

[莫不]:

呕，我明白啦! 哼，莫不是想婆家啦? (CCL-LS《方珍珠》)

同类连用的副词情况比较简单。

2. 异类连用

异类副词比同类连用要复杂一些，主要是七大类副词间的组配情况，例如:

[偏偏又]:

偏偏又加上那些又好看好闻好吃的北平特有的葫芦形的大枣，清香甜脆的…… (CCL-LS《四世同堂》)

[偏又]:

枣树本来就不甚体面，偏又爱早早的落叶，象个没有模样而头发又稀少的人似的那么难看。(CCL-LS《四世同堂》)

[再些微]:

再些微吃一点儿。(CDC)

[未曾]:

未曾结婚之前，就跟她说了。(BJKY)

[原来就]:

这样儿的生活明显地，比原来就好多了。(BJKY)

[不就]:

在这儿参加工作以后，我不就老有病嘛。(BJKY)

[又更]:

可能今年又更特殊一些，哝…… (BJKY)

[又都]:

就这么散着也怪难受的，这又都围起来了。(BJKY)

[又很]:

让我们的晚年，既过得愉快，而又很有意义。(BJKY)

[都难免]:

在这个过程当中呢，他都难免地遇到了大的困难…… (BJKY)

[很难免]:

你说很难免遇到这样儿或那样儿的困难或是阻力…… (BJKY)

[也没准儿]:

这月是三点，下月也没准儿是十二点接班，工作没有次序。(BJKY)

[果然已经]:

到了学校，果然已经上了课，学生可是并没有到齐。(CCL-LS《四

世同堂》）

[未见准就]：

　　未见准就一定是他拿的。（CDC）

[别又]：

　　他正份儿跟我有碴儿呢，你别又在一边儿加盐儿_{乘机挑唆}。（CDC）

[就更]：

　　识了俩字儿他就更踮_{得意}了。（CDC）

以下对副词异类的连用情况列表梳理：

表 41　　　　　　　　　　　　异类副词连用情况

副词类别	程度副词	范围副词	时间副词	频率副词	否定副词	情态副词	语气副词
程度副词				+	+		
范围副词	+			+	+		+
时间副词					+		+
频率副词	+	+	+		+		
否定副词	+	+	+	+	+	+	+
情态副词					+		
语气副词		+	+		+	+	

　　表 41 可见，否定副词和其他副词连用是最普遍的现象，可以和所有类别的副词连用，除此外，范围副词、频率副词、语气副词与其他副词连用的情况要较为频繁一些。

　　（四）副词的移位

　　上文可见，副词的句法位置通常分布在句中，有时候也可以出现在句首的位置。而在老北京土话中有些副词常常还会出现位移后置的情况，这些副词主要有"就、还、都、又"等。例如：

　　1. [就]

　　　　这不忍还不行了就。（《全家福》）

　　　　咱那电视机呀全靠他了就。（同上）

　　　　您把我老叔啊收了当徒弟得了就。（同上）

　　"就"可以直接移位到句末的位置。还可以在句末的位置重复出现一次。例如：

　　　　我把他就没这么干的就。（《全家福》）

　　　　那会儿日本就，侵略咱们了就已经。（BJKY）

2. [还]

我这儿缺着一个看看图纸，在现场指挥指挥的人呢还。(《全家福》)

我爷爷真没法跟你比还。(同上)

"还"可以直接移位到句末的位置。也可以在句末的位置重复出现。例如：

没想到，我今儿还真碰到真人了还。(《全家福》)

你还来了劲了还。(同上)

还真往心里去啊还。(同上)

3. [都]

我受大发了都。(《全家福》)

那我爷爷说了都。(同上)

害我跟这儿戳了一个钟头了都。(同上)

我觉得您这些年，把隆记忘干净了都。

跟咱隆记的精神根本就不挨边儿都。

"都"可以直接移位到句末的位置。还可以在句末的位置重复出现。例如：

好几天都没有正经吃饭了都。(《全家福》)

我给你们王家都留了大脸了都。(同上)

我都没脸见我爷爷了都。(同上)

4. [又]

看一夜录像吧又。(《全家福》)

一准儿以为咱俩憋什么坏呢又。(同上)

"又"可以直接移位到句末的位置。还可以在句末的位置重复出现。例如：

两人背后又说我坏话呢吧又。(《全家福》)

你猜怎么着，俩人又别扭上了又。(同上)

以上副词的移位，不仅可以直接移到句尾，还可以以"回环"的形式在句末位置重复出现一次。这样做完全是为了强调说话者的意图或起加强语气的功能，并能使句法格式生动而不呆滞。

（五）副词的兼类

老北京土话中许多常用副词存在着兼类的现象。以下举例说明。

1. [足]

① 形容词：十足的。

一通儿足忙。(CDC)

从定了那个承包合同以后，反正大家的干劲儿都挺足的。(BJKY)

② 名词：脚。

　　最近这个又说三十号可能要到玉渊潭去远足。（BJKY）

③ 副词：用尽全力，竭力；够得上某种数量和程度。

　　他足这么一吹，大伙儿都信了。（CDC）

　　我也看过一个出殡的，那么，打着幡儿，足有那么二三十人，嗯，尸体就停在这个大马车上，拉着走。（BJKY）

2. [白]

① 形容词：白色；光亮；清楚；菜或汤味淡。

　　老大长得就是又胖又黑。老二吧，又秀气又苗条，而且又白，又特别白，长得像小洋人儿似的。（BJKY）

　　反正白天也热，可是你一到树荫儿底下吧，就特别凉快。

　　他们那儿老爱说球球的。咱们这儿呢，就不明白什么意思，也是骂人的话。（BJKY）

　　这个汤白了点儿。（CDC）

② 动词：骗取。

　　白了他一百两银子去。（CDC）

③ 副词：无目的地；凭空、无代价；使徒然；定然。

　　没什么，我是白问问。（CDC）

　　你就白想想，也能咂摸过味儿来。（同上）

　　你好好儿干吧，我白不了你。（同上）

　　那样儿，就等于是白混日子了。（BJKY）

　　我要是出场，白赢你们。（CDC）

3. [常行儿]

① 名词：时常有的行为。

　　嘿，他打孩子可是常行儿。（CDC）

② 副词：时常。

　　我们常行儿上公园去玩儿。（CDX）

　　常行儿不说一声儿就走了。（CDC）

4. [海]

① 形容词：极多

　　钱花的可海啦！（CDC）

　　海了去了。（同上）

② 副词：无限制地；大肆。

　　海说。（CDC）

　　海花钱。（同上）

家里住宅都小，居民比较紧张，全门口儿呆着。坐在一块儿，山聊海哨啊还是。哎，哨什么的都有，哎。（BJKY）

5. [就]

① 动词：搭配着吃；稍等。

吃饭就菜。（CDC）

喝酒就点儿什么。（同上）

您先坐这儿就会儿。（同上）

就一就儿。（同上）

② 副词：表示仅仅、只；前后事情紧接着；很短的时间内发生或强调已经发生等。

他说这老头子，就这么一儿子，你不办办。（BJKY）

那一回就把他吓惊了，听见一点儿动静儿就哆嗦。（CDC）

他激灵_{形容突然一惊状}一下子就坐起来了。（同上）

前天哪，我就上中和戏院，买张京剧票。（BJKY）

6. [老]

① 形容词：极多；过多；成熟。

输钱输老了。（CDC）

领口儿挖老了。（同上）

伤口儿还没长老。（同上）

② 副词：很久；经常；很、极。

后来我说坐车怎么老遇不见那老太太了？（BJKY）

我老拿十块钱，我他妈一月我也逛不出来呀！（同上）

你看北京的这个宾馆，这个饭店，离老远的就轰你了，不让你靠边儿都。（同上）

7. [溜溜儿]

① 形容词：飕飕；尽头的，最远的。

小风儿溜溜儿的直往屋里窜。（CDC）

他住在溜溜儿里头呢。（同上）

② 副词：自始至终，足足。

溜溜儿坐了一天。（CDC）

溜溜儿地等了一天。（同上）

8. [正份儿]

① 名词：合乎本分的行为。

先把工作干完，这是正份儿。（CDC）

② 副词：正处于某种情况的当口。

他正份儿生气呢，别招他啦！（CDC）
煤来得巧，我们这儿正份儿冷呢。（同上）

第八节　介词

一、介词的分类

介词根据其构成形式和语法意义可以分为不同的类别。按音节结构可分为：单音节、双音节介词；按语法意义可以分为时间、处所、方位、对象、凭借、因循、方式、工具、处置、被动、原因、目的、包括、排除、条件、比较等不同类别。以下列表归纳。

表 42　　　　　　　　　老北京土话介词

介词类别	小类	单音节	复音节
时间、方所介词	时间	起$_1$自、从、经由、且自、从、头在……之前、赶、打从、擎、丁直到、到、至、直至、顺从	起打从、由、由打自、从、自打从、擎打自从、赶到、到了
	处所	挨在、从、在tai、的在、跟在、接自、从、经由、起$_2$自、从、顺自从、从、经由	由打自、从
	方向	望、奔、朝、从$_1$、打、冲、向、履顺、沿、码顺着、顺朝、向	对着$_1$
对象介词	对象	跟、对、给$_1$、和、望	当着、对着$_2$、随着
凭借、因循介词	凭借	冲凭借、趁、借、凭、仗	趁着、就着、凭着、打着、仗着
	因循	从$_2$、按、据、依、照、可、论	按着、依着、照着、可着
方式介词、工具介词	方式、工具	着、用、拿、使$_1$	用着
处置介词、被动介词	处置	把pai、将、拿	
	被动	给$_2$、让、叫/教、被	
	使令	让、使$_2$	
原因、目的介词	原因	庸因为、为$_1$	为了$_1$、因为
	目的	为$_2$	为了$_2$
包括、排除介词	包括	连	
	排除	除	除了、除去
比较介词	比较	比、秉pin比、跟比得上、譬p'i比、论lin	较比

以下对老北京土话中比较有特色的介词，根据其语法意义进行分类研究。

（一）时间介词、方所介词

1. 时间介词

这类介词是用来引进时间的开始、经过或者是终点的介词。老北京土话时间介词主要有：起_{自、从、经由}、起打_{从、由}、自打_{自从}、擎打_{自从}、擎小儿_{从小}、头_{在……之前}、丁_{直到}、到、到了、赶、赶到、至、直至等。

（1）引进时间的起点

这类介词表示介引的时间从某一个点开始，都有"从……开始"之义，同时其时间范围延续到说话者所说的时间还在进行。例如：

[起tɕʻi˥]：表示"从、自从"义。

　　这孩子怪可怜的，起小儿就没妈了。（CDS）

　　我们正讲故事哪！刚讲了一点儿。好，再起头儿_{从头开始}来。（CDX）

[且tɕʻiɛ˥]：表示"从、自从"义。

　　且小儿就爱唱。（TYDC）

　　且小儿就喜欢花啊、草啊伍的。（同上）

[打ta˥]：表示"自从、从"之义。

　　打那个时候我就认识他。（CDX）

　　她打月窠儿_{月子}里就缺奶。（CDC）

[擎tɕʻiŋ˥]：表示"自从、从"之义。

　　擎小儿我们就在块堆儿。（CDC）

　　我们俩擎小儿就在一起，从来没有分开过。（CDD）

[从tʂuŋ˥]：指起始的时间。跟时间词、动词短语及小句组合。

　　从我小时候儿，十五岁学徒我就喝酒。（BJKY）

　　特别是牛街来说呢，嗯，从解放以后来说呢，嗯，没有多大进展。（同上）

[顺ʂuən˩]：指"从"某个时间点或时间段开始。

　　顺我记事儿来了，结婚就都比较简单了，没那么繁琐。（BJKY）

　　顺那个五三年一直到这个，六零年以前，甚至一直就到现在。（同上）

[起打tɕʻi˥ta˩、由打iou˩ta˩、自打tsʅ˩ta˩、擎打tɕʻiŋ˩ta˩]：表示"自从、从"之义。

　　起打你走后，我时常去看看他老人家，帮助做做家里的活儿。（CDX）

　　　　　由打去年，我就托人找你。(同上)
　　　　　自打你一走，家里就老有人闹病。(同上)
　　　　　擎打那天起他就没露面儿。(同上)
　　上述介词中，"起打、擎打"一般只是介引时间，不用来介引处所。
　　(2)引进时间的经过
　　这类介词主要是引进时间的一段过程。
　　[头t'ouㄱ]：表示"在……之前"的一段时间。
　　　　　这话，头三天就告诉你了。(CDX)
　　　　　头下雪就得把白菜存好。(同上)
　　　　　头登台，先做好一切准备。(同上)
　　[丁tiŋ]：表示"直到某时"之义。
　　　　　丁半夜才回家。(CDC)
　　　　　丁九月就凉快了。(同上)
　　(3)引进时间的终点
　　这类介词表示引进时间的终结点。
　　[到tɑuˇ、到了tɑuˇləl]：表示达到某个时间的终点。
　　　　　每月到这月底，哎，这一百块钱那花得也就剩个几块了。(BJKY)
　　　　　这么样儿我就到十天的时候儿我就能下地了。(同上)
　　　　　可是到了白天不行，一到晚上一冷的时候儿就行了。(同上)
　　　　　到了这个农忙的季节，才吃上干饭，其他平常都是喝粥。(同上)
　　[赶kanˇ、赶到kanˇtɑuˇ]：表示"等到、到"之义，指达到某个时间点或阶段。"赶、赶到"都是引进未然的时间点或段。
　　　　　赶他回来，你告诉他一声儿。(CDX)
　　　　　你可别赶年底再办。(同上)
　　　　　赶到明儿个，可就误事了。(同上)
　　　　　你可别赶到问题成了堆，才想办法解决。(同上)
　　[至tʂʅˇ、直至tʂʅˇtʂʅˇ]：表示"到、达到"之义。指达到时间的终点。
　　　　　你像这黄瓜至今为止还都是六七毛钱一斤……(BJKY)
　　　　　你比如说我父亲病重，直至我父亲死亡，哎，单位不但去人，而且还提供交通工具，是不是? (同上)

2. 方所介词
　　方所介词分处所介词和方向介词。
　　(1)处所介词
　　这类介词是引进处所的介词，表示在、往某处；或自、从、经由某地之义。主要有：挨、在、的在、跟、接、起等。

[挨ai˥]：表示"在、从"之义。

表示"在"：

　　他挨工厂干活呢。（CDC）

　　北京第三师范，在海淀那儿，挨人民大学旁边儿。（BJKY）

表示"从"：

　　你挨哪儿来？（CDC）

　　挨这个南纬路，一直过去，药物研究所旁边儿。（BJKY）

[在tai˧˩]：表示"人或物所处的位置"。其土音读作"tai˧˩"或"tai˩"。

　　在这儿站一会儿。（CDC）

　　一个在香山住，一个在海淀，一个在这个居民区住，这是得考虑考虑……（BJKY）

[的tə˩]：表示"在"，处在某个位置，一般读作轻声。

　　站的地上。（CDC）

　　靠的树上。（同上）

[从tʂuŋ˥]：表示处所、来源。

　　有一趟公共汽车，就是从东四到西四大概是。（BJKY）

　　从精神上头呢，就是这样儿了。（同上）

[跟kən˥]：表示"在"之义。

　　他们跟街上站着呢。（CDC）

　　跟他妈跟前儿哜哜嘟囔起来没个完。（同上）

[接tɕie˥]：表示"自、从，经由"之义。

　　接这儿数起。（CDC）

　　接他家门口儿走过。（同上）

[望uɑŋ˩]：表示"往"之义。

　　别把我望上岗儿上座摆。（CDC）

　　谁把这条板凳横巴棱子横着望这儿一放就不管了？（同上）

[顺ʂuən˩]：表示经过的路线，有"自、从、经由"之义。

　　我顺家带来点儿花生。（CDC）

　　顺这条道儿也过得去。（同上）

[起、打、由打]：这些介词除了上文所述能介引时间之外，也能介引处所，表示"自、从、经由"某处做某事之义。

　　起从、经由他家门口儿过。（CDC）

　　打后井儿呢，我父亲呢，他们就搬到花园儿去了。（BJKY）

　　由打马驹桥路过。（CDC）

（2）方向介词

这类介词是介引某个方向的介词。主要有：望、朝、从、冲、向、履_{顺、}沿、码_{顺着}、顺、对着等。

[望uɑŋ˩]：表示"往、向"之义。朝某个方向。

> 望边儿上拱。（CDC）

> 外头冷，大家望进_{向里}挪挪。（同上）

[朝tʂɑu˥]：表示动作针对的方向。

> 进门儿，说咱们北京这土话，头朝下，进门儿就头朝下。（BJKY）

> 像外边儿一天弄得脚丫子朝天似的忙得挺，挺那什么。（同上）

[奔pən˩]：表示"向、朝"某个方向。

> 对面儿，我起北啊，奔东去。（BJKY）

> 拉骆驼呢，主要就打大灰厂驮灰，奔那个城里边儿驮……（同上）

[冲tʂuŋ˩]：表示"向、对准"之义。

> 完了走的时候儿，管理处的跟我们这儿，行，直冲我伸大拇哥。（BJKY）

> 我是越慌吧，冲着这老头儿就去啦，闸也踩不住，给老头儿给撞了一大跟头……（同上）

[向ɕiɑŋ˩]：表示动作的方向。

> 搭大棚挂大彩嘛，羊肉包子向上摆，挺起脊的棚，大玻璃棚。（BJKY）

> 由于那个房子呢窄呢，我二伯的呢，房子呢向前伸展了一块儿……（同上）

[履ly˩]：表示"顺、沿"之义。

> 履着他的脚印儿走。（CDC）

> 履边儿走。（同上）

[码ma˩]：表示"顺着"之义。

> 码着他的脚印走。（CDC）

[顺ʂuən˩]：表示"向、朝着"之义。一般后接方位名词。

> 粉色儿的车，顺西来往东去。（BJKY）

> 比如说它要顺东来往西去，它这，按它这汽车这路线来走……（同上）

[对着₁tuei˩tʂɤ˩]：表示"朝向"，一般要加上"着"。

> 嗯，有一间正好儿对着南房的厨房。（BJKY）

> 对着那个胡同儿，铁路房，全都拆了，现在都盖了五座了……（同上）

（二）对象介词

这类介词是介引某个对象的介词。主要有：跟、对、给、和、望、当着、对着₂、随着等。

[跟]：表示"与、和"之义。

> 跟生人坐在一块儿挺拘的。（CDC）
> 喝得跟个倒地葫芦儿似的。（同上）
> 那地方儿气候哇跟北京是不一样的。（BJKY）
> 跟仇家似的互相坏。（《全家福》）

[对、对于]：表示"对待"之义。引进动作行为的对象，表示人、事物、行为间的对待关系。

> 因为本来我是对这五谷哇都不明白的，是哇，拿麦苗儿当韭菜的这么一个主儿……（BJKY）
> 他对谁都挺大方，一点儿不抠门儿各啬。（CDC）
> 嗯，我对于这个解放后头几年的教育还是满意的。（BJKY）

[给]：表示"替"之义，引进动作行为的对象。可能是受益者或是受害者。

> 给我们小姑娘儿看小孩儿呢，在清华园儿那儿呢。（BJKY）
> 给我们屋里玻璃全打碎了。（同上）
> 老太监一瞧这姑娘好，这，给这姑娘吓背过气去了。（同上）
> 还没吃呢，您这嘟哝哝几句，又给他噎在这儿了，他更难受。（同上）

[和]：引进动作行为的对象，该对象是表示协同、比较或所面对的对象。具体语义有不同差异。例如：

表示"同、跟"之义的：

> 另外，还要和我姐姐跟我，三个人平分三分之一……（BJKY）

句中谓语动词表示是前后两者或三者共同施受的行为动词。

表示"向、对"之义的：

> 还是再和其他老主任们学习吧。（BJKY）

引出动作的对象。

表示"与……比较"之义的：

> 所以和这其他行业相比呢，就是这个工资显得，嗯，少。（BJKY）

引出动作行为要比较的对象。

[望]：表示"向、朝"之义，引进动作行为的对象。

> 出了漏子别望他身上摆把责任强推某人。（CDC）

[替]：引进动作行为的受益对象。

> 替他们分担点儿这个经济上的负担。（BJKY）

孩子小的时候儿，我也没怎么管，都是我妈替我管的。（同上）

[当着]：表示"面对、向着"之义。引进动作行为的对象。

老李，你不是说，别当着人抓脑袋吗？（CCL-LS《二马》）

没人看着咱们，你爱怎样便怎样；当着小猴儿们，你可得恭敬着一点……（CCL-LS《小坡的生日》）

[对着₂]：表示"朝、向、向着"之义。引进动作行为的对象。

对着那个胡同儿，铁路房，全都拆了，……（BJKY）

他对着镜子看了看自己，觉得印堂确是发亮，眼睛也有光。（CCL-LS《四世同堂》）

[随着]：表示"依从"之义，引进动作行为的跟从对象。

随着贫下中农啊，我分了六亩多地。（BJKY）

随着年岁的增长，他后悔是一分加一分，是不是？（同上）

（三）凭借介词、因循介词

1. 凭借介词

这类介词用于介引动作行为所凭借的方式、根据。主要有：冲₍凭借₎、趁、借、凭、仗、趁着、就着、凭着、借着、打着、仗着等。

[冲]：表示"凭、根据"之义。

冲咱这两下子，会输？（CDC）

冲你我就不依。（同上）

[趁、趁着]：表示"利用时间、机会"等义。

这两点你们要想不通，你们趁早儿也别报名。（BJKY）

趁着您腿好，您说哪儿没去过吧，嗯，我们就陪着您去……（同上）

[借、借着]：表示引进动作、行为所利用或凭借的时机、事物等，常跟"着"连用。

他有时候儿借那机会溜过去啦。（BJKY）

因为父亲教书，在这个前圆寺第一小学教书，我和姐姐两个人呢，借着这个光儿上了小学。（同上）

[凭、凭着]：表示"凭借、根据"之义，常与"着"连用。

可是你大人呢，你就必须要有理智，净凭感情就不行了。（BJKY）

好像刚一开始呢就凭着试试来的念头儿呢，就来到电车公司。（同上）

[就、就着]：用以引进动作的对象。其语义有两种不同：

表示动作的对象：

您说现在这个，就这个自由市场，卖什么都有。（BJKY）

打一盆儿菜，大伙儿那儿就着窝头吃啊。（BJKY）

表示"趁着、借着"之义：

你回家去，就便儿给老刘带个信儿。（CDX）

[仗着]：用来介引动作行为所凭借的事物、对象。

哎，反正是吃药呗，哎，大都是吃药还得仗着活动，净指着吃药不行的。（BJKY）

一直坐了三天哪，紧紧的呀。哎，也就仗着什么都年轻，身体好。（同上）

2. 因循介词

这类介词表示介引的动作行为遵照的某种标准、依据等。主要有：从、按、据、依、照、可、论、按着、依着、照着、可着。

[从]：表示"根据"之义。

反正从我自身来看吧，我家里头子女比较多，我六个孩子，他们现在都就业……（BJKY）

从北京这气候来看哪，这会儿这气候算比较最好，最舒服……（BJKY）

[据]：表示"根据"之义。

那么现在京剧界，据我了解，听说，还是这些老的压着呢。（BJKY）

据我的记忆里边儿啊，光绪皇帝曾经在那儿题过一个词，有一个石碑……（同上）

[按、按着]：表示"根据、按照"之义。介引动作行为的依据。

反正就是按北京那阵儿那个风俗习惯，哎，这么待人接物吧……（BJKY）

要按我说呀，我要听戏呀，我是爱听评剧。（同上）

这个地方儿呢有点儿，要按着我们土话儿就是犯浑……（BJKY）

基本上都是按着你请了多少人，办多少桌，然后呢，就是办多大的事。（同上）

[依、依着]：表示"根据、按照"之义。介引动作行为的依据。

有时候儿跟孩子玩儿挺好的，有时候儿也闹得挺僵，反正不依着我是不行，孩子们也是不依他们也不行。（BJKY）

[照、照着]：表示"比照、按照"之义。介引动作行为的依据。

我们那孙女儿，就照这重孙子这么大，老拉着去。（BJKY）

吃一顿儿饭，我们这三口儿人就，是啊，这个照着四五块钱花。（同上）

[可、可着]：表示按照同样的数量或范围来限制。

可这点儿钱花完算了。（CDC）

可着这块地圈个院套儿。（同上）

可着桌子织了一块桌布。（CDS）

[论]：表示根据某个方面来谈。"论"变读作[lin˅]或[lyn˅]。

一开始呢，要论居住条件呢，比较狭窄。（BJKY）

要论街道来说，全国各地呀，哪儿也不如这个北京的街道宽。（同上）

"论"还能跟量词组合，表示以某种单位为准。

现在呢，他论斤约，这样一约呢，甘蔗呢就贵得多了。（BJKY）

这批西红柿论筐卖。（CDX）

（四）工具介词

这类介词是表示介引动作行为的方式或工具的介词。

[用、用着]：表示介引动作行为的工具或方式。

她用胳膊肘儿拱了我一下儿。（CDC）

噗噗噔儿啊，是就等于现在的，用玻璃吹的。（BJKY）

[着]：表示"用、拿"之义。

我没着耳朵听他的。（CDC）

这么些东西着什么装呢？（同上）

[拿]：表示"用"之义。

拿话寒碜_{羞辱或丑化}他。（CDC）

刚搁地下，拿这湿麻袋，这儿盖着呢……（BJKY）

身上，后脊梁上，拿粉笔给你画上号儿。（同上）

[使]：表示"用"之义。

过去一下雨就漏，就得年年儿得抹，使那泥呀来抹这房子。（BJKY）

你使什么养活他呀？（同上）

（五）处置介词、被动介词、使役介词

这类介词表示对动作行为加以处置或表示被动、使役的介词。

1. 处置介词

表示处置之义的介词，主要有：把、将、拿几个。

[把pai˅]：表示处置义时读作[pai˅]，表示某种动作行为或作量词时读作[pa˅]。

别把椅子杠荡_{摇荡}散喽。（CDC）

把剩下这些嘎儿码儿的都堆到小屋儿里去。（同上）

[将]：表示处置之义。

瑞丰太太一把拾起自己的小皮包，一把将那手很不错的牌推倒，

怒冲冲的往外走。（CCL-LS《四世同堂》）

金三爷往前凑了凑，红鼻子有声有色的出着热气。一把，他将药箱拿起来。（同上）

[拿]：表示处置之义。

他爸爸那家伙，拿这个笤帚疙瘩，掸把子打得都抽折了，可以说。（BJKY）

反正要是领导好，他拿这个当回事儿了……（BJKY）

因为本来我是对这五谷哇都不明白的，是哇，拿麦苗儿当韭菜的这么一个主儿，是哇。（同上）

2. 被动介词

表示被动义的介词，主要有：给、让、叫/教、被。老北京土话中，表示被动的标记一般不用介词"被"，"被"是较晚起的说法。

[给]：表示"被"的被动义。

人家一下儿人就给她拿蒙药全整个儿蒙过去了……（BJKY）

四喜儿呀，到如今还不知道出来没出来呢，早就给弄起来了。（同上）

[让]：表示"被"的被动义

一让他堵着，提溜着耳朵，就给提搂家去，就揍一通儿。（BJKY）

让人家贼上_{暗中跟踪}了。（CDC）

让人家抓耙子_{抓到对方理亏处而不饶}了。（同上）

[叫/教]：表示"被"的被动义

谁的东西叫你给架_弄来了。（CDC）

他妈的，那些钱又教他们给吃了，丫头养的！（CCL-LS《龙须沟》）

[被]：表示被动义

两个月因为有病，没去了，哎，就被辞了。被辞了以后呢，那么就在家赋闲。（BJKY）

我们前头那个院儿已经被撬了两家儿了，进屋就偷了一些钱……（BJKY）

3. 使役介词

[使]：表示"致使"之义。

北京地区这个一到秋季和春季吧，这个风比较大，所以这个使人非常讨厌，是啊。（BJKY）

嗯，使我最不满意的呢，就是三个孩子里没有一个上大学的。（同上）

[让]：表示"致使"之义。

他_{哝哝不停地嘟囔}得让人心里烦得慌。（CDC）

反正那会儿，老太太呢，她做饭，让我老瞧着这孩子。（BJKY）

（六）原因介词、目的介词

这类介词是介引动作的原因、目的的介词。

1. 原因介词

介引动作的原因。主要有：庸、为、为了、为着、因为等。

[庸]：表示"因为"之义。"庸"是"因为"的合音形式。

她庸什么不来？（CDC）

就庸这个。（同上）

[因为]：表示原因。

唑，这一年四季嘛，我们这地方儿还是最好，因为挨着颐和园。（BJKY）

现在有时候儿奔花儿市，因为我爱花儿嘛，有时候儿上花儿市看看花儿。（同上）

[为、为了]：表示"因为"之义。

小时候儿家里穷，啊，整天呢为这个，呃，过日子发愁……（BJKY）

那会儿，那会儿为了这事儿呀，还差点儿挨了一顿揍……（同上）

2. 目的介词

介引动作的目的。主要有：为、为了两个介词。

车上不卖票，车上是验票，这为是堵这个漏洞，你没票上车不行。（BJKY）

这个胡同儿一般的孩子啊，一般都是小市民阶层，没有念书的，就是为了混碗儿饭儿吃。（同上）

三十儿这天哪为了热闹吧，是啊，我总是带领我的全家啊上我哥哥家去，是哇。（同上）

（七）包括介词、排除介词

这类介词介引的可以是被包括的对象，或是被排除的对象。

1. 包括介词

表示不排除另一些相关的事物。介词介引包括的对象。

[连]：表示"包括、算上"之义。

一般咱们拿这个衣服吧，连这个穿的衣服，盖的被子吧，都是经常洗洗呀拆一拆。（BJKY）

我们那往儿三个人，连我们那姑娘挣的，仨人儿挣钱全都给人买了东西了。（同上）

2. 排除介词

表示排除开某些事物。介词介引排除的对象。

[除、除了、除去]：表示不计算在内。跟名词、动词、形容词以及小句组合，有时候可用在主语前，有停顿。

嗯，除工资以外，没有更多的什么那个额外收入，就那么点儿基本工资……（BJKY）

春天不怎么好，还是秋天比较好。夏天除了中午热得要命以外，其他时候儿还可以。（同上）

每天哪，除去家务劳动以外，就是写写，看看。（同上）

（八）比较介词

这类介词是介引比较对象的介词。主要有：比、秉piŋˇ比、跟比得上、譬pʻiˇ比、较比、论等。

[比piˇ]：用于比较介引对象的性状和程度。这种比较有几种：不同事物的比较；同一事物前后时期的比较；数量和程度的比较；以及能力、愿望、爱好等的比较。

她比我小一点儿。她今年七十一。她身体好，身体棒，比我棒，吃得也比我多。（BJKY）

我那学生说，说您现在老不写，怎么有的字比头几年倒进步啦，我们看。（同上）

我们看您写楷书比他们写草书还快。（同上）

我这孩子们都好，要比上这会儿这个新社会的孩子，我这孩子都是一百一的孩子。（同上）

现在小孩儿就是比以前要聪明多了哈。（同上）

[秉piŋˇ]：老北京土话表示比较的另一种说法。

我秉他高。（CDC）

这筐柿子秉那筐的好。（CDX）

[跟]：表示"比得上"之义，常常用于否定的形式。

这块料子不跟那块好。（CDC）

[譬pʻiˇ]：老北京土话中"比"常常读作送气音[pʻiˇ]，写作"譬"。

他譬我高一头。（CDC）

譬那筐多一点儿。（CDX）

[较比]：用于比较性状、程度。

六号也是杂院，而人们的职业较比四号的略高一级……（CCL-LS《四世同堂》）

至于那些老派的商人，财力虽不大，可是较比新兴的商人可靠：他们历代相传的作一种生意，如药材，茶叶，粮米等……（CCL-LS《文博士》）

[论]：表示比较而言。

要是论心眼儿，就数小冯来的快；论力气，他可不如大老王了。（CDX）

二、介词的语法分析

（一）句法分布位置

介词构成的介词结构在句中主要作状语、较少作补语和定语。其句法位置主要分布在：主语前、谓词性短语前；少数情况下出现在谓词性短语后、体词性短语前、体词性短语后几种位置。以下列表示之。

表 43　　　　　　　　　　　　介词句法位置分布

介词类别 ＼ 句法位置	词例	PP+S+VP	PP+VP	VP+PP	PP+NP	VP+NP+PP
时间介词	起	+	+			
	头		+		+	
	打	+	+			
	赶	+	+			
	擎	+	+			
	丁	+	+			
	到、赶到、到了	+	+	+		
	至、直至	+	+			
	起打、由打、自打、擎打	+	+			
处所介词	挨		+		+	
	在tai˩	+	+	+		
	的		+	+		
	跟		+			
	接		+			
	起	+	+			
	由打	+	+			
方向介词	望		+			
	奔		+			

续表

句法位置 介词类别	词例	PP+S+VP	PP+VP	VP+PP	PP+NP	VP+NP+PP
方向介词	朝		+			
	从	+	+			
	打		+			
	冲		+			
	对着	+	+			
	向	+	+			
	履	+	+			
	码	+	+			
	顺	+	+			
对象介词	跟		+			
	对、对着、	+	+			
	给		+			+
	和		+			
	望		+			
	当着		+			
	随着		+			
凭借介词	冲		+			
	趁、趁着	+	+			
	借、借着		+			
	凭、凭着	+	+			
	仗、仗着	+	+			
	就着		+			
	打着		+			
因循介词	从	+	+			
	按、按着	+	+			
	据	+	+			
	依、依着	+	+			
	照、照着	+	+			
	可、可着	+	+			
	论	+	+			
方式、工具介词	着		+			
	用、用着		+			
	拿		+			

续表

介词类别 ╲ 句法位置	词例	PP+S+VP	PP+VP	VP+PP	PP+NP	VP+NP+PP
处置介词	把pai˩		+			
	将		+			
	拿		+			
被动介词	给		+			
	让		+			
	叫/教		+			
	被		+		+	
使令介词	让		+			
	使		+			
原因介词	庸	+	+			
	为、为了	+	+			
	因为	+	+			
目的介词	为、为了	+	+			
包括介词	连	+	+			
排除介词	除、除了、除去	+	+			
比较介词	比		+			
	秉piŋ˩		+			
	跟		+			
	譬p'i˩		+			
	较		+			
	论	+	+			

注：PP：介词短语；S：主语；NP：名词性短语；VP：动词性短语

表 43 可见，介词短语无一例外地可以置于 VP 前作状语。处置类、被动类、使令类、处所类介词不能出现在主语前；同时处置类、被动类、目的类、因循类介词也不能在谓词性短语后作补语。

（二）句法功能

如上文所述，介词结构主要在句中充当状语、补语和定语。其中作状语是最主要的功能。

1. 作状语

老北京土话中所有介词都能构成介词短语作状语。其比例是最高的。

句首状语：

从我记事以后，我的祖父已然死了，就是我父亲带着我。（BJKY）

为了应付这件事，这两天他心里有点儿画浇淋儿_{顺虑重重地反复考虑}。（CDX）

由打一有我呢，我父亲就没工作。（BJKY）

把地上的东西敛络敛络，咱收摊儿。（CDC）

趁着您腿好，您说哪儿没去过吧，嗯，我们就陪着您去……（BJKY）

句中状语：

这种标本，一直在药水儿里喂_{浸泡}着。（CDX）

瞧人家说说笑笑地就把正事办了，外带着还跟咱们交上了朋友。（同上）

你也跟这儿落忙_{帮忙}呐？（CDC）

他溜湫_{鬼鬼祟祟状}着就往这边儿蹭。（同上）

我就坐的旮旯儿里贼_{盯住着}着那几个。（同上）

他掉背脸儿_{以背相向}冲外坐着。（同上）

这孩子打起小儿饿蹶窝_{发育不良}了，老这么瘦小。（同上）

我一直就在这个安定门里头这儿住。（BJKY）

2. 作补语

老北京土话用来构成短语作动词后的补语的介词不多，主要有在、到、向。例如：

他们扎_{躲藏}在青纱帐里。（CDC）

老头儿穿件长衫，太长了，下边秃噜_{下垂}到地了。（CDX）

后来我就逐渐想走向生活，想学点儿手艺。（BJKY）

3. 作定语

老北京土话构成短语作定语的介词不多，只有在、向、对、对于、临等少数几个。例如：

在北平的三九天，尽管祁老人住的是向阳的北房，而且墙很厚，窗子糊得很严，到了后半夜，老人还是感到一根针一根针似的小细寒风……（CCL-LS《四世同堂》）

所以对当地的人的情况，咱了解不多……（BJKY）

对于家中那些小小的鸡毛蒜皮的事，他都不大注意。（CCL-LS《四世同堂》）

临搬走之前，他一共住北房三间。（BJKY）

（三）介词的兼类

老北京土话的部分介词除了可以作介词外，还兼属其他词类。在上文

95 个常用介词范围内，有大约 33 个可作其他词性使用，占总数的 34.7%。以下举例说明。

1. [挨]

（1）动词：在。

老大挨家吗？（CDC）

剪子挨哪儿哪？（同上）

（2）介词：从、在。

你挨哪儿来？（CDC）

今儿下午咱们这牛街这个南口儿这儿，你要观察这事儿您就挨那犄角儿一站。（BJKY）

2. [在tai˩/tai˥]

"在"作动词变读为[tai˩]或[tai˥]。

（1）动词：人或事物存在的处所、位置。

他爹妈不在家，他可就还了阳了 兴奋、活跃。（CDC）

剪子在哪儿？……哦！在桌儿上哪！（CDX）

我们这大姑娘啊，是在北影。（BJKY）

（2）介词：介引动作行为的时间或处所、方位等。

她工作嘛，也是在五七年那时候儿嘛调的级。（BJKY）

伞竖在旮旯儿 角落。（CDC）

那个启辉器是浮搁在灯罩儿上的。（同上）

"[在tai˩]"在动词后则不变读，读轻声[在tai]。

3. [冲]

（1）形容词：精彩，出色。

这手字儿写得多冲！（CDC）

那场球儿赛冲极了！（同上）

（2）动词：以物投掷；用言语顶撞；看顾，看情面；打瞌睡。

绰起一块砖头就冲那只狗。（CDX）

姑姑也不二乎，当时冲了她几句。气得她脸色铁青，一言不发了。（同上）

不冲大家，我算跟他没完。（CDC）

醒醒儿吧，别冲了 短暂地打瞌睡。（CDX）

（3）介词：凭、根据；向、对准。

冲他这份儿淘气劲儿，也不能饶他。（CDC）

你这是冲谁说呢？（CDX）

（4）量词：纸牌一副叫一冲。

4. [履]

（1）动词：吃。

剩下点儿面条儿让他履了。（CDC）

（2）介词：顺、沿。

履着他的脚印儿走。（CDC）

履竿儿爬。（同上）

5. [码]

（1）动词：按足迹追寻；寻找（人）。

雪地里码兔子。（CDC）

码几个人来。（同上）

（2）介词：顺着

码着他的脚印儿走。（CDC）

6. [打]

（1）动词：虫蛀衣物；假设；计入。

这条哔叽裤子让虫儿打了。（CDX）

就打这盆花儿养不活，还有两盆呢！（同上）

明天约请的人，打上他，才六个人。（同上）

（2）介词：自从、从。

打那个时候我就认识他。（CDX）

一下儿呢他昏迷了，打柳树上掉下来了。（BJKY）

7. [丁/钉]

（1）动词：担当、坚持；相当、抵。

怕他丁不下来。（CDC）

我可实在钉不住了！直发困，找个人替替我吧。（CDX）

（2）介词：直到、时间的达到。

丁半夜才回家。（CDC）

等了大半年，直钉去年年底，才批下来。（CDX）

钉早上八点多钟去吧，跟那儿玩儿会儿，钉十一点钟回家，给这孩子做饭。（BJKY）

8. [接]

（1）动词：承担。

出了事儿我接着。（CDC）

这回他有点接不住了。（同上）

（2）介词：自、从；经由。

接这儿数起。（CDC）

接他家门口儿走过。（同上）

9. [奔]

（1）动词：辛苦地谋生；向目的地走去。

我爷爷那时候，穷人可惨啦！天不亮就得出去奔窝头。（CDX）

回来她就奔她那屋，也不言语。（BJKY）

（2）介词：朝、向。

对面儿，我起北啊，奔东去。（BJKY）

我们一块儿奔上冲，奔上跑，跑到半山腰的时候儿，我们就，四脖子汗流的。（同上）

10. [就]

（1）动词：抽缩；进食时，吃某物搭着吃另一物；

肚子疼得厉害，眉毛、眼睛都就成一团。（CDX）

白嘴儿吃馒头，没有东西就。

（2）介词：借助；趁着；表示动作的对象或话题的范围。

他就着邻居的灯光看书。（CDD）

在我这里头呢，就思想上啊，也有一点儿悲观。（BJKY）

11. [对]

（1）动词：对待；对面的；

我说你看现在政府对老年人，嗯，各方面儿都照顾挺好的哈。（BJKY）

我们对门儿有一个呀，他还是合营进去的，早先跟这儿开冰窖。（同上）

（2）副词：一起、一块儿。

俩孩子对哭。（CDC）

几个人对嚷嚷，一个比一个声儿大。（同上）

（3）介词：对于。

拿这个土葬这个问题来说嘛，对国家没什么好处，对自己没什么好处，是哇。（BJKY）

他说你们来了以后，对我们也帮助挺大。（同上）

12. [给]

（1）动词：给予；使对方遭受；致使、容许。

我也是说句干嘛的话，您给我烟抽我都不抽，您甭提别的了。（BJKY）

给了他一个锅贴儿打嘴巴。（CDC）

日本就来了，炸卢沟桥，关城门我进不来了，给我关城外头了。

（BJKY）

（2）介词：介引动作接受的对象；引进动作受益者；引进动作受害者；替；朝、向；表示处置、表示被动。

那刘师傅您给我们派车吧。（BJKY）

吃起来这个丸子呀，就是一剁子这个肉末儿。哎，给你炸了一下儿，浇点儿汁儿，一点儿南煎丸子的味儿也没有……（同上）

来几个小伙子，给你弄到联防队去，先揍你们一通儿。（同上）

我呢，又有什么零钱呢，抓着给人家打毛衣，给人家缝毛衣。

即便人家踩你脚了，你也不要给人家道对不起，你这样儿讽刺人家……（同上）

六点多钟起来给孩子叫起来，叫他上学。（同上）

两万五千斤西瓜，完了以后给人家抢走一万五，还剩一万。（同上）

13. [赶]

（1）动词：追赶；赶时间；去、到；驱逐；遇到、碰上。

我亲眼见，洋鬼子再学一百年也赶不上中国人。洋鬼子不够派。（CCL-LS《取钱》）

她说家中人口多，都仗着金喜一个人挣钱，所以金喜得赶三个园子。（CCL-LS《方珍珠》）

冯狗子！你可别赶尽杀绝呀！你硬抢硬夺，踢了我的摊子不算，还赶上门来欺负人！（CCL-LS《龙须沟》）

人家赶上好时候儿啦，啊，咱们那会儿没赶上……（BJKY）

（2）介词：介引时间，表示等到某个时候。

不！赶明儿我自己拿个碗来，存在这儿！（CCL-LS《正红旗下》）

赶到大年初一见面，彼此就都赶上前去，深施一礼，连祝发财，倒好象从来都没红过脸似的。（同上）

14. [拿]

（1）动词：挟制、阻挠；伤损。

留着一手儿拿人的本事。（CDX）

你拿不住谁，我们也会干。（同上）

大姐让病拿得黄瘦黄瘦的。（同上）

这块板子上的漆都掉了，是石灰拿的。（同上）

（2）介词：介引所处置或关涉的对象。

我们那姑娘来了顶俩月了，这都到时候儿了，人都拿电报催了。（BJKY）

拿他较比 打比方。（CDC）

15. [起]

（1）动词：起来；长大；出来；建立；从……开始。

　　睡不了这么俩钟头，这回头起来，还得帮着做饭去吧。（BJKY）

　　孙子也是我瞧起来的，那仨孙子。（同上）

　　学费太贵，家拿不起钱，我们跟家蹲着。（同上）

　　起了一些楼。嗯，楼起得挺多。（同上）

　　从那儿起家族哇，慢儿慢儿地就一直的，一直的就穷啊穷啊。（同上）

（2）介词：介引时间或处所，表示起点；介引处所，表示经由。

　　你起这阶段儿二十多岁了，她就懂得这个，按说现在叫美，搁过去叫捯饬……（BJKY）

　　起一早儿就出去了。（CDC）

　　起他家门口儿经过。（同上）

16. [顺]

（1）动词：贴着、靠着置放；整理；大口吞咽。

　　把这几根杆子顺在墙根儿底下。（CDX）

　　这些书太乱了，你给顺一顺。（同上）

　　眨眼间，半盘儿饺子顺下去了。（同上）

（2）形容词：顺利、幸运。

　　这几年，我姐姐家里挺顺！姐夫的工作挺出色。（CDX）

　　这一次闯过了难关，就得说顺！

（3）介词：从、由。

　　顺大楼往北走，就看见了。（CDX）

　　这是她顺家里带来的土产。（同上）

　　以上所举介词具有不止一种词性的用法，这种兼类的情况足见介词在发展的过程中由实词向虚词演化的踪迹，同时也可观察到绝大部分介词都是从动词虚化而来，只有少部分是从其他词类虚化而来。

第九节　连词

一、连词的分类

　　陈承泽对连词就曾定义为："司语句之连络关系者，为连字。"[1]较早明确提出连词是起连接作用的虚词。有学者指出，连词是比副词、介词更虚的

----

① 陈承泽：《国文法草创》，北京：商务印书馆 1982 年版，第 50 页。

一个词类。作为连词的分类，学界有多种分析标准：形式标准、意义标准和形式与意义相结合的标准。本书按照形式与意义结合的标准对老北京土话连词作以下的分类。

表 44 老北京土话连词

连词类别	小类	形式一	形式二	形式三
联合关系	并列	与、同、及、以及、而₁	一边……一边、一面……一面、一来……二来、不是……而是、一则……再则、同时	和、连
	承接	再₁、以₁	若₁、那、那么、至于、然后、于是、于是乎、随后、及至、此外	接着、而₂、则₁
	递进	不只	不单、不仅、况、况且、何况、甚至于、不但、并且、而且、再₂、再说、再者、再则	以至₁、甚至、乃至、乃至于
	选择	或	或者、或是、不是……是/便是/就是/而是、倒是、还是、宁可₁、宁愿₁、不如、倒不如、与其	
偏正关系	因果		因、因为、只因、因此、因而、所以、之所以、既、既然、既是、以致、以至₂、可见	由于
	转折		然而、但₁、但是、可、可是、怎奈、不过、只是、则₂	而₃
偏正关系	条件		只要、只有、除了、除非、不论、不问、不管、无论、甭管、别管、哪管、凭、任凭	
	假设		若₂、若是、若不是、设若、如果、假如、假设、假若、要、要是、要不、要不是、要不然、倘、倘若、倘使、万一、否则、不然、则₃	
	让步		虽、虽然、虽说、虽是、别说、就、就是、就算、就说、哪怕、纵、纵然、纵使、即使、即或、即便、宁可₂、宁愿₂	
	目的		好、以₂、以便、以期、为的是、为是、为了、省得、免得、以免	

　　注：形式一，指能连接词与短语；形式二，指能连接小句和句子；形式三，指既能连接词与短语，又能连接小句和句子。

（一）联合关系连词

　　表示联合关系的连词，其功能是用来连接句法上具有同等地位的词、短语、分句或句子、句群等。老北京土话的联合关系连词主要有四小类。

1. 并列连词

这类连词是连接两个或两个以上，词性相同或相近、语义等立的语言单位。主要有：

[和xɤ↗/xan↘]：主要连接体词性成分、谓词性成分以及小句和句子。

二姐出去，买了些糖豆大酸枣儿，和两串冰糖葫芦。（CCL-LS《正红旗下》）

他和他的亲友仿佛一致认为他应当食王禄，唱快书，和养四只靛颏儿。（同上）

以我们家里说，全家的生活都仗着父亲的三两银子月饷，和春秋两季发下来的老米维持着。（同上）

一种是日常生活中用的，里边有不少土话，歇后语，油漆匠的行话，和旗人惯用的而汉人也懂得的满文词儿。（同上）

"和"在老北京土音中过去曾常常念作[xan↘]。做并列连词表示"与、跟"之义，例如：

我和你父亲是好朋友。（CDD）

咱们是谁和谁呀？（CDX）

陈刚（1985）曾描述该词，认为"和"读作[xan↘]时，"现在已不大活用，使用范围只限于[什么和什么][哪儿和哪儿][谁和谁]等词组中"[1]。"和[xan↘]"还可以作介词使用，表示"在"之义。例如：

他和家干什么呢？（CDC）

[与]：起连接体词性词语和谓词性词语的作用。一般不连接小句和句子。

我是经得起父亲的鉴定的，浑身一尘不染，满是槐枝与艾叶的苦味与香气，头发虽然不多不长，却也刚刚梳过。（CCL-LS《正红旗下》）

这一程子，他玩腻了鹞子与胡伯喇，改为养鸽子。（同上）

套裤比二姐大着两岁，可并不显着太旧，因为只在拜年与贺喜时才穿用。（同上）

[同]：主要起连接词和短语的作用。

我自己来和大嫂说，还怕说不周到，所以同太太一道来见大嫂。（CCL-LS《残雾》）

杨先生，你也借给我二十块钱，我同他一块儿走！（同上）

正是黄昏时候，贺营长同一个通讯员来到那株老松的附近。（CCL-LS《无名高地有了名》）

[连]：能连接词和短语，常常也连接小句或句子。

你连我都不认得啦，哈哈，你们老爷们可真可以的。（JJBH-SYM《小额》）

---

[1] 陈刚：《北京方言词典》，北京：商务印书馆1985年版，第106页。

桌上、炕上，落满了腥臭的灰土，连正在熬开了的豆汁，也中间翻着白浪，而锅边上是黑黑的一圈。（CCL-LS《正红旗下》）

人家都说，龙须沟有吃的地方，没拉的地方，这下子可好啦！连自来水都给咱们安！（CCL-LS《龙须沟》）

[及、以及]：主要连接词与短语，一般不连接小句。

刘大叔和李老师"嚷"了一顿，而后教我拜圣人及老师。老师给了我一本《地球韵言》和一本《三字经》。（CCL-LS《宗月大师》）

满洲饽饽里，往往有奶油，我的先人们也许是喜欢吃牛奶、马奶，以及奶油、奶酪的。（CCL-LS《正红旗下》）

不要说鸟笼子，就连笼里的小磁食罐，小磁水池，以及清除鸟粪的小竹铲，都是那么考究，谁也不敢说它们不是艺术作品！（同上）

她忽然的笑了，从唇上，脸上，以及身上，发出一股春风，使人心荡漾……（CCL-LS《四世同堂》）

[而1]：主要连接谓词性的词和短语。

出嫁了几个月之后，她的眉心出现了两条细而深的皱纹。（CCL-LS《正红旗下》）

天越黑，他们吆喝的越起劲，洪亮而急切。（同上）

除了以上单音节的并列连词外，还有复合的并列连词：

[一边（儿）……一边（儿）]：

姑母一边工作，一边叨唠，主要是对我不满。（CCL-LS《正红旗下》）

父女二人一边儿吃着糖豆儿，一边儿闲谈。（同上）

[一面……一面]：

韵梅流着泪，一面劝解祖父，一面喊叫婆婆。（CCL-LS《四世同堂》）

"干！"老马先生一面揉耳朵，一面点头。（CCL-LS《二马》）

[一来……二来]：

可是他没有往外说，一来因为现在不是闹脾气的时候，二来面前没有别人……（CCL-LS《东西》）

现在，我已有了这份家，只能给她一百五十元了。一来是为惩罚她，二来是不教我的预算增加太大了。（CCL-LS《残雾》）

洋书都被大哥给烧掉，他一来因为无聊，二来因要看看到底为什么线装书可以保险，所以顺手拿起一本来。（CCL-LS《四世同堂》）

[不是……而是]：

我不是等待着梅花与水仙吐蕊，也不是等待着蝈蝈与靛颏儿鸣叫，

而是在一小片阳光里，等待着洗三，接受几位穷苦旗人们的祝福。（CCL-LS《正红旗下》）

您看，我五十多了，头发掉了多一半，肩膀越来越歪，可叫我干什么去呢？这不是什么变法，是要我的老命！（同上）

北京的春风似乎不是把春天送来，而是狂暴地要把春天吹跑。（同上）

[一则……再则]：

一则负担特别重，再则就这点儿破钱。（BJKY）

上述复合的并列连词主要起连接小句和句子的作用。其中"一则……再则"在老舍的著作中没有用例，只在"北京口语语料库"出现一例。

2. 承接连词

承接连词用来连接词、短语、小句，表示一种承接关系，这种关系表示连续的动作或相关情况在时间上的先后承接，空间上的先后承接以及逻辑事理上的先后承接等。

[而₂]："而"还可以作承接连词，表示时间顺序的先后、逻辑上的因果关系、方式情态与动作主体的承接关系，主要连接词或短语，有时候也能连接小句。

大姐婆家离我家不远，只有一里多地。二姐飞奔而去。（CCL-LS《正红旗下》）

夏天，北京的阳光过暴，而且不下雨则已，一下就是倾盆倒海而来，势不可当，也不利于花草的生长。（CCL-LS《春来忆广州》）

钱少奶奶，脸上虽还是青白的，可是坚决的拒绝了李四大妈的照应，而挣扎着起来服侍公公。（CCL-LS《四世同堂》）

他从床上起来；一起来，便不再只愁自己，而渐渐的想起别人。他首先想到他的好友，钱先生。（同上）

如上文，"而"作承接时间先后的连词是较常见的现象，同时也常常承接上下文中的因果关系，以及动作主体与目的、结果等关系。

宗月大师在我小的时候，我因家贫而身体很弱。（CCL-LS《我的母亲》）

身上还是那一身单裤褂，已经因颜色太多而辨不清颜色，有的地方撕破，有的地方牢牢的粘在身上，有的地方很硬……（CCL-LS《四世同堂》）

母亲很爱我，但是假若我能去作学徒，或提篮沿街卖樱桃，而每天赚几百钱，她或者就不会坚决的反对。（CCL-LS《我的母亲》）

钱先生的胖脸上已没有了肉，而只剩了一些松的，无倚无靠的黑

皮。(CCL-LS《四世同堂》)

　　有他在中间，卖房子的与买房子的便会把房契换了手，而他得到成三破二的报酬。(同上)

[则₁]：作承接连词，往往位于后一小句的句首。

　　春天，则下有黑汤，旁有破烂的土坝；风又那么野，绿柳新蒲东倒西歪，恰似挣命。(CCL-LS《大明湖之春》)

　　比如在千佛山上往北眺望，则见城北灰绿的一片——大明湖；城外，华鹊二山夹着弯弯的一道灰亮光儿——黄河。(同上)

有时候，在熟语中出现，起承接短语的作用：

　　他可是并不灰心。不！既来之则安之，他必须多动脑子，给自己打出一条活路来。(CCL-LS《正红旗下》)

[以₁]：作承接连词，主要连接词或短语，相当于"而"，多用于书面语。

　　到了最后，就如愿以偿，倒在爱人的怀里，多么有意思！(CCL-LS《残雾》)

　　为了自己，我给六十多岁的老母以第二次打击。(CCL-LS《我的母亲》)

　　而以散文诗冷嘲，继以热骂：头发烫得像鸡窝，能孵小鸡么？(CCL-LS《新年醉话》)

[若₁]：作承接连词主要是转移话题，连接另一个新话题，主要出现在另一个层次或段落的开头。

　　所以，我们与友人定约会的时候，若说随便什么时间，早晨也好，晚上也好，反正我一天不出门，你哪时来也可以……(CCL-LS《马宗融先生的时间观念》)

　　至若年底搪债，醉话尤为必需。讨债的来了，见面你先喷他一口酒气，他的威风马上得低降好多……(CCL-LS《新年醉话》)

[再₁]：作承接连词，主要承接上文，列举多项事实。

　　我们家里头，这个我这三个孩子之间吧，嗯，连儿媳妇再姑爷，再这个闺女儿子都不闹意见，谁也不跟谁闹意见。(BJKY)

　　最贵的，你说，从一头猪，从小养大了，再送到这个屠宰场再宰了。再使车再运到商店，这工序可不少。(同上)

　　这样儿呢，两个人，再我那孩子，哎，你要说没有余，没有余吧，没有存钱，也是瞎说。(同上)

[那]：作承接连词承接上文所指的话题或假设，连接下文的叙述结果。

　　那，你等着瞧！我会叫你们的皇上送给我一乘大轿，八个人抬着！(CCL-LS《正红旗下》)

"那，您就先忙着吧，我改天再来！"口中这么说，多老大的脸上和身上可都露出进退两难的样子，叫牧师看出他有些要紧的事儿急待报告。

对，叫他进后门！那，头一招，他就算输给咱们了！（同上）

那，您老人家就细细看看吧！（CCL-LS《茶馆》）

有时候，"那"还与"既"连用：

可是王掌柜既这么发慌，那，就非请出牛牧师来不可了！（CCL-LS《正红旗下》）

他以为瑞宣既能和富善先生平起平坐，那就差不多等于和上帝呼兄唤弟。（CCL-LS《四世同堂》）

[那么]：与"那"的连接功能相同，主要在复句中，小句的句首出现，有时也在句群的句首出现。

不管怎么说，舅舅发了财是真的。那么，舅舅的意见也必是真理！他坚强起来。（CCL-LS《正红旗下》）

旗人信洋教，那么，汉人该怎么样呢？（同上）

那么我就都托咐给您啦！我告诉您，她一天不走，我没法吃顿消停饭！（CCL-LS《方珍珠》）

那么，也多少得给他们一点钱，维持生活呀！（同上）

[于是、于是乎]：常常位于单句和小句句首。

刚拿起《五虎平西》，他想起应当放鸽子，于是顺手儿把《五虎平西》放在窗台上，放起鸽子来。（CCL-LS《正红旗下》）

只是小太阳太娇羞了，太泼辣了，把要看的人们晒的满脸流油。于是富人们支起凉棚索兴不看；穷人们倒在柳荫之下作他们的好梦……（CCL-LS《老张的哲学》）

不乘此时节把一年的"储蓄骂"都倾泻净尽，等待何时？于是乎骂矣。（CCL-LS《新年醉话》）

有时候，也出现在主语之后：

老师给了我一本《地球韵言》和一本《三字经》。我于是就变成了学生。（CCL-LS《宗月大师》）

恰巧牛老太太是个不许别人有什么主张的人，战争于是乎不能幸免。（CCL-LS《牛天赐传》）

[然后]：常常用于句子开头，有时候引领一个句群，有时候在小句句首。

多老大非常满意自己这句话，不卑不亢，恰到好处。然后，他由全国性的问题，扯到北京："北京怎么样呢？"（CCL-LS《正红旗下》）

先去烧水、沏茶，教大家伙儿热热呼呼的喝一口！然后，再多烧

水，找个盆，给孩子们烫烫脚，省得招凉生病！（CCL-LS《龙须沟》）

　　他懒懒的打了个哈欠。揉了揉眼睛，然后对着小磁壶的嘴咂了两口茶，这才慢慢的坐起来。（CCL-LS《四世同堂》）

　　矮子挑选了一块，对它吹了口气，然后放在耳边听了听。（同上）

[随后]：常常连接小句，有时出现在句首。

　　买主先交钱，随后打开篮子上的锁，把东西拿出来。（CCL-LS《四世同堂》）

　　随后，她回了家。她本想把这件事告诉爹妈，可一见妈的脸，又不想说了。（CCL-LS《鼓书艺人》）

[接着]：可以连接词和短语，也可以连接小句和句子。

　　剔出来的搬到厨房，早顿接着晚顿老吃炒蒜苗，能继续的吃一个星期，和猪一样。（CCL-LS《新韩穆烈德》）

　　为了庆祝这个，她先喝了一盅，接着一盅，又是一盅。（CCL-LS《鼓书艺人》）

　　仿佛有一滴雨，啪的一下落到了屋顶上，接着就哗哗地下起来了。（同上）

[至于]：

　　至于北京话呀，他说的是那么漂亮，以至使人认为他是这种高贵语言的创造者。（CCL-LS《鼓书艺人》）

　　分家的事，请你对父亲说吧，我不能作主！至于搬出去，还在这里吃饭，只要我有一碗，总会分给你一半的，不成问题！（CCL-LS《四世同堂》）

[及至]：

　　及至听到这件事里牵涉着洋人，他赶紧摇了摇头。（CCL-LS《正红旗下》）

　　大夫见了钱，瘦脸上忽然一亮。及至看明白只是五块钱，他的脸忽然黑起来，象疾闪后的黑云似的。（CCL-LS《四世同堂》）

[此外]：

　　牛教授平日的朋友差不多都是学者，此外，他并不认识多少人。（CCL-LS《四世同堂》）

　　在雍和宫附近的这个小家庭，只有夏先生和新娶的姨太太；此外，还有一个女仆，一个车夫——就是祥子。（CCL-LS《骆驼祥子》）

上述"至于、及至、此外"几个连词都有转承的功能，都是出现在小句句首，所连接的话题与上文所述的话题已经不同，转为另一个新的话题。

3. 递进连词

递进连词是连接两个语义上有更进一层关系的语言单位的连词。递进连词依据其所连接的两个语言单位的语义关系，可分为顺递连词和承递连词。顺递连词往往以前一个语言单位为基点，顺势递进，主要是加强语气，起强调的作用；承递连词是指前一语言单位本该如此都不如此，后一个语言单位通过对比推导出本不该如此更不能如此；或反之。起一种逼进的语义作用。

顺递连词包括：再$_2$、不但、不单、不仅、不只。

承递连词包括：况、况且、何况、以至$_1$、甚至、甚至于、乃至、乃至于、并且、而且、再说、再者。

承递连词使用的数量明显多于顺递连词，其使用要较顺递连词普遍。

[再$_2$]：表示顺递的连词，在叙述了事件的某个因素后，顺递提到另外一个或多个因素。

> 我对游览不是特别感兴趣，哎。又是，主要就是也没有时间，没有这个，再这个交通也是很不方便的。（BJKY）

> 你说我一人儿去吧，叫不叫人其他同志去?我一人儿去不合适。说如果要去两个，工作上就麻烦了。再一有病的，再一家有事儿的，所以工作就管，就不好办。（同上）

[不但]：

> 我满月的那一天，不但没有风，而且青天上来了北归较早的大雁。（CCL-LS《正红旗下》）

> 这是徐小姐，不但长得好，本事还强呢，什么都会!（CCL-LS《残雾》）

> 我们那儿的那个小姑娘就与众不同，不但帮着我四处追苹果，还不笑我!（CCL-LS《女店员》）

[不单]：

> 他为什么那么爱你呢? 不单给鱼，还给小缸! 瞧你多有人缘哪!（CCL-LS《龙须沟》）

> 对老父亲，他不单把委屈圈在心里，而且口口声声的说一切都太平了，为是教老人心宽。（CCL-LS《四世同堂》）

> 她不单给他打来四两酒，还买来一包她以为是"中中儿"的香烟。（同上）

[不仅]：

> 大姐丈不仅满意他的"满天飞元宝"，而且情愿随时为一只鸽子而牺牲了自己。（CCL-LS《正红旗下》）

> 多老大拐弯抹角地说出：他不仅是个旗人，而且祖辈作过大官，

戴过红顶子。（同上）

[不只]：

这可并不只是可笑的事，瑞宣告诉自己。（CCL-LS《四世同堂》）

老太太可不只是祷告烧香呀，儿媳妇要吃活人脑子，老太太也不驳回。（CCL-LS《抱孙》）

我们可不只是恼她不跟我们打牌，她还有没出息的地方呢。（CCL-LS《毛毛虫》）

以上顺递连词，"不但"一般连接小句或句子，常常置于主语之前；"不单、不仅、不只"常常置于主语之后；"不单、不仅"一般连接小句或句子，"不只"往往连接词或短语。

[况且]：一般连接小句或句子。

每一个城楼，每一个牌楼，都可以从老远就看见。况且在街上还可以看见北山与西山呢！（CCL-LS《想北平》）

北海的白塔是挺入天空的雄蕊！它本身就是一朵花，况且它到处还有树与花草呢！（CCL-LS《四世同堂》）

[何况]：一般连接小句或句子。

你想想，买匹肥骡子得几百不？何况那么可爱的大姑娘！（CCL-LS《老张的哲学》）

但是，为了看戏，他连命也肯牺牲了，何况那点老规矩呢。（CCL-LS《四世同堂》）

首先，得把钱伯伯救出来，安置妥当，然后才能松口气，何况目前爷爷，妈妈和哥嫂都离不开他。（CCL-LS《四世同堂》）

[以至$_1$、以至于]：

"以至$_1$"主要连接词或短语，而"以至于"主要连接小句或句子。

打地毯，擦桌子，自炉口以至门环，凡有铜器的地方全见一见油。（CCL-LS《二马》）

只有一桩事，盘旋在他的脑海中——他要想全了自从被捕以至由狱中爬出来的整部经过。（CCL-LS《四世同堂》）

北平在不久就要计口授粮，就要按月献铜献铁，以至于献泡过的茶叶。（CCL-LS《四世同堂》）

在国破家亡的时候，肯随着男人受苦，以至于随着丈夫去死节殉难！（同上）

这自然不是说，他可以随便由着女儿胡闹，以至于嫁给祥子。（CCL-LS《骆驼祥子》）

[甚至、甚至于]："甚至"可连接词或短语，也可连接小句或句子；"甚

至于"多连接小句或句子。

　　我母亲甚至建议："四叔，我把那个有把儿的茶杯给你留起来，专为你用，不许别人动，你大概就会喝我们的茶了吧？"（CCL-LS《正红旗下》）

　　在这瘦脸上，没有苦痛，没有表情，甚至没有了病容，就那么不言不语的，闭着眼安睡。（CCL-LS《四世同堂》）

　　我可也不能不多少地感激她：假若不是她肯和大姐婆婆力战，甚至于混战，我的生日与时辰也许会发生些混乱，其说不一了。（CCL-LS《正红旗下》）

　　他这个熟透了的旗人其实也就是半个，甚至于是三分之一的旗人。（同上）

[乃至、乃至于]：既能连接词或短语，也能连接小句或句子。

　　的确是赔钱货，不但出阁的时候须由娘家赔送四季衣服、金银首饰，乃至箱柜桌椅，和鸡毛掸子。（CCL-LS《正红旗下》）

　　我不得罪他们，我喂着他们；乃至我认识了警官，才一个个的收拾他们。（CCL-LS《月牙儿》）

　　他们终日终年乃至终生，都挣扎在那肮脏腥臭的空气里。（CCL-LS《龙须沟》）

　　我混得比从前强了好多：炒麻豆腐、腌小螃蟹、猪头肉、二锅头、乃至于酱鸡，对不起，全先偏过了！（CCL-LS《正红旗下》）

[并且]：表示承递。

　　我倒必须再提一提便宜坊的老王掌柜。他也来了，并且送给我们一对猪蹄子。（CCL-LS《正红旗下》）

　　到我洗三的时候，他已在北京过了六十年，并且一步一步地由小力笨升为大徒弟，一直升到跑外的掌柜。（同上）

[而且]：表示承递。

　　在全胡同里，只有李家的老人与祁老太爷同辈，而且身量只比祁老人矮着不到一寸。（CCL-LS《四世同堂》）

　　和祁天佑的年纪仿上仿下，可是看起来还象三十多岁的人，而且比三十多岁的人还漂亮。（同上）

[再说]：表示承递。

　　王掌柜是一条好汉子的父亲。再说眼睛多是旗人，给旗人丢人的旗人，特别可恨！（CCL-LS《正红旗下》）

　　过个三年五载，咱们就必能看到幸福，我不会骗你！再说你还比别人强呀，父亲，姐姐，都对你很好！（同上）

他就许能给你写几段相声！再说咱们缺个会写字的，何不教他来帮帮忙？《方珍珠》）

[再者]：表示更进一层或另外列举原因、理由。

我三十多岁了，改什么行？再者我也舍不得离开北京城。（CCL-LS《龙须沟》）

政府又这么关心我们，我活六十多岁了，没有见过！再者，沟修好了以后，不是就永远不出毛病了吗？（同上）

这样再者我呀在班里呢，我又是一个团员，又是一个组织委员。（BJKY）

[再则]：同"再则"。

现在因为岁数一个是，四十岁左右，都四十，四十多岁了。再则家里负担比较重，这个工作也任务比较繁重。（BJKY）

以上承递连词，除了"以至""甚至""乃至""乃至于"可以连接词或短语，可以出现在主语之后外，其他承递连词往往都是连接小句或句子，只出现在主语之前。此外，"再则"只出现在口语语料中，老舍作品中没有此用例。

4. 选择连词

选择连词是连接两个或两个以上具有选择关系的语言单位的连词。选择连词分为选取连词和析取连词两类。

选取连词包括：或、或者、或是、还是、不是。选取连词一般连接若干个可供选择的项目，可在其中任选一种或多种结果，这种任选连词可以是二者选一或数者选一。

析取连词包括：宁可、与其、不如、倒不如。析取连词是所连接的若干个选项中其结果已经确定，这种限选连词可以是先舍后取或先取后舍。

[或、或者]：

有人搀着上车下车、出来进去，才象个娶亲太太或送亲太太呀！（CCL-LS《正红旗下》）

在过阴天的时候，可以定买金四把的头号大羊肚子或是烧羊脖子。（同上）

像我这样的一个贫寒的人，或者只有在北平能享受一点清福了。（CCL-LS《想北平》）

他觉得钱先生虽然受尽苦处，可是还很健康，或者也很快活。（CCL-LS《四世同堂》）

"或"与"或者"，"或"一般只连接词和短语，"或者"则往往连接小句和句子。

[或是]：一般连接小句或句子，常表示数者选一。

　　在外边，人家不再喊他丁四，都称呼他丁师傅，或是丁头儿；你看，他乐得并不上嘴儿。（CCL-LS《龙须沟》）

　　你看，凭我的体格、聪明，我要是在石景山钢铁厂，或是清河制呢厂，或是第一机床厂干活儿，我必定是模范！（CCL-LS《女店员》）

[还是]：常表示二者选一，一般置于选项之前。

　　他是旗兵，应当向着朝廷呢？还是向着十成呢？他的心好象几股麻绳绕在一块儿，撕拉不开了。（CCL-LS《正红旗下》）

　　不管是皇上的，还是别人的错儿吧，反正姑母的日子过得怪舒服。（同上）

　　是叫王掌柜在前门外的山东馆子摆酒呢，还是到大茶馆去吃白肉呢？（同上）

[不是]：

　　"不是"做选择连词，可以和不同的选择词搭配而构成多种格式："不是……就是"是常见的结构，此外还有"不是……就""不是……是""不是……而是""不是……便是""不是……倒是"等，都是表示二者必居其一的语义关系。

　　"不是……就是"：

　　眼看着老朋友们一个个的不是饿死，就是叫人家杀了，我呀就是有眼泪也流不出来喽！（CCL-LS《茶馆》）

　　你大哥就鼻子不是鼻子，脸子不是脸子，不是嫌茶凉了，就是说饭开晚了！（CCL-LS《女店员》）

个别时候还可变成"不是……就"的格式：

　　早晚不是累死，就得叫炮轰死，我看透了！（CCL-LS《茶馆》）

　　"不是……是"：

　　他的毛病不是天生带来的，是教社会给逼出来的！（CCL-LS《方珍珠》）

　　我不是故意地给你作宣传，我是要教大家更多地了解你！（CCL-LS《西望长安》）

　　不是我个人走不走的问题，是大家怎么组织一下儿的问题。（CCL-LS《方珍珠》）

　　不是他软弱，是费子春运气好，简直没法不信运气，多少多少事情是这么着……（CCL-LS《老年的浪漫》）

　　"不是……而是"：

　　他入洋教根本不是为信仰什么，而是对社会的一种挑战。（CCL-LS

《正红旗下》)

　　他就想到福海二哥。不是想起一个旗人，而是想起一个肯帮忙的朋友。(同上)

"不是……便是"：

　　在今天，我们还时时听到看到各处不是闹旱便是闹水，甚至于一些蝗虫也能教我们去吃树皮草根。(CCL-LS《青蓉略记》)

　　因为她识字并不多，而且一天到晚嘴中不是叫孩子，便是谈论油盐酱醋。(CCL-LS《四世同堂》)

　　他买来的油盐酱醋等等，不是短着分量，便是忽然的又涨了价钱。(同上)

　　假若那个职员是在写着一封私信，或看着一本书，不是马上记过，便是开除。(同上)

"不是……倒是"：

　　这不是支持得了支持不了的问题，倒是爱国不爱国的问题！(CCL-LS《春华秋实》)

　　以上几种格式里，前一个连接词"不是"可以在主语后，也可以在主语前，后一个连接词则基本都是置于小句之首，只有个别的连接词"便是"有时候能够连接词或短语。

　　[宁可₁]：

　　"宁可₁"作选择连词，表示在权衡两方面的利害得失后，选择其中的一面。"宁可"既可位于前一小句，又可以位于后一小句：

　　假若爱弥耳把一当作二，我宁可杀了他！(CCL-LS《新爱弥耳》)

　　金三爷宁可自个儿吃共和面，喝茶叶末儿，也要想尽法儿让外孙子吃好喝好。(CCL-LS《四世同堂》)

　　"宁可₁"与所搭配的连接词可构成以下不同格式：

宁可……不：

　　这条街的人们靠着租外国人发财的不少，差不多只剩我这一处，宁可少赚钱，不租外国人！(CCL-LS《二马》)

　　稍微体面一点的人宁可就少吃一口，不能不把吃饭的地方弄干净了！(同上)

宁可……而：

　　连老冯那样一个木匠，他也宁可扔些金钱，而图个心净。(CCL-LS《蜕》)

　　他宁可费两个钟头去修脚，而不肯闭上眼看一会儿他的心。(CCL-LS《四世同堂》)

宁可……也:

　　他们宁可上澡堂子,泡上顶好的"大方",光着屁股,吸着烟卷,谈那么一会儿,也不肯把友人约到家中来。(CCL-LS《文博士》)

　　他宁可丢了脑袋,也不放弃了滕磕。(CCL-LS《四世同堂》)

从总的使用情况看,"宁可"出现在前一小句比出现在后一小句多。此外,较常的情况是,"宁可"往往居于主语之后。

[宁愿1]:作选择连词与"宁可1"相同。

　　她宁愿话不投机,招丈夫对她发怒,也不愿看着他们兄弟之间起了口舌。(CCL-LS《四世同堂》)

　　大家仿佛宁愿把钱输给主任,也不愿随便赢别人几个。(CCL-LS《不成问题的问题》)

[不如]:

　　教她立规矩吧,又于心不忍,所以干脆不如和长孙媳妇商议商议家中的大事。(CCL-LS《四世同堂》)

　　把东西搁坏了,不如借给朋友用用!(CCL-LS《春华秋实》)

　　李子荣知道紧逼老马是半点用没有,不如给他点工夫,叫他想一想。(CCL-LS《二马》)

[倒不如]:

　　他也想到:他自己未必有多大的能力,倒不如督催着瑞丰去到处奔走。(CCL-LS《四世同堂》)

　　整个的北平都落在鬼子手里,自己有什么蹦儿呢?倒不如从事实上来讲,既能保住买卖,又不太丢人,那才是好办法。(CCL-LS《浴奴》)

[与其]:

"与其"作为表示选择关系的连词,在比较两件事的利害得失而决定取舍时,表示放弃或不赞成的一面。"与其"用在舍弃的一面。

　　与其这样,还不如吵,省得拖泥带水;他要一刀两断,各自奔前程。(CCL-LS《黑白李》)

　　与其说是找到,还不如说偶然碰到的妥当。(CCL-LS《蜕》)

　　与其那么牺牲,还不如咱们照着老方法去干。(同上)

"与其"与所搭配的连接词构成:"与其……不如""与其……还不如"的格式:

　　我跑到街上,心生一计:与其到北城打听,不如去问巡警。(CCL-LS《老张的哲学》)

　　直着腿坐了会儿,他想好了与其顺着他们说,不如逆水行舟;这样至少能显出自己心中不空……(CCL-LS《文博士》)

她预备天赐的三天呢，这与其说是为天赐，还不如说是为她自己。（CCL-LS《牛天赐传》）

孩儿念书，在老太太看，与其为识字还不如是为受点管教。（同上）

以上格式中，"与其"表示舍弃的一面，而使用"不如""还不如"等连接词来表示选取的一面，从而构成选择。

（二）偏正关系连词

偏正关系连词主要有六小类。

1. 因果连词

因果连词自上古时期就已经产生，经由中古而到近代在北京土话中保留下来的有：因、既、以致、所以、因此、因而、因为、既、既然、既是等。因果连词分为以下两类。

表示原因的连词：因、因为、既、既然、既是、只因、由于。

表示结果的连词：以致、所以、之所以、因此、因而、以至$_2$、可见。

[因、因为]：一般连接小句或句子，表示原因。

何必因一时的不顺心，而胡猜别人呢？（CCL-LS《残雾》）

在我小的时候，我因家贫而身体很弱。我九岁才入学。（CCL-LS《我的母亲》）

因家道兴旺而离开这陋巷的，他不去巴结；因家道衰落而连这陋巷也住不下去的，他也无力去救济。（CCL-LS《四世同堂》）

"因"常常与连接词"而"搭配使用，"因"在主语前或主语后都可出现。

在我干嚎的时候，天南地北有多少孩子，因为饿，因为冷，因为病，因为被卖出去，一齐在悲啼啊！（CCL-LS《正红旗下》）

因为脏，病就多。病了耽误作活，还得花钱吃药！（CCL-LS《龙须沟》）

"因为"常常置于主语之前，小句句首。一般情况下，"因"的使用频率不仅在书面语，同时在口语中也远远低于"因为"的使用频率。

[既、既然]：主要连接小句或句子，表示原因。

大门既被祖父封锁，只好在屋里玩扑克牌解闷。（CCL-LS《四世同堂》）

他可善可恶，不过既走江湖，时受压迫，故无法不常常掏坏。（CCL-LS《方珍珠》）

既然无力把她接出来，而又不能多给她寄钱，在他看，是件残酷的事。（CCL-LS《一封家信》）

既然曹先生都不敢家去，这个家伙一定来历不小！（CCL-LS《骆驼祥子》）

[既是]：主要连接小句或句子。

这些婚丧大典既是那么重要，亲友家办事而我们缺礼，便是大逆不道。（CCL-LS《正红旗下》）

富善先生，既是英国人，当然守旧。（CCL-LS《四世同堂》）

[只因]：连接小句，表示原因。

想想自己的闺女，只因爹是艺人，上了人家的当，象个破烂玩艺儿似的让人给甩了。（CCL-LS《鼓书艺人》）

只因爸爸一句话，她肚子里带着一个人的娃娃，就去跟另外一个人同床共枕。（同上）

[因此]：主要连接小句和句子。用来表示结果。

白姥姥又用姜片艾团灸了我的脑门和身上的各重要关节。因此我一直到年过花甲都没闹过关节炎。（CCL-LS《正红旗下》）

因此，她不单不敢抱怨长顺儿摆起灰沙阵，而且觉得从此可以不再寂寞。（CCL-LS《四世同堂》）

[因而]：功能同"因此"。

大舅听出客人的语气急切，因而不便马上动问。（CCL-LS《正红旗下》）

她手指上的戒指都被肉包起来，因而手指好象刚灌好的腊肠。（CCL-LS《四世同堂》）

[由于]：连接词或短语，也常常连接小句或句子。

由于这观念的联合，人们的心中就又立刻勾出一幅美丽的，和平的，欢喜的，拜月图来。（CCL-LS《四世同堂》）

打嘴巴的原因由于是买汽车。（CCL-LS《牛老爷的痰盂》）

异地的孤寂是难以担当的，况且由于是死别，他们的死将永远追随着我。（CCL-LS《猫城记》）

[所以]：连接表示结果的小句或句子。

但是，她最忌讳人家说她的东西买贵了。所以二姐向母亲汇报的时候，总是把嘴放在母亲的耳朵上，而且用手把嘴遮得严严的才敢发笑。（CCL-LS《正红旗下》）

姑母心疼钱，又不好意思白跑一趟，所以只买了一包刷牙用的胡盐。（同上）

[之所以]："之所以"往往置于表示原因的小句前，其所接小句后往往要加上"者"构成"之所以……者"的格式。

姑母是不轻易发善心的，她之所以情愿帮助大姐者是因为我们满人都尊敬姑奶奶。(CCL-LS《正红旗下》)

在另一方面，姑母之所以敢和大姐婆婆分庭抗礼者，也在这里找到一些说明。(同上)

[以致]：用在下一小句的开头，表示由上述原因形成的结果，并多指不好的结果。

客气，宽大，好免得教客人们因有所不满而暗中抱怨，以致损了他的寿数。(CCL-LS《四世同堂》)

钱太太的太阳穴与腮全陷进去多么深，以致鼻子和颧骨都显着特别的坚硬，有棱有角。(同上)

[以至$_2$]：用在下一小句的开头，表示上文所说的动作、情况的程度很深而形成的结果。

闹得大姐脑子里尽是春灯与风筝，以至耽误了正事，招得婆婆鸣炮一百零八响！(CCL-LS《正红旗下》)

他非常兴奋，以至把下巴刮破了两块儿。(同上)

[可见]：连接小句和句子，表示由上文的叙述而推出的结果。

他没想到王掌柜会这么快就告诉了老二，可见王掌柜是发了慌，害了怕。(CCL-LS《正红旗下》)

唔，没有，没给他下毒，可见日本人对他还是信得过。(CCL-LS《四世同堂》)

2. 转折连词：表示小句间的转折关系

转折连词有：然而、但$_1$、但是、可、可是、而$_3$、怎奈、不过、只是、则$_2$等。

[然而]：连接小句或句子，表示转折关系。

总不能把人家撵出去吧。然而，长顺决定把门插上，不招待这种"朋友"。(CCL-LS《四世同堂》)

她衣服陈旧，又太短，然而瞧着却很宽松，因为她瘦得只剩了一把骨头。(同上)

[但$_1$、但是]：连接小句或句子，表示转折关系。

她的脸虽黄黄的，但不论是发着点光，还是暗淡一些，总是非常恬静。(CCL-LS《正红旗下》)

对人，他颇有礼貌。但在街上走的时候，他总是目不斜视，非到友人们招呼他，他不会赶上前去请安。(同上)

祁老人心中很明白这个，但是不愿对别人说。(CCL-LS《四世同堂》)

他知道不该把一辈子拴在个他所不爱的女人身上，但是他又不忍

看祖父、父母的泪眼与愁容。(同上)

[可、可是]：连接小句或句子，表示转折关系。

尽管她时常发愁，可决不肯推卸责任。(CCL-LS《正红旗下》)

好嘛，什么都可以忍受，可就是不能叫老人们骂他怕老婆。(同上)

在我降生的前后，我们的铁杆儿庄稼虽然依然存在，可是逐渐有点歉收了，分量不足，成色不高。(同上)

她的身量不高，可是因为举止大方，并显不出矮小。(同上)

[而₃]：连接词或短语，也能连接小句或句子，表示转折。

二哥若是虽矮而不显着矮，大姐夫就并不太高而显着晃晃悠悠。(CCL-LS《正红旗下》)

据她自己解释，并不能怨她，而应归咎于我母亲的营养不良，身子虚弱。(同上)

[怎奈]：连接小句或句子，常常位于后一个小句，但有时也在前一个小句句首出现。

怎奈她一不挨打就不好过，我们只好轻轻的责打她。(CCL-LS《柳树井》)

老人本想把自己用的长杆细袋送给他，怎奈小木人并不吸烟。(CCL-LS《小木头人》)

用小虾米钓大鱼，不能不先赔上几个虾米；怎奈连这几个小虾米都是这么不易凑到呢！(CCL-LS《文博士》)

[不过]：连接小句或句子，一般多处于后一个小句句首。

姑母便对我不大满意了。不过不管她多么自私，我可也不能不多少地感激她……(CCL-LS《正红旗下》)

按理说我可不该插嘴，不过咱们爷儿们住街坊，也不是一年半年啦，总算是从小儿看你长大了的……(CCL-LS《龙须沟》)

[只是]：连接小句或句子，一般处于后一个小句。表示对上一小句加以限制和修正。

她一点不怕麻烦，只是十分可怜她的鞋。(CCL-LS《正红旗下》)

什么法子都想到了，只是没想到卖身。(CCL-LS《残雾》)

[则₂]：表示转折，一般只在主语后出现。

小缎帽盔，红结子——夏天则是平顶草帽，在头上转圈。(CCL-LS《牛天赐传》)

至于洋麻绳菜与草茉莉等等，则年年自生自长，甚至不用浇水，也到时候就开花。(CCL-LS《正红旗下》)

3. 条件连词

条件连词是以某种条件为根据而推断出某种结果的连词，因此条件连词连接的条件复句包含条件小句和结果小句。

条件连词主要分为两类：

任意条件关系连词，即不管什么情况，都会发生的结果，这类条件连词包括：不论、不问、不管、无论、甭管、别管、哪管任、任凭。

非任意条件关系连词，即表示充分条件或必要条件的关系，这类条件连词包括：只要、只有、除了、除非

[只要]：表示条件与结果的关系，"只要"表示充分条件，常与"就"配对使用。

只要小妞不落泪，管什么金鱼贵不贵！（CCL-LS《龙须沟》）

我是乡下人，我能吃苦，只要不再作太监的老婆，什么苦处都是甜的！（CCL-LS《茶馆》）

[只有]：表示条件与结果的关系。"只有"表示必要条件，有时与"才""都"搭配使用。

只有大姐的婆婆认为她既不俊美，也不伶俐，并且时常讥诮：你爸爸不过是三两银子的马甲！（CCL-LS《正红旗下》）

四外漆黑，没有声音，只有月牙儿放出一道儿冷光。（CCL-LS《月牙儿》）

什么都是凉的，只有这些栗子是热的；我舍不得吃，用它们热我的手。（同上）

陈家的男子都是轻看妇女的，只有廉仲是个例外，没出息。（CCL-LS《新时代的旧悲剧》）

只有当她跑遍全城，呼唤儿子的时候，才有了生命。（CCL-LS《四世同堂》）

[除非]：表示必要条件，"除非"一般连接小句或句子，表示唯一的条件。

他？他那个恶霸头子？除非老百姓都死光了！（同上）

现洋是那么白亮，厚实，起眼，他更觉得万不可撒手，除非是拿去买车。（CCL-LS《骆驼祥子》）

[不论]：表示任意条件，即使客观事物的条件和情况不同，而结果都不会改变。常与"都、也"等副词相呼应。

北平人，不论是看着一个绿脸的大王打跑一个白脸的大王，还是八国联军把皇帝赶出去，都只会咪嘻咪嘻的假笑，而不会落真的眼泪。

（CCL-LS《四世同堂》）

"一点都不麻烦！你通知冠家，不论大赤包怎么霸道，她也不敢惹你！（同上）

[不管]：与"不论"相同，也表示任意条件。

小子，你听着，我现在要替黑旋风大太爷管教管教你。不管他妈的是你，是你的女人，还是你的街坊四邻，都应当记住……（CCL-LS《龙须沟》）

骂人哪？我可会揍你！我才不管什么男的女的，说翻了都揍。（CCL-LS《方珍珠》）

[不问]：表示任意条件，表示"不管/不论……都"的语义。

而且这五千黄脸鬼是个个抽大烟，私运军火，害死人把尸首往床底下藏，强奸妇女不问老少，和作一切至少该千刀万剐的事情的。（CCL-LS《二马》）

是社会是这样的社会，谁能去单人匹马的改造呢？先不问这合理不合理吧，既来之则安之，干什么说什么。（CCL-LS《文博士》）

[无论]：表示任意条件，即在任何条件下结果都不会改变。

无论冬夏，他总提着四个鸟笼子，里面是两只红颏，两只蓝靛颏儿。（CCL-LS《正红旗下》）

我只是胆子大，无论多么大的牌，我敢下场。（CCL-LS《方珍珠》）

[甭管]：表示"不管/不论……都"的语义，老北京口头语中"甭"常常音变为"[piŋ˩]"。"甭管"主要用于口语中，在老舍作品里，"甭管"作连词共出现了7条语料，有6条是出现在人物对话中。 "甭管"后可以不加"都、也"等副词搭配。

甭管是怎么一回事，老栗，你不该跟大嫂发脾气。（CCL-LS《西望长安》）

甭管是做点儿买卖也好，是干什么也好，他能够有正事儿了。（BJKY）

[别管]：表示"无论"之义的任意条件连词。

那可就难说！别管天下怎么乱，咱们北平人绝不能忘了礼节！（CCL-LS《四世同堂》）

别管怎么着吧，他就是生活多要那个重要的话，他也得给学习搁到头里。（BJKY）

[哪管]：表示"不管/不论"之义，与"甭管""别管"的连接功能相同，只是"哪管"多在书面语中出现。

只有这个张妈，已经跟了他们五六年，唯一的原因是她敢破口

就骂，不论先生，哪管太太，招恼了她就是一顿。(CCL-LS《骆驼祥子》)

[凭]：表示"无论"之义，是任意条件关系连词。

我们都知道，凭他是谁，也不能枪毙人。(CCL-LS《我这一辈子》)

我连头也不回，凭他们摆布；我只希望他们用绳子拴上我，我的精神正如肉体，同样的受不了这种软，紧，热，讨厌的攥握！(CCL-LS《猫城记》)

[任凭]：表示不论、无论的任意条件关系，后面常常连接疑问代词"怎样"来搭配使用。

任凭他们夫妇怎样的叫，东阳始终不哼一声。(CCL-LS《四世同堂》)

牛老太太可是很坚决，任凭大家怎样嘟嘟，天赐到底比从亲戚家抱来的娃娃强。(CCL-LS《牛天赐传》)

可是，任凭怎么骂，一间狗窝还是一块半钱。(CCL-LS《柳家大院》)

老北京土话中，一般不使用"任、任是"等表示条件的连词；同时，"别管""哪管"出现的频率也十分低。

4. 假设连词

是表示小句间假设关系的连词。常常用在假设复句中，由表示假设条件的小句和表示结果的小句两部分组成。表示结果的小句往往含有"就、便"等副词与前面的假设连词相呼应。老北京土话中的假设连词主要有：若$_2$、若是、若不是、如果、设若、假如、假设、假若、要、要是、要不、要不是、要不然、倘、倘若、倘使、万一、否则、不然、则$_3$。

[若$_2$]：

所谓真正的关东糖者就是块儿小而比石头还硬，放在口中若不把门牙崩碎，就把它粘掉的那一种，不是摊子上卖的那种又泡又松，见热气就容易化了的低级货。(CCL-LS《正红旗下》)

美中不足，他走票的时候，若遇上他的夫人也盛装在场，他就不由地想起阎王奶奶来，而忘了词儿。(同上)

"若$_2$"表示假设关系，作为连词早在先秦时期就开始使用，并由该单音节连词衍生出一系列与"若"有关的双音节假设连词。

[若是]：表示"如果""如果是"的假设关系。

她若是去赌钱，母亲便须等到半夜。若是忽然下了雨或雪，她和二姐还得拿着雨伞去接。(CCL-LS《正红旗下》)

以正翁与多甫的收入来说，若是能够勤俭持家，早就应该有了几

处小房，月月取租钱。（同上）

[若不是]：表示"如果不是"的假设关系。

再说，若不是八个孩子死扯着他，他想他一定不会这样的没出息。（CCL-LS《四世同堂》）

若不是钟鼓楼的钟声咚咚的代表着寒酸贪睡的北京说梦话，北京城真要象一只大死牛那么静寂了。（CCL-LS《赵子曰》）

天很冷，若不是大姐把我搐起来，不管我的生命力有多么强，恐怕也有不小的危险。（CCL-LS《正红旗下》）

[设若]：表示"假如"的语义关系，常常与"也"构成呼应。

设若我不再往下问，大概三分钟后她总得给我些眼泪看看。设若一定问，也无须等三分钟眼泪便过度的降生。（CCL-LS《爱的小鬼》）

打到南京，我已是团长。设若我继续工作，现在来至少也作了军长。（CCL-LS《大悲寺外》）

[假如、假若、假设]：都表示"如果"的语义关系。"假设"在老北京土话中出现的频率极低，在老舍作品中只出现了1例，在"北京口语语料库"中则只出现3例。人们通常使用"假如"作假设连词。

假如大赤包象吃了顺气丸似的那么痛快，冠晓荷的胸中可时时觉得憋闷。（CCL-LS《四世同堂》）

假若她大胆地去请假，她知道，婆婆必定点头，连声地说：克吧！克吧！（CCL-LS《正红旗下》）

假设就北京市，你要是万元户的话，你看一般都是很多是待业的。（BJKY）

"假若"有时与副词"非"搭配使用，同样表示一种假设关系：

一点也不是！我们不便拿它和苏杭或桂林山水作比较，但是假若非比一比不可的话，最公平的说法便是各有千秋。（CCL-LS《内蒙风光》）

假若非服侍伤兵去，时人还能看得起她，她也就只好前去。（CCL-LS《蜕》）

[如果]：表示假设义，常与"那么""就"相呼应。

如果孩子的眼睛能够反映战争的恐怖，那么妞子的眼睛里就有。（CCL-LS《四世同堂》）

孙八打算如果叔父作了会长，他就在城里买一所房，以便广为交际。（CCL-LS《老张的哲学》）

[要、要是]：表示"如果""如果是"的假设义。

我要还想卖女儿，我就不是人！（CCL-LS《茶馆》）

甭提他！他回来，我要不跟他拼命，我改姓！（CCL-LS《龙须沟》）

我要是会干别的，可是还开茶馆，我是孙子！（CCL-LS《茶馆》）

我要是摔死了，你横是连哭都不哭一声！（CCL-LS《龙须沟》）

[要不、要不然]：表示"不然、否则"的假设义。

好象听说过！反正犯了大罪，要不，怎么会问斩呀！（CCL-LS《茶馆》）

谁知道！要不怎么说，就是条狗也得托生在北京城里嘛！（同上）

你今天就有买卖，要不然，兵荒马乱的，你不会出来！（CCL-LS《茶馆》）

赵大爷给我出的主意：教我到派出所去坦白，要不然我永远是个黑人。（CCL-LS《龙须沟》）

[要不是]：表示"如果不是"的假设义。

我要不是去会一个思想家，根本就用不着这样向你们低三下四的。（CCL-LS《残雾》）

要不是工人们劝导我呀，我得一辈子老作他的狗腿子！（CCL-LS《春华秋实》）

[倘、倘若、倘使]：表示"假设"义。

"倘"类假设连词中，"倘"和"倘使"作假设连词的概率很低，在老舍的作品中各自只发现 1 例。倘若作为假设连词使用的频率要高于前者。而在"北京口语语料库"中这三个假设连词没有出现。

仰先生惯说谎，深愿彼此琢磨，以增高人生幸福，光大东西文化！倘蒙不弃……（CCL-LS《不说谎的人》）

她把弟妇生娃娃的一切全交给大姐办理，倘若发生任何事故，她概不负责。（CCL-LS《正红旗下》）

可是倘若把衣裳撕了，我母亲不打我吗？（CCL-LS《小铃儿》）

再说，倘使他们愿意跟着我，我拿什么养活着他们呢？（CCL-LS《全家福》）

[万一]：表示可能性极小的假设连词，常常用于不如意的人或事。

他已不给鸽子戴上鸽铃，怕声闻九天，招来"鹞虎子"——一种秋天来到北京的鹞子，鸽子的敌人。一点不能大意，万一鹞虎子提前几天进了京呢，可怎么办？（CCL-LS《正红旗下》）

我十几年没唱了，万一唱砸了，可怎么办呢？（CCL-LS《龙须沟》）

两亲家反都不敢去了。万一儿媳妇肚子上还有个盆大的洞，多么吓人？（CCL-LS《抱孙》）

"万一"可在主语前，也可在主语后，主要连接小句或句子。

[否则]：表示"如果不是这样"的假设义。

　　幸而有这几株树，否则祁家的南墙外便什么也没有，倒好象是火车站上的房子，出了门便是野地了。（CCL-LS《四世同堂》）

　　拿着点东西，好搭讪着骗顿饭吃，否则就大不好意思了。（CCL-LS《四位先生》）

[不然]：表示如果不是上一个小句所说的情况，就发生或可能发生下一个小句所说的情况。

　　赵大爷说了，我有这点诚心呢，他就帮我的忙；不然，他不管我的事！（CCL-LS《龙须沟》）

　　有小孩才像家庭；不然，家庭便和旅馆一样。（CCL-LS《婆婆话》）

[则₃]：以假定为依据，表示对结果的推断。往往置于主语之前。

　　其实，祁老人对孙子永远不动真气——若是和重孙子在一处，则是重孙子动气，而太爷爷陪笑了。（CCL-LS《四世同堂》）

　　不幸马六是中国人而必定把家庭辈数尊长弄的清清楚楚，欲清楚而不得，则家庭纲纪弛矣！（CCL-LS《老张的哲学》）

在老舍的作品中，没有出现"若非、不是、倘或、设如"等假设连词的使用例证，"如"作为假设连词也仅只出现1例。

5. 让步连词

让步连词是连接让步关系复句的连词。其作用是以某种情形的出现而为与之相反的情形出现做出铺垫。让步连词从其语义上分为以下两类。

先承让后确认：先承认甲事实的存在，后指出与之相反的乙事实并非不成立。包括"虽然"类连词：虽、虽然、虽说、虽是、别说。

先假定后确认：先假定甲事实的存在，后指出与之相反的乙事实并不受影响。包括"纵然"类连词：纵、纵然、纵使、就、就是、就算、就说、即使、即或、即便、哪怕、定可₂、宁愿₂，这类连词都是表示假设的让步关系。

[虽、虽然]：都用在上一个小句，下一个小句往往连接"可是、可、但是、却、也许、也"等词语与之呼应。

　　父亲虽是旗兵，可是已经失去二百年前的叱咤风云的气势。（CCL-LS《正红旗下》）

　　笼子还未放下，他先问有猫没有。变法虽是大事，猫若扑伤了蓝靛颏儿，事情可也不小。（同上）

　　他虽爱花钱，但花的是祖辈留下来的，大爷高兴把钱都打了水飘儿玩，谁也管不着……（同上）

　　小童儿年纪虽小，却穿着件扑着脚面的长衫，显出极其老成，在

老成之中又有点顽皮。(同上)

　　二哥心里很不高兴,虽然脸上不露出来——也许笑容反倒更明显了些,稍欠自然一些。(同上)

　　虽然这里的桌椅都是红木的,墙上挂着精裱的名人字画,而且小书童隔不会儿就进来,添水或换茶叶,用的是景德镇细磁盖碗,沏的是顶好的双熏茉莉花茶,他可是觉得身上和心里都很不舒服。(同上)

　　虽然天气已相当的热,王掌柜可讲规矩,还穿着通天扯地的灰布大衫。(同上)

　　北边的秃山挡不住来自塞外的狂风,北京的城墙,虽然那么坚厚,也挡不住它。(同上)

　　"虽、虽然"在上半句先表示承认甲事实为乙事实,但乙事实并不因为甲事实而不成立。

[虽说]:

　　虽说为了生活他得走街串巷,跟各种各样的人打交道,可他从来没跟人动过手;要是看见别人打架,不管人家拿的是棍棒还是刀枪,他都要冒着危险把人家拽开。(CCL-LS《四世同堂》)

　　虽说还没有解除警报,四大妈什么也不管不顾了,大声哭了许久。(同上)

　　论年纪、经历和秉性,他俩都差不多。虽说不是亲戚,多年来也真跟手足不相上下。(同上)

[虽是]:

　　亲家爹虽是武职,四品顶戴的佐领,却不大爱谈怎么带兵与打仗。(CCL-LS《正红旗下》)

　　我虽是男的,可还不堪重任。全家竟自没有人主持祭灶大典!(同上)

　　北京虽是城市,可是它也跟着农村社会一齐过年,而且过得分外热闹。(CCL-LS《北京的春节》)

　　"虽说""虽是"都表示"虽然"的让步义,语义功能和"虽然"等同。

[别说]:通过降低对某人、某事的评价,借以突出另外的人与事,常与"就是"连用,有时还与"要是"呼应,表示假设的让步。

　　别说八十斤大饼,一斤也交不出啊!(CCL-LS《茶馆》)

　　首先是:别说母亲只生了一个娃娃,就是生了双胞胎,只要大姐婆婆认为她是受了煤气,便必定是受了煤气,没有别的可说!(CCL-LS《正红旗下》)

　　你要是再和魏丫头来往,别说我可拿刀子拼命!(CCL-LS《赵

子曰》）

"别说"也属于"虽然"类的让步连词。

[就、就是]：表示假设的让步，常常与副词"也"相呼应。

到了我这一代，我只记得大家以杏仁茶、面茶等作早点，就连喝得起牛奶的，如大舅与大姐的公公也轻易不到牛奶铺里去。（CCL-LS《正红旗下》）

从前，就连我们的小小的坟地上也有三五株柏树，可是到我父亲这一辈，这已经变为传说了。（同上）

他在北京住了几十年，又是个买卖地的人，一向对谁都是一团和气，就是遇见永远不会照顾他的和尚，他也恭敬地叫声大师傅。（同上）

发财还乡之后，亲友们，就是原来管他叫流氓的亲友们，不约而同地称他为中国通。（同上）

[就算、就说]：表示假设的让步，有时与表示转折的连词"可、可是"相呼应。

就算有你帮助，打扫二十来间屋子，侍候二十多人的伙食，还要沏茶灌水，买东西送信，问问你自己，受得了受不了！（CCL-LS《茶馆》）

好，就算你是好汉，黑旋风可也并不是好惹的！（CCL-LS《龙须沟》）

可是你有钱没钱也应该回家呀，总不照面儿不是一句话啊！就说为你自个儿想，半夜三更住在外边，够多悬哪！（同上）

世界上，不，就说一个学校吧，哪能都是明白人呢。我们的同学里很有些个厌恶黄先生的。（CCL-LS《大悲寺外》）

[哪怕]：表示假设的让步，常常与副词"也"相呼应。

你甭管，全交给我得啦！哪怕是吃炒菜面呢，反正亲友来了，不至于对着脸儿发楞！（CCL-LS《四世同堂》）

哪怕是个冰人儿，也会被他马上给感动过来。（CCL-LS《且说屋里》）

[纵、纵然、纵使]：表示"即使"义的假设让步。常常与副词"也、到底"，表转折的连词"可、可是"相呼应，隐含结果相同的语义。

无论怎说，你总得给女性们一手儿瞧瞧，纵不能一战成功，也给了她们个有力的暗示——你并不是泥人哟。（CCL-LS《新年醉话》）

也值得来，风景不好的地方，纵有古迹，大可以不去。（CCL-LS《青蓉略记》）

他们父女却非常的快活，龙树古纵有天大的烦恼，一见了他的爱女，立刻眉开眼笑的欢喜起来。（CCL-LS《老张的哲学》）

到了算账的日子，几句话是无济于事的。她纵然知道自己无罪，可又说不出来。（CCL-LS《四世同堂》）

可是她们的好看只在脸上那一块，纵然脸上真美，到底叫他不能不联想到冥衣铺糊的纸人儿。（CCL-LS《二马》）

以她的财富，身分，她纵使看出婚姻的无望，也不肯这么降格相从。（CCL-LS《蜕》）

从另一方面说呢，这么被他们捉住，他们纵使还怕我，可是不会"敬"我了。（CCL-LS《猫城记》）

[即使、即或、即便]：表示假设的让步。常与副词"也"相呼应。一般来说，"即使"使用的频率远远高于"即或、即便"几个让步连词。"即或、即便"在老舍作品中只出现了少数几个用例。

她准备在大家祭完灶王，偷偷地拿出一部分，安安顿顿地躺在被窝里独自享受，即使粘掉一半个门牙，也没人晓得。（CCL-LS《正红旗下》）

他不敢怀疑大清朝的一统江山能否亿万斯年。可是，即使大清皇帝能够永远稳坐金銮宝殿，他的儿子能够补上缺，也当上旗兵，又怎么样呢？（同上）

有的干脆钉上破木板或碎席子，即或有一半块小小的破玻璃，也已被尘土、煤烟子和风沙等等给弄得不很透亮了。（CCL-LS《龙须沟》）

好吧，清波既然说到这儿，我想丁经理也会注意，只要做得结实，即或有点小小不言的，我想，倒也没多大关系。（CCL-LS《春华秋实》）

说一句大不孝的话吧——即便祁老人死了，天佑太太死了，妞子也必须活下去。（CCL-LS《四世同堂》）

反正也不能投降。打仗嘛，多死一个两个的又怎么样？即便那死去的就是他的孙儿。（同上）

古代汉语中常出现的"便、便是"还有"即、就使"等让步连词在老舍的作品以及"北京口语语料库"中已经找不到用例。"就便"在"北京口语语料库"中仅仅只有1例。

[宁可₂、宁愿₂]：表示忍让的让步。常与"也"相呼应

连老冯那样一个木匠，他也宁可扔些金钱，而图个心净。（CCL-LS《蜕》）

他宁愿登时死了，把脑子装在酒精瓶子里，也比这样活受罪强！（CCL-LS《赵子曰》）

6. 目的连词

表示人们希望发生什么，或避免发生什么的连词。目的连词也分为以下两类。

求得某种目的的连词：好、以、以便、以期、为了、为是、为的是。

免得某种目的的连词：省得、以免、免得。

[好]：表示"为了"的目的义，主要连接小句或句子，常常用在后一个小句的句首。

　　杂拌儿吃完，他就设计糊灯笼，好在灯节悬挂起来。（CCL-LS《正红旗下》）

　　二哥要先交代明白自己，好引出十成的真心话来。（同上）

　　是呀！我走，好让你们省点嚼谷呀！（CCL-LS《茶馆》）

[以₂、以便、以期]：表示使后一个小句所表示的目的容易实现，常常用在后一个小句的句首。

　　我晓得我应当去找饭吃，以减轻母亲的勤劳困苦。（CCL-LS《我的母亲》）

　　每年如是：他用各色的洋纸糊成小高脚碟，以备把杂拌儿中的糖豆子、大扁杏仁等等轻巧地放在碟上，好象是为给他自己上供。（CCL-LS《正红旗下》）

　　他心中不甚满意，所以找了大嫂去再说一遍，以期得到预期的称赞。（CCL-LS《四世同堂》）

　　在又包了一个象老鼠的饺子之后，他拿起皇历，看清楚财神、喜神的方位，以便明天清早出了屋门便面对着他们走。（CCL-LS《正红旗下》）

　　店伙必先把一小撮鼻烟倒在柜台上，以便客人一边闻着，一边等着往壶里装烟。（同上）

　　她只能用她的两只水灵的大眼睛偷偷的撩着他，以便抓住机会教小顺儿或小妞子跑过去，拉住他的手，或说几句话。（CCL-LS《四世同堂》）

[为了、为是、为的是]：表示目的，"为了"作连词常常用在前一个小句句首，"为是、为的是"常常位于后一个小句的句首。

　　好吧，为了你们夫妇的幸福生活，我也得去弄点酒来，喝一喝！（CCL-LS《西望长安》）

　　为了收入，为了使老人们心安，为了对学校的责任，他不能藏在家里。（CCL-LS《四世同堂》）

　　给孩子剃头，给小媳妇们铰脸——用丝线轻轻地勒去脸上的细毛儿，为是化装后，脸上显着特别光润。（CCL-LS《正红旗下》）

　　别动！别动！我这么早来，为是跟你说两句话儿。（CCL-LS《方珍珠》）

　　到了初五六，庙会开始风光起来，小孩们特别热心去逛，为的是

到城外看看野景，可以骑行驴，还能买到那些新年特有的玩具。（CCL-LS《北京的春节》）

两个星期以来，他跑穿了十来双袜子，为的是让大家伙儿都有个挣钱吃饭的地方。（CCL-LS《鼓书艺人》）

[省得]：表示为了不使发生某种不好的事情，常常用在后一个小句的句首。

赵大爷，到药王庙去烧股香，省得疟子鬼儿老跟着您！（CCL-LS《龙须沟》）

从此你算省心了！这儿全属我管啦，你搬出去！我先跟你说好了，省得以后你麻烦我！（CCL-LS《茶馆》）

[免得、以免]：表示目的是使下一个小句所说的情况不至于发生，常常用在后一个小句的句首。

所以必须作到老寿星所应有的一切慈善，客气，宽大，好免得教客人们因有所不满而暗中抱怨，以致损了他的寿数。（CCL-LS《四世同堂》）

请他先别挖沟，先招呼着老街坊们到这儿来，免得万一房子塌了，砸伤了人！（CCL-LS《龙须沟》）

假若还太早，她便回到炕上，穿好衣服，坐着打盹，不敢再躺下，以免睡熟了误事。（CCL-LS《四世同堂》）

他须时时刻刻的警戒着——肚子稍微一疼，便赶紧把刀子收回来，以免万一掉在人家的脸上或身上。（同上）

纪妈和虎爷主张给爸穿寿衣，以免死后倒动。（CCL-LS《牛天赐传》）

二、连词的语法分析

以下就连词的句法特点，语义、语用功能进行探讨。

（一）句法特点

关于连词的语法特点，不少学者都做过精辟的分析。李英哲（1997）认为："连词是比副词、介词更虚的一个词类，它用来连接词、短语、小句、句群乃至段落。具有纯连接性，没有修饰作用，也不充当句子成分。一般来说，连词有很多是由副词、介词发展而来，很多副词、介词又由动词发展而来。"[①] 邢福义（2003）认为："单纯起连接作用，表示语句之间的某种抽象的语法关系，不能成为一个句法结构里的中心语，便是作为连词的必要而

---

① 李英哲、卢卓群：《汉语连词发展中的若干特点》，《湖北大学学报》1997 年第 4 期，第 49 页。

充足的条件。"①可见，具有连接作用和不具有修饰作用，不充当句子成分等是连词的基本句法特点。

从连词所连接的语言单位可以分为以下几种类型。

1. 连接词或短语

（1）连接体词或体词性短语：

卖烧饼的、卖炭的、倒水的都在我们的，和许多人家的门垛子上画上白道道，五道儿一组，颇象鸡爪子。（CCL-LS《正红旗下》）

他的服装还是二三十年前的料子与式样，宽衣博带，古色古香。（同上）

（2）连接谓词或谓词性短语：

套裤比二姐大着两岁，可并不显着太旧，因为只在拜年与贺喜时才穿用。（CCL-LS《正红旗下》）

他在护国寺街口，看见了两个武装的日本兵，象一对短而宽的熊似的立在街心。（CCL-LS《四世同堂》）

（3）连接数量词或数量短语：

每逢定大爷想吃熏鸡或烤鸭，管事的总是照顾王掌柜，而王掌柜总是送去两只或三只，便在账上记下四只或六只。（CCL-LS《正红旗下》）

这里的"赶集"不是逢一四七或二五八到集上去卖两只鸡或买二斗米的意思，不是；这是说这本集子里的十几篇东西都是赶出来的。（CCL-LS《赶集序》）

对四号与六号的人们，祁老人永远保持着不即不离的态度，有事就量力相助，无事便各不相扰。（CCL-LS《四世同堂》）

可是，八张象螳虫的小嘴，和十六对象铁犁的脚，就把他的学者资格永远褫夺了。（同上）

表示并列关系的部分连词常常具有这种功能，而表示偏正关系的连词往往会连接更大的语言单位。

2. 连接小句

"黑子"，由于他的脸不白；不但不白，而且黑得特别，所以才有这个外号。（CCL-LS《我这一辈子》）

老人家你要是打算要这个姑娘，我双手奉送，别管我花多少钱买的！（CCL-LS《老张的哲学》）

还有！若是有的人交不出铁来，怎么办？是不是可以折合现钱呢？（CCL-LS《四世同堂》）

---

① 邢福义：《词类辩难》，北京：商务印书馆 2003 年版，第 15 页。

　　一般来说，表示连词的绝大部分都可以连接小句，特别是表示偏正关系的连词往往都是连接小句的，而表示并列关系的连词同样也具备这一功能。

3. 连接句群

　　句群即句组或语段。"句群中的两个或几个句子语义连贯、结构衔接。缺乏连贯、衔接的句子不能组合起来构成句群。"[①]老北京土话中，连词常常也能连接大于复句的语言单位，这种情况往往在口语化色彩较强的书面语言中出现，而日常口语，包括书面语言中的人物对话则较少出现。例如：

　　　　他有好几个号：子丰、裕斋、富臣、少甫，有时候还自称霜清老人，虽然他刚过二十岁。刚满六岁，就有三位名儒教导他，一位教满文，一位讲经史，一位教汉文诗赋。先不提宅院有多么大，光说书房就有带廊子的六大间。书房外有一座精致的小假山，霜清老人高了兴便到山巅拿个大顶。山前有牡丹池与芍药池，每到春天便长起香蒿子与兔儿草，颇为茂盛；牡丹与芍药都早被"老人"揪出来，看看离开土还能开花与否。书房东头的粉壁前，种着一片翠竹，西头儿有一株紫荆。竹与紫荆还都活着。好几位满族大员的子弟，和两三位汉族富家子弟，都来此附学。他们有的中了秀才，有的得到差事，只有霜清老人才学出众，能够唱整出的《当铜卖马》，文武双全。他是有才华的。他喜欢写字，高兴便叫书童研一大海碗墨，供他写三尺大的福字与寿字，赏给他的同学们；若不高兴，他就半年也不动一次笔，所以他的字写得很有力量，只是偶然地缺少两笔，或多了一撇。他也很爱吟诗。灵感一来，他便写出一句，命令同学们补足其余。他没学会满文，也没学好汉文，可是自信只要一使劲，马上就都学会，于是暂且不忙着使劲。（CCL-LS《正红旗下》）

　　该句群前面详细地描写了"霜清老人"显赫的家世和身份地位，其闲适懒散的生活和自视甚高的个性，作者用"所以"解释其喜欢写字的"才华"，用"于是"来承接其爱好吟诗却不愿用力的"特长"；两个连词都是连接上文，勾画出一个完整的"末代旗人"肖像的句群。

　　　　"这四年里，我受了多少苦，完全为不食周粟！积极的，我没作出任何事来；消极的，我可是保持住了个人的清白！到现在，我去教书，在北平教书，不论我的理由多么充足，心地多么清白，别人也不会原谅我，教我一辈子也洗刷不清自己。赶到胜利的那一天来到，老朋友们由外面回来，我有什么脸再见他们呢？我，我就变成了一个黑人！"

---

① 邢福义主编：《现代汉语》，北京：高等教育出版社 1999 年版，第 397 页。

瑞宣的话说得很流畅了。他没想到，一见到老三，他便这样象拌嘴似的，不客气的，辩论。同时，他可是觉得他应当这么不客气，不仅因为老三是他的弟弟，而且也因为老三是另一种人，他须对老三直言无隐。（CCL-LS《四世同堂》）

以上句群，人物陈述了四年来被侵略者蹂躏的艰苦岁月和屈辱生活，强烈表达了其心理活动，而"同时"连接表示一种相关并立的语境："老三是另一种人"，是坚决的抗日分子，必须向其倾诉胸中的块垒。因此关系词语"同时"构成了一个等立关系的句群。

（二）语义功能

连词从语法意义上分为联合关系和偏正关系两大类，以下主要观察这两大类连词在语义上的基本特点。

1. 表示联合关系

根据这类连词所表示的语义关系，连词又可进一步分为并列连词、选择连词、承接连词和递进连词。

（1）并列连词

并列连词所表示的前后项主要表示二者具有同等的地位。具体表现为加合关系、交替关系和交错关系等。

① 加合关系

加合关系表示并列的各项可以是"加而不合"的关系，即并列各项可以分别单说。

母亲最恨向别人借东西，可是她又绝对没有去置办几十两银子一件的大缎子、绣边儿的氅衣，和真金的扁方、耳环，大小头簪。（CCL-LS《正红旗下》）

这一程子，他玩腻了鹞子与胡伯喇，改为养鸽子。（同上）

在满洲饽饽里，往往有奶油，我的先人们也许是喜欢吃牛奶、马奶，以及奶油、奶酪的。（同上）

加合关系表示并列的各项可以是"加而相合"的关系，即并列各项不可以分开单说，合并在一起表示一个整体。

假若真打起来，非出人命不可，因为被约的打手中包括着善扑营的哥儿们和库兵，身手都十分厉害。（CCL-LS《茶馆》）

车刚一动，牧师的头与口一齐出了声，头上碰了个大包。（CCL-LS《正红旗下》）

我是经得起父亲的鉴定的，浑身一尘不染，满是槐枝与艾叶的苦味与香气，头发虽然不多不长，却也刚刚梳过。（同上）

上例中，第一例"打手"是由"善扑营的哥儿们"及"库兵"两项构成；第二例"一齐出了声"的是"头与口"；第三例"浑身"满是"苦味与香气"。这些选择项都构成相加为一体的关系。

② 交替关系

交替关系表示并列的各项是说话人可以根据具体情况加以取舍的。

　　一方面，是我的美与钱；另一方面，是你的监狱与死亡；你自己挑选！（CCL-LS《残雾》）

　　亲友家给小孩办三天、满月，给男女作四十或五十整寿，都是这种艺术的表演竞赛大会。（CCL-LS《正红旗下》）

以上例句中，并列连词都表示出"二者取其一"的选择关系。

③ 交错关系

交错关系表示并列项之间是一种交错的关系。

　　到我出世的时候，连原来被称为海二哥和恩四爷的旗兵或白丁，也都什么臣或什么甫起来。是的，亭、臣、之、甫是四个最时行的字。（CCL-LS《正红旗下》）

上例中，"旗兵或白丁"与"什么臣或什么甫"前后两项之间构成交错的关系，如果分述会变成以下四个句式：

被称为海二哥和恩四爷的旗兵，也都什么臣起来。

被称为海二哥和恩四爷的旗兵，也都什么甫起来。

被称为海二哥和恩四爷的白丁，也都什么臣起来。

被称为海二哥和恩四爷的白丁，也都什么甫起来。

这种交错关系的并列结构，可以将复杂的句式单句化，使表达更为简洁明了。

（2）选择连词

选择连词所连接的前后项主要表示对立关系、差异关系和相容关系。

① 对立关系：前后选择项语义上形成对立。表示对立关系的主要有是非型和反义型。

是非型：前后项中前项表示肯定，后项表示否定：

　　在那年月，某些有房产的汉人宁可叫房子空着，也不肯租给满人和回民。（CCL-LS《正红旗下》）

　　现在，日本兵攻破他们的北平！他们宁愿去死，也不愿受这个污辱！（CCL-LS《四世同堂》

反义型：前后项是一对反义词，通常是动词、形容词，有时也可以是名词，构成一种语义的对立。

　　没有儿孙们在他眼前，活着或者和死了一样的寂寞。（CCL-LS《四

世同堂》)

那要不是他太聪明，就是我太笨——没演好交际处长那一场戏！（CCL-LS《西望长安》)

在家里，父亲的大手时常敲在咱的头上，打得咱越来头发越少。这样当人，还不如当猴儿呢！（CCL-LS《小坡的生日》)

② 差异关系：前后项通过相同或相异的比较显示出某种差异，这种差异并不表示对立。

我相信她们还会时常争辩：到底在我降生的那一晚上，我的母亲是因生我而昏迷过去了呢，还是她受了煤气。（CCL-LS《正红旗下》)

可是，眼看着老朋友们一个个的不是饿死，就是叫人家杀了，我呀就是有眼泪也流不出来喽！（CCL-LS《茶馆》)

念书我不反对，作事可也要紧；念书要成了书呆子，还不如多吃几块脆脆的猪耳朵。（CCL-LS《老张的哲学》)

③ 相容关系：指前后项表示某种可能性，这种可能性可能两种都成立，也可能只有一种能成立，还可能两种都不成立。

他们屋里的大铜炉或地炕发出的热力，会催开案上的绿梅与红梅。（CCL-LS《正红旗下》)

老人的病，与其说是身体上的，还不如说是精神上的。（CCL-LS《四世同堂》)

你看，凭我的体格、聪明，我要是在石景山钢铁厂，或是清河制呢厂，或是第一机床厂干活儿，我必定是模范！（CCL-LS《女店员》)

（3）承接连词

承接连词表示前后项之间的顺承关系，这种关系可以是时间的顺承、空间的顺承和逻辑事理的顺承。

① 时间顺承：表示动作或相关情况按时间的先后顺序展开。

听到里面的一声轻嗽，他高打帘栊，请客人进去。然后，他立在大松下，抠弄树上的白皮儿，等候命令。（CCL-LS《正红旗下》)

在往年，到了五月初一和初五，从天亮，门外就有喊："黑白桑葚来大樱桃"的，一个接着一个，一直到快吃午饭的时候，喊声还不断。（CCL-LS《四世同堂》)

② 空间顺承：表示动作或相关情况按空间的先后顺序展开。

今儿个夜里到马路上练板儿车去，就不至于碰到墙上去了。（CCL-LS《女店员》)

他并舍不得出手这一对，可是朝廷都快变法了，他还能不坚强点儿么？及至到了鸽子市上，认识他的那些贩子们一口一个多甫大爷，

反倒卖给他两对鸽铃，一对凤头点子。(CCL-LS《正红旗下》)

③ 逻辑事理顺承：表示动作或相关情况按某种事理逻辑的先后顺序展开。

这儿二妹妹管装烟倒茶，我跟小六儿（小六儿是谁，我至今还没弄清楚）当厨子，两杯水酒，一碟炒蚕豆，然后是羊肉酸菜热汤儿面，有味儿没味儿，吃个热乎劲儿。好不好？您哪！(CCL-LS《正红旗下》)

书里告诉我，吸烟有害，于是想烟，可是想完了，照样点上一支。(CCL-LS《习惯》)

顺承连词因为是按照某种时空或逻辑的顺序连接前后项，因此，其顺序不能随意变换。

（4）递进连词

递进连词连接前后项表示层层递进的关系，这种关系往往由小到大，由少到多，由轻到重，由浅到深。在表示渐次递进的关系上，其语义特点是：

① 对比衬托：所连接的前后两项，前项作为后项的对比铺垫，使后项的语义递进。

你想想，买匹肥骡子得几百不？何况那么可爱的大姑娘！(CCL-LS《老张的哲学》)

要搁在解放前，没有政府的帮助，别说哭了，卖儿卖女，投河觅井的事都会闹出来。(CCL-LS《春华秋实》)

② 补充说明：所连接的后项是对前项提出的理由进一步补充。

他晓得自己的经济能力是担负不起两个人的一日三餐的；况且姐丈的调养还特别要多花钱呢！(CCL-LS《四世同堂》)

一点不错！再说，媳妇虽然岁数大了点，要是肯修饰修饰，也还不至于太难看了。(CCL-LS《残雾》)

③ 强调突出：这类语义主要体现在"甚至"类连词上，在递进项上往往构成一个递增或递减的序列关系，常常在最后一项上达到某一程度。

这就须于送礼而外，还得整理鞋袜，添换头绳与绢花，甚至得作非作不可的新衣裳。(CCL-LS《正红旗下》)

王爷、皇帝，甚至于一个子爵，对牛牧师来说，总有那么不小的吸引力。(同上)

他们终日终年乃至终生，都挣扎在那肮脏腥臭的空气里。(CCL-LS《龙须沟》)

打地毯，擦桌子，自炉口以至门环，凡有铜器的地方全见一见油。(CCL-LS《二马》)

拿水拿饭，以至于拿尿壶，陈姑娘本本分分的伺候王德。（CCL-LS《老张的哲学》）

2. 表示偏正关系

偏正关系也即一种主从关系。

（1）条件连词

条件连词连接的前后项关系表示条件和结果的关系。在表示具体条件时又分为充分条件和必要条件。

① 充分条件：对于实现某种结果来看，条件只要有了便能满足。

你去，去！只要你敢出去，我要再教你进这个门，我是兔子养的！（CCL-LS《四世同堂》）

对于瑞丰，这是有特效的，只需睡几个钟头，他便把苦痛忘了一大半。（同上）

在那年月，旗人越希望永远作旗人，子孙万代，可也越爱摹仿汉人。（CCL-LS《正红旗下》）

她的腰背笔直，干净利落，使人一见就相信，她一天接下十个八个男女娃娃必定胜任愉快。（同上）

② 必要条件：对于实现某种结果来看，条件是必不可少的。

他非常高兴，觉得世界上只有他们夫妇才会生个女娃娃，别人不会有此本领与福气。（CCL-LS《正红旗下》）

客人们除非嫌自己身体太胖而想减食去肉的，谁也不甘心吃公寓的包饭；虽然饭费与房租是同时交柜的。（CCL-LS《赵子曰》）

也就是我的心路宽，脸皮厚！要不然，我早就扎在尿窝子里死啦！（CCL-LS《四世同堂》）

我不走！我拿刀等着他们！咱们老实，才会有恶霸！咱们敢动刀，恶霸就夹起尾巴跑！（CCL-LS《龙须沟》）

还有一些连词表示在任何情况下都能实现某种结果，这类连词表示的语义是任意条件。

③ 任意条件：对于实现某种结果来看，任何条件都能满足。

无论冬夏，他总提着四个鸟笼子，里面是两只红颏，两只蓝靛颏儿。（CCL-LS《正红旗下》）

二姐不管是谁，见面就先请安，后倒茶，非常紧张。（同上）

牛老太太可是很坚决，任凭大家怎样嘈嘈，天赐到底比从亲戚家抱来的娃娃强。（CCL-LS《牛天赐传》）

甭管有没有，反正名儿不一样，骨子里头都差不了多少！（CCL-LS《龙须沟》）

（2）假设连词

假设连词表示前后项具有假设和结果的语义关系。根据假设连词的基本语义关系，又可分出假设—结果关系、承接关系、解释关系、对比关系等。

① 假设—结果关系：前项表示假设，后项表示可能产生某种结果。

如果你们俩胆敢合起来算计我，那就打错了算盘。（CCL-LS《四世同堂》）

假如我是医生的太太，天天晚上给他点小药吃，消食化水，不会作恶梦。（CCL-LS《同盟》）

到端午、中秋、重阳，大家若是都作些诗，喝点黄酒，有多好呢！（CCL-LS《正红旗下》）

以上例句中，假设连词前后项都是表示假设—结果是一致关系的，也即前项表示的假设如果成立，后项表示的结果也就能出现。

② 承接关系：前项提出假设，后项表示可能会采取的行动或提出某种主观要求。

他虽不是我的亲戚，可是如果他敢去，我便认他作干兄弟。（CCL-LS《小坡的生日》）

假如从马粮钱里能弄出块儿八毛的来，孩子至少也可以去私塾了。（CCL-LS《我这一辈子》）

祁先生！万一我死在外边，你可还得照应着她呀！（CCL-LS《四世同堂》）

③ 解释关系：前项提出假设，后项对这一情况进行描述或解释。

然而不甘心，看看树那边的鞋破不破。如果和我的一样破，为什么我单独害羞。（CCL-LS《老张的哲学》）

假如你买个五千元的钻石，不是为戴上给人看么？（CCL-LS《牺牲》）

你要是懂得好歹的话，顶好把肘子、钱都给我送上门去，我恭候大驾！（CCL-LS《正红旗下》）

表示解释关系时，后一分句的主语往往和前一分句的主语同指同一个对象。

④ 对比关系：前项和后项之间具有比较性。

如果孩子的眼睛能够反映战争的恐怖，那么妞子的眼睛里就有。（CCL-LS《四世同堂》）

假如你相信阴城无望，那就是你不相信中国会复兴起来！（CCL-LS《蜕》）

我要是有象你老人家这样一位婆婆，我敢保杨先生的事情就得更

有起色。（CCL-LS《残雾》）

对比关系也是一种对应关系，这种假设关系的前后项之间隐藏着一种逻辑关系：X 为真，Y 也为真；X 为假，Y 也为假。

（3）因果连词

因果连词表示前后项具有因果联系的语义关系。前项往往说明原因，后项往往说明结果。这种表示原因—结果的语义关系又可分为：说明性和推断性两类。

① 说明性因果关系：对客观存在的、已经实现的因果关系进行说明和描写。

> 在我干嚎的时候，天南地北有多少孩子，因为饿，因为冷，因为病，因为被卖出去，一齐在悲啼啊！（CCL-LS《正红旗下》）
>
> 因为给我添购糕干，父亲今年只买了一棵五色梅，可是开花颇卖力气。（同上）
>
> "黑子"，由于他的脸不白；不但不白，而且黑得特别，所以才有这个外号。（CCL-LS《我这一辈子》）
>
> 想想自己的闺女，只因爹是艺人，上了人家的当，象个破烂玩艺儿似的让人给甩了。（CCL-LS《鼓书艺人》）

说明性因果关系往往是"由因及果"，而有时候为了补充说明结果产生的原因，多采取"由果溯因"的语义形式：

> 我一辈子忘不了那件事。并不因为他是掌柜的，也不因为他送来一对猪蹄子。因为呀，他是汉人。（CCL-LS《正红旗下》）
>
> 姑母是不轻易发善心的，她之所以情愿帮助大姐者是因为我们满人都尊敬姑奶奶。（同上）

这种语义关系往往形成"前果后因"的语义格式。

② 推论性因果关系：前项根据某种事实作为根据和理由，后项推出或预测出某一结果。推论性因果关系一般分为"据因断果"和"据果断因"两类语义形式。

"据因断果"是根据已知原因来推断结果：

> 好吧，老实，规矩，要强，既然都没用，变成这样的无赖也不错。（CCL-LS《骆驼祥子》）
>
> 二奶奶觉着，既然秀莲是个唱大鼓的，那就决不能成个好女人。（CCL-LS《鼓书艺人》）

"据果断因"是以已知结果为根据来推断某种原因：

> 既然穿上了大衫，无疑的是预备出去。（CCL-LS《不说谎的人》）
>
> 他既然对他们有恩，那知恩感恩的老乡，就该表表感激之情。

（CCL-LS《鼓书艺人》）

（4）转折连词

转折连词表示前后项的意思相反或相对。后项在语义上转成与前项语义相反或相对的意思。转折关系分为重转、轻转和弱转三种。

① 重转：前项和后项语义明显呈现相反或相对的对立。

我爱母亲，但是我给了她最大的打击。时代使我成为逆子。廿七岁，我上了英国。（CCL-LS《我的母亲》）

韵梅那双作母亲的眼睛早就看出了危险，然而她只能低声叹息，不敢惊动老人。（CCL-LS《四世同堂》）

重转连词有时候采用合用的形式，构成"虽然……但是""尽管……但是"的让步转折形式：

他的衣服虽然陈旧，可是老刷洗得干干净净，容易磨破的地方都事先打好补钉。（CCL-LS《正红旗下》）

尽管他自己的儿女受着饥寒，尽管他自己受尽折磨，他还是去办贫儿学校、粥厂，等等慈善事业。（CCL-LS《宗月大师》）

与让步关系相比较，重转连词的前项往往是已然的事实，而后者则不一定是已然的事实，只是退让一步承认它可能是一种已然的事实。

② 轻转：前项和后项语义呈现的对立较之重转要轻，前项往往也没有预示转折的关联标记。

母亲不便于说什么，可是脸上没有多少笑容。（CCL-LS《正红旗下》）

姑母并不缺嘴，但是看见盒子与蒲包，总觉得归她收下才合理。（同上）

我不好学，也没钱买古物。对于物质上，我却喜爱北平的花多菜多果子多。（CCL-LS《想北平》）

③ 弱转：前项和后项没有明显的语义对立，表示微弱的转折。

按理说我可不该插嘴，不过咱们爷儿们住街坊，也不是一年半年啦，总算是从小儿看你长大了的，我今儿个可得说几句讨人嫌的话……（CCL-LS《龙须沟》）

前天来接生的是小白姥姥，老白姥姥的儿媳妇。小白姥姥也干净利落，只是经验还少一些。（CCL-LS《正红旗下》）

（5）让步连词

让步连词表示前后项关系是前项先退一步，后项再转折的语义关系；往往前项是将无论是真实或虚假的条件先当作事实，后项说明在这种条件下产生的结果。让步连词表示的条件和结果往往是不一致的。

　　比如让步条件是假设的关系，前后项的假设—结果关系是相悖的，即前项表示的假设和后项表示的结果不一致：

　　就算他是个不折不扣的汽车夫吧，也比跪下向日本人求官作的强，强的多！（CCL-LS《四世同堂》）

　　她纵然知道自己无罪，可又说不出来。（同上）

　　坦白以后，学习几个月，出来哪怕是蹬三轮去呢，我就能挣饭吃了。（CCL-LS《龙须沟》）

又如让步连词连接的后项表示转折关系，但不表示对已然事实的转折：

　　衣服虽说没个样子，又不合身，可他穿在身上却显得很得体，朴素。（CCL-LS《四世同堂》）

　　即或有一半块小小的破玻璃，也已被尘土、煤烟子和风沙等等给弄得不很透亮了。（CCL-LS《龙须沟》）

让步关系分为容认性、虚拟性、忍让性三种。

① 容让性：前项先容认甲事为事实，后项加以转折，表示乙事的成立与甲事无关。

　　虽然她的持家哲理是：放胆去赊，无须考虑怎样还债；可是，门口儿讨债的过多，究竟有伤子爵女儿、佐领太太的尊严。（CCL-LS《正红旗下》）

　　小凯子虽说不很胖，可模样挺周正。（CCL-LS《四世同堂》）

　　人生地疏，我上哪里去找事？即使找到事，我去作事，谁伺候着妈妈？（CCL-LS《残雾》）

② 虚拟性：前项姑且承认甲事是虚拟的事实，后项加以转折，表示乙事的成立不受虚拟的事实所影响。

　　虽说不是亲戚，多年来也真跟手足不相上下。（CCL-LS《四世同堂》）

　　咱们要是都象人家钱二少，别说小日本，就是大日本也不敢跟咱们刺毛啊！（同上）

　　就算大嫂你的眼睛尖，能看到她的骨头缝儿里去，现在这年月也不作兴买卖人口呀！（CCL-LS《方珍珠》）

　　纵然自己浑身都被爱情包起来，也得抽出点工夫去一趟。（CCL-LS《文博士》）

③ 忍让性：前项表示忍让，后项表示决心达到某种目的。

　　金三爷宁可自个儿吃共和面，喝茶叶末儿，也要想尽法儿让外孙子吃好喝好。（CCL-LS《四世同堂》）

　　他宁愿忍受苦痛，而紧紧的抓住生命。（同上）

上例中"宁可""宁愿"表示的是让步关系，此处只是表示忍让的语义；

"宁可""宁愿"也可以作选择连词，作选择连词时，前后项表示一种是非型的选择关系，即前项表示肯定，后项表示否定，从而表示"非此即彼"的限选关系。

（6）目的连词

目的连词表示前后项关系是行动和目的的语义关系。

目的关系分为获取性目的和免除性目的两种。

① 获取性目的：前项表示某种行动，后项表示采取某种行动的目的是要获取什么。

　　一换朝代呀，王爷、大臣、皇上的亲军就强占些地亩，好收粮收租，盖营房；咱们这儿原本是蓝旗营房啊！（CCL-LS《龙须沟》）

　　大铺户的掌柜和先生们都戴平光的眼镜，以便在戏馆中，庙会上，表示身分。（CCL-LS《眼镜》）

　　我开始攒钱，为是给福海娶亲——只剩了这么一档子该办的事了，爽性早些办了吧！（CCL-LS《我这一辈子》）

② 免除性目的：前项表示某种行动，后项表示采取某种行动的目的是要避免什么。

　　先去烧水、沏茶，教大家伙儿热热呼呼的喝一口！然后再多烧水，找个盆，给孩子们烫烫脚，省得招凉生病！（CCL-LS《龙须沟》）

　　可是他没和虎妞商议，省得又招她一顿闲话。（CCL-LS《骆驼祥子》）

　　她已决定不再随便的啼哭或暗自发愁，免得伤了胎气。（CCL-LS《四世同堂》）

　　墩子一来二去就长了身量，高高在上，以免手指和快刀发生关系。（CCL-LS《正红旗下》）

有时候，获取性目的连词可以连用，表示强调：

　　晚间回来，他向大嫂报告事情大有希望，为是好再骗她的钱。（CCL-LS《四世同堂》）

　　祥子，我知道你不肯放账，为是好早早买上自己的车，也是个主意！（CCL-LS《骆驼祥子》）

获取性连词和免除性连词也可以连用，同样表示强调：

　　白巡长把话说得特别的温柔，为是免得使住户受惊。（CCL-LS《四世同堂》）

　　前些日子，他没法不早回来，为是省得虎妞吵嚷着跟他闹。（CCL-LS《骆驼祥子》）

这种连用形式，一般只有获取性连词"为是"才具有和其他目的连词连用的功能。

（三）语用功能

连词的种类繁多，并且每一个连词的语用功能和语用特征也各自不同，下文主要从连词具有的较具共性特征的几个语用特点加以讨论。

1. 连词在篇章中的位置关系

廖秋忠（1986）指出，"篇章中绝大多数连接成分位于句首，在主语之前，只有少数位于句中，在谓语之前"[①]，廖秋忠的研究主要是针对书面语篇中连词的分布情况来看的。一般来说，在书面语篇里，连词位于句末的情况鲜少出现。近年来，有学者对连词在口语中的连接情况进行研究，发现"口语互动语篇中，连词的位置非常灵活，可居于话轮首、话轮中与话轮尾。其最活跃的位置为话轮之首，此类用法占总用法的 18.6%，表现出丰富的话轮构建功能。用于话轮之首具有开启话轮与抢占话轮的功能，用于话轮之中具有延续话轮的功能，而用于话轮之尾往往与话轮转换有关"[②]。以下从书面语篇和口语语篇，针对本书所讨论的 146 个连词来观察老北京土话中，连词所处的位置情况。

根据连词在篇章中置于主语前还是主语后的位置，可以分为句首连词、句中连词和句尾连词几种形式：

（1）句首连词：指能出现在主语前的连词。连词中，联合连词和偏正连词大部分都可以置于主语之前，句首包括单句句首、小句句首，以及句群的句首。

联合连词中，并列连词部分能居于句首；承接连词、递进连词、选择连词大多居于句首。

偏正连词中，表示条件、转折、因果、假设、让步、目的的连词绝大多数都是居于句首的。

（2）句中连词：指能出现在主语之后，谓语前后的连词。绝大多数连词出现在句首和句中都是可以的，只能出现在句中的连词比例很少：

联合连词中，并列连词：单音节的"及、以及、而₁"常常居于句中；复合并列连词"一边……一边、一面……一面、不是……而是"也只能出现在句中。承接连词："不单、不仅"只能出现在句中。例如：

不要说鸟笼子，就连笼里的小磁食罐，小磁水池，以及清除鸟粪的小竹铲，都是那么考究，谁也不敢说它们不是艺术作品！（CCL-LS《正红旗下》）

这个保证孩子的上学时间以及我们的上班儿时间。（BJKY）

---

① 廖秋忠：《现代汉语篇章中的连接成分》，《中国语文》1986 年第 6 期，第 413 页。

② 姚双云：《连词与口语语篇的互动性》，《中国语文》2015 年第 4 期，第 339 页。

　　　　常二爷一边用硬手搓着硬脸，一边对她说："泡点好叶子呦！"
（CCL-LS《四世同堂》）

　　　　有的就在一边听课一边吃点儿点心，吃点儿方便面，就来听课。
（BJKY）

　　　　小顺儿和妞子总是在大槐树下，一面拣槐花，一面等候太爷爷和
太爷爷手里的吃食。（同上）

　　　　我呢，就参加了这个补习班，一面儿工作啊，这个，我就一面儿
参加学习。（BJKY）

　　　　北京的春风似乎不是把春天送来，而是狂暴地要把春天吹跑。
（CCL-LS《正红旗下》）

　　　　嗯，我去商场呢，也不是为买东西，而是好奇哈，看看人们都买
什么。（BJKY）

　　　　她不单给他打来四两酒，还买来一包她以为是"中中儿"的香烟。
（CCL-LS《四世同堂》）

　　　　我认为姓都没有什么，是哇，不单姓你的姓，姓你男人的姓，姓
他姥姥姓我都不管。（BJKY）

　　　　多老大拐弯抹角地说出：他不仅是个旗人，而且祖辈作过大官，
戴过红顶子。（CCL-LS《正红旗下》）

　　　　现在居住，嗯，不仅是北京吧，反正各个大城市，现在这个，嗯，
住房问题呀，都是挺严重的哈。（BJKY）

　　　　猫不只捕鼠，有时候捉到一只美丽无辜的小鸟，也要玩弄好大半
天！（CCL-LS《四世同堂》）

　　　　很多同志开始啊，哎，不只单纯注意兴趣啦，也注意一些知识问
题。（BJKY）

以上连词都是置于句中，处于主语后谓语前的。基本上，书面语料和
口语语料的情况保持一致。在书面语料中，"一边……一边"还有一些变异
的形式：

　　　　每年如是：他用各色的洋纸糊成小高脚碟，以备把杂拌儿中的糖
豆子、大扁杏仁等等轻巧地放在碟上，好象是为给他自己上供。一边
摆弄，一边吃。（CCL-LS《正红旗下》）

　　　　一边走，上士一边教导理发员："无论在哪里，时时刻刻，都要警
惕！记住我的话吧！"（CCL-LS《无名高地有了名》）

上例中，小句的主语或承前省，或蒙后省，"一边"都不能置于主语前。

偏正连词中，让步连词"虽"、因果连词"既"以及转折连词"则"只
能出现在句中。例如：

亲家爹虽是武职，四品顶戴的佐领，却不大爱谈怎么带兵与打仗。（CCL-LS《正红旗下》）

在那会儿呢，虽蟹相当贵，而且也买不到。（BJKY）

我知道！你既买我的好，又好去对娘娘表表功！是吧？（CCL-LS《茶馆》）

当时组建的情况儿呢，就是既没房子，又没地方儿，什么都没有。（BJKY）

牛老者以为《五经》太深了些，而太太则以为不然："越深越好哇！不往深里追，怎能作官呢！"（CCL-LS《牛天赐传》）

精神不愉则愚，啊，血脉不运则病，啊。（BJKY）

上述几个偏正连词在书面语料和口语语料中的位置保持一致。

（3）句尾连词

一般来说连词很少有置于句尾的情况，笔者根据书面语料（以 CCL 语料库检索系统所收集老舍的作品）和口语语料（北京语言大学"北京口语语料库"），对 146 个连词在句中的位置进行逐个搜索，能出现在句尾的连词是"零"。这和普通话某些连词能在话语中置于句末的情况不一样。

2. 连词在篇章中的衔接功能

（1）连词的衔接特点

① 稳定性：连词的在篇章中的位置具有较强的稳定性，大部分连词都处于句子或小句的句首，少数位于句中，基本不出现在句尾；还有些连词只能位于主语之前，不能处于主语之后，如"以至、并且、而且、然而、但是"等连词。

② 游移性：连词处于句子或小句的句首，这是其常态性的用法，但有时为了某种语用效果的表达，连词可以游移在句中各种位置而不影响其语法的规范表达，只是产生语篇功能的差异，这是连词在语篇中的游移用法。以假设连词为例。

如果你们俩胆敢合起来算计我，那就打错了算盘。（CCL-LS《四世同堂》）

孙八打算如果叔父作了会长，他就在城里买一所房，以便广为交际。（CCL-LS《老张的哲学》）

连词如果居于句首，那么主语或话题就不是凸显的对象，如果置于句中，就是对主语或话题进行强调。其他又如：

她要是不讲理，我把她的酸枣核儿抠出来！（CCL-LS《正红旗下》）

要是还有点面的话，给她作一碗吧，孩子怪可怜的，什么也吃不着！（CCL-LS《茶馆》）

变法虽是大事，猫若扑伤了蓝靛颏儿，事情可也不小。（CCL-LS《正红旗下》）

得到这个饺子的，若不误把小钱吞下去，便会终年顺利！（同上）连词若居于小句句首，主语会因为不重要或不便说出而予以省略。

（2）连词的共现成分

连词除了有其固定的搭配形式之外，通常在句中还可以与其他成分形成搭配关系，这种搭配关系可以在一定的语境中共同出现，包括连词与连词的共现，连词与副词的共现以及连词与语气词的共现。这种共现既可以是相邻共现，也可以是非相邻共现。

① 连词与连词的共现。

相邻共现：

他得处处走到，事事在心，又不能让别人注意他。可一旦要是出了事，他又得随时在场。（CCL-LS《鼓书艺人》）

所以她的胳臂紧紧的缠住了他的，免得万一跌下去。（CCL-LS《文博士》）

况且因为颜色的不同，那山的高低也更显然了。（CCL-LS《一些印象》）

虽然因不爱说话而得了"老蔫儿"的绰号，他可是个大高个子，浑身是胆。（CCL-LS《无名高地有了名》）

连词的相邻共现，如果去掉其中一个连词，其表达的语气就会减弱。

非相邻共现：

你们要是送给他礼物，顶好是找个小罐儿装点雪，假如你住的地方有雪，给他看看，他没有看见过。（CCL-LS《小坡的生日》）

假如他用他自己的话写一篇小说，极精美的印出来，我一定是不明白，除非每句都有他自己的注解。（CCL-LS《牺牲》）

异地的孤寂是难以担当的，况且是由于死别，他们的死将永远追随着我。（CCL-LS《猫城记》）

设若我要是不教书，或者这些篇还不至于这么糟，至少是在文字上。（CCL-LS《赶集序》）

连词非相邻共现，往往依据一定的语境展开，在逻辑上产生多层次性，以表达更为繁复的语义。

② 连词与副词的共现。

相邻共现：

由于都在部队多年,他们有个共同的心碰着心的见解——摸到干部们和战士们的底,才好指挥。(CCL-LS《无名高地有了名》)

不上人和厂,又上哪里去呢?为免得再为这个事思索,他一直走向西安门大街去。(CCL-LS《骆驼祥子》)

二哥有远见,所以才去学手艺。(CCL-LS《正红旗下》)

非相邻共现:

人并不是太多,因为食堂地儿很小,都是端教室吃去,没饭厅。(BJKY)

虽然母鸡的确肥美,可是丢掉性命也怪别扭。(CCL-LS《正红旗下》)

连词与副词共现,每个连词都有相关的与自身的功能相搭配的副词,表示各种语义关系,或表示递进,或表示因果,或表示程度,等等。

③ 连词与语气词的共现。

相邻共现:

况且呢,差事不管大小,多少总有个升腾。(CCL-LS《我这一辈子》)

我们俩的生活费,按正常生活完全够。哎,以至啊,要是简简朴一点儿啊,还能有富余。(BJKY)

所以呀,我把它们分成组,每一组都用布条扎起来,有红的,有白的,有黑的……不就容易检查了吗?（CCL-LS《无名高地有了名》)

连词与语气词共现,有些连词若位于句首,其后可以停顿,并且后面附上"呢、啊、呀、吧"等语气词,并使整句的语气产生和缓的功能。

非相邻共现:

光是你妈妈,我已经受不了,况且你妈妈又作了所长呢!(CCL-LS《四世同堂》)

他觉得已经够对得起钱家的了,不能再画蛇添足的作些什么特别的事。况且,近来他的生意很好啊。(同上)

连词与语气词非相邻共现时,其语用功能除了能缓和语气,此外还能补足句义,若缺失了句末的语气词,句子则会生硬和不自然。

3. 连词在篇章中的语用特征

(1) 话语标记功能

连词主要承担关联词、短语、句子或篇章段落的功能,常常居于句首,成为话语的标记形式。Hölker(1991)从语用角度列举了话语标记的四项基本特征:"(1)话语标记语不影响话语的真值;(2)它们不增添任何新的命题内容;(3)它们与语境(speak situation)相关,而与所谈论的情景(situation talked about）无关；（4）它们有情感和表达功能而没有指称（referential）、内涵（denotative）和认知（cognitive）功能。"[1]并指出话语标记的分布比较灵活，可用在句首，句中甚至句尾的地方。

因此，连词主要是充当话语标记的形式，其功能主要是话语组织功能和言语行为功能。

话语组织功能就是连词在话语中充当话语设立和话语找回的标记。话语设立即引起某个话题。例如：

> 我告诉你，我的头一放在枕头上，就睡得象个球；要是心中老绕弯儿，怎能睡得着？人就仗着身体棒；身体棒，睁开眼就唱。（CCL-LS《铁牛和病鸭》）

> 幸而这两位老太太都遵循着自然规律，到时候就被亲友们护送到坟地里去；要不然，不论我庆祝自己的花甲之喜，还是古稀大寿，我心中都不会十分平安。是呀，假若大姐婆婆的说法十分正确，我便根本不存在啊！（CCL-LS《正红旗下》）

上例中，连词位于句首，引出某个话题，句中"心中""大姐婆婆的说法"就是由连词引出的话题。

话语找回即在叙述了某个话题后，中间插入述说其他的事件后，再返回先前提到的那个话题：

> 我，老王，和老邱，凑了点钱，开了个小医院。老王的夫人作护士主任，她本是由看护而高升为医生太太的。老邱的岳父是庶务兼会计。我和老王是这么打算好，假如老丈人报花账或是携款潜逃的话，我们俩就揍老邱；合着老邱是老丈人的保证金。我和老王是一党，老邱是我们后约的，我们俩总得防备他一下。办什么事，不拘多少人，总得分个党派，留个心眼。不然，看着便不大象回事儿。加上王太太，我们是三个打一个，假如必须打老邱的话。老丈人自然是帮助老邱喽，可是他年岁大了，有王太太一个人就可把他的胡子扯净了。老邱的本事可真是不错，不说屈心的话。他是专门割痔疮，手术非常的漂亮，所以请他合作。不过他要是找揍的话，我们也不便太厚道了。（CCL-LS《开市大吉》）

上句中，先是假设三个合伙人中老邱的岳父如果"报花账或是携款潜逃"，其他合伙人就会揍老邱，在仔细分析了之所以和老邱合作，即他有手术做得"非常的漂亮"的本事后，文中用"不过"又找回前面的话题，老

---

① Hölker,1991，转引自于国栋、吴亚欣《话语标记语的顺应性解释》,《解放军外国语学院学报》2003年第1期，第12页。

邱"要是找揍的话"，合伙人们就不会客气。转折连词"不过"就是找回话题的标记。

言语行为功能则是连词在话语中充当话语承接和话语延续的标记。

话语承接即对前面叙述的某个话题加以进一步的解释说明。例如：

> 姑母高了兴的时候，也格外赏脸地逗我一逗，叫我"小狗尾巴"，因为，正如前面所交代的，我是生在戊戌年（狗年）的尾巴上。（CCL-LS《正红旗下》）

> 他来贺喜，主要地是为向一切人等汇报游玩的心得，传播知识。他跟我母亲、二姐讲说，她们都搭不上茬儿。所以，他只好过来启发我：小弟弟，快快地长大，我带你玩去！咱们旗人，别的不行，要讲吃喝玩乐，你记住吧，天下第一！（同上）

上例中，"因为""所以"就是对前述话题的承接，以展开进一步的叙述。

话语延续即推进话题或延缓话题，起到延续话题或延缓话语的作用。例如：

> 炸弹爆炸了——三声闷响，书场摇晃了起来。一只花瓶从桌上蹦到地下，摔得粉碎。秀莲用手指堵住耳朵，爬到靠窗的桌子底下。外面街上扬起了一阵烟尘。接着又是一起爆炸，声音短促，尖厉，一下接一下。整个书场天翻地覆，好象挨了巨人一拳，接着就听见震碎的玻璃哗哗乱响，纷纷落地。（CCL-LS《鼓书艺人》）

例中起先叙述"炸弹爆炸了"，书场里发生的各种混乱，用"接着"来叙述"又是一起爆炸"，书场变得"天翻地覆"，之后，又用"接着"叙述玻璃震碎的声音和景象。可以看到承接连词"接着"具有延续话题的功能。

有时候在言语交际的过程中，连词还能填补口语中的空白，起到延缓语气的功能。

> 每天早晨，我是五点钟开始锻炼。锻炼的内容呢，呃，慢跑，跑跑步哇，这个呃，然后呢，就是打太极拳，二十四式，八十八式。这样子将近一个钟头的样子，然后呢，就早吃早点。呃，早点以后，到将近一个钟头的样子，然后呢，就再吃早点。呃，早点以后，到这个八九点钟的时候儿，呃，练练大字啊，练练钢笔字啊……（BJKY）

例中，话语的主人公边说边思考，用"然后"来延缓一下说话的时间，同时使用第二个"然后"来一步步地推进新一轮话题。

（2）指明预设功能

预设也称为前提、先设和前设，指的是说话者在说出某个话语或句子时所做的假设，即说话者为保证句子或语段的合适性而必须满足的前提，它是由德国哲学家、现代逻辑奠基人弗雷格于 1892 年提出。预设分语义预设和语用预设。语言学中的预设可以用以下公式表示"p 预设 q（q 是 p 的先决条件）"。周刚（2002）认为："连词就是语言结构中的一种预设触发语……"[①] 连词的预设也分为语义预设和语用预设。以下只讨论语用预设。语用预设是根据一个命题来推断出的已知信息。例如：

  那不是因为乡下种地的都没法子混了吗？一家大小要是一天能吃上一顿粥，我要还想卖女儿，我就不是人！（CCL-LS《茶馆》）
该句的预设：每天有一顿粥喝，就不卖女儿。

  他也看见家里，顶难堪的家里，一家大小终年在那儿剥皮：花生，胡桃，榛子，甚至于山楂，都得剥皮。（CCL-LS《新韩穆烈德》）
该句的预设：花生，胡桃，榛子都得剥皮，并且剥皮的不仅仅这些。

连词作为预设的"触发语"，由于这些"触发语"的使用而使句子的预设较为明确，从而在篇章中产生预设的功能。

（3）追加补充功能

连词还具备对上文的话语进行补充的标记功能。

  可是，漂亮不是一切。假如个个女子"能"嫁梅博士，不见得个个就"愿"嫁他。小李漂亮及格，而无胆量，便不是最合适的；女子不喜欢女性的男人；除非是林黛玉那样的痨病鬼，才会爱那个傻公子宝玉，可是就连宝玉也到底比黛玉强健些，是不是？（CCL-LS《同盟》）
上例中，谈到"女子不喜欢女性的男人"，其后用"除非"一词引出林黛玉这一文学人物来举出相反的例证，以进行补充说明。

  走到了校门，一摸，眼镜盒子没啦！登时头上见了汗。抹回头去找，哪里有个影儿。拐弯的地方，老放着几辆洋车。问拉车的，他们都没看见，好象他们也都是近视眼似的。又往回找到校门，只摸了两手的土。心里算是别扭透了！掏出那块干烧饼狠命的摔在校门上，假如口袋里没这些零碎？假如不是遇上那个臭同学？假如不躲那辆闯丧的汽车？巧！越巧心里越堵得慌！一定是被车夫拾了去，瞪着眼不给，什么世界！天天走熟了的路，掉了东西会连告诉一声都不告诉，而捡起放在自己的袋里？一对近视镜有什么用？（CCL-LS《眼镜》）
上例中，一连使用三个后置的假设句来表示人物内心因遗失物品而产生的懊恼，这几个假设连词，都在句中产生追加补充的作用。

假设连词通常通过后置产生这种补充的功用：

  有的时候也觉得对他不十分恭敬似的，如果人们叫他"王德"。

---

① 周刚：《连词与相关问题》，合肥：安徽教育出版社 2002 年版，第 76 页。

（CCL-LS《老张的哲学》）

王老太太咽了口凉气，咽下去砸得心中怪热的，要不是为孙子，至少得打大夫几个最响的嘴巴！（CCL-LS《抱孙》）

已到初秋，天高，小风儿凉爽，若是放起全白的或白尾的鸽儿，岂不显着轻飘，压不住秋景与凉风儿么？（CCL-LS《正红旗下》）

"如果""要不是""若是"几个连词在句中，都是通过后移对前文的事由或背景产生追加补充的作用。

总体来看，老北京土话连词呈现出的基本特点是：

双音节连词较多，单音节连词较少。口语中连词运用不具系统性，一些文言色彩较强的连词，以及表示逻辑关系的连词常常不出现在口语中；书面语中连词具备系统性，不仅包含文言色彩的连词，一些具有逻辑关系的连词往往在书面语中搭配使用。

第十节　助词

一、助词的分类

助词是附着在实词、短语、句子后表示句子的动态意义或结构关系的词类。老北京土话的助词分为结构类助词、体貌类助词以及其他一些特殊助词。

表 45　　　　　　　　　　　　助词分类

助词类别	小类	词例
结构类助词	结构助词	的₁、地、得、个、之
	概数助词	来₁、余
	列举助词	伍的、什么的、等等
	比况助词	似的、一样、样
时态类助词	动态助词	了、着、过、看
	事态助词	的₂、来₂、来着
特殊助词		给、喽
其他助词		所

（一）结构类助词

结构类助词是表示附加语和中心词关系的助词。老北京土话结构类助词主要分为四类，以下分别加以探讨。

1. 结构助词

结构助词主要有：的₁、地、得、个。

（1）[的₁、地、得]

"的"一般用于定中结构之间，是定语的标记。"的"分别构成以下格式：名词+的、动词+的、形容词+的、代词+的、区别词+的，在句中做主语、定语和宾语。"的"常常构成"的"字结构，这种结构产生转指的功能，不管附加在哪一类词后，都使该结构变为名词性结构。

"地"一般用于状中结构之间，是状语的标记。"地"分别构成以下格式：副词+地、形容词+地，在句中主要作状语。

"得"一般用于述补结构之间，是补语的标记。"得"分别构成以下格式：动词+得、动词/形容词+得+补语。

（2）[个]

①"个"附在时间名词后

"个"附在少数时间名词后，构成"N时间+（S）+VP"的格式。

今儿个要饮够一斤棒子面儿水，准出七磅奶。（BJKY）

我就说你们结婚，明儿个你们睡地下，我说不现我们王家门儿的眼，现你们赵家门儿的眼。（同上）

你几儿个给我娶媳妇呀？说了不算哪？看我不揍你的！（CCL-LS《老年的浪漫》）

②"个"附在量词后

"个"常附在集合量词"些"后，构成"些+个+N"的结构。

现在福利上来说呢，还有什么职务津贴，还有这个生活上也有些个补助……（BJKY）

现在一般来说屋子里都宽绰了，是哇，也能够，搁上一些个摆设儿了，什么木器啦，家具啦，都整齐了，都完整了。（同上）

那天突然间呢，来了好些个飞机，到那儿炸曲门。（同上）

③"个"附在动词后

"个"常常附在动词后，构成"V+个+N"的结构。

你像打个执事啦，拣个煤核儿了，这都是苦处哇。（BJKY）

反正吃个菜呀，打个油呀，不成困难了，这么凑过来了。（同上）

在家里呢，帮着给做做饭呢，看个孩子呀，给他们帮着。（同上）

第二天看都负伤的这个都雇个牛车，拉后方医院……（同上）

月月儿都有个收入，都能挣钱了。（同上）

我们那阵儿伙食钱一月六块，还得往家寄个五六块钱，六七块钱

儿。(同上)

我给个十块八块钱,这给五块钱拿不出手去。(同上)

但是我有一种爱好,好玩儿什么放风筝,冬天儿,哎,下个棋,这是,养个黄鸟儿,花儿,这是。(同上)

再说个什么话,一般的啊,像我这年龄,男同志啊,做不了。(同上)

当个警察吧,大概是挣八块钱,当个警察。要当个小职员儿嘛,大概是,都是十三四块钱。(同上)

④"个"附在代词后

你觉摸着是怎么个滋味儿?(CDC)

他说话就是那么个倔丧劲儿。(同上)

以上格式中,"个"后所接成分,有名词和体词性短语,接名词时,有的是具体名词,有的是抽象名词,从例中可见,"个"已经不起计量作用,在句中并不作为量词使用,是词义虚化的成分,其功能只是起一种协调音节的作用,正蜕变为一个衬音助词;同时"个"在语义上能使句式表达产生一种随意、轻快的效果。

⑤"个"附在介词后

"个"附在介词"连"后,构成"连+个+名词"的格式。这种格式与上述格式中的"个"稍有不同,"个"是数量短语"一个"的省略形式,还明显带有量词的色彩。

你当个售货员连个算盘都不会打。(BJKY)

有几挺破机枪,连个掷弹筒都没有,冲着,冲着南支着……(同上)

到时候儿你判作业呢,连个套袖都没有。(同上)

连个暗室都没有,我们就拿茅房拿厕所呀,当暗室。(同上)

回去备备课或是家里再有孩子做作业,连个地儿都没有……(同上)

那人儿就坐那儿了,真是连个谢字儿都没有,连说看也没有。(同上)

总体来看,"连个"似乎慢慢凝结成一个固定形式,只是这种形式还仍不稳定,在少数情况下,"连个"之间还可以插入其他成分:

连包个饺子我都没吃上,对不对?(BJKY)

(3)[之]

保留文言语体色彩的助词。在书面语和口语中都经常出现。"之"主要出现在偏正结构中,常常表示领属关系。

您记得博胜之博二爷,不是用老婆换了一对蓝鸟头吗?(CCL-LS《正红旗下》)

原来呢,我还出去玩儿会儿,什么看看戏之类的。(BJKY)

有时候,"之"用在主谓结构之间,取消句子的独立性而变成偏正结构:

这是美人之贻，我将永远贴在胸口上，永远不能花掉！（CCL-LS《残雾》）

2. 概数助词

老北京土话的概数助词有：来₁。

[来₁]

"来₁"主要出现在"数词+来+名词"的结构中。例如：

那阵儿是十个子儿一碗馄饨，喝这么一碗馄饨，吃得挺饱，还吃得挺好，总共一毛钱。这是民国二十来年，二十多年的时候儿。（BJKY）

那会儿我那会儿就有三十来岁。（同上）

有时，也出现在"数量短语+来+名词"的结构中。例如：

这十点来钟就睡呀，四点来钟就醒啦，哎，耗着耗着等着天亮，哎，就起来啦。（BJKY）

您出去买一点儿菜，就是一块来钱。（同上）

还可以出现在"数词+来+量词+名词"的结构中。例如：

他这车才值五千来块钱。（BJKY）

这周围这十，十来个村子，上学的问题是个问题。（同上）

在老北京土话中表示概数主要用"来"，极少使用"余"的情况。在"北京口语语料库"中有 238 条关于"余"的语料，但没有一条涉及"余"作概数助词的例证。北京大学 CCL 语料库老舍作品中，"余"有 403 条语料，而真正能作概数助词的"余"仅检出两条。可见"余"这个在近代汉语或普通话常用的概数助词，在老北京土话中是很少使用的。

3. 列举助词

老北京土话的列举助词有：伍的、什么的、等等。

（1）[伍的]

"伍的"是老北京土话中很有特色的列举助词，其在城区使用的范围较广，特别是在老北京城二环之外如海淀、朝阳、丰台、石景山等以前属于郊区的范围至今其使用仍然十分活跃。"伍的"的词性并不稳定，常被不同的学者或作家写作"兀的""唔的""五的"等不同形式，关于"伍的"的本字是什么、其源于何处，均是学界争议已久的问题。张世方（2009）在综合论述各家的观点后，提出"伍的"可能借自蒙古语 -ud 的复数概称形式。关于"伍的"的本字还有待于作进一步深入研究。

"伍的"用在两个或以上的并列词语后，表示列举简省。例如：

什么椅子、凳子伍的都搬来了。（CDC）

要是扭着碰着伍的可不好。（同上）

有时候，"伍的"仅只附在一个词语后也能表示列举，其语义为"之类"

的意思。例如：

做件褂子，有点儿什么事伍的好穿。（CDC）

净是点子破书伍的。（同上）

预备一把锤子，好修理修理家具伍的。（CDX）

有个大厅可以在这儿开个会伍的。（同上）

一上来说的也怪受听，什么捉拿汉奸伍的；好，还没三天半，汉奸又作上官了；咱们穷人还是头朝下！（CCL-LS《龙须沟》）

爱吃什么就叫什么，弄两盅酒儿伍的，叫俩可口的菜，岂不是个乐子？（CCL-LS《我这一辈子》）

"伍的"也可以在列举之后煞尾。例如：

你去买点儿萝卜、白菜伍的。（CDX）

星期天也就是看看电影，逛逛公园伍的。（同上）

我父亲在家做，开了一个小铺儿，这小铺儿就是卖烟酒哇，糖豆儿哇伍的，就卖点儿这个。（BLKY）

"伍的"经常性的与"什么"连用，构成"什么伍的"的说法，例如：

老街坊什么伍的也都不错。（BLKY）

有时候儿听听书什么伍的，还是很好的……（同上）

连厨房什么伍的，我们两个人得有四十平方米。（同上）

（2）[什么的]

"什么的"也是表示列举的助词，用在一个成分或并列的几个成分之后，例如：

我呢，没什么事儿，就是上街买点儿菜什么的。（BJKY）

我这个小孙女儿呢，小，她得招点儿孩子上那屋玩儿去什么的。（同上）

若是赢了几百钱，他便买些糖豆大酸枣什么的分给儿童们。（CCL-LS《正红旗下》）

鲜白藕与酸梅汤什么的都是冰箱里产出来的。（同上）

（3）[等等]

老北京土话一般只用"等等"，很少用"等"。在北京口语语料库中，1003条关于"等"字的语料中，列举助词"等等"有91条，但没有1条是关于"等"作列举助词的语料。

"等等"一般表示列举未尽，例如：

那个进门的这个入门券哪等等，这都是工会给负担。（BLKY）

这个房檐儿啊等等，没有什么花活儿，都是一些素的东西。（同上）

"等等"可以重复，例如：

做点儿东西呀，设计点儿样子呀什么的，等等等等吧，这不搞四化吗？（BLKY）

"等等"后还可接其他词语。例如：

你像倒卖这个蔬菜，是吧，倒卖老玉米，西瓜等等这些个。（BLKY）

这个每天上学得送，下学得接，啊，晚上还得辅导孩子学习，嗯，等等这些事儿。（同上）

还有一些更困难的呢，就是户口问题解决不了，等等的这些问题，我们都能接触到。（同上）

"等等"后的词语都是对前面所列举的情况加以总括。

4. 比况助词

老北京土话的比况助词主要有似的、一样，这两个助词都用于句末，一般构成："比拟动词+喻体+似的/一样"的格式，比拟动词常常是跟、像。

你像城根儿这穷人吧，住那小破房儿，夏天哗哗那漏跟筛子似的……（BLKY）

立交桥四面儿有这个台阶，上下台阶儿，就像楼梯似的。（同上）

现在来说呢，这房子跟过去可不一样了。（同上）

你下什么本儿，就跟种地一样，你种高粱出不了黑豆啊！（同上）

（二）时态类助词

包括动态助词和事态助词。

1. 动态助词

老北京土话的动态助词有：了、着、过、看。

[了、着、过]

了、着、过分别表示不同的时态，"了"表示完成态、"着"表示持续态、"过"表示经历态、"看"表示尝试态。

2. 事态助词

事态助词指用来表示整个事件的情貌、状态的助词。老北京土话的事态助词有：的、来、来着。这些事态助词都与时间有关。

（1）[的$_2$]

用来表示过去时。"的$_2$"一般嵌入述宾结构中。例如[①]：

你是什么时候回的家。

我是昨天起的身。

---

① 笔者注：这 4 个例句引自白涤洲《北京话中之表时法》一文。罗常培主编：《国立中山大学语言历史研究所周刊"方言专号"》，1926 年 6 月 26 日。

（是）到一点钟才睡的觉。

（是）去年上的南京。

"的₂"强调动作过去发生的时间、处所、方式以及施事者。上面四个例句都是强调的时间，又如：

这是老蔫儿炒的菜。（TYDC）

他在 101 中学念的书。（同上）

这是怎么洗的衣服。（同上）

（2）[来₂]

一般放在句子末尾，表示动作或事件曾经发生或过去完成。例如：

这儿蒂根儿ₐₐ、ₐₐ有棵大树来。（CDC）

那龙潭湖那边儿都上这儿来，都上这儿玩儿来。（BJKY）

后来家里人瞅我不行了，后来就请一个同志来帮忙来，哎，就这样儿。（同上）

就咱们这四位这一进去，您就得照着二十块钱您吃不着什么来。（同上）

熬完奶出来，喝完了奶等到七点四十五，我就上班来。（同上）

"来"在汉语史中，据研究早在南北朝时期或隋朝就已经用来作为表事态的标记词了。

（3）[来着]

"来着"在老北京土话中是较为活跃的事态助词。同时"来着"不仅在老北京土话，并且在北方方言中都是一个较为特殊的助词，关于"来着"的研究，早在 20 世纪 40 年代，王力先生就指出，"来着"表示的是"近过去貌——凡表示事情过去不久者，叫做近过去貌"，"所谓'近'是什么时候才算近呢？这完全凭说话人的心理而定的"。[1]吕叔湘（1944）也将"来着"看作表时态的助词，把其归为"指一个动作已经有过"的"后事相"[2]。此后，学界对"来着"的词性进行了各种分析和定性，目前还没有最终的定论。本书遵循王、吕二先生的意见，将"来着"归到时态助词一类。

"来着"和"来"一样也用于表示过去的事情。其语法功能是强调动作曾经做过或状态已经完成。可以紧跟在动词后，也可以连接在动宾结构后。例如：

用于动词后：

那本书姐姐刚才看来着。（CDX）

---

[1] 王力：《中国现代语法·王力文集（第二卷）》，济南：山东教育出版社 1985 年版，第 222 页。

[2] 吕叔湘：《中国文法要略·吕叔湘全集》，沈阳：辽宁教育出版社 2002 年版，第 231 页。

你说的那个人名，我查来着，可没查到。（同上）

当时没参加分配工作，就在家考学来着。（BJKY）

用于动宾结构后：

你瞅我这不，斗大的字儿啊，不认得多少来着，我还不会说。
（BJKY）

告诉我们你在医院都吃什么好东西来着！（CCL-LS《赵子曰》）

打一个学生，五毛现洋！昨天揍了几个来着？（CCL-LS《茶馆》）

从"来着"的语法分布来看，一般处于全句或小句句尾，从其所出现的句类情况看，多出现在陈述句和疑问句中，较少出现在感叹句中。

（三）特殊助词

老北京其他特殊助词有：给、喽。

（1）[给]

"给"作为助词可以构成几种不同的格式。

① 构成"给……给"的格式，例如：

后来有一次呢，给他胳膊都给掐青了。（BJKY）

我再一瞅里头就剩几只了。这一下儿给我鸽子都给端了。（同上）

我是越慌吧，冲着这老头儿就去啦，闸也踩不住，给老头儿给撞了一大跟头……（同上）

"给"置于动词前，表示"被动态"。

② 构成"让/叫……给"的格式：

去了结果他们在表演节目当中啊，说让咱们海淀宋所长给大家唱一个。（BJKY）

一百九十七万，最后让人给骗了。（同上）

那时候儿没有卫生网，叫我给他们成立卫生网……（同上）

上小学正好儿我们赶上了那个什么上五年制。反正叫我给赶上了。
（同上）

"给"和使役动词"让/叫"构成表示"致使义"的句法结构。

③ 构成"把……给"的格式：

这一摔，把这孩子啊，把这孩子给摔坏了。（BJKY）

谢谢你，请你把那件衣服给我拿一下儿。（同上）

"给"与介词"把"构成表示"处置义"的句法格式。

④ 构成"让/叫/把……给……给"的格式：

我老叔让公安局给摁了给。（电视剧《全家福》）

你放在书包里，又怕人家把书包给拉锁儿给拉了。（BJKY）

这种格式中助词"给"可以重复出现，而语义上和上述表示致使和处置格式的语义并没有差异。

以上几种句式中，"给"有时可以删除而不影响句子的基本义。

（2）[喽]

"喽"是老北京土话中一个较为特殊的助词，其特点及功能将会在下文详细阐述。

（四）其他助词

[所]

带有文言语体色彩的助词，常常用在谓词前面构成名词性的结构，例如：

> 对于各处闹教案，他久有所闻，但没有特别注意，因为闹事的地方离北京相当的远。（CCL-LS《正红旗下》）

> 走，我们斗争他去！把这些年他所作所为都抖漏出来，教他这个坏小子吃不了兜着走！（CCL-LS《龙须沟》）

> 就说呢，要有高度的责任心，为病人着想，痛病人之所痛，急病人之所急。（BJKY）

相比较来说，这种用法在书面语中的使用的频率远超过口语中使用的频率。此外，"所"常构成"所……的"结构，作定语修饰中心语，该中心语可以是施事也可以是受事。例如：

> 九点多了，二哥所料到要来贺喜的七姥姥八姨们陆续来到。（CCL-LS《正红旗下》）

> 多二爷常到便宜坊来买东西，非常守规矩，是王掌柜所敬重的一个人。（同上）

二、助词的语法分析

（一）助词分布的位置

助词根据其在句中的分布形式，有前附式、后附式、嵌入式、框式结构四种分布位置。根据上文所列的 23 个助词，其分布位置具体罗列如下。

前附式助词：前附于动词，有"所"字，1 个。

嵌入式助词：嵌入在短语结构中，有"的$_1$、地、得、之、的$_2$"字，5 个。

后附式助词：后附于不同的句法成分，有"个、来$_1$、余、伍的、什么的、等等、似的、一样、样、了、着、过、看、来$_2$、来着、喽"字，共 16 个。

框式结构：与介词构成框式结构"给……给"，有"给"字，1 个。

（二）助词的句法功能

1. 高度的附着性

助词的语法功能主要是其附着性，这是学界统一的认识。邢福义（1991）："具有高度的附着性，帮助词语或句子表示某种附加意义。"[①]张斌（2004）："助词是附着其他语言单位上的，表示一定辅助性附加义的虚词。"[②]黄伯荣、廖序东（2011）："助词的作用是附着在实词、短语或句子后面表示结构关系或动态等语法意义。"[③]助词不能单独使用，只能依附于其他的语言单位后实现其语法意义。

2. 表义的协助性

助词的辅助功能，也体现在协助某些语言单位来调整结构或改变词性以表达某种语法意义。如"之"字用在主谓结构之间，能取消句子的独立性，将前后成分联系在一起；"所"字、"的"字能附于动词或动词性词组的前或后，使其变成名词性的成分。

3. 造句的表达性

助词本身是意义十分空灵的一类虚词，其根本作用就是帮助构造句子，使句义能够顺利表达，如结构助词、事态助词等附着于其他语法成分后，组成某种句法结构，实现造句的表达功能。因此，助词作为虚词的一类，虽然本身无词汇意义、不能单独使用且不能充当句法成分，但其在语法上的地位则是举足轻重的。

三、助词"喽"的个案分析

北京土话中"喽（·lou）"是一个可以出现在句末或句中的助词。关于"喽"的词性和读音，不同的学者有不同的看法，马希文（1982）认为，"喽"是动词的弱化形式，由"了 liǎo"失去介音后变成轻音"·lou"而形成，功能是在动词后头作补语；朱德熙（1982）、胡明扬（1987）认为，"喽"是语气助词，其读音是"了（·le）+呕（·ou）"的合音形式。王维贤（1991）认为，"喽"是动态助词，记作"了₃（·lou）"，与了₁（·le）和了₂（·la）相区别。

"喽"在北京土话中的用法和意义较为复杂，作为助词"喽"有时候独

---

① 邢福义主编：《现代汉语》，北京：高等教育出版社 1991 年版，第 279 页。

② 张斌主编：《简明现代汉语》，上海：复旦大学出版社 2004 年版，第 244 页。

③ 黄伯荣、廖序东主编：《现代汉语》下册（增订第五版），北京：高等教育出版社 2011 年版，第 28 页。

立显现，有时候与"了"可以同现，以下针对"喽"的语法功能展开研究。所参考语料采自北京语言大学"北京口语语料查询系统"（BJKY），北京大学 CCL 语料库老舍和王朔的作品，以及电视剧《全家福》的口语语料。

（一）"喽"的语法分布

"喽"在句子中可以独现，也可以与"了"一起共现，其分布的语法位置比较自由，可以在以下位置出现。

1. 用于句中

（1）用在动词、形容词后

一月份，这在那个水电站，干喽四年多。（BJKY）

到喽这个武汉呢没白来，觉得没白来。（同上）

冷喽没带衣服，也不敢回家，没有到点下过班。（同上）

（2）用在时间名词、方位词和代词后

头喽我上木材加工厂时候儿吧，那年可能就是吃混合面儿。（BJKY）

我们呢，就小孩儿呢，就不能看电视，就旁喽，干一点儿家务活儿。（同上）

我喽，呃除了一些这些以外，我喽，我们适当地还做一些。（同上）

（3）用在紧缩复句中

一多喽我就不认识了。（BJKY）

一歪喽，它也是就从那门儿边儿上出去了。（同上）

这儿敢情要一忙喽哇，你猜怎么的，敢情要加班儿，得了，咱就加班儿。（同上）

2. 用于句末

"喽"用于句末，构成"S+喽"的格式。

（1）用在动词性谓语句后。

① 用在单音节或双音节动词后。

满汉全席？我连家伙都卖喽！（CCL-LS《茶馆》）

学习比较好的同学，把难题给解决喽。（BJKY）

② 用在动词性短语后。

小顺儿的妈对灶王爷叹了口气："今年委屈你喽！"（CCL-LS《四世同堂》）

把饭做熟喽，高高兴兴儿一块儿吃。（BJKY）

您要是把它看懂看透喽，还真不容易。（《全家福》）

③ 用在动词重叠式后。

　　老王掌柜的年纪越大，越爱说：得回家去看看喽！（CCL-LS《正红旗下》）

　　不信，你自己听听好喽！（CCL-LS《四世同堂》）

（2）用在形容词性谓语句后。

　　我倒留着珍妃的那只鞋，不过这鞋可就金贵喽！（CCL-WS《玩儿的就是心跳》）

　　这就对喽。（《全家福》）

　　他爷爷就更没劲喽。（同上）

（3）用在非主谓句后

　　一大碟，好大的杏儿喽！（CCL-LS《四世同堂》）

　　"来喽！"四大妈在院中答应。（同上）

　　当然喽！您等着吃我的喜酒吧！（CCL-LS《全家福》）

"喽"从所分布的句法位置看，出现在句末的比例要高于出现在句中的比例，以下从语料库所搜集的"喽"的出现频率来观察其分布的情况，具体统计如下。

表46　　　　　　　　　　"喽"的句法位置分布比例

语料来源	"喽"字总条目	句中分布	句末分布	百分比	
				句中	句末
北京口语语料库（BJKY）	100	7	93	7%	93%
CCL 老舍作品	102	0	102	0%	100%
CCL 王朔作品	39	0	39	0%	100%
电视剧《全家福》	14	2	12	14.3%	85.7%
总语料数	255	9	246	3.5%	96.4%

　　表46可见，在"喽"独现时，只有少数情况"喽"可以出现在句中的位置，通常在北京土话中，"喽"的语法分布位置绝大多数是在全句或小句句末，尤其是在口语文本语料中，"喽"没有出现在句中位置的用例。

3. 与"了"的共现

"喽"也可以与"了"一起出现。例如：

　　您二位要肯帮忙，我可就有了主心骨儿喽！（CCL-LS《方珍珠》）

　　好姑娘！好姑娘！这碗热水救了老命喽！（CCL-LS《龙须沟》）

　　近来连伤风咳嗽都跟我请了假喽！（CCL-LS《全家福》）

　　五个蛋，丢透了人喽！（CCL-LS《四世同堂》）

哎，完了喽，那毕了业了，在那后首儿，这赶上这个文化大革命。（BJKY）

"了"与"喽"共现的情况比较少，在所收集的总共 255 条语料中，仅出现 9 条二者共现的语料，占所有语料的 3.5%，其比例是很低的。

4. 与副词的搭配

"喽"还可以与副词"才、刚、就、都"等搭配使用。例如：

（1）与"才""刚"搭配。

今儿，这男孩儿，这才去喽三年吧。（BJKY）

刚搞喽三年，这厂子也搞起来了吧。（同上）

例中"才""刚"的语法意义有表示"量"少之义，与"喽"搭配表示动作行为发生的时间短。

（2）与"就"搭配。

哼！几年！我就入了土喽！（CCL-LS《四世同堂》）

您二位要肯帮忙，我可就有了主心骨儿喽！（CCL-LS《方珍珠》）

例中"就"表示很短的时间内动作即将发生，与"喽"搭配表示时间量的小。

哼，多么快，一下子就四年没见喽！（CCL-LS《西望长安》）

例中"一……就……"的格式，表示两件事情接连发生，与"喽"搭配表示时间的持续状态。

（3）与"都"搭配。

嗬嗬，这两瓶白酒咱都得干喽。（CCL-WS《玩儿的就是心跳》）

例中，"都"表示总括，与"喽"搭配表示动作对象的范围。

听存车的老太太嚷嚷："全市的流氓都转业当作家喽！"（CCL-WS《一点正经没有》）

例中，"都"除了表示总括，还有"已经"的意味，与"喽"搭配表示事态完结的意义。

（二）"喽"的语气意义

"喽"作为助词，其语法位置最大出现频率是在句末，因此，"喽"作为助词，很多情况下是充当语气助词，胡明扬（1988）对语气助词的语气意义进行辨析时，曾指出要排除"随文释义"的做法，即"把句子中某些语词或某些结构或句终语调的语气意义误加在语气助词身上"[①]，因此，应将语气词"孤立"出来，并进一步提出了几种有效的鉴别方法：① 去掉语

---

① 胡明扬：《语气助词的语气意义》，《汉语学习》1988 年第 6 期，第 4 页。

气助词，看是否还有假设的语气意义，如果有就是句中其他因素带来的。② 保留语气助词，语调不变，如果语气意义发生变化，说明是由句子中有关的语词或结构决定的。③ 保留语气助词，只变动终端语调，若语气意义发生变化，说明该句语气意义是由语调决定的。④ 设置更多的"测试格式"来检测语气助词。⑤ 分析整个语气助词系统，从系统性方面去考察每个语气助词的语气意义。

"喽"的语气意义还与人类的语言交际功能有关，美国语言哲学家塞尔在继承奥斯汀的言语行为理论的基础上，划分了人们使用语言的 5 种方式①：

阐述式（representatives）：言者对陈述的真实性表达自己的看法，如肯定、否定、假定、假设、报告等。

指令式（directives）：言者让听者做某事，如请求、要求、乞求、命令、坚持等。

承诺式（commissives）：言者对事件承担责任，如许诺、保证、发誓、赌咒等。

表达式（expressives）：言者表达自己的感情和态度，如祝贺、道谢、欢迎、同情、致歉等。

宣告式（declarations）：言者通过言语使事物和情景的外部条件发生变化，如命名、主持会议等。

下文依据以上学者提出的方法，对"喽"出现在不同句类中的情况进行考察。

（1）"喽"用在陈述句里。

"喽"在陈述句中，可以出现在小句句末，也可以出现在全句句末的位置。例如：

做饭归置完喽，多少哇，睡那么一会儿觉。（BJKY）

哎，活动完喽，回来，该做晚饭啦，啊。（同上）

这就行喽，丑媳妇见了公婆的面，以后就好说了。（CCL-LS《四世同堂》）

当然高兴喽，老头儿多么不容易，把玉娥拉扯这么大！（CCL-LS《女店员》）

以上例句中，"喽"出现在小句句末，表示确定、断定的语气意义，并具有说话人向听话人传达信息的效力。上述例句中"喽"可以去掉，不影响句子的意义，句子仍然表示陈述语气，说明陈述语气的功能是句中其他因素造成的，而"喽"的出现使句子的语气更为肯定，起强调的效果。

---

① 何兆熊：《新编语用学概要》，上海：上海外语教育出版社 2000 年版，第 105 页。

有时候"喽"出现在小句末，是不可以省去的，例如：

这下可好喽：我这就放心了。（CCL-LS《鼓书艺人》）

"老喽，"小绅士指指自己的头。（CCL-WS《千万别把我当人》）

"喽"在这些例句中不可以省略，起动态助词的作用。

"喽"除了在小句末尾的位置出现外，还出现在句子的末尾。例如：

让他们丫挣去，挣足了咱给他们来个一打三反全没收喽。（CCL-WS《玩儿的就是心跳》）

我算是明白喽。（《全家福》）

以上例句中，"喽"出现在全句之末，"喽"有表示确定和动态的意义，"喽"不能去除，在句中起补足句子的效果，否则句子就会产生语义不自足而缺乏完整性。

以上例句，"喽"都是表示肯定的语气，增加陈述句的客观表述的效果。根据塞尔的言语行为理论，陈述句不只是断言行为，还包括承诺行为和宣告行为，因此，除了上述表肯定的言语式外，还有以下几种。

表示推测：

"恐怕还得找缺点喽！"李冬宝说。（CCL-WS《谁比谁傻多少》）

表示应诺：

来喽！干什么呀？（CCL-LS《女店员》）

连佻当年的仇我一块给您报喽。（CCL-WS《千万别把我当人》）

（2）"喽"用在感叹句里

"喽"可以出现在感叹句句末，表示各种不同的感情意义。例如：

一边儿贴一边儿高声的喊："贵府老爷高升喽！报喜来喽！"（CCL-LS《四世同堂》）——表示喜悦

再想一想屋中的温暖与安全，他几乎要喊出来："我回来喽！"（CCL-LS《四世同堂》）——表示激动

他那两招儿啊，现在吃不开喽！（CCL-LS《女店员》）——表示挪揄

哎哟！四爷，可想死我喽！（CCL-LS《茶馆》）——表示亲热

哼！几年！我就入了土喽！（CCL-LS《四世同堂》）——表示感慨

腰都直不起来喽，妈！（CCL-LS《女店员》）——表示娇嗔

喝！这里成了炭窑喽！（CCL-LS《无名高地有了名》）——表示诧异

姐妹俩站在一旁咯咯笑。拍手叫：傻小子下不来喽。傻小子登高望远喽。（CCL-WS《看上去很美》）——表示幸灾乐祸

腰，腿，全不给劲喽！（CCL-LS《骆驼祥子》）——表示焦虑

文博士，这年月讲不到什么专家喽！（CCL-LS《骆驼祥子》）——

表示无奈

我是不是先敬顺哥一杯，换白酒，干喽！（CCL-WS《刘慧芳》）——表示豪爽

姑母回答了声："睡觉喽！明年见！"（CCL-LS《正红旗下》）——表示道别

以上例句中，"喽"一般都不能省去，去掉后或者表示陈述意义，或者语气变得更为强烈甚至生硬（例如最末两个例句），句子语义会发生变化，从而失去感叹句的语气意义。

此外，"喽"用在感叹句末，往往表示熟络、亲昵、温情、和缓、戏谑等色彩义，因此"喽"能够给句子添加一种舒缓的语气意义。

（3）"喽"用在祈使句里。

"喽"在祈使句中，可以出现在小句或全句的句末处，大多情况下是表示劝阻，例如：

钱太太！钱少奶奶！别哭喽！（CCL-LS《四世同堂》）

"别撕喽。"无凤含一大口水，涮嘴，呼地成扇面喷出。（CCL-WS《千万别把我当人》）

别吵喽！有人心的，给我弄点水，洗洗脚！（CCL-LS《龙须沟》）

甭来喽，大嫂！（CCL-LS《全家福》）

不哭喽！得商量商量怎么办事哟！（CCL-LS《四世同堂》）

表示劝阻的多是有否定副词的祈使句，这些否定副词一般是"别、甭、不"等表示主观意义的否定词。

表示催促：

"吃饭喽吃饭喽，别瞎扯了。"于德利站起来嚷。（CCL-WS《修改后发表》）

开会去喽！快到时候啦！（CCL-LS《龙须沟》）

表示威胁：

你要走，我就把这家点喽。（CCL-WS《过把瘾就死》）

表示提醒：

"妈来喽！"文听见砖地上的脚步声。（CCL-LS《生灭》）

"该走喽。"丁立起来。（CCL-LS《丁》）

祈使句一般分为命令、禁止和请求、劝阻两大类，"喽"在祈使句中，一般只在请求、劝阻类祈使句中出现，很少出现在命令、禁止句。这与"喽"作为语气助词时，主要起舒缓语气的作用有关联。

（4）"喽"用在疑问句里。

"喽"可以出现在疑问句的句末，可以与其他的表疑问手段一起构成疑

问句式。例如：

不认识就算了。你总该认识尤桐芳喽？（CCL-LS《四世同堂》）——是非问

你是知道我们国家的人口政策的喽？（CCL-WS《痴人》）——是非问

"喽"在是非问句中表示问话者的猜测，是测度疑问。

二嘎子，你上哪儿去喽？（CCL-LS《龙须沟》）——特指问

他这白的他怎么愣给说成黑的喽？（BJKY）——特指问

"喽"在特指问中只起时态作用或成句作用，不表示疑问。句中的疑问语气是由疑问代词和语调等因素构成。

是活活烧死还是让我们把您五花大绑拉到郊外毙喽？（CCL-WS《你不是一个俗人》）——选择问

和特指问一样，"喽"在选择问中也不表示疑问语气，在句中只起时态作用或成句作用。

这么说，还有一个长得和我很像的人喽！（CCL-WS《空中小姐》）——反问

听你的意思，人间是在这块净土的喽？（CCL-WS《千万别把我当人》）——反问

不对，那我也是流氓喽！（CCL-LS《茶馆》）——反问

"喽"在反问句中表示无疑而问的反问口气，是是非问的反问用法。

"喽"可以出现在是非问、特指问、选择问句式中，但暂未发现正反问的句例。

以上对"喽"的语气意义进行了探讨，北京土话中"喽"在各种句类中都能出现，只是频率是有所不同的，具体分布情况如下表。

表47　　　　　　　　　　"喽"在句类中的分布比例

句类 \ 语料来源	北京口语语料库（BJKY）	CCL 老舍作品	CCL 王朔作品	电视剧《全家福》	语料出现频率	总语料数	百分比
陈述句	99	51	23	8	181	255	70.9%
疑问句	1	7	6	0	14	255	5.5%
感叹句	0	32	6	2	40	255	15.7%
祈使句	0	12	4	4	20	255	7.8%

表47可见，"喽"出现在陈述句中的比例最高，其次是感叹句，很少出现在祈使句和疑问句中。

（三）"喽"的时体特征

"喽"处在小句或句末的位置时，除了表示不同的语气意义，常常还具有表达时体的功能。

（1）将行体："喽"表示动作行为马上就要发生，例如：

走喽，到屋里我自己去琢磨怎能泄露了芳蜜的秘密。（CCL-LS《残雾》）

走喽，上学喽！（CCL-LS《方珍珠》）

我得把丑话说头喽。（《全家福》）

（2）完成体："喽"表示动作行为的完成。例如：

我赢喽！我赢喽！真臭！顺风还输球，算是臭到家了！（CCL-WS《我是你爸爸》）

或者是比较好，学习比较好的同学，把难题给解决喽。（BJKY）

你个老东西哟，上哪儿去喽，不早点来！她都死过两回去喽！（CCL-LS《四世同堂》）

咱们哪，全叫流行歌曲跟《纺棉花》给顶垮喽！（CCL-LS《茶馆》）

"喽"用在动词或动词性短语后，表示动作行为完成，或完成的结果。

（3）已然体：表示某种状态已经实现。例如：

"晚喽，儿子。不管你接不接任，我是决意引退，挂印而去。"（CCL-LS《我是你爸爸》）

"老喽，"小绅士指指自己的头，"这里跟不上喽，跟你们比起来落后于时代喽。"（CCL-WS《千万别把我当人》）

"喽"用在形容词后，表示发生并完成的新情况。

（4）未然体："喽"表示对将要发生的动作的一种推测或虚拟，例如：

小吴你看呀，我要是真走喽，谁来卖肉？（CCL-LS《女店员》）

您要是把它看懂看透喽，还真不容易。（同上）

你要不给，把牌子就摘喽。（BJKY）

这种对将来动作的虚拟表达，往往出现在一些固定的句法格式中：常见的是表假设条件关系的"要是/要……"格式；有时表示假设关系的关联词可以隐含不用：

让雨淋luən˥喽，着了锈，你们得赔。（《全家福》）

当然你这儿胡搞，家长知道喽，能同意吗？（BJKY）

你必须拉，拉的那个够指标喽，才能管你一顿饭。（同上）

除了这种语法格式，还可以使用"等""恨不得"等句式表示对将来的虚拟：

真有那么一天，等我老喽。（《全家福》

为是啊，长大喽哇，能做个事情啊。（BJKY）

马青说，"急得直哭，恨不得一晚上把钱全撕喽。"（CCL-WS《一点正经没有》）

有时候还可以与时间词、副词表示对将来的假设或推断：

将来能把它能够杜绝喽，对于人民的这个生活保障是有好处的。（BJKY）

一定要把它做好喽，啊，一定要把它做好喽。（同上）

"喽"表示未然体，还可以是对将要发生的动作的一种告诫或提醒。例如：

你可别累坏喽啊。（《全家福》）

这老三篇都给我背熟喽。（同上）

客人要是来了，给人倒水呢，不能用反腕子倒水，嗯，倒水不能倒满喽。（BJKY）

这种情况多出现在祈使句式中，对听话人起预警作用。

（5）延续体："喽"表示动作或状态在时间上的一种持续。例如：

一共十六个球儿，我成天数怕丢喽。（BJKY）

还用你嘱咐，前三天我就预备好喽！（CCL-LS《龙须沟》）

现在可好喽，没有那样的婆婆啦！（CCL-LS《全家福》）

这就行喽，丑媳妇见了公婆的面，以后就好说了。（CCL-LS《四世同堂》）

"喽"表示延续体时，常常与其他成分有着重要的关系，如与时间副词"就、成天、每天、已经"等搭配使用，表示由过去开始一直延续到现在或说话的时刻所发生的某种变化，这种变化还有可能继续下去。

（6）进行体："喽"表示动作行为或事件正在发生或进行。例如：

老街坊们，送副食品来喽！（CCL-LS《女店员》）

院中出了声，一个尖锐而无聊的声："道喜来喽！道喜来喽！"（CCL-LS《四世同堂》）

水啊，挺深的，特别深，得把人都能没喽。（BJKY）

"喽"表示时体的功能意义较为复杂，常常与句子中的其他成分如词语或句子结构等有着密切的组合制约关系，同时，"喽"的情态意义和时体意义又经常渗透在一起，因此，辨析"喽"的时体意义还需要做深入细致的工作。

"喽"是老北京话中的一个较土的字音，常常用于家常语体中。从上文分析可见，"喽"是非典型的动态助词和语气助词，也即动态助词·语气助词的融合形式，北京土话中"喽"更多的是担当了相当于普通话中"了₂"的功能，在表达语气意义的同时，也兼具表达时体意义的特点。"了₁""了₂"

问题是现代汉语共同语研究的焦点问题，造成这一问题的关键所在是因为二者是同形同音词，而在北京土话中，句中表实现体的"了"和句末表示时体+语气助词的"喽"，因为语音形式不同原本是很容易就可加以区别的。但是就现有语料来看，不论是在北京土话还是在北京口语文本中，"喽"出现的频率越来越少，可以推测的是，由于受普通话的影响，无论是作家的笔头还是百姓的口头用语中，句尾"喽"越来越多地用"了"的形式来代替，使原本有所区别的这对助词，逐渐地变成同形同音的词"了［·lə］"了。

第四章　句法

老北京土话中有许多特殊句式，本章主要撷取几种有特色的句式加以考察。

第一节　容字句

"容"字句是北京话中的一个较有特色的句式，对它的关注是不多的，特别是带兼语的"容"字句。从语义上带兼语的"容"字句有较明显的"允让义"，与近年来颇受关注的"让"字句有着相同的特征，研究北京话中的"容"字句，并观察它与"让"字句二者的差异性，对北京土话语法的研究是一件有意义的工作。

北京话中"容"字兼具名词、副词和动词的几种语法分布功能，作动词用时主要有表示"容纳""宽容、原谅"和"允许、容让"的3个义项，本节主要探讨作为动词的"容"字句的特点，尤其是表"容让、允许"义的"容"字句的使用情况。

一、"容"字句的分析

"容"字句在句法、语义、表达功能几个层面都体现出自身的个性特征。

（一）"容"字句的结构

1. "容"字句的结构方式与其动词的义项是有关联的。

动词义项（1）和动词义项（2）的"容"字句，其结构方式一般为：容+NP。具体有：

（1）容+NP

所谓地道中国人者是：第一，要有个能容三壶龙井茶，十碟五香瓜子的胃；第二，要有一对铁作的耳膜。（CCL-LS《赵子曰》）

"你也是好脾气，换我，岂能容他？"（CCL-WS《永失我爱》）

（2）容+得（下）+（NP）

"讲宽绰呢，后门外庆和堂。那里真敞亮，三四家同日办事也<u>容</u>得下。一齐办事那才叫热闹！"老张看了孙八一眼，赶快把眼光收回到茶碗上去。"张先主！你说咱们两个一块儿办事，够多么好！"（CCL-LS《老张的哲学》）

我说过了：自从我的妻潜逃之后，我心中有了个空儿。经过这回兵变，那个空儿更大了一些，松松通通的能<u>容</u>下许多玩艺儿。还接着说兵变的事吧！把它说完全了，你也就可以明白我心中的空儿为什么大起来了。（CCL-LS《我这一辈子》）

（3）容+不+得（下）

这类"容"字句的否定表达式一般是否定词位置附在"容"字后：

哪怕只多一桌呢，也是个体面。因此，每家办事，酒席都要摆到街上来，一来是客太多，家里<u>容</u>不下，二来也是要向别家示威。这样，一家办事，镇上便须断绝交通。（CCL-LS《民主世界》）

"在哪儿？在哪儿？"我盯着佛首慌慌张张看，"哪有光环？是像金箍棒划的圈儿那样<u>容</u>不得邪祟进入吗？"（CCL-WS《痴人》）

3. 动词义项（3）表示"允让"义的动词"容"，一般只用在兼语句中，其句式的基本构造是"（A）+容+B+VP"。例如：

容我缓个手儿_{腾出手来}。（CDC）

办警察是多此一举，越办得好越招人怨恨。自然，<u>容</u>我办上几年，大家也许能看出它的好处来。可是，人家不等办好，已经把我踢开了。（CCL-LS《我这一辈子》）

表示"允让"义时，"容"字句也有否定表达式，一般否定词的位置附在"容"字前，其句式的构造是"（A）+不/没+容+B+VP"。例如：

大赤包决定不<u>容</u>丈夫再弄一个野娘们来。桐芳呢，既没能给晓荷生儿子，而年岁又一天比一天大起来，假若晓荷真的再来一份儿外家，她的前途便十分暗淡了。（CCL-LS《四世同堂》）

我越想越觉得我们当时对他太粗鲁、太武断了，我们根本没<u>容</u>他证明他说的是不是有道理。尽管我现在仍认为他的确是不正常，但我要不亲自证明一下他是在胡说八道我就安不下心，万一他对了呢？哪怕只是一点点。（CCL-WS《痴人》）

表"允让"义的"容"字句的否定表达式中，常常省略句中兼语，兼语可以不出现，原本在兼语的位置上，存在着零形式。例如：

交通便利的要求一概没得到回答，只是要他付了手续费，便麻利、不<u>容</u>商量地分配给他一个一家旅馆的名额。（CCL-WS《人莫予毒》）

他含着泪说："老头子可炸了呢！没容分说，三下两下把我拴在木桩上了；外带着拴得真结实，把手指头磨破了，也解不开扣儿！"（CCL-LS《小坡的生日》）

有时连兼语及其 VP 部分可以全部删除：

"你知道什么呀？我问你！"李子荣是一句不容，句句问到马威的心窝上："我是个傻小子，我只知道傻干！我不能够为一个女人把事业牺牲了！"（CCL-LS《二马》）

朱德熙《语法讲义》一书中指出："所谓省略指的是结构上不可少的成分在一定的语法条件下没有出现。""从原则上说，省略了的成分应该是可以补出来的。"[①]上文"容"字句中这种省略的兼语，一般是可以顺着上下语境能够分析出来的。

（二）"容"字句的表达功能

1. 使用范围

北京话中，表"允让"义的"容"字句一般多在人们的口语对话中出现，有一定的使用条件，例如：

达玉琴："看事要准，行动要快！假若不是这样，我们就没法子办成一件事！你们俩这点事，既无须开会，又不必讨论章程，何必这么拖延着呢？"

栗晚成："容……容我考虑考虑！"（CCL-LS《西望长安》）

2. 能表示较强的祈使意味

表"允让"义的"容"字句常常表达说话者的请求、商量、禁止等祈使意味。

"可我不是老'坏'。"马青对林蓓说，"我'好'一个给你看行吗？您容我酝酿酝酿。"（CCL-WS《顽主》）——请求

"容我们一半天的工夫也好。"陈老先生用眼睛问武将军，武将军点点头。（CCL-LS《新时代的旧悲剧》）——商量

但是，无论扯什么，他们俩的言语与神气都老有个一定的限度。他们自己不越这个限度，也不容冠晓荷越过去。（CCL-LS《四世同堂》）——禁止

3. 书面语意味浓

"容"字句在表述时有较浓的文言语体色彩，应该是承续文言语体，在口语中保留的比较文雅的说法。例如：

[①] 朱德熙：《语法讲义》，北京：商务印书馆 1998 年版，第 220—221 页。

至于来生的千余元，可否作为暂借，<u>容</u>日奉偿？现在我携女潜逃，如先生慨允所请，当携女登门叩谢，并商订还款办法。（CCL-LS《老张的哲学》）

我手心抓着大把丰厚结实颤动的肉是那样真实不<u>容</u>置疑。隔壁房间有人在拨电话，我听到号码盘一圈圈转动的哒哒声……（CCL-WS《许爷》）

以冠冕堂皇的符号系统，掩护着我那对同辈人的嫉妒毒焰，去达到"卧榻之侧，岂<u>容</u>他人酣睡"的目的吗？（CCL-LXW《五十自戒》）

二、带兼语"容"字句与"让"字句的比较

在北京土话中，带兼语的"容"字句和"让"字句有一些相同的特征，有时这两个句式是可以相互转换的：

容我想一想。→让我想一想。

容我思索思索。→让我思索思索。

容我见他们一面。→让我见他们一面。

以上转换后两个句式的语义和表达功能是完全相等的。

但是在北京土话中，带兼语的"容"字句、"让"字句也有许多差异，二者常常又是不可互换的：

这消息让她高兴。≠*这消息容她高兴。

男演员实在让人没法恭维。≠*男演员实在容人没法恭维。

让所有人都羡慕她。≠*容所有人都羡慕她。

形成带兼语的"容"字句和"让"字句的差异，主要与二者所承担的语义功能不同有关，带兼语的"让"字句在北京土话中负载了多种语法意义，承担着多项语义功能。以下具体辨析。

（一）带兼语的"容"字句与"让"字句的语义比较

要区分带兼语的"容"字句、"让"字句的差异，还必须了解"让"字句的基本特征：

1."让"字的用法

《现代汉语八百词》中，"让"字有以下几个义项：[①]

〔动〕（1）在争执和竞赛等情况中，把有利情况给对方，自己吃点亏；退让。（让步/让价）

（2）谦让；请人接受招待。（让座/让茶）

---

① 吕叔湘主编：《现代汉语八百词》，北京：商务印书馆2003年版，第461—462页。

（3）离开原来所在的地方。（给他让了一条路/车来了，大家让一让。）

（4）转移所有权或使用权。（这套书你打算让人么？/你能不能让点地方给我？）

（5）致使；容忍，听任。必须带兼语。（谁让你把材料送来的？/让我仔细想一想。/让他闹去，看他能闹成什么样。/如果让事情这么发展下去，会出大问题的。）

〔介〕被。引进动作的施动者，动词前或后一般有表示完成、结果的词语，或者动词本身包含有这种意思。用于口语。（活儿都让他们干完了。/他们的脸让灯光照得通红。）

以上从动词"让"的 5 个义项中，（1）—（4）表示的"予让"义是"让"字最基本的动词义，义项（5）细分出"致使""允让""使役"三个义项。以上这些义项在北京土话中都有具体用法：

a."予让"义：

　　本来，在友人让烟让酒的时候，他拿出鼻烟壶，倒出点茶叶末颜色的闻药来，抹在鼻孔上，也就够了。（CCL-LS《正红旗下》）

　　我把位置让给她，她默默地、麻利地磕了个鸡蛋放进油里，蛋清在热油里鼓起泡，变得雪白。（CCL-WS《一半是火焰，一半是海水》）

b."使役"义：

　　韵梅没法让妞子离开奶奶。有的时候，她真的妒忌起来，恨不得马上把妞子从天佑太太那儿夺过来，可她没那么办。（CCL-LS《四世同堂》）

　　我给北京打了长途，总经理让我等几天，务必见到那个助手，把情况搞清楚再说。（CCL-WS《浮出海面》）

c."允让"义：

　　二春：四嫂，咱们这儿除了苍蝇就是蚊子，小妞子好容易有了两条小鱼，让她养着吧！（CCL-LS《龙须沟》）——允许

　　"我想在这儿放一盆吊兰，让它从上垂下来。这个玻璃柜放酒具高脚杯，这几格子放几本书。"石静兴奋起来，指指点点地对我说着她的设想……（CCL-WS《永失我爱》）——听任

d."致使"义：

　　因为母亲虽然知道读书的重要，可是每月间三四吊钱的学费，实在让她为难。母亲是最喜脸面的人。（CCL-LS《宗月大师》）

　　悲剧！能让我哭的电影我就觉得是好电影。（CCL-WS《一半是火焰，一半是海水》）

从上文可见，带兼语的"容"字句明显没有"让"字句所负载的语法功能的多样性，其所表达的语义功能的差异性见表48。

表 48　　　　　　　　　"容"字句与"让"字句的语义功能比较

句式	词性	语义功能					
		予让	允让		致使	使役	被动
			允许	听任			
"容"字句	动/名/形	–	+	–	–	–	–
"让"字句	动/介	+	+	+	+	+	+

　　"容"字句没有"让"字句的"予让""致使""使役""被动"等语义功能，只有"允让"义一项功能是相同的，而"允让"义中，"让"字句还具有"允许"和"听任"两个义项；"容"字句在表示"允让"义时，是没有"听任"义义项的。

　　因此，表"允让"义的"容"字句，与同样是表"允让"义的"让"字句替换时，只有在"让"字句表"允许"义的一种情况下才能替换。这时，它们都有强调兼语的意愿，主语 A 允许兼语 B 按自己的意愿行事。

　　2. 带兼语的"容"字句与"让"字句的结构比较

　　带兼语表"允让"义的"容"字句与"让"字句其基本句式是相同的，都可描写为：（A）+容/让+B+VP。以下具体分析结构中的大主语和兼语的异同。

　　（1）带兼语的"容"字句与"让"字句的大主语比较

　　带兼语表"允让"义的"容"字句、"让"字句的大主语都能经常性地省略，一般来说，北京话"容"字句的大主语很少出现，即使出现也只限于"我""你"这样的第一、第二人称代词。

　　　　你容我两天，教我细想想，怎样？（CCL-LS《四世同堂》）

　　　　钱先生扯谎："这么办，你先让我试一试，看我能独自混下去不能！不行，我一定找你去！"金三爷愣了许久才勉强的点了头。（同上）

　　以上是带兼语表"允让"义的"容"字句、"让"字句的大主语，它们一般都由有生名词充当，通常不出现无生名词。这是由二者的语义功能决定的。

　　（2）带兼语的"容"字句与"让"字句的兼语比较

　　带兼语表"允让"义的"容"字句与"让"字句的兼语是有细微差异的，上文例中可见，在表示"允许"义时，"容"字句与"让"字句的兼语都可以是有生名词，都能充当施事者；但在表示"听任"义时，只有"让"字句有这种语义功能，"容"字句是不能出现在这种语义环境的。这时表示"听任"义的"让"字句，大主语作为施事者对兼语采取的是放任的态度，通常是隐匿的，而兼语可以是有生名词，也可以是表事物的名词。例如：

"搭理他呢，<u>让</u>他自个嘴上快感去。"我用力捏住筷子，不<u>让</u>手发抖，使劲去夹一个豆角，夹了若干次，终于夹了起来，颤巍巍地……（CCL-WS《永失我爱》）

我放下手提袋，脱了鞋，光着脚在地毯上走，打开电视，电视里正在给放暑假的孩子放动画片，我调了调天线，<u>让</u>电视开着，去卫生间洗澡。（CCL-WS《一半是火焰，一半是海水》）

上述语境中，"让"字句不能被"容"字句替换。

以上可见带兼语表"允让"义的"容"字句和"让"字句的特点：

a. 表"允许"义时，A 和 B 的语义角色都是施事，A 对 B 有较强的控制力，兼语 B 的行事意图是要由 A 控制的，"容"字句、"让"字句都能出现在这一结构中。

b. 表"听任"义时，A 是施事者，兼语 B 的语义角色需要看所在位置出现的语类决定，兼语既可由有生名词充当，也可由事物名词充当，A 对 B 的控制是放任的，兼语 B 的行事意图，A 通常不予控制；"容"字句不能出现在这一结构中。

3. 带兼语的"容"字句与"让"字句的表达功能比较

带兼语的"容"字句与"让"字句都是口语句式。和"容"字句一样，"让"字句也能表示较强的祈使意味。例如：

王力：不小！诸位，再<u>让</u>我说几句吧！方经理不会冒而咕咚的就走，请放心！说不定，头一次出去，也许是由白经理领队呢！（CCL-LS《方珍珠》）——商量

你已经给过我很多很多……再给我一些……就<u>让</u>我拥有你一天。（CCL-WS《永失我爱》）——祈求

迪的声音，我一下全醒了。大概方方已经阻拦了她半天，她的声音又尖又恼火："我看看不行吗？他在不在，你得<u>让</u>我看看。"（CCL-WS《一半是火焰，一半是海水》）——命令

我好几天找不着他了，回回去他家回回扑空。您千万别说您不知道，他瞒谁也不会瞒您，是他不<u>让</u>您告我的对么？。（CCL-WS《无人喝彩》）——禁止

"让"字句是汉语口语中最常见的句式之一，其出现和使用的频率是很高的，下文以北京大学汉语语言学研究中心的语料库为样本，对老舍、王朔作品中的同样是带兼语表示"允许"义的"容"字句、"让"字句的出现

频率作一个抽样调查：

表 49　　　　　　　　"容"字句与"让"字句的出现频率统计

语料	总数	容字句	总数	让字句
老舍作品	897	18（2.1%）	616	90（14%）
王朔作品	533	10（1.9%）	1376	156（11%）

　　表 49 数据显示，北京话中表"允许"义的"容"字句出现的频率远不如"让"字句的出现频率。

　　究其原因，是这两个句式的语法化发展过程有着不同的历史轨迹。

　　在书面语中，"容"字句的发展一直是稳定的，北京土话中的"容"字句虽然与文言用语中的"容"字句不完全相同，但仍保留着其基本义和引申义。其中作为表"允许"义带兼语的容字句，是在其动词基本义的基础上引申而来，"允许"义在先秦典籍中较早出现在《左传·昭公元年》："五降之后，不容弹矣。"此后其意义基本延续下来，没有多大的变化。因此，带兼语的"容"字句还保留较多的文言色彩，同时"容"字在北京话中始终没有发展成为句法标记词；目前，在口语中出现的频率一般不高，所使用的人群越来越少。据北京语言大学"北京口语语料库"所收集的有关"容"字的共 441 例北京口语语料中，表允许义的"容"字句没有出现 1 例。然而"让"字句的语法化轨迹就复杂得多，由较早的"予让"义发展出允让、使动、致使、被动等语义义项，据王力先生的研究认为①，表"允让"义的"让"字句是较晚起的用法，元代之后才开始出现。到今天，"让"字已经发展为现代汉语的一个重要的句法标记词，"让"字句在北京口语中也成为最常见的句式之一。

　　综上所述，"容"字句在语义、句法和语用表达上都有自身的特点，特别是"容"字兼语句和"让"字兼语句二者既有共同点也有差异性。在北京口语中，带兼语的"容"字句出现的场合越来越少。只有在同样表示"允许"义时，带兼语的"容"字句和"让"字句才能互换，同时"容"字句在表示"允许"义时，常常被语法功能更强大的"让"字句所慢慢取代。

第二节　叫/教字句

　　"叫"又写作"教"，读作"[tɕiɑu↗]"，是使令性动词。从历史文献看"教"

① 王力主编：《王力古汉语词典》，北京：中华书局 2000 年版，第 1305 页。

的使用要早于"叫"字，由于各种原因"叫"字慢慢取代"教"字，成为使役兼表被动或处置句式的重要语法标记之一，"叫/教"字句也是老北京土话中常用的特殊句式。

一、"叫/教"字的基本用法

早在20世纪40年代，吕叔湘先生就已经关注到致使句，在他的《中国文法要略》中，对致使句下的定义是：致使句"这一类句子的标准动词文言里是'使'和'令'，白话里是'叫'（教）等字，这些动词都有使止词有所动作或变化的意思，所以后面不但跟一个止词，还要在止词后而加一个动词。"①这一定义揭示了"叫/教"类致使句具有兼语式的结构特点。

丁声树（1961，2002）也提到"教"现在常写作"叫"，并且把"教"字和"让"字句加以比较，指出"教"字和"让"字"都有'被'、'允许或听任'、'使'三个意思"②。老北京土话的"叫/教"字句也具有这些基本用法，除此之外，个别情况下还有"处置"之义等用法，以下具体讨论"叫"字的用法。

1. 作动词

（1）表示人或物的喊叫、鸣叫。

人家都说这喜鹊一叫就是有喜事儿，就是办事儿就顺利。（BJKY）

上边儿是火车哞儿哞儿叫，那个里边儿呢，是居民乱糟糟，都不行。（同上）

第二个是母亲在除夕吃饺子的时候，到门外去叫："黑小子、白小子，上炕吃饺子！"（CCL–LS《正红旗下》）

（2）呼唤，招呼。

八个多月开始呢，就会叫哥哥了，先会叫哥哥。然后开始慢慢儿教他呢，叫爸爸，妈妈，奶奶，姥姥，再什么都会了。（BJKY）

六点多钟起来给孩子叫起来，叫他上学。（同上）

我弟弟那个爱人啊，一跟我母亲吵架，就把我叫去，甭管是多晚，哎，也得把我叫去，我就得劝架去。（同上）

（3）要求提供某种服务。

玩儿完了以后呢，就到饭馆儿去吃饭。……你要叫，嗯，两三个菜，嗯，或者做个汤啊，嗯，再花一点儿呢，才一块多……（BJKY）

---

① 吕叔湘：《吕叔湘全集·中国文法要略》，沈阳：辽宁教育出版社2002年版，第93页。

② 丁声树：《现代汉语语法讲话》，北京：商务印书馆2002年版，第100页。

谁家有什么事儿，闹什么别扭吧，我也得管，缺什么，叫煤也得找我来。(同上)

亲家太太，我还真有点饿了呢！千万别麻烦，到天泰轩叫一个干炸小丸子、一卖木樨肉、一中碗酸辣汤，多加胡椒面和香菜，就行啦！(CCL-LS《正红旗下》)

（4）表示名叫，称为。

整个儿皂角都打水泡了砸烂了，哎，用那个洗衣服，这叫换肥籽儿的。拿什么换呢？什么家里头破烂儿东西都可以换。(BJKY)

呃，拉人力车的呀，是哇，那时候儿叫什么呢，拉洋车的。(同上)

天桥儿这点儿有一个拉洋片的，那个，以前我们小时候儿都听人说，叫"小金牙儿"，就是在天桥儿这一带拉洋片拉得特别地好。(同上)

（5）表示容许、允让。

京剧很多的不叫唱。拿昨天我听那《四郎探母》，过去不叫唱。(BJKY)

倒是向着谁不向着谁呀？不好弄啊，您说，所以就叫他们自个儿单过。(同上)

（6）表示使令。

领导也培养他，叫他带着一个班呢去工作。(BJKY)

我很担心小孩儿学坏。所以呢，就千方百计地想叫他们呢，嗯，努力学习，多增长知识。(同上)

送嫁妆一般的话就是那个，叫这个姑娘的弟弟呀，叫他的侄子啊，反正就得比姑娘小的这个去。(同上)

2. 作介词

（1）表示被动。

打十几岁我就给你攒，攒到现在，我说就叫你们这么糟毁。鱼鱼你们剩下，肉肉你们剩下，鸡鸡给我剩下。(BJKY)

昨天三千多块钱还叫人骗走了。你说，他给你骗了，你怎么办啊？(同上)

（2）表示处置。

结果就，叫我们派到哪儿去啦，派那个昌平，昌平县医院，就到昌平县去了。(BJKY)

二、"叫/教"字句的语义类型

"叫/教"字句因其语义不同，在句式类型上也有不同的种类，"叫"除了充当行为动词外，主要还能充当使令动词和介词，表示致使、被动、处置的语义关系，以下就"叫/教"字句充当使令动词和介词的不同语义类型具体分述之。

（一）表致使义的叫/教字句

所谓"致使"，范晓（2000）的定义是"某实体发生某种情状（包括动作行为、活动变化、性质状态等）不是自发的，而是受某种致使主体的作用或影响而引发的。致使主体对实体（致使客体）的影响（导致某实体发生某种情状），用科学术语称之，就是"致使"。[①]"致使主要体现为某种致使动作行为产生的原因，因而，致事是致使者致使某致使对象产生某种新状态或动作的事物或事件。"[②]

1. 致使义叫/教字句的类型

在致使范畴中，"使令"和"致使"是两个不同的语义范畴。郭姝慧（2004）认为："'使令'重在行为，是作出指使和命令，只有生命度高的人或由人组成的团体机构才有可能作出指令。""'致使'重在结果，是由于某种原因而使得产生某种结果。"[③]因此，表致使义的叫/教字句又可细分为使令义、致使义、容许义和任凭义几种。

（1）使令义叫/教字句。

使令义叫/教字句，是由于使令者的意志或愿望而使受使者独立地去完成 VP 所表述的行为。

　　他把我扯到一家改良私塾里去，叫我给孔夫子与老师磕头。（CCL-LS《正红旗下》）

　　你去告诉我爹，叫他老人家看明白，不打不杀，谁也没有活路儿！（同上）

　　媳妇，你先陪大婶走，我叫老大追你们！（CCL-LS《茶馆》）

　　我说四嫂，教四爷可留点神，别喝了两盅，到处乱说去！（CCL-LS《龙须沟》）

　　派出所还给找好了地方，教老街坊们躲躲儿，惟恐怕房子塌了砸死人！（同上）

　　踢了你的摊子是好的，惹急了咱爷儿们，教你出不去大门！（同上）

使令义叫/教字句的使令者和受使者都应为人或团体、组织，而非物或行为。同时使令者与受使者之间存在着多种关系，可以是长幼关系、父子

---

① 范晓：《论"致使"结构》，《语法研究和探索》北京：商务印书馆 2000 年版，第 135 页。

② 陈昌来：《论现代汉语的致使结构》，《井冈山师范学院学报》2001 年第 3 期，第 29 页。

③ 郭姝慧：《现代汉语致使句式研究》，博士学位论文，北京语言大学，2004 年，第 50 页。

关系、夫妻关系、政府和民众的关系等，使令者向受使者发出各种授意的手段，或命令，或请求，或忠告，或威胁等。

（2）致使义叫/教字句。

此处是指狭义的致使义叫/教字句，这种句式是由于使令者的某种活动或行为，导致受使者产生某种结果或状态。例如：

他决定要守岁，叫油灯、小铁炉、佛前的香火，都通宵不断。（CCL-LS《正红旗下》）

母亲叹了口气："唉！叫灶王爷受委屈，于心不忍哪！"（同上）

他有了老儿子，有了指望，必须叫灯火都旺旺的，气象峥嵘，吉祥如意！（同上）

二姐口中含着个铁蚕豆，想说几句漂亮的话，叫父亲高兴起来。（同上）

他只有一个较比具体的主张：想叫大清国强盛起来，必须办教育。（同上）

虽然他只在这儿坐了一袋烟的工夫呀，可是叫我年轻了好几岁！（CCL-LS《茶馆》）

嚒，还是黄鸟！我饿着，也不能叫鸟儿饿着！（同上）

要是我从中赚过一个钱，天上现在有云彩，教我五雷轰顶！（CCL-LS《龙须沟》）

致使义叫/教字句的致使者可以是某种行为、某个意念或某物；受使者可以是某种事物也可以是某个人物。致使者和受使者之间的关系是产生或可能产生的某种状态或结果。

使令义、致使义"叫/教"字句中，表使役的标记"叫/教"都可以用"使、让"的标记代替。

（3）容许义叫/教字句。

容许义叫/教字句，是使动者允许、容让受使者产生某种动作行为。这种句式中，"叫"往往可以用"让"代替，但不能用"使"代替。例如：

她还买了一斤什锦南糖。这些，她都用小缸盆扣起来，放在阴凉的地方，不叫灶王爷与一切的人知道。（CCL-LS《正红旗下》）

"嘻，老王掌柜快七十岁了，叫他拉拉也不要紧！"二姐笑着，紧紧握着那些钱，走了出去。所谓拉骆驼者，就是年岁大的人用中指与食指夹一夹孩子的鼻子，表示亲热。（同上）

父亲看出来，若是叫姑母这么结束了今年，大概明年的一开头准会顺利不了。（同上）

小刘麻子！来，叫爷爷看看！（CCL-LS《茶馆》）

表容许义的"叫/教"字句常常使用否定式,例如:

十成既跑到这儿来,就别叫他再回去。(CCL-LS《正红旗下》)

牛牧师不能再叫舅舅骂他是怕老鼠的猫!再说,各处的教案多数是天主教制造的,他自己该为基督教争口气。(同上)

二哥,您是怎么啦?一两八钱的,连看也不叫看一眼啊!(同上)

大姐把包袱退还给二哥,里边包着点东西。不能叫客人拿着空包袱走,这是规矩,这也就是婆媳二人躲开了半天的原因。(同上)

表容许义的"叫/教"字句常常还使用反问式,例如:

我可没有作过缺德的事,伤天害理的事,为什么就不叫我活着呢?(CCL-LS《茶馆》)

今天王大帅打李大帅,明天赵大帅又打王大帅。是谁叫他们打的?(同上)

您看,您看,我五十多了,头发掉了多一半,肩膀越来越歪,可叫我干什么去呢?(CCL-LS《正红旗下》)

(4)任凭义叫/教字句。

任凭义叫/教字句,是使动者任凭受使者产生某种动作行为或状态。这种句式中,"叫"往往可以用"让、使、任"代替。

好嘛,什么都可以忍受,可就是不能叫老人们骂他怕老婆。(CCL-LS《正红旗下》)

在那年月,某些有房产的汉人宁可叫房子空着,也不肯租给满人和回民。(同上)

今天,鸽子们并没有一点不安的神气,可是他还不敢叫它们飞得过高了。(同上)

那总比没有强啊!好死不如赖活着,叫我去自己谋生,非死不可!(CCL-LS《茶馆》)

他们就那么老实,乖乖地叫你打?(同上)

他们还能反到天上去吗?到现在为止,已经抓了一百多,打了七十几个,叫他们反吧!(CCL-LS《龙须沟》)

他要是娶个姨太太呀,教他娶,教他娶!(CCL-LS《残雾》)

2. 致使义叫/教字句的结构

致使义叫/教字句的结构方式为:A+叫+B+C。在语义上,"叫/教字句"的结构式中 A 为致事,B 为役事,C 为结果。"叫/教句"的各段都是由不同的成分充当的。

(1)致事。

"叫/教字句"的致事可以由体词性成分、主谓短语等充当。在句中的功能主要是作主语成分。

① 体词性成分作主语。

致事可由名词构成。例如：

> 我首先记住了他的咳嗽，一种清亮而有腔有调的咳嗽，叫人一听便能猜到他至小是四品官儿。（CCL-LS《正红旗下》）

> 他越想越气，出着声儿叨唠：怎么呢？怎么这种事叫我碰上了呢？怎么呢？堂堂的旗人会，会变成这么下贱呢？（同上）

> 可是，他的本领只足以叫他去作枪手，替崇家的小罗锅，或明家的小癞子去箭中红心，得到钱粮。（同上）

> 每当母亲叫他去看看亲友，他便欣然前往。（同上）

> 二哥转弯抹角地叫管家听明白，他的父亲是三品顶子的参领。（同上）

> 云翁在拒绝帮忙的时候，设法叫人家看出来他的身分，理当不轻举妄动。（同上）

> 定大爷原想叫牧师进后门，提高自己的身分，削减洋人的威风。（同上）

上述句中，体词性成分由名词构成，可以是具体名词如"咳嗽""这种事"。也可以是抽象名词如"本领"；还可以是指人名词如"母亲""二哥""云翁""定大爷"等。

致事可由代词构成。例如：

> 这不能不叫姑母思索思索："这小子的来历不小哇！说不定，灶王爷身旁的小童儿因为贪吃糖果，没来得及上天，就留在这里了呢！"（CCL-LS《正红旗下》）

> 他喜欢写字，高兴便叫书童研一大海碗墨，供他写三尺大的福字与寿字，赏给他的同学们……（同上）

> 那，你等着瞧！我会叫你们的皇上送给我一乘大轿，八个人抬着！（同上）

> 人家多老大冬夏长青地用一块破蓝布包着《圣经》，夹在腋下，而且巧妙地[叫]牛牧师看见。（同上）

> 您甭吓唬着我玩，我知道您多么照应我，心疼我，决不会[叫]我挑着大茶壶，到街上卖热茶去！（CCL-LS《茶馆》）

上述句中，体词性成分由代词构成，可以是指示代词"这"、人称代词"我、您、他、人家"等。

有时候，代词只是虚拟的对象，并不表示具体的某个人。例如：

> 唉，一边作一边学吧，指着这个吃饭嘛。谁叫我爸爸死的早，我不干不行啊！（CCL-LS《茶馆》）

可你叫我怎办呢？你不找个吃饭的地方，你饿死！（同上）

咱们讲讲吧，谁叫咱们是兄弟呢！（同上）

上例中，"谁""你"都是任指代词，致事有泛指的功能。

② 主谓短语作主语。

难道是二百多年前南征北战的祖宗们造下的孽，叫后代都变成猪狗去赎罪吗？（CCL-LS《正红旗下》）

大姐婆婆向来不赠送别人任何果子，因为她从前种的白枣和蜜桃什么的都叫她给瞪死了，后来就起誓不再种果树。（同上）

只有大姐会这么轻嗽，叫有心听的能听出点什么意思来，叫没心听的也觉得挺悦耳，叫似有心听又没心听的既觉得挺悦耳，还可能听出点什么意思来。（同上）

在古时候，店中的伙计并不懂先"敬"烟，后装烟这个规矩，叫客人没事可作，等得不大耐烦。（同上）

眼睛多正得意地用手往上推一推官帽，以便叫路上行人赏识他的面貌，忽然觉得腰眼上挨了一炮弹，或一铁锤。（同上）

无论去作什么事，他的劈面三刀总是非常漂亮，叫人相信他是最勤恳，没事儿会找事作的人。（同上）

凡是他不愿明说的地方，他便问一声"啊"，叫客人去揣摩。（同上）

我不能专顾自己，叫你们吃亏！（CCL-LS《茶馆》）

上述句中，致事由主谓短语构成，主谓短语可以表示一个事件，也可以表示一个动作，这类句式中，"叫/教"前可以加上代词"这"来指代前面所提到的事件或动作。

③ 致事由空主语构成。例如：

要不，就叫他念多多的书，去赶考，中个进士！（CCL-LS《正红旗下》）

"是嘛！真要是不再发钱粮，叫我下街去卖……"正翁把手捂在耳朵上，学着小贩的吆喝，眼中含着泪，声音凄楚："赛梨哪，辣来换！我，我……"他说不下去了。（同上）

干脆，叫他去学手艺！跟福海二哥似的！（同上）

多老二是老实人，不应再去叫他为难。（同上）

二哥是不怕困难的人，可是听见叫他去办学堂，真有点慌了。（同上）

"叫他老老实实？"王掌柜惨笑了一下。"他说的有理，咱们劝不住他！"（CCL-LS《茶馆》）

"叫/教字句"的致事在句中充当主语除了主谓短语之外，还没有发现其他由谓词性成分充当主语的情况。

（2）役事。

"叫/教字句"的役事主要由体词性成分和短语充当。

由体词性成分充当的役事：

多老大也赶紧低头闭眼，盘算着：是叫王掌柜在前门外的山东馆子摆酒呢，还是到大茶馆去吃白肉呢？（CCL-LS《正红旗下》）

母亲着了急。叫二姐请二哥去安慰姑母："你别出声，叫二哥跟她说。"（同上）

他的认真的态度，和对师兄师弟的亲热，都叫他变成另一个人，一个汉人，一个工人，一个顺治与康熙所想象不到的旗人。（同上）

那么，您就不想想主意，卖卖力气，别叫大家作亡国奴？（同上）

由体词性短语充当的役事：

我们家里也有孩子，为教别人的孩子，叫自己的孩子挨饿，不是不公道吗？（CCL-LS《茶馆》）

把这些年他所作所为都抖漏出来，教他这个坏小子吃不了兜着走！（CCL-LS《龙须沟》）

他们也教年轻的去自由。（同上）

上述句中，役事是由人名、亲属称谓、具体名词、人称代词以及定中短语、同位短语、"的"字短语等构成，谓词性成分很少有在这个位置出现的情况。另外少数情况下，役事在"叫/教"后缺失：

李静不愿意惹姑母闹脾气，慢慢把鸡子吃了。然后打起精神，要帮着姑母作事，姑母拦着不叫作。（CCL-LS《老张的哲学》）

如果把他们约到一处吃吃喝喝，李景纯，设若他真来了，冷言冷语，就许当场又开了交手仗。这倒要费一番工夫研究研究，谁叫热心为朋友呢，总得牺牲！（CCL-LS《赵子曰》）

上例中"叫"后的役事承前省略，需要通过上下文来补足，但并不影响句子致使的语义。

（3）结果。

"叫/教字句"的结果部分比较复杂，由多种成分充当：谓词以及各种短语和否定结构。例如：

① 动词充当的结果：

母亲便对他说过："老二，在理儿的不动烟酒，很好！何必老说白莲教呢，叫人怪害怕的！"（CCL-LS《正红旗下》）

所以她很有些事情说，说出来教虎妞羡慕。（CCL-LS《骆驼祥子》）

教丁四歇歇，明儿蹬进钱来再还我。（CCL-LS《龙须沟》）

② 形容词充当的结果：

　　定大爷不要官腔，这叫二哥高兴；定大爷没有三、四品官员的酸味儿。（CCL-LS《正红旗下》）

　　你大嫂不懂事，我会惩罚她！我教她明白，我是家长！（CCL-LS《残雾》）

③ 主谓短语充当结果：

　　要是我从中赚过一个钱，天上现在有云彩，教我五雷轰顶！（CCL-LS《龙须沟》）

　　一天到晚老打毛线，教我看着心里都闹得慌！（CCL-LS《残雾》）

④ 述宾短语充当的结果：

　　他几乎要祷告：叫定大爷成为他的朋友，叫他打入贵人、财主的圈子里去！（CCL-LS《正红旗下》）

　　姓谭的，还有那个康有为，不是说叫旗兵不关钱粮，去自谋生计吗？心眼多毒！（CCL-LS《茶馆》）

⑤ 述补短语充当的结果：

　　二哥也叫管家看清楚，他在定大爷面前，一定不会冒冒失失地说出现在一两银子能换多少铜钱，或烧鸡卖多少钱一只。（CCL-LS《正红旗下》）

⑥ 偏正结构充当结果：

　　屋子里，院子里，全是湿的，全是脏水，教我往哪儿藏，哪儿躲呢！（CCL-LS《龙须沟》）

　　先去烧水、沏茶，教大家伙儿热热呼呼的喝一口！（同上）

⑦ 连谓结构充当结果：

　　您劝劝他，教他找个正经事由儿干，哪怕是作小工子活淘沟修道呢，我也好有个抓弄呀。（CCL-LS《龙须沟》）

　　您要是有个大姑娘，您肯教她去自由吗？那象话吗？（同上）

⑧ 否定式充当的结果：

　　这个家伙，真教我不放心！（CCL-LS《龙须沟》）

　　这叫他心里更不清楚了：为什么那些好人要信教呢？（CCL-LS《正红旗下》）

以上各种成分充当的结果部分，表示各种语义关系，或表示由役事造成的结果，或表示由役事引起的一种行为、活动，或表示由于役事的影响而产生某种状态等。

（二）表被动义的叫/教字句

表被动义的叫/教字句，"叫/教"引进动作的施事者。前面的主语是动作的受动者。

表被动义的叫/教字句的结构其格式有以下几种。

（1）N_1+叫/教+N_2+VP。

叫/教字句引进施动者，表示被动态。例如：

腊月二十三过小年，他们理应想一想怎么还债，怎么节省开支，省得在年根底下叫债主子们把门环子敲碎。（CCL-LS《正红旗下》

这个计划必须在祭灶之后执行，以免叫灶王看见，招致神谴。（CCL-LS《正红旗下》）

大姐说：是呀！千万别喧嚷出去呀！叫上边知道了，我公公准得丢官罢职。（同上）

奶奶，二姑姑，道谢啦！大妈好好养着哟，别教野猫吃了哟！（CCL-LS《龙须沟》）

（2）N_1+叫/教+N_2+给+VP。

叫/教字句后加"给"字构成被动句。例如：

后来杜牧就叫李德裕给拱_{排挤}了。（CDC）

可是也留着神，把食品交给我二姐，省得叫我姑母给扣下。（CCL-LS《正红旗下》）

父亲只搭讪着嘻嘻了一阵，心里说：好家伙，用你的银子办满月，我的老儿子会叫你给骂化了！（同上）

先前，我教恶霸给打怕了，不敢出去。（CCL-LS《龙须沟》）

大小的买卖、工厂，全教他们接收的给弄趴下啦，就剩下他们自己肥头大耳朵地活着！（同上）

这类格式中，"叫/教"后常常可以加上助词"给"，"给"紧接在动词前表示被动态，而且"给"省略后并不影响全句的语义。因此，"叫/教……给"实际上构成的是一个由双重被动语法标记表示被动态的句法格式。

（3）N_1+叫/教+N_2+VP+宾语。

为了战术思想，我要是落在二连的后边，教人家笑掉了牙，行吗？（CCL-LS《无名高地有了名》）

棚口扎着未被炮火摧毁而才教春雨洗净的碧绿的松枝。（同上）

这类"叫/教"句式动词后可以带宾语，这些宾语可以是主语的一部分，也可以是动作产生的影响或结果、状态等。总体来看，"叫/教"句式动词后带宾语的情况极少出现。

（4）N_1+叫/教+N_2+把+N_3+VP。

"叫/教"字句有时还可与"把"字糅合使用。例如：

有被动兼处置的"叫/教"句，例如：

姓钱的是你的老子，你怕教人家把他一个嘴巴打死？（CCL-LS《四世同堂》）

腊月二十三过小年，他们理应想一想怎么还债，怎么节省开支，省得在年根底下叫债主子们把门环子敲碎。（CCL-LS《正红旗下》）

被动兼处置的"叫/教"句的用例较少。

有致使兼处置的"叫/教"句：

我没法子汇寄美金，又由她写信给一位住在上海的友人，教她把美金交给那时候的文协负责人。（CCL-LS《大地的女儿》）

四大爷，你待会儿到祁家，钱家去告诉一声，教他们把书什么的烧一烧。（CCL-LS《四世同堂》）

教她去伺候日本人？教她把美丽，温柔，与一千种一万种美妙的声音，眼神，动作，都送给野兽？（同上）

过了一会儿，她教长顺把饺子送过去。（同上）

报纸不但告诉他许多事，而且还可以掩护他，教他把脸遮盖起来，在他心中不很高兴的时候。（同上）

你看看我的腿！你教日本人把我打伤的！你敢说，你没作过错事，没有坏心眼？（同上）

他们教我写文章，好，我写。他们教我把宣传品带出城去，好，我去。（同上）

这种致使兼处置的"叫/教"字句在老北京土话中数量较多。

（三）表处置义的叫/教字句

表处置义的叫/教字句在老北京土话中很不发达，就所收集的例句中仅仅只有北京口语语料库中出现的一例（见上文所举例句）。此处不作详述。

三、"叫/教"字句的历史发展

"叫/教"字句在历史的发展中，叫/教字作为表示"致使"义使役动词和表示"遭受"义的介词，其发展过程是一个历时更替的过程。

江蓝生指出："历史上'教'最常用，'教'作使役动词读平声，这从唐代以来的文献中'教'常写作'交'可以知道。'叫'本为呼喊义动词，后来（明代以后）才用作使役动词，并逐渐取代了'教'。"[1]

从老北京土话来看，"叫/教"字句发展规律与汉语史上的"叫/教"字

---

[1] 江蓝生：《汉语使役与被动兼用探源》，《著名中年语言学家自选集·江蓝生卷》，合肥：安徽教育出版社 2002 年版，第 140 页。

句基本一致，据有关北京话的文献来看，从清中叶的《红楼梦》开始，叫/教字句一直在相互竞争着，其发展规律是有所起伏的，但从总体规律可以看出，"叫"字句逐渐取代"教"字句，最终在口语中占优势。以下就"叫""教"字在历史文献中的发展情况作大致的概览（作家作品有确切时间的以发表年月为准）。

表 50　　　　　　　　　"叫""教"字在北京话文献中的使用概览

作家	文献	年代	"教"字用例	"叫"字用例
曹雪芹	《红楼梦》（前 80 回）	18 世纪中叶	35	564
高鹗	《红楼梦》（后 40 回）	18 世纪末	5	421
文康	《儿女英雄传》	19 世纪中叶	42	637
蔡友梅	《小额》	1908 年	0	6
老舍	《老张的哲学》	1928 年	0	86
	《二马》	1931 年	4	215
	《骆驼祥子》	1939 年	99	18
	《四世同堂》	1944—1945 年	545	55
	《龙须沟》	1951 年	57	8
	《茶馆》	1958 年	0	43
	《正红旗下》	1961 年	0	100
王朔	《空中小姐》	1985 年	0	12
	《一半是火焰，一半是海水》	1986 年	0	24
	《动物凶猛》	1991 年	0	11
	《过把瘾就死》	1992 年	0	13
	《看上去很美》	1999 年	1	22
言也	《面对着生活微笑》	2011 年	0	51
北京语言大学	北京口语语料库	1981—1992 年	0	64

表 50 可见，"叫""教"字在北京话历史上的交替情况。总体趋势看，表"遭受义"和"致使义"的"叫/教"字句中，"叫"作为语法标记要占有优势，"教"字在各年代明显要逊于"叫"字的使用。但是也有不均衡的现象，比如，从北京大学 CCL 语料库的检索情况来看，老舍在其作品中使用了约 1600 个"叫"字句，而使用了约 1645 个"教"字句。根据作家的创

作轨迹看，老舍作品从其第一部作品《老张的哲学》到其最后未完成的作品《正红旗下》之间，两头两尾也即创作前期和创作后期使用"叫/教"的情况是"叫"要多于"教"；而老舍创作的中期阶段即 20 世纪 30 年代末至 50 年代初，明显"教"字使用要多于"叫"的使用，并且这个阶段"教"字的使用频率极高。这种情况的出现，只能解释为作家的创作习惯的变化。从总的发展轨迹看，老舍后期创作中，使用"教"字的情况明显下降，如《正红旗下》"教"字的使用基本为零，基本退出了老舍作品创作阵地。而从 20 世纪 80 年代的京籍作家王朔作品，对比 21 世纪以纯粹北京口语创作的言也的作品《面对着生活微笑》，前者还有零星的"教"字句出现（全部"教"字语料中仅出现 3 例表致使义"教"字句），而后者"教"字句的出现率为 0。此外，从口语语料的角度看，"北京口语语料库"中检索到的"教"字句的出现频率也是 0。

可见"叫"字在口语及其口语文本创作中的发展一直占着上风，并最终取代"教"字。即使其间作家的使用率一时有反弹的现象，但是也终究会顺应语言的发展趋势。

第三节　让字句

"让"字句在老北京土话中也是一个具有鲜明特色的句式，与"叫/教"字句有着相同的语义特点，其句型在北京土话的特殊句式里占有重要地位。

一、"让"字的基本用法

北京土话中"让"字兼具动词、介词的语法分布功能。

（一）作动词

1. 表示将利益让与人、退让

因为你是哥哥，这没有什么道理可讲。这个大的就得让着小的儿，原则上是这样儿……（BJKY）

后来这家儿还不错，就听了我们的了，唉，往前给他让七十公分。（同上）

2. 表示请人接受招待、谦让

嗯，那个，喝茶的时候儿也得让茶，"您请喝着，"啊，得端着碗让人喝茶。（BJKY）

太阳地儿还不愿意坐，还愿意坐凉快地儿，可凉快地儿呢又不愿意让座，有时候儿就站着。（同上）

你甭管谁来吧，年轻的，甭管什么，你也得客气着点儿，站起来让人家，让人家上座儿，给人家沏茶。（同上）

3. 把所有权转让给别人

您爱吗？就让给您！一句话，五两银子！您玩够了，不爱再要了，我还照数退钱！（CCL-LS《茶馆》）

可是姓李的一边打出一个红中，一边说："红的！我让了，决不计较！"（CCL-LS《大悲寺外》）

4. 表示避开、躲闪

老人的身子忽然活展了，将身微偏，让过枪尖，前把一挂，后把撩王三胜的手。（CCL-LS《断魂枪》）

狗们让过去瑞宣，直扑了孙七来，因为他手中有柳棍。（CCL-LS《四世同堂》）

请丁主任先歇歇！让开路！别再说！让丁主任休息去！（CCL-LS《不成问题的问题》）

5. 表示致使、容许、听任

我说也不怎么怪事儿全让我碰上了。（BJKY）——使令

那会儿我说一人儿单过，我们儿子不让。（同上）——允许

海滩那儿那些地方就都让我们随便玩儿。（同上）——任凭

（二）作介词

表示被动。

最近因为这个手，手让人家给撞了，出了一交通事故。（BJKY）

后来那个金鸡庵在这个七七事变当中也让给炸塌了，嗯，炸成一片废墟。（同上）

二、"让"字句的结构分析

本节主要讨论充当广义致使句式和被动句式的让字句的结构。

（一）表致使义让字句的句法分析

老北京土话表示致使的基本句式除了上文提及的叫字句，让字句也是表示致使的重要句式之一。在日常口语中让字句是使用频率最高、最普遍的典型致使句式。

1. 基本结构

表致使让字句典型的结构式为：N₁+让+N₂+VP。分为前段、中段和后段。充当让字句各部分的成分较为复杂，以下就让字句各段的构成情况加以

讨论。

（1）让字句的前段

即 N_1 部分，由体词性成分充当：代词、方位词、名词。

就我这么困难，我得让孩子念书。（BJKY）

我有一个表弟要来啦我们俩就踢这个小皮球儿。可是大球呢，家里不让踢。因为那个运动很剧烈。（同上）

领导上培养她，让她上中专去了，啊。（同上）

北房西头儿那间耳房呢，空下来了。嗯，我母亲就让我住了。（同上）

前段不出现任何成分，"让"前部分呈现出空位。例如：

一进门儿我们家有个小毛驴儿，一进着这条街，都不让骑毛驴。（BJKY）

拿五块钱拿不出手，让我拿十块钱我真心疼，不是，我心疼啊，我这是。（同上）

四爷，让咱们祭奠祭奠自己，把纸钱撒起来，算咱们三个老头子的吧！（CCL-LS《茶馆》）

（2）让字句的中段

即"让+N_2"部分，"让"字是使役动词，具有"使、令"义，"N_2"往往充当兼语的角色。

"让"后担当使事的兼语一般由具有生命度的主体来充当，具有[+人]的语义特征。这些兼语可以是名词、代词、名词短语充当。

咱们这儿除了苍蝇就是蚊子，小妞子好容易有了两条小鱼，让她养着吧！（CCL-LS《龙须沟》）

"亲家，我那亲家，让人逮去了，"他没头没脑地说起来。（CCL-LS《四世同堂》）

这一回我真是造了孽了！为了保住我的产业，好让我闺女和外孙有口吃喝，我跟日本人去攀交情。（同上）

虽然使事"既是致事影响和推动的对象，同时又与后段的谓词所表示的动核有着紧密的语义关系"。[1]但有时候，在"让"字句的中段是可以省略掉使事的。例如：

你说有的烟吧，也不让卖。（BJKY）

就觉得让干什么工作吧，就应该好好儿把它干好。（同上）

梁师傅　我越想越不对，工会催着快回来，掌柜的让过了元宵节

---

[1] 范晓：《汉语的句子类型》，太原：书海出版社1998年版，第175页。

再回来。(CCL-LS《春华秋实》)

使事的空位需要靠上下文来填补其隐含的语义。

（3）让字句的后段

即 VP 部分，由动词、形容词、动词性短语、小句等谓词性成分充当。动词可以是光杆动词，例如：

反正他就老让走呗。老让走，结果就走了。(BJKY)

你该卖的也不让卖，是不该卖的更甭提，是哇。那货架子根本就都空了，我们那儿哈儿。(同上)

那时候儿副业不让搞。其他的都不让搞副业，就光搞那点儿地。(同上)

现在售货员什么呢，不让挑，给你这个就是这个，我给你挑。(同上)

老人们婆婆什么的也是不支持，不让去。(同上)

也可是动词的重叠。例如：

让孩子也见识见识，去看看大海。(BJKY)

让他上您家看看去吧。(同上)

其他如状中短语、述宾短语、主谓短语、小句等复杂形式都可出现在 VP 的位置上。

告诉我一句话，到底能找到不能？别让我老这么冷一阵热一阵的！(CCL-LS《全家福》)

六九年那时候儿，一月份的时候儿，让我们到那个陕西集体插队。(BJKY)

让我们那口子他们再去看看，想办法再往石家庄挪动挪动吧。(同上)

你让我们怎么办我们就怎么办。(同上)

（二）表被动义让字句的句法分析

"让"字充当介词时，让字句变成表示被动义的句子。其基本结构是 N_1+让+N_2+（给）+VP。

这个格式中，N_1、N_2 都可以由名词、代词或名词性短语构成。"让"是表示被动义的语法标记。"让"可以单独表示被动态。例如：

就是自己嘛，也不甘于就落后。自己让孩子拖累，弄一大堆孩子拖累了自己，是吧？

赵大爷！您这是怎么嘛？怎么得罪黑旋风的人呢？巡官、巡长，还让他们扎死呢，咱们就惹得起他们啦？这可怎么好呕！(CCL-LS《龙须沟》)

"让"常常还可以和"给"一起，构成"让……给"的框式结构，"给"是虚化的助词，省略并不影响被动义的表达。例如：

要是钱先生又让人给逮了去，日本人准会把明月留在庙里当诱饵，好逮老三和别的人。（CCL-LS《四世同堂》）

钱少奶奶听爸爸这么一说，噌的一下站了起来。"准是让日本鬼子给偷去了！"（同上）

让字句表达否定式时，是有不同的，用在祈使句中表示警告、提醒、商量等语气时，只能使用否定词"别"。例如：

当时就教育他，我就是让你们别给我现眼就行。（BJKY）

稍微注点儿意。别让他着凉啊，别紧着咳嗽啊。（同上）

可有一样，一天亮你就得走，别让楼底下老太太瞧见！好，睡你的呀！（CCL-LS《二马》）

这种祈使可以认为是一种消极的祈使。除了使用否定词外，还可借用能愿式"不可""少"等词语表示否定的表达。

若使用一般的陈述句时，其否定词只能是"不"。例如：

人家也来接，我不让人来接。（BJKY）

我对孩子就是，一般不让出去满世玩儿去。（同上）

否定式"不"主要是表达说话者的主观意志和对事物的态度，在"不"的否定式中，"让"字一般是表示容许、听凭的语义。

三、"让"字句的语义类型

"让"字句因其语义不同，在句式类型上也有不同的种类，"让"除了充当行为动词外，主要还能充当使令动词和介词，表示致使、被动的语义关系，以下就"让"字句充当使令动词和介词的不同语义类型具体分述之。

（一）使役义"让"字句

江蓝生指出，"'让'本为谦让，把好处给别人之义，直到清代的文献里还没有见到用作使役义的例子，'让'表示使役是很晚近的事"。[①]

使役义"让"字句的典型语义是支使、指派某人做某事，句中的"让"通常可以用"支使、指派、要求"等表示具体使役动作的词来替换。"让"表使役义的时候，兼语结构中的 N_1 对 N_2 有很强的主动役使意味。即 N_1 使 N_2 身上发生了 VP 的动作。如：

---

① 江蓝生：《汉语使役与被动兼用探源》，《著名中年语言学家自选集·江蓝生卷》，合肥：安徽教育出版社 2002 年版，第 140 页。

那nei↗回让他买点儿什么，他总得抠点儿澄沙_{暗自从中取利、揩油}。（CDC）

到家不叫他奶奶，他妈让他叫都不叫，因为他没有这份儿感情。
（BJKY）

一般使役义"让"字句中，只有生命度高的人才能发出指令或接受命令，所以 N₁ 与 N₂ 都应该是有主体意识的人，即人名或代词充当。在"让"字前，通常有表能愿的动词，如"应该""要""愿意""得"等：

我就觉得应当让他们自己锻炼，不能太娇气啦。（BJKY）

你说要让我说那嘎七马八的话，没说过。为什么呢，说得挺少。
（同上）

我自己去不了，但是我愿意努力让儿女去。（同上）

就我这么困难，我得让孩子念书。（同上）

或者使用"非、非得"等表示"必须""一定"等意义的情态副词来加强使役义，例如：

他非让我们把两间床，两间房都给包下来。（BJKY）

第三个晚上我再去，他就："妈妈你走吧！"非让我走。（同上）

现成立一个螺钉儿厂，非得让他上那儿去当厂长去。（同上）

我非得让学生死白咧的跟这儿写。（同上）

（二）致使义"让"字句

此处所说的"致使"义是从狭义的角度说的，即致使者和受使者之间的关系致使某种状态或结果的产生。致使义"让"字句的语义与使役义"让"字句中的强制性有根本的不同，后者的致使者是生命度高的人充任，而前者则不限于有生命意识的个体，它可以是某个事件、某个事物或某种状况，致使者不需要非得由生命主体充当，例如：

可是最近几年，是跟我年龄有关还是怎么的，那热得简直让人不能忍受。（BJKY）

我这四个孩子都顺利地都出去了，一点儿没让我着急，这国家真是一步大救济我，人家比救济我钱还强呢……（同上）

致使义"让"字句中，致使者和受使者是一种因果关系，可以使用"因为 X 所以让 Y"的语义结构来表示其二者之间的关系。"让"之后的构件 Y 表示在 X 影响下的既成事实，具有已然性特点，这与使役义"让"字句和允让义"让"字句都有所不同。

（三）容许义"让"字句

容任义"让"字句可以表达人为的许可、客观条件容许，以及听凭、任由等语义，可以用"允许、准许"等语义来替代"让"字。具体分为：

1. 允让义"让"字句

他就不让他妈上厨房了，也不让他妈做饭，嫌他妈脏了。（BJKY）

我就死乞白赖不让她当演员，我说，再一辈子不让她搞文艺了。（同上）

我们这个婆婆呀，她老脑筋，一般也搭着封建吧，嗯，不让孩子出去，也不让跟男孩儿接近。（同上）

2. 任凭义"让"字句

任凭义"让"字句表达听任、听凭、任由等语义。例如：

这教育子女呢，反正是不让他们走歪了道儿。（BJKY）

我对孩子就是，一般不让出去满世玩儿去。（同上）

给她点儿钱，让做件儿衣裳去就算了就。（同上）

相比较来说，允让义"让"字句比任凭义"让"字句的役使意味要强烈，因此，允让义"让"字句更具有强制性的特点，N_1 对 N_2 的控制性更强，N_1 的意愿往往不可违背和逆转。体现在句法构式上，允让义"让"字句中的致使者和受使者都不可缺省；而任凭义"让"字句，N_1 对 N_2 没有强烈的意志上的控制，所以 N_2 相对要自由和轻松，这也导致 N_2 往往可以省略而不影响全句的使役义。

（四）被动义"让"字句

"让"是现代汉语被动标记序列中的常见标记，"让"表被动，主要见于汉语北方方言。而老北京土话中表示被动的标记主要由"叫、让、给"充当，例如：

五七年是五八年吧，我们那房子就让清华占了……（BJKY）

这个明明是人行的便道，结果呢，是让一些的这个个体商贩他占据了。（同上）

"让"常常与"给"组合成"让……给"的格式表示被动义：

让苍蝇给拿_{折磨、伤害}个半死。（CDC）

自己想吃刚拿起来要吃，"锛儿"让我们给抢走了。（BJKY）

东西弄不来，买卖办不成，就让人给骗走。（同上）

这老头儿呢也没什么事儿，也不知道是说了什么话了，就让人家给扣成"五一六"了。（同上）

在口头语言中，人们习惯使用"让"来表达被动的意义，很少使用"被"字表示被动。

一般情况，老北京土话的"被"字，常常在口语文本中出现。以老舍的作品为例：

　　　　北城外的二三十亩地早已被前人卖掉，只剩下一亩多，排列着几个坟头儿。旗下分给的住房，也早被他的先人先典后卖，换了烧鸭子吃。（CCL-LS《四世同堂》）

　　　　祥子在棚里坐着呢，人模狗样的，脸上的疤被灯光照得象块玉石。（CCL-LS《骆驼祥子》）

　　"被"较多地运用在叙事句中，有时候也用在人物对话中：

　　　　"……我这几天什么也干不下去！我不怕穷，不怕苦，我只怕丢了咱们的北平城！一朵花，长在树上，才有它的美丽；拿到人的手里就算完了。北平城也是这样，它顶美，可是若被敌人占据了，它便是被折下来的花了！是不是？"见他们没有回答。他又补上了两句："假若北平是树，我便是花，尽管是一朵闲花。北平若不幸丢失了，我想我就不必再活下去！"（CCL-LS《四世同堂》）

　　　　我不再提什么小鸟，我得这么说：有个逃难的小姐，被人霸占了。（CCL-LS《残雾》）

　　相对"被"字来说，"让"字较多出现在人物的交谈中，很少用在叙事的场合。例如：

　　　　看见他进来，虎妞把筷子放下了："祥子！你让狼叼了去，还是上非洲挖金矿去了？"（CCL-LS《骆驼祥子》）

　　　　我们要是去报告，或者管上一管，保不住这些混账东西就会想方设法把做小买卖的抓起来。我说弟兄们，最好的法子就是把眼睛闭上。整个北平都让人家给占了，哪儿还有是非呢？（CCL-LS《四世同堂》）

　　"让"字表被动义的标记往往多出现在人物的对话中，体现了"让"的口语特点。

　　使用被动标记表示被动语态，在口语文本的语体中是常见的现象，为了进一步观察老北京话中被动式"让"字句与"被"字句的发展情况，以下就清中叶以来关于北京话创作的作品使用这两种句式的情况进行一个基本的统计，列表如下。

表 51　　　　被动标记"被"与"让"在北京话文献中使用情况比较

作家	文献	年代	"被"字用例	"让"字用例
曹雪芹	《红楼梦》（前80回）	18世纪中叶	138	0
高鹗	《红楼梦》（后40回）	18世纪末	101	0
文康	《儿女英雄传》	19世纪中叶	168	0

续表

作家	文献	年代	"被"字用例	"让"字用例
松友梅	《小额》	1908 年	3	15
老舍	《老张的哲学》	1928 年	50	0
	《二马》	1931 年	28	2
	《骆驼祥子》	1939 年	74	2
	《四世同堂》	1944—1945 年	556	13
	《龙须沟》	1951 年	8	1
	《茶馆》	1958 年	5	0
	《正红旗下》	1961 年	22	0
王朔	《空中小姐》	1985 年	22	3
	《一半是火焰，一半是海水》	1986 年	48	3
	《永失我爱》	1989 年	25	5
	《刘慧芳》	1992 年	28	3
	《过把瘾就死》	1992 年	42	6
言也	《面对着生活微笑》	2011 年	108	113
北京语言大学	北京口语语料库	20 世纪 80 年代后	151	98

从以上文献来看，在口语文本中的被动式"被"字句，自清中叶以来，各个时期的作品中，其用例的数据明显要高过表示被动式的"让"字句。在上述语料中，只有两部作品被动式"让"字句用例要稍高于被动式"被"字句。即 20 世纪初创作的《小额》和 21 世纪初创作的《面对着生活微笑》，其中《小额》被誉为用纯粹的北京话描写晚清时期北京社会生活的一部重要作品；而《面对着生活微笑》作者自序"这是一部用北京话写作的小说，描述了 20 世纪六七十年代的北京社会生活百态"……① 由于这两本著作采用了较浓的口语化色彩来创作，因此能保持表被动的"让"字句略占上风的面貌。

从口语材料来看，据笔者统计，在 186 万字的"北京口语语料库"中，表示被动标记的"被"字句共 151 例，表示"让"的被动标记共 98 例。"北京口语语料库"记录的是 20 世纪 80 年代前后的现代老北京口语的实际情况，"让"字句少于"被"字句的数据只能说明一个语言事实，即老北京土话受普通话影响的结果，表被动的"让"字句已经开始渐渐萎缩，"被"字

---

① 言也：《面对着生活微笑》，北京：世界图书出版社 2011 年版，封底页。

句越来越占据中心地位。

石毓智（2005）曾认为，现代汉语被动标记"'被'的使用大大萎缩，并基本让位于'叫'、'让'、'给'"。[①]这个结论看来与老北京土话发展的实际情形是不一致的。

（五）"让"字句的语义比较

"让"字句是典型的使役兼表被动的特殊句式。上文具体分析了"让"字句的不同语义类型，下文则对这些不同类型的"让"字句的语义进行比较。

1. 生命度与非生命度

使役义、容许义"让"字句中，N_1 通常都是由指人或机构的名词、代词充当；而致使义、被动义"让"字句的 N_1 既可以由指人或机构的名词、代词充当，也可以由没有生命的指物或事件名词充当，因此致使义、被动义"让"字句的生命度的多样性要高于使役义、容许义"让"字句。

2. 意使与致使

意使是指在主使者的授意下，受使者独立地去完成某种行为。一般来说意使要符合两个条件：其一，主使者必须向受使者授意，所以主、受使者通常由有生名词充当；其二，受使者是接受主使者的指令独立完成某个行为，所以这种行为也即句中的 VP 通常由行为动词或带宾语的状态动词充当。而致使是主使者作用于受使者导致某种结果。通常主使者和受使者由无生名词充当。一般容许义"让"字句、使役义"让"字句都是意使句，这几类"让"字句的主语都是有生名词，符合意使的语义条件，而致使义"让"字句则属于致使句，"让"前的主使者是事物，即使出现表人名词，该名词也只是事件的参与者。被动义"让"字句兼属意使和致使范畴。

3. 目的与结果

使役义、容任义"让"字句的 N_1 具有明确的目的性、意愿性，"让"字句中的 VP 表示较为具体的行为动作。其语义特征是 N_1 希望 N_2 执行某个动作或达成某个目的或愿望，N_1 是意愿的发出者，N_2 是意愿的执行者或接受者；而致使义"让"字句 VP 具有结果性，N_1 对该结果的产生有致使作用，VP 的结果是 N_1 客观造成的，N_1 不具有目的性和意愿性。被动义"让"字句 VP 更多也是表示结果。

4. 可控与非可控

使役义、容任义、致使义、被动义"让"字句的 N_1 对后面的 N_2 缺乏可控性，也即不管哪一种情况，N_2 都既可以执行，也可以不执行，都既可

[①] 石毓智：《被动式标记语法化的认知基础》，《民族语文》2005 年第 3 期，第 19 页。

以听从，也可以不听从，故 VP 表示的意愿或结果都是 N_1 无法操控的，因此，从语义特征上来看它们都具有非可控性。

表 52　　　　　　　　　　　　"让"字句各语义类型比较

语义类型		+生命度/–生命度	+意使/–致使	+目的/–结果	+可控/–可控
容许义"让"字句	允让义"让"字句	+	+	+	+
	任凭义"让"字句	+	+	+	–
使役义"让"字句		+	+	+	–
致使义"让"字句		+/–	+	+	–
被动义"让"字句		+/–	+/–	–	–

老北京土话的"让"字句和上文论述的"容"字句和"叫"字句都有着联系和区别。这些句式对构成北京土话中的致使范畴和被动范畴起着重要的作用。

第四节　得字句

"得"字句也是老北京土话中的一个颇有特色的句式。首先是因为"得"字本身在北京土语中兼具多种词性，同时它又是一个多音多义词，有三种读法：得[tɤ˥]、得[·tɤ]、得[tei˥]，其使用频率非常活跃。"得"字也因其词性的多样性而出现不同的形式和语义特点。鉴于"得"字的复杂的词类功能，本书从广义的角度讨论结构助词"得tɤ˩"构成的 V 得句，以及作动词用的"得tɤ˥"所构成的得字句的特点。

一、"得"字的基本用法

北京土话中"得"字兼具动词、形容词、助词、语气词以及词缀的语法分布功能。

（一）作动词

1. 得[tɤ˥]

① 指能得到满足。

这个作为离戏台近，正得听。（CDX）

老三！这边儿来，这儿地势高，得瞧得看。（同上）

你到了哪儿还不是好待承？管保得吃得喝的。（同上）

② 指"吃"。

我这儿带来半斤酱牛肉，你先得着！（CDX）

③ 表示制止，意为已足，不要再说或再做。

得嘞！你还没结没完！人家都不理你了。（CDX）

得了！得了！别打了，瞧着我啦！（同上）

④ 表示完成。

后来呢给她盖得了这个宫殿。（TYDC）

反儿他们出去呢，都工作，我回来时候儿，反儿菜都做得了。
（BJKY）

⑤ 表示得到、遭受。

掌柜的这收入，赚了一百块钱，掌柜得九十。（BJKY）

我们谁谁谁得了什么冠军哪，打破什么什么纪录，我听着心里就
感到高兴。（同上）

由"得到"也引申出"遭受"到不好的事情或疾病等。例如：

我们这姑娘她得了一个盲肠炎了。（BJKY）

反正自己得了一身病。得一身病就是经常哮喘哪，什么肺气肿啊。
（同上）

2. 得[tei˧]

作助动词，表示需要。

我看要买这辆自行车得二百块！得！二百块怕还不行哪！（CDX）

他们办完事，可得会子哪！（同上）

过去一下雨就漏，就得年年儿得抹，使那泥呀来抹这房子。（BJKY）

（二）作形容词

得[tei˧]，也作形容词。

① 表示幸福、舒适之意。

你可真得！一个人在家里喝两盅儿。（CDX）

这么软的床，睡一觉才得呢！（同上）

② 表示漂亮，得体。

这套桌椅打得多得。（CDC）

这是挺得的款式。（同上）

（三）作助词

"得[·tɤ]"做助词读轻声，附着在动词、形容词之后作补语。

张德江，那会儿都称他是足球儿大王，现在说叫球儿星啊，这个，踢得特好。（BJKY）

夏景天儿晒得我啊，都要晒死，渴得啊要命。（同上）

常常构成"V 得慌"的格式：

你说你拉京胡儿吧，拉胡琴儿吧，你老拉，也烦得慌，腻得慌。（BJKY）

有时候儿你看他们倒那饭，都瞅着可惜得慌……（同上）

（四）语气词

"得tɤ˦"还可作语气词。表达一定的语气功能：

① 表惊叹，意为事情不妙。

得！这下子可完了。（CDX）

得！得！他说了这话，以后事情可就不好办了。（同上）

② 表示无可奈何。

得！又给淋湿了！（TYDC）

你在家也热闹。你要在饭馆儿呢，这么一会儿全走了，得，完了。（BJKY）

（五）词缀

"得tɤ˦"有时附着在形式动词后作附缀使用。

在石子子儿道儿上走，人也不觉得扎得慌。（BJKY）

就是天桥儿那一块儿啊是显得热闹。啊，一往这么来，就比较冷清了。（同上）

二、做结构助词的"得"字句

做结构助词的"得"字句，一般也称作 V 得句，是指动词和形容词后附着"得"构成组合式述补结构的句子。传统语法书都将其称为"得"字句。V 得句的句法结构学界一直以来有着不同的说法：（1）中心语+附加语说；（2）主语+谓语说；（3）述语+补语说；（4）"得"后谓词性成分为结构核心说。目前这些说法中，把 V 得句结构看成述补结构是学者们较为一致的意见。本书也在这一认识的基础上展开关于 V 得句的研究。

（一）V 得句的句法结构

关于"得"字句的结构形式，前贤已作过较透彻的研究，李临定（1986）将现代汉语"得"字句的结构归纳为 12 种类型：

（1）名施+形+得+副+形；（2）名施+形+得+形；（3）名施+形+得+动；

（4）名施+形+得+主谓/四字格；（5）名施+形+得+这样/那样；（6）名施/名受+动+得+形；（7）名施/名受+动+得+动；（8）名施/名受+得+主谓/四字格；（9）[名]+动+得+名受+动/形；（10）名施+动+名受+动+得+形/动；（11）名施+把+名受+动+得+动/形；（12）名受+被+名施+动+得+动/形。

本书主要参考有关作述补结构"得"的句式划分思路，尝试将老北京土话中V得句的结构类型进行分类。

V得句，也即传统称为"得"字句的结构分为基本格式和变式两种，以下具体讨论。

1. "得"字句的基本格式

笔者根据"北京口语语料库"搜索到9282条带"得"字的语料，经过甄别其中由"得"构成的述补结构"得"字句共占2188条；再通过这2188条"得"字句语料的筛选可见，"得"字句的基本格式为：

N+V/A+得+C

上式中，N为体词，V/A为谓词，包括动词和形容词，C为述补结构。例如：

走夜车，比较辛苦。不过现在年轻也行，能钉得住。（BJKY）

有个母亲，父亲死得早。（同上）

那年是豆子，黄豆啊，秋天里，长得真棒。（同上）

过去那那净是这天气都不正常，说热得能热死人，说冻能冻死人，就那样儿。（同上）

由谓词后带"得"字的述补结构是"得"字句基本的结构形式，在此基础上，"得"字句产生各种变式。

2. "得"字句的变式

（1）N+V/A+得

这种格式中，"得"后的述补结构被省简，出现两种情况：

①"得"后是零形式

跟我大婆带着我去的，东院儿大奶奶，把我磕得，我说我不行，我走。（BJKY）

那个骑自行车儿的下去就打他给按到地下了。哎哟，这害怕，给我吓得。（同上）

可是文化大革命以后，这人都，啧，都变得。（同上）

②"得"后带语气助词

你要撒泡尿，都没茅房，憋得呀，我告儿你，就说那往儿那旧社会。（BJKY）

我们就几个人儿啊，就往回弄啊，往那个回弄啊，哎哟，给我们

累得呀……（同上）

　　有一次他跑了，哎哟，给我们急得哟！（同上）

　　那菜吧，菜花儿就那大洗衣裳盆，半盆，扁豆，哎哟，那东西可给我糟践扯了。哎哟把我疼得呀！（同上）

（2）N+V/A+得+了

这种格式中，"得"后只出现助词"了"，述补结构部分不出现。

　　就让他们端那大铁那个炼的那个，什么那个那锡的那大包去，他哪儿端得了啊！（BJKY）

　　受现在八十年代的这种各方面儿的这种情况，能，全能接受得了。（同上）

　　四十九块五，七个孩子，还还还好得了。（同上）

　　像《刘胡兰》是《白毛女》大型剧，剧本儿，你像那孩子消化得了吗？（同上）

　　是不是你这上课不注意听，你学知识，你学得了吗……（同上）

　　国家什么都包下来那时候儿，我也感觉那不是个办法，你怎么包得了哇？（同上）

（3）N+V/A+得+adv+C

这种格式中，"得"字引出的述补结构出现副词。例如：

　　说咱们贫油国，绝对没油，结果咱们出这么多油，是不是，所以，现在咱们汽车多得很，哪儿都是汽油，咱们这汽油还出口。（BJKY）

　　早晨一上班，这车啊，尤其一到十字路口儿，多得很。（同上）

这种格式中，副词可以单独在述补结构中出现，不过只限于程度副词"很"，此外，也可以以副词+动/形容词的偏正式结构出现在"得"字后。

　　他爸爸那家伙，拿这个笤帚疙瘩，掸把子打得都抽折了……（BJKY）

　　啊，那树啊那树啊枣儿吧结得也不算多，完了个儿啊还行。（同上）

　　那阵儿是十个子儿一碗馄饨，喝这么一碗馄饨，吃得挺饱，还吃得挺好，总共一毛钱。（同上）

　　通知开会什么伍的，总是，反儿来什么运动，我马上就通知去，就开会，那会儿开得真热闹，那倒是。（同上）

　　这个物价，尤其这青菜，长得忒多……（同上）

　　当初呢那时候儿呢，那个物价呀，膨胀得特别厉害，是哇。（同上）

（4）N+V/A+得+adv+pron

这种格式中，"得"字引出的部分出现副词、代词来充当述补结构。例如：

这事也弄得挺那什么的。（BJKY）

像外边儿一天弄得脚丫子朝天似的忙得挺，挺那什么。（同上）

在沟里边儿吧，长了好多刺什么的，就是扎得挺那什么，挺疼的，哈。（同上）

可是，那个，这往儿也是，还是那样儿，你看现在变化得太那什么了。（同上）

今天三课这力学的，明天又来电学的了，是吧，这个，穿插得很那什么。（同上）

老北京土话"得"字述补结构中，常常出现这种"挺/太/很那什么（的）"的形式，来表示话语中一时半会想不出某种结果或程度时使用的格式。

（5）N+V/A+得+ "……似的"

这种格式中，"得"字引出的部分由比况式结构充当。例如：

"像……似的"：

我们和同学天天走学校就说的，这儿什么时候儿能变得像长安街似的就好了。（BJKY）

老二吧，又秀气又苗条，而且又白，又特别白，长得像小洋人儿似的。（同上）

"跟……似的"：

不管以后呢，那么就在家那么躺着，那瘦得跟骨头架子似的。（BJKY）

像那小外孙子儿跟，疼得跟宝贝儿似的，你要什么给什么。（同上）

"……似的"：

后来，我就觉得挣钱少，油□（zhōu）麻花，一天到晚，累得什么似的。（BJKY）

嗯，下了课就天天跳，跳得就着了迷似的，老跳。（同上）

嗯，我觉得好像政府管得松松了点儿了似的就还还抬头，这样儿。（同上）

冬天哪好像就冻得连耳朵什么都觉得冻得疼似的那样儿。（同上）

（6）N₁+V/A+得+N₂+VP

这种格式中，"得"后的部分是主谓结构，该结构整体作补语。

看得有时候儿，看得我都，我都流泪。（BJKY）

本来我这仨孩子呢，从学习，从各个方面儿完全都可以上，但是现在就这文化大革命呀，闹得呀一个也没上成。（同上）

所以捂得我肚子眼儿烂了，就让这个，我父亲带着我上那西街上有个徐九保。（同上）

这个有时候儿也是觉得到中午吧，好像感觉得精力就有点儿不太充沛了……（同上）

（7）N_1+V/A+得+N_2+VP

这种格式中，"得"后的部分是述补结构。朱德熙称这种结构是"述补结构内部带宾语"[①]，也即"得"字后头的体词性成分 N_2 是宾语，VP 是补语。

结果怎么着，闹得孩子啊，也，也有点儿不服似的。（BJKY）

现在全长钱了，牡丹的私价儿卖三千五，公价儿的有卖两千五的，有搭录相机的，越来越乱，乱得你脑子都是疼的。（同上）

弄得卢沟桥现在发展，反而倒是落后，比长辛店儿，比丰台啊那就差得多了。（同上）

晚上呢，我就男孩子帮着我洗塑料，晾这么一院子，就在这院子事儿，晾得哪儿哪儿都是。（同上）

这种格式与上述第 6 式在结构上很容易混淆，根据朱德熙先生的分析，可以从两个方面加以区分，一、停顿的位置：主谓短语作补语的结构，要是有停顿，只能在"得"字后；述补短语作补语的结构，是紧跟"得"字的体词性成分后头才能停顿，两种格式停顿后都可以加上语气词。二、是否可转换成"把"字句：主谓结构因为在句中整体作补语故不能转换成"把"字句，而述补结构中"得"字后头的体词性成分是宾语，故可以转换成"把"字句。

（8）N+V/A+得+四字格

这种格式中"得"字后头可以带各种形式的"四字格"短语，构成述补结构。

这孙子上班，我还得给他送饭，我回头我还得做我自己的，弄得人困马乏，真是坐到这儿啊，就困，就睡着了。（BJKY）

像我们这儿有一老同志，确实是，打成右派，送到东北去劳改，弄得妻离子散。（同上）

说不利落他就打你嘴巴子，你还得站得笔管儿条直。（同上）

我在外边儿我就使劲儿地追，我都追得精疲力竭了。（同上）

哎，因此把这个教育搞得是乱七八糟。（同上）

反正现在要是说，要是说美化吧，也不说必须穿得花花哨哨的。（同上）

您像老大吧，老大长得就是又胖又黑。（同上）

[①] 朱德熙：《语法讲义》，北京：商务印书馆 1998 年版，第 136 页。

（9）N_1+V +N_2+ V+得+C

这种格式一般被称作"复动 V 得句"。通过动词的重复使用产生一种句式变化。

> 你看有的小孩儿多闹啊，嘴里头骂人骂得花极了，可是我们孩子，一个脏字儿都不许带。（BJKY）

> 说实在的，你说她写字写得挺好，我们小琦写字写得挺好……（同上）

> 什么小倒儿啊，什么倒儿啊，现在是真来钱来得特别快。（同上）

> 现在脱节脱得太厉害了。所以我觉得这个教育吧不太好搞。（同上）

> 我们路最多也才拿七十多块钱。他罚票罚得最狠。（同上）

> 他因为日本人赚钱赚得很厉害，很奸，嗯，日本货打入市场也很厉害。（同上）

（10）N_1+给/把 +N_2+ V+得+C

这种格式是含"给/把"字的"得"字句，此处"给"字表示处置义。

> 我就石头胡同我就跑到口儿里头去了，给他打得这腮帮子也不知道怎么样反儿正。（BJKY）

> 他没有，没有，没有这么回事，是啊，说给人闹得人心惶惶的。（同上）

> 反正那也斗，把他气得要疯，给气得差点儿疯了。（同上）

> 这亲戚里倒儿磕去吧，把这新娘子给磕得，都，都磕晕了。（同上）

（11）N_1++V/A+得+让+N_2+VP

这种格式中，"得"字后出现的是兼语结构。

> 是最近几年，是跟我年龄有关还是怎么的，那热得简直让人不能忍受。（BJKY）

> 没有什么特别的那个冷得让人受不了那种感觉，是啊。（同上）

> 哎，打扮得让人就觉得好像在另外一个世界里一样……（同上）

（12）N+A+得+"多得多"

这种格式中 "得"后带惯用语"多得多"构成补语。

> 比现在那个满街上那个折腾的，那好得多得多啦。（BJKY）

> 说实在的，就是说出火车站，那人比北京站乱得多得多。（同上）

> 市场变化上，都是比较，比北京要开放得多得多。（同上）

> 实际我们老同志拿起来这钱呢，比那个比他自己的那个钱呢还少得多得多呢。（同上）

（二）V 得句的语义类型

关于"得"字句的语义类型，学界分歧较大，"得"字句补语的语义类型划分主要出现以下三种做法：一、按语义格分为结果、状态、程度或情态等类，这种分类是较为传统的分类形式；二、按逻辑语义分为模态句和非模态句两类（杨菁、陆汝占，2010）；三、按致使义分为描写性的非致使义和陈述性的致使义两类（郑湖静、陈昌来，2012）。其中第一种和第三种分法操作性强，同时，第三种分法也更具有概括性，因此本书参考这些分类对老北京土话的"得"字句的语义类型进行分析。

1. 非致使义的 V 得句

这种语义类型的"得"字句后的补语成分是表示动作或行为的结果引起某人或某物产生的某种语义类型：表示状态、表示程度、表示结果、表示可能等。这类"得"字句的动词都是非致使类动词。

（1）表状态：表示动作的某种状态

嗯，前年吧，单位一，分我这三居室呢，住得比较宽阔，亮嗖。（BJKY）

大伙儿都说，哎哟，老杨怎么玩儿得这么兴致勃勃呀！（同上）

就是开荤的啦，胡骂溜丢。骂得有时候儿真是不堪入耳。（同上）

四十分钟将近，学会了。嗯，现在骑得可油儿啦，有缝儿就钻。（同上）

它那青蛙蹦得有，有一尺多高……（同上）

反正运动量是挺大的，天天累得腰酸腿疼的回来。（同上）

这种类型，补语多为表达某种状态的短语类型：偏正短语、述宾短语，对事物的情状加以描述。

（2）表程度：表示动作的某种程度

我接完他五点半，然后再回去。回家就累得了不得了。（BJKY）

住了二十多年，就在这小屋儿里边儿。夏天哪，闷热得不得了。（同上）

就不让，就不放，不放等最后，实在，反正他也跟那儿闹得挺僵的。（同上）

前年冬天我在家里头，夜间哪，嗯，睡得不太瓷实，夜里睡得不太瓷实。（同上）

坐车，上下班儿就挤得够要命的，更不爱出去了。（同上）

大癞蛤蟆呢，也挺厉害的，就是它蹦跶得不高。（同上）

那就你就看吧，反正她长得也比较苗条，也比较秀气。（同上）

这种类型，补语多为表达某种程度的形容词、或副词+形容词结构等构成的形式，以对事物的程度加以描述。

（3）表结果：表示动作的某种结果

　　北京人还行，吃面。结果，这面煮得跟那鼻涕似的，太软啦。（BJKY）

　　精神再好一点儿呢，体力就好，给屋子收拾得干干净净儿的……（同上）

　　一生闷气，噔，这肚子起来了，胀得鼓鼓儿的，跟他妈六个月的似的。（同上）

　　扑通扑通，弄得哪儿哪儿都是水。（同上）

　　就一推门呢，推不开，雪下得一尺多深，都有那种情况。（同上）

　　她就是变得又黑又瘦啊，这就两天的工夫儿！变得又黑又瘦。（同上）

　　然后坐下地下往下滑哈，弄得那个裙子吧全都黑了……（同上）

　　这种类型，补语多为比况式短语、四字格短语、主谓短语、并列短语、形容词的重叠式等，以对事物的结果加以描述。

　　V 得句中补语的语义类型是较为难区分的，上述表示状态、程度以及结果的 V 得句，在有些情况下经常会被认为彼此都包含，互相纠缠。比如，有些表示结果的补语，也可以看作表示程度，"收拾得干干净净儿的"；或者也能表示状态，"弄得那个裙子吧全都黑了"；有时候状态补语和程度补语也不好区分，"上下班儿就挤得够要命的"等。学界对此分类也常常加以诟病，关于该问题，笔者认为这是因为补语类型本身的复杂性造成的，与分类本身并没有太大的关系，因为在语言事实中，确实存在以上的不同的语义类型，在区分语言事实时应该划分越细致就越能观察出其差异性。对于上述分类，目前学界也在尝试着寻求某种更科学的分类方法，例如用 V 得句中述语是否是动词抑或是形容词来区分补语是表状态义还是表程度义等。本书主要尝试从补语本身的结构构成来观察描写类非致使义补语类型的分类，是否正确，还有待进一步的频率统计和验证。

　　（4）表可能：表示完成某种动作的可能性

　　也什么活儿都拿得起来，不，不懒，不滑，还一般还比较欢迎。（BJKY）

　　反正就是对那个各地地理啊，什么海洋，什么反正就是这方面的知识吧，特别爱好，所以他们也能谈得起来。（同上）

　　我销售你这东西，我都担心，它是否合格，是否我能销售得出去……（同上）

　　然后一阵那个风吧，来你都能看得出来，就从远处就能看出来这个风就那么随着就过来了。（同上）

　　没售货员儿这东西卖得出去呀？（同上）

我说你端上这菜来，名儿我都点得上来，说您是这本行业的，我说对了。(同上)

虽然物价有些长吧，但是自己也能过得下去。(同上)

我的孩子在学习上啊，还算是说得过去的。(同上)

我们几个人住一房间，比较说得来的，住一房间。(同上)

只要有球儿赛，一般过得去的球儿赛，我必看无疑。(同上)

有时候儿两口子说着说着也吵起来，找居委会来。这些事情遇得到。(同上)

什么领导关系，谁知道怎么处啊，那么年轻，又不一定能处得好。(同上)

把东西呢，配得全一点儿，味儿就好点儿。(同上)

这种类型，补语一般不使用短语的形式，经常使用表示趋向的动词，如"起来、出来、出去、上来、下去、来、去"，以及少数其他动词和形容词构成，对事物的结果，有时也是对未既定的事实结果加以描述。

以上都是表示非致使义的描写句，"得"后的成分都是对前面的动作或性质状态进行描写和评价的。

2. 致使义的 V 得句

哎哟！把我当时吓得心都要出来了，就跟我要偷人家那样儿。(BJKY)

现在气得我净是病，我跟你讲，老骂，老打。(同上)

这话说出来噎人哪，噎得最后就非得吵起来不行。(同上)

后来人大伙儿就实在打得这直叫唤，跟那鬼嚎的似的。(同上)

有时候儿一累，得，闹得睡过梭儿了，都是孩子给闹的。(同上)

整个儿都是山区，特别冷，结果呢，冻得，就是冻得直打嘚嘚，全身都是紫的…… (同上)

有时候儿把孩子咬得那个，土鳖啊，把孩子咬得身上净疙瘩。(同上)

现在我看，惯得那小孩儿，就上，上来就，就，就插嘴，这可不行。(同上)

直到那个蚊子叮得你，没法儿在外头呆着了…… (同上)

后来到了文化大革命以后那段儿呢，有段儿就特乱。哈，乱得呀你简直没法儿上课。(同上)

以上都是表示致使义的 V 得句，"得"字前后的两个部分都是存在着"致使"的语义关系，也即"吓得心都要出来了、气得我净是病、噎得最后就非得吵起来不行、打得这直叫唤、闹得睡过梭儿了、冻得直打嘚嘚、咬得身上净疙瘩"等都是"得"前面的动词"吓、气、噎、打、闹、冻、咬"等所表示的动作行为造成的，它们之间存在着"致使"的语义关系。

三、作动词的"得"字句

以下着重讨论作动词用的"得tɤ˥"所构成的"得"字句的特点。

（一）作动词"得"字句的结构类型

关于动词"得"的用法，崔永华（1984）在《北京口语里的"得"[dé]例释》一文中根据"得"出现的环境，将带"得"的句式分为以下 7 种：① S[N]（A[T]）得（了）；② V 得（了）；③ S[V]就得（了）；④（C1），得，C2；⑤ S[V]得（了）；⑥ 得了，C；⑦ C1，得了，C2。孟琮（1986）则认为独立成句的"得"和"得了"是叹词。笔者认为崔文中 7 种格式中的"得"都应是动词，因此，本书下文将讨论作动词用的"得"字的结构和语义特点。

1. N +得+了

"得"表示"完成"，"得"一般不能独立做谓语，必须搭配时间副词或动态助词"了"出现。例如：

> 饭得了，门墩和傅桂英也不客气，排山倒海地吃着炸酱面。（电视剧《全家福》）

> 楼下铃儿响了，他猜着，早饭必定是得了。（CCL-LS《二马》）

这种格式也可变为：得+了。是将上式的句子主语省略而成，例如：

> 这两个小孩子正在捉迷藏，小肉葫芦蹲在桌子底下，黑小子在屋里嚷："得了没有？"（CCL-LS《离婚》）

2. N₁+V+得+了+ N₂

> 我婶儿做得了饭。（TYDC）

这种格式可以变为：V+得+了+ NP2，例如：

> 做得了饭，她独自在厨房里吃。（CCL-LS《骆驼祥子》）

> 后来呢给她盖得了这个官殿……（TYDC）

> 我说"给您洗得了俩啊，我给您拿过去。都洗啦！您要嫌不干净您再洗一下儿。"（BJKY）

上例中 N₁ 根据需要会承前省或蒙后省略。

这种格式也可变为：N₁+V+得+了，省略 N₂，例如：

> 等后来呢，这儿盖得了以后就搬到这边儿来。（BJKY）

这种格式还可以变为：V+得+了，N₁、N₂ 都可以省略。

> 来了说我们一通，说我们瞎弄，给我们轰走了，说烤得了给你们

吃。（BJKY）

这种格式中，"得"作为动词表示完成，在句中充当补语的功能，表示前面动作或行为的结束。

3. N+V+就+得

这种格式中，"得"表示"可以、行、成"的意思，受副词"就"修饰以表示 N 的状态，这一格式中的副词"就"一般不可删去。例如：

您只要有钱就得，什么自由市场有钱就得，就是贵点儿。（BJKY）

四十来块钱儿，没什么大收入，尽力而为，知道吧，心到就得，哎，心意到就得。（同上）

他的嗓子溜不开，窝囊废没提这个。只要学生有进步就得。（CCL-LS《鼓书艺人》）

有时候，这种格式可以省略成："就+得"的格式，前面可以出现时间副词或时间名词，例如：

给他们拿完就是你的，马上就得。（《天下第一楼》）

有凳子，你坐坐，一会儿就得！（CCL-LS《女店员》）

4. S+得了

这种格式中，S 为主语，通常由主谓结构充当，"得"附在全句的末尾，表示"作罢，不再计较"，后面一般跟"了"字，不能省略。

我说干脆咱们吃芝麻酱面得了，又省事，和芝麻酱，哎，沏点儿酱油皮子。（BJKY）

唑，那孩子挺着急，说阿姨甭打电话了，我背您去得了。（同上）

干脆我上天津转一圈儿得了。（同上）

母亲，你回来跟父亲说说得了，他不舒服，脾气不好。（同上）

有时候，这种格式中的主谓结构中的主语可以省略，例如：

就是拿几个椅子拼一拼，凑合一中午得了哈。（BJKY）

将来还是好好儿培养培养她学习文化得了。（同上）

我不要布娃娃，先买把刀得了。（CCL-LS《牛天赐传》）

以上例句中的"得"作动词，与"得了"一起在句中充当谓语成分。

5. 得/得了

这种格式中，"得""得了"都可单独成句，表示同意或制止之义，一般在结束谈话时使用。

得！不管怎么说，我的铁杆庄稼又保住了！（CCL-LS《茶馆》）

得！寒气散尽，热心全来；老头儿咱要说了！（CCL-LS《老张的哲学》）

这儿敢情要一忙喽哇，你猜怎么的，敢情要加班儿，得了，咱就

加班儿。（BJKY）

不是那么说，嗯，得了，就这样儿吧，凑合着吧，……（同上）

得啦，你老人家拿我两个大的吧，准保赔着本儿卖！（CCL-LS《四世同堂》）

得了，祥子！说说，说说你怎么发的财？（CCL-LS《骆驼祥子》）

"得"有时候可以多次连用：

得，得，先别拌嘴！丁四，你找个地方睡会儿去！（CCL-LS《龙须沟》）

哎，得得得，罢了，罢了，罢了，咱们明白了，噢，是这么回事。（BJKY）

（二）作动词"得"字句的语义类型

作动词"得"字句也具有不同的语义类型，最主要的是表示完成义，由此，衍生出表示"制止"，表示"认可"等的语义。

1. 表"完成义"

"得"表示"完成义"，是动词"得"字句中最基本的意义，这一意义是从其本义"获得"引申而来。"得"的"完成义"与其本义相比，动作义减弱，语义中增加了"一些认知心理特征"[1]，例如：

吃饱了就得了，挑不了什么好吃的什么。（BJKY）

上句中的"得"既表达出"完成"自身所蕴含的动作义，也传递出说话人对"吃饱"的状态的判定。因此这一认知心理特征可以理解为动作主体对动作客体的状态或自身行为动作的一个主观评判。

"得"的"完成义"对句中的 V 也产生了限定。既然表行为动作的完成，那就说明动作从开始到结束会有一段过程，这要求充当 V 的动词必须带有可持续性的语义特征。例如：

可是她灰心不得，要牺牲就得牺牲到底。她喊自由："窗户开五分钟就得！"（CCL-LS《善人》）

把孩子看大了，上预备班儿，上学前班儿得了。（BJKY）

进门呢，就给我做得了。啊，饭菜呀，都给弄得了，反正吃个热乎儿的吧。（同上）

不讲究这个穿哪什么的。凑合着能不露着那什么就得了。（同上）

上例中，"开、上、弄、露"等动词就有[+持续]的语义特征。

---

① 管志斌：《"得了"的词汇化和语法化》，《汉语学习》2012 年第 2 期，第 108 页。

2. 表"制止义"

这种语义类型主要限于"得""得了"独立使用时出现。

"得""得了"作动词单独成句，用于句首或句中，传递说话人对当前状况的情绪态度。例如：

> "得，这回成坛子胡同了。"于观绝望地说，"我怎么能不动声色地给著名作家们每人发一个咸菜坛子？人家准会恼我们。"（CCL-WS《顽主》）

> 后首儿她一来老骂人，也值当不值当，你要摔了点儿什么，得了，且这儿骂你一天。（BJKY）

"得"是表示"制止义"的动词，能够重叠使用，中间可加逗号或感叹号，表示语气的停顿和强弱：

> "得，得！这下捅娄子了。"颖园边说边急着下炕穿鞋。（《大宅门》）

"得"可以有多重连用，中间不加标点。例如：

> "得得，哥儿们，你别骂我。"杨重拍拍宝康的肩膀，"我知道我傻。"（CCL-WS《顽主》）

> 得得得，我勾引你，你知道我妈最怕什么？（《大宅门》）

"得了"也表示对对方行为的制止，也能够复迭使用。例如：

> "得了，得了！老三！少说一句。"大嫂很怕老三把祖父惹恼。（CCL-LS《四世同堂》）

上例中"得""得了"都是在日常口语中人物对话时使用，"得""得了"都是停止或引出新一轮的话题时使用。"得""得了"可以互换使用，意义不变，只是使用"得了"语气更为和缓一些。

3. 表"认可义"

这种语义类型由"完成义"发展到"认可义"，"得"的意义进一步虚化，动作义消失。这种语义类型较多出现在"N +V+就+得（了）"这种句子类型中。例如：

> 如果要是光保持着说我自己这儿，得了，够吃就得……（BJKY）

上句中的"够吃"是令人满足的条件。该句中的"得"只有抽象的认知义，这种认知义可以解释为说话人对动作所表述的情况的满意与认同，带有浓重的主观评判色彩。又如：

> 我不屈心，我吃饱吃不饱不算一回事，得先让孩子吃足！吃吧！你们长大成人别忘了我就得了！ （CCL-LS《骆驼祥子》）

上句的"你们长大成人别忘了我"是令说话人感到满足甘愿做出牺牲的条件。

此外，基于说话人对动作的这种认可，句中动词也成为提供给他人的建议或命令，例如：

就是怎么折腾，怎么玩儿都成，只要别烫着别栽着的就得了。
（BJKY）

句中的"别烫着别栽着"，是说话人提出的希望听话人接受的建议或命令。

"N+V+就+得（了）"格式中，有时还加上否定副词"不"，构成"N+V+不+就+得（了）""不就得了"也是表示对动作的认可，但是语气更加强烈，在说话人看来，句子中出现的情况很简单、很容易应对，动作有时表示一种决定，有时表示一种行为或建议。例如：

咱们国家根据咱们具体情况，咱们适合火葬您就火葬不就得了吗？（BJKY）

在这个问题上，大妞有大妞的看法，一个走亲戚，是去看亲妹妹，又不是去投敌叛国，准了不就得了？（电视剧《全家福》）

以上，从广义的角度把结构助词构成的 V 得句和动词"得"构成的句式，笼统放在"得"字句的语法框架下，进行了句法和语义的描写与分析，目的也是期望能从更大的视野观察老北京土话中，富有特色的"得"字及其句式的用法。

第五节　给字句

北京话中的"给"字句具有自己独特的类型学特征。20 世纪 70 年代末，朱德熙先生就北京话动词"给"及其相关的句式做过深入的探讨，为"给"字句研究作了很好的示范。北京话中"给"字具有多重语法功能，是一个重要的语法标记词，朱德熙先生讨论"给"字句时是"撇开介词'给'"①，对"给"作虚词的功能不予讨论。本书则从多角度探讨北京话中"给"字句的特点。

一、"给"字的基本用法

"给"在老北京土话中也是一个多义词，兼具动词、介词和助词的词性。
1. 作动词
（1）使对方得到。

我也是说句干嘛的话，您给我烟抽我都不抽，您甭提别的了。
（BJKY）

---

① 朱德熙：《与动词"给"相关的句法问题》，《方言》1979 年第 2 期，第 81 页。

你老了，谁给你钱。你有力气，人用你，人给你钱，不用你，给你什么钱呢。（同上）

（2）使对方遭受到。

下车一个子儿没给还不算，还差点给我个大脖拐！（CCL-LS《龙须沟》）

二哥不便提起王掌柜的事，怕她以子爵的女儿的资格，拦头给他一杠子。（CCL-LS《正红旗下》）

（3）表示容许、致使。

后来就说，拿点儿白矾给它沉淀，哈。（BJKY）

放心吧，给您现不了眼。（同上）

（4）用在动词后，构成表示给予义的复合动词。

我就自己就把这些机会就让给别人。（BJKY）

把那房子租给日本人做买卖，我们就搬出去了。（同上）

2. 作介词

（1）引进交付、传递、介绍的接受者。

可是我们谁都不认识，而且，我们班主任也没给我们介绍哈。（BJKY）

后来他哪个朋友呢，偷着就给我们来一电话。（同上）

（2）引进动作的受益者。

他们就商量了，说先给孩子安排个工作吧，要不然这家里没人儿管啦。（BJKY）

拜年像我们那会儿也小，哎，先那，哎，就说给爹妈磕完了呢，还得给哥哥，哎，什么姐姐，嫂子都得磕了。（同上）

动作受益者经常可以不出现：

这样儿，让大爷给做一个，我就给做一个。（BJKY）

这腿都淹的什么似的，我给洗完了，上街给买药去，买药给上上。（同上）

（3）引进动作的受害者。

这一下儿给我鸽子都给端了。（BJKY）

我就那个把你的牲口给你牵走了。（同上）

做点儿衣服什么的，给我弄坏我就特别生气。（同上）

（4）"给"表示"朝、向、替、为"。

另外呢就是都得布菜，那会儿叫布菜，给大伙儿布菜什么的。（BJKY）

那个平儿生日，各地方儿都去。那就是，都得去给磕头，给人家

磕头。（同上）

　　在家里呢，帮着给做做饭呢，看个孩子呀，给他们帮着……（同上）

（5）表示处置义。"给"后介引支配的对象。例如：

　　来几个小伙子，给你弄到联防队去，先揍你们一通儿。（BJKY）

　　炸卢沟桥，关城门我进不来了，给我关城外头了。（同上）

　　我给这个碗撂下了，我就追出去了。（同上）

（6）表示被动义。"给"同"被"。例如：

　　那二小子教养回来之后这不又给抓走了。（BJKY）

　　我们这街坊他大姐一看，说怎么新娘子倒给扔后尾儿了？（同上）

3. 作助词

一般置于动词前，"给"只是其强调的作用，省略后对原句没有影响。

（1）表示处置义。

① 与"把"字构成"把……给"的格式，例如：

　　这一学校好几千学生啊，选才选出两个人来，其中就把她给选了去了……（BJKY）

　　他把这两根儿车带给扒走他卖去了。（同上）

　　把她腿这儿都给打了一枪了，挺可怜的啊。（同上）

"给"后不出现被支配的对象，"给"在这种句式中可有可无。

② "给"置于动词前，起加强语气的作用。例如：

　　跟街道上说好说赖说，弄破三轮儿给拉那儿去了。（BJKY）

　　又搞了一个对象，是一块堆儿的同事给介绍的……（同上）

　　跪在那儿哈儿，人家就给入葬了。人家就给埋上了。（同上）

　　这东西也挺贵的，就给吃了……（同上）

"给"在此处也可以省略而不影响全句的句义。

（2）表示被动义

① 构成被动句。"给"后不出现施事者。例如：

　　一让他堵着，提溜着耳朵，就给提搂家去，就揍一通儿。（BJKY）

　　一下儿那房子质量不太好，给砸塌了，又给修上了。（同上）

② 构成"让……给"字句，表示被动义。例如：

　　这一个排人哪，让日本上来给轰到河滩里头去，剩下他没打死。（BJKY）

　　多厉害！老虎厉害都让人给逮着……（同上）

（3）表示虚义

构成"给我……"的格式，表示某种语气。

① 表示命令的语气。例如：

你给我起来，屋里精湿的，躺什么劲儿！（CCL-LS《龙须沟》）

等共产党来抢了去，我才不那么傻！大凤，把这给我埋起去！（CCL-LS《方珍珠》）

你到月坛那儿，劳驾，我有病人，到月坛那儿给我停一下儿，我那儿有人儿等。（BJKY）

② 表示商量的语气。例如：

妈，晌午给我作点热汤面吧！好多天没吃过啦！（CCL-LS《茶馆》）

啊！啊？我看你不错，你来给我办学堂吧！（CCL-LS《正红旗下》）

谢谢你，请你把那件衣服给我拿一下儿。（BJKY）

二、"给"字句的语法形式

北京土话中的"给"字句可以表示不同的语义：给予义、使役义、处置义、被动义，以下具体讨论这四种"给"字句的句法形式特点。

（一）表示"给予义"的"给"字句

表给予义的"给"字句是"给"字句的典型句式。朱德熙（1979）在《与动词"给"相关的句法问题》中总结了表达"给予义"的"给"字句及相关句式：

① S_1：Ns+V+给+N'+N　　我送给他一本书

② S_2：Ns+V+N+给+N'　　我送一本书给他

③ S_3：Ns+给+N'+V+N　　我给他写一封信

④ S_4：Ns+V+N'+N　　我送他一本书

朱德熙依据句中动词分为 Va、Vb 和 Vc 小类而对给予义句式加以分类，他认为，从句式本身能否表达给予义来看，只有①和②是表达给予义的特定句式，而③既包括给予句也包含非给予句，双宾语句④可以看作是①的紧缩式。

课题组曾对北京话中 1465 句表给予义的"给"字句进行统计[1]，就所考察的语料里，还出现了多种变形句式，下文以朱德熙提出的 4 种句式为基础，考察动词"给"字句在基式上的各种变形句式。

1. S_1：Ns+V+给+N'+N

S_1 句式中，动词 V 一般是"给予"类动词，这类动词朱德熙归纳为[2]：

送 卖 还 递 付 赏 嫁 交 让 教 分 赔 退 输 补 发 拨 赠 赐 献 传 捎 带 寄 汇 留 扔 踢 找 塞 写 打 许 撋 舀 借ₐ 租ₐ 换ₐ 介绍 推荐

---

① 卢小群、王泉月：《北京话的"给"字句研究》，《贺州学院学报》2014 年第 2 期，第 11—14 页。

② 朱德熙：《与动词"给"相关的句法问题》，《方言》1979 年第 2 期，第 81—82 页。

分配 遗传 传染 过继 转交 移交 交还 归还 退还 赠送 转送 转卖 告送

其中"写、留、搛、舀"本身虽不表示给予，但是在整个句子中是表示给予的。

根据间接宾语（N'）和直接宾语（N）的位移，S_1 可以衍生出以下几种句式。

A 式：Ns+V+给+N'，例如：

实在没有地方去说，他还会在家中传习给太太与女儿。（CCL-LS《四世同堂》）

A 式中，直接宾语省略，只有与者和受者双方。

B 式：V+给+N+N'，例如：

咳嗽了一声，他说："老太太！留着饺子给长顺吃吧！"（CCL-LS《四世同堂》）

B 式中，主语 Ns 承前省略，只有受者和所受事物。

C 式：V+给+N，例如：

我们，这个工人呢，都是老了，退休给养老费，都是维持个个儿有个，有个生活好呀。（BJKY）

C 式中，主语 Ns 以及间接宾语省略，只有所受事物。

D 式：N'+V+给+N，例如：

我的车卖给了左先生，你要来的话，得赁一辆来；好不好？（CCL-LS《骆驼祥子》）

D 式中，V 的直接宾语提前，主语 Ns 隐藏。

F 式：Ns+把+N+V+给+N'

老师愿意把这一肚子东西都教给你们……（BJKY）

F 式中，与"把"字句套叠使用，直接宾语由"把"字前置。

G 式：（Ns）+连+N+V+给+N'

连货价带翻译费我一齐给你，晚上给你。（CCL-LS《二马》）

连我的一点首饰也给了爸爸，要不然，这程子咱们吃什么？（CCL-LS《方珍珠》）

G 式中，直接宾语被"连"字提前，这种句式常常以否定句式居多，例如：

人家连一杯茶都没给他喝！（CCL-LS《正红旗下》）

拉到了，坐车的连一个铜板也没多给。（CCL-LS《骆驼祥子》）

上述句式中"给"都表示给予义。

2. S$_2$：Ns+V+N+给+N'

S$_2$ 句式中，动词 V 一般是"取得"类动词，这类动词，朱德熙归纳为：[①]

买　抢　偷　骗　拐　娶　赢　赚　扣　拿　收　要　罚　借b　租b　换b

S$_1$ 句式和 S$_2$ 两种句式可以相互变换。如"我送给他一本书（S$_1$）"和"我送一本书给他（S$_2$）"意义相同。从出现频率来看 S$_2$ 句式在语料中出现次数极少，在 1465 例给予句中仅仅只有 14 例，例如：

九红夹菜给白慧，白慧忙捂住了碗："我不吃这个!"（《大宅门》）

S$_2$ 句衍生出几种变式为：

H 式：V+N+给+N'，例如：

那时候儿，没告诉说解放那年就买了二斤白面给我蒸几个馒头，那么过的年。（BJKY）

H 式中，主语 Ns 隐藏，只有所得事物和得者。

I 式：V1+N+V2+给+N'，例如：

结果我们就给她买的巧克力，给她买点儿鸡蛋送给她。（BJKY）

I 式中，主语 Ns 可以承前省略，只有所得事物和得者，同时"给"前出现动词 V2，构成双音节动词。

J 式：V+N+给+V，例如：

这腿都淹的什么似的，我给洗完了，上街给买药去，买药给上上。（BJKY）

J 式中，主语 Ns 和得者隐藏，只有所得事物。

在以上 S$_2$ 这种动词 V 包含"取得"义的给予句式中，较多出现的是动词"买"，因此没有出现所失事物和失者的情况。

3. S$_3$：Ns+给+N'+V+N

S$_3$ 这种句式中，"给"既包含给予义，也包含非给予义，以下讨论 S$_3$ 中"给"的变式情况。

K 式：（Ns）+给+N'+V+N

看他就是一个人儿挺苦的，哎，那么就给他介绍了工作。（BJKY）

除了照例很多吃的外，她又给我带了几本书。（CCL-WS《空中小姐》）

我和那儿的人很熟，老板娘总是给我留几升冰镇啤酒。（CCL-WS《浮出海面》）

K 式中，主语 Ns 有时省略。上例的"给"都表示给予。但也有不表示给予的，例如：

---

① 朱德熙：《与动词"给"相关的句法问题》，《方言》1979 年第 2 期，第 82 页。

那过去呀那阵儿是糜子面儿，又是芝麻盐儿，花椒盐儿，给你撒上，真正是那个芝麻酱。（BJKY）

好吧，我不用你送了，下午几点给我打电话？（CCL-WS《一半是火焰，一半是海水》）

"我来给你们炒一个菜。"刘华玲喝了口酒，放下酒杯，夺我的炒勺。（CCL-WS《浮出海面》）

上述例子中，"给"均不表示给予义。

有时候，K 式还可以省略成：给+V+N 或 N+Ns+给+V 格式，例如：

儿子，无论怎么傻，得养着，也必定给娶个媳妇。（CCL-LS《老年的浪漫》）

反正四虎子的老婆得由牛宅给娶，他自己没家没业。（CCL-LS《牛天赐传》）

这些格式中，或者主语与受者都不出现，或者受者不出现而所受事物移前。

4. S_4: Ns+ V+ N'+N

按照朱德熙先生对双宾句 S_4 式的界定，S_4 中动词 V 若为表示"给予义"的"给"字时，S_4 是与 S_1 和 S_2 相平行的"给+给+ M' +M"，这种格式中"两个接连出现的'给'字融合成一个"[①]。故 S_4 的格式为"给+ M' +M"，"给"后紧跟着受者和所受事物，是真正的给予义动词。例如：

母亲给了王掌柜一个小板凳，他坐下，不错眼珠地看着十成。（CCL-LS《正红旗下》）

老头儿变法儿也得给你买十块钱东西。（BJKY）

以下主要讨论该格式衍生出的多种变式：

L 式：Ns +给+ N'，例如：

我是就按着这个文件儿走，你爱怎么给我怎么给我。（BJKY）

L 式中，"给"字前后出现施事者和受者，直接宾语 N 省略。

M 式：Ns +给+ N，例如：

他并没在原价外多给一个钱。（CCL-LS《四世同堂》）

M 式中，"给"前后分别是主语和直接宾语，间接宾语 N 省略。式中 N 一般不能是单独的名词，而是名词性短语，如数量短语等。

N 式：给+ N'+N，例如：

我呢，退休了，有劳保了，啊，然后一个月给我几十，什么也不干，这不是挺好的事情。（BJKY）

[①] 朱德熙：《与动词"给"相关的句法问题》，《方言》1979 年第 2 期，第 87 页。

N 式中，主语给予者省略，"给"后出现间接宾语和直接宾语。

O 式：N'+给+ N，例如：

> 大赤包的女儿不能白给了人。（CCL-LS《四世同堂》）

O 式中，主语隐藏，"给"字前后出现所受事物和受者。

P 式：给+ N'，例如：

> 先别多给我，万一有个失闪，我对不起人！（CCL-LS《四世同堂》）

P 式中，与者和得者省略。这种格式主要出现在祈使句中。

Q 式：Ns +给，例如：

> 景琦："不就一百二十两吗？你把人放下来，我给！"（《大宅门》）

Q 式中，"给"后的得者和所得事物都不出现。

R 式：给+ N，例如：

> 呕，干脆就给一块四毛钱！不用驳回，兵荒马乱的！（CCL-LS《骆驼祥子》）

R 式中省略了与者和得者，"给"字前面都有副词作状语，如"就""不""真"等。

S 式：N +给，例如：

> 车钱已经给了。（CCL-LS《四世同堂》）

S 式中，只出现所得事物，与者和得者都省略掉。

T 式：（Ns）+ 给，例如：

> 瞧着给，该给多少给多少！（CCL-LS《茶馆》）
>
> 公安工作当这个警察，民警给枪不给？告诉给，一样。（BJKY）

T 式中，与者、得者和所得事物均不出现。

以上是简单"给"字句式的变化情况，老北京话中也有复杂"给"字句的形式，例如：

U 式：（Ns）+ 给+ N'+V+N+V

> 给我送了老倭瓜去了，也给我买了白米去了。（BJKY）
>
> 有时候儿给老太太端点儿什么去。（同上）

U 式实际为连动句式，"给"后的间接宾语和直接宾语都是动词 V 的受事者。

以上描述可见，北京话中表示"给予义"的给字句是最常用和典型的句式，这类"给"字句句式变化多样，呈现出丰富的结构特征。

（二）表示"处置义"的"给"字句

"给"作介词表示处置是北京土话常见的句式。赵元任（1979）、朱德熙（1982）都指出"给"有表示处置的功能。对于"给"的功用，赵元任认为"'给'有三种意思：（i）同'把'，动作方向朝外，（ii）同'被'动作方向朝里，（iii）对宾语有益和有损"^①。朱德熙则认为"'给'有两种作用，一是引出施事，一是引出与事"^②，前者同"被"，后者同"把"。"给"表示处置时，其格式主要有：

1. S₁：Nₛ施事+给+NP受事+VP

上式中，"给"引出动作的受事，表示处置。Nₛ施事是动作行为VP的发出者，NP受事是动作行为VP的承受者，VP为动结式或动趋式，往往带上表完成标志的"啦/了"。

> 这因为经济困难就给这房子卖啦，卖大换小不是赚俩钱儿吗？（BJKY）

> 到家沏酽茶，喝了三四缸子还喝，才给这渴劲儿弄过来。（同上）

> 大槐树的绿色照在她的脸上，给皮肤上的黄亮光儿减去一些，有皱纹的地方都画上一些暗淡的细道儿。（CCL-LS《四世同堂》）

由于"给"是无向的语法标记词，既有作处置标记，又有作被动标记的同形功能，因此，有时候要根据上下语境来判断其意义，例如：

> 老太监一瞧这姑娘好，这，给这姑娘吓背过气去了。（BJKY）

> 喝完了，后首儿给他们送走了，哎。（同上）

上两例就是根据具体语境来决定是表示处置义而非被动义的。

2. S₂：Nₛ施事+给+VP

"给"后的受事常常可以省略：

> 求你，帮着找找，看看他们到底给弄到哪儿去了。（CCL-LS《四世同堂》）

> 可是他偏偏给忘了！（《大宅门》）

处置标记的"给"后之所以能省略的条件是"要么上文已经提到了有关的受事，要么受事是语境中不言而喻的"。^③

3. S₃：Nₛ施事+给+NP受事+给+VP

采用"给……给"双叠的形式表示处置，这是口语中使用较多的形式，例如：

> 手挺狠的，给我朋友给打了。（BJKY）

> 怕老太太出来宣传，就给老太太给圈的屋儿里……（同上）

> 后来有一次呢，给他胳膊都给掐青了。（同上）

---

① 赵元任：《汉语口语语法》，北京：商务印书馆2001年版，第168页。

② 朱德熙：《语法讲义》，北京：商务印书馆1998年版，第181页。

③ 石毓智：《兼表被动和处置的"给"的语法化》，《世界汉语教学》2004年第3期，第18页。

闸也踩不住，给老头儿给撞了一大跟头，撞一顶。（同上）

上式中，前一个"给"同"把"，将受事者提前，后一个"给"是助词，进一步加以强调。

4. S₄：N_s 施事+把+NP 受事+给+Pron+VP

"给"字还可以和表示处置的语法标记"把"结合在句中共现，在 S₄ 这种句式里，"给"只是一个介词，表示处置的功能主要由"把"字承担，例如：

起来呢我就，把这火给他们笼上。（BJKY）

这时候儿这老伴儿把我棉大衣给我拿出来。（同上）

上式中，"给"后介引出一个代词，这个代词是动词的与事，并且限于是指人代词，这就使动词 VP 动作有一个明确的方向。

5. S₅：N_s 施事+把+NP 受事+给+VP

大多数时候，"给"后的代词会省略，"给"在句式中可以有无，应该看作是一个助词：

经过动乱，把这个房子也给占了，这个弄得乱七八糟。（BJKY）

有一次怎么着，好，就把我给挤倒了，腿疼了有两个月。（同上）

我刚下去就把我给摔了一个跟头。（同上）

这时候儿呢，就把独生子女证儿呀给领了。（同上）

起来后我们这三个人哪，就把小偷儿给摁那儿了。（同上）

在"北京口语语料库中"还出现较特殊的一例：

你放在书包里，又怕人家把书包给拉锁儿给拉了。（BJKY）

上例中，"把"介引出被支配者，第一个"给"也介引出被支配者，应是介词；而第二个"给"则应看着助词，在动词前起加强语气的作用。在该语料库 257 条"把"与"给"共现的语料中，仅出现上述一例。

（三）表示"使役义"的"给"字句

蒋绍愚（2003）认为，表使役的"给"字句是从表给与的"给"字句发展而来，他从近代北京话的语言发展事实看到，"给""除了表示'给予'的意思外，'给'可以表示'让'、'叫'的意思。'给₂'（让、叫）是从'给₁'（给予）发展来的"……[1]并认为从《红楼梦》才开始发展出这种表示"致使"和"容许"义的"给"字句。到今天为止，在北京土话中，表示使役的"给"字句出现的频率较低，其句法格式是：

---

[1] 蒋绍愚：《"给"字句、"教"字句表被动的来源——兼谈语法化、类推和功能扩展》，载吴福祥、洪波主编《语法化与语法研究一》，北京：商务印书馆 2003 年版，第 202 页。

1. S₁：（N_S）+给+NP+VP

S₁ 中，N_S 表示使役行为的发出者，NP 是兼语，表示使役对象和后面动作的发出者，VP 表示 N_S 致使或容许 NP 发出的动作。

（1）表示致使：

再说，眼睛多是旗人，给旗人丢人的旗人，特别可恨！（CCL-LS《正红旗下》）

她本想独自吃点什么，故意给大家下不来台的。（CCL-LS《四世同堂》）

我父亲那时候儿比较封建，所以都给聚在一块儿。（BJKY）

（2）表示容许

就我这老姑娘，嘿，前儿我给她试这车闸，这闸可不管事儿。（BJKY）

那会儿就给保存三年。后来也不给保存。（同上）

2. S₂：N_s+让+ NP+给+ NP +VP

由使役动词"让"与"给"结合构成的使役句，"给"在句中表示致使。例如：

当时就教育他我就是让你们别给我现眼就行。（BJKY）

这种例句极少出现。

3. S₃：N_s+把+ NP₂+给+ NP₁ +VP

S₃ 式中，"给"字后出现施动者，表示较强的使役程度，例如：

就把自己就是带的衣服，就给她穿了。（BJKY）

有的情况下"给"后 NP₁ 并非施事者，而只是表指称的代词，该句式仍然具有使役义，例如：

你把他的墙挖塌了，等于你给他造成损失，人家要求你赔偿。（BJKY）

这马上就把他的名声，给他坏了。（同上）

就不能仔细点儿啊，就不能把这东西都给它弄合格了。（同上）

这种"把……给"句式中，"给"表示使役的数量十分稀少，在"北京口语语料库"中仅出现上述 4 例。据近代北京话如《红楼梦》的相关研究，该用法出现的例句也仅 4 例①。笔者对老舍作品中"把……给"句式进行了搜索，没有出现 1 例"给"表示使役义的例句。

4. S₄：N_s+ "让/叫/教" +NP+给+VP

S₄ 中，"给"出现在表使役义的句法标记"让/叫/教"后，"给"并不表

---

① 参见卢腾《〈红楼梦〉前 80 回"给"字句研究》，硕士学位论文，山东大学，2014 年，第 45 页。

示使役义，而只是一个助词，起加强语气的作用。例如：

> 吵死了，客人都让你给闹得不得安生。（CCL-LS《鼓书艺人》）
>
> 我不去！去了好几回了，全叫看门的给拦回来了！（CCL-LS《赵子日》）
>
> 他妈的，那些钱又教他们给吃了，丫头养的！（CCL-LS《龙须沟》）

（四）表示"被动义"的"给"字句

根据笔者的田野调查（见附录长篇语料），老北京土话中"给"字作被动标记出现的频率很高，而"被""叫"字则极少出现；但是在"北京口语语料库"中，"被"字作被动标记的情况出现了 130 例，"叫"字作被动标记仅出现 5 例。笔者对"北京口语语料库"中 4 个被动标记的使用情况进行了调查统计：

表 53 　　　　　　　　　　北京土话被动标记使用情况

表示被动的语法标记	总例数	表被动义例数	频率
给	4447	49	1.1%
让	1528	56	3.7%
叫	1168	5	0.04%
被	191	130	68%

表 53 可见，"被"字作被动标记其使用频率远远超过了其他三个被动标记词。具体原因是 70 岁以上且受教育的程度不高的老北京人很少使用"被"字表示被动，绝大多数情况下使用"给"字句表示被动。而年轻且受教育程度高的人，多使用"被"字句，其次才使用"让"字被动句。可以看出"被"字句在当代北京人中使用的人群已经非常庞大。

"给"字做被动标记，其句法格式是：

1. S_1：$N_{s 受事}$+给+$NP_{施事}$+VP

S_1 是典型的"给"字被动句，例如：

> 人家一下儿人就给她拿蒙药全整个儿蒙过去了……（BJKY）
>
> 那菜吧，菜花儿就那大洗衣裳盆，半盆，扁豆，哎哟，那东西可给我糟践扯了。（同上）

S_1 式中，"给"充当被动语法标记词，NP 是 VP 的施事，N_s 是 VP 的受事。大多数情况下，$NP_{施事}$ 是不出现的，根据上下语境自然省略。例如：

> 政府硬说我爸爸给我们留下的一所小房子是逆产，给没收啦！

（CCL-LS《茶馆》）

　　黑的愣给说成白的，白的给说成黑的。（BJKY）

　　四喜儿呀，到如今还不知道出来没出来呢，早就给弄起来了。
（同上）

2. S₂：Nₛ受事＋给＋NP施事＋给＋VP

S₂式采用"给……给"的双叠形式表示被动，前一个"给"是被动标记，后一个"给"则是助词。这种格式在日常口语中使用较多。例如：

　　有的呢，就给狗给扒出来了。（BJKY）

　　这一放鞭炮呢，给这新娘子呢，给人给放到外头了。（同上）

　　说他昨天晚上下班儿时候儿给我给撞了。（同上）

　　"那末，高第呢？"晓荷并不知道她也下了狱。"她，早给日本人给抓走啦！"（CCL-LS《四世同堂》）

3. S₃：Nₛ受事＋把＋NP施事＋给＋VP

S₃式构成"把……给"的结构，"把"将受事宾语提前，"给"充当被动标记，"给"后施事通常不出现。例如：

　　把那腰这儿，就这个骨头给硌折了，都晕过去了。（BJKY）

　　把他气得要疯，给气得差点儿疯了。（同上）

　　有时候，这种句式中被动义"给"字句有兼表使役和被动两种用法：
例如：

　　把羊肉都给提溜走了，钱拿走了。（BJKY）

　　把这新娘子给磕得，都，都磕晕了。（同上）

　　把这个门儿给撬开了，锁撬开了……（同上）

　　上述例句中"给"既可以表示"使役"，又可以看作被动。江蓝生认为："给予动词之所以能兼表使动、被动与处置，就在于变换句中两个名词性成分和谓语动词的施受关系……"①之所以产生这种情况，主要的原因是语法标记"给"后的名词性成分出现"悬空"，并且该省略的名词性成分都能充当兼语，与谓语动词也都存在着施受关系，导致句式产生两种解释。

4. S₄：Nₛ受事＋让/叫/被＋NP施事＋给＋VP

S₄式是由被动标记"让/叫/被"与"给"构成的复合句式结构，句子的被动义由"让/叫/被"几个被动标记充当，"给"只是一个助词，省略后不影响全句的被动语义。例如：

---

　　① 江蓝生：《汉语使役与被动兼用探源》，《近代汉语探源》，北京：商务印书馆 2000 年版，第233—234 页。

您说现在这市场上让日本鬼子全给控制上了。（BJKY）

反正叫我给赶上了。（同上）

我七岁的时候儿大概是，就被人给暗害了……（同上）

三、"给"字句的语义分析

笔者对"北京口语语料库"4447 例"给"字句进行分类，表示"给予义""使役义""处置义"和"被动义"的四种"给"字句中，表示给予义的"给"字句在数量上占大多数，其次是表处置义的"给"字句，而表示使役义的则处于最弱势：

表 54 "给"字句语义类型统计

"给"字句	数量
表给予义	178
表处置义	96
表被动义	49
表使役义	23

（一）表给予义"给"字句的语义特征

表示给予"给"字句典型的格式是：Ns+给+N'+N。其语义框架为：Ns（给予者/主事）+给（给予动作）+N'（受者/与事）+N（给予物/客事）。其语义路径是：给予者经由给予动作将给予物转移给受者。所谓"给予"朱德熙描述为："1）存在着'与者'（A）和'受者'（B）双方；2）存在着与者所与亦即受者所受的事物（C）；3）A 主动地使 C 由 A 转移至 B。"[①]给予义的"给"字句的语义特征表现为：

1. 给予者的生命度等级

科姆里指出"生命度由高到低的序列是：人类>动物>无生命物"[②]。语言学中与之相对应的生命度等级序列是：述人有生名词>述物有生名词>无生名词。表给予的"给"字句给予者可以是述人有生名词，还可以是无生名词。例如：

收生婆又来到，给祥子一点暗示，恐怕要难产。（CCL-LS《骆驼祥子》）

---

① 朱德熙：《与动词"给"相关的句法问题》，《方言》1979 年第 2 期，第 82 页。

② ［英］伯纳德·科姆里：《语言共性和语言类型》（第二版），沈家煊、罗天华译，北京：北京大学出版社 2010 年版，第 215 页。

我一高兴，就给你一只金镯子！（CCL-LS《残雾》）

上例中，给予者都是指人名词或代词，具有[+有生][+有意识][+自主][+可控]的语义特征。在表给予的"给"字句中，能够充当给予者论元的一般都是述人的有生名词，但也不排除无生名词来充当该论元，例如：

太阳给草叶的露珠一点儿金光，也照亮了祥子的眉发，照暖了他的心。（CCL-LS《骆驼祥子》）

大地上薄薄的罩着一层比雾干燥轻淡的烟，给山、林、房屋一点寒意与淡淡的灰色。（CCL-LS《火葬》）

火光给大家一点刺激，大家都想狂喊几声……（同上）

"太阳""烟""火光"属于"无生命物"的无生名词，都具有[−有生][−无意识][−自主][−可控]的语义特征，这些无生名词在上述例句中，与等级序列最高的述人有生名词一样具有了施与的功能。科姆里（1981，2010）在考察名词短语形态和动词的一致关系时，发现在一系列广泛的语言中有"一个共同的、有动因的模式：一致关系往往以这样的方式来体现，即动词跟生命度较高的名词短语相一致，而不跟生命度较低的名词短语相一致"[①]并观察到"在纳瓦霍语里，能自发动作的无生命实体被划为生命度高于其他无生命物的一类，前者包括诸如风、雨、流水、闪电等"。[②]因此上述具有"自发动作"的无生名词实际上具有较高的生命度，从而能够和"给予"义动词达成一致的关系。也有一些看似特殊的例句：

这座城给了他一切，就是在这里饿着也比乡下可爱，这里有的看，有的听，到处是光色，到处是声音；自己只要卖力气，这里还有数不清的钱，吃不尽穿不完的万样好东西。（CCL-LS《骆驼祥子》）

这点小小的辛苦，会给他一些愉快的疲乏，使他满意的躺在床上。（CCL-LS《恋》）

"这座城""辛苦"在此处也充当了主事的角色，前者是将城市隐喻为人；后者是与人有关的抽象意识，也具有了[+有意识]的语义特征，因此这些主事都被"赋予"有生名词的特征而具有了生命度。

从实际的语料来看，北京话中表给予义的"给"字句其主事论元没有出现由述物有生名词充当的情况。同时，在北京口语语料中，178例表给予义的"给"字句，"给予者"全部都是述人有生名词，而且大多都是对话时使用，出现上述无生名词的现象，也只有少数几例，并且都是在口语文本

---

① [英]伯纳德·科姆里：《语言共性和语言类型》（第二版），北京：北京大学出版社2010年版，第222页。

② 同上书，第229页。

表叙述时才出现的。

2. 受者的领有性

给予义"给"字句的受者往往充当领有者的论元角色,给予的过程也是领属关系转移的过程,是 A 使 C 由 A 转移至 B 处,因此,拥有领属关系的受者也具备[+述人]的语义特征。它可以是指人的名词性成分,也可以是与人体有关的体词性成分。例如:

他还给了弟弟一毛钱和一个鸡蛋作盘缠。(CCL-LS《小木头人》)

新郎给了新娘一个镏子,一对钻石镶的手镯,额外还添了一支上等美国金笔。(CCL-LS《鼓书艺人》)

老赵,给我点凉水喝,天真热!(CCL-LS《赵子曰》)

别忙!老头儿!给咱一碗热茶,门外睡的身上有些发僵!(CCL-LS《老张的哲学》)

上述例句中,受者都是由指人的普通名词或人称代词充当。有时候,受者还可以是与人体部位有关的名词,例如:

妈妈过来给他屁股上两巴掌,"你什么不好学,单学日本人!"(CCL-LS《四世同堂》)

给手心一口吐沫,抄起大刀来。(CCL-LS《断魂枪》)

"听着!"白张飞给猴四背上一拳。(CCL-LS《上任》)

他们自己的左手递给右手一根草,右手给左手一个树叶。(CCL-LS《小坡的生日》)

在北京土话中的所有有关给予义"给"字句的语料中,受者绝大多数都是由人称代词或有生名词充当,极少数情况下是由[-述人]的无生名词充当的,例如:

他们必得给冬天一些音乐。(CCL-LS《创造病》)

屋中没有灯,靠街的墙上有个二尺来宽的小窗户,恰好在一支街灯底下,给屋里一点亮。(CCL-LS《骆驼祥子》)

不时有一两个星刺入了银河,或划进黑暗中,带着发红或发白的光尾……给天上一些光热的动荡,给黑暗一些闪烁的爆裂。(同上)

虽然受者是无生名词,但是可以看到上述无生名词是表示时间、方位的,具有一定的空间性,可以看着 A 将 C 转移至某个"空间",从而使其具有了领有的性质,尽管受者是[-述人]的无生名词。

3. 给予物的有定性

给予义"给"字句的给予物,充当着客事的论元角色。作为被转移的客事成分既可以由具体名词充当,也可以由抽象名词充当,具有[±具体]语义特征。例如:

　　找着那主任，给那主任仨雪花儿梨……（BJKY）

　　茶房！开饭，开到这儿来，给他们一人一碗丸子，五个馒头！（CCL-LS《牛天赐传》）

　　好啦，先留会儿这根，再给我枝哈德门！（CCL-LS《方珍珠》）

　　不但没收，反给了小坡半个比醋还酸的绿橘子。（CCL-LS《小坡的生日》）

　　一般情况下，给予物表示具体的有形的客观实体，具有[+具体]的语义特征，这种类型占绝大多数，少数情况下，给予物也可以是抽象的无形的心理情绪和思想意识，具有[+抽象]的语义特征，例如：

　　可是，得罪了军官，而真给自己一些难堪，怎办呢？（CCL-LS《蜕》）

　　李静明白叔父所指的人，因为王德曾给过她些暗示。（CCL-LS《老张的哲学》）

　　顶好先给他个甜头，引起他的高兴与希望，才能顺利进行。（CCL-LS《浴奴》）

　　他很惭愧自己为什么早没想到这一点，而给母亲一点温暖与安慰。（CCL-LS《四世同堂》）

　　菊子翻了脸，给东阳一个下马威。（同上）

　　儿媳妇的话给了老公公一些灵感，祁老人的话语也开了闸。（同上）

　　而给予物无论是具体还是抽象的事物，在给予义"给"字句中，都是而且必须是有定的。这种有定性体现在必须具有数量词/短语或其他限定成分，否则句子不能够成立。如在所考察的例句中，或者使用个体量词：个、只、支、张、块、件等；或者使用集合量词：些、点、对、股等；还可以是借用名词：巴掌、嘴巴、口、眼、拳、脚等。有时候给予物直接由数量短语充当，例如：

　　靠着面子，我给了他三两。（CCL-LS《正红旗下》）

　　白巡长又冷冷的给了他一句。（CCL-LS《四世同堂》）

　　我掏出盒"美丽"来，给了老头子一支。（CCL-LS《柳屯的》）

　　只想吃点好的，喝些好的，有了富余还给穷人一点儿。（CCL-LS《二马》）

　　她连正眼都不给你一眼；你信不信？（CCL-LS《浴奴》）

　　上述例句都由数量短语直接充当了客事的角色，可以肯定地说，表给予义"给"字句的有定性就是依赖各种不同的数量词或短语来体现出来的。

4. 给予动作的位移性

　　表给予义"给"字句中的动词"给"是典型的三价动词，联系着主事（给予者）、与事（受者）和客事（给予物）三方。给予动作的语义特征主要体现为[+位移]和[+方向]。在 A 使 B 占有 C 的过程中，给予动词是重要的推力，这种推力不仅使客事由一方转移到另一方，同时还有一致的方向性。例如：

> 我还是干定了，凤鸣你说对了，给他们个苦腻！（CCL-LS《东西》）
>
> 除了学生！不能不给小孩子们个厉害！（CCL-LS《且说屋里》）
>
> 小媳妇正端着锅饭澄米汤，二妞给了她一脚。（CCL-LS《柳家大院》）

上述例句可见，给予动词造成 C 由 A 转移到 B，在线性语序中呈现出一律向右方移动的轨迹。

A（主事）　⟶　给 C（客事）　⟶　B（与事）

其语义框架为：A 给 C 给 B。

以上语义路径在典型的给予义"给"字句中，每个论元都清晰可见。也有一些例外：

> 这是妈妈出门子时，姥姥家给（　）的一件首饰。（CCL-LS《月牙儿》）
>
> 一个虾仁想把大利揪过去，大利照准了手给了（　）一口。（CCL-LS《哀启》）
>
> 我多给了（　）一毛的小账。（CCL-LS《裕兴池里》）
>
> 大爷！不给（　）俩酒钱吗？你大喜咧！（CCL-LS《火葬》）

上述例句中，与事（受者）的位置都出现缺省，但并不影响整个语义路径所呈现的完整链条，在上下文语境的制约下，还是可以补充出与事（受者）是由谁充任的角色，能够看出给予动词向右位移的方向。

（二）表处置义"给"字句的语义特征

表处置义"给"字句中的"给"是介词，相当于"把"，具有明显的处置意味。同时，这类"给"字句在老北京土话中占有的数量仅次于表动词义的"给"字句。

早在 20 世纪 40 年代，王力先生就指出："普通口语里的处置式要满足下列五个条件之一：（1）处置式叙述词的后面有末品补语或形容词，以表示处置的结果；（2）处置式叙述词的前面或后面有表示处所的末品谓语形式；（3）处置式叙述词后面有关系位；（4）处置式叙述词后面有数量末品；（5）处置式里有情貌的表示。"[①]其后许多学者对处置式的语义特点都进行过探讨，薛凤生（1994）、崔希亮（1995）、金立鑫（1997）都在王力先生

---

① 王力：《中国语法理论》，《王力文集》第 1 卷，济南：山东教育出版社 1984 年版，第 119—120 页。

的研究基础上总结了处置式的语义特点，他们或二分：结果类和情态矢量类；或三分：结果类、情态类和动量类。以下结合前人的研究，观察表处置义"给"字句的语义特点。

1. 表示结果义

表处置义"给"字句表示结果，是其最常见的语义类型。其语义格式是：由于 A 而使 B 产生了某种结果，具有[+因果]的语义特征。例如：

　　从小儿呢，他父母给他抱来了。（BJKY）

　　当时就给我二姐那小歪辫给铰了去了。（同上）

　　他怕我跟那儿瞅着呀，回头那什么，给我支回来了。（同上）

上述句子中，"来了""去了""回来了"都是补语，表示由于动作的原因而生成的某种结果，这些句子是以动词为核心的述谓结构和补语构成的述谓结构之间，存在着一种因果关系而造成的处置结果。有时候，补语仅仅由时态助词构成，例如：

　　这一下儿给我鸽子都给端了。（BJKY）

　　每月给我五百块钱，我也能给它花了。（同上）

句中时态助词"了"都表示"完成"义，仍可看出其处置结果。

2. 表示情态义

这类表处置义"给"字句，其语义格式是：A 作用于 B，B 产生某种情状。具有[+情状]的语义特征。例如：

　　就他那爷爷，唰一抖给孩子抖个大趔趄。（BJKY）

　　弄个破席头儿给我卷巴卷巴，给我埋了去，你也别烧我。（同上）

　　这回一听见蛐蛐儿叫唤呢，也不害怕了，下去就给砖头给翻开了，就逮。（同上）

上述例子中，都是由于 A 的作用，B 产生了不同的情状。这种情况是动词指向前面的施事 A，由于施事的作用而产生 B 的情状。但也有相反的情况，例如：

　　老太监一瞧这姑娘好，这，给这姑娘吓背过气去了。（BJKY）

　　给老太太给急得哟。（同上）

上述例中，动词指向"给"后的名词即受事，同样也使 B 产生不同的情状。

3. 表示动量义

这类表处置义"给"字句，其语义格式是：A 对 B 施行了一定的动量行为，具有[+动量]的语义特征。例如：

　　闸也踩不住，给老头儿给撞了一大跟头，撞一顶。（BJKY）

　　给孩子那天拿湿手巾，给孩子抽这一大趔趄。（同上）

以上例句动词后都有表示动量关系的数量短语，表示处置的动量意义。

（三）表使役义"给"字句的语义特征

表使役义"给"字句的语义要素包括致使者、受使者、致使力和致使结果。其语义框架是：致使者+给（致使力）+受使者+V+致使结果。其语义路径是：致使者通过致使力作用于受使者而产生某种结果。以下讨论各元素的语义特点。

1. 致使者

致使者是使役动作的施事者或者是使受使者产生某种结果的原因。因此，致使者具有[±有生]的语义特征。

致使者是由有生名词充当，例如：

女儿是最会给父母丢脸的东西！

那就把这个窝头里给和上一些鸡蛋，完了，蒸好了给妈妈送去。

（BJKY）

吃饭也不给饱吃，完了不让见我们家人儿。（同上）

例句中，可以看到致使者是有生命的人，有时候，致使者可以在语句中缺省，但不影响对它的理解。致使者也可以由事物或行为、事件充当。例如：

他的眉是两丛小的黑林，给眼罩上一片黑影。（CCL-LS《蜕》）

发红的眼睛不断流出泪来，给鼻子两旁冲出两条小泥沟。（CCL-LS《正红旗下》）

这将会给我们国家带来很多的困难。（BJKY）

嗬，在那块儿什么脏活儿给她干什么，什么累活儿给她干什么。

（同上）

上例中，"他的眉""泪"都是表事物的名词；而"这""什么脏活儿/累活儿"则是指代前面的行为或事件。可以看到致使者也能由无意识的无生名词充当。

2. 受使者

受使者是致使者作用的对象，它可以是具体的也可以是抽象的，具有[±具体]的语义特征。

日本人就会马上没收他全部的财产，连裤子也不给他剩一条！

（CCL-LS《火葬》）

所以给这厂子呢，确实，带来一些灾难。（BJKY）

他就怕这个，这马上就把他的名声，给他坏了。（同上）

上例中，"裤子""这厂子"都是具体的表实体名词，"名声"则是表抽象义的名词。

3. 致使力

致使力"给"具有不同的语义理解，在致使句中，可表示致使、使令和允让的不同的语义。

当致使者是施事，影响或导致受使者产生某种结果，就表致使义，例如：

> 这不是后来街道上给找了工作吗，哎，给维持自己的生活费。
（BJKY）

> 他自己也没脸再在城里混，因为自己的女儿给他丢了人。（CCL-LS
《骆驼祥子》）

上例中致使者是某种事件，导致受使者能够"维持"生活，或"丢了人"，这些都是表达的致使义。

当致使者是施事，发出使令行为，控制受使者去完成某种活动，就表使令义，例如：

> 给你印象特别深能记一辈子。（BJKY）

> 我父亲那时候儿比较封建，所以都给聚在一块儿。（同上）

上例中，施事发出使令行为后，由受使者去完成某个动作，"记一辈子"和"聚在一块儿"都是受使者本身直接完成的动作。

当致使者是施事，发出使令行为，容让受使者去干什么或不干什么，就表允让义。例如：

> 孩子从小的时候儿，做衣裳拿到哪儿去，人家都不给做。（BJKY）

> 你必须得铁路医院转，转才给你报呢。不转不给你报。（同上）

> 那会儿就给保存三年。后来也不给保存。（同上）

上例中，"给"都是表示容许，允让的意义，明显的与前二种语义不同。

致使力"给"尽管有不同的语义内容，但都具有相同的语义特征，即[+方向性]。

致使过程在致使力的作用下，按照一定的方向产生：

> 致使者施力   受使者变化   致使结果（状态）

在致使模式中，这种方向性是不可逆的。

4. 致使结果

是致使力导致受使者产生某种行为或呈现某种状态。这些行为或状态可能实现了，也可能未实现，因此，致使结果体现出[+已然性]的语义特征。例如：

> 就我这老姑娘，嘿，前儿我给她试这车闸，这闸可不管事儿。
（BJKY）

> 拿出来泡把邮票都给弄下来，慢慢儿存。（同上）

上例中，"试""弄下来"都是表示动作的完成。

到门脸儿这玻璃格子他给瓹打碎（cèi）了，窗户也给瓹打碎了。（BJKY）

她本想独自吃点什么，故意给大家下不来台的。（CCL-LS《四世同堂》）

上例中，"玻璃格子瓹了"和"下不来台"分别表示致使产生的某种结果或状态。上文所讨论的例句可见，致使结果动词后往往有表完成的时态助词"了"，或趋向动词等，表示已经发生的事情或产生的状态，在语义上体现出[+已然性]特征。

（四）表被动义"给"字句的语义特征

"给"表示被动义时在北京土话中的主要语义特征是表示贬义，同时也具有表示非贬义的时候，极少情况下表示褒义。

1. 表示褒义

这是大多数表被动"给"字句的语义特征，具有[+遭受][+不幸/不愉快]的语义特征。在 49 例"给"字被动句中，占 31 例。例如：

（1）主事表人或人体器官

这老红军，啊，长征开始以后，给炸死了。（BJKY）

文化大革命说他有现行问题，给轰家去了。（同上）

就这个整个儿脚后骨这儿给砸，砸碎了，手指，裂了。（同上）

（2）主事表物

自留树都没有了，都给砍了。（BJKY）

吃的东西都给污染了，院儿里晾的衣服，又，都不敢晾。（同上）

工作证给偷走了。还是六，六一年也不六二年横是。（同上）

家里头也给贴一些大字报。嗯，柜呀，箱子全给封上了。（同上）

上述例句，主事无论表人还是表物都有遭受某种不幸或不愉快的经历。

2. 表示非贬义

少数"给"字被动句不带褒贬义，只表示中性的感情色彩。例如：

带枪眼儿的地方儿也给起了去了，也给剜了去了，然后换上了新砖了。（BJKY）

所以那会儿给定了个一等技工。（同上）

还有樊家村儿不叫樊家村儿，叫樊村儿，就把中间那个字，都，都给简化了。（同上）

在 49 例中，占 14 例，都具有[−贬义]的语义特征。

3. 表示褒义

"给"字被动句表示褒义的情况极少，在 49 例中仅占 2 例。例如：

后来就是差点儿死在街上，这才定为冠心病，哎，给抢救过来了。（BJKY）

唐山地震呢，给砸在里头半截儿了，又给拽出来了。（同上）

上例中，"给抢救""给拽出来"，都有表示[+幸运/愉快]的语义特征。

以上分析可见，北京话中的"给"字，除了有动词给予的基本义外，还兼有表示处置、被动、致使的不同语义功能，是身兼四职的语法标记词。

四、"给"字句的历史发展

"给"字句在北京话中的发展有着自身的发展轨迹，同时在其历史发展过程中，还体现出相互转化、联系的语法化过程。为了更清晰地展现"给"字句的发展脉络，下文就 18—21 世纪，不同历史时期的京味儿作品"给"的不同用法加以穷尽式的搜索并分类，其中老舍和王朔作品是根据北京大学 CCL 语料库搜集的。

表 55   "给"字用例的历时发展情况

时间	代表作	总用例	动词		使役义	处置义	被动义	介引对象	虚义
			给予义						
			单音节	复音节					
18 世纪中前期	《红楼梦》	1286	513	330	83	2	1	338	19
19 世纪中期	《儿女英雄传》	1124	158	211	7	8	13	652	75
20 世纪初期	《小额》	332	95	17	4	0	2	122	92
20 世纪中前期	老舍作品	6399	1684	1301	78	34	26	2611	665
20 世纪中后期	王朔作品	2157	593	386	78	24	53	896	127
21 世纪初期	电视剧《全家福》	1797	262	127	30	67	18	676	617

表 55 展示了"给"字在不同历史时期的发展状况。下文具体讨论"给"字句的发展。

1. 表示给予义"给"字句的发展

汉语史中"给"作为授予动词有着漫长的历史。关于"给"的本义，学界有着不同的看法。许慎《说文》的解释是"给，相足也，从糸，合声"。

任学良（1987）在订正古代汉语常用字"给"时，引用《说文解字》徐笺本"今按：煮茧者引其丝著于筟车，旋转以缫之。断则续之，其续甚易而捷。此给之本义也；合者接也，引申之义接给"①，并参考朱骏声说，"此字当训相续也，故从系"。②认为"给"字，"从字形上看，从合系，其意义当然是接丝，即接续"。合理地解释了许慎的"给"字字义。并进一步指出"给"字由"接续"引申为"给予""供给"；再从动词"给予""供给"引申出形容词"给足（充足、丰足）"。任氏清晰地勾画出"给"字字义的先后发展脉络。从上古开始，"给"作为授予动词就已经开始出现。先秦时期较早的用例有③：

齐王怒曰："若残竖子之类，恶能给若金"。（《吕氏春秋·权勋》）

伤甚者令归治病，家善养。予医给药，赐酒日二升，肉二斤。（《墨子·号令》）

内宠之妾，肆夺于市，外宠之臣，僭令于鄙。私欲养求，不给则应。（《左传·昭公二十年》）。

上述例中，"给"字都已经具有"给予"之义。

据相关学者研究，动词"给"字在汉魏六朝开始逐步发展，由早期的只带单宾语发展为能带双宾语的重要语法特征。"给"到了隋唐时期已经出现成熟的结构模式，其典型的搭配模式是④：

主语+给+间接宾语+直接宾语

主语+V+直接宾语+给+间接宾语

主语+V+给+间接宾语+直接宾语

主语+介词+直接宾语+（V）给+间接宾语

从以上的结构模式看，"给"由单一的动词，发展到动词的连动式，再发展到"V 给"的复合动词模式，以及进一步由介词将直接宾语前置而产生的"介词……给"组成的处置式"给"字句。隋唐时期，"主语+给+间接宾语+V+直接宾语"这种格式的"给"字句阙如。

表给予的动词"给"从先秦以来，伴随着它的还有表给予的"与"，且"与"的出现频率远远超过"给"，"是古今通行区域最广，使用时间最长的授予动词，直到明清时候'与'占的比例仍然不小"⑤。到了元代，又出现了表给予的动词"馈"，这样，元代的表给予动词"与""给""馈"三足鼎

---

① 任学良：《〈古代汉语·常用词〉订正》，杭州：浙江大学出版社 1987 年版，第 39 页。

② 同上。

③ 同上。

④ 参见赵世举《授与动词"给"产生与发展简论》，《语言研究》2003 年第 4 期，第 47 页。

⑤ 刘坚：《近代汉语虚词研究》，北京：语文出版社 1992 年版，第 220 页。

立，各司其职。其中，"与"的适用范围最大，而且在书面语体和口语对话中都能出现；"给"的使用频率最低，主要在书面语体中出现；"馈"据志村良治的考证是山东方言的口语词，是上古音[klui]在山东地方的留存，长期在口语中使用。"馈"作为表示"授予"的动词"在中古时期不见踪影，到了元代才渐渐登场"。① "馈"最终因为是一个假借字，在音义两方面都不够稳定而被弃用。

总体来看，在明代以前，"给"的使用频率是较低的，常常由"与"代替，"给"到了清代以后开始大量出现，并且呈爆发式增长。刘坚（1992）指出，"现代汉语通用的授与动词'给'是到了《红楼梦》《儒林外史》《儿女英雄传》里才普遍使用的，它的被动用法也是在清代小说里才开始见到的"。②

表56　　17世纪中前期—21世纪初期表给予的"与""给"的发展情况

作品	与	使用频率	给	使用频率
《醒世姻缘传》	635	61.2%	402	38.8%
《红楼梦》	44	4.9%	843	95%
《儿女英雄传》	8	2.1%	369	97.8%
《小额》	0	0	112	100%
老舍作品	0	0	2985	100%
王朔作品	0	0	979	100%
电视剧《全家福》	0	0	389	100%

表56可见，"给"从明末清初开始大量出现，使用频率逐渐上升，"与"字的使用频率开始下降，到20世纪初期，"给"代替"与"的历史过程基本完成，迄今为止表给予的动词"与"在老北京话中已经全部消失，"给"完全替代了"与"字，成为最核心的授予动词。

2. 表示使役义"给"字句的发展

前文数据显示，从清中叶以来，"给"字句出现大的发展，授予动词"给"占较大的比重，而使役动词"给"出现的频率也较高。

从表55可见，18世纪中期，北京话的重要作品《红楼梦》中表使役的"给"共出现了83例，以下略举几例：

宝玉听了有理，也只得罢了，向案上斟了茶来给袭人漱口。（《红

---

① ［日］志村良治：《中国中世语法史研究》，江蓝生、白维国译，北京：中华书局1995年版，第328页。

② 刘坚：《近代汉语虚词研究》，北京：语文出版社1992年版，第221页。

楼梦》第三十一回）

　　宝玉便命麝月取鼻烟来："给他闻些，痛打几个嚏喷就通快了。"（《红楼梦》第五十一回）

　　湘云笑指那自行船给黛玉看，又说："快坐上那船家去罢，别多说了。"众人都笑了。（《红楼梦》第六十三回）

　　因又笑向黛玉道："拿出来给我看看无妨，只不叫宝兄弟拿出去就是了。"（《红楼梦》第六十四回）

到了 19 世纪中期，《儿女英雄传》中"给"表使役义只出现了 7 例：

　　我不象你这等怕死贪生，甘心卑污苟贱，给那恶僧支使，亏你还有脸说来劝我！（《儿女英雄传》第七回）

　　让那母女二人在那张木床上坐下，说道："姑娘少坐，等我请个人来给你见见。"（《儿女英雄传》第七回）

　　不但这样，还要给他立命安身。那时才算当完了老哥哥的这差，了结了我的这条心愿！（《儿女英雄传》第十六回）

　　老爷这一回来，奴才们要再不作个样子给他们瞧瞧，越发了不得了。（《儿女英雄传》第二十二回）

　　安老爷当日的本意，只要保全这位姑娘，给他立命安身，好完他的终身大事。（《儿女英雄传》第二十五回）

　　这可真叫人问得怪臊的！也有俩人过来这么二三年了，还不给我抱个孙子的！（《儿女英雄传》第三十八回）

　　老爷待要不接，又怕给他掉在地下，惹出事来，心里一阵忙乱，就接过来了。（《儿女英雄传》第三十八回）

民国初期，北京满族白话小说家蔡友梅的京味小说《小额》中，出现表示使役的"给"字句 4 例。

　　之后，到了 20 世纪二三十年代，老舍的作品《骆驼祥子》中，没有出现表使役的"给"字句，而老舍的全部作品中，表示使役的"给"字句总共是 78 例。

　　20 世纪 80 年代，王朔作品中，表示使役的"给"字句总共是 78 例。

　　到了 21 世纪，在北京话的影视作品中，笔者抽样调查了 2013 年的电视剧《全家福》，表示使役的"给"字句是 30 例。

　　可以看到，由动词"给予"义发展而来的使役义"给"字句，从近代开始，表使役的"给"字句其使用频率一直都不高，这种情况持续到现代。

3. 表示处置义"给"字句的发展

　　典型的表示处置义的"给"字句很晚才开始出现。18 世纪中期《红楼梦》中表示处置义的"给"字句仅 2 例：

晴雯道："要是我，我就不要。若是给别人剩的给我也罢了，一样这屋里的人，难道谁又比谁高贵些？"（《红楼梦》第三十七回）

王夫人听了，道："胡说！那里由得他们起来？佛门也是轻易进去的么？每人打一顿给他们，看还闹不闹！"（《红楼梦》第七十七回）

以上例句中，处置式还没有发展出典型的格式，第一例"给"也可理解为表使役的"让"字，第二例则是一种倒装的处置式。

这一时期，大量出现的是介引对象的介词"给"。主要的结构模式为：施事+给（介词）+受事+V。介词"给"表示"为、替"义，介引出受事宾语：

贾蓉媳妇秦氏便忙笑道："我们这里有给宝二叔收拾下的屋子，老祖宗放心，只管交给我就是了。"（《红楼梦》第五回）

黛玉站在炕沿上道："过来，我给你戴罢。"宝玉忙近前来。（《红楼梦》第八回）

介词"给"还可表示"向、对"义，介引出受事宾语：

鸳鸯也进来笑道："姥姥别恼，我给你老人家赔个不是儿罢。"（《红楼梦》第四十回）

贾母先问道："你往那里去了，这早晚才来？还不给你姐姐行礼去呢！"（《红楼梦》第四十一回）

这一时期的介词"给"后，无一例外地要介引出受事宾语，没有省略受事宾语的现象。

19世纪中期，《儿女英雄传》中，表示处置的"给"字句共出现8例，比《红楼梦》时期表处置的"给"字句数量略多：

那店主人点了个灯笼，隔窗户叫公子开了门，进来一看，说："不好！这是勾脚痧，转腿肚子！快些给他刮出来打出来才好呢！"（《儿女英雄传》第三回）

那秃子便说道："谁把这东西扔在这儿咧？这准是三儿干的，咱们给他带到厨房里去。"（《儿女英雄传》第六回）

何小姐从一个匣子里拿出一个瓶儿来，倒了些红面子药，交给戴嬷嬷道："给他撒在伤口上，裹好了，立刻就止疼，明日就好。"（《儿女英雄传》第三十一回）

这一时期，表示"为、替"义和"向、对"义的介词仍然大量出现，以下略举两例：

褚大娘子笑道："怪香儿的，就该都搬运出来么？跟我来啵！"说着，又给他拉拉袖子，整整花儿。（《儿女英雄传》第十五回）

你老太太接过来道："快给大爷陪个不是，说等凤儿大了好生孝顺孝顺大爷罢。"（《儿女英雄传》第十九回）

总体来看（见表55），表处置义"给"字句自18世纪中期到19世纪中期，其数量是极为稀少的；到20世纪初，《小额》中出现0例；20世纪中后期，表处置义"给"字句数量开始增加，老舍作品中共出现34例，王朔作品中共出现24例；而21世纪以来，表处置义"给"字句数量持续增长，2013年使用纯粹北京口语对话的电视剧《全家福》共出现67例，数量大大超过以前各时期的数量。

4. 表示被动义"给"字句的发展

表被动义的"给"字句在18世纪中前期数量也极为稀少，《红楼梦》中仅出现1例：

> 黛玉冷笑道："问我呢！我也不知为什么。我原是给你们取笑儿的，——拿着我比戏子，给众人取笑儿！"（《红楼梦》第二十二回）

上例表被动"给"字句已经是一种典型的结构：N+给+N_1+V，也即被动标记前后出现施事者和受事者，同时"给"的受事是有生名词充当的且直接出现在"给"前。

19世纪中期后，表被动义"给"字句逐渐发展，《儿女英雄传》中共出现13例，其中有典型的"N+给+N_1+V"结构式：

> 十三妹也敛衽万福，还过了礼，便一把把张金凤拉到身旁坐下，看了他笑道："啧！啧！啧！果然是一对美满姻缘。不想姐姐竟给你弄成了，这也不枉我这滴心血。"（《儿女英雄传》第十回）

也有"（N）+给+N_1+V"格式，受事不直接出现在"给"前：

> 就是天，也是给气运使唤着，定数所关，天也无从为力。（《儿女英雄传》第一回）

> 姐姐别竟说他一个儿，我们柳条儿也是这么个毛病儿。不信，瞧我这袖子，也给弄了那么一块。（《儿女英雄传》第三十八回）

> 瞧瞧，人家新新儿的靴子，给踹了个泥脚印子，这是怎么说呢！（《儿女英雄传》第三十八回）

这些受事N不直接出现在"给"前的被动句，N一般都是无生命的事物。

这一时期，表被动的"给"字句，施事通常也不出现，格式是"N+给+V"。

> 无如公子的话已是说出口来了，杯已是飞出门儿去了，这个当儿，忽然梦想不到来了这么个人，双手给抱住了。（《儿女英雄传》第三十一回）

还有一种格式为"给+V"，施事、受事都不出现：

> 我也不懂，叠衣裳总爱叼在嘴里叠，怎么会不弄一袖子胭脂呢？瞧瞧，我昨儿早起才换上的，这是甚么工夫给弄上的？（《儿女英雄传》

第三十八回）

　　谁知叫这位老爷子这么一拆，给拆了个稀呼脑子烂。（《儿女英雄传》第四十回）

　　可以看到，19 世纪中期，表被动的"给"字句各种句法格式已经齐全，表被动的"给"字句已经基本定型。

　　进入 20 世纪，表被动的"给"字句在格式上仍然继续保持着上述的几种格式。

N+给+N_1+V：

　　可巧第二天，文紫山文管家大人请善大爷吃饭，善大爷反倒给小额这们一求情儿，让文紫山给想主意。（SYM《小额》）

　　他几乎觉得没脸再进人和厂，而给大家当笑话说。（CCL-LS《骆驼祥子》）

　　马林生脸腾地红了，一直红到耳朵，所以尽管他侧脸低着头，还是给齐怀远看见了。（CCL-WS《我是你爸爸》）

（N）+给+N_1+V：

　　想在报上登个寻人广告，看看会不会有人知道他的下落，来报信。可是给新闻检查当局挖掉了。（CCL-LS《鼓书艺人》）

　　方超也很纳闷，到底谁打谁，怎么净给人家追了，还打得只剩骨头。（CCL-WS《看上去很美》）

　　都给我花秃噜了。（电视剧《全家福》）

N+给+V：

　　钱先生在监牢里受罪的当儿，外孙子倒给宠得不行。（CCL-LS《四世同堂》）

　　牛大姐一时也给搞糊涂了，转向大家。（CCL-WS《谁比谁傻多少》）

　　咱爸的亭子也给留下来了，多好啊这事儿！（电视剧《全家福》）

给+V：

　　他冲着烧饼油条吐了几口唾沫，就是给追上，人家也不要了。（CCL-LS《四世同堂》）

　　看到吴迪的样儿，倒给逗乐了，冲我挤下眼。（CCL-WS《一半是火焰，一半是海水》）

　　保不齐那天就给拘起来，紧接着就是抄家翻东西。（电视剧《全家福》）

　　从表 55 可以看到，20 世纪表被动的"给"字句数量上比 18—19 世纪时期的数量大为增加，"给"表被动义是北京话的常见用法。而 21 世纪后，表被动的"给"字句明显减少，总的发展趋势上要弱于表处置"给"字句的发展势头。

5."给"字语法化的基本路径

关于"给"字的语法化过程,学界有不同的探讨和分歧。

蒋绍愚(2003)探讨"给"从表给予义到表示被动义,经历了给$_1$(给予)→给$_2$(让、叫)→给$_3$(被)的发展过程,并强调表给予义"给"字句,不能直接变为表被动义的"给"字句,其间要经过表使役义"给"字句的中间环节,这一过程的句法格式是由于类推和功能扩展而造成的。即由"给+N+V"句式,演变为"甲+给+乙+N+V",而后又发展为"甲+V$_1$+N+给+乙+V$_2$",这一句式后面的语序"给+乙+V"正好和使役句"让/叫+兼语+V"一样,语义上乙是"给"的受事,又是 V 的施事,最后进一步演化为"N+给+乙+V",由于类推作用,消除了被动标记后施动者既可以是人或动物,又可以是无生命的事物这一差别,从而成为表示被动义的"给"字句。

石毓智(2004)从语义基础和句法环境角度分别观察了兼表被动和处置的"给"的语法化过程,作者认为兼表被动和处置的"给"是由表"给予"义的动词"给"字产生的双宾结构形式,进一步发展出连动的结构"S+给+NP$_1$ 施事+NP$_2$ 受事+VP 动作",在此句式基础上,若只出现施事则形成被动句;若只出现受事则形成处置式,因此,"给"兼表被动和处置的语法化过程可描述为:给予→被动/处置。

刘永耕(2005)考察了动词"给"语法化为介词和助词的义素传承问题,描写了"给"的语法化链条:

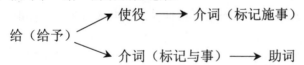

给(给予)　
　　　　　→ 使役 ——→ 介词(标记施事)
　　　　　→ 介词(标记与事) ——→ 助词

认为表给予义的"给"引申出表示致使义的"给",同时又虚化为标记与事的介词,并进一步虚化为助词;而表致使义的"给"则引申出标记施事的介词。

洪波、赵茗(2007)认为,"给"的语法化链条是"给予→使役→被动",并且指出其语法化的原因是认知上的前景凸显,导致了原结构的重新分析。

而从语料事实来看,北京话发展史中,表使役的"给"字句出现的频率不高,很难成为表被动的"给"字句产生的基础。

纵观"给"字的历史发展,从清代中期开始,呈爆发式增长之势,取代"与"的地位而成为重要的表赠予的动词。"给"由动词向虚词演变几乎一开始就发生着,"给"作为介词介引与事和施事的功能,在各历史时期出现的概率都非常之高。上文表 55 的数据显示,从《红楼梦》时代开始,"给"就出现介词 338 例,到《儿女英雄传》时期高达 652 例,已经远远超过单音节"给"

字句的 158 例，并超过加上复音节"给"字句共 369 例的总数。而表示虚义的助词"给"在《红楼梦》时代为数较少，仅出现 19 例，《儿女英雄传》时代也只有 75 例。从 20 世纪的《小额》开始，"给"作为助词出现的频率非常之高，贯穿整个 20 世纪，老舍作品和王朔作品中都可以看到这种虚化过程，并且到 21 世纪以来，助词的虚化程度和介词的虚化程度几乎一样高，电视剧《全家福》的介词"给"有 676 例，而助词也多达 617 例。可以看到，"给"字的语法化过程是伴随着"给"字的大量涌现而一开始就产生的。

"给"由最初的"接续"义发展到清中期引申出以下 7 个义位：（1）给予；（2）使、叫、让；（3）为、替；（4）向、对；（5）处置；（6）被动；（7）虚义助词。

"给予"义是其他 6 个义位发展的来源。石毓智（2004）认为："一个语法标记产生的条件主要有两个：（一）语义相宜性和（二）合适的句法环境。"[①]

表给予义"给"字句的典型结构模式为"S+给+NP$_1$+NP$_2$"，"给"是句中的核心动词，其语义关系是"S 给予 NP$_1$ 以 NP$_2$"，当"给"后出现另外一个动词时，其结构模式变为"S+给+NP$_{施事}$+NP$_{受事}$+V"，其语义关系为"S 给予 NP$_{施事}$ 以 NP$_{受事}$，NP$_{施事}$ V NP$_{受事}$"，这是表给予义"给"字句向表使役义"给"字句发展的重要一步。如：

1. 表示使某人做某事

探春忙命将醒酒石拿来给他衔在口内，一时又命他吃了些酸汤，方才觉得好了些。(《红楼梦》第六十二回)

这可真叫人问得怪臊的！也有俩人过来这么二三年了，还不给我抱个孙子的！(《儿女英雄传》第三十八回)

小崔用乌黑的手扯了瑞宣一把，给大褂上印上了两个指头印儿。(CCL-LS《四世同堂》)

这都什么事儿啊，这不给咱们单位散德行吗？（电视剧《全家福》)

2. 表示容让某人做某动作

宝玉听了有理，也只得罢了，向案上斟了茶来给袭人漱口。(《红楼梦》第三十一回)

爷这一回来，奴才们要再不作个样子给他们瞧瞧，越发了不得了。(《儿女英雄传》第二十二回)

没有地方给他坐，到处是雪。(CCL-LS《骆驼祥子》)

我们家不能给你这儿窝赃。走走走，拿走！（电视剧《全家福》)

---

① 石毓智：《兼表被动和处置的"给"的语法化》，《世界汉语教学》2004 年第 3 期，第 25 页。

　　一方面，自清代以来，"给"字由"给予"逐渐产生表示致使、容让的"使役"义，这是"给"作为实义动词的发展轨迹，这种演化活动一直延伸到 21 世纪的今天。

　　另一方面，"给"虚化为介词，产生出两个义位，一是表示"为、替"义；二是表示"向、对"义。这两个义位的用法自《红楼梦》以来各个历史时期都大量存在。同时，介词都是介引与事对象，并且无一例外地都是不能省略与事宾语的。其句法结构是"S+给_{语法标记}+NP$_1$ _{与事}+V+NP$_2$"，其语义关系是：S 为/替 NP$_1$_{与事}做某事；或 S 向/对 NP$_1$_{与事}做某事。例如：

　　　　凤姐儿答应着出来，见过了王夫人，到了家中，平儿将烘的家常衣服给凤姐儿换上了。（《红楼梦》第十一回）

　　　　差派笔帖式飞马来给老太爷送这个喜信。（《儿女英雄传》第三十六回）

　　　　小额问了会子赵六的事情，捧了他两句；赵六也直给小额贴靴（贴靴是句土话，就是捧场的意思）。（SYM《小额》）

　　　　外间屋的小铁炉上正煎着给我洗三的槐枝艾叶水。（CCL-LS《正红旗下》）

　　　　刘顺明垂泪给唐元豹跪下，后面忽拉拉跪倒一片肃穆的群众。（CCL-WS《千万别把我当人》）

　　　　你不是爱听戏吗，正好给您买个电视，您以后不用出家门了，跟家看大戏就行。（电视剧《全家福》）

　　"给"字虚化为介词，为介词介引施事和与事打下了直接的基础。当表给予义"给"的这一句法结构"S+给+NP$_1$_{施事}+NP$_2$_{受事}"出现另一个动作，变成连动结构时，它与兼表处置和被动的"给"字句有着高度相似的句法结构形式：

给予式：S +给_{给予}+NP$_1$ _{施事}+NP$_2$ _{受事}+VP _{动作}

被动式：S+给_{语法标记}+ NP$_1$ _{施事}+ VP _{动作}

处置式：S+给_{语法标记}+ NP$_1$ _{受事}+ VP _{动作}

　　本书赞成石毓智（2004）对兼表处置和被动的"给"的语法化观点："'给'所在的连动结构，如果只有间接宾语（VP 的施事）出现，就有可能被解释成被动句；如果只有直接宾语（VP 的受事）出现，就有可能被解释成处置式。"[1]同时，表给予义"给"字句"给"后的间接宾语或者直接宾语"因为有定性、强调、上下文已知等因素，'给'后的间接宾语或者直接宾语经常移前或者被省略"[2]。例如：

直接宾语移前：

　　你家的三位姑娘，每人一对，剩下六枝，送林姑娘两枝，那四枝给了凤哥罢。(《红楼梦》第六十七回)

　　妈妈没法子，只好打开一个柚子给大家吃。(CCL-LS《小坡的生日》)

　　我大肆享用，一口也不给他们剩下。(CCL-WS《看上去很美》)

　　你说这件儿工作服啊，我还真舍不得给他。(电视剧《全家福》)

通过"把"字将直接宾语移前：

　　前儿把那一件野鸭子的给了你小妹妹，这件给你罢。(《红楼梦》第五十二回)

　　安老爷道："不能吃倒别勉强。"随把碗酪给麻花儿吃了。(《儿女英雄传》第三十八回)

　　把信掏出来，给了老教师。(CCL-LS《鼓书艺人》)

　　我就想提醒你啊，这华子当年是把高考的名额给了你了。(电视剧《全家福》)

间接宾语移前而直接宾语省略：

　　放着姑奶奶这样，大官大府的人家只怕还不肯给，那里肯给庄家人。(《红楼梦》第一百一十二回)

直接宾语移前而间接宾语省略：

　　额大奶奶记念前仇，打算一文不给。(SYM《小额》)

间接宾语省略：

　　小额一想也是，又开了个八两的果席票，打发小文子儿给送了去啦。(SYM《小额》)

　　吃饭得叫几次才来，洗脸得俩人按巴着；不给果子吃就偷。(CCL-LS《牛天赐传》)

　　该给5分的给5分，该给2分的画个鸭子。(CCL-WS《看上去很美》)

直接宾语和间接宾语都省略：

　　给了更好，不给也没妨碍，众人也不得知道。(《红楼梦》第四十六回)

　　李渊给的，怎么能不要。(CCL-LS《鼓书艺人》)

　　正是以上"给"虚化成为介词这一重要因素，使得"给"能够占据在介词的位置；同时表给予义"给"字句中直接宾语和间接宾语具有能够移位和省略的灵活性，使得"给"介引施事和与事成为可能性，从而出现了"给"表示处置和被动的双重语法功能。这时"给"在虚化为表示

"为/替"义和"向/对"义的介词₁后，进一步虚化为表示"把/被"语法标记词的介词₂。

"给"虚化为介词的同时，也开始向助词虚化。"给"作为助词的虚化过程，一开始与"给我"这种表示强调的格式有关。

《红楼梦》时期"给"作助词共19例，其中有15例都是用"给我"的格式表示祈使语气的。例如：

贾政喝命小厮："给我快打！"贾环见了他父亲，吓得骨软筋酥，赶忙低头站住。(《红楼梦》第四十六回)

贾母在舱内道："那不是玩的！虽不是河里，也有好深的，你快给我进来。"(《红楼梦》第四十六回)

若有并未告假，私自出去，传唤不到，贻误公事的，立刻给我打了撵出去！(《红楼梦》第四十六回)

这些句子中，"给我"表示了命令或劝阻的语气。早期"给我"格式中的"给"还有较重的介词色彩，带有一定的"为、替"义，属于为动句的范畴。其他4个句子"给"后虽然省略了代词"我"，但实际上是可以还原出来的：

宝玉道："巴不得今日就念才好。只是他们不快给（　）收拾书房，也是没法儿。"(《红楼梦》第十四回)

凤姐又道："我比不得他们扯篷拉纤的图银子。这三千两银子，不过是给（　）打发说去的小厮们作盘缠，使他赚几个辛苦钱儿，我一个钱也不要。就是三万两我此刻还拿的出来。"(《红楼梦》第十五回)

他又说："不是我就买几颗珍珠了，只是必要头上戴过的，所以才来寻几颗。要没有散的花儿，就是头上戴过的拆下来也使得。过后儿我拣好的再给（　）穿了来。"(《红楼梦》第二十八回)

众姬妾丫头媳妇等已是黑压压跪了一地，陪笑求说："二奶奶最圣明的。虽是我们奶奶的不是，奶奶也作践够了，当着奴才们。奶奶们素日何等的好来？如今还求奶奶给（　）留点脸儿。"(《红楼梦》第六十八回)

以上句中"给"后的空位，是可以补出"我（我们）/他（他们）"来的。

到《儿女英雄传》中，表祈使"给我"的为动格式保留下来，共有13例出现，与此同时"给"的虚化力度加大，这时开始大量出现"给+V"式为动句：

姑娘便弯着腰低下头去，请婆婆给戴好了。(《儿女英雄传》第二十八回)

舅太太便让他摘帽子，脱褂子，又叫人给倒茶。(《儿女英雄传》

第三十七回)

老爷才知那礼单上的"鹤鹿同春"是他专为贺喜特给找来的东海边一对仙鹤、泰山上一对梅花小鹿儿,都用木杌抬了来。(《儿女英雄传》第三十八回)

这些句式中,"给"后出现悬空,都是由于"给"所支配的对象省略而造成的,"给"也因支配对象的隐含而真正虚化为助词。

这一时期,还出现"给 V"式"把"字句,句法形式是"把……给"的格式:

老爷只管这么恩宽,奴才们这起子人跟出来是作甚么的呢? 会把老爷随身的东西给丢了!(《儿女英雄传》第三十八回)

邓九公便叫褚一官着落两个明白庄客招呼跟来的人,又托他家的门馆先生管待程相公,又嘱咐把酒先给收在仓里,闲来自己去收。(《儿女英雄传》第三十九回)

到 20 世纪初期,《小额》中除了上述为动式和"给 V"式"把"字句外,出现了"给 V"式"让/教/叫"字句,句法形式是"让/教/叫……给"的格式,该格式具有两种语义:

表示使役:

伊太太说:"这就吃饭啦,老是胡吃海塞的,让你奶奶先给收起来,回头吃完了饭再吃吧"。(SYM《小额》)

可巧胎里坏孙先生,又没在家,这才赶紧打发人把摆斜荣找来,让他给打听打听去。(同上)

额大奶奶赶紧拿了一个十两的银票,连马钱带车钱,让小文子儿给送的车上去啦。(同上)

这种格式里,作为兼语句的后半部分"给 V"后,由于经济性和简明性的需要,隐含了所介引的对象,因此,该部分相当于"给 V"式为动句。"给"因其后省略了行为对象而变为助词。

表示被动:

就听楞祥子说:"王妈,你可给我瞧着点儿狗。上回我就让他给咬了一下子。"(SYM《小额》)

后来有一档子官司,是一个肥事,饿膘冯使了三百多两银子,钱锈才使着六十两,偏巧又叫钱锈给打听出来啦。(同上)

那一年我们老爷子,教南门仓的韩三寿给打了个腿折胳膊烂,第二天他父亲(这是指着他女儿说)就让大兴县给抓了去啦。(同上)

这时期老北京话中的被动式语法标记是由"让/叫/教"几个介词充当的。

"给 V"式"把"字句在《小额》中也占据较高的比例。在 92 个助词语例中占有 13 例，以下略举两例：

　　　　这当儿假宗室小富，花鞋德子，两个人早把青皮连给拉了走啦。（SYM《小额》）

　　　　后来，我倒没实说，含含糊糊的，算是把我这位亲戚给支应过去啦。（同上）

以上表示处置或被动意义的介词将与事或施事提前，同样，根据学界介词后不能悬空的共识，"给"字由于支配成分前移而成为虚化的助词。

　　"给"字在为动句和"给 V"式处置句、"给 V"式被动句中的发展在 20 世纪中后期仍然进行着，例如：

"给"字为动句：

　　　　假若这个主意能实现，他算是又拉上了自己的车。虽然是老婆给买的，可是慢慢的攒钱，自己还能再买车。（CCL-LS《骆驼祥子》）

　　　　可一算帐，我才想起，我还有两千块钱旧帐，那是上次潦倒时借的，因为是朋友的，我都给忘了，有钱时也没还，现在只好干瞪眼。（CCL-WS《浮出海面》）

"给 V"式处置句：

　　　　天黑，她又女扮男装，把大伙儿都给蒙了。（CCL-LS《骆驼祥子》）

　　　　你把我这一腔柔情都给弄没了。（CCL-WS《永失我爱》）

"给 V"式被动句：

　　　　屋里已被小福子给收拾好。（CCL-LS《骆驼祥子》）

　　　　那么，你一下车就教侦探给堵住，怪谁呢？（同上）

　　　　看那个老东西的脸，老象叫人给打肿了似的！（CCL-LS《二马》）

　　　　整个北平都让人家给占了，哪儿还有是非呢？（CCL-LS《四世同堂》）

　　"给 V"式被动句除了延续前期口语中由"让/叫/教"几个介词充当被动标记外，在 20 世纪 30 年代老舍早期作品中开始大量出现"给 V"式"被"字句。到了 20 世纪 80 年代，王朔作品中，"给 V"式被动句中一般多由"让"字充当被动标记：

　　　　可别在街上让那帮黑小子给欺负喽。（CCL-WS《刘慧芳》）

　　　　徐达非就是让这漂亮脸蛋给害了。（CCL-WS《你不是一个俗人》）

　　"给 V"式被动句中"叫"字充当被动标记的频率很低，只出现 3 例：

　　　　当年，我真叫你给蒙了。（CCL-WS《一半是火焰，一半是海水》）

　　　　都叫刘司令的人给缴了械。（CCL-WS《千万别把我当人》）

　　　　万能的主呵，我这点嗜好怎么全叫你给瞅出来了。（同上）

　　王朔作品，没有出现"给 V"式被字句，这一时期，"给"字不出现在被动句式中的助词位置，说明"给"和"被"分工开始逐渐明确。

20世纪80年代至21世纪以来，"给"字作为助词仍然沿着上述方向大量虚化。"给"字在为动句和"给 V"式处置句仍是主要的形式，"给 V"式被动句语法标记主要还是介词"让"，"叫"字仍只在个别例句中出现。同时，"让"仍然兼具使役和被动义两种功能：

使役义：

　　你说咱都多长时间没吃鱼了，回家让那个我妈给炖了。（电视剧《全家福》）

被动义：

　　你真是让这个小狐狸精把魂儿给勾走了，啊？（同上）

"给"还是作为助词出现在动词前。

这期间"给 V"式处置句又发展出"给……给"的新格式：

　　给老头儿给撞了一大跟头，撞一顶。（BJKY）

　　溜肉片儿也是用那个瘦肉，切成片儿搁那个淀粉，给它给和完了以后呢，也是像那个似的，放，放点儿油，把它给炒一下儿。（同上）

　　嘿，今儿终于给老小子给灌趴下了。（电视剧《全家福》）

"给……给"和"把……给"都是"给 V"式处置句，从数量上来看，前者出现频率不高，但是之前没有出现的新的"给 V"式处置格式。

与此同时，"给"字也开始出现表示纯粹语气作用的现象，例如：

　　这不让我给拾掇拾掇嘛给。（电视剧《全家福》）

　　跟您说，坏了醋了，我老叔让公安局给摁了给！（同上）

　　爷爷，奶奶，不好了，赶紧看看去吧，那房盖一半儿就塌了，给我老叔捂里边儿给！（同上）

"给"在句末的位置出现，起加强语气或表示惊叹的作用，相当于语气词的功能，虽然其出现的例数不多，但却是值得重视的新现象，预示着"给"的语法化还在进一步地深化。

以上可见，"给"字其语法化过程是由表"给予"义的动词"给"引申出使役义动词"给"，并同时虚化为介词"给"，并由表示"为/替"的介词$_1$以及介引与事和施事的介词$_2$进一步演化为助词"给"的。该路径可以描述为：

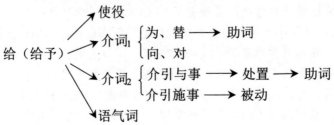

老北京土话中，"给"的语法化途径是以放射状的方式呈现出的。

从上述"给"字的语法化轨迹，可以看到老北京话中的"给"字是兼备了表示给予、使役、被动、处置、为替/向对、虚义助词以及语气词七种功能的特殊语法标记词，各义位之间都不是孤立的语法现象，其语义演变过程也是一个语法化的连续统发展的过程。

第五章　表达

　　老北京土话俏皮、幽默、活泼、生动，充满着心机和智慧。其独特的语用表达是其散发着无穷魅力之所在。研究老北京土话的语法而不关注这一语言的语用表达，可以说是研究的一大损失。吕叔湘（1942—1944）《中国文法要略》就单设"表达论"上、下两卷，专门探讨汉语的各种语用关系。把语法和语用进行互释性研究可以更好地解释句法形式之外的多种因素。本章主要就老北京土话语法形式中的多种语用表达进行粗略的探讨。

第一节　构词和句法的语用表达

　　老北京土话被誉为"密码式的土语"。在构词和句法上有颇多的特点。以下分述之。

一、构词的语用表达

　　目前学界关于构词的类型分为：语音构词、文字构词、语法构词和修辞构词几种。这些都是构造新词的手段。其中语法构词和修辞构词是两种重要的构词手段，语法构词是借助语法手段构造新词的方法，而修辞构词则是借助修辞手段构造新词的方法，后者是以前者作为构词基础的。同时修辞构词是一种抽象的语言规律，不能与具体的修辞格等同。修辞构词作为一种重要的语用表达手段，在老北京土话中常常被用于创造新的词汇。

　　（一）比喻式构词

　　比喻构词是一种抽象的语言规律，从认知语言学的角度，它是以隐喻或转喻为基础的。认知语言学家莱考夫等人认为，"隐喻的本质是指借助彼类事物理解和体验此类事物"。①可以说隐喻是人类的一种思维方式，人们

---

① George Lakoff & Mark Johnson, *Metaphors We Live By*, Chicago：The University of Chicago Press,1980, p5.

在创造语言时往往也是通过对事物自身的体验，用象似性的思维机制来构造新词的。

从结构形式上看，老北京的比喻构词可以分为以下几种形式。

1. 组合型

（1）前喻式

这种形式是喻体在前，非喻体（通常由本体充当，少数情况下是非本体的形式）在后，喻体修饰非喻体的形式。例如：

疤瘌饼比喻"表面有较多裂纹的一种点心"。"板凳狗"比喻"身材较矮小的哈巴狗和笨狗的混种"。利用前喻式可以构造名词、动词和形容词等。

① 构造名词：前面的喻体一般从事物的形状、性质、气味、颜色或种类等角度来修饰限制后面的本体。

饽饽利儿：指微小的利润。

长虫哨：不可信的话，喻指吹牛。老北京土话把"蛇"称作"长虫"，因为蛇类不会鸣叫，故有此说。

缸儿桃：指蟠桃。

爪儿鱼：指鳖。

蛤蟆泳：指蛙式游泳。

刀鱼肚子：喻指饥饿的胃，因刀鱼体形侧扁狭长如刀而类比。

莲蓬老儿：喻冬天穿衣臃肿如莲蓬的小孩。

瓢儿秃：指后脑勺秃发的人。

以上都是用彼事物的形状来比喻此事物的比喻式名词。

蹲门雕：指守卫门岗的警察。

高末儿：指上等的茶叶末。

红绿货：指市场上卖的珠宝。

猪狗臭：狐臭。

狗鸡混：指在街面上胡混的人。

上述这些名词或以某种动作姿态，或以某种性质，或以某种颜色、气味，再不然用事物的类别来比喻某种人与事。

② 构造动词：喻体从动作方式上修饰本体。

海拿：比喻如大海捞针般到各处搜捕某人犯。

加盐儿：比喻炒菜加盐般乘机挑唆。

堵搡：比喻如堵截般用言语顶撞长辈。

肚痛：比喻因花费钱财而如肚子疼痛般地心里难过。

③ 构造形容词：喻体以事物的形状来比喻事物的某种性质、状态。可采用以下两种方式。

A. 喻体修饰后一个语素，以后一个语素为中心：

豆儿大：比喻很小。

蒜大：比喻很小。

笔管条直：如笔管般直。

骨棒：结实、强健。

镜儿亮：耀眼的明亮。

B. 喻体后附加词缀，表示事物的性质状态：

棍+道/逗/吊/丢：喻服装挺脱、利落。

筋+豆/道/逗：喻食物有韧性耐咀嚼。

气+道：喻气味恶劣。

花+搭：喻不匀净、不整齐。

妙+相：喻人仔细、温和、有心之义。

总体来看，前喻式中，构成名词的情况占绝大多数，其出现的概率要远远高于动词和形容词构成名词的概率。

（2）后喻式

这种形式是喻体在后，非喻体在前，主要强调喻体义的形式。因此构词上也是前一个语素修饰后一个语素，后一个语素是中心词。例如：

把家虎儿比喻"很把家的小孩"；白眼儿狼比喻"不知感恩的人"；病篓子比喻"多病的人"。这些词语中，往往用后一个喻体充当的语素来表示事物的类属。而这一类属又是以比喻义表达的。上例中，"虎儿""狼"都表示像老虎一样或像狼一样的某类人；"篓子"本是载物之用具，以此比喻人像篓子般承载病痛，由此而比喻人多病之义。这种类型又分为二种格式：

① 喻体 X 和非喻体 Y 构成"像 X……一样的/地 Y"的格式，例如：

老家贼_{麻雀}、闷坛子_{沉默寡言的人}、齐眉穗儿_{刘海}。

以上格式中非喻体常常是省略了中心词的结构，相当于偏正结构中的"偏"的部分，如上例可以解释为：

像贼一样的老家（雀）；像坛子一样闷的（人）；像穗儿一样的齐眉（发）。

能进入这种比喻格式的还有：

热窑儿_{争吵炽烈的场面}、肉枣儿_{肉中因病菌而形成的硬块}、傻葫芦儿_{厚道而且不爱言语指人}、秋老虎_{立秋后的炎热天气}、少爷羔子_{不懂人情世故的公子哥儿}、傻骆驼_{憨厚而勤劳的人，又指身材粗壮高大的人}、手核桃_{腕部外突起的尺骨小头}、死葫芦头_{不通的小路、死胡同}、乌眼儿鸡_{露出仇恨之状}、烂板凳_{指男女关系混乱的人家}、锅蚂蚁_{锅里烧焦了的食物渣子，没刷净而夹在下一锅食物里}、话口袋_{说话起来滔滔不绝的人}。

② 喻体 X 和非喻体 Y 构成"像 X……一样影响、支配 Y"的格式，例如：

蚂蚱鹰一种专吃蝗虫一类害虫的鸟、 软青皮欺软怕硬的人，"青皮"指恶棍、地痞、 兔儿虎猎鹰。

这种格式中喻体是施动者，其为发出某种支配动作的主体，非喻体也常常省略中心词。上例可以解释为：

像鹰一样捉蚂蚱的（鸟）、像青皮一样欺软怕硬的人、像老虎一样逮兔子的（猎鹰）。相比格式①来说，格式②的构词概率要小一些，能进入这种格的词语并不多。类似的还有：人灯因病而十分消瘦的人、人粥稠密拥挤的人群、肉星儿极小块的肉。

2. 全喻型

即只出现喻体，不出现本体的形式。前后两个部分都采用比喻的方式来说明某个事物的性质、状态等，两个喻体之间是一种并列的关系。例如：

狼虎：比喻猛烈；又指消耗损耗得快，急骤之义。

顽健：比喻顽皮结实，身体健康。

糠饽饽辣饼子：比喻穷人的粗食。

三青子二愣子：比喻不通世故、有悖情理的人。

鬼豆子：比喻机智的小孩。

鬼羔子：比喻狡黠的少年。

3. 整体型

这种形式是词中的每个语素都不表示比喻，而是通过整个结构的内在含义来比喻事物。例如：

"狗偷鱼食"比喻极微量的收入等：

　　挣这点儿狗偷鱼食的钱够干嘛的！（CDC）

"不起碗儿"喻其貌不扬：

　　那个人长得不起碗儿。（CDC）

"锅贴儿"比喻打嘴巴：

　　给了他一个锅贴儿。（CDC）

"浆洗"比喻"责打"：

　　把他浆洗了一顿。（CDC）

"撅尾巴馆儿"比喻"水缸"：

　　渴了上撅尾巴馆儿。（CDC）

"倒地葫芦儿"比喻"醉倒的人"：

　　喝得跟个倒地葫芦儿似的。（CDC）

这种方式是只用整体的某个事物或某个动作来比喻某种事物或动作行为。这种构词法还有："金钟罩"比喻恫吓性言语，扣大帽子；"开锅儿烂"比喻"心术坏到极点的人"；"烂了馅儿"比喻"极其嘈杂"；"燎毛子味儿"比喻"令人反感的言语等"；"裂锅"比喻"决裂"；"下臭雾"比喻"造谣污蔑"等；"满天星"比喻"茶叶末"；"咬秋"指北京立秋之日吃瓜的旧俗；心里美指"一种绿皮紫红瓤儿的萝卜"；"憨宝珠"指"人眼"，比喻人眼有鉴别真伪的能力。

以上观察了老北京土话的比喻构词方法，比喻构成新词后，往往获得了不同于比喻修辞格的一种完整、固定的独立运用的意义。由于比喻是人类的一种重要思维方式，这种思维方式在人们使用语言时是运用得最广泛、最具有普适性的。意大利美学家维柯就说："在一切语言里，大部分涉及无生命事物的表现方式都是从人体及其各部分以及人的感觉和情欲那方面借来的隐喻。例如用'首'指'顶'或'初'，用'眼'指放阳光进屋的'窗孔'……用'心'指'中央'之类。天或海'微笑'，风'吹'，波浪'轻声细语'，在重压下的物体的'呻吟'。拉丁农民常说田地干'渴'，'生产'果实，让谷粮'胀大'；我们意大利乡下人也说植物'讲恋爱'，葡萄长得'发狂'，流脂的树'哭泣'。……在这些例子里，人把自己变成整个世界了。……人用自己来造事物，由于把自己转化到事物里去，就变成了那些事物。"[1]可见，比喻是人类对客观世界的认识后运用语言词汇系统来承载的人的主体体验。

（二）描写性构词

这种方式是采用客观的描摹手法，临摹式地创造新词的手段。

1. 描摹动作行为

趴炕：病倒。

喷粪：胡说。

脚打地：步行。

掉豆子：掉眼泪。

流蒿子：哭泣流泪状。

长嚎儿短溜儿：哭声长短高低交错，是伤恸之极，啼哭不止状。

2. 描摹人的样貌、特征

簸箕脚：八字脚。

马后喘儿：跟班的少年仆役。

海下绦：颌下的胡子。"海"应是"颏"的音变。

赤红脸儿：肤色稍红的脸面。

3. 描摹事物的形状、性质

玻璃花：角膜白斑。

---

① 转引自朱光潜《西方美学史》，北京：人民文学出版社 1963 年版，第 332—333 页。

三跳井：用凉水"过水"三次的凉面。

井拔凉：夏季刚从深井中打上的水，清凉解暑。

住点儿：雨停。

黑锅底：阴得很沉的天。

脱裤儿：剥下韭菜近根处的皮。

打天秤：人力车载过重，向后倾倒，拉车人被吊在半空。

八脚子：狗虱。

转日莲：向日葵。

对人的动作行为、方式，对人或客观事物的形状、特征进行形象的描写，这种构词方式能将人或事物的样貌逼真地呈现出来，这是老北京土话常用的构词手段。

（三）借代式构词

这种方式是利用事物的相关性来以彼物代此物的构词方式，一般由借体——用来代替的事物和本体——被代替的事物构成。具体分为：

1. 用特征代本体

这是用借体的特征来代替本体的名称。例如：

下饭菜儿：作为泄怒的人或任意支使、羞辱的对象。借代理据：下饭菜的微不足道和太过日常化以致无足轻重而任人支配。

出气筒儿：指被当作发泄怨气的人。借代理据：由出气筒的特征来代替本体。

坏水儿：指损人利己的诡计。借代理据：由水流之特征，借代诡计所由从出之处，人的内心意识之流。

忽闪儿：小闪电或远处的闪电。借代理据：由"忽闪"的特征代替本体。

胡子：传统戏里的老生、须生。借代理据：以老生常以满脸胡须的特征出现而代替其本体。

金钟儿：一种秋虫。鸣叫如连续的钟鸣。借代理据：以钟鸣的特征来借代。

水牛儿：蜗牛。借代理据：以蜗牛的触角形似牛的犄角而借代。

2. 用部分代整体

薄片子嘴：指口齿伶俐又爱多说话的人。借代理据：以人体的部分"嘴"来借代整体"人"。

热肚儿：指热心人。借代理据：以人体的部分"肚子"来借代整体"人"。

白脸包：指脸色白皙而内心险诈的人。借代理据：以人体的部分"脸"

来借代整体"人"。

沉屁股：指惯于久坐的访客。借代理据：以人体的部分"屁股"来借代整体"人"。

坏骨头：坏人、坏家伙。借代理据：以人体的部分"骨头"来借代整体"人"。

黑门坎儿：指问案的衙门。借代理据：以机构的部分"门坎"来借代整体"衙门"。

3. 用动作代本体

跟人：男仆。借代理据：以人的动作行为来借代其本体。

抱馊腿：指谄媚、依靠权势。借代理据：以人的动作行为来借代其品质。

车后喘：帮助别人作威作福的人。借代理据：以人的动作行为来借代其品质。

嘚得儿木：指啄木鸟。借代理据：以鸟的动作借代鸟。

4. 用形似之物代本体

红虫子：指婴儿、赤子。借代理据：用"红虫子"的颜色、形状之小代本体。

匙子：拳头。借代理据：用餐具"匙"的形状代人的"拳头"。

棺材头儿：指不善斗的蟋蟀。借代理据：用"棺材"的形状代蟋蟀的外形。

将军帽：一种茶杯的金属盖。借代理据：用"将军帽"的形状代茶杯盖的外形。

狗眨眼儿：指小孩的极短暂睡眠。借代理据：以两种相似的事物相借代。

5. 用出现的位置代本体

车座儿：人力车或三轮车的乘客。借代理据：以人所处的位置来借代其本体。

吃大轮儿的：专在火车上行窃的贼。借代理据：以人出现的场所来借代其本体。

6. 用结果代本体

黑钱：一种夜间行窃的贼。借代理据：以结果"黑钱"来借代取得该结果的本体。

话嘚啵儿：话多的人。借代理据：以结果"话"来借代产生该结果的本体。

坏醋：事情败坏。借代理据：以结果"坏醋"来借代有相类似结果的本体。

开瓢儿：打破了头。借代理据：以结果"开了瓢"来借代有相类似结果的本体。

此外，还有因心理好恶而产生的借代。例如"汉奸"指"陀螺"，来自抗战期间的典故：彼时儿童将陀螺当作汉奸，游戏时，一边打陀螺，口里一边念念有词："打汉奸！打汉奸！"久之老北京土话中"汉奸"也变成"陀螺"的代名词。

（四）比拟式构词

《汉语修辞格大辞典》（1989）比拟是"故意把物当作人或把物当作物、把此物当作彼物来描写"[①]的一种修辞方式。比拟的生成机制与人类思维中的"隐喻"也有关系。"在隐喻结构中，两种通常看来毫无联系的事物被相提并论，是因为人类在认知领域对他们产生了相似联想，因而利用对两种感知的交融来解释、评价、表达他们对客观现实的真实感受和感情。"[②]而产生这种相似联想的心理动因是"隐喻是认知主体通过推理将一个概念域映射到另一个概念域，从而使语句具有隐喻性"。[③]

比拟式构词分为拟人构词和拟物构词两种。

1. 拟人构词

即将物拟作人的方式。具体又分为：

（1）植物拟人

勤娘子：牵牛花。

白老头儿：柳絮。

（2）动物拟人

豆娘子：指一种很像小蜻蜓的绿色昆虫。

黑老婆儿：一种黑色蜻蜓。

白老婆儿：一种蜻蜓。

花大姐：瓢虫。

官儿老爷：一种雄螳螂。

官儿娘子：一种雌螳螂。

（3）无生物拟人

砢碴完：老而无用的人。

炕膏药：总爱躺着的人。

---

① 唐松波、黄建霖：《汉语修辞格大辞典》，北京：中国国际广播出版社 1989 年版，第 50 页。

② 赵艳芳：《认知语言学概论》，上海：上海外语教育出版社 2001 年版，第 101 页。

③ 王寅：《认知语言学》，上海：上海外语教育出版社 2007 年版，第 406 页。

（4）抽象思维拟人

通过事物的相似形特征来类推而进行构词。

苦哈哈儿：穷苦人。

褴褛臭：不爱整洁的人。

狼张三：举止轻狂的男人。

老凿儿：死心眼的人。

2. 拟物构词

即将物拟作物的方式。具体又分为：

（1）以生物拟作生物

以有生命体的事物的某种特征比拟有生命体的事物。

猫耳朵：眉豆。

牛鼻子：道士。

火葫芦：一种红色蜻蜓。

老斗鸡：世故深而难对付的老油子。

（2）以生物拟作无生物

以有生命体的事物比拟无生命体的事物。

老爷儿：太阳。

苣荬菜：非常皱褶的衣物。

老虎眼：一种较大的酸枣。

（3）以无生物拟作生物

以无生命体的事物的特征比拟有生命体的事物。

黄马褂儿：金龟子。

老膏药：蜻蜓中箭蜓的一种。

纽儿：幼小的豆荚，又指幼小的黄瓜。

饼子：性情执拗的人。

老鼻烟壶儿：比喻年老饱经世故的人。

（4）以无生物拟作无生物

以无生命体的事物比拟无生命体的事物。

马蹄儿：一种像马蹄形的厚烧饼。

老柴皮：老而干的豆荚。

溜板儿：滑梯。

（五）拟声式构词

这种形式是模拟声音的形式来构词。例如：

1. 中心词+拟声词

这种形式中，拟声词是一种摹状，可以在中心词之前或之后。

唱呀咦儿哟：指自鸣得意或高兴地为自己庆幸。

哇呀嚎天：大声痛哭状。

2. 拟声词

由纯粹模拟声音的词语构成。

吱啦：指尖叫。

喊而哇啦：吹唢呐声，借指结婚、办喜事。

呱嗒呱嗒：形容衣物水淋的样子。

呱啦呱嗒：指言语粗野。

咕嘟：指（水）汩汩地往外冒的样子。

唭唭：指嘟囔。

乌嘟嘟：吹喇叭声。

（六）析字法构词

这种形式是利用汉字的形体或意义的拆卸游戏来构词的方式。例如：

赵不肖：暗指"走"。是借用繁体"趙"的字形，通过字的形体拆字来构造新词。

四五子：暗指"酒"。是借用"酒"的谐音"九"，通过意义的拆字来构造新词。

这种构词方式用例较少。

（七）幽默式构词

这种方式是采用一种戏谑的方式来构词。严格地说这种方式并非构词，而是构造词的新义的方式。

慈悲：戏指"吃"。例如：

　　把那两块糕给慈悲了。（CDC）

犒劳：戏指"责打"。例如：

　　给他一顿犒劳。（CDC）

竖直溜：戏指"躺"。例如：

　　吃饱了没事，在炕上竖直溜呢。（CDC）

二、句法的语用表达

老北京土话中，习惯于使用一些变换句式的手法来使表达产生不同的意义和效果。以下就代词和副词的表达现象观察之。

（一）代词的重复

在北京土话中，代词的重复使用是常见的现象，代词的重复使用主要是人称代词和指示代词。

1. 人称代词的重复

人称代词的重复主要是三身代词的重复使用。

（1）我

　　　　我对他够客气了我。（《全家福》）

　　　　我一个人还清净呢我。（同上）

　　　　我这次真要崴泥_{失败、跌跌}了我。（同上）

上述句子，"我"在陈述某个时间时，表示抱怨、庆幸、担忧等语气时常常重复使用。

　　　　我敢死吗我？（《全家福》）

　　　　我恨他，我干吗我？（同上）

　　　　我建什么小金库啊我？（同上）

　　　　我累心啊我？（同上）

上述句子，"我"在表示反问的语气时重复使用的频率很高。

（2）你/您

　　　　我没把照片烧了你就烧高香吧你。（《全家福》）

　　　　你怎么不给我一次机会呢你。（同上）

　　　　您快别逗我玩儿了您。（同上）

　　　　您可不能白使唤人哪你。（同上）

"你"常在表示祈使如责怪、央求、警示、反问等语气中重复使用。

（3）他

　　　　要不是我帮着，我看他就吃不上饭了他。（《全家福》）

"他"使用重复的频率要小于"我""你"使用重复的频率。

2. 指示代词的重复

指示代词重复只限于近指代词"这"的使用。例如：

　　　　怎么又改主意了呢这。（《全家福》）

　　　　我这不是开个玩笑吗这。（同上）

上述表达中，代词的重复都是在句末出现一次复选，这样使全句产生一个"焦点"，这个"焦点"也强调了说话者想要突出表达的语义，也是句子产生了一种回环的效果。

（二）副词的变化

1. 副词的重复

老北京话中，副词也常常出现"重复"的现象。主要体现在少数几个频率副词和范围副词上。

（1）都

> 我给你们王家都留了大脸了都。(《全家福》)
>
> 这话我怎么想，我都想不到边儿上我都。(同上)
>
> 我都没脸见我爷爷了都。(同上)
>
> 为了挣点钱，把心都挣黑了都。(同上)

（2）就

> 没一会功夫，大深沟就给挖出来了就。(《全家福》)
>
> 这不我们就把您给请回来了嘛这也就。(同上)
>
> 别的咱就别说了就。(同上)

（3）又

> 你猜怎么着，俩人又别扭上了又。(《全家福》)
>
> 两人背后又说我坏话呢吧又。(同上)

（4）还

> 没想到，我今儿还真碰到真人了还。(《全家福》)
>
> 老了老了，还金贵上了还。(同上)

副词的这种在句末的复迭使用，"都""就"使用的频率很高，而"又""还"的使用频率要低。

2. 副词的位移

老北京土话中，副词也常常位移到句末。例如：

（1）就

"就"从动词前的位置常常转移到句末。例如：

> 这不忍还不行了就。(《全家福》)
>
> 咱那电视机呀全靠他了就。(同上)
>
> 您瞧您这面相，好像跟人大家似的就。(同上)
>
> 您把我老叔啊收了当徒弟得了就。(同上)
>
> 我把他就没这么干的就。(同上)

有时候，可以和句首的代词一起后移：

> 等着吃吧你就。(《全家福》)

"就"在老北京土话中的后移，这是最常见的现象。

（2）都

除了"就"后移外，"都"也常常移至句末。例如：

覚得您这些年，把隆记忘干净了都。(《全家福》)

跟咱隆记的精神根本就不挨边儿都。(同上)

害我跟这儿戳了一个钟头了都。(同上)

自己不参加活动，还在这儿说风凉话呢都。(同上)

他挣不着都。(同上)

我覚着够呛了都。(同上)

跟我爷爷学大木结构了都。(同上)

那我爷爷说了都。(同上)

有时候，和"就"一样也可以和句首的代词一起后移：

真是俗气，俗气到家了你都。(《全家福》)

你看多少遍了你都。(同上)

(3) 又

看一夜录像吧又。(《全家福》)

一准儿以为咱俩憋什么坏呢又。(同上)

(4) 其他

我爷爷真没法跟你比还。(《全家福》)

花钱花海了非得。(同上)

副词的重复和后移，是说话者特别强调动作发生的频率和范围，以及表达决断的语气等。这也构成了老北京土话独特的语用表达方式。使用这样的表达方式，也使句子产生一种奇崛、突兀的效果，使常式句变成非常式句，有效地强化了句子的反常性，并且也凸显了言语者不同的情感色彩。

总之，上述句法中的语用表达，增强了老北京土话句式使用的生动性和丰富性，并添加了一种与众不同的语言活力，彰显了老北京土话的魅力色彩。

第二节　老北京土话的禁忌词研究——
以"死亡"词族为例

禁忌语亦称避讳语。语言交际中人们由于习俗、文化、历史等不同原因，不愿直接说出或提及的事物，直接表达这些概念和事物的词语即禁忌语；而必须要提及这些概念和事物时所使用其他替代的词语就是委婉语。禁忌语和委婉语可以说是一张纸的正面和反面。不同的社会、不同的民族都会涉及禁忌语的问题，禁忌语也会随着时代、社会环境的变化而变化。禁忌语的定义指的是"(1) 因为神圣或崇高不能直接提及的人或事物的名称；（2）因为不洁、不雅或不吉利而不愿直说的事物名称"①。禁忌语的范围往往涉及人类许多避讳的话题：神灵、超自然力、性、死亡、排泄等也即大雅或大俗的范畴。遇到这些需要禁忌的事物，在一定的场合下，人们自然而然地使用委婉的方式来暗示、代替之。王力先生曾指出："避讳和禁忌，是概念变更名称的原因之一。"②

老北京土话中就有许多禁忌语，其中涉及"死亡"的词语是十分丰富的。"死"是世界各种民族和文化都十分忌讳的话题。作为"非礼勿言"的老北京人也创造了许多关于"死亡"的词语，构成丰富的"死亡"词族。下文进行具体的探讨。

一、"死亡"词族的构成方式

陈望道（1979）认为委婉语是"说话时不直白本意，只用委曲含蓄的话来烘托暗示"③。"死亡"作为禁忌语的一大词族，在现实生活中民众往往使用各种委婉的方式加以表达。

（一）语音方式

在日常生活中，"死"是人们最不愿听到的可怕的语音，是全世界所有族群都忌讳的话题。人们都不喜欢"死"[sɿ˩]这个语言符号，常常会隐去它的说法或改变它的读音。老北京土话中主要就是采用借音的手段表示对"死"的说法："瓦几哈"是由满语 Wajiha"完结"的意思而来；"乌程了"为回语"死"的借音，"回克了"中"克kʻɤ˥"是满语的"去"字，也表示"死"的委婉说法。例如：

他一口气上不来就瓦几哈了。（CDC）
我七岁的时候儿呢，爷爷乌程了。（BJKY）

（二）词汇方式

老北京土话采用词汇的手段表示"死亡"的委婉说法，主要采用词汇的"缩略""替代"的形式来构成。

1. 缩略

即采用省略词语的形式构词。例如：

皮儿、皮儿两张都是表示死亡的用语，"皮儿"是皮儿两张的缩略语。此外还有：

---

① 田贵森：《禁忌语的交际功能》，《外国语言文学研究》2003年第2期，第33页。
② 冯春田、梁苑、杨淑敏：《王力语言学词典》，济南：山东教育出版社1995年版，第339页。
③ 陈望道：《修辞学发凡》，上海：上海教育出版社1979年版，第135页。

蹶了：蹶腿了的缩略语。

嗝儿、嗝儿屁了、嗝儿凉了：都是"嗝儿屁着凉了"的不同简化形式。

吹：是吹灯、吹灯拔蜡、吹台的简化形式。

撂了：撂挑子的简省。

2. 替代

即使用近义词语代替避讳的或带贬义的词语构词。例如：

寻死：替代"自杀"。

升天了、仙逝了、回去了：替代"死亡"。

（三）语法方式

老北京土话采用语法的手段表示"死亡"的委婉说法，主要是运用时态的手法。例如：

死就：指已经彻底死去。

蹶腿了、蹶了："蹶了"是"蹶腿了"的简化，"蹶"指腿僵直了。

嗝kɤ˞儿屁着凉了、嗝kɤ˞儿屁了、嗝kɤ˞儿凉了、嗝kɤ˞儿了：这种对"死亡"的说法，金受申（1961）曾作过解释："说这个语汇的人，总是一仰头，表示打嗝儿，同时一拍臀部，表示放屁，跟着说：'刘三，嗝儿屁着凉了。'"[①]

撂挑子了：指去世了，意指把生活重担撂下了。有时又写作"撂条"。

以上都是采用"过去式"的时态表示一种"完结"义，由此而表达对"死"的一种委婉说法。

（四）语用方式

老北京土话对"死亡"的表达较多情况下是从修辞的手段来表达的。主要有：

1. 摹状

即采用对事物情景进行临摹式的描写方法来构词的方式。北京土话中常用这种手段来表示"死亡"的用语。例如：

蹬蹬、蹬腿儿：描写死时的形象，即"两腿一蹬"的意思。

伸腿儿瞪眼儿：描写死者临死时的动作状态。

捯气儿：描写临死时费力地呼吸的形象。

咽气：描写停止呼吸的样子。

抖机灵：本义指吃惊地打寒战，用来描写临死前回光返照的情景。

挺了：描写死者身体的形状。

---

① 金受申：《北京话语汇》北京：商务印书馆 1961 年版，第 154 页。

翻白眼儿了：描写死者面部的形象。

2. 比喻

采用比喻的手段来替代"死亡"的用语，是土话中最常用的方式，主要使用隐喻和转喻的手法。

（1）隐喻：把两种事物的相似之点联系起来，是比喻中借用相似而转义的一种方法。

踩凉船儿、脚跐凉船儿：隐喻死亡。

回宫：本指熄灭，隐喻人的生命如火般熄灭。

坏坏、糟害：隐喻小孩被疾病等所害而夭亡。

利索：也写作"利飕、俐嗖"。本指完结，隐喻人生命的完结。

（2）转喻：指甲事物与乙事物虽不相似，但可以通过联想等思维方式将之关联起来，并以乙事物的名称来取代甲事物。从认知语言学的角度看，转喻和隐喻一样不仅是一种思维方式，而且也是一种修辞手段。转喻又称换喻或借代，借他事物替代本事物。老北京土话也常常使用转喻的方式来表达"死亡"的不同说法。

打卦：本指损坏，转喻人之死。

打鼓：本指支离破碎之义，转喻人已死去，犹如损坏的物品而不存在。

打老鸹：本指出殡下葬。转喻死。

吹台了：本指完了戏之义。由此转喻人生如戏而完结。

吹铫子：本指戏院散戏时，吹一声喇叭，这个喇叭即叫铫子，由此转喻人的死亡。

巴搭仓：本指京剧中的锣鼓点。即剧中人临死的时候有一个僵身的动作，这个时候打巴搭仓，人才倒下，剧中人便死掉了。故这个锣鼓点"巴搭仓"就转喻为死亡。一般用于说很熟的人，是戏谑的说法。

眼儿猴：原指赌博用语，掷色子时，三个色子两个的点儿相同，另一个为一个点儿即幺，也叫眼儿猴，是输点儿。产生"俩六抬着一个幺——眼儿猴啦"的歇后语，六猴指赢到头，眼儿猴指输到底。而"幺"又称"眼儿猴"，由此再转指死亡。

撂条货了：条货本指猪肉，人死后已无生命只剩下肉体犹如猪肉，由此转喻死亡。

骆驼上车：本指死骆驼才能装上车，运往汤锅而被宰割。转喻人的死亡。

听蛐蛐儿叫唤去了、听拉拉蛄叫唤去了：都是说人死埋于地下，只能听蛐蛐儿或蝼蛄叫唤了。转指人的死亡。

（3）隐语：俗称暗语。是江湖行话，是某个地域或行业由于某种保密的需要而产生的市井隐语。例如：

瓦格浪：江湖行话指"死"。土：也是江湖行话，指"死"。隐语大多情况下很难找到其构词的理据。比如"瓦格浪"造词的具体过程便无从解释。

二、"死亡"词族构词的语用原则

陈原（1994）指出："当人们不愿意说出禁忌的名物或动作，而又不得不指明这种名物或动作时，人们就不得不用动听的语词来暗示人家不愿听的话，不得不用隐喻来暗示人家不愿说出的东西，用曲折的表达来提示双方都知道但不愿点破的事物——所有这些好听的、代用的或暗示性的语词，就是委婉语词。"[①]委婉语是禁忌语的替代形式，在老北京土话的"死亡"词族中，人们创造了各种各样的形式来替代"死"的说法。这些替代的形式表达了人们竭力替代、掩饰、衰减禁忌语的直白与粗鄙的心理。在构造"死亡"词族的过程中也体现了老北京人造词的基本的语用原则。

（一）距离原则

距离原则是指拉开语言符号所指与能指之间心理上的疏离效应。委婉语就是避免表达的直露，把语言符号和所指事物之间的等同关系加以消除，从而使用一种新的言语表达方式来替代对等的直接联想。由于委婉语拉开了所依靠的"心理"距离，因此在交际过程中，人们就只能通过一定的语境，利用话语中的推理关系来领悟委婉语的"曲意"表达。这种表达可以是褒义也可以是贬义的。就"死"来说是人们都避讳的禁忌语，在交际过程中，人们有时可以通过委婉语的形式避开这种不吉的或对死者不敬的说法，使表达委婉而文雅。例如：

李二大爷昨天过去了。（CDJ）

唉，叔父到底没熬过来啊。（同上）

"过去了"表达的是一般人在严肃的场合说"死"；"没熬过来"是以惋惜的口吻对死者家属说"死"，这两个委婉词都是"死"的代用词，表达了人们不愿用禁忌语而采用新的语言符号使能指和所指之间产生一种距离，消除禁忌语和所指之间的紧密关系，从而达到某种交际的效果。

使用委婉语表达某种心理距离也可以从咒骂语中得到体现。束定芳（1989）认为："由于迷信、宗教或其他文化传统的影响，人们或出于恐惧、敬畏，或出于礼貌、自尊，出现了对某些事物或现象的禁忌，由此也对用

---

① 陈原：《社会语言学》，上海：学林出版社 1994 年版，第 343 页。

来指称这些事物或现象的语言符号产生了禁忌,把它们当作了禁忌语(taboo words)。这种认为语言符号具有神奇力量的观念也可以从'咒骂语'(dysphemisms)中得到证实和反映。如果人们痛恨、厌恶某人或事物,他们认为只要用最刻薄的语言来咒骂他(它),就能'解心头之恨',给对方造成伤害了。这就是所谓的语言拜物教。"[①]老北京人构造"死"的委婉语时,同样也存在这种"语言拜物教",对于不值得尊敬、嫌恶的人,常常也使用咒骂语,较文雅的是:

> 那家伙撅了。(CDX)
>
> 等到他皮儿两张了,这儿才能清净。(同上)
>
> 听说那个人已经皮儿了。(同上)

"撅了""皮儿两张""皮儿"都是轻佻厌恶之词,表达了说话者对死者的不敬的语气。若如此还不解心头之恨,则干脆使用"嘎嘣儿""死球儿"之类对亡故之人的咒骂语。

(二)相关原则

语用学上的距离原则若使禁忌语和所指之间的距离越大越好。但是这种距离还要有一定的约束,否则如果超过了一定的"度",则会使交际双方达不到言语交际的合作原则。因此在执行距离原则的同时,相关原则也对其加以限制,要求在一定的语境下进行构词。老北京人在创造"死"的不同说法时,都尽量使用形象的说法,使受话者能通过其表述的形象性加以合理的联想从而推导出其词表下的深层含义。例如:

> 你还打听他呢,他早弯回去了。(CDD)
>
> 何老二吹灯了,你还没得信儿哪?(CDX)
>
> 谁也有吹灯拔蜡的那一天!(同上)

"弯回去""回去了"表达的是人们对"人从何处来,又回何处去"这一哲学命题的朴素看法。"吹灯""吹灯拔蜡"都是以"灯火"与生命之间的联想来构成比喻的关系,由此替代生命的完结。相关原则使人们使用委婉语来替代禁忌语时,能有一个尺度来衡量,而不至于因距离原则的"距离"过大而失去联想。

(三)动听原则

是指通过委婉语的使用而给人较好的联想。动听原则的使用产生了"正委婉"和"负委婉"。

"正委婉"就是通过语义的扬升使原来带有贬义或中性义的词语转而表

---

① 束定芳:《委婉语新探》,《外国语》1989年第3期,第28页。

示褒义，从而减少不悦的成分而显得不过于突兀。在委婉语的构成中，常常使用"正委婉"的方法而回避禁忌语的使用频率。例如：

过了会儿，他转过身来，再一次对着坟头说，"再见吧，大哥，安息吧，等抗战胜利，我把您送回老家，跟先人葬在一起。(CCL-LS《鼓书艺人》)

父亲的模样，我说不上来，因为还没到我能记清楚他的模样的时候，他就逝世了。(CCL-LS《正红旗下》)

过去我说在解放战争也好，呃抗日战争也好，没有那些人的牺牲，咱们能够生活得好吗？(BJKY)

"安息""逝世""牺牲"都是使用正委婉的方式来避免说到"死"的表达方式，同时也表达了对先辈、长者的尊敬的心理。

"负委婉"用于谈论敏感的话题或替代禁忌语，以减轻或消除因使用禁忌语带来的负面影响。

去年冬天差点吹了灯，这一开春，我算又活了。(CCL-LS《方珍珠》)

我连累了你，对你不起！可是，我死了，未必有个棺材，只求在没断气的时候，多拉拉女儿你的手吧！(CCL-LS《残雾》)

"吹了灯""断气"都是避免敏感字眼"死"的替代说法。在交际过程中，老北京人也常常使用众多关于"死亡"的戏谑的说法，例如：蹬腿（儿）、吹、吹灯、吹灯拔蜡、吹台、吹归了、完蛋了、玩儿完了、回姥姥家、嘎崩儿等，这些对死亡的戏谑说法，实际上也体现了老北京人对生死所持的淡定、豁达、开朗的自然心态。

总之，距离原则、相关原则、动听原则都是构成委婉语的三条重要的原则。老北京土话中的禁忌语——"死亡"词族的构造也离不开这些基本的语用原则。

第三节　老北京土话的动植物词语的隐喻表达

传统的语言学把隐喻看作是修辞学中与比拟、夸张、明喻等并列的一种修辞手段。自 20 世纪以来，学者们提出隐喻不仅是一种微观的修辞手段，而且从宏观的角度还是人类思维的一种方式。特别是认知语言学的产生，更是把隐喻当作语言的本质现象来看待。Lakoff & Johnson（1980）"Metaphor is for most people a device of the poetic imagination and the rhetorical flourish—a matter of extraordinary rather than ordinary language. Moreover, metaphor is typieully viewed as characteristic of language alone, a matter of words rather than thought or action. For this reason, most people think they can get along perfectly well without metaphor. We have found, on the contrary, that metaphor is pervasive in everyday life, not just in language but in thought and action. Our ordinary conceptual system, in terms of which we both think and act, is fundamentally metaphorical in nature."[①]（对大多数人来说，隐喻是一种诗意的想象机制或华丽的修辞手法——常出现在特殊的场合而非日常用语中。此外，隐喻通常被认为仅仅是语言的特征，只与文字有关而与动作无关。正因为如此，大多数人认为没有隐喻他们也能活得非常好。然而我们的研究发现，恰恰相反，隐喻在日常生活中无处不在，不但存在于语言中，而且存在于思想和行为中。我们赖以进行思考和行动的日常概念体系，从本质上来说基本上是隐喻的。）莱考夫等认知学家把人类的认知系统当作隐喻性的结构系统，在表达丰富的物象世界时，人们感知到事物间具有某种象似性的特征，本能地用一个词去代替另一个词，从而创造出丰富的隐喻，使语言的表达机制变得更为丰富而多样性。

从隐喻的认知机制来看：认知语言学把隐喻视为不同经验领域里两个概念之间的映射。"映射"是隐喻理论中的核心。Lakoff&Turner 具体解释了隐喻如何通过映射而形成的过程。认为每一个隐喻映射过程都包括四个方面：源域图式，源域中，源域中的特征被映射到目标域的特征上，源域中的知识被映射到目标域的知识上。就映射的两个概念来说，"源域"即"喻体"，"目标域"即"本体"。隐喻的映射过程是由源域投射向目标域。隐喻的形成机制揭示了人类对外在世界的观察和认识的过程。人们通过自身的体验，往往用现实社会中具象的、有形的概念来认识抽象的、无形的以及难以定义的概念，最终形成不同概念之间相互关联的认知途径和认知方式。

在了解了隐喻的认知机制后，以下主要从隐喻的方式观察老北京土话中动植物表达的特点。

一、动物隐喻

（一）从动物域映射人域

采用动物隐喻人是老北京土话中常见的手段。主要表现在：

1. 以禽鸟类喻人

（1）隐喻不同类型的人

毛脚（子）鸡：指粗率慌张的人。如：

---

① George Lakoff & Mark Johnson, *Metaphors We Live By*, Chicago: The University of Chicago Press, 1980, p.3.

他是个毛脚鸡，碰上点儿小事就邪里邪忽的。（CDC）

惇ʂuənˇ鸟儿：指痴情而软弱的人。如：

　　这个惇鸟儿，敢想不敢干。（CDC）

鹞鹰尖子：指横暴逞强的人。

（2）隐喻人的形象、特征

鸡嗓子：指刺耳难听的嗓音。如：

　　就凭你这条鸡嗓子，还要练唱京戏？（CDX）

哑脖子鸡：讥笑人声音沙哑如鸣叫嘶哑的鸡。如：

　　你别唱歌了，哑脖子鸡似的，人家耳朵受不了。（CDX）

水鸡子：指浑身是水的人。如：

　　汗出得成了水鸡子了。（CDC）

仙鹤腿：指细长的人腿。

（3）隐喻人的性格、品行

鹞鹰：比喻性格坚强。如：

　　他是个鹞鹰人，对敌人没孙子过一回。（CDC）

鸡屎：斥骂供人驱使的小人物，讽其无耻之义。有时又指人的怯懦。如：

　　小杨子不过是张大鼻子的鸡屎，有什么了不起！（CDX）；

　　这小子真鸡屎！到时候儿又打退堂鼓，不敢去了。（CDX）

2. 以走兽类喻人

（1）以走兽类动物喻人及人的形象、动作、行为

① 喻指人

顺毛儿驴：指只接受劝说不接受斥责的人。如：

　　这孩子是个顺毛儿驴，吃顺不吃戗。（CDC）

白吃猴：指吃人家的饭而不付出代价，不还请的人。如：

　　我可是白吃猴，什么礼也不送。（CDX）

活猴儿：指非常调皮多动的孩子。如：

　　小三儿没有一会儿踏实，不是弄这个，就是动那个，赛过活猴儿。（CDX）

地里[·lə]迫[pʼaiˇ]子：本指鼹鼠，喻指体型矮胖的人。"迫"又写作"排"。例如：

　　他就是个地里排子。（TYDC）

喻指不同类型的人的，还有：

驴粪球儿：喻指内心奸诈而外表圆滑的狡猾的人。

土猴儿：喻指浑身泥土的人。

② 喻指人的形象

猴头狗：嘲弄人生得丑陋可笑。如：

　　　　模样儿长得跟猴头狗似的。（CDX）
　　猴儿腔：指妇女妆容过浓。如：
　　　　瞧她打扮的这个脸，成了猴儿腔啦！（CDX）
　　③ 喻指人的动作行为
　　猴：指儿童灵巧而调皮。如：
　　　　这孩子猴着哪！（CDX）
　　猫：指躲藏；也指闲呆。如：
　　　　他猫起来了。（CDC）
　　　　猫了一冬天儿。（CDC）
　　疯了象：喻指肆无忌惮，大胆胡为。
　　羊上树：比喻不驯服、不协作，有意顶撞、反对的行为。
　　（2）以走兽类动物喻人的性格
　　急脸子狗：本指不驯顺的狗，多用以指性格暴躁易怒的人。如：
　　　　你怎么是急脸子狗哇！（TYDC）
　　把家虎儿：指持家节俭的人，又指人的性格自私自利。如：
　　　　她可是个把家虎儿，只准进钱，不准花钱。（CDX）
　　欢虎儿：形容孩子活泼好动。如：
　　　　几个小学生欢虎儿似的跑来。（CDX）
　　白眼儿狼：比喻忘恩负义的人。如：
　　　　全不想当年人家怎么救他，现在反而陷害人家，真是个白眼儿狼！
　　（CDX）
　　以走兽类动物喻人的性格的还有：
　　急脸子猴儿：指无耐性，容易发急、发脾气的人。
　　犟驴：指性格执拗的人。
　　（3）使用抽象的动物喻人
　　有时候北京土话中使用抽象的动物喻人。
　　妈虎子：老北京借以吓唬小儿的虚构的可怕之物，谓传说中红眼大鼻
子的动物。如：
　　　　别哭了，妈虎子来了。（CDX）
　　常常也用于比喻极其的丑恶面貌。如：
　　　　一张可怕的脸，赛过妈虎子！（CDX）
　　老麻ma¬猴儿：指一种可怕的动物。也用来在小儿淘气或不肯入睡时，
用来吓唬之词。如：
　　　　别闹了！老麻猴儿来了。快睡吧！（CDX）

3. 以鱼虾类喻人

以鱼虾类动物喻人的形象。

大头鱼：指冤大头，上当的人。老北京人常用鱼来比喻人。如：

她本来没有什么口才，再加上这么一堵，她便变成一条登了陆的鱼，只张嘴，而没有声音。（CCL-LS《四世同堂》）

有时候起了狂风，把他打得出不来气，可是他低着头，咬着牙，向前钻，象一条浮着逆水的大鱼……（CCL-LS《骆驼祥子》）

我一脚踩上一个软的东西，吓了我一大跳。往下一看，他，你父亲！在地上大鳄鱼似的爬着呢。（CCL-LS《二马》）

鳝鱼、泥鳅：用来比喻在困境中的人。如：

北平城是个大盆，北平人是鳝鱼，我是泥鳅。（CCL-LS《四世同堂》）

虾仁：本指去头去壳的鲜虾。用来比喻坏人。如：

拉开屋门，四个虾仁都在屋中坐着吸烟呢，屋中满是烟气，呛得老冯嗽了一声。（CCL-LS《哀启》）

以鱼虾类动物比喻人的身体部位：

鱼：用鱼或鱼的部位喻人的部位。如：

"我劝告他？"野求的眼珠又不动了，象死鱼似的。（CCL-LS《四世同堂》）

那个男人扯着我走，我喘不过气来，要哭都哭不出来。那男人的手心出了汗，凉得象个鱼似的，我要喊"妈"，可是不敢。（CCL-LS《月牙儿》）

过了一会儿，他的脾气消散了，手心搓着膝盖，低着头念书，没有声音，小嘴象热天的鱼，动得很快很紧。（CCL-LS《歪毛儿》）

他最讨厌金翠，一嘴假金牙，两唇厚得象两片鱼肚；眼睛看人带着钩儿。（CCL-LS《末一块钱》）

泥鳅背儿：指背部隆起的背。如：

他是泥鳅背儿罗锅腰。（CDC）

虾米腰：指总是处于弯曲状态而不能伸直的腰。如：

他是个虾米腰。（TYDC）

以鱼虾类动物比喻人的心情、心态等。如：

一进三号的门，他的心就象春暖河开时的鱼似的，轻快的浮了起来。（CCL-LS《四世同堂》）

她相当的聪明，但是心象一条小死鱼似的，有一阵风儿便顺流而下，跑出好远。（同上）

4. 以昆虫类喻人

善虫子：指慈善事业中从中渔利的人。

蟏虮tɕʻia˧˩mə˥：本指牛蝇，用来喻指爱吃肉的人。

穷蛤蜊：对穷人的蔑称。

虫儿蚁儿的：指孙子及孙子辈以下的人。

大头蚊子：指上当的人，冤大头。

（二）从人域映射动物域

老北京土话中常常也以人来隐喻动物。

以人喻禽鸟：

老家贼：用"贼"喻指"麻雀"，因麻雀常常到家户偷吃粮食。

秦桧儿：指鸡的脑子。

以人喻昆虫：

臭大姐：放屁虫，即蝽象。

王师太：指一种大而黑的蝉，即丕蝲。

伏凉哥儿：指秋天的一种绿色小蝉，学名呜蝲。

官儿娘子：本指官员之妻，喻指一种体大而头上多凸起的雌蜣螂。

（三）从动物域映射物域

老鼠尾儿：指用和成的白面搓成短细条，形似老鼠尾巴，煮熟拌以调料食用。是北京家庭中常吃的面食。

驴打滚儿：用黄米面裹黑糖馅，蒸熟，切成卷子形状，吃时将长卷滚上黄豆面粉。样子颇似老北京郊外野驴打滚，扬起灰尘之状。

驴蹄儿：一种似驴蹄儿的烧饼类面食。

鸡骨头猫儿肉：比喻细微的事物。

鸡吵鹅斗：比喻家庭中时有纷争、争吵。

老鸡头：俗称鸡头米。外皮生软刺，椭圆形，有一尖端，恰似有嘴的鸡头。

猴儿肉：比喻菜肴中极少量的肉。

猫尿：指酒。

以动物喻指某种事物，也是土话中常见的方法。

（四）从物域映射动物域

铁翅子：指老雕，鹫。

这种类型相对比较少。

二、植物隐喻

植物作为自然界的主体之一，也被人们喻为生产者，人类的生存受惠于大自然植物的存在。对植物世界人类有着深刻的体验，在享受着自然界的惠赐的同时，人类也能感悟到植物与人的诸多相似形，因此把植物的形象映射到人类也是自然而然的思维过程。

（一）从植物域映射人域

以植物喻人是汉语的一个十分重要的表达方式，在有关人的隐喻使用中，其数量要远远大于其他语言如英语等以植物喻人的数量。老北京土话也不例外。在土话中把植物与人以及人的面貌、品行、性格相关联的情形比比皆是。

1. 以植物喻人的类型

榆木疙瘩：比喻头脑不开窍或思想顽固的人。

菜货：指懦弱无能的人。

菜猴儿：本指菜心。喻指蔬菜商。

倒地葫芦儿：指醉倒的人。

傻葫芦儿：指厚道而言语不多的人。

大头儿蒜：指有实权，说话能算数的人。

狗槟榔：指歹徒，恶棍。

狗豆子：本指狗虱，又嘲讽只进不出的吝啬人，或又指多屁的人。

鬼豆子：指机智的小孩。

苦瓠子：指穷苦人。

愣头儿葱：指愣头愣脑的人。

杉篙尖子：指身材细高的人。

山药蛋：对关外人的蔑称。

外秧儿：过继来的儿子。又指外人。

2. 以植物喻人的外貌

（1）喻容貌特征

萝卜丝儿：指小孩儿腮部的皱痕。

葫芦头：指光头。

萝卜花儿：指角膜白斑。

（2）喻身体部位

麻秸秆儿：比喻瘦弱的肢体。

拔节子：本指农作物猛长时下部迅速拔起。用以比喻青少年发育快，身高速长。

核桃骨：踝子骨。

水葫芦儿：指妇女两鬓的长头发。

3. 以植物喻人的性格、才能

菜：指懦弱无能。

白薯：指人在某一方面低能，技巧拙劣。

死秧：指一个人不活泼，不好与人来往。如：

这个人真死秧，见着谁也不说话。（CDJ）

4. 以植物喻人的动作行为

充大瓣儿蒜：指硬充能干。

掂蒜儿：指儿童顽皮得起劲。

颠儿核桃：指逃跑。

掉金豆子：喻指掉眼泪。

发苗：指撒野。

花瓜：比喻头破血流，满面血污。

亮麦穗儿：指男孩游泳时裸体浮在水面。

卖葱：指使心计，耍主意。

拧葱：指弄颠倒了。

耍菜：指不自量力地同别人较量。

5. 以植物喻人的精神气质

塌秧儿：本指花草蔬菜失去了挺拔，发蔫儿。喻指人的颓唐，萎靡。

（二）从人域映射植物域

以植物喻人是常见的手段，而有时候也有以人喻植物的情况。

婆婆丁：蒲公英。

妈妈牛儿：一种催乳的中草药。老北京土话将"乳房"避讳称为"妈妈"。

娃子：蔬菜中心长出来的茎和花、苔。

小老头儿：落花生的胚轴及胚根，即花生米一端的尖头小颗粒。

（三）从植物域映射物域

把植物域投射到人域之外的物域世界，用植物的形象表示不同的事物。这些事物可以是动物，也可以是其他物体或某种特征。例如：

1. 喻动物

大秧子：指不善斗的蟋蟀，又指冤大头。

油葫芦：一种比蟋蟀大的黑褐色昆虫；又指瘦小的驴；还指鹧鹕。

火葫芦：一种红色的蜻类。

红蓁椒儿：一种红色蜻蜓。

油炸豆儿：指蟑螂。

黄瓜条儿：比喻羊后腿上的肉。

2. 喻没有生命的事物

草儿刺：喻指极小无价值之物。

黑枣儿：本指一种黑褐色小果。喻指执行枪决所用的枪弹。

豆子：指赌徒自制的灌铅的色子。

风葫芦：指鼓风机。

枣核儿天：指早晚凉的天气。

3. 喻事物或事物的特征

柴：指蔬菜不嫩；又指肉的粗糙等。

蒂巴儿：本指瓜果、花朵与枝茎连接处。喻指未尽的尾事。

苦辣子：指苦头。

（四）从物域映射植物域

与上述现象相反，物域的某些特征也能映射到植物域中。例如：

火焰儿：比喻春天的嫩菠菜。

鸭儿广：是鸭儿广梨的省称，因形似鸭梨而得名。

棒子：玉蜀黍，通称玉米。

粉团儿：榆叶梅。

水捆儿：新鲜菠菜。

面猴儿：一种酥而软的甜瓜。

闻香儿：槟子，又称闻香果。

五月鲜儿：阴历五月上市的鲜果。

狗儿：指某些树木的柔荑花序的花。

狗奶子：一种野生药用植物，即小檗。

羊犄角蜜：一种长形有尖，似羊角的甜瓜。

小羊胡子：细叶苔草。

野鸡脖儿：还没长大即上市的嫩韭。

以上可见，物域中的一些形象的概念，都与植物相关联，这些概念或者取诸于事物的形状，或者取诸于某物的气味，或者取诸于动物的形象与部位等与植物等同起来，构成了一种具象的隐喻关系。

三、动植物名词的转类

老北京土话中动植物类名词常常可以转化为动词和形容词，即名词衍化出谓词义。例如：

（一）动物类名词的转类

1. 转用为动词

> 净爱拿话狼_{顶撞}人。（CDC）

> 你让他给狼_{卖货索高价}了。（CDX）

> 没法子，我就得狗着_{逢迎、谄媚}他，到时候帮我说句好话。（CDX）

> 他在家猫着_{闲呆}呢。（CDC）

> 猴_{依偎、纠缠}着他不放。（CDC）

2. 转用为形容词

> 那小子可真牛_{指人有本领，有办法}，真办成了！（CDC）

> 他是个鹞鹰_{性格坚强}人。（同上）

> 这孩子才叫猴_{顽皮}呢。（同上）

（二）植物类名词的转类

植物类名词常常转化为形容词。例如：

> 这小子真菜_{懦弱无能}，这都不敢。（CDC）

> 他真白薯_{低能儿或指技巧拙劣}。（同上）

上述例句中动植物名词由指称转为描述，这种指称向陈述的转化过程也称作"名词动（形）用"或"名动（形）转类"的现象。朱德熙（1983）提出"指称（designation）"和"陈述（assertion）"这对语言形式中的一对基本概念[①]，并认为指称的形式在语法上的对应体是句子中的体词成分，陈述的形式在语法上的对应体是句子中的谓词成分。并指出：在一定的条件下"陈述"可以转化为"指称"。同时朱德熙结合陈述与指称的概念，对应提出"自指"和"转指"的这对语法学概念："名词化造成的名词性成分与原来的谓词性成分所指相同，这种名词化可以称为自指；名词化造成的名词性成分与原来的谓词性成分所指不同，这种名词化可以称为转指。"[②]这种对体词成分和谓词成分的关系的阐述，可以看作是从语义的角度对"名词动（形）用"问题的解释。徐盛桓（2001）也提出"名动互含"假说来

[①] 朱德熙：《自指和转指：汉语名词化标记"的、者、所、之"的语法功能和语义功能》，《方言》1983 年第 1 期，第 18 页。

[②] 同上书，第 16 页。

解释这种现象，认为"名词动用"的语义基础是"从语义上说，这是因为名词的语义内容含有若干表动作的语义成份，这可作为名动转用的语义基础。另一方而，动词的语义内容也含有若干表事物的语义成份"。[①]

认知语言学将上述"名词动（形）用"的解释又上升到一个新的层面。认知语法将动词、形容词所表示的动作、过程或状态都称为一种"关系"，"名词动（形）用" 由指称事物的名词转类为陈述关系的动词（形容词），这其中有一个重要的思维机制在起作用，即转喻。转喻属于广义的隐喻范畴的概念。隐喻包含了转喻、拟人等多种形式，隐喻基于相似性的特征，而转喻基于邻近性的特征，是用借代的模式产生某种联想。如上述例子中，从表动物的名词转化为动词来看，用"狼"表示"顶撞""索要高价"的意义，就与狼天性残暴、狡诈有着某种推导功能；"狗"表示"逢迎"的意义与汉民族认为狗是下贱的、势利的动物有关联；其他如"猫""牛""猴"的意义都可以在该种动物身上找到邻近性的特征。至于植物类名词转化为形容词，"菜"表示懦弱，应是由其"微不足道、卑微渺小"而借代过来。"白薯"表示"能力低下"，方言中有俗语就说"常吃番薯穷一辈子"，寓意是常吃番薯的人，思维及做事的方式一成不变，不思变通，墨守成规。北京把"番薯"叫作"白薯"，其寓意与民间的说法应有相通之处。

从总体来看，动植物名词在语言交际中能产生转类的功能，主要与动植物名词能转喻人和物这一思维机制有关，动植物形象与人和物的邻近性为映射基础，语言的转喻的形成基于人们对客观世界万物特点的认知；并源于对丰富的社会生活、民俗传统的体验。

第四节　老北京土话的隐喻功能

认知语言学在体验哲学的基础上建立了隐喻理论，确立了源域和目标域两个基本概念，揭示出其相互间的投射机制：即隐喻是一个概念域向另一个概念域映射的结果。上文通过动植物隐喻的具体例证可以看到老北京土话中人们的思维形式、感知客观世界的方式。"近取诸身，远取诸物"华夏民族早在几千年前就已经将这种认知方式形象地揭示出来。束定芳（2000）指出，隐喻在语言学的功能主要是：（一）添补词汇空缺。"在创造新词和术语的过程中，人们常常可以寻找强调新旧语境间相似性的词语，也即使用一个隐喻。"（二）增加表达的精确性和形象性。"有时，语言中已有的一些词用来表达某些概念或现象不够精确，人们便只好运用某些特殊

---

① 徐盛桓：《名动转用的语义基础》，《外国语》2001 年第 1 期，第 15 页。

的构词方式来弥补这些缺憾。"[1]

从上节动植物名词隐喻的表达方式，就可以观察到老北京土话是擅长使用隐喻的方言土语。大量的隐喻使用，强化了该语言的功能，增添了形象的色彩。同时也折射出老北京人使用语言的一些特点。以下具体讨论老北京土话中隐喻的功能。

一、修辞功能

（一）新奇性

追求新奇的效果是语言运用机制中常常使用的手段，这也源于人们"喜新厌旧"的习惯心理。为了强调事物的特征，提高交际中人们的注意力，突出信息的传播和表达，人们常常使用新奇的出人意料的隐喻。例如：

颠儿——撒腿跑了。

翻车——即翻脸的之意。

勺上——"勺"是打，打架的意思。"勺上"，就是连带着把他人也给打了。

盘儿——指脸蛋。

走迹——本义指木头因风吹日晒而变形的意思，引申为把人看错了。

童蛋子儿——童贞之意。

忤窝子——生性怯懦、腼腆、胆儿小的意思。

子孙窑儿——是媳妇的意思。

套桩——让人给盯上了。

大爵儿——指高级干部。爵，是爵位的简化，爵位，即官衔。

赫斯特指出："如果仔细研究每一个词的词源，我们都可以从它们身上找到隐喻的影子。"[2]上述词语的使用都是利用了隐喻的相似性特征来构成新词。"颠儿"由人"跑走"之义而来；"子孙窑儿"由传宗接代以及延续香火之义而来；"大爵儿"由"爵儿"引申而来，"爵儿"指职位之义，"爵"是爵位的简化，"大爵儿"被京城百姓引申为大官儿。隐喻由最初的本体和喻体都出现的比喻运用，到最终变成固化的"死喻"，使人们一接触到该词就能自然而然地产生联想。但是隐喻中有些可以不通过语境的使用能很快地理解隐喻的含义，有些隐喻必须通过一定的语境才能了解其隐喻的真正含义。如社会隐语中，很多词汇假如不是某个社团的人就很难理解。这种

---

① 束定芳：《隐喻学研究》，上海：上海外语教育出版社 2000 年版，第 117—118 页。

② 转引自束定芳《隐喻学研究》，上海：上海外语教育出版社 2000 年版，第 117 页。

情况在北京江湖隐语、黑道的黑话中就大量存在。从旧京时代到现代北京就有许多令人费解的江湖隐语和黑话：

吃腥——指设赌场，在色子、骨牌等赌具上作弊，叫使"腥活"，以此骗人钱财。

楮头子——指钱。

楮流半——指一吊五百钱。"楮"指钱，"流"指数字"一"。

雷子——指警察。

这种江湖隐语、黑话的构词方式，笔者以为是双重或多重隐讳而造成的效果。随着词义的时代变迁，许多隐喻的词语已经无法解释或很难解释。如"佛爷"江湖隐语为"小偷"，有人解释是从"千手千眼佛"引申而来，也有人认为是"拂"的动作谐音而来。"容"或"荣"是"偷窃"之义，"蹶"为"少、不多"之义，"里腥货"指"假货"等，其词源的发展令人费解。

（二）生动性

与新奇性的特征伴随而来的是生动性。隐喻由于其精练性的特点，在言语中往往人们只要使用一个短小的词句就能引起人的联想，由彼事物联想到此事物，使抽象的事物具象化，给人以生动的语感。

打漂儿——即无职无业，在社会上闲逛。

全须全尾——完整，整个身子的意思。

五积子六瘦——形容因吃喝不上骨瘦如柴的样子。

卖山音——提高嗓门说话，有意让众人听见，话中有话。

歇菜——完蛋的意思

棒槌——蠢笨，外行的意思。

走了眼——即把东西看错了。

镲儿哄——形容一件事情还没结果就散场了。

碎催——指权势之家役使的"底下人"。现指伺候人、为人奔走的人，带有贬义。

硌窝儿——指鸡蛋、鸭蛋在出窝之前遭到破损。

玩蝎了虎子——意指让人摸不着，形容人比较滑头。

掰不开镊子——形容人对事理分析不清或对一件事想不开。

上述词语中，都是利用一个精练的词语把复杂的意思加以表述。例如："卖山音""镲儿哄"中"镲"是铜钹，声音洪大，如果一阵乱敲，就能把一切声音压下去，什么声音也听不见了，有什么事的争执，也就不了了之了。由此形容事情没结果就散了场。"玩蝎了虎子"中蝎了虎子即壁虎，因爬得轻快，人不易抓住而联想到人的奸猾。"掰不开镊子"中镊子是夹东西之工具，掰不开就不能利用它夹东西，以此关联对事物看不清想不开等义。

（三）形象性

隐喻使人们能够形象地表达事物间的细微差别，反映出事物的本质和特征。

发小儿——北京方言，从小一块长大的伙伴。

门坎儿——指进入"帮派"（即黑道）的圈里。

吃黑枣——挨枪子。

老着脸子——即不顾羞惭、舍脸的意思。

刷夜——形容有家不回，夜里在外闲荡。

披虱子袄——形容遇到了扯缠不清的麻烦事。

熬头——形容心里烦恼的意思，

摔咧子——指发脾气的意思。

唏溜儿——指说话用鼻子吸气，即不利落的意思。

吃瓦片儿——指有房产者靠出租房屋为生。

车轱辘话——形容连续重复多次的话语。

脏口儿——指鸟雀模仿人或其他的不悦耳的声音。这是养鸟人的术语，串了杂音。一旦"脏口儿"了，鸟儿就不值钱了。

上述词语从字面意思上就可以领会其中隐含的意义。比如用"披虱子袄"来指遇到麻烦事；"刷夜"指彻夜在外闲逛；"吃瓦片儿"指出租房屋为生；"脏口儿"指所养鸟雀学说了一口骂人的脏话或模仿不雅的声音等，都是极其形象的。

老北京土话的生动性和形象性的特征还与老北京人说话爱使用大量的歇后语、谚语、俗语等有关。

1. 运用歇后语

钟鼓楼上的家雀——耐惊耐怕。形容久经风浪、沉稳老练的人。

小铺儿的蒜——零揪儿。"零揪儿"，是指一个人说话、做事、花钱等不痛快，零打碎敲。

雍和宫里跳布扎——鬼闹的。指某人自己做了坏事，反而若无其事去问别人是怎么回事，被问者心中有数，知道此事为何人所做，但又不直言，便说："雍和宫里跳布扎——鬼闹的呗！"

窝窝头翻个儿——显大眼。是指把窝头翻过个儿来，窝儿朝天就显出了个大圆眼儿（即圆孔）来，用以比喻出风头，反而出了丑，常常带有轻视讽刺的意味。

　　兔儿爷折跟头——窝了犄角。形容某人办某件事受到了挫折，显得十分形象。

　　房檐下的燕子——瞎啾啾。指过去一到春天，就有许多南方的燕子飞到北京一些老住户的房檐下搭窝繁殖后代。燕子那啾啾的叫声用来形容不了解情况时的胡说乱说。

　　疥癞蛤子爬脚面—— 不咬吓唬人。"疥癞蛤子"指癞蛤蟆。指虚张声势，没有实际行动。

　　西太后听政——专出鬼点子。形容用不正当的手段和见不得人的办法背地搞阴谋诡计，或形容某些人为虎作伥，出坏主意，纵容、鼓动别人做坏事。

　　香山的卧佛——大手大脚。表面是说卧佛的手脚都很大，寓指不注意节约，花钱不知算计的人。

　　天桥的把式——光说不练。形容人光凭嘴巴说而没有真本事或做事拿不出实际行动。

　　武大郎卖赤（chǐ）包儿——人怂货蔫儿。"赤包儿"一种蔓生植物的果实，不能食用，果子秋后发红变软，是旧时北京孩子们的玩具。此句是嘲笑人与物都一无是处。

　　2. 运用俗语

　　老北京人在日常生活创造了大量通俗的定型化的俗语，这些平民百姓创造出来的语言充分体现了他们的阅世经历，对事理的看法以及对生活的愿望。

　　恶人自有恶人磨：指欺侮人的，也会被更凶恶的人欺侮。

　　翻滚不落架儿：指吵起来没完没了，有撒泼、放刁之义。

　　拉出来的屎又坐回去：嘲讽人出尔反尔，说了不算。

　　赶落得燕儿不下蛋：极言忙迫的样子。

　　一会儿一个莲花，一会儿一个牡丹：形容人没有准主张，一时一个主意。

　　打不过鬏儿挽不过纂儿来：本指妇女头发少了就不能打鬏儿挽纂儿。转指一个人收入少，不够生活费用。

　　光梳头净洗脸儿：形容妇女整洁的形貌。

　　事儿妈：指多事之人。"多事"之义，徐世荣（1990）就作过十分全面的解释："所谓'多事'，或在生活上多作讲究，如喜欢清洁、舒服、体面等；或工作上要求严格，一丝不苟；或对别人行为，周围环境，以及事物缺点，处处苛求其完美而表示不满等等。"①无怪乎有人认为"事儿妈"是

---

① 徐世荣：《北京土语辞典》，北京：北京出版社 1990 年版，第 365 页。

北京老百姓创造的一个非常生动，非常具有表现力的词儿。

以上这些歇后语、俗语充满机智、幽默，在隐喻的语表之下蕴藏了许多语里意义，需要人们自己去咂摸、领悟。这些在老北京土话中人们张嘴就来的语汇，也使得老北京话在土俗之中，平添许多风趣的色彩。

二、社会功能

隐喻使用是语言社会功能的一个重要表现形式。交际中由于隐喻的使用使社会团体、个人都在语言的修辞机制中获得益处。这些益处反映在以下几个方面。

（一）亲密性

隐喻的使用可以增添说话者双方的亲密度。"隐喻使用的一个重要目的是获得亲密程度，这包括三个方面：① 说话者发出含蓄的邀请，② 听话者付出特殊的代价接受邀请，③ 这一交换使得双方承认属于同一个团体。"[①]"隐喻性语言只有在对相互之间的知识、信仰、意图和态度等都非常熟悉的人们之间才能被理解。"[②]

老北京土话里，人们常常也会使用隐喻构词来获得相互之间的理解和亲密度。例如：遇到老北京人冲你说："瓷器tɕʻiɨ（'器'读轻音），这哪儿去呀？"这就是在跟你说"朋友，这是要去什么地方呀？"句中"瓷器tɕʻiɨ"隐喻"朋友"，而且这可不是一般的朋友，而是特别要好的朋友的意思。

隐喻的功能就是这样使交际双方产生一种默契感和认同感，语言上的隐秘保持了这一认同感，使受话人产生都是团体成员或圈内人的意识，并迅速消除言语者之间的心理距离，并获得一种愉快的心理体验。

（二）礼貌性

隐喻的社会功能还通过礼貌性的特点显现出来。在语用原则中，"礼貌原则"就是重要的交际原则之一。说话双方都要遵守礼貌原则，为的是避免言语的冲突或达到各种避讳的效果。礼貌原则主要通过人们使用委婉语的方式表现出来。

老北京人有爱说俏皮话的传统，比如两口子吵架，这进来劝架的先来一句，"哟，这怎么话说的，您这可真是饭馆的菜，老炒（吵）啊！"就这一句，兴许吵架的这两位就能逗乐了。实际上这就是使用语言的委婉的手法来"化干戈为玉帛"的实际用例。类似的委婉语在老北京土话中就大量

[①] 束定芳：《隐喻学研究》，上海：上海外语教育出版社 2000 年版，第 147—148 页。

[②] 同上。

存在，例如：

脏了房——老北京人迷信，认为人被凶杀，死在屋子里，会带来晦气，故有"脏房"一说。

大限——即寿数。以前人们认为人的寿命都是有定数的，"大限已到"就是寿数已到，即将死去的意思。

糟践——埋没、糟蹋的意思，自己把自己给淹践了，即对自杀的讳称。

百年——死的意思。

光荣喽——北京新流行语，光荣牺牲的简化。光荣，即牺牲，也就是死。

报销——即完了，没了的意思，也是北京土话中死亡的替代词。

找根绳儿——喻指上吊自杀的意思。

丢身子——老北京土话对"性"的隐喻用词，过去的人不懂性科学，以为男人跟女人发生性关系，会失去身体内的阳气，故有此说。

全活儿——京城隐语，即卖身，也就是暗娼。

傍家儿——指情妇。傍着即依附之义。

上例中都是人们日常对死亡、性以及不便提及的某一类人的隐喻说法。

可以说，委婉地用词目的是增添说话的文雅度、为了自尊或表示某种特别的暗示，不至于因为直白而有失尊严或降低自身的身份与风度。是交际双方照顾相互的心理情绪的有效的方式。

总之，隐喻是社会交际的润滑剂，能增强人与人之间和谐的关系，使言语交际过程因为这种语用的表达而充满活力和魅力。

第六章　结语

　　语法的研究是离不开对语音、语汇的调查与分析研究的。本书在研究之初，有选择性地对北京城区方言进行了较长时间的深入、持续的调查，通过这些调查研究，发现老北京土话在语音、语汇和语法的各个层面都有着迥异于普通话的不同的、鲜明的特点。而这些特点之前是人们有意回避，或刻意消除的。作为现代汉民族共同语的重要的基础方言，20世纪50年代开始，北京语音就被作为共同语的标准语音来加以学习和规范，自此后，不论是人们的口头语言还是作家的创作文本语言都有意识地对土话土音进行规范，作家老舍是使用北京土语创作的京籍作家的代表，在这种大的时代潮流下，老舍也自觉地放弃许多曾经十分娴熟的土话土音而代之以规范的共同语来进行创作。他在《北京话语汇·序》中说道"我生在北京，一直到二十多岁才去糊口四方。因此，在我写小说和剧本的时候，总难免用些自幼儿用惯了的北京方言中的语汇。……即使在推广普通话以后，我有意地控制自己，少用些北京话中独有的语汇，可是能够多了解些自己的乡土话，还不能不是一件痛快的事。"①正是这种"有意地控制"使北京土话土音隐藏在"被规范"的面纱之后而难显其真容，撩开北京土话的面纱，还其真实的面目是语言工作者应有的责任。

一、老北京土话语音和语汇的特点

　　老北京土话有着诸多与普通话不同的特点，这些差异全面体现在语音、语汇和语法的各个层面。

1. 语音的特点

　　徐世荣先生在《北京土语探索》一文中就北京音系与北京土音的关系加以区分。他认为"普通话以北京语音为标准，指的是'北京音系'，而不包括北京土音"。并说："北京音系就是规律化的正常范围内的音素（声母、韵母）、音节、声调，有稳固的分立与组合关系，而土音则否。北京土音自

---

① 老舍：《北京话语汇·序》，北京：商务印书馆1964年版，扉页。

然不是在北京音系之外整个儿另一套，不过是在这体系之外，存在着或滋长着一些特殊的东西，是无规律、不正常的表意信息，只在北京人这个小圈子里被接受而已。"①并把北京土音归结为"不正常"的四种现象：偶现、狭隘、讹变、混乱。这种一切为了推广普通话而排斥方言土音的作法，完全是一种偏见，是不顾语言发展的自身规律而下的结论。上述四种语音现象恰恰是老北京土话语音自身的特点，反映出该方言语音的特殊规律性，是原生的现象。综观北京土话的语音，除了儿化与轻声的音变特点外，还存在着大量的增音、减音、吞音、变音、变调、文白异读等情况，特别是吞音和变音的情况十分复杂，就吞音来说还有丢弃、吞并、吃字儿几种类型；就变音来说分为声母变音、韵母变音，和声母、韵母、甚至声调一起变音的情况。这些音变情况有些能找出系统的规律性如儿化、轻声、文白异读等音韵现象，有些则很难发现其中的音变规律，如变音、变调等情况："波浪"[poˉlɑŋˇ]变读为[pʻoˉlɑŋˇ]、"只当"[tʂʅˉtɑŋˉ] 变读为[tsʅˉtɑŋˉ]、"骆驼"[luoˇtʻuo] 变读为[lɤˇtʻuoˉ]、"脊梁骨"[tɕiˇliɑŋˉkuˇ] 变读为[tɕiˉniŋˉkuˇ]等等。这些都是需要进一步分析研究的问题。也正是存在着这些看似与普通话存在差异的所谓"例外"，构成了京语京腔特殊的魅力和韵味儿。

2. 语汇的特点

土俗是北京土话语汇的最大的特点。研究北京土话的学者齐如山、徐世荣、陈刚、常锡桢等人都认为，北京土话的差异主要体现在语汇上。从语言学的角度来说，词语的变化在语言三要素中本身就是最活跃、最富于变化的一个因子。在老北京土话中存在着大量生动活泼的词语，它们由老北京特有名词、隐语、俗语、四字格成语、谚语、歇后语、外来语等构成，创造了老北京人俗白浅显的口语。这些语汇有的是自创的，如老北京土话中表示事物的特征词：哥棱瓣儿膝盖、陑陑看看、拿撸乘机要挟；隐语：春典指说话、顺子光棍汉；俗语：闷得儿蜜为保密而默然的状态、肝儿颤极端畏惧。有的则是从周边地区传入或借用外来语而形成的：挂懒儿一种长坎肩（满）、猫儿匿暧昧、隐蔽之事（波斯）、哈什罕儿指遥远之地（维）、乜贴善心（回）。这些语汇即使是老北京人也不一定都能明白其本字或源流。就连老舍先生也感慨地说："在用这些语汇的时候，并非全无困难：有的听起来颇为悦耳，可是有音无字，不知应当怎么写下来；思索好久，只好放弃，心中怪不舒服。有的呢，原有古字，可是在北京人口中已经变了音，按音寻字，往往劳而无功。还有的呢，有音有字，可是写下来连我自己也不大明白它的意思与来历，闷闷不乐；是呀，自己用的字可连自己也讲不出道理来，多么别扭啊！原来，北京话的语汇中，有

---

① 徐世荣：《北京土语辞典·北京土语探索（代序）》，北京：北京出版社1990年版，第1页。

些是从满、蒙、回等少数民族的语言中借过来的，我没有时间作研究工作，所以只能人云亦云，找不到根源，也就找不到解释。"①确实，老北京土话的语汇部分最能体现其土俗的成分，其发展过程中不断自造并吸收外来民族语言中的成分，形成一个庞大的独有的词群聚合体，不借助语言、文化和历史的发展断然不能对其做出合理而科学的解释。

二、老北京土话语法的特点

本课题秉承参考语法研究的理论精神，对老北京土话的语法进行了较为系统的描写研究和分析探讨。

老北京土话是一座巨大的语言富矿，其语音、语汇有极大的挖掘空间。本课题只是就其语法进行了一番研究，以参考理论全面细致的研究方法作指导，较为系统地描写了老北京土话语法的形态、词类、特殊句式以及表达等不同领域的问题。其特点具体是：

1. 词法的特点

从构词形态上看，主要采用重叠和语缀的构形形式。重叠作为老北京土话的一个构词的重要手段，体现在名词、动词、形容词、副词、量词、数词等词类的重叠上。其中老北京土话名词重叠形式多样，尤其是形容词重叠形式十分复杂，多达三十几种不同格式。实词在重叠后，都会产生或增加或减少的量的变化，所有词类在重叠后都产生了与基式不同的新的语义特点。除了重叠，利用语缀也是老北京土话构词的另一个重要手段。语缀主要附在名词、动词、形容词和副词性语素上构成新词，分为前缀、后缀、中缀三种类型，总体来看，前缀、中缀数量较少，而后缀则十分发达，构词能力极强。无论名词、动词还是形容词的后缀都非常复杂。特别是动词的后缀呈现出十分独特的特点，不仅种类多样，而且一个动词后缀会有三到四种字形的写法，有的则达到五至六种之多，说明动词后缀虚化的程度之高。此外，复数"们"在老北京土话第一人称代词复数形式中，出现"姆么/姆姆"的音变构词现象，这是构形形态的一种典型表现。

2. 词类的特点

实词词类中，老北京土话的三大类词名词、动词和形容词常常产生转类的现象，即名词转化为动词、形容词，动词转化为形容词、形容词转化为动词。特别是名词很多可以自由地充当谓语。动词的兼类功能强大，常具有两类或两类以上词的兼类功能，同时动词还常常发生转义，由基本义引申出许多新义，这种功能特点增强了动词的表达力，凸显了语言的经济

---

① 老舍：《北京话语汇·序》，北京：商务印书馆 1961 年版，扉页。

性原则。老北京土话的形容词构造形式复杂，存在大批四字格的形式，这些形式加强了对事物的摹状能力，增强了语言的生动性。

虚词词类中，副词在老北京土话中十分发达，不仅类别多样，而且对动作行为的修饰十分细腻，有很强的摹状功能；而介词都属于前置词的类型，很少有使用框式介词的情况。

3. 句法的特点

（1）语序

老北京土话也存在语序倒置的情况，比如与人对话时，人称代词或人名常常后置。语序倒置的情况在副词的使用上尤为突出，老北京土话的表范围的副词，表时间、频率的副词如：都、就、再、又、还等常常倒置，以增强说话者对某事物的主观感受，着重强调某种语气，从音韵上也使句式产生了回环的效果。

（2）特殊句式

老北京土话基本不用"把"字句、"被"字句，使用表示处置的"把"字句和表示被动的"被"字句时，只在文学作品中的口语文本里出现：曹雪芹《红楼梦》、文康《儿女英雄传》、老舍《骆驼祥子》《四世同堂》等等，而在实际口语中，老北京人会使用其他的处置和被动标记来代替上述特殊句式。如："给"字句、"管"字句都用来表示处置，而"给"字句还肩负着表达被动、使役的多种功能；"让"字句和"叫"字句则用来表示使役兼表被动。从特殊句式的使用上看，"给"字句、"让"字句、"叫"字句、"容"字句既能替换使用，又有各自的特点，这些句式使得老北京土话的致使范畴有丰富多样的表达手段。

4. 语用表达上的特点

老北京土话在语用表达上有着多种生动形式，不仅使用诸多的修辞手段，同时也惯于使用隐喻的认知方式来进行语言的创新和交流。老北京人擅长于使用不同的语汇来达到比喻、双关、拟人等效果，能把言外之意巧妙地传达出来，其语用表达的生动性和形象性，其隐喻的曲折性和机智性是冠于其他方言之首的。可以说，老北京土话是一种修辞性的语言，既大俗又大雅，它是千百年来中华民族思维和心智的结晶。

三、研究的展望

本书主要对老北京土话的语法进行了较为全面的描写。由于涉及的范围广，调查也需要花费很多的时间和精力。本书一方面结合前人的研究成果，另一方面还要验证各方面语料的准确性和真实性，以保持所挖掘的语言事实是更土的成分。限于时间和精力写作中仍然存在许多不足之处：（1）对词类的描写还不够完善，特别是虚词部分还应加强研究的力度。（2）句法上还有一些特殊的句式（包括短语结构）如"管"字句、"是"字句等还应进一步研究。（3）对老北京土话的历史发展情况虽然在有些章节进行了历时的考察，但所做的工作还有待深入。如何把某一个语言现象的来龙去脉弄清楚，是一个巨大的系统工程，是需要花更多的力气去探索的。对于这些不足，只有等到下一步对书稿的修订工作再作进一步的完善和强化了。

老北京土话及其语法形式是一座被掩埋的语言宝藏，其中含有许多的富矿，本书只是作为敲门砖作了先期的叩问和探测性研究。今后还应加大研究的视角和力度，在上述研究的基础上，拟在以下领域进行深入探讨：首先，加强对老北京土话的调查力度，发掘口语中隐藏的诸多语言事实，特别是虚词系统及其发展状况；其次，加强对老北京土话的短语格式的研究；再次，对老北京土话的诸多语法范畴作进一步研究，如时间范畴、空间范畴、程度范畴、否定范畴等；最后，从表达论的角度加强对老北京土话的语用研究，由此最终建立和完善老北京土话的语法系统，以展示老北京土话语法的全貌。

参考文献

［1］ 白宛如：《北京方言本字考》，《方言》1979 年第 3 期。

［2］ 常锡桢：《北京土话》，北京：文津出版社 1992 年版。

［3］ 陈刚：《北京方言词典》，北京：商务印书馆 1985 年版。

［4］ 陈映戎：《英汉植物隐喻的跨文化理解研究》，武汉：华中师范大学出版社 2012 年版。

［5］ 程荣：《北京话量词》，载胡明扬《北京话研究》，北京：燕山出版社 1992 年版。

［6］ 成伟钧、唐仲扬、向宏业：《修辞通鉴》，北京：中国青年出版社 1991 年版。

［7］ 崔永华：《北京口语里的"得"例释》，《语言学论丛》第 15 辑，北京：商务书馆 1988 年版。

［8］ 董树人：《新编北京方言词典》，北京：商务印书馆 2011 年版。

［9］ 董树人：《北京口语中的委婉词语和委婉表达方式》，《汉语学习》1985 年第 2 期。

［10］ 冯春田：《近代汉语语法研究》，济南：山东教育出版社 2000 年版。

［11］ 方梅：《自然口语中弱化连词的话语标记功能》，《中国语文》2000 年第 5 期。

［12］ 高艾军、傅民：《北京话词语》，北京：北京大学出版社 2001 年版。

［13］ 高晓虹：《北京话入声字文白异读的历史层次》，《语文研究》2001 年第 2 期。

［14］ 管志斌：《"得了"的词汇化和语法化》，《汉语学习》2012 年第 2 期。

［15］ 郭姝慧：《现代汉语致使句式研究》，博士学位论文，北京语言大学，2004 年。

［16］ 何元建：《论使役句的类型学特征》，《语言科学》2004 年第 1 期。

［17］ 韩丽莉：《北京土话里的摹状修饰词》，《光明日报》1950 年 6 月 12 日。

［18］ 侯仁之、邓辉：《北京城的起源与变迁》，北京：中国书店出版社 2001 年版。

［19］ 侯精一：《试论现代北京城区话的形成》，《中国语学（日本）》2001

年第 248 期。

[20] 侯精一：《北京话连词"和"读"汉"音的微观分布——兼及台湾国语"和"读"汉"音溯源》，《语文研究》2010 年第 1 期。

[21] 胡明扬：《北京话研究》，北京：燕山出版社 1992 年版。

[22] 胡明扬：《北京话初探》，北京：商务印书馆 2005 年版。

[23] 胡明扬：《北京话的语气助词和叹词》，载马庆株《二十世纪现代汉语语法论文精选》，北京：商务印书馆 2005 年版。

[24] 洪波：《"给"字的语法化》，《南开语言学刊》2004 年第 4 期。

[25] 洪波、赵茗：《汉语给予动词的使役化及使役动词的被动介词化》，《语法化和语法研究（三）》，北京：商务印书馆 2007 年版。

[26] 贾彩珠：《北京话儿化词典》，北京：语文出版社 1990 年版。

[27] 江蓝生：《〈燕京妇语〉所反映的清末北京话特色（上）》，《语文研究》1994 年第 4 期。

[28] 江蓝生：《〈燕京妇语〉所反映的清末北京话特色（下）》，《语文研究》1995 年第 1 期。

[29] 江蓝生：《近代汉语探源》，北京：商务印书馆 2001 年版。

[30] 金受申：《北京话语汇》，北京：商务印书馆 1961 年版。

[31] 金立鑫：《"把"字句的句法、语义、语境特征》，《中国语文》1997 年第 6 期。

[32] 蒋绍愚：《"给"字句、"教"字句表被动的来源——兼谈语法化、类推和功能扩展》，《语法化和语法研究（一）》，北京：商务印书馆 2003 年版。

[33] 孔庆东：《北京人的吃文断字》，http：//blog. sina. com. cn/s/blog_476 da3610100hl48. html，2010-04-12。

[34] 李临定：《现代汉语句型》，北京：商务印务馆 1986 年版。

[35] 李桂周：《也谈名词的 AABB 重叠式》，《汉语学习》1986 年第 4 期。

[36] 李蓝：《贵州大方方言名词和动词的重叠式》，《方言》1987 年第 3 期。

[37] 李炜：《清中叶以来使役"给"的历时考察与分析》，《中山大学学报》（社会科学版）2002 年第 3 期。

[38] 廖秋忠：《篇章与语用和句法研究》，《语言教学与研究》1991 年第 4 期。

[39] 廖秋忠：《廖秋忠文集》，北京：北京语言学院出版社 1992 年版。

[40] 林焘：《普通话和北京话》，北京：语文出版社 2000 年版。

[41] 刘云：《北京话使役兼表被动现象研究——以"让"和"给"为个案》，硕士学位论文，北京语言大学，2006 年。

[42] 刘永耕：《动词"给"语法化过程的义素传承及相关问题》，《中国语

文》2005 年第 2 期。

[43] 刘丹青：《语法调查研究手册》，上海：上海教育出版社 2008 年。

[44] 刘泽先：《北京话里究竟有多少音节》，北京：文字改革出版社 1958 年版。

[45] 卢卫中、孔淑娟：《转喻与委婉语的构成》，《外语研究》2006 年第 6 期。

[46] 吕叔湘：《现代汉语八百词》，北京：商务印书馆 2002 年版。

[47] 马庆株：《现代汉语的双宾构造》，《语言学论丛》（第十辑），北京：
商务印书馆 1983 年版。

[48] 马希文：《关于动词"了"的弱化形式/. lou/》，《中国语言学报》1983
年第 1 期。

[49] 孟琮：《北京口语里的"得"和"得了"》，《语言教学与研究》1986
年第 3 期。

[50] 彭宗平：《北京话儿化词研究》，北京：中国传媒大学出版社 2005 年版。

[51] 彭宗平：《北京话里的特殊量词》，《北京社会科学》2004 年第 3 期。

[52] 齐沪扬：《谈单音节副词的重叠》，《中国语文》1987 年第 4 期。

[53] 齐如山：《北京土话》，沈阳：辽宁教育出版社 2008 年版。

[54] 屈哨兵：《现代汉语被动标记研究》，武汉：华中师范大学出版社 2008
年版。

[55] 沈家煊：《"在"字句和"给"字句》，《中国语文》1999 年第 2 期。

[56] 石毓智：《被动式标记语法化的认知基础》，《民族语文》2005 年第
3 期。

[57] 束定芳：《隐喻学研究》，上海：上海外语教学出版社 2000 年版。

[58] 宋孝才：《北京话语词汇释》，北京：北京语言学院出版社 1987 年版。

[59] 宋孝才、马欣华：《北京话词语例释》，（日本）铃木出版株式会社 1982
年版。

[60] ［日］太田辰夫：《中国语历史文法》，蒋绍愚、徐昌华译，北京：北
京大学出版社 2003 年版。

[61] 唐作藩：《普通话语音史话》，北京：语文出版社 2000 年版。

[62] 宛新政：《现代汉语致使句研究》，博士学位论文，复旦大学，2004 年。

[63] 王力：《王力古汉语词典》，北京：中华书局 2003 年版。

[64] 王维贤：《"了"字补议》，《语法研究和探索（五）》，北京：语文出版
社 1991 年版。

[65] ［英］威妥玛：《语言自迩集》，北京：北京大学出版社 2002 年版。

[66] 王寅：《认知语言学》，上海：上海外语教育出版社 2007 年版。

[67] 奚博先：《嘴里哪来"热豆腐"——试谈北京土音》，《语文建设》1995
年第 12 期。

［68］熊仲儒：《现代汉语中的致使句式》，北京：北京语言大学 2003 年版。

［69］徐丹：《北京话中的语法标记词"给"》，《方言》1992 年第 1 期。

［70］徐复岭：《关于语缀"法"的几个问题》，《汉语学习》1988 年第 6 期。

［71］徐世荣：《北京土语辞典》，北京：北京出版社 1990 年版。

［72］徐世荣：《普通话语音和北京土音的界限》，《语言教学与研究》1979 年 1 期。

［73］杨伯峻、何乐士：《古汉语语法及其发展（修订本）》（上、下），北京：语文出版社 2001 年版。

［74］［美］尤金·N.安德森：《中国食物》，南京：江苏人民出版社 2003 年版。

［75］俞敏：《北京音系的成长和它受的周围的影响》，《方言》1984 年第 4 期。

［76］俞敏：《北京口语里的"给"字》，《语文学习》1983 年第 10 期。

［77］张海媚：《"教"的读音演变及其与"叫"的历时更替》，《西南交通大学学报》2012 年第 2 期。

［78］张惠英：《北京土话连词"和"读"汉"音探源》，《中国语文》2012 年第 1 期。

［79］张世芳：《北京话"伍的"的来源》，《民族语文》2009 年第 1 期。

［80］张谊生：《现代汉语副词研究》，上海：学林出版社 2000 年版。

［81］张豫峰：《"得"字句研究述评》，《汉语学习》2000 年第 2 期。

［82］张猛：《〈左传〉谓语动词研究》，北京：语文出版社 2003 年版。

［83］赵世开：《汉英对比语法论集》，上海：上海外语教育出版社 1999 年版。

［84］赵世举：《授与动词"给"产生与发展简论》，《语言研究》2003 年第 4 期。

［85］赵艳芳：《认知语言学概论》，上海：上海外语教育出版社 2001 年版。

［86］赵元任：《北京、苏州、常州语助词的研究》，《清华大学学报》（自然科学版）1926 年第 2 期。

［87］赵元任：《北京口语语法》，李荣编译，北京：中国青年出版社 1953 年版。

［88］中国社会科学院语言研究所词典编辑室：《现代汉语词典（第 5 版）》，北京：商务印书馆 2005 年版。

［89］周一民：《北京口语动词的若干后缀》，《语文研究》1985 年第 4 期。

［90］周一民：《北京口语语法·词法卷》，北京：语文出版社 1998 年版。

［91］朱德熙：《语法讲义》，北京：商务印书馆 1998 年版。

［92］朱德熙：《现代汉语语法研究》，北京：商务印书馆 2001 年版。

［93］朱景松：《动词重叠式的语法意义》，《中国语文》1998 年第 5 期。

［94］朱景松：《形容词重叠式的语法意义》，《语文研究》2003 年第 3 期。

［95］郑湖静、陈昌来：《现代汉语"得"字句的再分类》，《语文研究》2012
年第 1 期。

附　录

一、长篇语料[①]

土地庙拜师

原来我啊，在两三岁的时候儿，我们家姐姐妹妹多，
yuanˋlaiˇuoˊaˎ, taiˇliaŋˋsanˉsueiˋtˋʂʅˊxəuˎꞋɻ,uoˊuoˊmenˋtɕiaˉtɕieˉtɕieˉmeiˋmeiˋtuoˊ,
男的少，我母亲呢就生我这们一个男孩儿，两三岁的时
nanˊtˎʂauˎ, uoˊmuˊtɕʻinˉˎnəˎtɕiouˎʂəŋˉuoˊtʂənˎmenˎiˉkʅˎnanˊxərˎ,liaŋˋsanˉsueiˋtˋʂʅˊ
候儿，老有病。这病啊说实在的，三天两头得上我们这儿
xəɻˎ, lauˎꞌiouˎpiŋˋ.tʂɤˎpiŋˋaˎʂuoˊʂʅˊtsaiˋtˎ, sanˉtʻianˉliaŋˋtʻouˊteiˎʂaŋˎuoˊmenˎtʂɤˎꞌɻ
有一个中医啊上那儿去瞧去。不是拉稀就是发烧，那什么老
iouˎiˉkʅˎtʂuŋˉꞌiˉaˎʂaŋˎnarˎtɕʻieˎtɕʻiauˊtɕʻieˎ. puˎʂʅˋlaˉɕiˉtɕiouˎʂʅˋfaˉʂauˉ,naˎʂenˎmeˎlauˎ
有病，我妈就怕我啊死喽，说就这一男孩儿要死喽也没法生
iouˎpiŋˋ,uoˊmaˉtɕiouˎpʻaˎuoˊaˎsʅˎlouˎ,ʂuoˊtɕiouˎtʂɤˎiˉnanˊxarˎiˎʂʅˎlouˎꞋ Ꞌieˎmeiˊfaˎʂəŋˉ
啦。后来呢我妈做了一梦，这我母亲跟我说，跟别人也说
laˎ. xouˋlaiˊꞋꞌnəˎuoˊmaˉtsuoˋꞋꞌieˎiˉməŋˋ,tʂɤˎuoˊmuˊtɕʻinˉkənˉuoˊʂuoˊꞋ,kənˉpieˊʐənˎ Ꞌieˎʂuoˊ
过。就是说睡着睡着觉哇，从南边儿来一个白胡子老头，
kuoˋꞋ. tɕiouˎʂʅˋʂuoˊʂueiˋtʂʅˎʂueiˋtʂʅˎtɕiauˋuaˉ,tsʻuŋˊnanˊpiərˎlaiˊiˉkʅˎpaiˊxuˊtsʅˊlauˎtʻouˊ,
白胡子老头就说让我妈给我扔的那开水锅里头，"你
paiˊxuˊtsʅˊlauˎtʻouˊtɕiouˎꞋꞌʂuoˊzꞌaŋˎuoˊmaˉkeiꞋouˎꞋꞌuoˊzəˎnˎꞋnaˎkʻaiˉʂueiˋkuoˉliˎtʻouˊ, "niˎ
扔开水锅里头，你煮他，煮熟喽，你吃！"　煮熟啦就吃，
zəˎnˎkʻaiˉʂueiˋkuoˉliˎtʻouˊ, niˎtʂuˎtʻaˎ, tʂuˎʂouˊlouˎ, niˎtʂʻʅꞋ!" tʂuˎʂouˊlaˎtɕiouˎtʂʻʅꞋ,
吃得差不多就剩一脑袋啦。我妈就说："我实在吃不下
tʂʻʅꞋtˎtʂʻaˎpuˎtuoˉtɕiouˎʂəŋˋiˎnauˎtaiꞋlaˎ. uoˊmaˉtɕiouˎʂuoˊ: "uoˊʂʅˊtsaiˋtʂʻʅꞋpuˎɕiaꞋ

① 长篇语料发音人为杨连顺先生。

去 啦!”说 吃 不 下 去 甭 吃啦, 说你 明儿个 他就好 啦, 说 你 给

tɕʼiɛ˥la˥. "ʂuo˥tʂʼ˩ʐpu˩ɕia˥tɕʼiɛ˥puŋ˥ʂʼ˩la˩, ʂuo˥ni˩miə˩r˥kɤ˥tʼa˥tɕiou˥xau˥la˥, ʂuo˥ni˩kei˥

他 找 一 师傅。后来 呢 一来二去 病 也不忒 频 繁啦。完了以 后 呢,

tʼa˥tʂau˩i˩ʂʼ˩fu˥. xou˩lai˩nə˩i˩lai˥ɚr˥tɕʼy˥piŋ˩iɛ˩puˌtʼei˥pʼin˥fan˩la˥. uan˩lei˩xou˩nə˩,

姆姆 这儿 车道沟 有 一个 寺庙, 都 认 识, 那儿 一个 老方丈 呢 老

mˌmˌtʂɤr˥tʂʼɤ˥tau˩kou˩iou˩i˩kɤ˥sɿ˩miau˩, tou˥ʐən˩ʂʼ˩, nar˩i˩kɤ˩lau˩faŋ˥tʂaŋ˩nə˩lau˩

当家的 他 叫惠林, 我妈 就 找 惠 林 去 啦, 说:“惠林, 你 侄儿

taŋ˥tɕia˥tə˩tʼa˥tɕiau˥xuei˩lin˩, uo˩ma˥tɕiou˩tʂau˩xuei˩lin˩tɕʼy˥la˥, ʂuo˥: "xuei˩lin˩, ni˩tʂr˩

明儿个 你 给 收 作 徒弟 得啦”。他说:“行啊”。我 那 会儿 我就 六

miə˩r˥kɤ˥ni˩kei˥ʂou˥tsuo˥tʼu˩ti˩tɤ˩la˥. "tʼa˥ʂuo˥: "ɕiŋ˩a˩. " uo˩nei˩xuər˩uo˩tɕiou˩liou˩

岁 啦。“成,”他 说:“你给 带来 吧。”说 带来 得给师傅 做点儿 东

suei˩la˥. "tʂʼəŋ˩, tʼa˥ʂuo˥: "ni˩kei˥tai˩lai˩pa˩. "ʂuo˥tai˩lai˩tei˩kei˥ʂʼ˩fu˥tsuo˥tiər˩tuŋ˥

西, 他 不是 过去 那会儿, 那 老当家 的老和尚都 穿 那个 靴子,

ɕi˥, tʼa˥pu˩ʂʼ˩kuo˩tɕʼy˥nei˩xuər˩, nei˩lau˩taŋ˥tɕia˥tə˩lau˩xɤ˩ʂaŋ˥tou˥tʂʼuan˥nei˩kɤ˥ɕyɛ˥tsɿ˩,

到 时候给 做 一 双 靴子 给 拿去 吧。做了 一双 靴 子给 他 拿去

tau˩ʂʼ˩xou˩kei˥tsuo˩i˩ʂuaŋ˥ɕyɛ˥tsɿ˩kei˥na˩tɕʼiɛ˩pa˩. tsuo˩lə˩i˩ʂuaŋ˥ɕyɛ˥tsɿ˩kei˥tʼa˥na˩tɕʼiɛ˩

啦。惠林就说:“我 说 什么 你也得 听 什么。”我说:“行!”后

la˥. xuei˩lin˩tɕiou˩ʂuo˥: "uo˩ʂuo˥ʂən˩mə˩ni˩iɛ˩tei˩tʼiŋ˥ʂən˩mə˩. "uo˩ʂuo˥: "ɕiŋ˩!"xou˩

来 呢说啊:“我 给你 一笤帚, 给 你一个 簸箕, 你呀打扫佛堂, 我一 拿

lai˩nə˩ʂuo˥a˥: "uo˩kei˥ni˩i˩tʼiau˩tʂou˩, kei˥ni˩i˩kɤ˥po˥tɕʼi˥, ni˩ia˥ta˩sau˩fo˩tʼaŋ˩, uo˩i˩

这个 掸子 把儿, 一敲 佛案, 你 就别 打扫啦, 扔下 簸箕、扔下 笤

tʂei˩kɤ˥tan˩tsɿ˩par˩, i˩tɕʼiau˥fo˩an˩, ni˩tɕiou˩piɛ˩ta˩sau˩la˥, ʐəŋ˩ɕiɛ˩po˥tɕʼi˥, ʐəŋ˩ɕiɛ˩tʼiau˩

帚 你就走。”又说:“门 口啊, 有 一条 板凳, 我 特意给 你 弄

tʂou˩ni˩tɕiou˩tsou˩. "iou˩ʂuo˥: "mən˩kʼou˥a˥, iou˩i˩tʼiau˩pan˩təŋ˩, uo˩tʼɤ˩i˩kei˥ni˩nəŋ˩

一个, 你 六岁, 要 让你 跳, 高 板凳 你 跳不过去, 弄一 小的、

i˩kɤ˥, ni˩liou˩suei˩, iau˩ʐaŋ˩ni˩tʼiau˩, kau˥pan˩təŋ˩ni˩tʼiau˩pu˩kuo˩tɕʼi˩, nəŋ˩i˩ɕiau˩tə˩,

矮的 板凳, 挺长 的, 搁那儿, 搁门 口那儿。”说:“你 啊, 我 这一敲

ai˩tə˩pan˩təŋ˩, tʼiŋ˩tʂʼaŋ˩tə˩, kɤ˥nar˩, kɤ˥mən˩kʼou˥nar˩. "ʂuo˥: "ni˩a˥, uo˩tʂei˩i˩tɕʼiau˥

这 佛案, 你 就从 门儿 出去, 迈 过这 板凳去。让你妈 带你

tʂɤ˩fo˩an˩, ni˩tɕiou˩tsʼuŋ˩mər˩tʂʼu˥tɕʼi˥, mai˩kuo˥tʂei˩pan˩təŋ˩tɕʼi˥. ʐaŋ˩ni˩ma˥tai˩ni˩

回家, 你 就不许回头。”后来“梆”一敲 这个 佛案, 我就

xuei˩tɕia˥, ni˩tɕiou˩pu˥ɕy˥xuei˩tʼou˩. "xou˩lai˩"paŋ˥"i˩tɕʼiau˥tʂei˩kɤ˥fo˩an˩, uo˩tɕiou˩

扔下 我就 往出跑, 走那个 门儿那儿有一条 板凳, 迈着那

ʐəŋ˩ɕiɛ˩uo˩tɕiou˩uaŋ˥tʂʼu˥pʼau˩, tsou˩nei˩kɤ˥mər˩nar˩iou˩i˩tʼiau˩pan˩təŋ˩, mai˩tʂɤ˥nei˩

板 凳 我 就 出 来 啦。我 母 亲　就　给 我 带 回 家 啦。　这 叫 什

panˋtˊəŋˊuoˊtɕiouˋtʂˊuˊlaiˊla. uoˋmuˇtɕˊinˊtɕiouˋkeiˊuoˋtaiˊxueiˊtɕiaˋlaˋ. tʂeiˋtɕiauˋʂənˊ

么 呀，这 叫 "跳 墙 和 尚"，　就 是 可 以 还 俗，那 会 儿 那 和 尚

məˊiaˋ, tʂeiˋtɕiauˋ"tˊiauˋtɕˊiaŋˊxɤˊʂaŋˋ", tɕiouˋʂˋkˊɤˋiˇxuanˊθuˊ,neiˋxuɚˋneiˋxɤˊʂaŋˋ

这 脑 袋 上 弄 八 个 点 儿、九 个 点 儿。这 "跳 墙 和 尚" 呢 是 假 的，

tʂeiˋnauˇtaiˋʂaŋˋnəŋˋpaˋkɤˋtierˇ, tɕiouˇkɤˋtierˇ. tʂeiˋ"tˊiauˋtɕˊiaŋˊxɤˊʂaŋˋ"nəˋʂˋtɕiaˇtəˊ,

许 愿 的 意 思。以 后 啊 就 什 么 毛 病 没 有 啦，就 是 有 点 儿 傻，不

ɕyˇyuanˋtəˊiˋɹ̩. iˇxouˋatɕiouˋʂənˊməˇmauˊpiŋˋmeiˊiouˇlaˊ,tɕiouˋʂˋiouˇtierˊʂaˇ, puˋ

是 别 的 傻，就 是 说 话 也 好、办 事 也 好 没 人 家 机 灵。完 了 以

ʂˋpieˊtəˊʂaˇ, tɕiouˋʂˋʂuoˊxuaˋieˇxauˇ, panˋʂˋieˇxauˇmeiˊɹ̩ənˊtɕiaˊtɕiˊliŋˊ. uanˊləˋiˇ

后 呢，欸，一 直 就 没 有 病。

xouˋnəˋ, eiˊ, iˋtʂˋʅtɕiouˋmeiˊiouˇpiŋˋ.

　　后 来 就 到 了 那 个 49 年 解 放，国 民 党 跟 共 产

　　xouˋlaiˊtɕiouˋtauˋləˋneiˋkɤˋʂ̩ʅˊtɕiouˇnienˊtɕieˇfaŋˋ, kuoˊminˊtaŋˇkənˊkuŋˋtʂˊanˇ

党 打 仗 的 时 候 儿，我 们 这 儿 就 是 打 仗 的 夹 线，就 是 正 中

taŋˇtaˇtʂaŋˋtəˋʅˊxouˋ, uoˋmənˊtʂɚˋtɕiouˋʂˋtaˇtʂaŋˋtəˋtɕiaˊɕienˋ, tɕiouˋʂˋtʂəŋˋtʂuŋ

间 儿，那 头 是 国 民 党，　这 头 是 解 放 军，我 们 就 在 这 儿 住。

tɕierˋ,neiˋtˊouˊʂˋkuoˊminˊtaŋˇ, tʂeiˋtˊouˊʂˋtɕieˇfaŋˋtɕynˊ, uoˋmənˊtɕiouˋtaiˋtʂɚˋtʂuˋ.

是 49 年 1 月，正 要 过 年，傅 作 义 打 着 白 旗，就 上 西 郊 机

ʂˋsiˋtɕiouˇnienˊiˋyɤˋ, tʂəŋˋiauˋkuoˋnienˊ,fuˋtsuoˋiˋtaˇtʂɤˋpaiˊtɕˊiˊ,tɕiouˋʂaŋˋɕiˊtɕiauˊtɕiˊ

场 谈 判 去 啦。孩 子 们 从 那 个 防 空 洞 里 头 钻 出 来。40

tʂˊaŋˊtˊanˊpˊanˋtɕˊieˋlaˋ. xaiˊtʂˋmənˊtsˊuŋˊneiˋkɤˋfaŋˊkˊuŋˊtuŋˋliˇtˊouˊtsuanˊtʂˊuˊlaiˊ.sˋʂˋ

天 哪，挨 防 空 洞 里 呆 着。呆 了 40 天，完 了 一 说 解 放 喽，孩 子

tˊienˊnaˋ, aiˊfaŋˊkˊuŋˊtuŋˋliˇtaiˊtʂɤˋ. taiˊləˋsˋʂˋtˊienˊ, uanˊləˋiˋʂuoˊtɕieˇfaŋˋlouˊ, xaiˊtʂˋ

们 就 挺 高 兴 的 全 出 来 啦。这 是 大 年 初 一 啊，姆 姆 那 儿 那 街 坊，

mənˊtɕiouˋtˊiŋˇkauˊɕiŋˋtəˋtɕˊyenˊtʂˊuˊlaiˊlaˋ. tʂɤˋʂˋtaˋnienˊtʂˊuˊiˋaˋ,mˇmˇneˇneiˋtɕieˊfaŋˊ,

跟 我 一 边 儿 大 这 孩 子，他 拿 一 炮 弹 那 引 火 帽，这 么 大 儿，铜 的，

kənˊuoˋiˋpierˋtaˋtʂeiˋxaiˊtʂˋ,tˊaˊnaˊiˋpˊauˋtanˋneiˋinˇxuoˇmauˋ,tʂɤˋməˋtarˋ, tˊuŋˊtəˋ,

那 不 是 有 沟 有 坎 儿 吗，他 在 沟 那 边 儿 晃，我 在 沟 这 边 儿 晃，他

naˋpuˋʂˋiouˇkouˊiouˇkˊerˇmaˋ, tˊaˊtaiˋkouˊneiˋpierˋlaˋ,uoˋtaiˋkouˊtʂeiˋpierˋlaˋ, tˊaˊ

叫 我 说："哎，给 你 这 个，你 看 看。" 他 挨 那 边 儿 晃 拿 着 就 过

tɕiauˋuoˋʂuoˊ:"eiˊ,keiˇniˇtʂeiˋkɤˋ,niˇkˊanˋkˊanˋ." tˊaˊaiˊneiˋpierˋlaˋnaˊtʂɤˋtɕiouˋkuoˋlaiˊ

来 了，他 从 沟 北 边 儿 "咚" 扔 到 沟 南 边 儿。他 一 扔 啊，我 就 跑 啦。

laˊ,tˊaˊtsˊuŋˊkouˊpeiˇpierˋ"tuŋˊ"ɹ̩əŋˊtauˋkouˊnanˊpierˋ. tˊaˊiˋɹ̩əŋˊaˋ,uoˋtɕiouˋpˊauˇlaˋ.

跑 啦呢 跑 不 远儿, 扔 出去 没 事儿, 没事儿 又 溜湫溜湫 就 又 回
p'auˌlaˌnəˌp'auˌpuˌyerˌ, zˌənˌtʂ'uˌtɕ'iɛˌmeiˌʂənˌ, meiˌʂəniouˌliouˌtɕiouˌliouˌtɕiouˌiouˌxueiˌ

来 啦。一 看, 什 么 东 西 呀? 我 就 给 捡 起来啦, 我 拿 那 手啊 给
laiˌlaˌ. iˌk'anˌ, ʂənˌmˌtuŋˌɕiˌia? uoˌtɕiouˌkeiˌtɕienˌtɕ'iˌlaiˌlaˌ, uoˌnaˌneiˌʂouˌaˌkeiˌ

摁 了 摁, 有 弹 簧, 它 能 弹。 他 就 从 沟 北 边儿 就 上 沟 南
ənˌləˌnˌ, iouˌt'anˌxuaŋˌ, t'aˌnəŋˌt'anˌ. t'aˌtɕiouˌtsʼuŋˌkouˌpeiˌpierˌtɕiouˌʂaŋˌkouˌnanˌ

边儿 来 啦。他 就 跟 我 抢, 给 那 个 东西 呢 给 抢 回去 啦。他也
pierˌlaiˌlaˌ. t'aˌtɕiouˌkənˌuoˌtɕ'iaŋˌ, keiˌneiˌkˌtuŋˌɕinəˌkeiˌtɕ'iaŋˌxueiˌtɕ'iɛˌlaˌ. t'aˌiɛˌ

摁, 挺 好 玩儿的。那会儿 小孩儿 他 哪知道哇, 十一二岁, 也 正淘气
ənˌ, tiŋˌxauˌuarˌtɛˌ. neiˌxuərˌɕiauˌxərˌt'aˌnaˌtʂɭˌtauˌuaˌ, ʂɭˌiˌərˌsueiˌ, iɛˌtʂəŋˌt'auˌ

呢 不 是。他 摁 了 也 没 摁 响。后 来 他 说:"你们 家 那 个 小 车
tɕ'iˌnəˌpuˌʂɭˌ. t'aˌənˌləˌiɛˌmeiˌənˌɕiaŋˌ. xouˌlaiˌt'aˌʂuoˌ:"niˌmənˌtɕiaˌneiˌkˌɕiauˌtʂʼˌ

子 轴 呢?"问 姆 姆家 小 车 子 轴。每 回啊 找 那 小车 子 轴啊,
tsɭˌʂouˌnə? "uənˌmˌmˌtɕiaˌɕiauˌtʂʼɭˌtsɭˌʂouˌ. meiˌxueiˌaˌtʂauˌneiˌɕiauˌtʂʼɭˌtsɭˌʂouˌaˌ,

车 子 中 间儿 就 是 山 东, 推 那 一个 木 犊子 那小那 小轴, 姆
tʂʼɭˌtsɭˌtʂuŋˌɕierˌtɕiouˌʂanˌtuŋˌ, t'ueiˌneiˌiˌkˌmuˌtuˌtsɭˌneiˌɕiauˌneiˌɕiauˌtʂouˌ, mˌ

姆家 有 这么 一个, 那 会儿 穷, 什么 找 锤子, 没有; 哪儿 有
mˌtɕiaˌiouˌtʂˌməˌiˌkˌ, neiˌxuərˌtɕ'yŋˌ, θənˌməˌtʂauˌtʂ'ueiˌtsɭˌ, meiˌiouˌ; nərˌiouˌ

谁 买 得 起锤子 呀, 也 买 不 起锤子, 就 怎么 一个 东西。每
sueiˌmaiˌtəˌtɕ'iˌtʂ'ueiˌtsɭˌiaˌ, iɛˌmaiˌpuˌtɕ'iˌtʂ'ueiˌtsɭˌ, tɕiouˌnənˌməˌiˌkˌtuŋˌɕiˌ. meiˌ

回 找 哇 找 遍 啦 也 找 不着, 那 东西 哪儿 去啦, 要 砸点儿 什么
xueiˌtʂauˌuaˌtʂauˌpienˌlaiˌtʂauˌpuˌtʂauˌ, neiˌtuŋˌɕinerˌtɕ'yˌlaˌ, iauˌtθaˌtierˌʂənˌmˌ

伍 的, 没 有, 找 不着。 他 一 问 我, 我 三 寻 搂 两 寻 搂, 我 就
uˌtɛˌ, meiˌiouˌ, tʂauˌpuˌtʂauˌ. t'aˌiˌuənˌuoˌ, uoˌsanˌɕyeˌlouˌliaŋˌɕyeˌlouˌ, uoˌtɕiouˌ

给 那 小车子 轴 找着 啦。我说:"我 给 你。"房 檐儿 底下 那 台
keiˌneiˌɕiauˌtʂʼɭˌtsɭˌʂouˌtʂʼɭˌlaˌ. uoˌʂuoˌ:"uoˌkeiˌniˌ. " faŋˌ ianˌ ti ˌtɕiɛˌneiˌt'aiˌ

阶儿 有 石头, 他 就 拿 起来 就 上 那 台阶 底 下 那儿, 找着 石头
tɕiɛrˌiouˌʂɭˌt'ouˌ, t'aˌtɕiouˌnaˌtɕ'iˌlaiˌtɕiouˌʂaŋˌneiˌt'aiˌtɕiɛˌtiˌɕiaˌnerˌ, tʂauˌtʂɭˌʂɭˌt'ouˌ

垫着 砸 去。 他 刚 要 砸, "别 砸!" 我说, "我 让 你 砸 你 再砸!"
tianˌtʂɤˌtθaˌtɕ'iˌ. t'aˌkaŋˌiauˌtθaˌ, "pieˌtsaˌ! " uoˌʂuoˌ, "uoˌzaŋˌniˌtθaˌniˌtsaiˌtθaˌ! "

我 就 跑 屋 去 啦。那会儿 都 是 大 土坯房, 我 就 挨 那 大 土坯
uoˌtɕiouˌp'auˌuˌtɕ'iɛˌlaˌ. neiˌxuərˌtouˌʂɭˌtaˌt'uˌp'iˌfaŋˌ, uoˌtɕiouˌaiˌneiˌtaˌt'uˌp'iˌ

那儿影着。他 就 挨 门外 头儿 他 就 准备 砸。 我 就 影好 啦, 说:
nerˌiŋˌtʂɤˌ. t'aˌtɕiouˌaiˌmənˌuaiˌt'ouˌt'aˌtɕiouˌtʂuənˌpeiˌtθaˌ. uoˌtɕiouˌiŋˌxauˌlaˌ, ʂuoˌ

"砸吧!"他 头一下 没 砸响， 二一下 砸 准 啦，"噹"就炸啦。炸 了
"tsaˈpaˈ!" tʰaˈtʰouˈiˈɕiətˈmeiˈtsaˈɕiaŋˈ, əˈiˈɕiətˈsaˈtʂuənˈlaˈ, "tuaŋ"tɕiouˈtʂaˈvlaˈ. tʂaˈləˈ

以 后 呢， 连 姆 们 那 个 窗 台 都 给 炸 一 窟窿。后 来 他 "库咚"
iˈxouˈnəˈ, lienˈm̩ˈmənˈneiˈkɤˈtʂʰuaŋˈtʰaiˈtouˈkeiˈtʂaˈiˈkʰuˈluŋˈ. xouˈlaiˈtʰaˈ "kʰuˈtuŋˈ"

躺 那儿啦， 给 他 肚子呀 炸 一大窟窿。手 指 头 这 仁 手 指头 都 没
tʰaŋˈnɚˈlaˈ, keiˈtʰaˈtuˈtsɿˈiaˈtʂaˈiˈtaˈkʰuˈluŋˈ. ʂouˈtʂɿˈtʰouˈtʂeiˈsaˈʂouˈtʂɿˈtʰouˈtouˈmeiˈ

啦， 这手指头 (比画: 大拇指) 也炸烂啦， 这手指头 (比画: 食指) 也炸烂啦。
laˈ, tʂeiˈʂouˈtʂɿˈtʰouˈiɛˈtʂaˈlanˈlaˈ, tʂeiˈʂouˈtʂɿˈtʰouˈ iɛˈtʂaˈlanˈlaˈ.

　　那 会儿 哪 有 钱 给 瞧 哇， 刚 使 防空洞里给钻出来，
　　neiˈxuɚˈnaˈiouˈtɕienˈkeiˈtɕiauˈuaˈ, kaŋˈʂɿˈfaŋˈkʰuŋˈtuŋˈliˈkeiˈtsuanˈtʂʰuˈlaiˈ,

说 先 上 松 林儿 村， 松林儿村 那儿有 一个假 的 怎么 一西医。到那儿
ʂuoˈɕienˈʂaŋˈsuŋˈlieɚˈtsʰuənˈ, suŋˈlieɚˈtsʰuənˈnɚˈviouˈiˈkɤˈtɕiaˈtəˈnənˈmeiˈiˈɕiˈiˈ. tauˈnɚˈ

一 瞅， 说:"让 我 给 你 这 烂 肉 哇 全 给 绞 了 去， 弄 好 了 以 后
iˈtʂʰouˈ, ʂuoˈ:"zaŋˈuoˈkeiˈniˈtʂeiˈlanˈzouˈuaˈtɕyenˈkeiˈtɕiauˈləˈtɕʰiˈ, nəŋˈxauˈləˈiˈxouˈ

我 给 你 包 上， 肚子那 块儿啊我 这儿 也 开不了刀。"那 会儿 没 那
uoˈkeiˈniˈpauˈʂaŋˈ, tuˈtsɿˈneiˈkʰuɚˈaˈuoˈtʂɤˈiɛˈkʰaiˈpuˈliauˈtauˈ." neiˈxuɚˈmeiˈneiˈ

个 条件。说:"你们得 上 人 民 医 院。" 第二天， 抬着 他 到 人
kɤˈtʰiauˈtɕienˈ. ʂuoˈ:"niˈmənˈteiˈʂaŋˈzənˈminˈiˈyenˈ." tiˈɚˈtʰienˈ, tʰaiˈtʂɤˈtʰaˈtauˈzənˈ

民医院， 要 10块 现 大 洋。 哪儿 找 10 块 现 大洋去 啊? 刚 解
minˈiˈyenˈ, iauˈʂɿˈkʰuaiˈɕienˈtaˈiaŋˈ. nɚˈtʂauˈʂɿˈkʰuaiˈɕienˈtaˈiaŋˈtɕʰiˈaˈ? kaŋˈtɕieˈ

放， 就 是 不 解 放 你 10 块 现 大 洋 也 不 好 找 着 呢。 欸， 这么着，
faŋˈ, tɕiouˈʂɿˈpuˈtɕieˈfaŋˈniˈʂɿˈkʰuaiˈɕienˈtaˈiaŋˈiɛˈpuˈxauˈtʂauˈtʂɤˈnəˈ. eiˈ, tʂənˈməˈtʂɤˈ

就 给 他 弄 到 那个 人 民 医 院 啦， 我 妈呀 他 妈呀 好些人 都 跟
tɕiouˈkeiˈtʰaˈnəŋˈtauˈneiˈkɤˈzənˈminˈiˈyenˈlaˈ, uoˈmaˈiaˈtʰaˈmaˈiaˈxauˈɕieˈzənˈtouˈkənˈ

着。说 我 姑 姑 在 这个 平 则 门 里头 做 买 卖， 平 则 门 过 去
tʂɤˈ. ʂuoˈuoˈkuˈkuˈtsaiˈtʂeiˈkɤˈpiŋˈtsɤˈmənˈliˈtʰouˈtsuoˈmaiˈmaiˈ, piŋˈtsɤˈmənˈkuoˈtɕʰyˈ

就 是 阜成门。 她 有 钱， 到 那儿 去。说 你 先 借 我 10 块 现 大
tɕiouˈʂɿˈfuˈtʂʰəŋˈmənˈ. tʰaˈiouˈtɕienˈ, tauˈnɚˈtɕʰyˈ, ʂuoˈniˈɕienˈtɕieˈuoˈʂɿˈkʰuaiˈɕienˈtaˈ

洋， "我 哪儿 有 那么 些 钱 呀!" 说 没 有， 说 没有 你 有 几 块
iaŋˈ, "uoˈnɚˈviouˈnənˈməˈɕieˈtɕienˈiaˈ!" ʂuoˈmeiˈiouˈ, ʂuoˈmeiˈiouˈniˈiouˈtɕiˈkʰuaiˈ

借 几 块， 有 3 块， 说 先 给 你 3 块 吧。 说 你 先 给 那 个
tɕieˈtɕiˈkʰuaiˈ, iouˈsanˈkʰuaiˈ, ʂuoˈɕienˈkeiˈniˈsanˈkʰuaiˈpaˈ. ʂuoˈniˈɕienˈkeiˈneiˈkɤˈ

肚子给 开刀给 它 取 出来。 要 10 块， 你 才 刚给3块 现
tuˈtsɿˈkeiˈkʰaiˈtauˈkeiˈtʰaˈtɕʰyˈtʂʰuˈlaiˈ. iauˈʂɿˈkʰuaiˈ, niˈtsʰaiˈkaŋˈkeiˈsanˈkʰuaiˈɕienˈ

大洋，这么 着 就 抽 他 妈 的 血，没 有 血 啦 其实。挨 防 空 洞 里
taˑviaŋˑ,tʂɤˑmɤtʂɤˑtɕiouˑtʂʻouˑtʻaˑmaˑtˑɕiɛˑ, meiˑviouˑɕiɛˑlaˑtɕʻiˑʂ͡ʅˑ. aiˑfaŋˑkʻuŋˑtuŋˑli

呆 了 40 天，你 想 想，刚 出 来，吃 也 不 得 吃，睡 也 不 得 睡 的，
taiˑləˑʂʅˑʂʅˑtʻiɛnˑ, niˑɕiaŋˑɕiaŋ, kaŋˑtʂʻuˑlai, tʂʻvˑiɛˑpuˑtɤˑʂʅˑ, ʂueiˑviɛˑpuˑtɤˑsueiˑtɤˑ.

抽 完 了 以 后 呢，回 来 他 妈 养 着 来 啦。那 孩 子 呢 也 好 啦，肚 子 也
tʂʻouˑuanˑləˑiˑxouˑnɤˑ, xueiˑlaiˑtʻaˑmaˑiaŋˑtʂɤˑlaiˑlaˑ. neiˑxaiˑtsʅˑnɤˑiɛˑxauˑlaˑ,tuˑtsʅˑiɛˑ

没 事 儿，没 炸 着 肠 子。可 是 呢 他 给 这 仁 手 指 头 啊 全 炸 没 啦，
meiˑʂɤrˑ,meiˑtʂaˑtʂɤˑtʂʻaŋˑtsʅˑ. kʻɤˑʂʅˑnɤˑtʻaˑkeiˑtʂeiˑsaˑʂouˑtʂʅˑtʻouˑaˑtɕʻyɛnˑtʂaˑmeiˑlaˑ,

就 这 个 和 这 个（比画：大拇指、食指） 也 炸 成 疤 瘌 啦。后 来 给 他 起 一 名 儿 叫 "打 倒
tɕiouˑtʂeiˑvɤˑxɤˑtʂeiˑvɤˑ iɛˑtʂaˑtʂʻəŋˑpaˑlaˑlaˑ. xouˑlaiˑkeiˑtʻaˑtɕʻiˑiˑmiə̃rˑtɕiauˑ"taˑtauˑ

三 民 主 义 来 了 八 路"。呵呵呵！可 是 人 家 呢 老 琢 磨 这 事 儿，说 那
sanˑminˑtʂuˑiˑlaiˑlaˑpaˑluˑ".xɤˑxɤˑxɤˑ!!kʻɤˑʂʅˑzˑnɤˑtɕiaˑnɤˑlauˑtʂuoˑmoˑtʂɤˑʂɤrˑ,ʂuoˑneiˑ

老 杨 家 人 家 那 谁 怎 么 没 炸 着 哇，怎 么 给 他 炸 着 啦。后
lauˑviaŋˑtɕiaˑzˑnɤˑtɕiˑneiˑʂeiˑtsənˑməˑmeiˑtʂaˑtʂɤˑuaˑ, tsənˑməˑkeiˑtʻaˑtʂaˑtʂɤˑlaˑ. xouˑ

来 说 这 个 呀，都 是 有 神 灵 叫 他 上 那 儿 藏 着 去 啦。说 没 有 神
laiˑʂuoˑtʂɤˑvɤˑiaˑ,touˑʂʅˑviouˑʂənˑliŋˑtɕiauˑtʻaˑʂaŋˑnɤrˑtsʻaŋˑtʂɤˑtɕʻiˑlaˑ. ʂuoˑmeiˑiouˑʂənˑ

灵 的 话 他 就 跟 他 一 块 儿 蹲 着，也 得 给 炸 喽。完 了 以 后，我 啊
liŋˑtɤˑxuaˑtʻaˑtɕiouˑkənˑtʻaˑiˑkʻuɛrˑtuənˑtʂɤˑ, iɛˑteiˑkeiˑtʂaˑlouˑ. uanˑlaˑiˑxouˑ, uoˑaˑ

挺 相 信 这 个 啦。
tʻiŋˑɕiaŋˑɕinˑtʂɤˑvɤˑlaˑ.

　　后 来 解 完 放 入 人 民 公 社，我 开 拖 拉 机，那 拖 拉 机 俩
　　xouˑlaiˑtɕieˑuanˑfaŋˑzˑuˑzˑnˑminˑkuŋˑʂɤˑ, uoˑkʻaiˑtʻuoˑlaˑtɕiˑ,neiˑtʻuoˑlaˑtɕiˑliaˑ

轱 辘 都 给 撞 掉 喽，我 坐 的 那 座 儿 上，欵，没 事 儿，挨 那 座 儿 上
kuˑluˑtouˑkeiˑtʂuaŋˑtiauˑlouˑ,uoˑtsuoˑtɤˑneiˑtsuorˑʂaŋˑ, eiˑ, meiˑʂɤrˑ,aiˑneiˑtsuorˑʂaŋˑ

坐 着，俩 轱 辘 都 掉 下 来 啦，我 还 挨 那 拖 拉 机 那 座 儿 上 坐 着，
tsuoˑtʂɤˑ, liaˑkuˑluˑtouˑtiauˑɕiaˑlaiˑlaˑ,uoˑxaiˑaiˑneiˑtʻuoˑlaˑtɕiˑneiˑtsuorˑʂaŋˑtsuoˑtʂɤˑ

什 么 事 儿 也 没 有。后 来 别 人 又 说：姆 姆 那 老 杨 家 人 家 积 德
ʂənˑməˑʂɤrˑiɛˑmeiˑiouˑ. xouˑlaiˑpieˑzˑnˑiouˑʂuo:ｍ̩ˑｍ̩ˑneiˑlauˑviaŋˑtɕiaˑzˑnˑtɕiaˑtɕiˑtɤˑ

啦。后 来 老 这 样 说。 这 点 儿 事 儿 吧 我 自 己 也 老 琢 磨，你 说 我 开
laˑ. xouˑlaiˑlauˑtʂɤˑviaŋˑʂuoˑ. tʂeiˑtierˑʂɤrˑpaˑuoˑtsʅˑtɕiˑiɛˑlauˑtʂuoˑmoˑ,niˑʂuoˑuoˑkʻai

拖 拉 机 给 俩 轱 辘 撞 掉 啦，我 还 坐 的 那 儿 没 事 似 的。我 还 是 有
tʻuoˑlaˑtɕiˑkeiˑliaˑkuˑluˑtʂuaŋˑtiauˑlaˑ, uoˑxaiˑtsuoˑtɤˑnɤrˑmeiˑʂʅˑʂʅˑtɤˑ. uoˑxaiˑʂʅˑviouˑ

老 佛 爷 保 着 我。我 自 个 儿 老 琢 磨， 可 是 我 不 烧 香，就 是 有
lauˑfoˑiɛˑpauˑtʂɤˑuoˑ. uoˑtsʅˑvɤrˑlauˑtʂuoˑmoˑ, kʻɤˑʂʅˑuoˑpuˑʂauŋˑɕiaŋ, tɕiouˑʂʅˑviouˑ

点 儿 相 信 这 东 西。

tier˩ɕiaŋ˩ɕin˥tʂei˥tuŋ˩ɕi˩.

昌运宫的传说

这 个 昌 运 宫 的 历史啊，我 从 小 七 八 岁， 听 老 人 讲 过

tʂei˥kɤ˩tʂʰaŋ˩yn˥kuŋ˩tɤ˩li˥ʂʐ˩ai˩,uo˩tsʰuŋ˩ɕiau˩tɕʰi˥pa˩suei˩,tʰiŋ˥lau˩ʐən˩tɕiaŋ˩kuo˩

这 个。 我 小 时 候 四 五 岁、 七 八 岁 的 时 候儿啊， 就 没 有 啦， 这

tʂei˥kɤ˩. uo˩ɕiau˩ʂʐ˩xou˩si˩ʋsuei˩,tɕʰi˥pa˩suei˩tɤ˩ʂʐ˩xour˩ai˩, tɕiou˩mei˩iou˩la˩,tʂei˥

名 儿 还 有。 但 是 呢 这 宫 就 没 啦， 小 时 候儿 坐 在 那 个 大 的 墩

miɚ˩xai˩iou˩.tan˥ʂʐ˩nə˩tʂei˥kuŋ˥tɕiou˩mei˩la˩,ɕiau˩ʂʐ˩xour˩tsuo˩tsai˩nei˥kɤ˩ta˩tɤ˩tuən˩

子 上， 坐 在 这 大 石头 墩子 上 玩儿。 我小 时 候儿 弄 那个 柴 火

tsʐ˩ʂaŋ˩,tsuo˩tsai˩tʂei˥ta˩ʂʐ˩tʰou˩tuən˩tsʐ˩ʂaŋ˩ʋ. uo˩ɕiau˩ʂʐ˩xour˩nəŋ˩nei˥kɤ˩tʂʰai˩xour˩

烧 火， 做 饭， 弄点儿 柴火 去。 坐 的 那 个大柱子，柱顶石， 知 道

ʂau˥xuo˩, tsuo˩fan˩,nəŋ˩tier˩tʂʰai˩xuo˩tɕʰy˩. tsuo˩tɤ˩nei˥kɤ˩ta˩tʂu˩tsʐ˩,tʂu˩tiŋ˩ʂʐ˩, tʂʐ˩tau˩

吗？就 这 一大柱 子底下 得 搁一块大 圆 石，跟那个 柱子 似的 怎么

ma˩?tɕiou˩tʂei˥i˩ta˩tʂu˩tsʐ˩ti˩ɕia˩tei˩kɤ˩i˩kʰuai˩ta˩yen˩ʂʐ˩,kən˥nei˥kɤ˩tʂu˩tsʐ˩ʂʐ˩tɤ˩tsən˩mə˩

顶。 那 底盘儿 跟 那 个 柱子 墩 在 上头， 盖 那个 宫 殿，所以呢 我

xan˩. nei˥ti˩pʰɚ˩kən˥nei˥kɤ˩tʂu˩tsʐ˩tuən˩tsai˩ʂaŋ˩tou˩,kai˥nei˥kɤ˩kuŋ˥tian˩,suo˩i˩nə˩uo˩

小 时 候 呢 就 那 全 没 啦，就 那 柱 顶 石 还 有，坐 的 那 柱 顶

ɕiau˩ʂʐ˩xou˩nə˩tɕiou˩nei˥tɕʰyen˩mei˩la˩,tɕiou˩nei˥tʂu˩tiŋ˩ʂʐ˩xai˩iou˩,tsuo˩tɤ˩nei˥tʂu˩tiŋ˩

石 上摘 酸 枣 吃 玩儿伍 的。 这一修 马路 全 给 挖啦， 全 给 弄 啦，

ʂʐ˩ʂaŋ˩tsai˩suan˥tsau˩tʂʰʐ˩ʋuar˩ʋtɤ˩. tʂʐ˩i˩ɕiou˩ma˩lu˩tɕʰyen˩kei˩ʋua˩la˩,tɕʰyen˩kei˩ʋnuŋ˩la˩,

不 知 道 弄 哪儿 怎么 弄 的。就 这 喝儿立 交 桥，这 立 交 桥 全

pu˩tʂʐ˩tau˩nuŋ˩nər˩tsən˩mə˩nuŋ˩tɤ˩. tɕiou˩tʂɤ˩xɤr˩li˩tɕiau˩tɕʰiau˩,tʂɤ˩li˩tɕiau˩tɕʰiau˩tɕʰyen˩

都 给 弄 没 啦。就 剩 柱 顶， 那儿 一排， 有 很 多个。后来 大 啦， 听

tou˩kei˩ʋnuŋ˩mei˩la˩.tɕiou˩ʂəŋ˩tʂu˩tiŋ˩, nar˩ʋi˩pʰai˩ʋ,iou˩xən˩ʋtuo˩kɤ˩. xou˩lai˩ta˩la˩,tʰiŋ˩

我的奶奶、爷爷伍的，听别人 的 老 人 讲 那 昌运宫的故事。这

uo˩tɤ˩nai˩nai˩,iɛ˩iɛ˩ʋu˩tɤ˩,tʰiŋ˩piɛ˩ʐən˩tɤ˩lau˩ʐən˩tɕiaŋ˩nei˥tʂʰaŋ˩yn˥kuŋ˩tɤ˩ku˩ʂʐ˩. tʂei˥

昌运宫怎么来的？ 就 是 那会儿乾 隆啊和刘罗锅子打 江

tʂʰaŋ˩yn˥kuŋ˩tsən˩ʋmei˩lai˩tɤ˩?tɕiou˩ʂʐ˩nei˩xuar˩tɕʰien˩luŋ˩ai˩xɤ˩liou˩luo˩kuo˩tᴈta˩tɕiaŋ˩

南 围，上 苏 杭 二 州 去 视 察 去。跟那儿呢 调 查 完 啦以后， 他 把

nan˩uei˩,ʂaŋ˩su˥xaŋ˩ʋtʂʐ˩tʂou˩tɕʰy˩ʂʐ˩tʂʰa˩ʋtɕʰy˩. kən˥nər˩nə˩tiau˩tʂʰa˩uan˩ʋla˩i˩xou˩,tʰa˩pa˩

一些事儿在那儿 就 处 置 完 喽，完啦以后呢在那儿 玩儿两天哪， 挨那儿

i˩ɕiɛ˩ʂər˩tei˩nər˩tɕiou˩tʂʰu˩ʋtʂʐ˩uan˩lou˩,uan˩la˩i˩xou˩nə˩tai˩nər˩uar˩ʋliaŋ˩tʰien˩na˩,ai˩nər˩

玩，玩儿玩儿，刘罗锅子坏，让　皇上　逛　春　院去。到那儿去，

uanˈ，uerˈuanˈ，liouˈluoˈkuoˈtɕ˧ɿˈxuaiˈ，zɑŋˈxuaŋˈʂɑŋˈkuaŋˈʈʂʰuenˈyenˈtɕʰyˈ，tauˈnarˈtɕʰyˈ，

苏杭　二州　出美女他那个特别漂亮，合着　一听呢花多少

suˈxɑŋˈərˈʈʂouˈʈʂʰuˈmeiˈnyˈtʰaˈnˈiˈkɤˈtʰɤˈpieˈ pʰiauˈliaŋˈ，xɤˈʈʂɤˈiˈtʰiŋˈnəˈxuaˈtuoˈʂauˈ

多少钱上哪儿去。　结果呢，这皇上啊爱上这个这女的啦。

tuoˈʂauˈtɕʰienˈʂɑŋˈnarˈtɕʰyˈ．tɕieˈkuoˈnəˈ，ʈʂeiˈxuaŋˈʂɑŋˈaˈaiˈʂɑŋˈʈʂeiˈkɤˈʈʂeiˈnyˈtəˈlaˈ．

说咱们得给她带回去，带回去说他那个也不许她入宫

ʂuoˈʈʂanˈmənˈteiˈkeiˈtʰaˈtaiˈxueiˈtɕʰyˈ，taiˈxueiˈtɕʰyˈʂuoˈtʰaˈnˈiˈkɤˈieˈpuˈɕyˈtʰaˈzuˈkuŋˈ

啊，入宫是不可能，就算你一个嫔妃那意思。那怎么办呀，一

aˈ，zuˈkuŋˈʂɿˈpuˈkʰɤˈnəŋˈ，tɕiouˈsuanˈniˈiˈkɤˈpʰinˈfeiˈneiˈiˈsɿˈ．naˈʈʂənˈmɤˈpanˈiaˈ，iˈ

跟　这个刘罗锅子、跟那和珅那儿商量，说给她盖一个行宫

kənˈʈʂeiˈkɤˈliouˈluoˈkuoˈtɕ˧ɿˈ，kənˈnaˈxɤˈʂənˈnarˈʂɑŋˈliaŋˈ，ʂuoˈkeiˈtʰaˈkaiˈiˈkɤˈɕiŋˈkuŋˈ

得啦，盖一行宫呢，让她挨那头住。她不是娼妓吗，叫什么宫

tɤˈlaˈ，kaiˈiˈɕiŋˈkuŋˈnəˈ，zɑŋˈtʰaˈaiˈneiˈtʰouˈʈʂuˈ．tʰaˈpuˈʂɿˈʈʂʰɑŋˈtɕiˈmaˈ，tɕiauˈʂənˈmɤˈkuŋˈ

呢？就　叫昌运宫。后来呢给她盖得了这个宫殿，　就是　她

nəˈ，tɕiouˈtɕiauˈʈʂʰɑŋˈynˈkuŋˈ．xouˈlaiˈnəˈkeiˈtʰaˈkaiˈtɤˈlaˈʈʂeiˈkɤˈkuŋˈtianˈ，tɕiouˈʂɿˈtʰaˈ

有时伺候着，　反正皇上不常来看看，后来她老　想　家，

iouˈʂɿˈtsʰɿˈxouˈʈʂɤˈ，fanˈʈʂənˈxuaŋˈʂɑŋˈpuˈʈʂʰɑŋˈlaiˈkʰanˈkʰanˈ，xouˈlaiˈtʰaˈlauˈɕiaŋˈtɕiaˈ，

听这老年人说，晚上啊老哭，底下伺候她的人禀报皇

tʰiŋˈʈʂɤˈlauˈnienˈzˈʂənˈʂuoˈ，uanˈʂɑŋˈaˈlauˈkʰuˈ，tiˈɕiaˈtsʰɿˈxouˈtʰaˈtəˈzənˈpinˈpauˈxuaŋˈ

上，说那个叫什么什么说她晚上老哭，　说你没问问她

ʂɑŋˈ，ʂuoˈneiˈkɤˈtɕiauˈʂənˈmɤˈʂənˈmɤˈʂuoˈtʰaˈuanˈʂɑŋˈlauˈkʰuˈ，ʂuoˈniˈmeiˈuənˈuənˈtʰaˈ

为什么哭哇？完啦以后皇上一问说我想家，说你想家，

ueiˈʂənˈmɤˈkʰuˈuaˈ？uanˈlaˈiˈxouˈxuaŋˈʂɑŋˈiˈuənˈʂuoˈuoˈɕiaŋˈtɕiaˈ，ʂuoˈniˈɕiaŋˈtɕiaˈ，

我再给你盖一个苏州街。昌运宫后边儿万寿寺那儿，为什么

uoˈtsaiˈkeiˈniˈkaiˈiˈkɤˈsuˈʈʂouˈtɕieˈ．ʈʂʰɑŋˈynˈkuŋˈxouˈpierˈuanˈʂouˈsɿˈnarˈ，ueiˈʂənˈmɤˈ

有一个苏州街啊，盖一大门洞儿，跟苏州那个一模一样。合着呢给

iouˈiˈkɤˈsuˈʈʂouˈtɕieˈaˈ，kaiˈiˈtaˈmənˈtũrˈ，kənˈsuˈʈʂouˈneiˈkɤˈiˈmoˈiˈiaŋˈ．xɤˈʈʂɤˈnəˈkeiˈ

她盖了一个苏州街，时间一来二去长啦，挨这儿住着那什么啦，

tʰaˈkaiˈləˈiˈkɤˈsuˈʈʂouˈtɕieˈ，ʂɿˈtɕienˈiˈlaiˈərˈtɕʰyˈʈʂʰɑŋˈlaˈ，aiˈʈʂɤrˈʈʂuˈʈʂɤˈnaˈʂənˈmɤˈlaˈ，

后来她就不哭啦。这个昌运宫呢就是这么来的。挨这儿盖一

xouˈlaiˈtʰaˈtɕiouˈpuˈkʰuˈlaˈ．ʈʂeiˈkɤˈʈʂʰɑŋˈynˈkuŋˈnəˈtɕiouˈʂɿˈʈʂənˈmɤˈlaiˈtɤˈ．aiˈʈʂɤrˈkaiˈiˈ

宫殿，我小时候看苏州街就一门洞儿，就万寿寺那儿，还

kuŋˈtianˈ，uoˈɕiauˈʂɿˈxouˈkanˈsuˈʈʂouˈtɕieˈtɕiouˈiˈmənˈtũrˈ，tɕiouˈuanˈʂouˈsɿˈnarˈ，xaiˈ

有一 个门洞儿。叫 名儿 还 是 叫 那个名儿，但是 乱七八糟 的 东 西
iouɤiʔ˥kɤˈməntũr. tɕiauˈmiɤrˈxaiʂɤˈtɕiauˈneikɤˈmiɤr˥, tanˈʂɿˈlanˈtɕʰiˈpaˈtsauˈtuŋˈɕi

就 没 啦。苏州 街 都 拆 啦，解 放 后 还有 那个 大 门洞儿 呢，苏
tɕiouˈmeiˈla˥.suˈsouˈtɕieˈtouˈtʂʰai˥la˥, tɕieˈfaŋˈxouˈxaiˈiouˈneikɤˈtaˈməntũrˈnə˥, su

州 街 那 个 门洞儿。解 放 后 就 是 破 烂啦，这 一条 路啦，两 边
tsouˈtɕieˈneikɤˈməntũr. tɕieˈfaŋˈxouˈtɕiouˈʂɿˈpʰoˈlan˥la˥, tʂeiˈiˈtʰiauˈlu˥la˥,liaŋˈpian˥

没 有 多少 房 啦。败 落啦。我 小 时候 就 没啦，就 是 那 瓦片儿，
meiˈiouˈtuoˈʂauˈfaŋˈla˥.paiˈluoˈla˥.uoˈɕiauˈʂɿˈxouˈtɕiouˈmeiˈla˥,tɕiouˈʂɿˈneiˈuaˈpʰiɤr˥,

一 大堆 一大堆 瓦片儿 都 拆 了，不 知 道 什么 时候，谁拆的。不 知
iˈtaˈtueiˈiˈtaˈtueiˈuaˈpʰiɤrˈtouˈtʂʰaiˈla˥, puˈtʂɿˈtauˈʂəmˈməʂɿˈxou˥,ʂeiˈtʂʰaiˈte˥. puˈtʂɿ

道 是 怎么 回 事儿宫 就 没啦，就 剩 下 那 大柱子，底下 顶着 那
tauˈʂɿˈtsənˈməˈxueiˈʂərˈkuŋˈtɕiouˈmeiˈla˥,tɕiouˈʂəŋˈɕiaˈneiˈtaˈtʂuˈtsɿ,tiˈɕiaˈtiŋˈtʂɤˈnei

个 石头。我们 小 时候 在 这儿 坐着嘛，那 会儿 宫殿 就 瞅 不
kɤˈʂɿˈtʰou. uoˈmənˈɕiauˈʂɿˈxouˈtaiˈtʂɤrˈtsuoˈtʂɤˈma,neiˈxuɤrˈkuŋˈtienˈtɕiouˈtʂʰouˈpu

见 啦，没 有 啦。那 石柱子 数啦 数 不 过来，就 是 我 们 这 个 前
tɕienˈla˥, meiˈiouˈla˥. neiˈʂɿˈtʂuˈtsɿˈʂuˈla˥ʂuˈpuˈkuoˈlai˥,tɕiouˈʂɿˈuoˈmənˈtʂeiˈkɤˈtɕien˥

头 边 一点儿，那 大石柱子、石座儿 还有 一大溜呢。小时候 老上 那儿
tʰouˈpieˈiˈtiɤr˥,neiˈtaˈʂɿˈtʂuˈtsɿ,ʂɿˈtsuoˈrˈxaiˈiouˈiˈtaˈliouˈnə˥. ɕiauˈʂɿˈxouˈxouˈlauˈʂaŋˈnɤr

坐 着 去。那 柱子 有 这 个 桌 面儿 怎么 大，上那儿 坐着 玩儿去。我
tsuoˈtʂɤˈtɕie˥.neiˈtʂuˈtsɿˈiouˈtʂeiˈkɤˈtʂuoˈmiɤrˈtsənˈməˈta˥,ʂaŋˈnɤrˈtsuoˈtʂɤˈuarˈtɕie˥.uo˥

没 看 见过， 就 是 听老 人 说，就 说 这个 昌运宫 怎 么
meiˈkʰanˈtɕienˈkuo˥, tɕiouˈʂɿˈtʰiŋˈlauˈʐənˈʂuo˥,tɕiouˈʂuoˈtʂeiˈkɤˈtʂʰaŋˈynˈkuŋˈtsənˈmə

来 的。后 来 就 昌运宫 村了。没 有 这 个 宫殿 了呢， 一些 这个
laiˈtɤ. xouˈlaiˈtɕiouˈtʂʰaŋˈynˈkuŋˈtsʰuɤrˈla˥. meiˈiouˈtʂeiˈkɤˈkuŋˈtienˈləˈnə˥,iˈɕieˈtʂɤˈkɤ

农 民 啊，那会儿 也 没 有 什么 居民， 就 都 是 农民 种 地的 集
nuŋˈminˈa˥, neiˈxuɤrˈieˈmeiˈiouˈʂənˈməˈtɕyˈmin˥, tɕiouˈtouˈʂɿˈnuŋˈminˈtʂuŋˈtiˈtɤˈtɕi

中 一个 地方儿，解 放 后 就 叫 昌 运 宫 村 儿 啦。我们 家 早啦，我
tʂuŋˈiˈkɤˈtiˈfɤr, tɕieˈfaŋˈxouˈtɕiouˈtɕiauˈtʂʰaŋˈynˈkuŋˈtsʰuɤrˈla˥.uoˈmənˈtɕiaˈtsauˈla˥,uo˥

小 时 候 不 记 事 就 在 这头。我爷爷 那会儿 就 在 这儿住。我 爷 爷
ɕiauˈʂɿˈxouˈpuˈtɕiˈʂɿˈtɕiouˈtaiˈtʂɤ˥tʰou˥. uoˈieˈieˈneiˈxuɤrˈtɕiouˈtaiˈtʂɤrˈtʂu˥. uo˥ie˥ie˥

跟 哪 喝儿， 在 这个 宛平县， 就 卢沟桥， 骑 马 两个 小 时
kənˈnaˈxɤr˥, tsaiˈtʂeiˈkɤˈuanˈpʰiŋˈɕien˥, tɕiouˈluˈkouˈtɕiau˥, tɕʰiˈmaˈliaŋˈkɤˈɕiauˈʂɿ

到 了。那会儿 我爷爷 在 那儿 当 班头。 办案， 几个 人 挎着 刀 去
tauˈlɤ.neiˈxuɤrˈuoˈieˈieˈtaiˈnɤrˈtaŋˈpanˈtʰou˥. panˈan˥, tɕiˈkɤˈʐənˈkʰuaˈtʂɤˈtauˈtɕʰy

办案去。宛平县城还有，还有城墙，里头住人。那会儿
panˈanˈtɕʼyɨ. uanˈpʼiŋˈɕienˈtʂʼəŋˈxaiˈiou, xaiˈiouˈtʂʼəŋˈtɕʼiaŋ, liˈtʼou tʂuˈzənˈ. neiˈxuərˈ

还 得 做 点儿 小 买卖 伍 的。上 城 里头 卖 点 菜 呀，夏 景 天儿 卖
xaiˈteiˈtʂuoˈtiərˈɕiauˈmaiˈmaiˈuˈtɨ. ʂaŋˈtʂʼəŋˈliˈtʼouˈmaiˈtiərˈtsʼaiˈia, ɕiaˈtɕiŋˈtʼiərˈmaiˈ

点儿 水果 伍 的。就 是 这个。反正 我们 坟 地 里头，就 在 这个 三
tiərˈsueiˈkuoˈuˈtɨ. tɕiouˈʂʅ tʂʅkɤˈ. fanˈtʂəŋˈouˈmenˈfənˈtiˈliˈtʼou, tɕiouˈtsaiˈtʂeiˈkɤˈsanˈ

虎 桥 东边儿 这儿，我们 二 亩 多 地，坟 都 埋 满 啦，都 是 祖 坟，
xuˈtɕʼiauˈtuŋˈpiərˈtʂɤˈ, uoˈmenˈɚˈmuˈtuoˈti, fənˈtouˈmaiˈmanˈla, touˈʂʅˈtsuˈfənˈ

从 我 爷爷 那会儿，爷爷 的 爷爷，爷爷 的 爷爷 就 在 这儿 住。昌 运 宫 村
tsʼuŋˈouˈieˈieˈneiˈxuərˈ, ieˈieˈtiˈieˈieˈ, ieˈieˈtiˈieˈieˈtɕiouˈtsaiˈtʂɤˈrˈtʂuˈ. tʂʼaŋˈynˈkuŋˈtsʼuənˈ

没 多 少 户 人家，我 小 时候儿 呢 一 出 西直门，西直门 城 洞儿，
meiˈtuoˈʂauˈxuˈzənˈtɕia, uoˈɕiauˈʂʅˈxourˈnəˈitʂʼuˈɕiˈtʂʅˈmənˈ, ɕiˈtʂʅˈmənˈtʂʼəŋˈtūˈrˈ

望 西 到 车道 沟儿，现 在 我 都 背 得 上来，就 是 说 哪家儿 姓
uaŋˈɕiˈtauˈtʂʼɤˈtauˈkourˈ, ɕienˈtsaiˈuoˈtouˈpeiˈtəˈʂaŋˈlai, tɕiouˈʂʅˈʂuoˈneiˈtɕiərˈɕiŋˈ

什么 哪家儿 姓 什么，就 是 一 出 西直门，是 那个 尚家，姓 尚 的，
ʂənˈməˈneiˈtɕiərˈɕiŋˈʂənˈmə, tɕiouˈʂʅˈitʂʼuˈɕiˈtʂʅˈmənˈ, ʂʅˈneiˈkɤˈʂaŋˈtɕia, ɕiŋˈʂaŋˈtɤˈ,

姓 英 的，姓 史 的，那 都 是 一家儿 一家儿的。再 往 这们 来，马家、余家、
ɕiŋˈiŋˈtɤˈ, ɕiŋˈʂʅˈtɤˈ, neiˈtouˈʂʅˈitɕiərˈitɕiərˈ. tsaiˈuaŋˈtʂənˈməˈlaiˈ, maˈtɕia, yˈtɕia,

骆驼 王家 和 那个 紫竹院；紫竹院 完了 以后 就 是 广源闸，
lɤˈtʼɤˈuaŋˈtɕiaˈxɤˈneiˈkɤˈtʂʅˈtʂuˈyenˈ; tʂʅˈtʂuˈyenˈuanˈlɤiˈxouˈtɕiouˈʂʅˈkuaŋˈyenˈtʂaˈ,

就 万寿寺，那会儿 叫 广源闸，望 这们 来 昌运宫，昌 运
tɕiouˈuanˈʂouˈʂʅ, neiˈxuərˈtɕiauˈkuaŋˈyenˈtʂaˈ, uaŋˈtʂənˈməˈlaiˈtʂʼaŋˈynˈkuŋˈ, tʂʼaŋˈynˈ

宫 再 望 西，叫 松林儿 村。现 在 松林儿 村 没 啦，给 取消 了，
kuŋˈtsaiˈuaŋˈɕi, tɕiauˈsuŋˈliərˈtsʼuənˈ. ɕienˈtsaiˈsuŋˈliərˈtsʼuənˈmeiˈla, keiˈtɕʼyˈɕiauˈla,

没 有 了。就 剩 昌运宫 村 这 楼牌 还 挂着，地名儿 还 保留着。
meiˈiouˈla. tɕiouˈʂəŋˈtʂʼaŋˈynˈkuŋˈtsʼuənˈtʂɤˈlouˈpaiˈxaiˈkuaˈtɕʼe, tiˈmiərˈxaiˈpauˈliouˈtɕʼe.

昌运宫 村 那会儿 没 多 少 户 人家，我 先 说说 啊，我们 这儿
tʂʼaŋˈynˈkuŋˈtsʼuənˈneiˈxuərˈmeiˈtouˈʂauˈxuˈzənˈtɕia, uoˈɕienˈʂuoˈʂuoˈa, uoˈmenˈtʂɤˈrˈ

那 是 我 姑姑 他们 家，这儿 我们 这喝儿，我们 是 最 老 的，还 有
neiˈʂʅˈuoˈkuˈkuˈtʼaˈmenˈtɕia, tʂɤˈrˈuoˈmenˈtʂɤˈxɤˈr, uoˈmenˈʂʅˈtsueiˈlauˈtɨ, xaiˈiouˈ

赵家、郝家、白家。我们 这儿 昌运宫 村儿 就 这 几个 姓儿，没
tʂauˈtɕia, xauˈtɕia, paiˈtɕia. uoˈmenˈtʂɤˈrˈtʂʼaŋˈynˈkuŋˈtsʼuərˈtɕiouˈtʂɤˈtɕiˈkɤˈɕiərˈ, meiˈ

多 少 户儿 也 就是 30 多 户儿、40 户儿，按 现在 来 说。那会儿 是
tuoˈʂauˈxuərˈieˈtɕiouˈʂʅˈsanˈʂʅˈtuoˈxurˈ, sʅˈʂʅˈxurˈ, anˈɕienˈtsaiˈlaiˈʂuoˈ. neiˈxuərˈ ʂʅˈ

说姓儿，几个姓儿这村儿里头，赵家、杨家、郝家 他四五个姓儿，杨
ʂuoˋɕiə̃ˋ，tɕiˇkɤˋɕiə̃ˋtʂɤˋtsʻuə̃ˇliˇtʻouˇ，tʂauˋtɕiaˋ，iaŋˇtɕiaˋ，xauˋtɕiaˋtʻaˋsˋuˋkɤˋɕiə̃ˋ，iaŋˇ

家 还 有 赵家 都 挺 老 的。那会儿 没 多 少 户 人 家儿，就这么一
tɕiaˋxaiˇiouˋtʂauˋtɕiaˋtouˋtʻiŋˇlauˋtəˋ.neiˋxuə̃ˋmeiˇtuoˋʂauˋxuˋzˋən˧tɕiarˋ，tɕiouˋtʂɤˋməˋi˧

大 片 地方儿 就 姆姆 这一个院子。现 在 这 些 人家 都 搬 了，搬 得
taˋpʻienˋtiˋfɑ̃ˋtɕiouˋm̩˧m̩˧tʂɤˋi˧kɤˋyenˋtsˋ. ɕienˋtsaiˋtʂɤˋɕieˋzˋən˧tɕia˧touˋpan˧laˋ，pan˧tɤˇ

哪儿 都 有。就 只 留下 姆姆家 这一户儿啦。这边儿尻 邻居 都 基本没
narˋtouˇiouˋ. tɕiouˋtʂˋliouˇɕia˧m̩˧m̩˧tɕia˧tʂɤˋiˋxurˋlaˋ. tsˋpienˋlaˋlin˧tɕyˋtouˋtɕi˧pən˧meiˇ

有 啦，就 是 老 北京 的 人 全 搬 到 外头， 挺 远 的，郊区。这儿
iouˋlaˋ，tɕiouˋsˋlauˋpeiˇtɕiŋˋtəˋzˋənˋtɕʻyenˋpan˧tauˋuaiˋtʻouˇ，tʻiŋˇyenˋtəˋ，tɕiauˋtɕʻy˧. tʂɤˋ

没 有，就 我 一 家儿，都 上海淀 啦。海 淀 街 里边 旁边 啦。地 给
meiˇiouˇ，tɕiouˋuoˇiˋtɕiarˋ，touˋʂɑ̃ˋxaiˇtienˋlaˋ. xaiˇtienˋtɕieˋliˇpienˋpʻɑ̃˧pienˋlaˋ. tiˋkeiˇ

他 那 房 占用 了，修 马 路，盖 楼。我 的 怎么 在 这儿 呢，就 是 社科
tʻa˧naˋfɑ̃ˋtʂanˋyŋˋlaˋ，ɕiouˋmaˇluˋ，kaiˋlouˋ. uoˇtəˋtsənˇmˋtsaiˋtʂɤˋrˋneˋ，tɕiouˋsˋʂɤˋkʻɤ˧

院 给 我 的 房 占 了。占 了 以后 呢 我 就 地 呀 上楼。这儿 分 的 我 的
yenˋkeiˇuoˇtəˋfɑ̃ˋtʂanˋlaˋ. tʂanˋlaˋiˇxouˋnəˋuoˇtɕiouˋtiˋiaˋʂɑ̃ˋlouˋ. tʂɤˋfənˋtəˋuoˇtəˋ

楼房。你 跟 我 占 完了 以后，我 没地儿 住去了。你 比如 说 吧，这个
louˋfɑ̃ˋ. niˇkənˋuoˇtʂanˋuanˋlaˋiˇxouˋ，uoˇmeiˇtiarˋtʂuˋtɕʻyˋlaˋ. niˇpiˇzuˋʂuoˋpaˋ，tʂɤˋkɤˋ

马路，修 这个 公路，他 那儿 正碍 事儿，所以 给 他房。市政 哪 有 房
maˇluˋ，ɕiouˋtʂɤˋkɤˋkuŋ˧luˋ，tʻa˧narˋtʂəŋˋaiˋʂɤrˋ，suoˇiˇkeiˇtʻa˧fɑ̃ˋ. ʂˋtʂəŋˋnaˇiouˋfɑ̃ˋ

呢？80 年 占 的。 之前 村里 的 人 都 还 没 动 呢 还。 80
nəˋ? pa˧liŋˇnienˋtʂanˋtəˋ. tʂˋtɕʻienˋtsʻuə̃ˋliˇtəˋzˋən˧touˋxaiˇmeiˇtuŋˋnəˋxaiˋ. pa˧liŋˇ

年 以后，修 马路。 村里 的 人 种 地呀 就 种 菜，庄稼 有 的
nienˋiˇxouˋ，ɕiouˋmaˇluˋ. tsʻuə̃ˋliˇtəˋzˋən˧tʂuŋˋtiˋiaˋtɕiouˋtʂuŋˋtsʻaiˋ，tʂuɑŋ˧tɕia˧iouˋtəˋ

那个 种 不多，专门 种 菜。也 不算 太 富。这儿 归 四 季 青 公社，
naˋkɤˋtʂuŋˋpuˋtuoˋ，tʂuan˧mənˋtʂuŋˋtsʻaiˋ. ieˇpuˋsuanˋtʻaiˋfuˋ. tʂɤˋkueiˋsiˋtɕiˋtɕʻiŋˋkuŋˋʂɤˋ，

解放后 那 不一 成立 互助组 和 低级社、高级社、然后 呢 就 人
tɕieˇfɑ̃ˋxouˋneiˋpuˋi˧tʂʻəŋˋliˋxuˋtʂuˋtsuˇtɤˋxˋ，kau˧tɕiˋʂɤˋ，zanˋxouˋnəˋtɕiouˋzˋən˧

民公社，是 这 几 个 阶段。所以 呢 这点儿 地呢 全 是 归了 这个 四
min˧kuŋˋʂɤˋ，ʂˋtseiˋtɕiˇkɤˋtɕieˋtuanˋ. suoˇiˇnəˋtʂɤˋtierˋtiˋnəˋtɕʻyenˋsˋkueiˋləˋtʂɤˋkɤˋsˋ

季 青 公社，我们 这儿 都 是 农民，农民 呢 这 喝儿 种 菜，种菜
tɕiˋtɕʻiŋˋkuŋˋʂɤˋ，uoˇmənˋtʂɤˋtouˋsˋnuŋˋmin˧，nuŋˋmin˧nəˋtʂɤˋxɤrˋtʂuŋˋtsʻaiˋ，tʂuŋˋtsʻaiˋ

呢 后来 一占了 以后 就 都 给 转了 工人 啦。80 年。
nəˋxouˋlaiˋiˋtʂanˋləˋiˇxouˋtɕiouˋtouˋkeiˋtʂuanˇləˋkuŋˋzˋənˋlaˋ. pa˧liŋˇnienˋ.

现 在 有 时 候，有 的 见 着 能 聊聊 天儿，嘻，哪儿 呢，就 是 上
ɕianˋtsaiˋiouˋʂʅˋxouˋ,iouˋtˀ əitɕienˋtʂɤˋməŋˋliauˋliautˀiɛiˋ,xaiˋ,narˋnəiˋ,tɕiouˋʂʅˋʂaŋˋ

公园儿，有 的 能 碰 上，聊聊 天儿， 就 这个。都六七十啦，老 的 基
kuŋˋyerˋ,iouˋtˀəiˋnəˋpˀəŋˋʂaŋˋ,liauˋliautˀiɛiˋ,tɕiouˋtʂɤˋkɤˋ.touˋliouˋtɕˀiˋʂʅˋlaˋ,lauˋtˀəitɕi

本 动 不 了 窝儿啦， 动 不 了 窝儿也 瞅 不 见 啦， 谁 家 也 不上谁
pənˋtuŋˋpuˋliauˋ uorˋlaˋ, tuŋˋpuˋliauˋ uorˋieˋtʂˀouˋpuˋtɕienˋlaˋ, seiˋtɕiaˋieˋpuˋʂaŋˋseiˋ

家 去 了 现 在。这 片儿 里头 就 是 我最 老 啦，没有 比我 老 的 啦。
tɕiaˋtɕˀyˋləˋɕianˋtsaiˋ.tʂeiˋpˀierˋliˋtˀouˋtɕiouˋʂʅˋuoˋtsueiˋlauˋlaˋ,meiˋiouˋpˀiˋuoˋlauˋtəilaˋ.

四季青公社

四季青 呢就 从 北京 49 年 底 解放， 解放 完 了 土
sʅˋtɕiˋtɕˀiŋˋnəˋtɕiouˋtɕˀuŋˋpeiˋtɕiŋˋsʅˋtɕiouˋnienˋtiˋtɕieˋfaŋˋ,tɕieˋfaŋˋuanˋləˋtˀuˋ

地 改 革 分 田 地，我 们 家 分 了 二 亩二分 地 在 车道沟 那头，
tiˋkaiˋkɤˋfənˋtˀienˋtiˋ, uoˋmənˋtɕiaˋfənˋləˋ ərˋmuˋ ərˋfənˋtiˋtaiˋtʂˤɤˋtauˋkouˋneiˋtˀouˋ.

土 地 改 革 完 了 以 后 就 镇 压 反 革 命，还 有 那 什 么， 从 50
tˀuˋtiˋkaiˋkɤˋuanˋləˋiˋxouˋtɕiouˋtʂənˋiaˋfanˋkɤˋmiŋˋ, xaiˋiouˋnaˋʂənˋ məˋ, tsˀuŋˋuˋliŋˋ

年 到 55 年 这个 阶段，都 是 个人 种 地 没 集体 弄。后 来 说
nienˋtauˋuˋuˋnienˋtʂɤˋkɤˋtɕieˋtuanˋ,touˋʂʅˋkɤˋ əˋ ʐənˋtʂuŋˋtiˋmeiˋtɕiˋtˀiˋuŋˋ.xouˋlaiˋʂuo

在 这个 53 年，就 那 什 么 啦，就 给 你 弄成 互 助组 啦。51
tsaiˋtʂɤˋkɤˋuˋsanˋnienˋ,tɕiouˋnaˋʂənˋ məˋlaˋ, tɕiouˋkeiˋniˋ uŋˋʂˀ əŋˋxuˋtʂuˋtsuˋlaˋ. uˋiˋ

年 分 地， 53 年， 就 是 党 就 是 说 让 你 组织 起来， 怎么 组
nienˋfənˋtiˋ,uˋsanˋnienˋ, tɕiouˋʂʅˋtaŋˋtɕiouˋʂʅˋʂuoˋʐ.əŋˋniˋtsuˋtʂʅˋtɕˀiˋlaiˋ, tsənˋ məˋtsuˋ

织 呢， 一 开 始 呢就 是 说 几家儿， 自 己 呢这 一 村儿 里头， 愿意 跟
tʂʅˋnəˋ, iˋkˀaiˋʂʅˋnəˋtɕiouˋʂʅˋʂuoˋtɕiˋtɕierˋ, tsʅˋtɕiˋnəˋtʂeiˋiˋtsˀuərˋliˋtˀouˋ, yɛnˋiˋkənˋ

谁 合着， 就 是 互助组。 说 你们 谁 跟 谁 合 得来， 你比如 咱们
ʂeiˋxɤˋtʂɤˋ, tɕiouˋʂʅˋxuˋtʂuˋtsuˋ.ʂuoˋniˋmənˋʂeiˋkənˋʂeiˋxɤˋtəˋlaiˋ, niˋpiˋʐuˋtsanˋmənˋ

两 家 合 得 来， 咱 们 两家儿 互助。就 是 说 你播种 的 时候儿，我
liaŋˋtɕiaˋxɤˋtˀəˋlaiˋ,tsanˋmənˋliaŋˋtɕiarˋxuˋtʂuˋ,tɕiouˋʂʅˋʂuoˋniˋpoˋtʂuŋˋtəiʂʅˋxourˋ, uoˋ

帮 你；我 种 的 时候儿 你 帮 我。收 呢，你 那个 粮食 先 收，我 帮 你
paŋˋniˋ; uoˋtʂuŋˋtəiʂʅˋxourˋniˋpaŋˋuoˋ.ʂouˋnəˋ,niˋnaˋkɤˋliaŋˋʂʅˋɕienˋʂou, uoˋpaŋˋniˋ

去 收去；我 粮食 先 收 你 帮 我 收 来，就 是 互相 帮 助。 那
tɕˀyˋʂouˋtɕˀyˋ; uoˋliaŋˋʂʅˋtɕienˋʂouˋniˋpaŋˋuoˋʂouˋlaiˋ, tɕiouˋʂʅˋxuˋɕiaŋˋpaŋˋtʂuˋ.neiˋ

会儿 呢你 有点儿 地你 一 人儿 有 时候 管 不过 来， 几 户 一 个 互助组
xuərˋnəˋniˋiouˋtierˋtiˋniˋiˋ ʐ ərˋiouˋʂʅˋxouˋkuanˋpuˋkuoˋlaiˋ, tɕiˋxuˋiˋkɤˋxuˋtʂuˋtsuˋ

完啦以后啊，诶，共有多少地，今儿个啊帮你干去，明儿个啊帮
uanˈlaiˌixouˌvaˌ, eiˌ, kuŋˌviouˌtuoˌʂauˌniˌ, tɕiɚˈkɤˌiˈpaŋˌniˌkanˌtɕʽiɛˌ, miɚˈkɤˌipaŋˌ

他 干 去，你这儿要急呢就先帮你干，我这儿不急呢 就 是说
tʽaˌkanˌtɕʽiɛˌ, niˌtʂɤˌviauˌtɕiˌnəˌtɕiouˌɕianˌpaŋˌniˌkanˌ, uoˌtʂɤˌvpuˌtɕiˌnəˌtɕiouˌʂʽˌʂuoˌ

先 帮 急 的 干 去，就这样。53 年组织起来，组织啦 有一年
ɕianˌpaŋˌtɕiˌtəˌkanˌtɕʽiɛˌ,tɕiouˌtʂɤˌviaŋˌ,uˌsanˌnienˌtsuˌtʂˌtɕʽiˈlaiˌ,tsuˌtʂˌlaˌiouˌviˈnienˌ

多二年，完啦 以后 就 成立啊低级社，到55年 以后呢 就 不是
tuoˌɚˌnienˌ, uanˈlaiˌixouˌtɕiouˌtʂʽəŋˌliˌaˌtiˈtɕiˌʂɤˌ,tauˌuˌuˌnienˌiˌxouˌnəˌtɕiouˌpuˌʂˌ

互 助 组了 就是 低级 社，低级 社 就是 说你 这 几个 自然村 归
xuˌtʂuˌtsuˌləˌtɕiouˌʂˌtiˈtɕiˌʂɤˌ, tiˈtɕiˌʂɤˌtɕiouˌʂˌʂuoˌniˌtʂɤˌviˌkɤˌtsˌzanˌtsʽuanˌkueiˌ

一 个 低 级 社，叫 广 丰 合 作 社， 这 几 个 村 就 全 都 归 广
iˈkɤˌtiˈtɕiˌʂɤˌ,tɕiauˌkuaŋˌfəŋˌxɤˌtsuoˌʂɤˌ,tʂɤˌviˌkɤˌtsʽuanˌtɕiouˌtɕʽyenˌtouˌkueiˌkuaŋˌ

丰 合 作 社管 了。后 来 呢，这 片 儿 呢 有 俩， 一 个 叫 广 丰、一 个
fəŋˌxɤˌtsuoˌʂɤˌkuanˌlaˌ.xouˌlaiˌnəˌ, tʂɤˌpʽiɚˌnəˌiouˌliaˌ, iˈkɤˌtɕiauˌkuaŋˌfəŋˌ,iˈkɤˌ

叫 宏 丰 这 两 个 合 作 社， 全 都 入 股， 入 完 股 就 到 年
tɕiauˌxuŋˌfəŋˌtʂɤˌliaŋˌkɤˌxɤˌtsuoˌʂɤˌ, tɕʽyenˌtouˌzuˌkuˌ, zuˌuanˌkuˌtɕiouˌtauˌnienˌ

终 就 分 红 就 分粮。低级社完了以后 搞啦几年， 又 开始
tʂuŋˌtɕiouˌfənˌxuŋˌtɕiouˌfənˌliaŋˌ. tiˈtɕiˌʂɤˌuanˌlaˌixouˌkauˌlaˌtɕiˌnienˌ, iouˌkʽaiˌʂˌ

搞 这个 高级社，到 58 年就 到 大 跃 进 的 时候儿，到 大 跃 进
kauˌtʂɤˌkɤˌkauˌtɕiˌʂɤˌ, tauˌuˌpaˌnienˌtɕiouˌtauˌtaˌyɤˌtɕinˌtəˌʂˌxouɚˌ,tauˌtaˌyɤˌtɕinˌ

呢 到 58 年 就 成 立 人 民 公社了。 成 立 起 来 人 民 公社呢
nəˌtauˌuˌpaˌnienˌtɕiouˌtʂʽəŋˌliˌzʽənˌminˌkuŋˌʂɤˌlaˌ. tʂʽəŋˌliˌtɕʽiˈlaiˌzʽənˌminˌkuŋˌʂɤˌnəˌ

就 不是 说 几 个 小 的 社了，就 连 西山 那边儿儿、香山那 边儿儿
tɕiouˌpuˌʂˌʂuoˌtɕiˌkɤˌɕiauˌtəˌʂɤˌləˌ,tɕiouˌlianˌɕiˌʂanˌnaˌpiɚˈlaˌ, ɕiaŋˌʂanˌnaˌpiɚˈlaˌ

就 都 归 一 个 四季青 公社了。四季青 公社分 多少个大队，你
tɕiouˌtouˌkueiˌiˈkɤˌsˌtɕiˌtɕʽiŋˌkuŋˌʂɤˌləˌ.sˌtɕiˌtɕʽiŋˌkuŋˌʂɤˌfənˌtuoˌʂauˌkɤˌtaˌtueiˌ,niˌ

比如 说，万寿 寺大队、张 华 大队、香 山 大队、蓝 靛 厂 大
piˌzuˌʂuoˌ, uanˌʂouˌsˌtaˌtueiˌ, tʂaŋˌxuaˌtaˌtueiˌ, ɕiaŋˌʂanˌtaˌtueiˌ,lanˌtinˌtʂʽaŋˌtaˌ

队，一 个 大队 管 几 个 自然村。 就 是 管 几 个 小队。像 我
tueiˌ,iˈkɤˌtaˌtueiˌkuanˌtɕiˌkɤˌtsˌzanˌtsʽuanˌ.tɕiouˌʂˌkuanˌtɕiˌkɤˌɕiauˌtueiˌ.ɕiaŋˌuoˌ

们 这儿 紫竹院生产队，第一生产队；三虎桥 第二生产
mənˌtʂɤˌvtsˌtʂuˌyenˌʂəŋˌtʂʽanˌtueiˌ, tiˈiˌʂəŋˌtʂʽanˌtueiˌ; sanˌxuˌtɕiauˌtiˈɚˌʂəŋˌtʂʽanˌ

队； 车道沟第三生产队。 诶，就给你排成小队的番号
tueiˌ;tʂʽɤˌtauˌkouˌtiˈsanˌʂəŋˌtʂʽanˌtueiˌ.eiˌ, tɕiouˌkeiˌniˌpʽaiˌtʂʽəŋˌɕiauˌtueiˌtəˌfanˌxauˌ

啦。
laˌ.

　　成 立 人 民 公 社 那会儿 挺 热闹 的，这 一 个 区 里边儿 分 几 个
tʂʻəŋˌliˊzʻənˊminˊkuŋˊʂəˋ˩neiˋxuərˋˌtʻiŋˇʐʻəˋnauˋtəˌtʂʻeiˋiˋkəˋtʂʻyˇliˇpienˋfənˋtɕiˇkəˋ

人 民 公 社，这 海淀区 里头 哇 就 分 什么 四季青 人民公
zʻənˊminˊkuŋˊʂəˋ，tʂʻəˋxaiˇtienˋtɕʻyˇliˇtʻouˋaˌtɕiouˋfənˌʂənˊməˌsʻɿˋtɕiˋtɕʻiŋˌzʻənˊminˊkuŋˊ

社，什 么 海淀公社 啊，这个 山后边 是 五方公社，还 有 很
ʂəˋ，ʂənˊməˌxaiˇtienˋkuŋˊʂəˋˌaˌtʂʻeiˋkəˋʂanˌxouˋpienˌʂɿˋuˇfaŋˊkuŋˊʂəˋˌxaiˊiouˇxənˇ

多。一 个 自 然 村 就 是 归 一 个 小 队，一 个 乡政府 归一个 大
tuoˌiˋkəˋtsʻɿˋzʻanˊtsʻʻuənˌtɕiouˋʂɿˋkueiˌiˋkəˋɕiauˋtueiˋ，iˋkəˋɕiaŋˌtʂʻəŋˋfuˇkueiˋiˋkəˋtaˋ

队。人民公社 地 方 大了去了，从 这个 动物园吧，一 直 到 西
tueiˋ．zʻənˊminˊkuŋˊʂəˋtiˋfaŋˌtaˋlaˌtɕʻyˋlaˋ，tsʻʻuŋˊtʂʻeiˋkəˋtuŋˋuˋyenˊpaˌ，iˋtʂʻɿˊtauˋɕiˌ

山 顶上，全 归 四 季 青 公社 管，多少个大队，有 那什么
ʂanˌtiŋˇʂaŋˋ，tɕʻyenˊkueiˌsʻɿˋtɕiˋtɕʻiŋˌkuŋˊʂəˋkuanˇ，tuoˌʂauˇkəˋtaˋtueiˋ，iouˇnaˋʂənˊməˌ

万 寿 寺大队，我 们 就 归 万寿寺大队，有 大队长，有 书记，
uanˋʂouˋsʻɿˋtaˋtueiˋ，uoˇmənˌtɕiouˋkueiˌuanˋʂouˋsʻɿˋtaˋtueiˋ，iouˇtaˋtueiˋtʂʻaŋˇ，iouˇʂuˌtɕiˋ

有 生 产 队 长，诶，这一个大队呢分多少个小队，你 比 如
iouˇʂəŋˌtʂʻanˇtueiˋtʂʻaŋˇ，eiˋ，tʂʻeiˋiˋkəˋtaˋtueiˋnəˌfənˌtuoˌʂauˇkəˋɕiauˇtueiˋ，niˇpiˇzʻuˊ

说 我 们 这 个 昌运宫 村儿，就算 一 个 小队，一 个小 队 多
ʂuoˌuoˇmənˌtʂʻeiˋkəˋtʂʻaŋˌynˋkuŋˌtsʻʻuərˌ，tɕiouˋsuanˋiˋkəˋɕiauˇtueiˋ，iˋkəˋɕiauˇtueiˋtuoˌ

少 人呢，也就是那会儿刚成立时候啊，一 个小队 一 百多人二
ʂauˇzʻənˊneˌ，ieˇtɕiouˋʂɿˋneiˋxuərˋˌkaŋˌtʂʻəŋˊliˋʂɿˊxouˋaˌiˋkəˋɕiauˇtueiˋiˋpaiˇtuoˌzʻənˊ

百 人，就 那 样。我们这儿紫竹院就是 一 个 小队，这 万寿寺
paiˇzʻənˊ，tɕiouˋnaˋiaŋˋ．uoˇmənˌtʂʻəˋrˋtsʻɿˇtʂʻuˊyenˋtɕiouˋʂɿˋiˋkəˋɕiauˇtueiˋ，tʂʻeiˋuanˋʂouˋsʻɿˋ

一 个总的 大 队 管 这些个小 队，就 是 什么 督催 你 该 种
iˋkəˋtsʻuŋˇtəˌtaˋtueiˋkuanˇtʂʻeiˋɕieˌkəˋɕiauˇtueiˋ，tɕiouˋʂɿˋʂənˊməˌtuˌtsʻʻueiˌniˇkaiˌtʂʻuŋˋ

什么东西啦，你这小队 里边儿 有技术员，有 生产 队长，有
ʂənˊməˌtuŋˌɕiˌlaˌ，niˇtʂʻeiˋɕiauˇtueiˋliˇpienˌrˋiouˇtɕiˋʂuˋyenˊ，iouˇʂəŋˌtʂʻanˇtueiˋtʂʻaŋˇ，iouˇ

小 组 长，诶，有 这个书记，有那什么五脏俱全，我 当 过
ɕiauˇtsuˇtʂʻaŋˇ，eiˋ，iouˇtʂʻeiˋkəˋʂuˌtɕiˋ，iouˇnaˋʂənˊməˌuˇtsaŋˋtɕyˋtɕʻyenˊ，uoˇtaŋˌkuoˋ

民兵 队 长 当 过 好多年，财务队长，后来 当生 产 队
minˊpiŋˌtueiˋtʂʻaŋˇtaŋˌkuoˋxauˇtuoˌnienˊ，tsʻʻaiˊuˋtueiˋtʂʻaŋˇ，xouˋlaiˊtaŋˌʂəŋˌtʂʻanˇtueiˋ

长，干 了 这么 多年。
tʂʻaŋˇ，kanˋlaˌtʂʻəˋmˌtuoˌnienˊ．

　　一 开始啊 特热闹，那会儿白吃饭，就大跃进时候儿，白吃
iˋkʻaiˌʂɿˇaˌtʻəˋzʻəˋnauˋ，neiˋxuərˋˌpaiˊtʂʻɿˌfanˋ，tɕiouˋtaˋyueˋtɕinˋʂɿˊxourˋ，paiˊtʂʻɿˌ

饭。什么蹬三轮儿的，赶大车的，走着你这生产队这儿，什么
fanˎ ,ʂənˎmətəŋˊtʂanˊluərˎtəˎ,kanˎtaˎtʂʰɤˊtəˎ,tsouˎtʂˊɤˎꞁniˎtʂˎˊʂəŋˊtʂʰanˎtueiˋtʂˎɤˎꞁ,ʂənˎꞁmeꞁ

人蒸得馒头也好，蒸得　窝头也好，进　门　就　吃，拉洋车的这
tʂənˎꞁtəˎmanˊtʰouˊꞁiᷟˎxauˎꞁ,tʂənˎtəˎuoꞁtʰouˊꞁiᷟˎxauˎꞁ,tɕinˎmənˊtɕiouˋtʂʰˊˎꞁ, laˊiɑŋˊtʂʰˊɤˎtʂˎɤˎꞁ

个，这不蹬三轮儿这个也都　吃，去吃去，结果呢，好，后　来
kɤˎꞁ, tʂeiꞁpuꞁtəŋˊsanˊluərˎtʂˎkɤˊiᷟˎtouˊtʂˊˎꞁ, tɕʰyꞁtʂˊˎꞁtɕʰiᷟˎ, tɕieˊkuoꞁnəˎ, xauˎꞁ,xouꞁlaiˊꞁ

就改　啦，你也没出力,你到这儿就吃饭，那哪儿成啊。
tɕiouꞁkaiˎꞁlaᷟˎ, niˎꞁieˎmeiꞁtʂʰˊuˎꞁliˎꞁ, niˎꞁtauꞁtʂˎɤˎꞁtɕiouꞁtʂˊˎfanˎꞁ,naˎꞁnarꞁtʂʰˊəŋˊꞁ.

　　后来又　改，60 年　这　个　瓜菜代嘛，那会儿，生　产　队
　　xouꞁlaiˊꞁiouꞁkaiˎꞁ, liouꞁliŋˊnienˊtʂeiꞁkɤˊkuaˎtsʰaiꞁtaiˋmaꞁ,neiˊxuərˎ, ʂəŋˊtʂʰanˎtueiˋ

有　食　堂，每个月　给　你几百个　窝头票儿，没有白面哪，吃
iouˎꞁʂˊˎꞁtʰˊɑŋˊꞁ, meiˎꞁkɤˎꞁyueꞁkeiˎniˎꞁtɕiˎpaiˎkɤˎꞁtʰouˊꞁpʰiaurˎꞁ, meiˎiouꞁpaiˊmienꞁaᷟꞁ, tʂˊˎꞁ

窝头　就　不错啦，够不够也　就是这么回事儿啦。完了以后呢，
uoꞁtʰouˊꞁtɕiouꞁpuꞁtsʰuoˋlaᷟꞁ,kouˎpuˎkouˋieˎtɕiouꞁʂˊˎtʂənˎꞁmeꞁxueiˋʂˊərˎlaᷟꞁ. uanˊlaiˎꞁxouꞁnəˎ,

瓜菜代　代　完啦，他有的生产队　就自个儿　种点　粮食　伍的，
kuaˎtsʰaiꞁtaiˋ taiˋ uanˊlaᷟꞁ, tʰaˎiouˎtəꞁʂəŋˊtʂʰanˎtueiˋtɕiouꞁtʂˊˎkɤˎrꞁtʂuŋˋtianˎliɑŋˊʂˊˎuˎtəᷟꞁ,

他　总　比　那会儿居　民　强一点，门口　种点菜　伍的，生产队
tʰaˎtsuŋꞁpiˎneiˊxuərˎtɕʰyˊminˊꞁtɕʰiɑŋˊꞁtienˎ,mənˊkʰouꞁtʂuŋˋtianˎtsʰaiˋuˎtəᷟꞁ,ʂəŋˊtʂʰanˎtueiˋ

种点粮食伍的，他也没挨着什么饿，就 60 年时候儿，慢慢儿
tʂuŋˋtianˎliɑŋˊʂˊˎuˎtəᷟꞁ,tʰaˎiᷟˎmeiꞁaiˎtʂˊˎʂˊənˎmeꞁɤˋꞁ,tɕiouꞁliouꞁliŋˊnienˊʂˊˎxourˎꞁ,manꞁmarꞁ

都　好起来。好起来啦，这人民公社　归一个　四季青　总的公社
touꞁxauˎꞁtɕʰiˎlaiˊꞁ.xauˎꞁtɕʰiˎlaiˊꞁlaᷟꞁ, tʂeiꞁɤˎnˊminˊkuŋˊꞁʂˊɤꞁkueiˎiᷟˎkɤˊsˎˎtɕiˋtɕʰiŋˊꞁtsuŋꞁtəˎkuŋˊʂˊɤꞁ

管，归他　那儿管呢，各个大队啊，那是单独核算，你比如说啊，
kuanˎꞁ, kueiˎtʰaˎnarꞁkuanꞁnəᷟꞁ, kɤˎkɤꞁtaˋtueiˋaᷟꞁ,naˎʂˎˎtanˎtuˊxɤˊsuanꞁ,niˎpiˎzˎuˋʂˊuoˎꞁaᷟꞁ,

四季青公社　是　全民所有制，完了以后呢，各大队呢，这个生
sˎˎtɕiˋtɕʰiŋˊꞁkuŋˊʂˊɤꞁʂˎˎtɕʰyenˊminˊsuoˎiouˎtʂˊˎꞁ,uanˊlaiˎꞁxouꞁnəꞁ,kɤˎtaˋtueiˋnəꞁ,tʂɤˎkɤꞁʂəŋˊ

产　钱多你　这个大队可以多分点儿钱，就是挣工分儿，1 分儿
tʂʰanˎtɕʰienˊtuoꞁniˎˎtʂɤˋkɤꞁtaˋtueiˋkʰɤˎiˋtuoˊfənˎtierꞁtɕʰienˊ, tɕiouꞁʂˎˎtʂəŋꞁkuŋˊfənꞁ,iˎfənꞁ

是 1 毛 5 啊，这四季青公社还有 1 分 7 的。张华大队　他 也　搞
ʂˎˎiˎmauˊuˎaᷟꞁ,tʂˎɤˋsˎˎtɕiˋtɕʰiŋˊꞁkuŋˊʂˊɤˎxaiˊiouˎiˎfənꞁtɕʰiˊtəᷟꞁ. tʂɑŋꞁxuaˊtaˋtueiˋtʰaˎiᷟˎkauˎꞁ

不好，每个月给点儿钱呢，　就你得　吃饭哪，每个月给你点儿
puꞁxauˎꞁ,meiˎꞁyueꞁkeiꞁtierꞁtɕʰienˊnəꞁ,tɕiouꞁniˎteiˎtʂˊˎfanˎꞁ, meiˎꞁyueꞁkeiꞁniˎtierꞁ

钱　呢　还　不够　每月　给　扣的，你看　香山，香山大队也 1 分
tɕʰienˊnəꞁxaiˊpuꞁkouꞁmeiˎꞁyueꞁkeiˎkʰouˋtəᷟꞁ,niˎkʰanˋꞁɕiɑŋꞁʂˊanꞁ, ɕiɑŋꞁʂˊanˎtaˋtueiˋieˎiˎfənꞁ

多 钱 2 分 钱，我们这儿紫竹院这儿，按全公社来说，紫 竹

tuoˑtɕ'ienˑɚˑfəˑntɕ'ienˑ,uoˑməˑntʂɤˑvtʂɿˑtʂuˑyenˑtʂɤˑ,anˑtɕ'yenˑkuŋˑʂɤˑvlaiˑʂuoˑ,tʂɿˑtʂuˑ

院这儿最高的，反正 有的 1 毛五六，1 毛五六 比那 1 分 多

yenˑtʂɤˑvtsueiˑvkauˑtəˑ, fanˑtʂəŋˑviouˑtəˑimauˑuˑliouˑ, iˑmauˑuˑliouˑp'iˑneiˑvfənˑtuoˑ

钱 强，你每天挣 10 分儿，你 要 1 毛 五六 就 1 块 五六毛

tɕ'ienˑtɕ'iaŋˑ, niˑmeiˑt'ienˑtʂəŋˑʂʐˑfəˑrˑ, niˑiauˑviˑmauˑuˑliouˑtɕiouˑiˑk'uaiˑuˑviouˑmauˑ

钱，他那儿 1 分多 钱呢，他挣 10 分他 就 1 毛 多 钱 那 就

tɕiouˑ, t'aˑnarˑiˑfənˑtuoˑtɕ'ienˑnəˑ, t'aˑtʂəŋˑʂʐˑfəˑnˑt'aˑtɕiouˑvmauˑtuoˑtɕ'ienˑnaˑtɕiouˑ

差 好 多 啦。后来呢 钱 多的 这个公社 就 不能 分 这么多，

tʂ'aˑvxauˑtuoˑlaˑ. xouˑlaiˑnəˑtɕ'ienˑtuoˑtˑtˑtʂɤˑvkɤˑkuŋˑʂɤˑvtɕiouˑpuˑvnəŋˑfənˑtʂɤˑvməˑtuoˑ,

这 么 着呢，各个小队啊都不一样，这 一个大队 就六七个小

tʂəˑnvməˑtʂɤˑnəˑ,kɤˑkɤˑvɕiauˑtueiˑaˑtouˑpuˑviˑiaŋˑ,tʂɤˑiˑkɤˑtaˑtueiˑtɕiouˑliouˑtɕ'iˑkɤˑɕiauˑ

队，小 队 比 小 队 就 不一样，你就是说，他 那小队 5 分

tueiˑ,ɕiauˑtueiˑpiˑɕiauˑtueiˑtɕiouˑpuˑviˑiaŋˑ, niˑtɕiouˑʂʐˑʂuoˑ,t'aˑneiˑɕiauˑtueiˑufənˑ

钱一份儿，你这小队 1 毛，他那小队 8 分儿钱 1 份儿，你搞得好

tɕ'ienˑiˑfənˑ,niˑtʂɤˑvɕiauˑtueiˑviˑmauˑ,t'aˑneiˑɕiauˑtueiˑpaˑfəˑntɕ'ienˑiˑfənˑ,niˑkauˑtəˑxauˑ

的这个， 就钱多点儿， 他 公社 他 给你扣留 公社基金哪，生

təˑtʂɤˑvkɤˑ, tɕiouˑtɕ'ienˑtuoˑtierˑ,t'aˑkuŋˑʂɤˑvt'aˑkeiˑniˑk'ouˑliouˑkuŋˑʂɤˑvtɕiˑtɕinˑ, ʂəŋˑ

活储备金哪。后来呢，这不就 都是人民公社啦，人民公社

xuoˑtʂ'uˑvpeiˑtɕinˑ. xouˑlaiˑnəˑ,tʂɤˑvpuˑtɕiouˑtouˑʂʐˑvzənˑminˑkuŋˑʂɤˑvlaˑ,zənˑminˑkuŋˑʂɤˑ

呢还是啊 按你这个生产队 的收入 分配，不 是 说 全都搁 到

nəˑxaiˑʂʐˑvaˑnˑniˑtʂɤˑvkɤˑʂəŋˑtʂ'anˑtueiˑtˑʂouˑzuˑvfənˑp'eiˑ,puˑʂʐˑʂuoˑtɕ'yenˑtouˑkɤˑtauˑ

那个公社去，然后都算好喽 再给你钱， 它那就有的

neiˑkɤˑkuŋˑʂɤˑvtɕ'yˑ, zanˑxouˑtouˑsuanˑxauˑlouˑtsaiˑkeiˑniˑtɕ'ienˑ,t'aˑnaˑtɕiouˑviouˑtəˑ

穷有 的富，像我们万寿寺大队，那就富。你像姆姆 紫竹

tɕ'yŋˑviouˑtəˑfuˑ, ɕiaŋˑuoˑvmənˑuanˑʂouˑsʐˑtaˑtueiˑ, naˑtɕiouˑfuˑ.niˑɕiaŋˑmˑməˑtʂɿˑtʂuˑ

院 生产 队 那会儿我 当 队长 候儿 种那菜花儿，就 咱

yenˑʂəŋˑtʂ'anˑtueiˑneiˑxuiˑvuoˑtaŋˑtueiˑtʂaŋˑʂʐˑxouˑrˑtʂuŋˑneiˑts'aiˑxuarˑ, tɕiouˑtsanˑ

们 吃的那菜花儿，我这儿种的菜花儿出口，收获 完了以后

mənˑtʂ'ʐˑtəˑneiˑts'aiˑxuarˑ, uoˑtʂɤˑvtʂuŋˑtˑtəˑts'aiˑxuarˑtʂ'uˑk'ouˑ, ʂouˑxuoˑvuanˑlaˑiˑxouˑ

都 装 好 喽筐，拿纸 都 包好喽 送到 这个车站，完啦以

touˑtʂuaŋˑxauˑlouˑk'uŋˑ, naˑtʂʐˑvtouˑpauˑxauˑlouˑsuŋˑtauˑtʂeiˑkɤˑtʂ'ʐˑtʂanˑ, uanˑlaˑiˑ

后 上 火车也好 上哪儿也好 都 去 出口。

xouˑʂaŋˑxuoˑtʂ'ʐˑieˑxauˑʂaŋˑnarˑieˑxauˑtouˑtɕ'yˑtʂ'uˑk'ouˑ.

　　那会儿 种的 菜花儿长 这么 大个，一是肥料多，我们这儿
naˣxuɤˣtʂuŋˣtɤˣtsʻaixuarˣtʂɑŋˣtʂɤnˣmɤtaˣkɤˣ, iˣʂˣfeiˣliɑuˣtuoˣ, uoˣmɤnˣtʂɤˣ

有掏 粪 车，头 年 把这个地全 都 翻啦，翻完啦以后呢喧
iouˣtʻɑuˣfɤnˣtʂʻɤˣ, tʻouˣnienˣpaˣtʂeiˣkɤˣtiˣtɕʻyɤnˣtouˣfanˣlaˣ, fanˣuanˣlaiˣxouˣnɤˣɕyɤnˣ

乎儿， 一 到冬天呢，我这儿有两辆马车掏粪的，那会儿不上
xuɤˣ, iˣtɑuˣtuŋˣtʻianˣnɤˣ, uoˣtʂɤˣyˣiouˣliɑŋˣliɑŋˣmaˣtʂʻɤˣtʻɑuˣfɤnˣtɤˣ, neiˣxuɤˣˣpuˣʂɑŋˣ

化肥 很少 上 化肥，先 都是 那个大粪，掏完了以后,扒开那
xuaˣfeiˣxɤnˣʂɑuˣʂɑŋˣxuaˣfeiˣ, ɕianˣtouˣʂˣneiˣkɤˣtaˣfɤnˣ, tʻɑuˣuanˣlaiˣxouˣ, paˣkʻaiˣneiˣ

个闸板儿，就直接让马拉着，那肥 就一趟一趟 就 给地 浇
kɤˣtʂaˣpɤrˣ, tɕiouˣtʂˣtɕiɤˣʐɑŋˣmaˣlaˣtʂɤˣ, neiˣfeiˣtɕiouˣiˣtʻɑŋˣiˣtʻɑŋˣtɕiouˣkeiˣtiˣtɕiɑuˣ

匀啦。浇匀啦以后呢，到明年一开春儿的时候啊，都化啦， 就
ynˣlaˣ. tɕiɑuˣynˣlaiˣxouˣnɤˣ, tɑuˣmiŋˣnienˣiˣkʻaiˣtʂʻuɤrˣtɤˣʂˣxouˣaˣ, touˣxuaˣlaˣ, tɕiouˣ

拿 那 个大 拖拉机开过来， "咣" 给你这个地挠得有这么深，
naˣneiˣkɤˣtaˣtʻuoˣlaˣtɕiˣkʻaiˣkuoˣlaiˣ," kuaŋˣ" keiˣniˣtʂeiˣkɤˣtiˣnɑuˣtɤˣiouˣtʂɤˣmɤˣʂɤnˣ

有一尺 深 左右，上头的 粪 给 掺乎 好喽，那土倍儿喧乎儿，
iouˣiˣtʂʻˣʂɤnˣtsuoˣiouˣ, ʂɑŋˣtʻouˣtɤˣfɤnˣkeiˣtsʻanˣxuˣxɑuˣlouˣ, naˣtʻuˣpɤrˣɕyɤnˣxurˣ

一般没有肥料的土他死的、死板，到 种 菜花儿时候儿啊给他
iˣpanˣmeiˣiouˣfeiˣliɑuˣtɤˣtʻuˣtʻaˣsɿˣtɤˣ, sɿˣpanˣ, tɑuˣtʂuŋˣtsʻaixuarˣʂˣxouˣaˣkeiˣtʻaˣ

改 良。
kaiˣliɑŋˣ.

　　我 弄的这个这一边儿高，朝阳，给 他小苗 栽在 底下，
uoˣnɤŋˣtɤˣtʂeiˣkɤˣtʂɤˣyˣipianˣlaˣkɑuˣ, tʂʻɑuˣiɑŋˣ, keiˣtʻaˣɕiɑuˣmiɑuˣtsaiˣtsaiˣtiˣɕiaˣ

然后 浇 上水，浇上水 完啦以后呢自他能扎上根儿啦，诶，
ʐanˣxouˣtɕiɑuˣʂɑŋˣʂueiˣ, tɕiɑuˣʂɑŋˣʂueiˣuanˣlaiˣxouˣnɤˣtsˣtʻaˣnɤŋˣtʂaˣʂɑŋˣkɤnˣlaˣ, eiˣ

就 给他 放 下来， 这 土 差不多平啦， 那 会儿一暖和啦 长
tɕiouˣkeiˣtʻaˣfɑŋˣɕiaˣlaiˣ, tʂeiˣtʻuˣtʂʻaˣpuˣtuoˣpʻiŋˣlaˣ, naˣxuɤˣiˣnuanˣxuoˣlaˣ, tʂɑŋˣ

的菜花儿，三四斤一个大菜花儿，上 区里头 讲去，是怎么种
təˣtsʻaixuarˣ, sanˣsɿˣtɕinˣiˣkɤˣtaˣtsʻaixuarˣ, ʂɑŋˣtɕʻyˣliˣtʻouˣtɕiɑŋˣtɕiɤˣ, ʂˣtsɤnˣmɤˣtʂuŋˣ

的，是什么时候儿下的种，什么时候儿出的苗儿，施肥怎么施的，
təˣ, ʂˣʂɤnˣmɤˣʂˣxouˣɕiaˣtɤˣtʂuŋˣ, ʂɤnˣmɤˣʂˣxouˣtʂʻuˣtɤˣmiɑurˣ, ʂˣfeiˣtsɤnˣmɤˣʂˣtɤˣ

什么 时候 浇的水，什么 时候 耪的，耪 就是 给他 喧乎地、
ʂɤnˣmɤˣʂˣxouˣtɕiɑuˣtəˣʂueiˣ, ʂɤnˣmɤˣʂˣxouˣpɑŋˣtɤˣ, pʻɑŋˣtɕiouˣʂˣkeiˣtʻaˣɕyɤnˣxutiˣ,

除草。他 都 知道啊，他 都 指定出口啊。
tʂʻuˣtsʻɑuˣ, tʻaˣtouˣtʂˣtɑuˣaˣ, tʻaˣtouˣtʂˣtiŋˣtʂʻuˣkʻouˣaˣ.

一般 呢 都 是 要 到 年 终 结 算 最 低 的 那会儿， 趸个四五百
iˈpanˎnəˊtouˏʂˋ ˎiau˅tauˏnienˎtʂuŋˊtɕieˏsuanˏtsueiˎtiˊtəˎnaˎxuənˎ,ɕyˎkˋʅˏnˎpai˅

钱儿、 三 四 百块钱儿 那样。 有 的 那个 呢一年前还不到呢， 每个 月 借
tɕˈiərˋ, sanˏʂˋpaiˏtɕˈiərˋnaˎiaŋˎ.iouˎtˎmei˅kˎˎnəˊˏnienˎxaiˊpuˏtauˎnəˊ,mei˅kˎˎyˎtɕieˎ

支 那 要， 每 个 月 借 给 你30 块 钱， 一 个 劳 动 力 借 你 30，
tʂˋˏnaˎiau˅, mei˅kˎˎyˎtɕieˎkeiˎniˎsanˏʂˋ ˏkˈuaiˎtɕˈiənˋ, iˈkˎˎlauˎtuŋˎliˎtɕieˎniˎsanˏʂˋ,

一 到 年 终 结 算 你 这30 不 够 哇， 你 这 一 年 12 个 月， 借
iˈtauˏnienˎtʂuŋˏtɕieˏsuanˎniˎtʂˋˎsanˏʂˋ ˏxaiˊpuˎkouˎuaˎ, niˎtʂeiˎiˏnienˎʂˋˏˎərˎkˎˎyˎ, tɕieˎ

你 30， 你 想 想 就 360 块 钱 呢， 你 这 结 完 算 之
niˎsanˏʂˋ, niˎɕiaŋˏɕiaŋˏtɕiouˎsanˏpaiˏliouˎʂˋˏkˈuaiˎtɕˈianˋnəˊ, niˎtʂˋˎtɕieˏuanˏsuanˏʂˋ

后， 你 这 大 队 平 均 才 200 块 钱， 你 还 欠 一 百 多 块 钱
xouˎ, niˎtʂˋˎtaˎtueiˎpiŋˊtɕynˏtsˈaiˊˏərˎpaiˏkˈuaiˎtɕˈianˋ, niˎxaiˊtɕˈiənˎiˊpaiˎtuoˏkˈuaiˎtɕˈiənˋ

呢， 他 跟 你 这 样 算。 这 一 个 海 淀 区 有 多 少 个 公 社， 海 淀
nəˊ, tˈaˏkənˎniˎtʂˋˎiaŋˎsuan˅.tʂˋˎiˏkˎˎxaiˊtienˎtɕˈyˏiouˎtuoˏʂauˏkˎˎkuŋˏʂˋ, xaiˊtienˎ

区 有 玉 渊 潭 公 社、 四 季 青 公 社、 东 山 公 社， 还 有 这 个 海 淀
tɕˈyˏiouˎyˎyˎnˎtˈanˊkuŋˏʂˋ,sˋˎtɕiˎtɕˈiŋˏkuŋˏʂˋ,tuŋˏʂanˏkuŋˏʂˋ,xaiˊiouˎtʂˋˎkˎˎxaiˊtienˎ

公 社， 几 个 公 社 都 不 一 样， 有 大 队 核 算 的， 有 小 队 核 算 的，
kuŋˏʂˋ, tɕiˏkˎˎkuŋˏʂˋˎtouˏpuˏiˊiaŋˎ,iouˎtaˎtueiˎxˎˊsuanˎtəˎ,iouˎɕiauˏtueiˎxˎˊsuanˎtəˎ,

有 公 社 核 算 的， 三 级。 小 队 核 算、 大 队 核 算 你 就 合 适 啦。
iouˎkuŋˏʂˋˎxˎˊsuanˎtəˎ,sanˏtɕiˊ. ɕiauˏtueiˎxˎˊsuanˎ,taˎtueiˎxˎˊsuanˎniˎtɕiouˎxˎˊʂˋˎlaˎ.

文 化 大 革 命 也 没 干 什 么， 该 种 地 还 是 种 地， 地 富 反 坏
uənˊxuaˎtaˎkˎˊmiŋˎieˎˎmeiˊkanˏʂənˎˎˎmeˎ,kaiˏtʂuŋˎtiˎxaiˊʂˋˏtʂuŋˎtiˎ,tiˎfuˎfan˅xuaiˎ

右 都 管 制 起 来， 不 许 乱 说 乱 动。 姆 姆 这 村 没 有， 车 道
iouˎtouˏkuanˏʂˋˎtɕˈiˏlaiˊ, puˎɕyˏluanˎʂuoˏluanˎtuŋˎ. mˏmˎtʂˋˎtsˈuənˏmeiˊiouˎ,tʂˋˎtauˎ

沟 村 有 一 户 地 主， 有 一 户 富 农。 他 有 地 比 一 般 的 地 多。 他 雇 人
kouˏtsˈuənˏiouˎiˊxuˎtiˎtʂuˏ,iouˎiˊxuˎfuˎnuŋˊ. tˈaˏiouˎtiˎpiˊiˊpanˎtəˎtiˎtuoˏ.tˈaˏkuˎzˎənˊ

种 地， 就 划 为 地 主。 你 不 劳 动， 你 有 多 少 地， 你 没 雇 过 工，
tʂuŋˎtiˎ, tɕiouˎxuaˊueiˊtiˎtʂuˏ. niˎpuˏlauˎtuŋˎ, niˎiouˎtuoˏʂauˏtiˎ, niˎmeiˊkuˎkuoˎkuŋˏ

就 算 这 个 就 给 你 划 为 中 农， 下 中 农， 上 中 农， 就 给
tɕiouˎsuanˎtʂˋˎkˎˎtɕiouˎkeiˎniˎxuaˊueiˊtʂuŋˏnuŋˊ, ɕiaˎtʂuŋˏnuŋˊ, ʂaŋˎtʂuŋˏnuŋˊ, tɕiouˎkeiˎ

你 划 为 这 个， 你 要 是 有 点儿 地， 你 自 己 不 劳 动， 就 是 雇 人 给
niˎxuaˊueiˊtʂˋˎkˎˎ, niˎiauˎʂˋˎiouˎtiərˎtiˎ, niˎtsˋˎtɕiˏpuˏlauˎtuŋˎ, tɕiouˎʂˋˎkuˎzˎənˊkeiˎ

你 劳 动， 就 是 你 有 几 亩 地 都 给 你 划 为 地 主。 就 那 样。
niˎlauˎtuŋˎ, tɕiouˎʂˋˎniˎiouˎtɕiˏmuˏtiˎtouˏkeiˎniˎxuaˊueiˊtiˎtʂuˏ. tɕiouˎnaˎiaŋˎ.

　　像 我 们 这 儿 我 们 这 回 给 那 个 退 那 个 劳动力 那个 股
　　ɕiaŋˇuo˩mən˩tʂɤˇuo˩mən˩tʂei˩xuei˩kei˩na˥kɤ˩tʼuei˩na˥kɤˇlaʊ˩tuŋˇli˩na˥kɤˇku˩

金，入 股儿哇，那 会儿 不也得入股儿吗。一 股 退四千 二 百 块钱儿。
tɕin˩, zu˩kur˩xua˩, nei˩xuar˩pu˩ie˩tei˩zu˩kur˩ma˩. i˩ku˩tʼuei˩sɿ˩tɕʼien˥ər˩pai˩kʼuai˥tɕʼier˩,

我 入了 四股儿。 四季青公社那会儿投资一个男劳动力投资一百
uo˩zu˩lə˩sɿˇkur˩. sɿˇtɕiˇtɕʼiŋ˩kuŋˇʂɤˇnei˩xuar˩tʼou˩tsɿˇi˩kɤˇnan˩laʊˇtuŋˇli˩tʼou˩tsɿ˩i˥pai˩

六， 一个女劳动力投资一百 块钱。入股就是 按你家里头什
liou˩, i˩kɤˇny˩laʊˇtuŋˇli˩tʼou˩tsɿ˩i˩pai˩kʼuai˥tɕʼien˩. zu˩kuˇtɕiou˩ʂɿˇan˩ni˩tɕia˩li˩tʼou˩ʂɤ˩

么有那个 碌碡哇，压地那个；有砧子啊， 就是什么叉子， 簸
mə˩iou˩nei˩kɤˇliou˩tʂou˩ɯa˩, ia˩ti˩nei˩kɤˇ; iou˩tʂuən˥tsɿˇa˩, tɕiou˩ʂɿ˩ʂɤ˩mə˩tsʼa˥tsɿˇ, poˇ

箕啦， 全都 给 你算钱，把 那个农具全 给 你收 啦 折钱。
tɕʼi˩la˩, tɕʼyen˩tou˩kei˩ni˩suan˩tɕʼien˩, pai˩nei˩kɤˇnuŋ˩tɕyˇtɕʼyen˩kei˩ni˩ʂou˩la˥tʂɤ˩tɕʼien˩.

　四季青公社 搞得 全 国 有名的公社， 外国 都 知道四
　sɿ˩tɕiˇtɕʼiŋ˩kuŋˇʂɤˇkau˩ɯtɕʼyenˇkuoˇiou˩miŋˇti˩kuŋˇʂɤˇ, uai˩kuoˇtou˩tʂɿ˩taʊ˩sɿˇ

季青公社呢， 那会儿啊各友好国家 一来，坐着高级车 都 上
tɕi˩tɕʼiŋ˩kuŋˇʂɤˇnɤ˩, nei˩xuar˩a˩kɤˇiou˩xauˇkuoˇtɕia˩i˥lai˩, tsuo˩tʂɤˇkau˩tɕi˥tʂʼɤˇtou˩ʂaŋˇ

四季青来学习这个集 体所 有 制这种 制度，带去看 看 各
sɿ˩tɕiˇtɕʼiŋ˩lai˩cye˩ɕi˩tʂei˥kɤˇtɕi˩tʼi˥suoˇiou˩tʂɿˇtʂei˩tʂuŋˇtʂɿ˩tu˩, tai˩tɕʼyˇkʼan˩kʼan˩kɤˇ

大队的生产情况。那会儿 也种 好多 花样儿。什么菜花儿啊
ta˩tuei˩əʂɿ˩tʂʼan˩tɕʼiŋ˩kʼuŋ˩, nei˩xuar˩ie˩tʂuŋˇxau˩tuoˇxuaˇiãr˩. ʂən˩mə˩tsʼai˩xuar˩a˩

这个 所有 吃 的这个菜， 在洞子里头就是 有那大棚， 过 去
tʂei˥kɤˇsuoˇiou˩tʂʼ˩ʅ˥ətʂei˥kɤˇtsʼai˩, tsai˩tuŋ˩tsɿ˩li˩tʼou˩tɕiou˩viou˩nei˩ta˩pʼəŋ˩, kuo˥tɕyˇ

那会儿， 就 跟 那个农业嘉年华 似的那样儿大棚， 里头种喽
nei˩xuar˩, tɕiou˩kən˩nei˩kɤˇnuŋ˩ie˩tɕia˩nien˩xua˥ʂɿ˩ɯ˩nei˩iãr˩ta˩pʼəŋ˩, li˩tʼou˩tʂuŋ˩lou˩

菜， 有技术员，有各方面儿的，各国来了以后， 给你带到大棚
tsʼai˩, iou˩tɕi˩ʂu˥yen˩, iou˩kɤˇfaŋ˩miar˩ti˩, kɤˇkuoˇlai˩lai˩ixou˩, kei˩ni˩tai˩tauˇta˩pʼəŋ˩

里看， 就是 中国 现在是 现代化啦， 就是这个意思。外国的
li˩kʼan˩, tɕiou˩ʂɿ˩tʂuŋ˩kuoˇɕien˩tsai˩ʂɿ˩ɕien˩tai˩xuaˇla˩, tɕiou˩ʂɿ˩tʂei˥kɤˇi˩sɿ˩. uai˩kuoˇtɤ˩

来了以后都 让你 参 观 四季青公社。
lai˩lai˥ixou˩tou˩zaŋˇni˩tsʼan˩kuan˩sɿ˩tɕiˇtɕʼiŋ˩kuŋˇʂɤˇ.

　　四季青 公社 搞 到 80 年，到 现在呢 西山大队还 存
　　sɿ˩tɕiˇtɕʼiŋ˩kuŋˇʂɤˇkau˩tau˩pa˩liŋˇnien˩, tau˩ɕien˩tsai˩nɤ˩ɕi˩ʂan˩ta˩tuei˩xai˩tsʼuən˩

在， 门 头村 大队还存 在，就是说 这个 香山 大队 还
tsai˩, mən˩tʼou˩tsʼuən˩ta˩tuei˩xai˩tsʼuən˩tsai˩, tɕiou˩ʂɿ˩ʂuoˇtʂei˥kɤˇɕiaŋ˩ʂan˩ta˩tuei˩xai˩

存 在，剩 下 那 些 个 从 那 个 四环路 往东 全 没有了，全
tsʰuənˉtsaiˇ,ʂəŋˋɕiaˋnaˋɕieˉkⸯtsʰuŋˊneiˇkⸯʂʅˋxuanˊluˋuaŋⸯtuŋˉtɕʰʸenˊmeiˊiouⸯlaˋ,tɕʰʸenˉ

改 成 居民啦，你比如说 像那个 玉泉大队那一村儿 整个都
kaiˇtʂʰəŋˊtɕyˉminˊlaˋ,niˇpiˇzuˊʂuoˉɕiaŋˋneiˋkⸯyˋtɕʰʸenˊtaˋtueiˋneiˋiˊtsʰuərˉtʂəŋˇkⸯytouˉ

得 让 你搬，搬到这个新村儿里，都 给你 盖好楼啦 还有电
teiⸯz̩ˋaŋˋniˋpanˉ, panˉtauˋʂeiˋkⸯɕinˉtsʰuərˊliˇ,touˉkeiˇniˇkaiˋxauˇlouˊlaˋxaiˊiouⸯtienˋ

梯，现在 都 转 成 居民啦。
tʰiˉ, ɕienˋtsaiˋtouⸯtʂuanˇtʂʰəŋˊtɕyˉminˊlaˋ.

　　这 四 季 青公社 就 这 们来的。从 这儿一直 到 西山 香山都
　　tʂⸯʂʅˋtɕiˋtɕʰiŋˉkuŋˉʂⸯʂɤⸯtɕiouˋtʂⸯmənⸯlaiˊtə.tsʰuŋⸯtʂɤˋiˋtʂʅⸯtauⸯɕiˉʂanˉɕiaŋˉʂanˉtouⸯ

归 四季青。这儿 有 一条河，河南边儿 都 归 这个 玉渊潭公社。
kueiˉʂʅˋtɕiˋtɕʰiŋˉ. tʂɤˋⸯiouⸯiˊtʰiauˊxɤˊ, xɤˊnanˊpierⸯtouⸯkueiˉtʂⸯkⸯyˋyenⸯtʰanˊkuŋˉʂⸯ.

玉渊潭且 这儿到 那个 老山，老 山 这边儿晃 平则门外，从 这儿
yˋyenˉtʰanˊtɕʰieˇⸯiˊtʂⸯrⸯtauⸯneiˇkⸯyⸯlauⸯʂanˉ,lauⸯʂanˉtʂⸯpierⸯⸯiapiŋˊtsɤˊmənⸯuaiⸯ,tsʰuŋⸯtʂⸯrⸯ

往 南 到 那个 是 属于海淀区 管的。那 边儿 是 丰台，归 丰台
uaŋⸯnanˊtauⸯneiˇkⸯyˋʂⸯʂuⸯyⸯxaiⸯtienⸯtɕʰyˉkuanⸯtə.neiⸯpianⸯlaⸯʂⸯfəŋˉtʰaiˊ,kueiˉfəŋˉtʰaiˊ

区 就 归 丰台 那 边儿晃 公社 啦，跨区啦 就 不归 这 边儿晃，管
tɕʰyˉtɕiouⸯkueiˉfəŋˉtʰaiˊneiⸯpierⸯlaⸯkuŋˉʂⸯrⸯlaⸯ,kʰuaⸯtɕʰyˉlaⸯtɕiouⸯpuⸯkueiˉtʂⸯpierⸯlaⸯkuanⸯ

啦。现 在 四季青 公社 还有 三 万多农民呢，不 是全都 反
laⸯ. ɕienⸯtsaiⸯʂʅⸯtɕiⸯtɕʰiŋˉkuŋˉʂⸯⸯxaiⸯiouⸯⸯsanⸯuanⸯtuoⸯnuŋⸯminⸯnəⸯ,puⸯʂʅⸯtɕʰʸenⸯtouⸯfanⸯ

映 这个 事吗。姆 姆 劳动 完啦，种下了树啦，你们 不能 谁来都 歇
iŋⸯtʂⸯrⸯⸯʂʅˋmaⸯ.m̩ⸯm̩ⸯlauⸯtuŋⸯuanⸯlaⸯ,tʂuŋⸯɕiaⸯləⸯʂuⸯlaⸯ,niⸯmənⸯpuⸯnəŋⸯʂeiⸯlaiⸯtouⸯɕieⸯ

凉 啊，是不是？ 就 是 说你得给我们钱哪。他们有 地 也 不多
liaŋⸯaⸯ,ʂʅⸯpuⸯʂʅⸯ? tɕiouⸯʂʅⸯʂuoⸯniⸯteiⸯkeiⸯuoⸯⸯmənⸯtɕʰienⸯⸯ. tʰaⸯmənⸯiouⸯtiⸯieⸯⸯpuⸯtouⸯ

啦，嗐，他现在有的那个，工厂，办工厂，自个儿地都 租
laⸯ,xaiⸯ, tʰaⸯɕienⸯtsaiⸯiouⸯⸯtⸯəⸯneiⸯkⸯⸯ, kuŋⸯtʂʰaŋⸯ, panⸯkuŋⸯtʂʰaŋⸯ, tsʅⸯkɤⸯⸯtiⸯtouⸯtsuⸯ

出去啦，都弄 这个 啦。现 在 四季青 公社 这儿 都 得 上楼 啦。他
tʂʰuⸯtɕʰyⸯlaⸯ, touⸯⸯnuŋⸯtʂⸯkⸯⸯlaⸯ.ɕienⸯtsaiⸯʂʅⸯtɕiⸯtɕʰiŋˉkuŋˉʂⸯtʂⸯrⸯtouⸯteiⸯʂaŋⸯlouⸯlaⸯ.tʰaⸯ

这儿的农 民 明儿 将来就是 说没有 农业 人口啦， 就你随
tʂⸯrⸯⸯəⸯnuŋⸯminⸯⸯmiɤrⸯtɕiaŋⸯlaiⸯtɕiouⸯʂʅⸯʂuoⸯmeiⸯⸯiouⸯnuŋⸯieⸯⸯzⸯənⸯkʰouⸯlaⸯ, tɕiouⸯniⸯⸯsueiⸯ

便 可 以 自 由 生 活啦。反正你要是 做买卖也好，干 什么
pienⸯkʰɤⸯⸯiⸯtsʅⸯiouⸯⸯʂəŋⸯxuoⸯlaⸯ. fanⸯʂəŋⸯniⸯⸯiauⸯʂʅⸯtsuoⸯmaiⸯⸯmaiⸯⸯⸯieⸯxauⸯ,kanⸯʂənⸯⸯmⸯⸯ

也 好，你交那个养老保险，医疗 保险，那明儿个 你 老喽
ieⸯxauⸯ,niⸯtɕiauⸯⸯneiⸯkⸯⸯiaŋⸯⸯlauⸯpauⸯⸯɕienⸯ, iⸯliauⸯpauⸯⸯɕienⸯ, naⸯmiɤrⸯkⸯniⸯⸯlauⸯⸯlouⸯ

国 家 给 你 一月一月 给你 拨钱啦。

kuoˉtɕiaˉkeiˉniʌiˉ˞yɛiˉ˞yɛʌkeiˉniˉpoˉtɕʼienʌlaˉ.

二、老北京童谣①

小小子儿坐门墩儿

小小子儿，坐门墩儿，哭着喊着要媳妇儿。

ɕiɑuˉ˞ɕiɑuʌtsər˞,tsuoˉmenˉtuərˉ,kʼuˉtʂ˞xanˉtʂ˞iɑuˉɕiˉfur˞.

要媳妇儿干吗？点灯，说话儿，吹灯，作伴儿，

iɑuˉɕiˉfur˞kanˉmaˉ?tianˉtəŋˉ,ʂuoˉxuar˞,tʂʼueiˉtəŋˉ,uoˉpɛr˞,

早 上 起 来 梳 小 辫儿。

tsauˉ˞ʂɑŋˉtɕʼiˉlaiˉʂuˉɕiɑuˉpiɛr˞.

拉大锯，扯大锯

拉大锯，扯大锯，姥姥家，唱大戏。 接闺女，

aˉtaʌtɕy˞,tʂʼɤˉtaʌtɕy˞,lauˉlauˉtɕiaˉ,tʂʼɑŋˉtɕyˉ.tɕieˉkueiˉnyˉ,

请 女 婿，小外孙儿 也 要 去。今儿搭棚，明儿挂彩，

tɕʼiŋˉnyˉɕy˞,ɕiɑuˉuaiˉsuərˉieˉiɑuˉtɕʼy˞.tɕiərˉtaˉpʼəŋˉ,miɤr˞kuaʌtsʼaiˉ,

羊 肉 包子 往 上 摆，不吃 不 吃 吃 二百。

iɑŋˉzouˉpauˉtsʼuˉɑŋˉʂɑŋˉpaiˉ,puˉtʂʼˉˉpuˉtʂʼˉˉtʂʼˉˉərˉpai˞.

谁跟我玩儿

谁跟我玩儿，打火镰儿，火镰儿花儿，卖甜瓜儿。

ʂeiˉkənˉuoˉuarˉ,taˉxuoˉliər˞,xuoˉliərˉxuar˞,maiˉtʼienˉkuarˉ.

甜瓜儿苦， 卖豆腐。 豆腐烂， 摊鸡蛋。鸡蛋 鸡蛋 壳壳，

tʼienˉkuarˉkʼuˉ,maiˉtouˉfuˉ.touˉfuˉlanˉ,tʼanˉtɕiˉtanˉ.tɕiˉtanˉtɕitanˉkʼɤˉkʼɤ,

里 边 坐个哥哥。哥哥出来买菜， 里边坐个奶奶。

liˉpiɛnˉtsuoˉkɤˉkɤˉkɤˉ.kɤˉkɤˉtʂʼuˉlaiˉmaiˉtsʼaiˉ,liˉpiɛnˉtsuoˉkɤˉnaiˉnaiˉ.

奶 奶 出 来烧香， 里 边 坐个 姑娘。 姑 娘 出来

naiˉnaiˉtʂʼuˉlaiˉʂauˉɕiɑŋˉ,liˉpiɛnˉtsuoˉkɤˉkuˉniɑŋˉ. kuˉniɑŋˉtʂʼuˉlaiˉ

点 灯，烧 着 鼻子 眼 睛。

tienˉtəŋˉ,ʂauˉtʂauˉpiˉtsˉiɛnˉtɕiŋ.

---

① 老北京童谣根据中国唱片深圳公司发行的《北京童谣》转录记音。

槐树底下搭戏台

槐 树 槐，槐 树 槐，槐 树 底 下 搭戏台。

xuai˥ʂu˩xuai˥,xuai˥ʂu˩xuai˥,xuai˥ʂu˩ti˩ɕia˩ta˥tɕi˥tʻai˩.

人 家 的 姑 娘 都 来 了，我 的 姑 娘 还 没来。

z̧ən˩tɕia˥tə˩ku˥niaŋ˩tou˥lai˥la˩,uo˩tə˩ku˥niaŋ˩xai˥mei˥lai˩.

说 着 说 着 就 来 了，骑 着 驴 儿，打 着 伞 儿，

ʂuo˥tʂɤ˩ʂuo˥tʂɤ˩tɕiou˥lai˥la˩,tɕʻi˥tʂɤ˩ly˥ɚ˩,ta˩tʂɤ˩san˩,

光 着 屁 股 绾着 纂儿。

kuaŋ˥tʂɤ˩pʻi˥ku˩uan˩tʂɤ˩tsuɚ˩.

平则门，拉大弓

平 则 门，拉 大 弓，过 去 就 是 朝天宫。

pʻiŋ˥tsɤ˩mən˩,la˥ta˥kuŋ˥,kuo˥tɕʻy˥tɕiou˥ʂɻ˩tʂʻau˥tʻiau˥kuŋ˥.

朝天宫，写大字，过去 就 是 白塔寺。

tʂʻau˥tʻiau˥kuŋ˥,ɕiɛ˩ta˥ts̩˩,kuo˥tɕʻy˥tɕiou˥ʂɻ˩pai˥tʻa˩s̩˩.

白 塔 寺，挂 红 袍，过 去 就 是 马市桥。

pai˥tʻa˩s̩˩,kua˥xuŋ˥pʻau˥,kuo˥tɕʻy˥tɕiou˥ʂɻ˩ma˩ʂɻ˩tɕʻiau˥.

马 市 桥，跳 三 跳，过 去 就 是 帝 王 庙。

ma˩ʂɻ˩tɕʻiau˥,tʻiau˥san˥tʻiau˥,kuo˥tɕʻy˥tɕiou˥ʂɻ˩ti˥uaŋ˥miau˥.

帝王庙，摇葫芦，过去就是四牌楼。

ti˥uaŋ˥miau˥,iau˥xu˥lu˩,kuo˥tɕʻy˥tɕiou˥ʂɻ˩s̩˥pʻai˥lou˥.

四牌楼东，四牌楼西，四牌楼 底 下 卖 估衣。

s̩˥pʻai˥lou˥tuŋ˥,s̩˥pʻai˥lou˥ɕi˥,s̩˥pʻai˥lou˥ti˩ɕia˩mai˥ku˥i˩.

打 个 火，抽袋儿烟，过去 就 是 毛家湾。

ta˩kɤ˥xuo˩,tʂʻou˥tɛ˥ɚ˩ien˥,kuo˥tɕʻy˥tɕiou˥ʂɻ˩mau˥tɕia˥uan˥.

毛家湾儿，扎 根儿 刺，过去 就 是 护国寺。

mau˥tɕia˥uan˥ɚ˩,tʂa˥kɤɻ˥tsʻɻ˩,kuo˥tɕʻy˥tɕiou˥ʂɻ˩xu˥kuo˥s̩˩.

护 国 寺，卖 大 豆，过 去 就 是 新街口。

xu˥kuo˥s̩˩,mai˥ta˥tou˥,kuo˥tɕʻy˥tɕiou˥ʂɻ˩ɕin˥tɕiɛ˥kʻou˩.

新 街 口儿，卖 冰 糖，过 去 就 是 蒋养房。

ɕin˥tɕiɛ˥kʻouɚ˩,mai˥piŋ˥tʻaŋ˥,kuo˥tɕʻy˥tɕiou˥ʂɻ˩tɕiaŋ˩iaŋ˩faŋ˥.

蒋 养 房，卖 烟袋， 过 去 就 是 王 奶 奶，

tɕiaŋ˩iaŋ˩faŋ˥,mai˥ien˥tai˥,kuo˥tɕʻy˥tɕiou˥ʂɻ˩uaŋ˥nai˩nai˩,

王 奶 奶 啃 西 瓜 皮，过 去 就 是 火 药 局。

uaŋˉnaiˬnaiˬkʻənˉɕiˉkuaˉpʻiˊ,kuoˬtɕʻyˬtɕiouˬʂŋˬxuoˬiauˬtɕyˊ.

火 药 局，卖 钢 针，过 去 就 是 北 城 根。

xuoˬiauˬtɕyˊ,maiˬkaŋˉtʂənˉ,kuoˬtɕʻyˬtɕiouˬʂŋˬpeiˬtʂʻəŋˊkenˉ.

北 城 根 儿，穷 人 多，草 房 破 屋 赛 狗 窝。

peiˬtʂʻəŋˊkerˊ,tɕʻyˊzˬənˉtuoˉ,tsʻauˬfaŋˊpʻoˬuˬsaiˬkouˬnuoˉ.

三、两个姑唧哥儿们①的对话②

（一）

艾：老 北 京 城 外 头 城 里 头，这 隔 一 道 城　墙 口 音 没 有，

lauˬpeiˉtɕiŋˉtʂʻəŋˊuaiˬtouˬtʂʻəŋˊliˬtouˬ,tʂɤˬciˉiˬtauˬtʂʻəŋˊtɕʻiaŋˊkʻouˬinˉmeiˬiouˬ,

除 非 外 地 的。

tʂʻuˊfeiˉuaiˬtiˬtəˬ.

杨：真 正 八 百 是 纯 北 京 人 城 里 跟 城 外，你 像 姆 姆，跟

tʂənˉtʂəŋˬpaˉpaiˊʂʅˬtʂʻuənˊpeiˉtɕiŋˉzˬənˊtʂʻəŋˊliˬkənˉtʂʻəŋˊuaiˬ,niˬciaŋˬmˬmˬ,kenˉ

这 儿 说 话 基 本 没 有 什 么 区 别。你 要 再 往 远 处 那 儿 的

tʂɤˬʂuoˉxuaˬtɕiˉpənˬmeiˬiouˬʂənˬmɤˬtɕʻyˉpieˊ. niˬiauˬtsaiˬuaŋˬyenˬtʂʻuˬnarˬtɤˬ

就 不 行 了。

tɕiouˬpuˬɕiŋˊlaˬ.

艾：通 县 就 不 行 了，往 通 县 说 话 就"嘛 柔 嘛 柔"。

tʻuŋˉɕianˬtɕiouˬpuˬɕiŋˊlaˬ,uaŋˬtʻuŋˉɕianˬʂuoˉxuaˬtɕiouˬ"maˬzouˬmaˬzouˬ".

艾：从 你 们 那 儿 再 往 西，说 话 就 有 口 音 了。

tsʻuŋˊniˬmənˉnarˬtsaiˬuaŋˬɕiˉ,ʂuoˉxuaˬtɕiouˬiouˬkʻouˬinˉlaˬ.

杨：不 不 不 不，没 有 没 有，得 到 这 个，这……

puˬpuˬpuˬpuˬ,meiˬiouˬmeiˬiouˬ,teiˉtauˬtʂeiˬkɤˬ,tʂei……

艾：到 石 景 山 那 边 儿，门 头 沟 那 边 儿。

tauˬʂʅˊtɕiŋˬʂanˉneiˬpierˉ,mənˊtʻouˊkouˉneiˬpierˉ.

杨：到 门 头 沟，对！门 头 沟 就 有 点 儿。

tauˬmənˊtʻouˊkouˉ,teiˬ!mənˊtʻouˊkouˉtɕiouˬiouˬtierˬ.

艾：门 头 沟 说 话 就 不 行 了，那 属 于 北 京。

mənˊtʻouˊkouˉʂuoˉxuaˬtɕiouˬpuˬɕiŋˊlaˬ,neiˬʂuˬyˊpeiˉtɕiŋˉ.

---

① 姑唧哥儿们：即姑表兄弟。

② 本篇对话是 2016 年 6 月 13 日，笔者由杨连顺先生陪同到西直门横胡同采访艾德山先生录制而成。艾德山先生和杨连顺先生是姑表亲戚。

杨：到 门 头 村 那 儿，西 山 呐 往 这 么 来，说话都差不多。
tɑuˑmənˑtʼouˑtsʼuanˑnanˑ,ɕiˑʂanˑaˑtɑuŋˑtʂɤnˑmˑlaiˑ,ʂuoˑxuaˑtsʼɤˑpuˑtuoˑ。

艾：老 北 京 这儿也没有什么，这 时候就是庙会，
lauˑpeiˑtɕiŋˑtʂɤˑieˑmeiˑiouˑʂənˑmˑ,tʂɤˑʂˑxouˑtɕiouˑʂˑmiauˑxueiˑ,
现 在 没有庙会了，白塔那灵堂儿都没了，
ɕianˑtsaiˑmeiˑiouˑmiauˑxueiˑlaˑ,paiˑtʼaˑnaˑliŋˑtʼɤrˑtouˑmeiˑlaˑ,
把 灵堂儿都 摘了。
paˑliŋˑtʼɤrˑtouˑtʂaiˑlaˑ.

杨：干 吗 啊？
kanˑmaˑaˑ?

艾：告 儿诉 那 什 么 不 安 全。灵堂儿有什么不安全的啊？白塔
kauˑrʂunaˑʂənˑmˑpuˑanˑtɕʼuanˑ.liŋˑtʼɤrˑiouˑʂənˑmˑpuˑanˑtɕʼuanˑtɤˑaˑ? paiˑtʼaˑ
那 灵堂儿比 我 还 高 呢。你看看。
naˑliŋˑtʼɤrˑpiˑuoˑxaiˑkauˑnə.niˑkʼanˑkʼanˑ.

杨：那 会儿不是白塔寺庙会就是护国寺庙会。庙 会
neiˑxuərˑpuˑʂˑpaiˑtʼaˑsˑmiauˑxueiˑtɕiouˑʂˑxuˑkuoˑsˑmiauˑxueiˑ. miauˑxueiˑ
完 了 以 后 呢 就 是 宫 门 口 那 儿 烙 烧 饼。这 院 里 就 他 们
uanˑlaiˑxouˑnəˑtɕiouˑʂˑkuŋˑmənˑkʼouˑnərˑlauˑʂauˑpiŋˑ.tʂɤˑyɛnˑliˑtɕiouˑtʼaˑmənˑ
两 家 儿，一 家 儿 是 他 们 家 烙 烧 饼，第 二 家 他 们 家 就 是 这
liaŋˑtɕiarˑ,iˑtɕiarˑʂˑtʼaˑmənˑtɕiaˑlauˑʂauˑpiŋˑ,tiˑərˑtɕiaˑtʼaˑmənˑtɕiaˑtɕiouˑʂˑtʂɤˑ
个 卖 羊 霜 霜 儿。
kɤˑmaiˑiaŋˑʂuaŋˑʂuãrˑ.

艾：卖 炸 丸 子，五 丫 头，五 丫 头 早 死 了。
maiˑtʂaˑuanˑtsˑ,uˑiaˑtʼou,uˑiaˑtʼouˑtsauˑsˑlaˑ.

杨：五丫头啊？ 五 丫 头 比 你 大 是 吧？
uˑiaˑtʼouˑaˑ? uˑiaˑtʼouˑpiˑniˑtaˑʂˑpaˑ?

艾：哪 儿 大 呀，就 一 边 儿 大，差 几 个 月，她 比 我 大 几个月。
nərˑtaˑiaˑ, tɕiouˑiˑpierˑtaˑ, tʂʼaˑtɕiˑkɤˑyuɛˑ, tʼaˑpiˑuoˑtaˑtɕiˑkɤˑyuɛˑ.

杨：北 边 儿 那 个 小 庙 还 有 没 有 了？
peiˑpierˑneiˑkɤˑɕiauˑmiauˑxaiˑiouˑmeiˑiouˑlaˑ?

艾：这 庙 不 是 盖 个 乱 七 八 糟 吗，你 瞅 着 这 个
tʂɤˑmiauˑpuˑʂˑkaiˑkɤˑlanˑtɕʼiˑpaˑtsauˑma,niˑtʂʼouˑtʂɤˑtʂɤˑkɤˑ
现 在，城 管 来 给 拆 个 乱 七 八 糟 又 不 拆 了，这 庙
ɕianˑtsaiˑ, tʂʼəŋˑkuanˑlaiˑkeiˑtʂʼaiˑkɤˑlanˑtɕʼiˑpaˑtsauˑiouˑpuˑtʂʼaiˑlaˑ. tʂɤˑmiauˑ

全　推　了。

tɕʻyɛn˩tʻuei˩la˩.

杨：这　庙　我　小　时　候　来　我　也　没　进　去　过，也　没　有　佛　爷　吧？

tʂɤˇmiau˥˩uo˩ɕiau˩ʂʐ˩xou˩lai˩uo˩iɛˇmei˩tɕiv˥tɕʻy˩kuov˩,iɛˇmei˩iou˩fo˩iɛˇpa˩?

艾：有，观　世　音　菩　萨。四　大　金　刚，那　是　头　一　层　殿，第　二　层　殿　是

iou˩,kuan˥ʂʐ˩in˥pʻu˩sa˩.sʐˇta˩tɕin˥kaŋ˩,nei˩ʂʐ˩tʻou˩i˥tsʻəŋ˩tian˥,ti˩ər˩tsʻəŋ˩tian˥ʂʐ˩

观　世　音　菩　萨，第　二　层　殿　也　拆　了，塌　了。

kuan˥ʂʐ˩in˥pʻu˩sa˩,ti˩ər˩tsʻəŋ˩tian˥iɛˇtsʻai˩la˩, tʻa˥la˩.

杨：如　来，第　三　层　如　来　了　吧？

zu˩lai˩,ti˩san˥tsʻəŋ˩zu˩lai˩la˩pa˩?

艾：嗯。现　在　给　拆　个　乱　七　八　糟。　过　去　就　三　间儿，现　在　还

ən˩.ɕian˩tsai˩kei˩tsʻai˩kɤˇlan˩tɕʻi˥pa˥tsau˩. kuo˩tɕʻy˩tɕiou˩san˥tɕiɛr˩,ɕian˩tsai˩xai˩

够　三　四　十　间儿　了。

kou˥san˥sʐˇʂʐ˩tɕiɛr˩la˩.

杨：那　院　里　头　啊？

na˩yɛn˩li˩tʻou˩a˩?

艾：啊。这儿　搭　那儿　盖，就　剩　怎么　点儿　地儿　了，进　去。也　盖　上　楼　了，

a˩.tʂɤr˥ta˥nar˩kai˩, tɕiou˩ʂəŋ˩nən˩mə˩tiɛr˩tiɛr˩la˩. tɕin˩tɕʻy˩. iɛˇkai˩ʂaŋ˩lou˩la˩,

盖　上　三　楼。

kai˩ʂaŋ˩san˥lou˩.

（二）

杨：（指着房子和院落）那会儿　这个　都　是　啊这个　穷　苦　的，没　有　阔　绰　的，都　是

nei˩xuər˩tʂɤˇkɤ˥tou˩ʂʐ˩a˥tʂɤˇkɤ˥tɕʻyŋ˩kʻu˩təˇ, mei˩iou˩kʻuov˥tʂuo˥təˇ, tou˥ʂʐ˩

做　小　买　卖　啊。这儿的　小　厢　房　是　老　两　口　子，　那　老　头　子

tsuo˩ɕiau˩mai˩mai˩a˩.tʂɤr˩təˇɕiau˩ɕiaŋ˥faŋ˩ʂʐ˩lau˩liaŋ˩kʻou˩tsʐ, nei˩lau˩tʻou˩tsʐˇ

拉　洋　车，那　宋　老　头　子　是　拉　洋　车　吗？

la˥iaŋ˩tʂʻɤˇ,nei˩suŋ˩lau˩tʻou˩tsʐˇʂʐ˩la˥iaŋ˩tʂʻɤˇma˩?

艾：宋　老　头　子　是　拉　洋　车，完　了　之后，上　养　老　院　啦，给　他　送

suŋ˩lau˩tʻou˩tsʐˇʂʐ˩la˥iaŋ˩tʂʻɤˇ,uan˩la˩tʂʐ˩xou˩, ʂaŋ˩iaŋ˩lau˩yɛn˩la˩,kei˩tʻa˥suŋ˩

养　老　院　去　啦。没　人儿　啦！他　有　侄　子，有　侄　子　在　东　八　里　庄，

iaŋ˩lau˩yɛn˩tɕʻy˩la˩.mei˩zər˩la˩!tʻa˥iou˩tʂʐ˩tsʐˇ, iou˩tʂʐ˩tsʐˇtsai˩tuŋ˥pa˥li˩tʂuaŋ˥,

那　老　头　子　挣　点儿　钱儿　还　是　尽　往　他　们　那　贴　了，结　果　老

nei˩lau˩tʻou˩tsʐˇtʂəŋ˩tiɛr˩tɕʻiɛr˩xai˩ʂʐ˩tɕin˩uaŋ˩tʻa˥mən˩nar˥tʻiɛ˥la˩,tɕiɛˇkuo˩lau˩

了老 了 没 人儿 管了！老 头 子 真 棒！老 两 口儿，嘿 嘿。

laⱵlauⱮlaꜛmei˥zˑəɤˑkuanⱮlaꜜ! lauⱮtˋouⱭtsˡtʂənⱭpaŋⱮ,lauⱮliaŋⱭkˋourⱮ,xeiⱮxeiⱭ.

杨：这（指屋内房间）都是自个儿弄的呀？这买没买啊？

tʂɤⱮtouⱭsˡⱮtsˡꜛkɤrⱮnəŋⱮtəꜜiaꜜ? tʂɤⱮmaiⱮmeiⱮmaiⱮɤaꜜ?

艾：不是 自个儿 弄的，房 管 所。

puⱮsˡꜛtsˡꜛkɤrⱮnəŋⱮtəꜜ, faŋⱮkuanⱮsuoⱮ.

杨：房 管 所 给 你 弄 的 啊。

faŋⱮkuanⱮsuoⱮkeiⱮniⱮnəŋⱮtəꜜiaꜜ?

艾：没买， 哪儿 买呀。买 它 干 吗 啊？

meiⱮmaiⱮ,narⱮmaiⱮiaꜜ.maiⱮtˋaⱭⱭkanⱮmaⱮɤaꜜ?

杨：过去 这 房 子 是 不 是 都 归 庙 里头 的？

kuoⱮtɕˋyⱮtʂɤⱮfaŋⱮtsˡꜛsˡꜛpuⱮsˡꜛtouⱮkueiⱮmiauⱮliⱮtˋouⱮtəꜜ?

艾：都 庙 里头 的。

touⱭmiauⱮliⱮtˋouⱮtəꜜ.

杨：都 什么 庙 来 着？

touⱭʂənⱮməⱮmiauⱮlaiⱮtʂɤꜜ?

艾：慈云寺。这还皇家庙呢。这个乾隆在这儿坐禅还有

tsˋɤⱮynⱮsˡꜜ.tʂɤⱮxaiⱮxuaŋⱮtɕiaⱮmiauⱮnəꜜ.tʂɤⱮkɤⱮtɕˋianⱮluŋⱮtsaiⱮtʂɤⱮtsuoⱮtʂˋanⱮxaiⱮiouⱮ

呢。 这庙 年份 不 小， 那个 秦始皇 来这儿 就 有 这个

nəꜜ. tʂɤⱮmiauⱮnienⱮfənⱮpuⱮçiauⱮ, neiⱮkɤⱮtɕˋinⱮsˡꜜⱮxuaŋⱮlaiⱮtʂɤⱮtɕiouⱮiouⱮtʂɤⱮkɤⱮ

庙。

miauⱮ.

杨：秦 始 皇 那会儿 就 有 这个 庙？哇！

tɕˋinⱮsˡꜜⱮxuaŋⱮneiⱮxuɤrⱮtɕiouⱮiouⱮtʂeiⱮkɤⱮmiauⱮ? uaⱮ!

小 时候 老 上 姆姆 家，那会儿 秋 天 逮 蛐蛐儿、逮 蝈蝈儿，

çiauⱮsˡꜜⱮxouⱮlauⱮʂaŋⱮⱮⱮtɕiaⱮ,neiⱮxuɤrⱮtɕˋiouⱮtˋianⱮteiⱮtɕˋyⱮtɕˋyɤrⱮ,teiⱮkuoⱮkuorⱮ,

那 多少 年 了，嘻！

naⱮtuoⱮʂauⱮnienⱮlaⱮ,xaiⱮ!

艾：唉！多少年啦，就我们俩八十多年了。

aiⱮ! tuoⱮʂauⱮnienⱮlaⱮ,tɕiouⱮuoⱮmənⱮliaⱮpaⱮsˡꜛtuoⱮnienⱮlaⱮ.

杨：咱俩念的书啊，差不多少，我们俩。那会儿啊我上了三

tsanⱮliaⱮnienⱮtəꜛʂuⱮaⱮ,tʂˋaⱮpuⱮtuoⱮʂauⱮ, uoⱮmənⱮliaⱮ. neiⱮxuɤrⱮaⱮuoⱮʂaŋⱮlaⱮsanⱮ

年 私塾，三 年 小学，就 不 上 了，那 会儿。

nienⱮsˡꜛtʂuⱮ,sanⱮnienⱮçiauⱮçyɤⱮ,tɕiouⱮpuⱮʂaŋⱮlaⱮ,neiⱮxuɤrⱮ.

艾：我　上　得　多。我　上了　也　三　年　私学，完了　之后，上了　四　五　年

uo˩ʂaŋ˥tə˩tuo˩. uo˩ʂaŋ˩la˩iɛ˩san˥niɛn˩sʅ˥ɕyɛ˩,uan˩la˩tʂʅ˥xou˩,ʂaŋ˩la˩sʅ˩u˩niɛn˩

那　小学。之后完了，解放　了　以后，让　我　当兵　去，朝鲜，

na˩ɕiau˩ɕye. tʂʅ˥xou˩uan˩la˩,tɕiɛ˩faŋ˩la˩i˩xou˩, ʐaŋ˩uo˩taŋ˥piŋ˥tɕʰie˩,tʂau˩ɕian˩,

上　朝鲜，我　说　我　去　吧。嘿！军装　也　拿来　了，给我　一块

ʂaŋ˩tʂau˩ɕian˩,uo˩ʂuo˩uo˩tɕʰy˩pa˩. xei! tɕyn˥tʂuaŋ˥ie˩na˩lai˩la˩, kei˩uo˩i˩kʰuai˩

怀表，怀表　现在　还　留着　呢，抗美援朝。　开　着　车

xuai˩piau˩, xuai˩piau˩ɕian˩tsai˩xai˩liou˩tʂə˩nə˩,kʰaŋ˩mei˩yɛn˩tʂʰau˩. kʰai˥tʂʅ˩tʂʰ˩

走　啦。嘿　嘿，你　说　什么，我妈　跟　那儿　哭，告儿　我就　一个儿　子

tsou˩la˩.xei˩xei˩, ni˩ʂuo˩ʂən˩mə˩,uo˩ma˩kən˩nar˩kʰu˩,kau˩uo˩tɕiou˩i˩kʏ˩ər˩tsʅ˩

不是　吗，诶，走到　丰台，人家　都　上　火车啦，"你　这边儿！"

pu˩ʂʅ˩ma˩, ei˩,tsou˩tau˩fəŋ˩tʰai˩, ʐən˩tɕia˩tou˩ʂaŋ˩xuo˩tɕʰʏ˩la˩, "ni˩tʂei˩pier˩!"

我　这边儿，"上车！"人家　上　火车了，给我　上　汽车，我说

uo˩tʂʏ˩pier˩, "ʂaŋ˩tʂʏ˩!" ʐən˩tɕia˩ʂaŋ˩xuo˩tɕʰʏ˩la˩,kei˩uo˩ʂaŋ˩tɕʰi˩tʂʏ˩, uo˩ʂuo˩

拉　汽车　到　哪儿？拉来　拉去　拉　回来　了。没去！白饶了　一身

la˩tɕʰi˩tʂʏ˩tau˩nar˩? la˩lai˩la˩tɕʰy˩la˩xuei˩lai˩la˩. mei˩tɕʰy˩! pai˩ʐau˩la˩i˩ʂən˩

军装，还　白饶了　一块　怀表儿。姆姆　走了　七　个啊，走了　七

tɕyn˥tʂuaŋ˥,xai˩pai˩ʐau˩la˩i˩kʰuai˩xuai˩piau˩r˩. m̩˩m̩˩tsou˩la˩tɕʰi˥kʏ˩a˩,tsou˩la˩tɕʰi˩

个，七连　我　个，我　没去，还　六个，这　六个　人　剩了　一个，那

kʏ˩,lian˩uo˩tɕʰi˩kʏ˩, uo˩mei˩tɕʰy˩, xai˩liou˩kʏ˩,tʂʏ˩liou˩kʏ˩ʐən˩ʂəŋ˩la˩i˩kʏ˩,nei˩

五个　全　搁　那儿了。朝鲜　全搁　那儿　了。那剩的　一个啊　跟我　一边儿

u˩kʏ˩tɕʰyɛn˩kʏ˩nar˩la˩.tʂau˩ɕian˩tɕʰyɛn˩kʏ˩nar˩la˩.nei˩ʂəŋ˩tə˩i˩kʏ˩a˩kən˩uo˩i˩pier˩

大。都　老街坊。

ta˩.tou˩lau˩tɕie˩faŋ˩.

杨：上回　我来　的　那回啊，是　你　五妹妹　呀她　挨那个，那哪儿啊

ʂaŋ˩xuei˩uo˩lai˩tə˩nei˩xuei˩a˩, ʂʅ˩ni˩u˩mei˩mei˩a˩tʰa˩ai˩nei˩kʏ˩, nei˩nar˩a˩

人民医院　住院，我　上　那儿　看　她　去。

ʐən˩min˩i˩yɛn˩tʂu˩yɛn˩,uo˩ʂaŋ˩nar˩kʰan˩tʰa˩tɕʰie˩.

艾：她　怎么样　啊？

tʰa˩tsən˩mə˩iaŋ˩a˩?

杨：还行，她还可以。

xai˩ɕiŋ˩,tʰa˩xai˩kʰʏi˩.

艾：还行？我　记得　我　上　妙峰山　我　看见　他们　两个　去。

xai˩ɕiŋ˩?uo˩tɕi˩tə˩uo˩ʂaŋ˩miau˩fəŋ˩ʂan˩uo˩kʰan˩tɕian˩tʰa˩mən˩liaŋ˩kʏ˩tɕʰi˩.

杨：看 谁 啊？

　　k'anˇʂeiˊaˉ?

艾：看 见 五 妹 妹。

　　k'anˇʨianˇuˉmeiˊmeiˋ.

杨：她 哪 儿 上 什 么 妙 峰 山 啊！

　　t'aˉnarˊʂaŋˇʂənˊməˉmiauˋfəŋˉʂanˉaˉ!

艾：是 谁谁， 是 你 四 妹 妹 是 什 么，都 上 妙 峰 山 瞅 见 我 了。

　　ʂˇʂeiˊʂei,ʂˇniˇsˑˋmeiˊmeiˋʂˇʂənˊˑməˉ,touˉʂaŋˇmiauˋfəŋˉʂanˉʈʂˑouˇʨianˑˇuoˋlaˑ.

　　妙 峰 山 年 年 四 月 初 一 我 去。

　　miauˋfəŋˉʂanˉnienˉnienˉsˑˋyɛˋʈʂˑuˉiˉuoˇʨyˇ.

杨：走 前 山 还 是 后 山 啊？

　　tsouˇʨ'ianˉʂanˉxaiˊʂˇxouˋʂanˉa?

艾：前 山 后 山 都 上。 现 在 也 去 不 了 了。现 在 爬 不 上 去 了。

　　ʨ'ianˉʂanˉxouˋʂanˉtouˉʂaŋˇ.ɕianˋtsaiˋieˇʨ'yˇpuˑliauˑˋlaˑ.ɕianˋtsaiˇp'aˊpuˑʂaŋˇʨ'yˇləˑ.

艾：你 大 姐 没 了 吧？

　　niˑˋtaˋʨieˑˊmeiˊˑlaˑpaˉ?

杨：大 姐、二 姐、三 姐、四 姐 全 没 了。

　　taˋʨieˑˊ,ərˋʨieˑˋ,sanˉʨieˑˋ,sˋʨieˑˊˑʨ'yɛnˉmeiˊˑlaˑ?

艾：你 四 姐 也 没 了？

　　niˑˋsˑˇʨieˑˊieˑˋmeiˊˑlaˑ?

杨：没 了，头 年 没 的。

　　meiˊˑlaˑ,t'ouˉnienˉmeiˊˑdaˑ。

艾：嘿 哟！

　　xeiˋioˉ!

杨：她 比 你 小 两 岁，属 猴 儿 的 吧，属猴儿的八十四、八十五，没 了，

　　t'aˉpiˇniˑˇɕiauˇliaŋˇˑˋsuei,ʂuˑˇxourˊtˑəˑpaˋ, ʂuˑˇxourˊtˑəˑpaˉʂˇsˑˋ,paˉʂˑˇuˑˋ,meiˊˑlaˑ,

　　全 没 了，就 是 还 俩 小 妹 妹 了。

　　ʨ'yɛnˉmeiˊˑlaˑ,ʨiouˋʂˇxaiˑˊliaˑˋɕiauˑˇmeiˊˑmeiˋ.

艾：还 俩 小 妹 妹？ 诶！

　　xaiˑˊliaˑˋɕiauˑˇmeiˊˑmeiˋ? eiˋ!

杨：你 还 跟 她 说 说 白 塔 寺 护 国 寺 吧。你 们 满 族 是 吧？

　　niˑˇxaiˑˊkənˉt'aˉʂuoˉˋʂuoˑˑˇpaiˊt'aˋsˑˇˑxuˑˋkuoˉsˑˇpaˑ.niˇmənˑˋmanˇtsuˋˑʂˇˑpaˋ?

艾：不，蒙 族。这 一 条 街 就 我 一 户 儿（蒙族）。满 族 还 有 两 家 儿，这 是

　　puˋ,məŋˉtsuˋ.ʈʂˇiˑˇˋiauˉʨieˉˑʨiouˋuoˑˇiˑˋxurˋ. manˇtsuˋxaiˑˑiouˑˋliaŋˋˑˋʨiaˉ, ʈʂˑˋʂˑˇ

老 街 坊，新 街 坊 啊没 有。新 街 坊 这 边儿 全 都 谁 都 不
lauˇtɕiɛˇfaŋˇ,ɕinˉtɕiɛˊfaŋˉaˉmeiˇiouˇ.ɕinˉtɕiɛˊfaŋˉtʂɤˇpierˉtɕ'yɛnˊtouˉʂeiˉtouˉpuˉ
认 识 谁。
zˌ ənˇʂ ˌʂeiˊ.

杨：老 街 坊 还 有 吗，现 在？对 门 儿 那 个？
lauˇtɕiɛˊfaŋˉxaiˊiouˇmaˉ,ɕianˇtsaiˇ?tueiˇmərˉneiˇkɤˇ?

艾：老 街 坊 还 有 啊。对 门 儿 也 有 啊。对 门 儿 就 是 他 们 三 姑 娘
lauˇtɕiɛˊfaŋˉxaiˊiouˇˌaˉ.tueiˇmərˉiɛˇiouˇˌaˉ.tueiˇmərˉtɕiouˇʂˌt'aˉmənˉsanˉkuˉniaŋˉ
在 这 儿 呢，其 余 的 二 的，有，她 哥 哥、兄 弟 都 死 了。她 哥 哥 不
tsaiˇtʂɤˇˌnəˉ, tɕ'iˊyˊtəˉɤˇˌtəˉ, iouˇ, t'aˉkɤˉkɤˉ, ɕyŋˉtiˇtouˉʂˌˌla.t'aˉkɤˉkɤˉpuˉ
到 42 岁 就 死 了。要 不 死，水 电 部 部 长，是 不 是。
tauˇʂ ˌʂˌ ɚˇsueiˇtɕiouˇʂˌˌla. iouˇpuˉʂˌ,ʂueiˇtianˇpuˉpuˉtʂaŋˇ,ʂˌpuˉʂˌ.

艾：你 姑 姑 93 岁 死 的。
niˇkuˉkuˉtɕiouˇʂˌˉsanˉsueiˇʂˌtəˊ.

杨：那 你 舅 妈 也 93 岁 死 的。
naˇniˇtɕiouˇmaˉiɛˇtɕiouˇʂˌˉsanˉsueiˇʂˌtəˊ.

艾：那 谁，那 个 南 苑 二 舅 您 们 那 孩 子 还 有 吗？
neiˇʂeiˊ,neiˇkɤˇnanˊyɛnˇɚˇtɕiouˇt'aˉmənˉneiˇxaiˊtsˌˉxaiˊiouˇmaˉ?

杨：还 有 一 个。仨，还 有 一 个。还 有 一 小 的，还 有 一 姑 娘。那 姑 娘
xaiˊiouˇiˇkɤˇ,saˉ,xaiˊiouˇiˇkɤˇ.xaiˊiouˇiˊɕiauˇtəˊ,xaiˊiouˇiˇkuˉniaŋˉ.neiˇkuˉniaŋˉ
跟 姆 姆 单 位 那 儿，她 老 师 呢，教 小 学 呢 老 师，那 个 姑 娘。
kənˉmˌˉmˌˉtanˉueiˇnarˇ, t'aˉlauˇʂˌˉnəˉ,tɕiauˇɕiauˇɕyɤˊnəˉlauˇʂˌˌ,neiˇkɤˇkuˉniaŋˉ.

艾：嘿！ 你 记 得 吗，三 亩 地 玩儿 一 地 主，你 记 得 谁 呀？
xeiˉ! niˇtɕiˇtəˊmaˉ,sanˉmuˇtiˇuarˇiˊtiˇtʂuˇ, niˇtɕiˇtəˊʂeiˊˌaˉ?

杨：大 舅？
taˇtɕiouˇ?

艾：嗨 嘿！
xaiˇxeiˉ!

杨：他 不 是 地 主。
t'aˉpuˉʂˌˇtiˇtʂuˇ.

艾：可 不 三 亩 地 给 我 弄 一 地 主，我 三 亩 地 弄 一 地 主，喝 醉 就
k'ɤˇpuˉsanˉmuˇtiˇkeiˇuoˇnəŋˇiˊtiˇtʂuˇ,uoˇsanˉmuˇtiˇnəŋˇiˊtiˇtʂuˇ,xɤˉsueiˇtɕiouˇ
骂 喝 醉 就 骂！
maˇxɤˉtsueiˇtɕiouˇmaˇ!

杨：不是 不是 不是，他 后 来 不是 地主。那 什么 啊，他 老 喝 呀，
puˑʂʅˇpuˑʂʅˇpuˑʂʅˇ, tʼaˇxouˑlaiˑpuˑʂʅˇtiˑtʂuˑ. naˑʂənˑməˑ, tʼaˉlauˑxɤˑiaŋˉ,
喝 酒 啊！
xɤˑtɕiouˑaˉ!

艾：是啊，就是给他下的啊，啊好！我 三亩地给我 弄一地主。
ʂʅˑaˑ, tɕiouˑʂʅˇkeiˑtʼaˑɕiaˑtˑɤˑaˑ, aˉxauˑ! uoˑsanˑmuˑtiˑkeiˑuoˑnəŋˉiˑtiˑtʂuˑ.
就 喝，喝 完 啦 大 道 边儿 躺着，睡 着 了，小 糊涂 虫儿。呵！
tɕiouˑxɤˑ, xɤˑuaiˑlaˑtaˑtauˑpierˑtʼaŋˑtʂɤˑ, ʂueiˑtʂauˑlaˑ. ɕiauˑxuˑtʼuˑtʂʼûrˑxɤˑ!

（三）

杨：（转向笔者）他们姓艾。哥哥跟她说说白塔寺、护国寺，那个庙 会，
tʼaˉmənˑɕiŋˑaiˑ. kɤˑkɤˑkənˑtʼaˉʂuoˉʂuoˑpaiˑtʼaˑʂʅˇ, xuˑkuoˑʂʅˇ, neiˑkɤˑmiauˑxueiˑ,
都 有 卖 什么，都 怎么 回 事儿。
touˉiouˑmaiˑʂənˑmeˑ, touˑtsənˑməˑxueiˑʂɤˇ.

艾：嗐，白塔寺庙会就是卖什么的都有，你比如说，搭
xaiˑ, paiˑtʼaˑʂʅˇmiauˑxueiˑtɕiouˑʂʅˇmaiˑʂənˑməˑtˑəˑtouˉiouˑ, niˑpiˑzuˑʂuoˑ, taˑ
大 棚子，搭 棚子 什么，唱 莲花 落的、小 戏儿、评剧，唱
taˑpʼəŋˉtsʅˇ, taˑpʼəŋˉtsʅˇʂənˑmeˑ, tʂʼaŋˑlianˑxuaˉlauˑtɤˑ, ɕiauˑɕierˑ, pʼiŋˉtɕyˑ, tʂʼaŋˑ
这 个。进门儿"买 票 啦，买 票 啦！" 过 去 这 不 说 相 声 的，
tʂɤˑkɤˑ. tɕinˑmərˉ "maiˑpʼiauˑlaˑ, maiˑpʼiauˑlaˑ!" kuoˑtɕʼyˑtʂɤˑpuˑʂuoˑɕiaŋˑʂəŋˑtɤˑ,
你 刚 进 来 两 毛 钱，一 会儿，诶，一 敲 锣 打 鼓，要 钱 啦，
niˑkaŋˉtɕinˑlaiˑliaŋˑmauˑtɕʼianˑ, iˑxuərˑ, eiˇ, iˑtɕʼiauˉluoˑtaˑkuˑ, iauˑtɕʼianˑlaˑ,
嗨 我 们 刚 进 来 就 要 钱，就 是 那 样，过 去 的 庙 会
xaiˉuoˑmənˑkaŋˉtɕinˑlaiˑtɕiouˑiauˑtɕianˑ, tɕiouˑʂʅˇnaˑiaŋˑ, kuoˑtɕʼyˑtəˑmiauˑxueiˑ
就 这样，小 戏儿 棚。现 在 没 那事儿了 现 在。
tɕiouˑtʂɤˑiaŋˑ, ɕiauˑɕierˑpʼəŋˑ. ɕianˑtsaiˑmeiˉnaˑʂɤrˑlaˑɕianˑtsaiˑ.

杨：这儿现在让进了吗？
tʂɤrˑɕianˑtsaiˑzaŋˑtɕinˑlaˑmaˑ?

艾：让进啊，二十块钱。
iaŋˑtɕinˑaˑ, ərˑʂʅˇkʼuaiˑtɕianˑ.

杨：老年证不要啊？明儿上去瞅瞅去。
lauˑnienˑtʂəŋˑpuˑiauˑaˑ? miˉrˑʂaŋˑtɕʼyˑtʂʼouˑtʂʼouˑtɕʼiˇ.

杨：那会儿白塔寺我小时候啊，淘气，坐一轱辘"diangdiang"车，
neiˑxuərˑpaiˑtʼaˑʂʅˇuoˑɕiauˑʂʅˇxouˑaˑ, tʼauˑtɕʼiˇ, tsuoˇiˑkuˑluˑ"tiaŋˉtiaŋˉ"tʂʼɤˑ,

白塔寺 后门儿，进 后门儿，买 鸽子的，卖 鸟 的，什么，

paiˋtʰaˋsʅˋxouˇmərˊ, tɕinˋxouˇmərˊ, maiˇkɤˋtsʅˋtəˋ, maiˋniauˋtəˋ, ʂənˇməˋ,

诶——卖……

eiˋ——maiˋ……

艾：那 什 么，卖估衣的，卖 什 么 都有。就 是 滥 七 八 糟 的。卖

naˋʂənˇməˋ, maiˋkuˋiˋtəˋ, maiˋʂənˇməˋtuˋiouˇ. tɕiouˋʂʅˋlanˋtɕʰiˋpaˋtsɑuˋtəˋ. maiˋ

笸箩、簸箕的，农 具 也 有，现 在 都 没 有 那个了。

pʰoˇluoˊ, poˋtɕʰiˋtəˋ, nuŋˊtɕyˋieˇiouˇ, ɕianˋtsaiˋtuˋmeiˊiouˇnaˋkɤˋlaˋ.

杨：唱戏的、数来宝的、拉大片的、耍猴儿立子的、诶——摔跤的……

tʂʰɑŋˋɕiˋtəˋ, ʂuˋlaiˊpauˇtəˋ, laˋtaˋpʰianˋtəˋ, ʂuaˋxourˊliˋtsʅˋtəˋ, eiˋ, ʂuaitɕiauˋtəˋ……

那会儿 我一上 白塔寺 这儿来 啊，进后门儿，那 小吃啊还好 几

neiˋxuərˋuoˇiˋʂɑŋˋpaiˋtʰaˋsʅˋtʂɤˋrlaiˊaˊ, tɕinˋxouˇmərˊ, neiˋɕiauˇtʂʰʅˊaˊxaiˊxauˇtɕiˇ

个摊儿，他们 那儿 是 烧 饼 摊儿，豆饼丸子、羊霜霜儿……

kɤˋtʰaˊr, tʰaˋmənˇnarˋʂʅˋʂauˇpiŋˇtʰaˊrˋ, touˋpiŋˇuaiˊtsʅˋ, iaŋˊʂuaŋˋʂuaˊrˋ……

艾：买 灌肠儿的、卖 豆汁儿的、卖 驴打滚儿的、卖 炸糕的。

maiˇkuanˋtʂʰaˊrˋtəˋ, maiˋtouˋʂərˋtəˋ, maiˋlyˊtaˇkuərˇtəˋ, maiˋtʂaˋkauˋtəˋ.

杨：对，全 都 挨 那儿 一块 摆着。羊 霜霜儿是 那 羊肠子 洗 干 净

teiˋtɕʰyɛnˊtouˋaiˋnarˋiˋkʰuaiˋpaiˇtʂɤˋ. iaŋˊʂuaŋˋʂuaˊrˋʂʅˋnaˋiaŋˊtʂʰɑŋˊtsʅˋɕiˇkanˋtɕiŋˋ

啦，灌羊血，灌羊血以后 搁那 大锅里头，佐料乱七八

laˋ, kuanˋiaŋˊɕieˇ, kuanˋiaŋˊɕieˇiˇxouˇkɤˋneiˋtaˋkuoˋliˋtʰouˊ, tsuoˇliauˋlanˋtɕʰiˋpaˋ

糟全 搁里头，什么 花椒大酱，一煮，煮完了，拿 一 根儿

tsauˋtɕʰyɛnˊkɤˋliˋtʰouˊ, ʂənˇməˋxuaˋtɕiauˋtaˋtɕiaŋˋ, iˋtʂuˇ, tʂuˇuanˊlaˋ, naˊiˋkərˋtʂɤˇ

这个钩 似 的，咣 一下搂 出 来 搁那案板 上，就 跟 那个 那什

kɤˋkouˋʂʅˋtəˋ, kuaŋˋiˋɕiaˋlouˊʂˋulaiˊkɤˋnaˋanˋpanˇʂɑŋˋ, tɕiouˋkənˋneiˋkɤˋneiˋʂən

么似的，梆 梆 梆 梆 一 剁，剁完了 以后，扢 一点儿 芝麻 酱，

məʂʅˋtəˋ, paŋˋpaŋˋpaŋˋpaŋˋiˋtuoˋ, tuoˋuanˊlaˋiˇxouˇ, kʰuaiˇiˋtiərˇtʂʅˋmaˋtɕiaŋˋ,

扢一点儿 辣椒末儿，扢 一点儿 青椒、韭菜 花儿，扢完了 以

kʰuaiˇiˋtiərˇlaˋtɕiauˋmorˋ, kʰuaiˇiˋtiərˇtɕʰiŋˋtɕiauˋ, tɕiouˇtsʰaiˋxuarˋ, kʰuaiˇuanˊlaˋiˇ

后，就 点儿 什么 烧饼 啊，就 点儿 什么 吃。

xouˇ, tɕiouˋtiərˇʂənˇməˋʂauˇpiŋˇaˊ, tɕiouˋtiərˇʂənˇməˋʂʅˊ.

艾：那 羊肠子 没细，灌里头 也 这么 粗 哪。

naˋiaŋˊtʂʰɑŋˊtsʅˋmeiˊɕiˋ, kuanˋliˋtʰouˊieˇtʂɤˋnməˋtsʰuˋnaˋ.

杨：不，咱们 说说 摊儿，仅 我们 卖 的 羊 霜霜儿，还 卖 什么

puˋ, tsanˊmənˇʂuoˋʂuoˋtʰaˊrˋ, tɕinˋuoˇmənˇmaiˋtəˋiaŋˊʂuaŋˋʂuaˊrˋ, xaiˊmaiˋʂənˇməˋ

呢，就 是 宰 完 这羊啊，那小羊儿，从肚子里 掏 出来，也 不 开

nəɪ, tɕiouˉʂɿˇtsaiˉuaiˉtʂeiˇviaŋˉaɪ, neiˇɕiauˉiãɪ, tsʰuŋˉtuˇtsɿˇliɪtʰauˇtʂʰuˇlaiɪ, iɛˇpuˇkʰaiˉ

膛儿，上头 那个 黏 液 洗 干 净喽，直接 就 搁那 锅 里头。跟

tʰãɪ, ʂaŋˇtʰouˇneiˇkɤˇnienˇiɛˇɕiˇkanˉtɕiŋˇlouˇ, tʂɿˇtɕieˉtɕiouˇkɤˇneiˇkuoˉliɪtʰouˇ. kənˉ

羊 霜 霜 儿 一 块儿煮，还有 那 羊 房子，羊房子 就是 那 衣包

iaŋˉʂuaŋˉʂuãrˇiˇkʰuɐrˇiˇtʂuˇ, xaiˇiouˇneiˇiaŋˇˉfaŋˇtsɿˇ, iaŋˇfaŋˇtsɿˇtɕiouˇʂɿˇneiˇiˉpauˉ

子，全 搁 里头 煮。整个儿的，它 那 也 没 什么骨头，也 能 吃

tsɿˇ, tɕʰyɛnˇkɤˇliɪtʰouˇtʂuˇ. tʂəŋˇkɤˇrˇtaɪ, tʰaˇneiˇiɛˇmeiˇʂənˇməˇkuˉtʰouˇ, iɛˇnəŋˇtʂʰɿˇ

得 动，它 肚子 剥 出 来 没 几根儿 骨头。

təˇtuŋˇ, tʰaˇtuˇtsɿˇpauˉtʂʰuˇlaiˇmeiˇtɕiˇkəɪˉkuˉtʰouˇ.

艾：羊 房 子 就 是 小 羊儿 的 衣包子，衣包子 仅这么大，一个一个的

iaŋˇfaŋˇtsɿˇtɕiouˇʂɿˇɕiauˇiãrˇtəɪˇiˉpauˉtsɿˇ, iˉpauˉtsɿˇtɕinˇtʂənˇməˇtaˇ, iˇkɤˇiˇkɤˇtəˇ

小 疙 瘩。

ɕiauˇkɤˉtaɪ.

杨：宰 完了 都 搁得 一锅里，你 要 吃这个小羊儿，梆地拿 那 钩 子

tsaiˇuaiˇlaˉtouˉkɤˉtəˇiˉkuoˉliɪ, niˇiauˇtʂʰɿˇtʂeiˇkɤˇɕiauˇiãrˇ, paŋˉtəˇnaˇneiˇkouˉtsɿˇ

给 那 小羊儿 弄 出来。内会儿 也 不 开膛 那个，就 整 个儿

keiˉneiˇɕiauˇiãrˇnuŋˇtʂʰuˇlaiˇ. neiˇxuɐrˇiɛˇpuˇkʰaiˉtʰaŋˉneiˇkɤˇ, tɕiouˇtʂəŋˇkɤˇrˇ

搁 里头 煮。

kɤˉliɪtʰouˇtʂuɪ.

艾：开 膛。

kʰaiˉtʰaŋɪ.

杨：啊？

aɪ?

艾：开 膛。

kʰaiˉtʰaŋɪ.

杨：就 整 个儿 搁 里头 煮，煮 完啦，搁 那 案 板 梆梆梆 一 剁，

tɕiouˇtʂəŋˇkɤˇrˇkɤˉliɪtʰouˇtʂuɪ, tʂuˇuanˇlaɪ, kɤˉneiˇanˉpanˇpaŋˉpaŋˉpaŋˉiˇtuoˇ,

给 你 浇上 怎么点佐料吃去吧。

keiɪniˇtɕiauˉʂaŋˇnənˇməˇtianˇtsuoˉliauˇtʂʰɿˉtɕʰiˉpaɪ.

艾：现在 你 想 买 都 买不着，那 东西 都是 大补，那 羊 房子

ɕianˇtsaiˇniˇɕiaŋˇmaiˇtouˉmaiˇpuˇtʂauˉ, neiˇtuŋˉɕiɪtouˇʂɿˇtaˇpuɪ, neiˇiaŋˇfaŋˇtsɿˉ

那 小羊儿 的 衣包子，诶，那 个 最贵。

neiˇɕiauˇiãrˇtəɪˇiˉpauˇtsɿɪ, eiɪ, neiˇkɤˇtsueiˇkueiˉ.

杨：诶 现 在 那 烧饼 啊，大 发面 不说，一点 椒盐 都 没 有，打
ei˩ɕianˑtsai˩na˥ʂauˑpiŋˑ, ta˥fa˩mienˑpu˥ʂuoˑ, i˧tianˑtɕianˑtouˑmei˩iouˑ,ta˧

开，　怎 么，　他 使 那 个 啊 花椒 就 是 水 啊 和 的 那 面，有
k'ai˧, tsən˩məˑ, t'a˧ʂ˩nei˥kɤˑxua˥tɕiauˑtɕiou˥ʂ˩ʂuei˩aˑxuoˑnei˥mienˑ, iouˑ

点儿 花椒 味儿，一吃。那会儿 他 们 烙 的 那 烧饼，那 真 是 花
tier˩xua˥tɕiauˑuərˑ, i˧ʈʂʰˑ. nei˥xuər˩t'a˥mən˩lauˑtəˑnei˥ʂauˑpiŋˑ, na˥ʂən˩ʂ˩xua˥

椒 盐儿，那 个 芝麻盐儿、大料，那面儿 全 擀 好 喽，掺 好 喽，
tɕiau˥ier˩, nei˥kɤˑʈʂ˩mair˩, ta˥liauˑ, nei˥mienˑtɕʰyen˩kan˩xauˑlouˑ, ts'an˥xauˑlouˑ,

抹 上 油 再 弄 上 芝麻酱。我 姑 啊 天天儿 这 么 大 一大盆，
mo˩ʂaŋ˩iouˑtsai˩nəŋ˩ʂaŋ˩ʈʂ˩ma˥tɕiaŋˑ. uo˩ku˧t'a˧tiertier˩ʈʂɤ˩məˑta˥i˧ta˥p'ən˥,

每 天 啊 和 怎么 一 大 盆 面，你 想想 啊，那 和 面 也 得 有
mei˩t'ian˧aˑxuo˩nən˩məˑi˧ta˥p'ən˥mian˥, ni˩ɕiaŋ˩ɕiaŋ˥, nei˥xuo˩mian˥ie˧tei˧iouˑ

技术，你 和 面 他 没 有 技术 烙 的 那 烧饼 不 行。那会儿
tɕi˥ʂuˑ, ni˩xuo˩mian˥t'a˥mei˩iouˑtɕi˥ʂuˑlau˩tˑnei˥ʂauˑpiŋˑpu˥ɕiŋˑ. nei˥xuər˩

你 爸爸 推 一 车，你 爷爷 推 一 车，爷儿 俩 一 人 一 车，就 是 小 木
ni˩pa˥pa˥t'uei˧i˧ʈʂʰɤ˩, ni˩ie˥ie˥t'uei˧i˧ʈʂʰɤ˩, ier˩lia˩i˧nˑən˥i˧ʈʂʰɤ˩,tɕiou˥ʂ˩ɕiau˩muˑ

头 轱辘 小 车儿，上头 弄 怎么 一 个 火，有 一 大 铛，每 天 那
t'ou˩ku˧luˑɕiauˑʈʂʰɤr˩,ʂaŋ˩t'ou˩nuŋˑnən˥məˑi˥kɤˑxuoˑ, iou˩i˧ta˥ʈʂ'əŋˑ,mei˩t'ian˧nei˥

宫 门 口 那儿 去 卖 去，那 烧饼 都 不 够 卖 的，城 外 头
kuŋ˧mən˩k'ou˩narˑtɕʰɕieˑmai˧tɕʰieˑ,nei˥ʂauˑpiŋˑtou˧pu˥kou˥mai˧tˑ, ʈʂʰəŋ˩uai˧t'ou˩

那 个 小铺 全 上 这儿 趸 去 烧饼。
nei˥kɤˑɕiau˩p'uˑtɕʰ˙yen˩ʂaŋ˩ʈʂɤr˩tuən˩tɕʰyˑʂauˑpiŋˑ。

艾：　现 在 的 烧饼 啊，抹 上 芝麻酱，弄 完 了 烤箱，弄 烤箱
ɕian˧tsai˧tˑʂauˑpiŋˑaˑ,mo˩ʂaŋ˩ʈʂ˩ma˥tɕiaŋˑ,nəŋ˩uan˩laˑk'au˩ɕiaŋˑ,nəŋ˩k'au˩ɕiaŋˑ

里 烤，这 芝麻 烤 出 来 的 烧饼 得 红 的，现 在 好，白 的！
li˩k'au˥,ʈʂɤ˥ʈʂ˩ma˥k'au˧ʈʂʰuˑlai˧tˑʂauˑpiŋˑtei˧xuŋ˩tˑ, ɕian˧tsai˧xauˑ, pai˩tˑ!

这 芝麻 都 白，还 都 白。
ʈʂɤ˥ʈʂ˩ma˥tou˧pai˩, xai˩tou˧pai˩.

杨：那会儿 是 火，火 弄 一 大 圆圈儿，这 铛 啊 怎么 大 个儿，那 个
nei˥xuər˩ʂ˩xuoˑ, xuo˩nəŋ˩i˥ta˥yen˧tɕʰ˙yer˩, ʈʂɤ˥ʈʂ'əŋ˩aˑnən˩məˑta˥kɤr˩, na˩kɤˑ

打 那 个 案板 那 底儿 那 都 是 两 头 尖 的 擀面杖，没 事儿
ta˩nei˥kɤˑan˥panˑnei˥tier˩na˧tou˩ʂ˩liaŋ˩t'ou˩tɕian˧tˑkan˩mian˥ʈʂaŋˑ, mei˩ʂ˥

都 搁 好 了，就 该 敲 那 个 案板 了，敲 那 个 案板 都 得
tou˥kɤˑxauˑlaˑ,tɕiou˩kai˧tɕʰiauˑnei˥kɤˑan˩panˑlaˑ, tɕʰiauˑnei˥kɤˑan˩panˑtou˩tei˧

敲 出 声儿 来，叭一叭一、叭叭、叭一叭，得 敲 出 点儿 来。

tɕʰiɑu˥tʂʰu˥ʂɚr˥lai˥, pa˥—pa˥—, pa˥pa˥,pa˥—pa˥, tei˥tɕʰiɑu˥tʂʰu˥tier˥lai˥.

艾：现在 我 这儿 还有 一块 案子，椴 木 的，椴 木 案 子，跟 那 个

ɕian˥tsai˥uo˥tʂɤr˥xai˥iou˥i˥kʰuai˥an˥tsʅ,tuan˥mu˥tə˥,tuan˥mu˥an˥tsʅ,kən˥nei˥kɤ˥

点 心 铺 买 的，现 在 还 跟 那儿 呢，这么 老 厚。

tian˥ɕin˥pʰu˥mai˥t ə˥,ɕian˥tsai˥xai˥kən˥nar˥nə˥, tʂən˥mə˥lɑu˥xou˥.

杨：吃 饭 不 吃 去啊，那 吃 饭 咱 一块儿 吃 点儿 饭去。

tʂʰʅ˥fan˥pu˥tʂʰʅ˥tɕʰy˥a˥? na˥tʂʰʅ˥fan˥tsan˥i˥kʰuər˥tʂʰʅ˥tier˥fan˥tɕʰi˥.

艾：不吃。要 不 跟 这儿 做点儿吃的？

pu˥tʂʰʅ˥.iɑu˥pu˥kən˥tʂɤr˥tsuo˥tier˥tʂʰʅ˥t ə˥?

杨：不，明儿 有 工 夫 上 我 那儿 去。

pu˥, miɚr˥iou˥kuŋ˥fu˥ʂaŋ˥uo˥nar˥tɕʰiɛr˥.

后　记

　　2009 年笔者很荣幸地获得教育部人文社会科学规划基金项目"老北京土话参考语法"（项目编号：09YJA740105）的立项支持，旋即，2011 年又获得北京市社会科学基金项目"老北京土话的比较研究"（项目编号：11WYB020）的立项支持。伴随着立项支持的喜悦而来的，也是从此开始的痛苦而艰辛的调查研究工作。说痛苦是因为几年来一直为"老北京土话"这个话题而焦虑着，刚刚步入调查之初，种种疑问接踵而至：到底有没有"老北京土话"？老北京土话的特点到底是什么？这些问题不断地困扰着笔者。当笔者与老北京人开展座谈时，当笔者打出租车和北京各城区的的士司机交流时，很多老北京人都几乎一致地说：北京话和普通话没有什么区别呀！甚至是一些专业学者都发出疑问，北京话和普通话有差别吗？这种种疑问使笔者不免陷入巨大的困惑之中：难道当初选题是错误的吗？是否前期调查带有较多的主观性呢？而随着调查研究的一步步深入开展，老北京土话——这一被人们长久忽视的语言明珠渐渐显露出其真实的面目。一个语言事实被揭示出来：老北京土话是真实存在的，而且现在还真真切切、活在北京市民的口头用语中。读者可以从本书的描写中感受其冰山之一角。说艰辛是本课题从开题之前就开始较深入的资料搜集工作，已经汇集北京土话词 10000 多条，收集北京方言词典 10 部，研究专著 20 部，论文 300 多篇，并建立了较详尽的资料索引库。立项后近几年的时间内，课题组从 2011 年开始至今持续在北京各城区开展问卷调查，已发出并收回 1000 多份调查问卷，并曾连续在 3 个暑假中当面采访了近 700 位 60 岁以上的老年人，获得第一手真实的调查数据。除此外，本课题负责人也在东城区和海淀区分设两个点，进行了深入的方言调查，并对这些点的语音、词汇包括语法系统都集中进行了持续多年的细致的调查录音工作，直到今天针对老北京土话的调查仍在进行，并将一直持续下去。

　　调查老北京土话虽然有痛苦有艰辛，但这些其实都不算什么，其中遇到的最大的难题是寻找地地道道的老北京人。城市的发展、历史的变迁，当今的社会正在进行着急遽的变革，老北京城区及其市民生活也在发生着巨大的变化，老北京人已不好寻找，而有的时候通过多条途径找到的老北京人也因为各种原因而婉拒调查。虽然如此，仍然有许多热心的北京市民在加入到这个保护老北京文化的行列中。这里有一个长长的名单：北京市海淀区杨连顺先生（80 岁）；东城区陈大椿先生（74 岁）、刘桂珍女士（92 岁）；西城区于文瑞先生（72 岁）、艾德山先生（81 岁），感谢这些发音合作人不计酬劳，不顾年迈，积极配合方言调查的善行，正是他们的劳动使得本课题能顺利采集到许多有价值的语言材料。还有许多热心的人们，他们是：中国社会科学院杨耐思先生、北京市东城区园林绿化局袁立轩先生、北京东城区工会白明洁女士、北京市东城区街道办事处孙艳女士、北京市西城区公安分局的郑无迪警官、北京市文汇中学张凌飞女士、北京市海淀区第二实验小学王骥女士、北京市宣武区街道办事处夏艳艳女士、北京市东城区洪珊女士；以上这些人们为本课题的调查，热心奔走，寻找发音合作人，分发调查问卷，他们所做的一切都是无私的。在此谨向这些热心、高尚、善良的人们致以诚挚的敬意！

科学研究是"痛并快乐着"的工作。几年来，笔者坚持将科研与教学相结合，在繁重的教学工作中，坚持埋头钻研，同时以科研促教学，培养学生的创新实践能力和科学研究的能力。几年来指导本科生完成有关北京话的毕业论文 8 篇；指导硕士生、博士生开展北京方言调查，完成了调查报告 9 篇，学位论文 5 篇。在科研的促动下，学生们也取得良好的成绩：所指导的本科生 2012 年暑期社会实践调查报告《老北京土话现存状况研究》、研究生 2014 年暑期社会实践调查报告《北京各郊区方言的地理语言学考察》，分别获得北京市 2012 年度以及 2014 年度"首都大学生暑期社会实践优秀成果"奖。其中本科生小组所申报的课题"老北京土话现存状况及发展趋势研究"又获得 2013 年国家级大学生创新实践项目的立项支持，并顺利结题。几年来所指导的博士生、硕士生的课题也分别获得中央民族大学博士研究生自主科研项目、研究生创新人才项目、研究生实践创新项目的立项基金支持。通过科研项目，促进学生开展科学研究，并获得良好的成绩，这是作为教师最大的快乐！

美国语言学家、人类学家爱德华·萨丕尔在其名作《语言论》中说道："语言是人类所创化的最有意义，最伟大的事业——一个完成的形式，能表达一切可以交流的经验。这个形式可以受到个人的无穷的改变，而不丧失它的清晰的轮廓；并且，它也像一切艺术一样，不断地使自身改造。语言是我们所知的最硕大、最广博的艺术，是世世代代无意识地创造出来的，无名氏的作品，像山岳一样伟大。"

北京是一座伟大的帝国都城，她的语音也是全中国最美的声音。我只是记录这种最优美的语言的秘书。谨以此书献给为这个城市的语言发展做出贡献的所有的"无名氏"们，他们都是创造语言历史的英雄。

卢小群

2016 年 6 月 16 日于北京